Ein Handbuch der Alten Geschichte

ICH Thalheimer

Writat

Diese Ausgabe erschien im Jahr 2023

ISBN: 9789359253626

Herausgegeben von
Writat
E-Mail: info@writat.com

Inhalt

VORWORT.

Mehrere Ursachen haben in letzter Zeit sowohl die Mittel als auch die Motive für ein gründlicheres Studium der Geschichte erweitert. Die moderne Kritik, die primitive Überlieferungen, käufliche Lobreden, parteiische Pamphlete und aufwändig gestaltete Liebesromane nicht länger nur aufgrund ihres Alters als gleichwertige und vertrauenswürdige Beweise akzeptiert, lehrt uns, die Aussagen antiker Autoren zu sichten, um die Quellen und den relativen Wert dieser zu ermitteln ihre Informationen zu sammeln und jene besonderen Ziele zu erkennen, die das Licht bestimmen können, in dem ihre Werke betrachtet werden sollten. Die geographischen Untersuchungen neuerer Reisender haben eine Flut neuer Lichter auf antike Ereignisse geworfen; und vor allem haben uns die Inschriften, die innerhalb eines halben Jahrhunderts entdeckt und entziffert wurden, die großen Schauspieler der alten Zeit vor Augen geführt, die in ihrer eigenen Person aus den Wänden von Palästen und Gräbern sprechen.

Auch das neue Wissen ist nicht von geringem Wert. Wenn wir einen vertrauten Blick auf das tägliche Leben unserer Mitmenschen vor Tausenden von Jahren werfen, stellen wir fest, dass sie sich mit denselben Problemen abmühen, die uns verwirren; den gleichen Konflikt zwischen Leidenschaft und Prinzipien erleiden; vielleicht scheitern wir wegen unserer Warnung oder gewinnen wegen unserer Ermutigung; auf jeden Fall Ergebnisse erzielen, die verhindern sollten, dass wir ihre Fehler wiederholen. Die nationalen Fragen, die unsere Zeitungen beschäftigen, wurden vor langer Zeit im Hain, auf der Agora und im Forum diskutiert; Die relativen Vorteile der Regierung durch die Vielen und die Wenigen wurden in den Staaten und Kolonien Griechenlands zu einer Demonstration herausgearbeitet. Und kein Mann, dessen Stimme, keine Frau, deren Einfluss das Schicksal unserer Republik auch nur im geringsten beeinflussen kann, kann es sich leisten, nicht zu wissen, was bereits so klug und vollständig erreicht wurde. Aktuelle Aufgaben können nur im Licht langjähriger Erfahrung klar erkannt und würdig erledigt werden; und jene großzügige Kenntnis der Geschichte, die unter einer monarchischen Regierung getrost als Zierde und Privileg den Wenigen überlassen bleiben könnte, ist hier die Pflicht der Vielen.

Die vorliegende Arbeit zielt lediglich darauf ab, einen kurzen, aber genauen Überblick über die Ergebnisse der Arbeiten von NIEBUHR , BUNSEN , ARNOLD , MOMMSEN , RAWLINSON und anderen zu geben — Ergebnisse, die unseres Wissens noch nie in einer amerikanischen Schule angenommen wurden. Buch, das aber innerhalb weniger Jahre die Schätze der historischen Literatur enorm vergrößert hat. Während es innerhalb unserer Grenzen vielleicht unmöglich gewesen wäre, die vollständigen und lebensechten Umrisse wiederzugeben, in denen sie die Charaktere der Antike dargestellt haben, haben wir mit ihrer Hilfe versucht, zumindest die Grenzen von Fakten und Fabeln zu ermitteln. Mit nur wenigen Ausnahmen, die klar als solche bezeichnet werden, haben wir keine Erzählung eingeführt, die vernünftigerweise angezweifelt werden kann.

Der Autor ist von der Richtigkeit des Ziels mehr überzeugt als von der Vollständigkeit der Erreichung. Niemand kann die Unvollkommenheiten eines Werkes wie dieses so deutlich spüren wie derjenige, der an jedem Punkt daran gearbeitet hat, sie zu vermeiden oder zu beseitigen; die größtmögliche Menge an Wahrheit in den wenigsten Worten zu komprimieren und bei gleichzeitiger Reduzierung des Maßstabs ein gerechtes Verhältnis in den Details zu wahren. Hunderten von ehemaligen Schülern, die bei dieser liebevollen Arbeit nie vergessen wurden, und dem freundlichen Urteil unserer Mitlehrer – von denen einige sehr wohl wissen, dass keine Mühen gescheut wurden, auch wenn die Fähigkeiten versagt haben – ist dieses Handbuch respektvoll eingereicht.

BROOKLYN, NY , April 1872 .

EINFÜHRUNG.

QUELLEN UND ABTEILUNGEN DER GESCHICHTE.

1. Die ehemaligen Bewohner unserer Welt sind uns durch drei Arten von Beweisen bekannt: (1) schriftliche Aufzeichnungen; (2) Baudenkmäler; (3) Fragmentarische Überreste.

2. Von diesen können nur die ersten als wahre Quellen der Geschichte angesehen werden, obwohl die letzteren die interessantesten und wertvollsten Illustrationen bieten. Mehrere Menschenrassen sind von der Welt verschwunden und haben keine Aufzeichnungen hinterlassen, weder auf Stein noch auf Pergament. Auf ihre Existenz und ihren Charakter können nur Fragmente ihrer Waffen, Schmuckstücke und Haushaltsgegenstände geschlossen werden, die in ihren Gräbern oder in den Ruinen ihrer Behausungen gefunden wurden. Dies waren die Seebewohner der Schweiz und die unbekannten Urheber der Muschelhügel in Dänemark und Indien, der Tumuli in Großbritannien und der Erdwerke im Mississippi-Tal.

3. Die prächtigen Tempel und Paläste Ägyptens, Assyriens und Indiens bieten erst seit dem geduldigen Fleiß orientalischer Gelehrter Geschichtsmaterial, mit dem es gelang, die Inschriften, die sie tragen, zu entziffern. Sie haben innerhalb weniger Jahre unser Wissen über die Urzeit unermesslich erweitert und die kurzen Anspielungen der Bibel auf wunderbare Weise erklärt.

4. Die ältesten existierenden Bücher sind die Hebräischen Schriften, die als einzige [1] der alten Schriften die Vorbereitung der Erde für die Wohnstätte des Menschen beschreiben; seine Schöpfung und seine ursprüngliche Unschuld; der Eintritt der Sünde in die Welt und das Versprechen der Erlösung; die erste Bewährungszeit und die fast vollständige Zerstörung der Menschheit durch eine Flut; der vergebliche Versuch der Nachkommen Noahs, eine ähnliche Bestrafung in der Zukunft durch den Bau einer „Stadt und eines Turms, dessen Spitze bis zum Himmel reicht", und ihre daraus resultierende Zerstreuung abzuwenden. Die Bibel legt den Grundstein für die gesamte spätere Geschichte, indem sie die Aufteilung der Menschheit in ihre drei großen Familien skizziert und ihre frühesten Wanderungen beschreibt.

5. Die Familie von SHEM , die zum Hüter des wahren Urglaubens ernannt wurde, blieb in der Nähe ihrer ursprünglichen Heimat im Südwesten Asiens. Von den Nachkommen HAMS ließ sich ein Teil in den Tälern des Tigris und des Euphrat nieder und baute die großen Städte Ninive und Babylon; während der Rest sich entlang der Ost- und Südküste des Mittelmeers ausbreitete und zu den Gründern des ägyptischen Reiches wurde. Die Kinder

JAPHETHS bildeten die indogermanische oder arische Rasse, die in zwei große Zweige geteilt war. Einer zog nach Osten und besiedelte die Hochebenen Irans und die fruchtbaren Täler Nordindiens. der andere reiste entlang der Euxine und Propontis nach Westen und besetzte die Inseln des Ägäischen Meeres sowie die Halbinseln Griechenlands und Italiens. Durch aufeinanderfolgende Wanderungen verbreiteten sie sich über ganz Europa.

6. Unser erstes Buch behandelt das hamitische und semitische Reich. Mit dem Aufstieg der Medo -Persischen Monarchie trat die arische Rasse auf den Plan und nimmt seitdem den größten Platz in der Geschichte ein. Die *hamitischen* Nationen zeichneten sich durch ihre materielle Erhabenheit aus, was sich in den enormen Steinmassen widerspiegelt, die in ihrer Architektur und sogar in ihrer Skulptur verwendet wurden. die *Semiten* durch ihren religiösen Enthusiasmus; die *Indogermanen* , durch ihre intellektuelle Aktivität, wie sie in den höchsten Formen der Kunst, Literatur und politischen Organisation zum Ausdruck kommt.

7. Die Geschichte ist in drei große Teile oder Perioden unterteilt: Antike, Mittelalter und Moderne.

Die alte Geschichte erzählt von der Abfolge von Reichen, die Asien, Afrika und Europa beherrschten, bis die römische Herrschaft in Italien im Jahr 476 n. Chr. von nördlichen Barbaren gestürzt wurde.

Die mittelalterliche Geschichte beginnt mit der Gründung eines deutschen Königreichs in Gallien und endet mit dem Ende des fünfzehnten Jahrhunderts, als die Wiederbelebung der antiken Wissenschaft, die Vervielfältigung gedruckter Bücher und die Erweiterung der Ideen durch die Entdeckung eines neuen Kontinents Anlass gaben große geistige Aktivität und führte zur Moderne, in der wir leben.

8. Die Alte Geschichte kann in fünf Bücher unterteilt werden:

ICH.	Geschichte der asiatischen und afrikanischen Nationen, von den frühesten Zeiten bis zur Gründung des Persischen Reiches,	Chr. 558.
II.	Geschichte des Persischen Reiches, von der Thronbesteigung von Kyros dem Großen bis zum Tod von Darius Codomannus ,	Chr. 558-330.
III.	Geschichte der Staaten und Kolonien Griechenlands, von ihrer frühesten Periode bis zur Thronbesteigung Alexanders von Mazedonien,	Chr. 336.

IV.	Geschichte des Makedonischen Reiches und der daraus entstandenen Königreiche bis zu ihrer Eroberung durch die Römer.	
V.	Geschichte Roms von der Gründung bis zum Untergang des Weströmischen Reiches,	476 n. Chr.

9. Bei der Untersuchung von Ereignissen erfordern die beiden Umstände Zeit und Ort ständig unsere Aufmerksamkeit. Dementsprechend wurden CHRONOLOGIE und GEOGRAPHIE als die beiden Augen der Geschichte bezeichnet. Nur durch die Nutzung von beidem können wir einen vollständigen und lebensnahen Eindruck vom Geschehen gewinnen.

10. Aus Mangel an ersterem kann ein großer Teil des menschlichen Lebens auf der Erde nur unvollkommen bekannt sein. Es gibt keine detaillierten Aufzeichnungen über die Zeitalter, die der Sintflut und Zerstreuung vorausgingen; und selbst nach diesen großen Krisen sind lange Zeiträume nur von vagen Traditionen bedeckt. Wir haben keine vollständige Chronologie für die Hebräer vor dem Bau des Salomo-Tempels im Jahr 1004 v. Chr.; für die Babylonier vor Nabonassar , 748 v. Chr.; oder für die Griechen vor der ersten Olympiade, 776 v. Chr. Als ihr Berechnungssystem festgelegt war, wählte jede Nation ihre eigene Ära, aus der die Ereignisse datiert werden sollten; aber wir reduzieren alles auf unsere gemeinsame Berechnung der Zeit vor und nach der Geburt Christi.

11. Das Studium der GEOGRAPHIE ist enger mit dem der Geschichte verbunden, als es zunächst scheinen mag. Das Wachstum und der Charakter von Nationen werden stark von Boden und Klima, der Lage der Berge und dem Verlauf der Flüsse beeinflusst, wenn nicht sogar bestimmt.

NOTIZ. — Den Lehrern wird empfohlen, die geografischen Abschnitte, die den Teilen 1 und 2 von Buch I, Buch III und Buch V vorangehen, in der Klasse laut vorzulesen, wobei jeder Schüler die Karte im Auge behält und den Namen ausspricht Jeder Ort wird *nur dann erwähnt, wenn er gefunden wird* . Dadurch werden die Namen bekannter und Fragen zu den Besonderheiten der einzelnen Länder können anschließend mit dem Unterricht verknüpft werden. Viele Details, die in den Karten I., II., IV. und VI. notwendigerweise weggelassen wurden, finden sich auf den Karten III. und V.

Den Schülern wird dringend empfohlen, Geschichte anhand der vor ihnen liegenden Karte zu studieren. wenn möglich sogar eine größere und vollständigere Karte, als in diesem Buch dargestellt werden kann. Jeder kleine Aufwand, den dies kosten mag, wird durch die Leichtigkeit, mit der man sich an die Lektion erinnert, mehr als belohnt, wenn die Orte, an denen Ereignisse stattgefunden haben, klar im Kopf sind.

BUCH I.
NATIONEN ASIENS UND AFRIKAS VON DER ZERSTREUUNG IN BABEL BIS ZUR GRÜNDUNG DES PERSISCHEN REICHES. CHR. (CA.) 2700-558.

TEIL I. ASIATISCHE NATIONEN.
BLICK AUF DIE GEOGRAPHIE ASIENs.

12. ASIEN , der größte Teil der östlichen Hemisphäre, verfügt über die größte Vielfalt an Böden, Klima und Produkten. Sein zentraler und wichtigster Teil ist ein ausgedehntes Hochplateau, umgeben von den höchsten Gebirgsketten der Welt, an deren nördlichen, östlichen und südlichen Hängen große Flüsse entspringen. Von diesen waren den Alten am besten Tigris und Euphrates , Indus, Etymander , Arius, Oxus, Jaxartes und Jordan bekannt.

13. NORDASIEN , nördlich der großen Hochebene und des Altai-Gebirges, ist eine niedrige, grasbewachsene Ebene ohne Bäume und unproduktiv, aber durchzogen von vielen fischreichen Flüssen. Den Griechen war es unter dem allgemeinen Namen Skythen bekannt. Von der Antike bis zur Gegenwart wurde es von umherziehenden Stämmen bewohnt, die sich hauptsächlich von der Milch und dem Fleisch ihrer Tiere ernährten.

14. ZENTRALASIEN , das zwischen dem Altai im Norden und dem Elburz- , Hindukusch- und Himalaya-Gebirge im Süden liegt , hat wenig Bezug zur antiken Geschichte. Drei Länder im westlichen Teil sind von einiger Bedeutung: *Choras´mia* , zwischen dem Kaspischen Meer und dem Aralsee; *Sogdia´na* im Osten und *Baktrien* im Süden dieser Provinz. Das moderne Sam'arcand ist Maracan'da , die alte Hauptstadt von Sogdiana. Baktra, das heutige Balkh, war wahrscheinlich die erste große Stadt der arischen Rasse.

15. SÜDASIEN kann durch den Fluss Indus in einen östlichen und einen westlichen Abschnitt geteilt werden. Der östliche Teil war den Persern, Griechen und Römern kaum bekannt; und es fehlen noch Materialien für seine authentische Geschichte: Der Westen hingegen war Schauplatz der frühesten und wichtigsten Ereignisse.

16. SÜDWESTASIEN kann in drei Teile betrachtet werden: (1) Kleinasien oder die Halbinsel Anatolien ; (2) Das Hochland östlich des Indus, einschließlich der Berge Armeniens ; (3) Das Tiefland südlich dieses Plateaus, das sich vom Fuß der Berge bis zum Erythræ´an -Meer erstreckt.

17. KLEINASIEN umfasste in der frühesten Zeit die folgenden Länder: Phrygien und Kappadokien auf seinem zentralen Hochland, das durch den Fluss Halys voneinander getrennt war ; Bithynien und Paphlagonien an der

Küste des Euxine; Mysien , Lydien und Karien, auf dem Ägäischen ; Lykien, Pamphylien und Kilikien , an den Grenzen des Mittelmeers. Es besaß viele wichtige Inseln: Proconnesus in der Propontis ; Ten'edos , Les'bos , Chi'os , Sa'mos und Rhodos in der Ägäis ; und Zypern in der Levante.

18. *Phrygien* war ein Weideland, das seit jeher für seine Schafrasse berühmt war, deren Fell von wunderbarer Feinheit und schwarz wie das Gefieder des Raben war. Die Angora- Ziege und das Kaninchen aus derselben Region waren ebenfalls für die Feinheit ihres Fells bekannt. *Kappadokien* wurde von den Weißen Syrern bewohnt, die so genannt wurden, weil sie eine hellere Hautfarbe hatten als die des Südens. Der reichste Teil Kleinasiens lag an der Küste der Ägäis ; und von den drei Provinzen zeichnete sich *Lydien* , die Zentralprovinz, am meisten durch Reichtum, Eleganz und Luxus aus. Die Lyder waren die ersten, die Geld prägten. Der Fluss Pacto'lus brachte aus den Tiefen des Berges Tmolus einen reichen Vorrat an Gold, das in den Straßen von Sardes, der Hauptstadt, aus seinem Sand gewaschen wurde.

19. Die griechischen Kolonien, die später die Küsten Kleinasiens bedeckten, werden in Buch III beschrieben. [2] Diese Halbinsel war Schauplatz vieler Kriege zwischen den Nationen Europas und Asiens. Von seiner Zwischenposition aus war es immer der Preis des Eroberers; und seit der frühesten Periode der Geschichte wurde es nie von einem Königreich von großer Ausdehnung oder langer Dauer bewohnt.

20. Das Hochland Südwestasiens umfasste siebzehn Länder, von denen hier nur die wichtigsten genannt werden. *Armenien* wird auch die Schweiz Westasiens genannt. Sein höchster Berg ist Ar´arat , 17.000 Fuß über dem Meeresspiegel. Von dieser erhöhten Region aus nehmen Tigris und Euphrat ihren Lauf zum Persischen Golf; die Halys bis zum Euxine; die Araxes und die Cyrus bis zum Kaspischen Meer. *Kolchis* lag östlich des Euxine, an einer der großen Verkehrsstraßen der Antike. Es war schon in sehr frühen Zeiten für seinen Handel mit Leinen berühmt. *Media* war eine Bergregion, die sich vom Araxes bis zum Kaspischen Tor erstreckte. *Persien* lag zwischen Medien und dem Persischen Golf. Sein südlicher Teil ist eine sandige Ebene, die im Sommer durch einen heißen, pestilenzialen Wind aus den Steppen von Kerman fast zur Wüste wird. Weiter vom Meer entfernt erhebt sich das Land in Terrassen, die mit reichen und gut bewässerten Weiden bedeckt sind und reich an angenehmen Früchten sind. Das Klima dieser Region ist herrlich; aber bald verwandelt es sich nach Norden hin in ein karges Gebirgsgebiet, das vom Schnee gekühlt wird, der selbst im Sommer die Gipfel bedeckt und den Schafherden nur dürftige Weidefläche bietet.

21. Die Tieflandebene Südwestasiens umfasste Syrien , Arabien, Assyrien , Susia´na und Babylonien . *Syrien* besetzte die gesamte Ostküste des Mittelmeers und bestand aus drei verschiedenen Teilen: (1) Das eigentliche

Syrien hatte seinen Hauptfluss, den Orontes , der zwischen den parallelen Gebirgsketten Libanon und Anti-Libanon floss. (2) Phönizien umfasste den schmalen Küstenstreifen zwischen dem Libanon und dem Meer. (3) Palästina, südlich von Phönizien , hatte als Fluss den Jordan und als seine Hauptberge Hermon und Karmel. Syrien wird weniger fruchtbar, je mehr es sich von den Bergen entfernt, und geht schließlich in eine Wüste über, in der es keine Spuren von Städten oder besiedelten Siedlungen gibt. Doch selbst diese Sandwüste weist einige fruchtbare Stellen auf. Die Stätte von Palmyra , der „Königin der Wüste", ist noch heute in ihren prächtigen Ruinen zu erkennen. In wohlhabenderen Zeiten bot sie den Karawanen auf ihrem Weg von Indien zur Mittelmeerküste Unterhaltung.

22. *Arabien* ist ein riesiges Land südlich und östlich von Syrien, das zwischen dem Roten Meer und dem Persischen Golf liegt. Obwohl es mehr als ein Viertel der Größe Europas ausmachte, war es in der Antike von geringer Bedeutung; denn der meist felsige oder sandige Boden ernährte nur wenige Bewohner und bot wenig Material für den Handel.

Das eigentliche Assyrien lag östlich des Tigris und westlich des Median-Gebirges. Das große Reich, das diesen Namen trug, variierte in seiner Ausdehnung unter verschiedenen Monarchen, und der Name Assyrien wird oft für das gesamte Gebiet zwischen dem Zagros-Gebirge und dem Mittelmeer verwendet. Die Region zwischen den beiden großen Flüssen und nördlich von Babylonien wurde von den Griechen *Mesopotamien genannt* . Sie unterschied sich von der südlicheren Provinz durch einen reichen Waldbestand: Die Wälder in der Nähe des Euphrat lieferten in späteren Zeiten mehr als einmal Material für eine Flotte römischer Kaiser.

Susiana lag am Tigris, südöstlich von Assyrien. Es wurde von zahlreichen Flüssen durchzogen und war sehr reich an Getreide. Die einzige wichtige Stadt war Susa, ihre Hauptstadt.

23. *Babylonien* umfasste die große Schwemmlandebene zwischen den Unterwassern des Tigris und des Euphrat und umfasste manchmal das Land südlich des letzteren Flusses, an den Grenzen von Arabia Deserta , besser bekannt als *Chaldäa* . Wenn der Schnee auf den Bergen Armeniens schmilzt, schwellen beide Flüsse, besonders aber der Euphrat, plötzlich an und neigen dazu, über die Ufer zu treten. Im Kampf gegen diese Aggression der Natur entwickelten die Babylonier schon früh jene Geisteskraft, die ihr Land zum ersten Wohnsitz der östlichen Zivilisation machte. Das das Land durchziehende Kanalnetz diente den drei Zwecken Binnenverkehr, Verteidigung und Bewässerung. Riesige Seen wurden gegraben oder vergrößert, um überschüssiges Wasser zu erhalten. und die aus diesen Ausgrabungen herausgeworfene Erde bildete Deiche entlang der Flussufer. Die fruchtbare Ebene, die so gründlich bewässert wurde, brachte enorme

Mengen Getreide hervor, und der Bauer wurde mit nie weniger als dem Zweihundertfachen der gesäten Saat belohnt, in günstigen Jahreszeiten sogar mit dem Dreihundertfachen. Wir werden daher nicht überrascht sein zu erfahren, dass Babylonien seit frühester Zeit der Sitz bevölkerungsreicher Städte war, die mit Produkten menschlicher Industrie überfüllt waren, und dass seine Bevölkerung lange Zeit den führenden Staat Westasiens darstellte . Obwohl es in der Ebene Babyloniens weder Holz noch Steine zum Bauen gab, hatte die Natur den menschlichen Behausungen einen Vorrat an ausgezeichnetem Lehm für Ziegel und Bitumenbrunnen zur Verfügung gestellt, die als Mörtel dienten. (Gen. xi: 3.)

24. SÜDOSTASIEN . *Indien* erstreckt sich vom Indus nach Osten bis zu den Grenzen Chinas und wird im Süden vom Indischen Ozean und im Norden vom Himalaya begrenzt , aus dessen schneebedeckten Höhen viele große Flüsse herabfließen, um die Ebenen zu düngen. Der Reichtum des Bodens eignet sich für die Behausung einer schwärmenden Bevölkerung; und Straßen, Tempel und andere Bauwerke, die aus einer sehr fernen Zeit stammen, zeugen vom Können und Fleiß der Menschen. Herodot [3] nennt sie die größte und reichste Nation, obwohl er sie nicht gesehen hatte. Erst im fünften Jahrhundert vor Christus wurden die indischen Halbinseln den Griechen deutlich bekannt; und zwei Jahrhunderte später, bei der Invasion Alexanders, wurden der westlichen Welt die bemerkenswerten Merkmale des Landes erstmals von Augenzeugen beschrieben. „Wolltragende Bäume" wurden als eine höchst eigenartige Produktion erwähnt; denn Baumwolle wurde, wie auch Zucker, erstmals in Indien produziert. Die Perlenfischerei an der Ostküste jedoch, die Diamanten von Golcon'da , die Rubine von Mysore sowie das reichlich vorhandene Gold der Flussbetten, die aromatischen Hölzer der Wälder und die feinen Stoffe aus Baumwolle, Seide und Wolle, für die Indien bereits berühmt war, [4] lockten schon viel früher die Kaufleute Phöniziens an die Ufer des Indus.

25. *China* war den Bewohnern der antiken Welt noch weniger bekannt als Indien. Die Provinz Se´rica , die die nordwestliche Ecke des heutigen Chinesischen Reiches bildete, wurde jedoch von babylonischen und phönizischen Kaufleuten wegen ihres eigenartigsten Produkts, der Seide, besucht. Die extreme Zurückhaltung der Chinesen im Umgang mit Ausländern lässt sich bereits aus Herodots Bericht über ihren Handel mit den benachbarten Skythen erkennen. Die Serikaner deponierten ihre Woll- oder Seidenballen in einem einsamen Gebäude namens Steinturm. Dann näherten sich die Kaufleute, legten neben den Waren einen Betrag nieder, den sie zu zahlen bereit waren, und zogen sich außer Sichtweite zurück. Die Serikaner kehrten zurück, und wenn sie mit dem Handel zufrieden waren, nahmen sie das Geld weg und ließen die Waren zurück; hielten sie die Zahlung jedoch für unzureichend, nahmen sie die Ware weg und ließen das

Geld zurück. Die Chinesen zeichneten sich seit jeher durch ihre geduldige und gründliche Bodenbearbeitung aus. Chin- nong , ihr vierter Kaiser, erfand den Pflug; Und jahrtausendelang verlangte der Brauch von jedem Monarchen, bei den Zeremonien seiner Krönung einen Pflug über ein Feld zu führen und so der Landwirtschaft als der Kunst, die für die Zivilisation oder, besser gesagt, für die Existenz überhaupt von wesentlicher Bedeutung ist, die gebührende Ehre zu erweisen ein Staat.

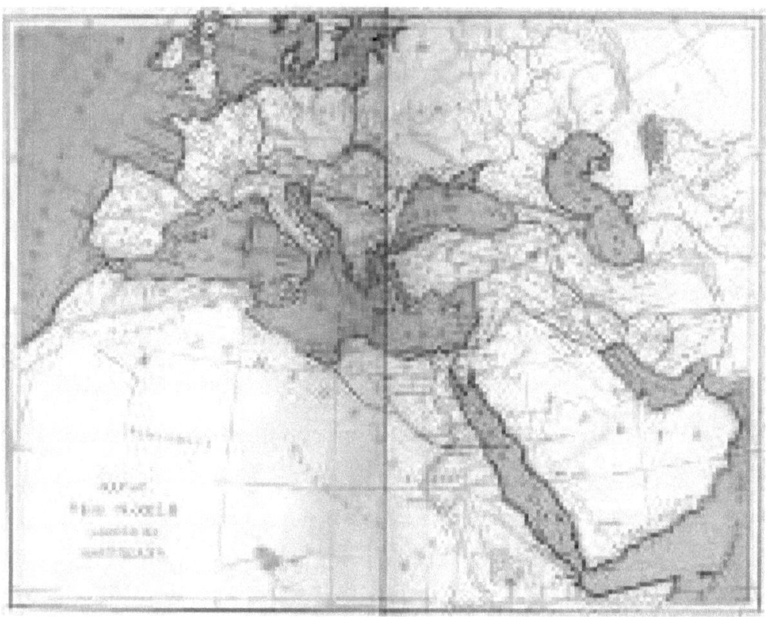

KARTE DER WELT, WIE DEN ASSYRERN BEKANNT.

CHALDÆANISCHE MONARCHIE.

26. Nach der Zerstreuung anderer Nachkommen Noahs aus Babel [5] blieb Nimrod, der Enkel Hams, in der Nähe des Schauplatzes ihres Unglücks und errichtete ein Königreich südlich des Euphrat, an der Spitze des Persischen Golfs. Der unvollendete Turm wurde in einen Tempel umgewandelt, andere Gebäude entstanden aus dem Lehm der Ebene, und so wurde Nimrod zum Gründer Babylons, obwohl seine Größe und seine prächtigen Verzierungen aus einer späteren Zeit stammen. Nimrod verdankte seine Vormachtstellung der persönlichen Stärke und Tapferkeit, die ihn als „mächtigen Jäger vor dem Herrn" auszeichneten. Es ist wahrscheinlich, dass sich die wilden Tiere in den ersten Jahren nach der Sintflut so stark vermehrten, dass die Auslöschung der Menschheit drohte, und derjenige, der ihre Zahl reduzierte, war derjenige, der in der Dankbarkeit und Treue seiner Mitmenschen den größten Teil der Menschen ausmachte. Nimrod gründete nicht nur Babylon, sondern auch E´rech oder O´rchoë , Ac´cad und Cal´neh . Die Chaldäer waren weiterhin bedeutende Baumeister; und riesige, mit Bitumen zementierte Ziegelbauten, von denen jeder den Namen des Monarchen oder des Architekten trägt, zeugen, wenn auch nur noch in Ruinen, von ihrem Unternehmungsgeist und Können. Sie stellten auch feine Wollstoffe her und beherrschten die Kunst der Metallverarbeitung und des Gravierens von Edelsteinen in höchster Perfektion. Schon sehr früh begann man, sich mit der Astronomie zu beschäftigen und die Beobachtungen wurden sorgfältig aufgezeichnet. Der Name Chaldäer wurde mit dem Namen „Seher" oder „Philosoph" gleichgesetzt.

27. Die Namen von fünfzehn oder sechzehn Königen wurden auf den frühesten Denkmälern des Landes entziffert, aber wir besitzen keine Aufzeichnungen über ihre Herrschaft. Es reicht aus , sich an die Dynastien oder Königsfamilien zu erinnern, die laut Berosos [6] in Chaldäa von etwa zweitausend Jahren vor Christus bis zum Beginn der zusammenhängenden Chronologie herrschten.

1. Eine chaldäische Dynastie, von etwa 2000 bis 1543 v. Chr. Die einzigen bekannten Könige sind Nimrod und Chedorlaomer .

2. Eine arabische Dynastie, von etwa 1543 bis 1298 v. Chr

3. Eine Dynastie von 45 Königen, wahrscheinlich assyrisch, von 1298 bis 772 v. Chr

4. Die Herrschaft von Pul , von 772 bis 747 v. Chr

Während der ersten und letzten dieser Perioden blühte das Land und war frei; während der zweiten scheint es seinen Nachbarn im Südwesten unterworfen gewesen zu sein; und im dritten Reich wurde es als tributpflichtiges Königreich, wenn nicht nur als Provinz, in das große assyrische Reich eingegliedert.

ASSYRISCHE MONARCHIE.

28. Schon sehr früh wurde am Tigris ein Königreich gegründet, das sich später zu einem riesigen Reich ausdehnte. Von seinen frühesten Aufzeichnungen sind uns nur die Namen von drei oder vier Königen erhalten; aber die viereckigen Hügel, die die Standorte von Städten und Palästen bedecken, und die groben Skulpturen, die bei Ausgrabungen an ihren Wänden gefunden wurden, zeigen den Fleiß einer großen und luxuriösen Bevölkerung. Die Geschichte Assyriens lässt sich in drei Perioden einteilen:

ICH.	Vom unbekannten Beginn der Monarchie bis zur Eroberung Babylons,	um	1250 v. Chr

II.	Von der Eroberung Babylons bis zur Thronbesteigung Tiglatpilesers II .		745 v. Chr
III.	Von der Thronbesteigung Tiglatpilesers bis zum Fall Ninives		625 v. Chr

Chr. 1270.

Von einem König der ERSTEN PERIODE , Salmanassar I., ist bekannt, dass er in den armenischen Bergen Krieg führte und in den eroberten Gebieten Städte errichtete.

Chr. 1130.

Chr. 1100-909.

Chr. 886-858.

Chr. 858-823.

29. ZWEITE PERIODE , 1250–745 v. Chr. Etwa in der Mitte des 13. Jahrhunderts v. Chr. eroberte Tiglathi-nin Babylon. Einhundertzwanzig Jahre später weitete ein noch größerer Monarch, Tiglatpileser I. , seine Eroberungszüge nach Osten bis in die persischen Berge und nach Westen bis an die Grenzen Syriens aus. Nach der kriegerischen Herrschaft seines Sohnes war Assyrien wahrscheinlich zweihundert Jahre lang geschwächt und deprimiert, da keine Aufzeichnungen gefunden wurden. Ab dem Jahr 909 v. Chr. wird die Chronologie genauer und das Material zur Geschichte ist reichlich vorhanden. As´shur -nazir-pal I. führte Kriege in Persien, Babylonien, Armenien und Syrien und eroberte die wichtigsten phönizischen Städte. Er baute einen großen Palast in Ca´lah , den er zu seiner Hauptstadt machte. Sein Sohn, Salmaneser II., setzte die Eroberungszüge seines Vaters fort und führte in Untersyrien Krieg gegen Benhadad , Hasael und Ahab .

30. v. Chr. 810-781. I´va -lush (Hu- likh - khus IV) erweiterte sein Reich in 26 Feldzügen sowohl nach Osten als auch nach Westen. Er heiratete Sam'mura'mit (Semi'ramis), die Erbin von Babylonien, und übte, entweder in ihrem Recht oder durch Eroberung, königliche Autorität über dieses Land aus. Kein Name ist in der orientalischen Geschichte berühmter als der von Semiramis; aber es ist wahrscheinlich, dass die meisten der ihr zugeschriebenen wunderbaren Werke rein fabelhaft sind. Die Bedeutung der echten Sammuramit , der einzigen Prinzessin, die in den assyrischen Annalen erwähnt wird, führte möglicherweise zu phantasievollen Legenden über eine Königin, die als eigenständige Herrscherin Ägypten und einen Teil Äthiopiens eroberte und mit einer Armee von mehr als 100.000 Mann in Indien einfiel eine Million Männer. Diese mythische Heldin beendete ihre Karriere, indem sie in Form einer Taube davonflog. Es wurde üblich, alle

Gebäude und andere öffentliche Arbeiten, deren Herkunft unbekannt war, Semiramis zuzuschreiben; das Datum ihrer Herrschaft wurde auf etwa 2200 v. Chr. festgelegt; und sie soll die Frau von Ninus gewesen sein, einer ebenso mythischen Person, dem angeblichen Gründer von Ninive.

Chr. 771-753.

Chr. 753-745.

31. Asshurdanin - il II. war weniger kriegerisch als seine Vorfahren. Die Zeit seiner Herrschaft wird durch eine Sonnenfinsternis ermittelt, die den Inschriften zufolge in seinem neunten Jahr liegt und von der Astronomen wissen, dass sie sich am 15. Juni 763 v. Chr. ereignete. Nach Asshur- likh - khus , dem folgenden König, endete die Dynastie mit einer Revolution. Nabonassar aus Babylon machte sich nicht nur unabhängig, sondern erlangte auch kurzzeitig die Vorherrschaft über Assyrien. Die Assyrer machten während der zweiten Periode große Fortschritte in Literatur und Kunst. Die Annalen jeder Herrschaft wurden entweder in Stein gemeißelt oder auf eine doppelte Reihe von Ziegelsteinen eingeprägt, um sie vor der Zerstörung durch Feuer oder Wasser zu schützen. Wenn Feuer die verbrannten Ziegel zerstörte, würde es die getrockneten nur verhärten; und wenn die letzteren durch Wasser aufgelöst würden, würden die ersteren unversehrt bleiben. In allen Ländern unter assyrischer Herrschaft wurden gravierte Säulen errichtet.

Chr. 745-727.

32. DRITTE PERIODE , 745–625 v. Chr. Tiglatpileser II . war der Gründer des Neuen oder Unterassyrischen Reiches, das er durch aktive und erfolgreiche Kriegsführung errichtete. Er eroberte Damaskus, Samaria, Tyrus , die Philister und die Araber der Sinai-Halbinsel; führte Gefangene aus den östlichen und nördlichen Stämmen Israels weg und nahm vom König von Juda Tribut. (2. Könige xv: 29; xvi: 7-9.) Salmanassar IV. eroberte Phönizien , wurde aber bei einem Seeangriff auf Tyrus besiegt . Sein Nachfolger Sargon nahm das aufständische Samaria ein und führte seine Bevölkerung gefangen in seine neu eroberten Provinzen Medien und Gauzanitis . Er füllte ihre Plätze mit Babyloniern, deren König, Merodach-Baladan , er im Jahr 709 v. Chr. gefangen genommen hatte. Eine interessante Inschrift von Sargon berichtet, wie er Tribute von sieben Königen Zyperns entgegennahm, „die ihren Wohnsitz mitten im Meer von Zypern hatten." die untergehende Sonne." Die Stadt und der Palast von Chorsabad waren vollständig das Werk von Sargon. Der Palast war innen und außen mit Skulpturen bedeckt; Es war mit emaillierten Ziegeln verziert, die in eleganten und geschmackvollen Mustern angeordnet waren, und man gelangte über edle Treppen durch prächtige Säulengänge hinauf. In diesem „Palast von unvergleichlicher Pracht, den er als Wohnsitz seines Königtums erbauen ließ", finden sich Sargons eigene Beschreibungen der Herrlichkeiten seiner Herrschaft. „Ich habe dem Pharao von Ägypten Tribut auferlegt; auf Tsamsi , Königin von Arabien; auf Ithamar , dem Sabäer , in Gold, Gewürzen, Pferden und Kamelen." Zu den Beutestücken des babylonischen Königs zählt er seine goldene Tiara, sein Zepter, seinen Thron und Sonnenschirm sowie seinen silbernen Streitwagen. Im Alter von Sargon erlangte Merodach-baladan seinen Thron zurück und der assyrische König wurde in einer Verschwörung ermordet.

Chr. 705-680.

33. Sein Sohn Sennach'erib stellte die assyrische Macht an den östlichen und westlichen Enden seines Reiches wieder her . Er besiegte Merodach-Baladen und setzte zunächst einen assyrischen Vizekönig und danach seinen eigenen Sohn, Assarana´dius , auf den babylonischen Thron. Er schlug einen Aufstand der phönizischen Städte nieder und erpresste von den meisten Königen in Syrien Tribut. Er gewann eine große Schlacht bei El'tekeh in Palästina gegen die Könige von Ägypten und Äthiopien und eroberte alle „umzäunten Städte Judas". (2. Könige xviii: 13.) Bei einem zweiten Feldzug gegen Palästina und Ägypten wurden 185.000 seiner Soldaten in einer einzigen Nacht in der Nähe von Pelusium vernichtet , als Strafmaß für seine gottlose Prahlerei. (2. Könige XIX: 35, 36.) Bei seiner Rückkehr nach Ninive verschworen sich zwei seiner Söhne gegen ihn und töteten ihn, und Esarhaddon , ein anderer Sohn, erhielt die Krone. Seine Regierungszeit (680– 667 v. Chr.) war von zahlreichen Eroberungen geprägt. Er besiegte Tir'hakeh , den König von Ägypten, und teilte sein Königreich in kleine Staaten auf. Er vollendete die Kolonisierung Samarias mit Menschen aus Babylonien, Susanien und Persien. Seine königliche Residenz befand sich abwechselnd in Ninive und Babylon.

Chr. 667-647.

34. Unter As'shur - ba'ni -pal, dem Sohn Esarhaddons, erlangte Assyrien seine größte Macht und Herrlichkeit. Er eroberte Ägypten zurück, das sich unter Tirhakeh versammelt hatte , überrannte Kleinasien und erlegte Gyges, dem König von Lydien, einen Tribut auf. Er unterwarf den größten Teil Armeniens, machte Susiana zu einer bloßen Provinz Babyloniens und verlangte von vielen arabischen Stämmen Gehorsam. Er baute den prächtigsten aller assyrischen Paläste, pflegte Musik und Kunst und richtete in Ninive eine Art königliche Bibliothek ein.

GERICHT DES SARGON-PALASTES IN KHORSABAD.

Chr. 647-625.

35. Die Herrschaft seines Sohnes Asshuremid - ilin , von den Griechen Sarakos genannt , war von Katastrophen überwältigt. Eine Horde Barbaren aus den Ebenen Skythens drang in das Reich ein, und bevor es sich von dem Schock erholen konnte, wurde es von einem doppelten Aufstand der Medien im Norden und Babyloniens im Süden zerrissen. Nabopolassar , der Babylonier, war General der Armeen von Saracus gewesen ; Doch als er feststellte, dass er stärker war als sein Herr, schloss er ein Bündnis mit Kyaxares , dem König der Meder, und belagerte und eroberte gemeinsam mit ihm Ninive. Der assyrische Monarch kam in den Flammen seines Palastes um und die beiden Eroberer teilten seine Herrschaftsgebiete unter sich auf. So endete das Assyrische Reich im Jahr 625 v. Chr.

36. Die DRITTE PERIODE war das Goldene Zeitalter der assyrischen Kunst. Die Marmorskulpturen, die aus den Palästen von Sargon, Sennacherib und Assurbani - pal mitgebracht wurden, zeigen eine Kunstfertigkeit und Genialität in der Schnitzerei, die uns an die Griechen erinnern. Einige sind in Sammlungen von Hochschulen und anderen gelehrten Gesellschaften in diesem Land zu sehen. Die prächtigsten Exemplare befinden sich im British Museum, im Louvre in Paris und im Orientalischen Museum in Berlin. Im gleichen Zeitraum wurden die Wissenschaften Geographie und Astronomie mit großem Fleiß gepflegt; Studien in Sprache und Geschichte beschäftigten eine Vielzahl gelehrter Männer; und moderne Gelehrte sind bei der Entschlüsselung der lange vergrabenen Denkmäler voller Bewunderung für die geistige Aktivität, die die Zeit des Unterreichs von Assyrien kennzeichnete.

Für die erste und mehr als die Hälfte der zweiten Periode sind die Namen diskontinuierlich und die Daten unbekannt. Wir beginnen daher mit der Ära der festgestellten Chronologie.

Könige der zweiten Periode.

Asshur- danin -il I	gestorben	Chr	909.
Hu- likh - khus III	regierte	”	909-889.
Tiglathi-nin II	”	”	889-886.
Assur- nasir -pal I	”	”	886-858.
Salmanassar II	”	”	858-823.
Shamas-iva	”	”	823-810.
Hu- likh - khus IV	”	”	810-781.
Salmanassar III	”	”	781-771.
Assur- danin -il II	”	”	771-753.
Asshur- likh - khus	”	”	753-745.

Könige der dritten Periode.

Tiglatpileser II . , Usurpator, [7]		Chr	745-727.
Salmanassar IV.,		”	727-721.
Sargon, Usurpator,		”	721-705.
Sanherib,		”	705-680.
Esarhaddon,		”	680-667.
Asshur- Bani -Kumpel,	um	”	667-647.
Ashhur- emid - ilin ,		”	647-625.

REPRISE.

Ein Königreich mächtiger Jäger und großer Baumeister wird von Nimrod im Jahr 2000 v. Chr. gegründet. Chaldäa wird zuerst arabischen, dann assyrischen Invasoren unterworfen, wird aber von Pul im Jahr 772 v. Chr. unabhängig gemacht. Die assyrische Monarchie absorbiert die Chaldäer und dehnt sich aus Syrien bis in die persischen Berge. Nach zweihundertjähriger Depression werden seine Aufzeichnungen im Jahr 909 v. Chr. authentisch. Iva-lush und Sammuramit regieren gemeinsam über stark vergrößerte Gebiete. Das Unterreich wird von Tiglatpileser II. gegründet , dessen Herrschaft bis zum Mittelmeer reicht. Sargon verzeichnet viele Eroberungen in seinem Palast in Khorsabad . Sanherib erobert Babylon zurück und erringt Siege über Ägypten und Palästina. Das assyrische Reich vergrößerte sich durch Esarhaddon und erreichte unter Assurbani-pal seinen Höhepunkt , nur um in der nächsten Herrschaft durch eine skythische Invasion und einen Aufstand der Medien und Babyloniens gestürzt zu werden.

MITTLERE MONARCHIE.

37. Über die Meder ist vor der Invasion ihres Landes durch Salmanassar II. im Jahr 830 v. Chr. und der teilweisen Eroberung durch Sargon im Jahr 710 [8] wenig bekannt . Sie hatten jedoch in der frühesten Zeit nach der Sintflut eine gewisse Bedeutung, z Berosus erzählt uns, dass in dieser Zeit eine medische Dynastie über Babylon herrschte. Das Land war zweifellos unter kleinen Häuptlingen gespalten, deren Rivalitäten verhinderten, dass es in den Augen fremder Nationen groß oder berühmt wurde.

In babylonischen Namen entsprechen Nebo, Merodach , Bel und Nergal den assyrischen Namen Asshur, Sin und Shamas . Somit ist Abed- Nego (für Nebo) der „Diener von Nebo"; Nebukadnezar bedeutet „Nebo beschütze meine Rasse" oder „Nebo ist der Beschützer der Wahrzeichen"; Nabopolassar = „Nebo beschütze meinen Sohn" – das genaue Äquivalent von Asshur- nasir -pal in der assyrischen Dynastie der zweiten Periode.

38. Um 740 v. Chr. empörten sich laut Herodot die Meder aus Assyrien und wählten Deioces zu ihrem König , dessen Integrität als Richter ihn als den geeignetsten für die Oberherrschaft ausgezeichnet hatte. Er baute die Stadt Ekbatana , die er mit sieben konzentrischen Steinkreisen befestigte, wobei der innerste vergoldet war, sodass seine Zinnen wie Gold glänzten. Hier führte Deioces eine streng zeremonielle Etikette ein und kompensierte seinen Mangel an erblichem Rang durch alle äußeren Zeichen der Göttlichkeit, die „einen König schützt". Keinem Höfling war es gestattet, in seiner Gegenwart zu lachen oder sich ihm ohne den tiefsten Ausdruck der Ehrfurcht zu nähern. Entweder sein wirklich würdevoller Charakter oder diese stattlichen Zeremonien hatten eine solche Wirkung, dass er dreiundfünfzig Jahre lang eine wohlhabende Herrschaft genoss. Obwohl Deiokes von Herodot als König der Meder beschrieben wird, ist es wahrscheinlich, dass er nur Herrscher eines einzigen Stammes war und dass ein großer Teil seiner Geschichte lediglich erfunden ist.

39. Die wahre Geschichte des medischen Königreichs reicht bis ins Jahr 650 v. Chr. zurück, als Phraortes auf dem Thron saß. Dieser König, der Sohn des Deioces genannt wird , weitete seine Macht über die Perser aus und bildete jene enge Verbindung der Medo -Perser-Stämme, die nie aufgelöst werden sollte. Die Vorherrschaft wurde bald von der letztgenannten Nation erlangt. Das Doppelreich wurde von Daniel in seiner Vision in der Gestalt eines Widders gesehen, dessen eines Horn höher war als das andere, und „das höhere kam zuletzt empor". (Daniel VIII: 3, 20.) Phraortes machte , verstärkt durch die Perser, viele Eroberungen in Oberasien. Er wurde im Krieg gegen den letzten König von Assyrien im Jahr 633 v. Chr. getötet.

40. Entschlossen, den Tod seines Vaters zu rächen, erneuerte Cyaxares den Krieg mit Assyrien. Er wurde abberufen, um einem gewaltigen Einfall von Barbaren aus dem Norden des Kaukasus zu widerstehen. Diese Skythen wurden Herren über Westasien, und ihre unverschämte Herrschaft soll 28 Jahre gedauert haben. Eine Gruppe von Nomaden wurde als Jäger in den Dienst von Cyaxares gestellt. Herodot zufolge kehrten sie eines Tages mit leeren Händen von der Jagd zurück; Und als der König seinen Unmut zum Ausdruck brachte, sprengte ihr wildes Temperament alle Grenzen. Sie servierten ihm anstelle von Wild das Fleisch eines der medischen Jungen, die ihnen beigebracht worden waren, um ihre Sprache und den Gebrauch des Bogens zu lernen, und flohen dann an den Hof des Königs von Lydien. Dieser Umstand führte zu einem Krieg zwischen Alyat´tes und Cyaxares , der fünf Jahre lang ohne entscheidendes Ergebnis andauerte. Es wurde durch eine Sonnenfinsternis mitten in einer Schlacht beendet. Die beiden Könige beeilten sich, Frieden zu schließen; und der Vertrag, der die Grenze ihrer beiden Reiche am Fluss festlegte Halys wurde durch die Heirat des Sohnes des Cyaxares mit der Tochter des Alyattes bestätigt. Die Unterdrückung durch die Skythen wurde durch ein allgemeines Massaker an den Barbaren beendet, die nach einem geheimen Plan zu Banketten eingeladen und mit Wein betrunken gemacht worden waren.

41. Cyaxares nahm nun seine Pläne gegen Assyrien wieder auf. Im Bündnis mit Nabopolassar aus Babylon gelang es ihm, Ninive einzunehmen, das Reich zu stürzen und Medien zu einer führenden Macht in Asien zu machen. Die erfolgreichen Kriege von Cyaxares sicherten ihm und seinem Sohn fast ein halbes Jahrhundert Frieden, in dem die Meder schnell die luxuriösen Gewohnheiten der von ihnen eroberten Nationen übernahmen. Der Hof von Ekbatana wurde so prächtig, wie der von Ninive auf dem Höhepunkt seiner Größe gewesen war. Die Höflinge erfreuten sich an scharlachroten und violetten Seidengewändern mit Halsbändern und Armbändern aus Gold, und das gleiche Edelmetall schmückte das Geschirr ihrer Pferde. Erinnerungen an das alte barbarische Leben blieben in einer übermäßigen Jagdlust, die entweder in den Parks rund um die Hauptstadt oder auf dem offenen Land, wo es noch Löwen, Leoparden, Bären, Wildschweine, Hirsche und Antilopen gab, ausgelebt wurde. Der große Holzpalast, der mit Gold- und Silberplatten bedeckt war, sowie andere Gebäude der Hauptstadt zeugten eher von einer barbarischen Vorliebe für kostspielige Materialien als von der Erhabenheit architektonischer Ideen. Die Magier, eine Priesterkaste, hatten großen Einfluss am medischen Hof. Ihnen wurde die Erziehung jedes jungen Königs anvertraut, und sie blieben sein ganzes Leben lang seine engsten Berater.

42. Chr. 593. Cyaxares starb nach vierzigjähriger Herrschaft. Sein Sohn Astyages regierte 35 Jahre lang in freundschaftlicher und friedlicher Allianz mit den Königen von Lydien und Babylon. Über ihn ist nur wenig bekannt, außer den Ereignissen im Zusammenhang mit seinem Sturz, und diese werden in der Geschichte von Cyrus, Buch II, beschrieben.

Bekannte Könige der Medien.

Phraortes	gestorben	Chr	633.
Cyaxares	regierte	"	633-593.
Astyages	"	"	593-558.

NOTIZ. — Es ist unmöglich, die Chronologie der Herrschaft des Cyaxares mit *allen* antiken Berichten in Einklang zu bringen. Wenn die skythische Invasion *nach* Beginn seiner Herrschaft stattfand, 28 Jahre andauerte und vor dem Fall von Ninive endete, ist es leicht zu erkennen, dass das Datum des letzteren Ereignisses später liegen muss als im Text angegeben. Die französische Orientalistenschule vermutet tatsächlich das Jahr 606 v. Chr. und die Thronbesteigung von Cyaxares im Jahr 634. Die englische Schule mit Sir H. Rawlinson an der Spitze gibt die Daten an, die wir übernommen haben.

BABYLONISCHE MONARCHIE.

43. Fast fünfhundert Jahre lang wurde Babylon von assyrischen Vizekönigen regiert, als Nabonassar (747 v. Chr.) das Joch abwarf und ein unabhängiges Königreich errichtete. Er vernichtete die demütigenden Aufzeichnungen früherer Knechtschaft und leitete eine neue Ära ein, ab der später die babylonische Zeit gerechnet wurde.

Chr. 721-709.

44. Merodach-baladan , der fünfte König dieser Linie, schickte eine Gesandtschaft zu Hiskia, dem König von Juda, um ihm zu seiner Genesung von einer Krankheit zu gratulieren und sich über ein außergewöhnliches

Phänomen im Zusammenhang mit seiner Genesung zu erkundigen. (Jesaja xxxviii: 7, 8; xxxix: 1.) Dies zeigt, dass die Babylonier nicht weniger aufmerksam für astronomische Beobachtungen waren als ihre Vorgänger, die Chaldäer . Tatsächlich veranlasste die strahlende Klarheit ihres Himmels die Bewohner dieser Region schon früh zum Studium der Sterne. Der Himmel wurde in Sternbildern kartiert und die Fixsterne katalogisiert; Die Zeit wurde mit Sonnenuhren gemessen und andere astronomische Instrumente wurden von den Babyloniern erfunden.

Chr. 680-667.

Chr. 667-647.

Chr. 647-625.

45. Derselbe Merodach-baladan wurde von Sargon, dem König von Assyrien, gefangen genommen und sechs Jahre lang festgehalten, während ein assyrischer Vizekönig seinen Thron besetzte. Er entkam und übernahm wieder die Regierung, wurde aber erneut von Sennacherib, dem Sohn Sargons, entthront. Das Königreich blieb in einem unruhigen Zustand und wurde normalerweise von Assyrern regiert, die jedoch nach Unabhängigkeit strebten, bis Esarhaddon, der Sohn Sanheribs, Babylon eroberte, sich einen Palast baute und abwechselnd in dieser Stadt und in Ninive regierte. Sein Sohn Sa'os-duchinus regierte Babylon zwanzig Jahre lang als Vizekönig und wurde von Cinneladanus abgelöst , einem weiteren Assyrer, der zweiundzwanzig Jahre lang regierte.

Chr. 625-604.

Chr. 608.

Chr. 605.

46. Chr. 625. ZWEITE PERIODE. Nabopolassar , ein babylonischer General, nutzte das Unglück des assyrischen Reiches, um die lange Unterwerfung seines Volkes zu beenden. Er verbündete sich mit Cyaxares , dem medischen König, um Ninive zu belagern und das Reich zu stürzen. Bei der anschließenden Aufteilung der Beute erhielt er Susiana, das Euphrattal und ganz Syrien und errichtete ein neues Reich, dessen Geschichte zu den glänzendsten der Antike zählt. Die Ausweitung seiner Herrschaft nach Westen brachte ihn in Konflikt mit einem mächtigen Nachbarn, Pharaone'choh aus Ägypten, der tatsächlich die syrischen Provinzen unterwarf und sie einige Jahre lang hielt. Doch Nabopolassar schickte seinen noch mächtigeren Sohn Nebukadnezar , der den ägyptischen König in der Schlacht von Karkemisch züchtigte und ihm die gestohlenen Provinzen entriss. Er belagerte auch Jerusalem und kehrte beladen mit den Schätzen des Tempels und Palastes Salomos nach Babylon zurück. Er brachte in seinem

Gefolge Jojakim , den König von Juda, und mehrere junge Leute aus der königlichen Familie mit, darunter auch den Propheten Daniel.

Chr. 604-561.

47. Während des Feldzugs seines Sohnes war Nabopolassar in Babylon gestorben, und der siegreiche Prinz wurde sofort als König anerkannt. Nebukadnezar führte nachfolgende Kriege in Phönizien , Palästina und Ägypten und gründete ein Reich, das sich nach Westen bis zum Mittelmeer erstreckte. Er setzte den König von Ägypten ab und setzte Amasis als seinen Stellvertreter auf den Thron. Zedekia , der auf den Thron Judas erhoben worden war, rebellierte gegen Babylon, und Nebukadnezar machte sich persönlich auf den Weg, um seinen Verrat zu bestrafen. Er belagerte Jerusalem achtzehn Monate lang und nahm Zedekia gefangen, der mit wahrer östlicher Grausamkeit gezwungen war, die Ermordung seiner beiden Söhne zu sehen, bevor ihm die Augen ausgelöscht wurden, und er wurde in Ketten nach Babylon getragen. In einem späteren Krieg zerstörte Nebuzaradan , der General der Armeen Nebukadnezars, Jerusalem, brannte den Tempel und die Paläste nieder und verschleppte den Rest des Volkes nach Babylon. Die starke und wohlhabende Stadt Tyrus empörte sich und widerstand dreizehn Jahre lang der Macht des großen Königs, unterwarf sich aber schließlich, und ganz Phönizien blieb unter dem babylonischen Joch, 585 v. Chr.

48. Der aktive Geist Nebukadnezars, der in Eroberungspläne versunken war, begann von Träumen heimgesucht zu werden, in denen in einem davon deutlich die Reihe großer Reiche vorhergesagt wurde, die im Osten noch entstehen sollten. Von allen Weisen des Hofes war Daniel allein in der Lage, die Vision zu deuten; und seine spirituelle Einsicht, zusammen mit der einzigartigen Erhabenheit und Reinheit seines Charakters, brachten ihm das liebevolle Vertrauen des Königs ein. (Lesen Sie Daniel II.)

49. Die Herrschaft Nebukadnezars wurde durch großartige öffentliche Werke veranschaulicht. Seine Frau, eine medische Prinzessin, seufzte über ihre Heimatberge und war angewidert von der Flachheit der babylonischen Ebene, der größten in der antiken Welt. Um sie zu befriedigen, wurden die erhöhten – statt „hängenden" – Gärten angelegt. Bögen wurden in fortlaufender Reihe auf Bögen errichtet, bis sie die Mauern Babylons überragten, und Treppen führten von Terrasse zu Terrasse. Die gesamte Mauerwerksstruktur war mit Erde überzogen, die ausreichte, um die größten Bäume zu ernähren, die mittels hydraulischer Motoren vom Fluss mit reichlich Feuchtigkeit versorgt wurden. Inmitten dieser Haine stand die königliche Winterresidenz; denn ein Rückzugsort, der in anderen Klimazonen am besten für eine Sommerbehausung geeignet wäre, war hier den kühleren Monaten vorbehalten, in denen der Mensch allein im Freien leben kann. Dieses erste große Werk der Landschaftsgärtnerei, das die Geschichte beschreibt, umfasste eine bezaubernde Vielfalt an Hügeln und Wäldern, Flüssen, Kaskaden und Brunnen und war mit den schönsten Blumen geschmückt, die sich der Osten leisten konnte.

50. Derselbe König umgab die Stadt mit Mauern aus gebrannten Ziegeln, zweihundert Ellen hoch und fünfzig Ellen dick, die zusammen mit den Gärten zu den sieben Weltwundern gezählt wurden. Während seiner Herrschaft und der seines Schwiegersohns Nabona´dius wurde das ganze Land durch öffentliche Arbeiten bereichert: Kanäle, Stauseen und Schleusen wurden vervielfacht und die Küsten des Persischen Golfs wurden durch Piers verbessert und Böschungen.

51. Aufgrund dieser Ermutigungen sowie ihrer glücklichen Lage auf halbem Weg zwischen dem Indus und dem Mittelmeer, mit dem Golf und den beiden großen Flüssen als natürliche Verkehrswege, wimmelte es in Babylon von Kaufleuten aller Nationen, und ihr Handel umfasste das Bekannte Welt. Auch die Manufakturen waren zahlreich und berühmt. Die Baumwollstoffe der Städte am Tigris und Euphrat waren an Feinheit der Qualität und Brillanz der Farben unübertroffen; und Teppiche, die bei den luxuriösen Orientalen sehr gefragt waren, wurden nirgendwo in solcher Pracht hergestellt wie in den Webstühlen Babylons.

52. Es ist nicht verwunderlich, dass der Stolz Nebukadnezars durch die Pracht seiner Hauptstadt entfacht wurde. Als er den Gipfel seines neuen Palastes betrat und auf die wimmelnde Menschenmenge herabblickte, die ihren Wohlstand seinem Schutz und seiner pflegenden Fürsorge verdankte, sagte er: „Ist das nicht das große Babylon, das *ich* für das Haus des Königreichs gebaut habe?" der Macht meiner Macht und zur Ehre meiner Majestät?" In diesem Moment überkam ihn die Demütigung, die Daniel in einem früheren Traum vorhergesagt hatte. Wir können die Art des Urteils nicht besser beschreiben als mit den eigenen Worten des Königs (Daniel IV: 31-37):

„Als das Wort im Mund des Königs war, erklang eine Stimme vom Himmel und sprach: Dir, König Nebukadnezar, ist es verkündet; Das Königreich ist von dir gewichen. Und sie werden dich von den Menschen vertreiben, und deine Wohnung wird bei den Tieren des Feldes sein; sie werden dich Gras fressen lassen wie Ochsen, und sieben Zeiten werden über dich vergehen, bis du erkennst, dass der Höchste herrscht im Reich der Menschen und gibt es, wem er will. In derselben Stunde geschah es an Nebukadnezar: Und er wurde von den Menschen vertrieben und aß Gras wie Ochsen, und sein Körper wurde vom Tau des Himmels benetzt, bis seine Haare wie Adlerfedern und seine Nägel wie Vögel wuchsen ' Krallen. Und am Ende der Tage erhob ich, Nebukadnezar, meine Augen zum Himmel, und mein Verstand kehrte zu mir zurück, und ich pries den Allerhöchsten , und ich lobte und ehrte den, der in Ewigkeit lebt , dessen Herrschaft eine ewige Herrschaft ist. und sein Königreich bleibt von Generation zu Generation.... Zur gleichen Zeit kehrte mein Verstand zu mir zurück; und zur Ehre meines Königreiches kehrten meine Ehre und mein Glanz zu mir zurück; und meine Ratgeber und meine Herren suchten nach mir; und ich wurde in meinem Königreich etabliert, und mir wurde ausgezeichnete Majestät verliehen. Nun preise und preise und ehre ich, Nebukadnezar, den König des Himmels, dessen Werke alle Wahrheit sind und dessen Wege Recht sind; und diejenigen, die in Stolz wandeln , kann er erniedrigen."

Chr. 561-559.

Chr. 559-555.

Chr. 555-538.

53. Die unmittelbaren Nachfolger Nebukadnezars waren ihm in Charakter und Talent nicht ebenbürtig. Evil- Merodach , sein Sohn, wurde nach zweijähriger Herrschaft von Nereglissar , dem Ehemann seiner Schwester, ermordet. Als dieser Prinz den Thron bestieg, war er bereits in fortgeschrittenem Alter, da er bereits dreißig Jahre zuvor bei der Belagerung Jerusalems oberster Offizier der Krone gewesen war. Er regierte nur vier Jahre und wurde von seinem Sohn La´borosoar´chod abgelöst . Der junge König wurde nach nur neunmonatiger Herrschaft von Nabonadius ermordet , der der letzte König von Babylon wurde. Der Usurpator stärkte seinen Titel, indem er eine Tochter Nebukadnezars – wahrscheinlich die Witwe von Nereglissar – heiratete und ihm anschließend ihren Sohn Belsazar in die Regierung stellte . Er suchte auch Sicherheit in ausländischen Bündnissen. Er befestigte seine Hauptstadt durch Flussmauern und errichtete Wasserwerke in Verbindung mit dem Fluss oberhalb der Stadt, durch die die gesamte Ebene im Norden und Westen überflutet werden konnte, um die Annäherung eines Feindes zu verhindern.

54. Im Osten entstand tatsächlich eine neue Macht, gegen die die drei älteren, aber schwächeren Monarchien Babylonien, Lydien und Ägypten es für notwendig hielten, ihre Kräfte zu bündeln. Nach der Eroberung Lydiens und der Ausdehnung des Persischen Reiches bis zum Ägäischen Meer hatte Nabonadius noch fünfzehn Jahre Zeit, sich darauf vorzubereiten. Er verkürzte die Zeit, indem er in Babylon enorme Mengen an Lebensmitteln anlegte; und war zuversichtlich, dass die starken Mauern Nebukadnezars es ihm ermöglichen würden, seinem Feind fröhlich zu trotzen, auch wenn das Land überrannt werden würde. Als Cyrus näherkam, beschloss er, eine Schlacht zu wagen; aber darin wurde er besiegt und musste in Borsippa Zuflucht suchen . Sein Sohn Belsazar, der in Babylon zurückgelassen wurde, gab sich einer falschen Versicherung der Sicherheit hin. Indem Cyrus den

Lauf des Euphrat umlenkte, öffnete er seiner Armee einen Weg ins Herz der Stadt, und der Hof wurde inmitten eines betrunkenen Festes überrascht und auf Widerstand nicht vorbereitet. Der junge Prinz wurde in dem Durcheinander unerkannt am Tor seines Palastes erschlagen. Nabonadius , gebrochen durch den Verlust seiner Hauptstadt und seines Sohnes, übergab sich selbst als Gefangener; und die Herrschaft über den Osten ging auf die medo -persische Rasse über. Babylon wurde die zweite Stadt des Reiches, und der persische Hof residierte dort den größten Teil des Jahres.

REPRISE.

Deioces , der erste angebliche König von Medien, baute und schmückte Ekbatana. Phraortes vereinte die Meder und Perser zu einem mächtigen Königreich. Unter der Herrschaft des Cyaxares herrschten die Skythen 28 Jahre lang über Westasien. Nach ihrer Vertreibung stürzte Cyaxares im Bündnis mit dem babylonischen Vizekönig das assyrische Reich, teilte dessen Gebiete mit seinem Verbündeten auf und steigerte sein eigenes Herrschaftsgebiet zu einem hohen Reichtum. Sein Sohn Astyages regierte fünfunddreißig Jahre lang friedlich.

Babylon wurde unter Nabonassar im Jahr 747 v. Chr. von Assyrien unabhängig. Merodach-baladan , der fünfte einheimische König, wurde zweimal von Sargon und Sanherib abgesetzt, und das Land blieb erneut zweiundvierzig Jahre unter assyrischer Herrschaft. Es wurde von Nabopolassar geliefert , dessen noch mächtigerer Sohn Nebukadnezar große Siege über die Könige von Juda und Ägypten errang, indem er die letzteren durch seine eigenen Vizekönige ersetzte und die ersteren mit den Fürsten, Adligen und heiligen Schätzen Jerusalems transportierte , nach Babylon. Durch eine dreizehnjährige Belagerung wurde Tyrus unterworfen und ganz Phönizien erobert. Aus von Daniel interpretierten Visionen erfuhr Nebukadnezar vom zukünftigen Aufstieg und Fall asiatischer Reiche. Er errichtete die Hängenden Gärten, die Mauern von Babylon und viele andere öffentliche Bauwerke. Sein Stolz wurde mit sieben Jahren Erniedrigung bestraft. Evil- Merodach wurde von Nereglissar ermordet , der seine Krone nach vier Jahren Laborosoarchod vermachte . Nabonadius erlangte den Thron mit Gewalt und versuchte gemeinsam mit seinem Sohn Belsazar, sein Herrschaftsgebiet gegen Cyrus zu schützen. aber Babylon wurde eingenommen und das Reich gestürzt, 538 v. Chr.

Königreiche Kleinasiens.

55. Die anatolische Halbinsel, die durch ihre Gebirgsketten in mehrere Abschnitte unterteilt ist, wurde seit der Antike von verschiedenen Nationen mit nahezu gleicher Macht bewohnt. Von diesen waren die PHRYGIER wahrscheinlich die ersten Siedler und besetzten einst die gesamte Halbinsel. Aufeinanderfolgende Einwanderungen aus dem Osten und Westen drängten sie von der Küste weg, hatten aber immer noch den Vorteil eines großen und fruchtbaren Territoriums. Sie waren eine mutige, aber ziemlich brutale Rasse, die sich hauptsächlich mit der Landwirtschaft und insbesondere dem Weinanbau beschäftigte.

56. Die Phrygier kamen aus den Bergen Armeniens, von wo sie eine Überlieferung über die Sintflut und die Ruhestätte der Bundeslade auf dem Berg Ararat mitbrachten. In der Urzeit waren sie es gewohnt, ihre Siedlungen in den Felsen der anatolischen Hügel zu graben, und viele dieser Felsenstädte sind in allen Teilen Kleinasiens zu finden. Vor der Zeit Homers verfügten sie jedoch über gut gebaute Städte und einen florierenden Handel.

57. Ihre Religion bestand aus vielen dunklen und mysteriösen Riten, von denen einige später von den Griechen kopiert wurden. Die Verehrung von Cyb´ele und Saba´zius , dem Gott des Weinstocks, wurde von wilder Musik und Tänzen begleitet. Die Hauptstadt Phrygiens war Gor´dium am Sanga´rius . Die Könige wurden abwechselnd Gor´dias und Mi´das genannt , wir haben jedoch keine chronologischen Listen. Phrygien wurde 560 v. Chr. eine Provinz Lydiens.

58. In späteren Zeiten wurde LYDIEN das größte Königreich in Kleinasien, sowohl an Reichtum als auch an Macht, und umfasste in seiner Herrschaft die gesamte Halbinsel mit Ausnahme von Lykien, Kilikien und Kappadokien. Drei Dynastien herrschten nacheinander: die *Atyadæ* vor 1200 v. Chr.; die *Herakliden* für die nächsten 505 Jahre; und die *Mermnadae* , von 694 v. Chr. bis 546, als Krösus , der letzte und größte Monarch, von den Persern erobert wurde. Der Name dieses Königs ist aufgrund seines enormen Reichtums sprichwörtlich geworden. Als er mit seinem Vater als Kronprinz verbunden war, wurde er von Solon von Athen besucht, der mit der Kühle eines Philosophen die ganze Pracht des Hofes betrachtete. Verärgert über seine Gleichgültigkeit fragte der Prinz Solon, wer von allen Männern, denen er auf seinen Reisen begegnet war, ihm am glücklichsten erschien. Zu seinem Erstaunen nannte der weise Mann zwei Personen in vergleichsweise bescheidenen Stellungen, von denen der eine jedoch mit pflichtbewussten Kindern gesegnet war und der andere einen triumphalen und glorreichen Tod gestorben war. Die Eitelkeit des Krösus konnte sich des direkten Versuchs, ein Kompliment zu erpressen, nicht länger enthalten. Er fragte, ob Solon ihn nicht für einen glücklichen Mann halte. Der Philosoph entgegnete ernst, dass das Leben so wechselhaft sei und dass seiner Meinung nach kein Mensch mit Sicherheit für glücklich erklärt werden könne, bis sein Leben beendet sei.

59. Krösus dehnte seine Macht nicht nur auf die gesamte anatolische Halbinsel aus, sondern auch auf die griechischen Inseln im Ägäischen und Ionischen Meer. Er schloss ein Bündnis mit Sparta, Ägypten und Babylon, um dem wachsenden Reich des Kyros zu widerstehen; aber seine Vorsichtsmaßnahmen waren wirkungslos; er wurde besiegt und gefangen genommen. Er soll auf einen Scheiterhaufen oder Altar in der Nähe des Tors seiner Hauptstadt gefesselt worden sein, als er sich voller Kummer an die Worte des athenischen Weisen erinnerte und dreimal seinen Namen aussprach: „Solon, Solon, Solon!" " Cyrus, der die Szene neugierig betrachtete, befahl seinen Dolmetschern, sich zu erkundigen, welchen Gott oder welchen Menschen er in seiner Not auf diese Weise angerufen hatte. Der gefangene König antwortete, dass es der Name eines Mannes sei, mit dem er wünschte, dass jeder Monarch bekannt werde; und beschrieb den Besuch und das Gespräch des gelassenen Philosophen, der von seiner Pracht nicht beeindruckt war. Der Eroberer wurde durch die Erinnerung daran, dass auch er sterblich war, zu einem großzügigeren Gefühl inspiriert; Er ließ Krösus frei und wohnte als Freund bei ihm.

KÖNIGE VON LYDIEN.

Von der ersten und zweiten Dynastie sind die Namen nur teilweise bekannt und es fehlen Daten.

Atyadæ	*Herakliden,* *letzte sechs:*	*Mermnadae :*		
Mähnen,	Adyattes I.,	Gyges,	Chr	694-678.
Atys ,	Ardys ,	Ardys ,	"	678-629.
Lydus ,	Adyattes II.,	Sadyattes ,	"	629-617.
Meles,	Meles,	Alyattes,	"	617-560.
	Myrsos ,	Krösus ,	"	560-546.
	Kerzen .			

PHÖNICIEN.

60. Der kleine Landstreifen zwischen dem Libanon und dem Meer war für die Antike wichtiger, als seine Größe vermuten lässt. Hier entstanden die ersten großen Handelsstädte, und phönizische Schiffe knüpften ein Netz des friedlichen Verkehrs zwischen den Nationen Asiens, Afrikas und Europas.

61. Sidon war wahrscheinlich die älteste und bis 1050 v. Chr. die blühendste aller phönizischen Gemeinden. Ungefähr in diesem Jahr errangen die Philister von Askalon einen Sieg über Sidon und die vertriebenen

Einwohner suchten Zuflucht in der rivalisierenden Stadt Tyrus . Von nun an übertraf die Tochter die Mutter an Reichtum und Macht. Als Herodot Tyrus besuchte , fand er einen Herkules-Tempel, der angeblich 2.300 Jahre alt war. Dies würde Tyrus ein Alter von 2.750 Jahren vor Christus bescheren

62. Weitere Hauptstädte Phöniziens waren Berytus (Beirut), Byblus , Tripolis und Aradus . Jedes davon bildete mit seinem umliegenden Territorium einen unabhängigen Staat. Gelegentlich schlossen sie sich in Zeiten der Gefahr unter der Leitung der Mächtigsten zu einer Liga zusammen; aber der Name Phönizien bezieht sich lediglich auf das Territorium, nicht auf einen einzelnen gut organisierten Staat, noch nicht einmal auf eine ständige Konföderation. Jede Stadt wurde von ihrem König regiert, aber ein starker priesterlicher Einfluss und eine mächtige Aristokratie, sei es von Geburt oder Reichtum, unterdrückten die despotischen Neigungen des Monarchen.

63. Der Handel der phönizischen Städte war in den früheren Jahrhunderten ihres Wohlstands konkurrenzlos. Ihre Handelsstationen entstanden rasch entlang der Küsten und auf den Inseln des Mittelmeers; und sogar jenseits der Säulen des Herkules blickte ihre Stadt Gades (Kadesh), das heutige Cadiz, auf den Atlantik. Diese abgelegenen Kolonien waren nur Ausgangspunkte für Reisen in noch weiter entfernte Regionen. Kaufleute aus Cádiz erkundeten die Westküsten Afrikas und Europas. Von den Stationen am Roten Meer aus wurden Handelsschiffe für Indien und Ceylon ausgerüstet.

64. Zu einem späteren Zeitpunkt übernahmen die Griechen den Handel über Euxine und die Ägäis , während Karthago seinen Anteil am westlichen Mittelmeer und am Atlantik beanspruchte. Zu dieser Zeit herrschte in Westasien jedoch unter den späteren assyrischen und babylonischen Monarchen mehr Ruhe; und der Reichtum Babylons lockte Handelszüge von Tyrus über Tadmor durch die syrische Wüste. Andere Karawanen zogen nach Norden und tauschten die Produkte der phönizischen Industrie gegen Pferde, Maultiere, Sklaven und Kupfergeräte aus Armenien und Kappadokien ein. Es bestand stets ein freundschaftlicher Verkehr mit Jerusalem und ein Landverkehr mit dem Roten Meer, das von phönizischen Flotten frequentiert wurde. Gold aus Ophir, Perlen und Diamanten aus Ostindien und Ceylon, Silber aus Spanien, Leinenstickereien aus Ägypten, Affen aus Westafrika, Zinn von den Britischen Inseln und Bernstein aus der Ostsee könnten in der Ladung tyrischer Schiffe gefunden werden.

65. Die Phönizier waren im Allgemeinen eher Kaufleute als Fabrikanten; aber ihre Bronzen und Gefäße aus Gold und Silber sowie andere Arbeiten aus Metall hatten einen hohen Ruf. Sie behaupteten, das Glas erfunden zu haben, das sie zu zahlreichen Gebrauchs- und Ziergegenständen verarbeiteten. Das berühmteste ihrer Produkte war jedoch der „Tyrische Purpur", den sie in winzigen Tropfen aus den beiden Schalentieren *Buccinum* und *Murex gewannen* und mit dem sie ihren Wollstoffen einen hohen Wert verliehen.

66. Um die Zeit von Pygmalion überwältigten die kriegerischen Feldzüge Salmanassars II. die phönizischen Städte und blieben mehr als zweihundert Jahre lang dem assyrischen Reich tributpflichtig. In der zweiten Hälfte dieser Zeit wurden häufige, aber meist vergebliche Versuche unternommen, das Joch abzuschütteln. Es ist wahrscheinlich, dass Phönizien mit dem Fall von Ninive unabhängig wurde.

608. Es wurde jedoch bald von Necho von Ägypten reduziert, der ganz Syrien zu seinen Herrschaftsgebieten hinzufügte und Phönizien abhängig hielt, bis er selbst von Nebukadnezar (605 v. Chr.) bei Karkemisch erobert wurde. Die gefangenen Städte wurden lediglich einem neuen Herrn übertragen; doch im Jahr 598 rebellierte Tyrus gegen die Babylonier und hielt eine dreizehnjährige Belagerung aus. Als sie schließlich gezwungen war, sich zu unterwerfen, fand der Eroberer keine Beute, die die extreme Mühe seiner Arbeit hätte belohnen können, denn die Bewohner hatten ihre Schätze heimlich auf eine eine halbe Meile entfernte Insel gebracht, wo Neu- Tyrus bald die Pracht des Alten übertraf.

68. Phönizien blieb Babylon unterworfen, bis diese Macht durch das neue Reich von Kyros dem Großen überwunden wurde. Die lokale Regierung wurde von einheimischen Königen oder Richtern ausgeübt, die dem babylonischen König Tribut zollten.

69. Die Religion der Phönizier wurde durch viele grausame und unreine Riten entwürdigt. Ihre Hauptgottheiten, Baal und Astar´te oder Ashtaroth, stellten Sonne und Mond dar. Baal wurde in Hainen auf Höhen verehrt, manchmal, wie der Ammoniak- Moloch, mit Brandopfern von Menschen; immer mit wilden, fanatischen Riten, seine Anhänger weinten laut und schnitten sich mit Messern. Melcarth , der tyrische Herkules, wurde nur in Tyrus und seinen Kolonien verehrt . Sein Symbol war ein ewig brennendes Feuer, und er teilte wahrscheinlich mit Baal den Charakter eines Sonnengottes . Für diese Handelsstädte waren die Meeresgottheiten von besonderer Bedeutung. Ihre Anführer waren Posidon , Nereus und Pontus. Von niedrigerem Rang, aber nicht weniger unvergessen, waren die kleinen Cabi´ri , deren Bilder die Galionsfiguren phönizischer Schiffe bildeten . Der Sitz ihrer Verehrung war Berytus .

70. Die Phönizier waren weniger götzendienerisch als die Ägypter, Griechen oder Römer; denn ihre Tempel enthielten entweder kein sichtbares Bild ihrer Gottheiten oder nur ein grobes Symbol wie den kegelförmigen Stein, der Astarte darstellen sollte.

KÖNIGE VON TYRUS.

Erste Periode.

Abibaal , teilweise zeitgleich mit David in Israel.		
Hiram, sein Sohn, Freund Davids und Salomos,	Chr	1025-991.
Balea´zar ,	”	991-984.
Abdastar´tus ,	”	984-975.
Einer seiner Attentäter, dessen Name unbekannt ist,	”	975-963.
Astartus ,	”	963-951.
Aser´ymus , sein Bruder,	”	951-942.
Phales , ein weiterer Bruder, der Aserymus ermordete ,	”	942-941.
Ethba´al , [9] Hohepriester von Astarte,	”	941-909.
Bade´zor , sein Sohn,	”	909-903.
Matgen , Sohn von Badezor und Vater von Dido,	”	903-871.
Pygmalion, Bruder von Dido,	”	871-824.

Tyrus blieb 227 Jahre lang den östlichen Monarchien tributpflichtig, und wir haben keine Liste seiner einheimischen Herrscher.

Zweite Periode.

Ethbaal II., Zeitgenosse Nebukadnezars,	Chr	597-573.
Baal,	”	573-563.
Ec´niba´al , Richter für drei Monate,	”	563.
Chel´bes , Richter zehn Monate,	”	563-562.
Abbarus , Richter drei Monate,	”	562.
Mytgon und Gerastar´tus , Richter fünf Jahre,	”	562-557.
Bala´tor , König,	”	557-556.
Merbal , König,	”	556-552.
Hiram, König,	”	552-532.

SYRIEN.

71. Das eigentliche Syrien war in mehrere Staaten aufgeteilt, von denen in der Antike Damaskus mit seinem Territorium, einem fruchtbaren Land zwischen dem Antilibanon und der syrischen Wüste, der wichtigste war. Daneben gab es die nördlichen Hethiter, deren Hauptstadt Karkemisch war; die südlichen Hethiter in der Region des Toten Meeres; die Pate´na am unteren und Hamath am oberen Orontes.

72. Damaskus an der Abana gehört zu den ältesten Städten der Welt. Es widerstand den erobernden Armen Davids und Salomos, die mit dieser Ausnahme über das gesamte Land zwischen Jordan und Euphrat herrschten; und es blieb ein feindseliger und furchterregender Nachbar der hebräischen Monarchie, bis Juden, Israeliten und Syrer gleichermaßen vom Wachstum des assyrischen Reiches überwältigt wurden.

KÖNIGE VON DAMASKUS.

Hadad ,	zeitgenössisch mit	David,	über BC	1040.
Rezon ,	”	Solomon,	”	1000.
Tabrimmon , —	”	Abijah,	”	960-950.
Benhadad I. ,	”	Bascha und Asa,	”	950-920.
Benhadad II .,	”	Ahab,	”	900.
Hasael ,	”	Jehu und Salmanassar II.,	”	850.
Benhadad III .,	”	Joahas ,	”	840.
Unbekannt bis Rezin ,	”	Ahas von Juda,	”	745-732.

JUDÄA.

73. Die Geschichte der hebräischen Rasse ist uns besser bekannt als die aller anderen gleichaltrigen Völker, da sie in den heiligen Schriften sorgfältig aufbewahrt wurde. Die Trennung dieser Rasse aufgrund ihrer besonderen und wichtigen Rolle in der Weltgeschichte begann mit der Berufung Abrahams aus seiner Heimat nahe dem Euphrat in das westlicher gelegene Land am Mittelmeer, was ihm und seinen Nachkommen versprochen wurde. Die Geschichte seiner Söhne und Enkel vor und während ihres Aufenthalts in Ägypten gehört jedoch eher zur Familien- als zur Nationalgeschichte. Ihre Zahl nahm zu, bis sie zum Gegenstand der Besorgnis der Ägypter wurden, die versuchten, ihren Geist durch Knechtschaft zu brechen. Schließlich wuchs Moses unter der Fürsorge des Pharao selbst auf; und nach vierzigjährigem Rückzug in die Wüsten von Midian, wo er die Würde des Alters und einsame Meditation zur „Gelehrsamkeit der Ägypter" hinzufügte, wurde er zum Befreier und Gesetzgeber seines Volkes.

74. Die Geschichte der jüdischen Nation beginnt mit der Nacht ihres Auszugs aus Ägypten. Das Volk wurde nach seinen Stämmen versammelt, die die Namen der zwölf Söhne Jakobs, des Enkels Abrahams, trugen. Die Söhne Josephs erhielten jedoch jeweils einen Teil und gaben den beiden Stämmen Ephraim und Manasse ihre Namen . Die Familie Jakobs zog nach Ägypten, siebenundsechzig Personen; es ging mit 603.550 Kriegern aus, die Leviten nicht mitgerechnet, die vom Militärdienst befreit waren, damit sie die Aufsicht über die Stiftshütte und die zur Anbetung verwendeten Geräte hatten.

75. Nach langen Märschen und Gegenmärschen durch die arabische Wüste – notwendig, um den Geist eines freien Volkes aus den eingeschüchterten und unterwürfigen Gewohnheiten des Sklaven zu wecken und dem langen Beispiel des Götzendienstes durch direkte göttliche Offenbarung eines reinen und spirituellen Menschen entgegenzuwirken Anbetung – die Israeliten wurden in das Abraham versprochene Land geführt, das hauptsächlich zwischen dem Jordan und dem Meer lag. Zweieinhalb der zwölf Stämme – Ruben, Gad und der halbe Stamm Manasse – bevorzugten die fruchtbaren Weiden östlich des Jordan; und unter der Bedingung, dass sie ihren Brüdern bei der Eroberung ihres westlicher gelegenen Territoriums helfen, erhielten sie dort ihren zugeteilten Anteil.

76. Mose, ihr großer Führer durch die Wüste, starb außerhalb des Gelobten Landes und wurde im Land Moab begraben. Sein Stellvertreter Josua eroberte Palästina und teilte es unter den Stämmen auf. Die Einwohner von Gibeon beeilten sich, durch eine Kriegslist Frieden mit den Eindringlingen zu schließen. Obwohl ihre Unwahrheit bald aufgedeckt wurde, blieb Josua seinem bereits geleisteten Eid treu, und die Gibeoniter entgingen dem üblichen Schicksal der Vernichtung, das den Bewohnern Kanaans auferlegt wurde, indem sie Diener und Tributpflichtige der Hebräer wurden.

77. Die Könige von Palästina versammelten nun ihre Streitkräfte, um die Verräterstadt zu belagern, als Rache für ihr Bündnis mit den Fremden. Josua eilte ihm zu Hilfe und besiegte, schlug und vernichtete in der großen Schlacht von Beth- Horon die Heere der fünf Könige. Dieser Konflikt entschied über

den Besitz Zentral- und Südpalästinas. Jabin , „König von Kanaan", behauptete immer noch in seiner Festung Hazor im Norden. Die besiegten Könige waren wahrscheinlich bis zu einem gewissen Grad von ihm als ihrem Vorgesetzten, wenn nicht sogar als ihrem Souverän abhängig gewesen. Er versammelte nun alle Stämme, die nicht unter dem Schwert der Israeliten gefallen waren, und begegnete Josua am Wasser von Merom. Die Kanaaniter hatten Pferde und Streitwagen; Die Hebräer waren zu Fuß, aber ihr Sieg war ebenso vollständig und entscheidend wie bei Bethhoron . Hazor wurde eingenommen und verbrannt, und sein König wurde enthauptet.

78. Die Nomaden der vierzig Jahre in der Wüste wurden nun zu einem sesshaften, zivilisierten und landwirtschaftlich geprägten Volk. Shiloh war das erste dauerhafte Heiligtum; Dort wurde die in der Wüste errichtete Stiftshütte errichtet und zum Schrein des nationalen Gottesdienstes.

79. Die jüdische Geschichte ist ordnungsgemäß in drei Perioden unterteilt:

ICH.	Vom Exodus bis zur Gründung der Monarchie,	Chr. 1650-1095.	(Siehe Hinweis, Seite 47.)
II.	Von der Thronbesteigung Sauls bis zur Teilung in zwei Königreiche,	Chr. 1095-975.	
III.	Von der Trennung der Königreiche bis zur Gefangenschaft in Babylon,	Chr. 975-586.	

80. Während der ersten Periode war die Regierung der Hebräer eine einfache Theokratie, wobei die Leitung aller wichtigen Bewegungen durch den Hohepriester von Gott selbst übernommen wurde. Die Herrscher, von Moses an, beanspruchten keine königlichen Ehren, sondern führten die Nation im Krieg und richteten in Frieden nach allgemeiner Zustimmung. Sie wurden sofort durch eine Offenbarung vom Himmel und durch eine besondere Eignung in Charakter oder Person, die leicht erkennbar war, für ihr Amt bestimmt. So machten der Eifer und Mut von Gideon, der erhabene Geist von Debora und die Stärke von Simson sie in den besonderen Notlagen, in denen sie auftauchten, am besten für das Kommando geeignet. Der „Richter" erschien normalerweise zu Zeiten der Gefahr oder des Unglücks, wenn das Volk jeden Retter gerne willkommen hieß; und seine einmal verliehene Macht hielt sein Leben lang an.

Nach seinem Tod verging meist eine lange Zeitspanne, in der „jeder das tat, was in seinen eigenen Augen recht war", bis eine neue Invasion der

Philister , Ammoniter oder Zidonier einen neuen Anführer erforderte. Die Chronologie dieses Zeitraums ist sehr unsicher, da die heiligen Schriften den Zeitpunkt der Ereignisse nur beiläufig erwähnen und ihre Aufzeichnungen nicht immer fortlaufend sind. Das System der Chronologie wurde erst später festgelegt.

HERRSCHER UND RICHTER ISRAELS.

Unter der Theokratie.

Mose, Befreier, Gesetzgeber und Richter,	40	Jahre
Josua, Eroberer Palästinas und Richter,	25	,,
Anarchie, Götzendienst, Unterwerfung unter fremde Herrscher,	20 *oder* 30	,,
Knechtschaft unter Chushan-Rishathaim von Mesopotamien,	8	,,
Othniel, Befreier und Richter,	40	,,
Knechtschaft unter Eglon , dem König von Moab,	18	,,
{Ehud,		
{Schamgar. In diesen beiden Herrschaften hat das Land Ruhe,	80	,,
Knechtschaft unter Jabin , dem König von Kanaan,	20	,,
Debora,	40	,,
Knechtschaft unter Midian,	7	,,
Gideon,	40	,,
Abimelech, König,	3	,,
Interregnum von unbekannter Dauer,	—	
Tola, Richter,	23	,,
Jair, Richter,	22	,,
Götzendienst und Anarchie,	5	,,
Knechtschaft unter Philistern und Ammonitern,	18	,,

Jeftah,	6	„
Ibzan ,	7	„
Elon,	10	„
Abdon,	8	„
Knechtschaft unter den Philistern,	40	„
Samson regiert in der letzten Hälfte dieser Periode den Südwesten Palästinas.	20	„
Eli, Hohepriester und Richter im Südwesten Palästinas,	40	„
Samuel, der letzte der Richter, erhebt sich nach dem Interregnum von	20	„

81. ZWEITE PERIODE. Die Israeliten waren schließlich mit der Unregelmäßigkeit ihrer Regierung unzufrieden und forderten einen König. Ihren Wünschen entsprechend wurde Saul, der Sohn von Kish, ein junger Benjaminiter, der sich durch Schönheit und erhabene Statur auszeichnete, auf göttlichen Befehl ausgewählt und von Samuel, ihrem alten Propheten und Richter, gesalbt.

82. Er fand das Land in fast demselben Zustand vor, in dem Josua es verlassen hatte. Die Menschen waren Bauern und Hirten; keiner war reich; selbst der König hatte „keinen Hof, keinen Palast, kein außerordentliches Gefolge; er war immer noch kaum mehr als Anführer im Krieg und Richter im Frieden." Das Land wurde immer noch von den Ammonitern auf der einen und den Philistern auf der anderen Seite verwüstet; und durch die jüngsten Einfälle der letzteren waren die Israeliten so schwach geworden, dass sie weder Waffen noch Rüstungen hatten, noch nicht einmal Eisenarbeiter. (1 Samuel xiii: 19, 20.)

83. Saul besiegte zunächst die Ammoniter, die Gilead von Osten her überrannt hatten; Dann wandte er sich gegen die Philister und demütigte sie in der Schlacht von Michmas , so dass sie bis kurz vor dem Ende seiner Herrschaft gezwungen waren, sich zu Hause zu verteidigen, anstatt in Israel einzumarschieren. Er führte auch Krieg gegen die Amalekiter , Moabiter , Edomiten und die Syrer von Zoba und „errettete Israel aus der Hand derer, die es ausgeplündert hatten".

84. Durch Ungehorsam verlor er die Gunst Gottes und David, sein zukünftiger Schwiegersohn, wurde zum König gesalbt. Jonathan, der Sohn Sauls, war ein fester Freund und Beschützer Davids gegen die eifersüchtige

Wut seines Vaters. Sogar der König selbst, der besser gelaunt war, wurde
durch den heldenhaften Charakter Davids zu Bewunderung und Zuneigung
bewegt.

85. In den letzten Jahren Sauls fielen die Philister unter Achisch , dem
König von Gath, erneut in das Land ein und besiegten die Israeliten am Berg
Gilboa. Saul und alle bis auf einen seiner Söhne fielen in der Schlacht.
Ischboscheth , der überlebende Sohn, wurde in Gilead zum König ernannt
und regierte sieben Jahre lang alle Stämme außer Juda. Aber David wurde in
Hebron gekrönt und regierte über seinen eigenen Stamm bis zum Tod von
Ishbosheth , als er Herrscher über die ganze Nation wurde.

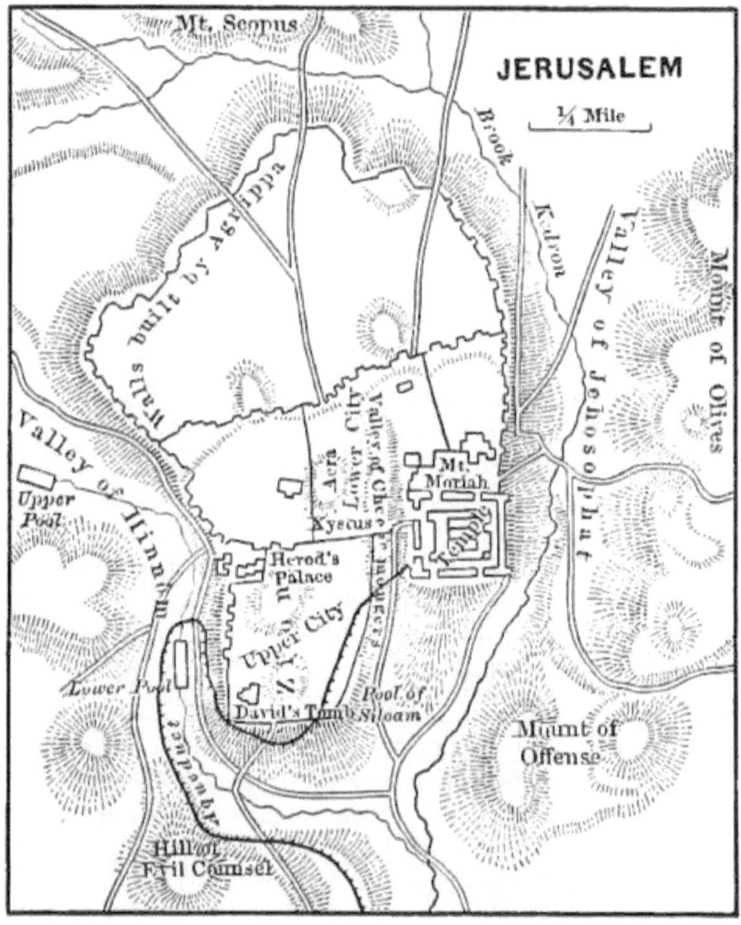

JERUSALEM.

86. Er eroberte Jerusalem von den Jebusitern , machte es zu seiner
Hauptstadt und errichtete einen königlichen Hof, wie ihn Israel noch nie

gekannt hatte. Die Bundeslade wurde aus ihrem vorübergehenden Aufenthaltsort in Kirjathje´arim entfernt und Jerusalem wurde fortan zur Heiligen Stadt, zum Sitz der Nationalreligion und der Regierung.

87. Die Kriege Davids waren noch siegreicher als die Kriege Sauls, und das Reich Israels erstreckte sich nun von den Grenzen des Roten Meeres bis zu denen des Euphrat. Moab wurde tributpflichtig, die Philister wurden bestraft und alle syrischen Stämme östlich und nördlich von Palästina wurden unterworfen. (2. Samuel VIII.)

88. So groß der militärische Ruhm Davids auch war, sein späterer Ruhm beruht auf seinen Psalmen und Liedern. Er war der erste große Dichter Israels und vielleicht der früheste der Welt. Die Frische der Weiden und Berghänge, auf denen er seine Jugend verbrachte, die Gewissheit des göttlichen Schutzes inmitten der einzigartigen und romantischen Ereignisse seiner abwechslungsreichen Karriere, die Erweiterung seines Gedankenhorizonts durch die großartige Herrschaft, die ihm später zuteil wurde Leben, all das verlieh seiner Erfahrung einen Reichtum und eine Tiefe, die in heiligen Melodien wiedergegeben wurden und ihren passenden Platz im Tempeldienst fanden; und jede Form des jüdischen und christlichen Gottesdienstes wurde seit seiner Zeit durch die Poesie Davids bereichert.

89. Dieser große Held und Dichter war nicht von gewöhnlichen menschlichen Sünden und Torheiten verschont, und die einzigen Katastrophen seiner Herrschaft waren direkt auf seine Fehler zurückzuführen. Die Folgen seiner Vielzahl an Ehefrauen in den Eifersüchteleien, die zwischen den verschiedenen Fürstenfamilien aufkamen, belasteten sein Alter mit einer Reihe von Verbrechen und Sorgen. Seine Söhne Abschalom und Adonija schmiedeten zu unterschiedlichen Zeiten eine Verschwörung gegen ihn und übernahmen die Krone. Beide wurden für ihren Verrat bestraft, der eine mit dem Tod im Kampf, der andere mit dem Urteil Salomos nach dem Tod seines Vaters.

Chr. 1015.

90. Salomo, der Lieblingssohn Davids, erlangte ein friedliches Königreich. Alle Nachbarvölker erkannten seine Würde an und der König von Ägypten gab ihm seine Tochter zur Frau. Die Israeliten waren nun die dominierende Rasse in Syrien. Viele Monarchen waren dem großen König tributpflichtig, und der Hof von Jerusalem konkurrierte in seiner Pracht mit denen von Ninive und Memphis.

91. Der Handel erhielt sowohl durch den Unternehmergeist als auch durch den Luxus des Königs einen großen Aufschwung. Hiram, der König von Tyrus , war ein enger Freund Salomos, wie er es auch mit seinem Vater David gewesen war. Für den Bau eines Palastes und eines Tempels wurden

Zedern aus den Wäldern des Libanon gebracht. Durch sein Bündnis mit Hiram wurde Salomo zum Anteil am tyrischen Handel zugelassen; und durch den Einfluss seines Schwiegervaters Pharao eroberte er von den Edomitern den Hafen von Ezion-Geber am Roten Meer, wo er den Bau einer großen Flotte von Handelsschiffen veranlasste. Über diese verschiedenen Handelskanäle gelangten die seltensten Produkte aus Europa, Asien und Afrika nach Jerusalem. Gold und Edelsteine, Sandelholz und Gewürze aus Indien, Silber aus Spanien, Elfenbein aus Afrika trugen zum Luxus des Hofes bei. Pferde aus Ägypten, die nun erstmals nach Palästina eingeführt wurden, füllten die königlichen Ställe. Sowohl durch Tribut als auch durch Handel floss ein ständiger Strom von Gold und Silber nach Palästina.

92. Das größte Werk Salomos war der Tempel auf dem Berg Moria, der zum ständigen Aufenthaltsort der Bundeslade und zum heiligen Ort wurde, an den sich die Gebete der Israeliten, obwohl sie über die ganze Welt verstreut waren, immer richteten. Zu den Tempelbezirken gehörten Wohnungen für die Priester und Türme zur Verteidigung, so dass man sagt, dass hier die verschiedenen Zwecke von Forum, Festung, Universität und Heiligtum in einem großen Nationalgebäude vereint waren. Die überlegenen Fähigkeiten der Phönizier in der Bearbeitung von Holz und Metall nutzte Salomo für den Dienst am Tempel. Hiram, der Hauptarchitekt und Bildhauer, war halb Tyrier, halb Israelit, und sein Genie wurde von den beiden Königen, die seine Treue beanspruchten, gleichermaßen verehrt. Mehr als sieben Jahre waren mit dem Bau des Tempels beschäftigt. Das Einweihungsfest versammelte eine große Schar von Menschen aus beiden Enden des Landes – „von Hamath bis zum Fluss Ägypten". Und dieses Ereignis ist als Wendepunkt in der Geschichte der Juden so wichtig, dass es den Beginn ihrer zusammenhängenden monate- und jahrelangen Geschichte darstellt.

93. Die frühen Tage Salomos zeichneten sich durch alle Tugenden aus, die einen Prinzen schmücken konnten. Im demütigen Bewusstsein der Größe der ihm übertragenen Pflichten und der Unzulänglichkeit seiner Kräfte entschied er sich lieber für Weisheit als für ein langes Leben, Reichtum oder große Herrschaft, und er wurde mit dem Besitz sogar dessen belohnt, worum er nicht gebeten hatte. Seine Weisheit wurde größer als die aller Philosophen des Ostens; Seine Kenntnisse der Naturgeschichte, die er durch die Sammlungen seltener Pflanzen und seltsamer Tiere, die er aus allen Teilen der Welt sammelte, vertiefte, galten als Wunder. (1. Könige III: 5–15; IV: 29–34.)

94. Aber Wohlstand verdarb seinen Charakter. Er führte den zügellosen Luxus eines orientalischen Hofes in der Heiligen Stadt Davids ein und förderte sogar die entwürdigenden Riten der heidnischen Anbetung. Sein Handel bereicherte ihn selbst, nicht sein Volk. Sein riesiger und teurer Hof wurde durch die erschöpfendsten Steuern gestützt. Die großen öffentlichen Arbeiten, die er durchführte, zogen eine große Zahl von Männern von der Bodenbearbeitung ab und verringerten so die nationalen Ressourcen.

Chr. 975.

95. Der Ruhm Salomos blendete das Volk und ließ seine Klagen verstummen, doch mit der Thronbesteigung seines Sohnes brach die unterdrückte Unzufriedenheit aus. Anstatt seine Untertanen durch notwendige Reformen zu beruhigen, erzürnte Rehabeam sie durch seine hochmütige Weigerung, ihnen die Last zu erleichtern. (1 Könige XII: 13, 14.) Die größere Zahl des Volkes revoltierte sofort unter der Führung von Jerobeam , der eine rivalisierende Souveränität über die Zehn Stämme errichtete, die fortan als Königreich Israel bekannt waren. Die beiden Stämme Juda und Benjamin blieben dem Haus David treu.

KÖNIGE DER VEREINIGTEN MONARCHIE.

Saul,	Chr	1095-1055.
David in Hebron und Ischboscheth in Mahanaim ,	„	1055-1048.
David, über ganz Israel,	„	1048-1015.
Solomon,	„	1015-975.

96. DRITTE PERIODE. Das Königreich Israel verfügte über das ausgedehntere und fruchtbarere Territorium und seine Bevölkerung war doppelt so hoch wie die von Juda. Es erstreckte sich von den Grenzen von Damaskus bis zehn Meilen vor Jerusalem; umfasste das gesamte Gebiet östlich des Jordans und hielt Moab als Tributpflichtigen. Aber es hatte keine Hauptstadt, die an Stärke, Schönheit oder heiligen Assoziationen mit Jerusalem vergleichbar war. Die Regierung wurde zunächst in Sichem , dann in Tirza und dann in Samaria festgelegt .

97. Sein erster König, Jerobeam, machte goldene Kälber für Götzen, um das stärkste Band zu zerbrechen , das das Volk an das Haus Davids band, und errichtete Heiligtümer in Bethel und Dan und sagte: „Das ist zu viel für dich." Geh hinauf nach Jerusalem; Siehe, deine Götter, Israel, die dich aus dem Land Ägypten heraufgeführt haben!" Im Gegensatz zu dem Priestertum Aarons wurde ein neues Priestertum eingesetzt, und viele Leviten und andere treue Anhänger der alten Religion wanderten in das Königreich Juda aus.

98. Auch die Menschen fielen leicht in die Falle. Eine Reihe von Propheten, ausgestattet mit wunderbaren Kräften, bemühten sich, die wahre Anbetung am Leben zu erhalten; aber das Gift des Götzendienstes war so tief in das nationale Leben eingedrungen, dass es beim ersten Angriff von außen bereit war, niederzufallen. Zur Zeit Elias waren nur noch siebentausend übrig, die nicht „das Knie vor Baal gebeugt" hatten; und selbst diese waren dem Propheten unbekannt und wurden durch die Verfolgung gezwungen, ihre Religion zu verbergen.

99. Die Könige Israels gehörten neun verschiedenen Familien an, von denen nur zwei, die von Omri und Jehu, längere Zeit den Thron innehatten. Fast alle neunzehn Könige hatten eine kurze Regierungzeit und acht starben durch Gewalt. Das Königreich wurde häufig durch Kriege mit Juda, Damaskus und Assyrien zerrüttet. Jerobeam wurde in seinem Krieg mit Juda von seinem Freund und Gönner aus der Zeit des Exils, Schischak, dem König von Ägypten, unterstützt. Nadab, der Sohn Jerobeams, wurde von Bascha ermordet , der sich selbst zum König machte. Dieser Monarch begann mit dem Bau der Festung Rama, mit der er die jüdische Grenze halten wollte, wurde aber von Benhadad aus Syrien gezwungen, davon Abstand zu nehmen, der damit seine Freundschaft mit Asa, dem König von Juda, bezeugte.

100. Ahab aus dem Hause Omri verbündete sich mit Ethbaal , dem König von Tyrus , indem er seine Tochter Isebel heiratete ; und die Künste dieser bösen und götzendienerischen Prinzessin brachten das Königreich auf den tiefsten Punkt der Korruption. Ihren Plänen widersetzte sich Elia, der Tischbiter , einer der größten Propheten, der in einer denkwürdigen Begegnung auf dem Berg Karmel das Volk dazu brachte, seinen Glauben an Jehova zu bekräftigen und die Baalspriester auszurotten. (1. Könige xviii: 17-40.) Der böse Einfluss Isebels und der tyrische Götzendienst wurden aus Israel erst beseitigt, als sie selbst und ihr Sohn Joram auf Befehl von Jehu, einem Hauptmann der Wache, ermordet wurden, der erster von a wurde neue Königsdynastie. Jehu verlor alle seine Gebiete östlich des Jordans im Krieg mit Hasael aus Damaskus und zahlte zumindest einmal Tribut an Assur-Nazir-Kumpel aus Assyrien. [10] Auch sein Sohn Joahas verlor Städte an den syrischen König; aber Joas , der Enkel Jehus, belebte die israelitischen Eroberungen wieder. Er besiegte Benhadad , den Sohn Hasaels , und eroberte einen Teil des eroberten Gebietes zurück. Sein Sohn, Jerobeam II., hatte die längste und wohlhabendste Herrschaft in den Annalen der Zehn Stämme. Er eroberte nicht nur alle früheren Besitztümer Israels zurück, sondern eroberte auch Hamath und Damaskus. Aber dies war das Ende des israelitischen Wohlstands. Es folgten zwei kurze Regierungszeiten, die jeweils mit einem Attentat endeten, und dann unternahm Men'ahem von Tirza einen vergeblichen Versuch, den Ruhm Jerobeams II. durch eine Expedition zum Euphrat zu erneuern. Er nahm Thapsacus gefangen , zog aber die Rache von Pul , dem König von Chaldäa , auf sich, der in sein Herrschaftsgebiet eindrang und Menahem zu seinem Vasallen machte.

101. In den späteren Jahren der israelitischen Geschichte verwüstete Tiglatpileser , König von Assyrien, das Land östlich des Jordan und drohte mit der Auslöschung des Königreichs. Hoschea , der letzte König, erkannte seine Abhängigkeit vom assyrischen Reich an und erklärte sich bereit, Tribut zu zahlen; aber er stärkte sich später durch ein Bündnis mit Ägypten und lehnte sich gegen seinen Herrn auf. Salmanassar kam, um diesen Abfall zu strafen, und belagerte Samaria zwei Jahre lang. Schließlich fiel es, und die schändlichen Annalen des israelitischen Königreichs gingen zu Ende.

102. Nach dem despotischen Brauch der östlichen Monarchen wurde das Volk nach Medien und in die Provinzen Assyriens transportiert; und eine Zeit lang war das Land so verlassen, dass sich wilde Tiere in den Städten vermehrten. Anschließend wurden Menschen aus Babylon und dem umliegenden Land hergebracht, um die Plätze der früheren Bewohner einzunehmen.

KÖNIGE VON ISRAEL.

Jerobeam,	Chr	975-954.
Nadab,	”	954-953.
Bascha ,	”	953-930.
Elah ,	”	930-929.
Simri erschlug Ela und regierte sieben Tage lang.	”	929.
Omri , Hauptmann des Heeres unter Ela ,	”	929-918.
Ahab,	”	918-897.
Ahasja,	”	897-896.
Joram ,	”	896-884.
Jehu,	”	884-856.
Joahas ,	”	856-839.
Joas ,	”	839-823.
Jerobeam II.,	”	823-772.
Sacharja regierte 6 Monate,	”	772.
Schallum ermordete Sacharja und wurde selbst ermordet.	”	772.
Menahem,	”	772-762.
Pekahia ,	”	762-760.

Pekah ,	”	760-730.
Hosea,	”	730-721.

103. Das Königreich Juda begann seine getrennte Existenz zur gleichen Zeit wie die des aufständischen Israels, überlebte diese aber 135 Jahre. Es bestand aus den beiden gesamten Stämmen Juda und Benjamin sowie zahlreichen Flüchtlingen aus den anderen zehn, die bereit waren, Heimat und Landbesitz für ihren Glauben zu opfern. Die Menschen waren daher durch ihr gemeinsames Interesse an den wunderbaren Traditionen der Vergangenheit und ihre Hoffnungen für die Zukunft eng miteinander verbunden.

104. Trotz der Gefahr zahlreicher Feinde behielt dieses kleine Königreich, da es auf der direkten Straße zwischen den beiden großen rivalisierenden Reichen Ägypten und Assyrien lag, seine Existenz fast vier Jahrhunderte lang; und wurde, anders als Israel, während dieser ganzen Zeit von Königen einer Familie, dem Haus Davids, regiert.

Schischak , dem König von Ägypten, eingenommen und geplündert wurde , und musste einen ständigen Krieg mit den aufständischen Stämmen führen. Abijam , sein Sohn, errang einen großen Sieg über Jerobeam, durch den er das alte Heiligtum Bethel und viele andere Städte zurückeroberte. Asa wurde sowohl von den Israeliten im Norden als auch von den Ägyptern im Süden angegriffen, verteidigte sich jedoch siegreich gegen beide. Mit allen verbliebenen Schätzen des Tempels und des Palastes sicherte er sich das Bündnis mit Benhadad , dem König von Damaskus, der durch Angriffe auf die nördlichen Städte Israels Bascha vom Bau der Festung Rama abhielt. Die Steine und Balken, die Bascha gesammelt hatte, wurden auf Asas Befehl in seine Städte Geba in Benjamin und Mizpe in Juda gebracht.

105. Joschaphat , der Sohn Asas, verbündete sich mit Ahab, dem König von Israel, dem er in seinen Syrienkriegen beistand. Dieses unglückliche Bündnis brachte das Gift des tyrischen Götzendienstes in das Königreich Juda. Unter der Herrschaft Jorams , der die Tochter Ahabs heiratete, wurde Jerusalem von Philistern und Arabern erobert. Als sein Sohn Ahasja seine israelitischen Verwandten besuchte, war er an der Zerstörung des Hauses Ahabs beteiligt. und nach seinem Tod ermordete seine Mutter Athalja , eine wahre Tochter Isebels, alle ihre Enkelkinder bis auf einen, usurpierte sechs Jahre lang den Thron und ersetzte die Anbetung Jehovas durch die Anbetung Baals. Doch Jojada , der Hohepriester, lehnte sich gegen sie auf, setzte ihren Enkel Joas auf den Thron und hielt das Königreich, solange er lebte, vom Makel des Götzendienstes frei.

106. Amazja, der Sohn des Joas , eroberte Petra von den Edomitern, verlor aber seine eigene Hauptstadt an den König von Israel, der alle ihre Schätze wegnahm. Asarja, sein Sohn, besiegte die Philister und die Araber und baute am Roten Meer den Hafen von Elath wieder auf , der seit den Tagen Salomos verfallen war. Während einer langen und wohlhabenden Herrschaft verstärkte er die Verteidigungsanlagen Jerusalems, organisierte seine Armee neu und verbesserte die Bewirtschaftung des Landes. Aber er vertraute auf seine Würde und die Vortrefflichkeit seines früheren Verhaltens, um in das Amt des Priesters einzudringen, und wurde durch einen plötzlichen Aussatz bestraft, der ihn für den Rest seiner Tage von der menschlichen Gesellschaft trennte. Unter der Herrschaft seines Enkels Ahas wurde Jerusalem von den Königen Israels und Syriens belagert, die zweihunderttausend Gefangene aus Juda verschleppten. Ahas rief Tiglath- Pileser , den König von Assyrien, um Hilfe und wurde sein Tributpflichtiger. Die Assyrer eroberten Damaskus und entsetzten so Jerusalem. Ahas füllte die Städte Judas mit Altären falscher Götter und hinterließ sein Königreich stärker als je zuvor vom Götzendienst befleckt.

107. Hiskia, sein Sohn, befreite das Land von der Fremdherrschaft und vom heidnischen Aberglauben. Er wurde eine Zeit lang tributpflichtig zu Sanherib, empörte sich dann aber und schloss ein Bündnis mit Ägypten. Während einer zweiten Invasion wurde die Armee Sanheribs vernichtet und seine Pläne aufgegeben; aber das Königreich Juda blieb weiterhin vom Reich abhängig.

108. Manasse, der Sohn Hiskias, brachte alles Böse zurück, das sein Vater vertrieben hatte. Sogar der Tempel in Jerusalem wurde durch Götzenbilder und ihre Altäre entweiht, und das Gesetz verschwand aus den Augen und der Erinnerung des Volkes, während diejenigen, die versuchten, dem Gott ihrer Väter treu zu bleiben, brutal verfolgt wurden. Inmitten dieser Gottlosigkeit geriet Manasse beim assyrischen König in Ungnade, der ihn einer Revoltenabsicht verdächtigte. Er wurde gefangen nach Babylon verschleppt, wo er Zeit hatte, über seine Sünden und ihre Strafe nachzudenken. Bei seiner Rückkehr nach Jerusalem bekannte er seine Fehler, gab sie auf und führte in seinem Königreich eine religiöse Reformation durch.

109. Sein Sohn Amon stellte den Götzendienst wieder her; Doch sein Leben und seine Herrschaft wurden schnell durch eine Verschwörung seiner Diener beendet, die ihn in seinem eigenen Haus töteten.

Die Attentäter wurden mit dem Tod bestraft und Josia, der rechtmäßige Erbe, bestieg im Alter von acht Jahren den Thron. Er widmete sich mit frommem Eifer und Energie der Reinigung seines Königreiches von den Spuren heidnischer Anbetung; geschnitzte und geschmolzene Bilder und

Altäre wurden zu Pulver zermahlen und über die Gräber derer gestreut, die an den sakrilegischen Riten teilgenommen hatten. Der König reiste persönlich nicht nur durch die Städte Judas, sondern durch das ganze verwüstete Land Israel bis an die Grenzen von Naphthali und die oberen Gewässer des Jordan, um Zeuge der Ausrottung des Götzendienstes zu werden. Nachdem dieser Teil seiner Arbeit abgeschlossen war, kehrte er nach Jerusalem zurück, um den Tempel Salomos, der in Trümmer gefallen war, zu reparieren und die Anbetung Jehovas in ihrer ursprünglichen Feierlichkeit wiederherzustellen.

110. Bei den Reparaturarbeiten wurde ein unschätzbares Manuskript gefunden, bei dem es sich um nichts Geringeres als das „Buch des Gesetzes des Herrn, gegeben durch die Hand Moses" handelte. Diese heiligen Schriften waren so lange verloren gegangen, dass selbst der König und die Priester nichts von den Flüchen wussten, die über den Götzendienst ausgesprochen worden waren. Das zarte Gewissen des Königs wurde von Kummer überwältigt, als er das reine und vollkommene Gesetz las, das einen so starken Kontrast zur Moral des Volkes darstellte; aber er wurde durch die Verheißung getröstet, dass er in Frieden zu seinem Grab versammelt werden sollte, bevor die Katastrophen, die das Gesetz vorhergesagt hatte, und die Sünden Judas, die er verdient hatte, über das Königreich kommen würden. Im achtzehnten Jahr der Herrschaft Josias fand ein großes Passahfest statt, zu dem alle aus der Gefangenschaft verbliebenen Bewohner des Nordreichs eingeladen wurden. Dieses große religiöse Fest, das die Geburt der Nation und ihre erste Befreiung signalisierte, wurde seit den Tagen des Propheten Samuel nicht mehr mit der gleichen Feierlichkeit begangen. Das gesamte kürzlich entdeckte Manuskript wurde vom König selbst vor den Ohren des ganzen Volkes vorgelesen, und die ganze Versammlung gelobte, den alten Bund mit ihren Vätern zu erneuern und aufrechtzuerhalten.

Chr. 634-632.

111. Das Ende der Herrschaft Josias war von zwei großen Katastrophen geprägt. Eine wilde Horde Skythen [11] aus den nördlichen Steppen fegte über das Land und raubte Schafe und Rinder. Sie rückten bis nach As 'calon an der Südwestküste vor, wo sie den Tempel der Astarte plünderten und dann durch die Bestechungsgelder des Königs von Ägypten zum Rückzug bewegt wurden. Eine Spur ihres Einfalls blieb tausend Jahre lang erhalten, im neuen Namen der alten Stadt Bethshan in der Ebene von Esdraelon . Die Griechen gaben ihr den Namen Skythopolis , die Stadt der Skythen. Dies war der erste Ausbruch nördlicher Barbaren über die alten und zivilisierten Nationen Südasiens und Europas. Spätere Ereignisse derselben Reihe werden einen großen Teil unserer Geschichte einnehmen.

Chr. 609.

112. Das andere und größere Unglück der Herrschaft Josias hatte seinen Ursprung in einer anderen Richtung. Necho , König von Ägypten, war durch das Anwachsen der babylonischen Macht beunruhigt und marschierte mit einer großen Armee nach Norden. Obwohl Josiah in keiner Weise Gegenstand seiner Feindseligkeit war, ging er ihm unvorsichtig entgegen, in der Hoffnung, seinen Vormarsch in der Ebene von Esdraelon aufzuhalten. Es folgte die Schlacht von Megiddo und Josia wurde getötet. Noch nie war das jüdische Volk von einem so großen Leid betroffen. Der Prophet Jeremia, ein Freund und Gefährte Josias seit seiner Jugend, beklagte den Verlust der Nation in seiner bittersten „Klage": „Der Atem unserer Nase, der Gesalbte des Herrn, wurde in seinen Gruben genommen, von dem wir sagten: Unter seinem Schatten werden wir unter den Heiden leben." Mehr als hundert Jahre lang wurde der Jahrestag des Todestages in jeder Familie als Zeit der Trauer begangen.

113. Unter Jojakim, dem Sohn Josias, errang Nebukadnezar, Prinz von Babylon, einen großen Sieg [12] über Necho und dehnte das Königreich seines Vaters bis an die Grenze Ägyptens aus. Jojakim ließ sich vom Reich eingliedern, empörte sich dann aber und wurde hingerichtet.

Jojachin, sein Sohn, wurde zum König ernannt; wurde aber drei Monate nach seiner Thronbesteigung nach Babylon gefangen genommen. Zedekia , der in Jerusalem regierte, rebellierte und verbündete sich mit Apries , dem König von Ägypten. Daraufhin belagerte der stets aktive Nebukadnezar die aufständische Stadt. Im zweiten Jahr wurde es eingenommen und zerstört; Der König und die ganze Nation wurden mit den Schätzen des Tempels und des Palastes nach Babylon gebracht, und die Geschichte der Juden endete siebzig Jahre lang.

KÖNIGE VON JUDA.

Rehabeam,	Chr	975-958.
Abijam ,	”	958-956.
Als ein,	”	956-916.
Josaphat,	”	916-892.
Joram ,	”	892-885.
Ahasja, nach einem Jahr von Jehu getötet,	”	885-884.
Athaliah ermordet ihre Enkelkinder und regiert,	”	884-878.
Joas , Sohn Ahasjas,	”	878-838.

Amazja,	”	838-809.
Asarja oder Usija,	”	809-757.
Jotham,	”	757-742.
Ahas,	”	742-726.
Hiskia,	”	726-697.
Manasse,	”	697-642.
Amon,	”	642-640.
Josiah,	”	640-609.
Joahaz , nach 3 Monaten von Necho entthront ,	”	609.
Jojakim, tributpflichtiger Necho 4 Jahre,	”	609-598.
Jojachin,	”	598-597.
Zedekia,	”	597-586.

REPRISE.

Die Phrygier, die ersten Siedler Kleinasiens, waren in der Landwirtschaft und im Handel aktiv und übten eifrig ihre besondere Religion aus. Lydia wurde später die Hauptmacht auf der Halbinsel. Am Ende von drei Dynastien erreichte es unter Krösus seinen größten Ruhm , als es von Kyros erobert wurde und 546 v. Chr. eine Provinz Persiens wurde.

Die ersten großen Handelsgemeinden der Welt waren die phönizischen Städte, deren wichtigste Sidon und Tyrus waren; Ihr Handel erstreckte sich auf dem Seeweg von Großbritannien bis Ceylon und auf dem Landweg bis ins Innere von drei Kontinenten. Tyrische Farben und Gefäße aus Gold, Silber, Bronze und Glas wurden gefeiert. Phönizien war vierhundert Jahre lang dem assyrischen Reich unterworfen und wurde nach dessen Untergang unabhängig, geriet jedoch unter die Macht Nechos von Ägypten und wurde wiederum von Nebukadnezar von Babylon unterworfen. Baal, Astarte, Melcarth und die Meeresgottheiten waren Objekte phönizischer Verehrung.

Das eigentliche Syrien war in fünf Staaten aufgeteilt, von denen Damaskus der älteste und wichtigste war.

Die hebräische Nation begann ihre Existenz unter der Herrschaft von Moses, der sein Volk auf einer vierzigjährigen Reise aus Ägypten und durch die arabische Wüste führte. Josua eroberte Palästina durch die beiden entscheidenden Schlachten von Bethhoron und den Gewässern von Merom und teilte das Land unter den zwölf Stämmen auf. Richter regierten Israel fast sechshundert Jahre lang.

Als Saul zum König gesalbt wurde, unterwarf er die Feinde der Juden; Doch als er ungehorsam wurde, wurde er im Kampf getötet, und David wurde König, zunächst von Juda und danach von ganz Israel. Er machte Jerusalem zu seiner Hauptstadt und dehnte seine Herrschaft über Syrien und Moab sowie östlich bis zum Euphrat aus. Seine geistlichen Lieder sind die Quelle seines anhaltenden Ruhms. Salomo erbte das Königreich, das er durch Handel bereicherte und mit prächtigen öffentlichen Bauwerken sowohl für sakrale als auch weltliche Zwecke schmückte. Die Einweihung des Tempels ist die große Ära in der hebräischen Chronologie. Die Weisheit Salomos war weithin bekannt, aber der Luxus seines Hofes erschöpfte sein Königreich, und als Rehabeam an die Macht kam, empörten sich zehn Stämme, nur Juda und Benjamin verblieben im Haus Davids.

Jerobeam legte seine Hauptstadt Sichem und die Heiligtümer seiner falschen Götter in Bethel und Dan fest. Trotz der treuen Warnungen der Propheten wurde das Königreich Israel götzendienerisch. Die neunzehn Könige, die zwischen 975 und 721 v. Chr. regierten, gehörten neun verschiedenen Familien an. Ahab und Isebel verfolgten wahre Gläubige und etablierten den tyrischen Götzendienst; aber ihre Rasse wurde ausgerottet und Jehu wurde König. Unter Jerobeam II. erreichten die Zehn Stämme ihre größte Macht und ihren größten Reichtum. Unter der Herrschaft Menachems wurden sie Pul aus Chaldäa unterworfen . Ein Aufstand Hoseas gegen Assyrien führte zur Einnahme Samarias und zur Gefangenschaft sowohl des Königs als auch des Volkes.

Das Königreich Juda verfügte über ein kleineres Territorium, ein Volk, das im Glauben und in der Loyalität stärker geeint war, und wurde vierhundert Jahre lang von Nachkommen Davids regiert. Josaphat schloss ein enges Bündnis mit Ahab, was viel Unheil über Juda brachte. Unter Joram wurde Jerusalem von Arabern und Philistern eingenommen; und nach dem Tod Ahasjas usurpierte Athalja, die Tochter Isebels, den Thron. Joas , ihr Enkel, wurde von Jojada, dem Hohepriester, beschützt und gekrönt. Der Wohlstand Judas wurde durch die Eroberungen und die effiziente Politik Asarjas wiederhergestellt. Ahas wurde Tiglathpileser aus Assyrien tributpflichtig und entwürdigte sein Königreich durch Götzendienst. Hiskia widersetzte sich sowohl der Religion als auch der Vorherrschaft der Heiden. Manasse wurde nach Babylon gefangen genommen und nach seiner Rückkehr reformierte er seine Regierung. Josia reinigte das Land von den Spuren des Götzendienstes, baute den Tempel wieder auf, entdeckte das Buch des Gesetzes und erneuerte die Feier des Passahfestes. Die Skythen fielen in Palästina ein. Josia wurde in der Schlacht von Megiddo getötet und seine Söhne wurden Vasallen Ägyptens. Nebukadnezar unterwarf sowohl Ägypten als auch Palästina, eroberte Jerusalem und transportierte zwei aufeinanderfolgende Könige und die Masse des Volkes nach Babylon.

FRAGEN ZUR ÜBERPRÜFUNG.
BUCH I. – TEIL I.

1.	Was sind die Quellen historischer Informationen?	§§ 1-4.
2.	Beschreiben Sie den Charakter und die Bewegungen der drei Familien der Söhne Noahs.	5 , 6 .
3.	In welche Perioden lässt sich die Geschichte einteilen?	7 , 8 .
4.	Nennen Sie sechs Urmonarchien in Westasien.	
5.	Was zeichnete die chaldäische Monarchie aus?	26.
6.	Nennen Sie die wichtigsten assyrischen Könige der zweiten Periode.	29-31.
7.	Wer war Semiramis?	30.
8.	Beschreiben Sie den Gründer des Unterassyrischen Reiches.	32.
9.	Welche Denkmäler gibt es von Sargon?	32.
10.	Beschreiben Sie die Karriere von Sanherib.	33.
11.	Wie war der Zustand Assyriens unter Assyrien ?	34.
12.	Was unter seinem Sohn?	35.
13.	Was war die frühe Geschichte der Medien?	37 , 38 .
14.	Was ist mit Phraortes ?	39.
15.	Beschreiben Sie die Herrschaft von Cyaxares .	40 , 41 .
16.	Der Charakter der Babylonier.	43 , 44 .
17.	Die Karriere von Merodach-baladan .	45.
18.	Das Reich von Nabopolassar .	46.

38.	Drei im Bündnis mit Israel.	105.
39.	Beschreiben Sie die Herrschaft Asarjas. von Ahas, Hiskia, Manasse.	106-108.
40.	Die Ereignisse der Herrschaft Josias.	109-112.
41.	Die Beziehungen der drei Könige zu Babylon.	113.

NOTIZ. — Es wird eine Diskrepanz zwischen der ägyptischen und der hebräischen Chronologie festgestellt. Letzteres beruht vor der Thronbesteigung Sauls hauptsächlich auf Mutmaßungen; da es möglich ist, dass zwei oder mehr Richter gleichzeitig in verschiedenen Teilen des Landes regierten. Die Zeiträume der verschiedenen Richter und der ausländischen Knechtschaft auf S. 36 , sind wörtlich aus der Bibel übernommen; Die Zeiten des Interregnums werden vermutet, liegen aber wahrscheinlich eher unter der Wahrheit als über der Wahrheit. *Kontinuierlich* ergeben diese Zeiträume zusammengerechnet 535 Jahre – ein längerer Zeitraum als zwischen der Herrschaft von Menephthah und der von Saul (§§ 79 und 154). Man kann hier sagen, dass viele Historiker glauben, dass die „Tochter des Pharaos" Wer Moses rettete, soll Mesphra oder Amen-set gewesen sein (§ 146.). In diesem Fall war Thothmes IV. der Pharao des Exodus, und wir gewinnen fast 200 Jahre für die Übergangszeit der Hebräer.

Es ist zu hoffen, dass das ägyptische MSS. Jetzt in den Händen fleißiger und versierter Gelehrter wird diese interessante Frage bald Licht ins Dunkel bringen.

TEIL II. AFRIKANISCHE NATIONEN.

GEOGRAPHISCHER ÜBERBLICK AFRIKAS.

114. Der afrikanische Kontinent unterscheidet sich in vielen wichtigen Punkten von dem asiatischen Kontinent. Letztere erstreckt sich in drei Zonen und hat ihre größte Ausdehnung in der beliebtesten Zone, der nördlichen gemäßigten Zone. Afrika liegt fast vollständig in den Tropen, nur ein kleiner Teil seiner nördlichen und südlichen Extremitäten grenzt an die beiden gemäßigten Zonen, in denen das Klima nahezu heiß ist. Asien hat die höchsten Berge der Welt, aus denen große Flüsse fließen, die Fruchtbarkeit verbreiten und alle Möglichkeiten der Schifffahrt bieten. Afrika hat nur zwei große Flüsse, den Nil und den Niger, und nur wenige Berge von bemerkenswerter Höhe.

115. Afrika ist somit der heißeste, trockenste und am wenigsten zugängliche Kontinent. Ein Fünftel seiner Oberfläche ist von dem großen Sandmeer bedeckt, das sich vom Atlantik fast bis zum Roten Meer erstreckt. Ein Großteil des Landesinneren besteht aus Sümpfen und undurchdringlichen Wäldern, die nur von wilden Tieren heimgesucht werden und für die Besiedlung durch Menschen ungeeignet sind. Mit Ausnahme einiger weniger bevorzugter Teile ist Afrika daher für das Wachstum großer Staaten ungeeignet; und nur durch zwei davon, Ägypten und Karthago, nimmt es einen wichtigen Platz in der antiken Geschichte ein.

116. Nur NORDAFRIKA war den Alten bekannt und seine Merkmale waren deutlich ausgeprägt und eigenartig. Nahe am Mittelmeer lag ein schmaler Streifen fruchtbaren Landes, der von kurzen Bächen bewässert wurde, die aus dem Atlasgebirge herabflossen. Diese Berge bildeten im Süden eine felsige und spärlich besiedelte Region, die in bestimmten Teilen jedoch reichlich Datteln hervorbrachte. Als nächstes kam die Große Wüste, die nur durch einige kleine und verstreute Oasen gekennzeichnet war, in denen Wasserquellen eine reiche Vegetation nährten. Südlich der Sahara lag ein fruchtbares Binnenland, in dessen Nähe große Flüsse und Seen Städte und eine zahlreiche Bevölkerung lagen; Diese zentralafrikanischen Staaten wurden jedoch nur gelegentlich von einer Karawane besucht, die die Wüste von Norden her durchquerte und keine politische Verbindung zum Rest der Welt hatte.

117. Im westlichen Teil Nordafrikas erheben sich die Berge durch eine Reihe natürlicher Terrassen allmählicher aus dem Meer, und das fruchtbare Land erreicht hier eine Breite von zweihundert Meilen. Diese gut bewässerte , fruchtbare und vergleichsweise gesunde Region ist eine der beliebtesten der Welt. In der Antike war es ein riesiges Maisfeld vom Atlas bis zum Mittelmeer. Hier blühte das Heimatkönigreich Mauretanien auf; und nachdem es von den Römern erobert worden war, lieferten dieselben fruchtbaren Felder dem Rest der zivilisierten Welt Brot.

118. Östlich von Mauretanien wird die Ebene schmaler, die Flüsse weniger und der Boden weniger fruchtbar, so dass sich kein großer Staat, selbst wenn er dort entstanden wäre, lange hätte behaupten können. Die nordöstliche Ecke des Kontinents ist jedoch das reichste und wertvollste aller Länder, die es umfasst. Dies ist dem großen Fluss zu verdanken, der im Hochland von Abessinien entspringt und von den ständigen Regenfällen Äquatorialafrikas gespeist wird und sein riesiges Gewässer von Süden nach Norden durch ein dreitausend Meilen langes Tal rollt. Jedes Jahr im Juni beginnt es zu steigen; Von August bis Dezember überschwemmt es das Land und hinterlässt einen so fruchtbaren Boden, dass der Bauer nur sein Getreide auf die zurückgehenden Gewässer werfen muss und ohne weitere Bodenbearbeitung reiche Ernten einfahren.

119. Der Boden Ägyptens wurde von seinen Bewohnern das „Geschenk des Nils" genannt. In einem Klima fast ohne Regen wäre dieses Land ohne seinen Fluss tatsächlich nur eine Schlucht in der felsigen und sandigen Wüste gewesen; so karg wie die Sahara selbst. Der Wohlstand des Jahres wurde seit frühester Zeit durch die Nilometer in Memphis und Elephantine genau gemessen . Wenn das Wasser weniger als 18 Fuß anstieg, kam es zu einer Hungersnot; ein Anstieg von 18 bis 24 Fuß deutete auf mäßige Ernten hin; 27 Fuß galten als „ein guter Nil"; Eine Überschwemmung von dreißig Fuß Höhe war verheerend, denn in einem solchen Fall wurden Häuser untergraben, Vieh weggeschwemmt, das Land wurde zu schwammig für die folgende Saatzeit, die Arbeit des Bauern verzögerte sich und oft wurden dadurch Fieber gezüchtet stehende und stehende Gewässer. Normalerweise war der Nil jedoch der große Wohltäter der Ägypter und galt als passendes Symbol für die Schaffung und Erhaltung von Osiris . Sein Wasser wurde sorgfältig durch Kanäle verteilt und durch Deiche reguliert. Während der Überschwemmung erschien das Land wie ein großer Binnensee, der von Bergen umgeben ist. Unterägypten oder das Delta wurde von Herodot mit dem griechischen Archipel verglichen, auf dem sich Dörfer befanden, die wie weiße Inseln über der Wasserfläche wirkten.

120. Unterägypten ist eine weite Ebene; Oberägypten ein enger werdendes Tal. Der fruchtbare Teil davon nimmt nur einen Teil des Raumes zwischen der libyschen Wüste und dem Meer ein. An seiner breitesten Stelle ist er weniger als elf, an seiner schmalsten Stelle nur fünf Meilen breit; und an manchen Stellen entspringen die Granit- oder Kalksteinfelsen direkt aus dem Fluss. Da das gesamte Niltal über Nubien und Abessinien bis hin zu Ägypten so gut geeignet war, ein zahlreiches Volk zu ernähren, wurde es schon sehr früh von den gegenüberliegenden Küsten Asiens aus kolonisiert. Das Haar, die Gesichtszüge und die Form des Schädels, die in den menschlichen Figuren auf den Denkmälern dargestellt sind, beweisen, dass die vorherrschende Rasse in diesen Ländern derselben großen Familie angehörte wie die Menschen auf der benachbarten Halbinsel Arabien.

121. Vor den Eroberungen der Perser war Nordafrika zwischen fünf Nationen aufgeteilt: den Ägyptern, Äthiopiern, Phöniziern , Libyern und Griechen.

122. Die ÄTHIOPIER besetzten das Niltal oberhalb von Ägypten, einschließlich des heutigen Abessiniens. Das große Plateau zwischen den Quellgebieten des Nils und dem Roten Meer wird durch häufige und reichliche Regenfälle fruchtbar gemacht; und die vielen Ströme, die von dort zum Nil hinabfließen, verursachen zum Teil die jährliche Überschwemmung, die Ägypten befruchtet. Mer´oë war die Hauptstadt der Äthiopier. Einige Gelehrte gehen davon aus, dass die Baudenkmäler und Skulpturen Ägyptens noch älter sind als die Ägyptens.

123. Arabischen Überlieferungen zufolge waren die Bewohner der Nordküste Afrikas Nachkommen der Kanaaniter, die die Kinder Israels aus Palästina vertrieben hatten. Noch im vierten Jahrhundert nach Christus trugen zwei Säulen aus weißem Marmor in der Nähe von Tanger die Inschrift in phönizischen Schriftzeichen: „Wir sind diejenigen, die vor dem Räuber Josua, dem Sohn Nuns, flohen." Unabhängig davon, ob diese Legende eine historische Tatsache zum Ausdruck brachte oder nicht, drückte sie den weit verbreiteten Glauben des Volkes aus; und es ist durch andere Beweise gut bekannt, dass die afrikanischen Küsten des Mittelmeers schon sehr früh mit PHÖNIZISCHEN Siedlungen übersät waren, wie den beiden Hip´pos , U´tica , Tun´nes , Hadrume´tum , Lep´tis und den größten von ihnen alle, allerdings unter den neuesten, Karthago.

124. Die LIBYER besetzten einen größeren Teil Nordafrikas als jede andere Nation und erstreckten sich von den Grenzen Ägyptens bis zum Atlantischen Ozean und von der Großen Wüste, mit Ausnahme der ausländischen Siedlungen an der Küste, bis zum Mittelmeer. Sie verfügten jedoch über vergleichsweise wenig Macht, da sie hauptsächlich aus umherziehenden Stämmen bestanden, denen es an fester Regierung oder festen Wohnsitzen mangelte. Im westlichen und fruchtbareren Teil bewirtschafteten bestimmte libysche Stämme den Boden und wurden nahezu zivilisiert; aber diese wurden bald der wachsenden Macht der phönizischen Kolonien unterworfen.

125. Die GRIECHEN besaßen eine Kolonie an dem Punkt Nordafrikas, der ihrer eigenen Halbinsel am nächsten kam. Sie gründeten Kyrene etwa 630 v. Chr. und Barca etwa siebzig Jahre später. Sie hatten auch eine Kolonie in Naukratis in Ägypten und wahrscheinlich in der größeren Oase. Die Geschichte dieser griechischen Siedlungen finden Sie in Buch III.

GESCHICHTE ÄGYPTEN.

PERIODEN.

ICH.	Das Alte Reich, von der Frühzeit bis	Chr	1900.
II.	Mittleres Reich oder das der Hirtenkönige,	”	1900-1525.
III.	Das Neue Reich,	”	1525-525.

126. Von der Insel Elephantine bis zum Meer war das Niltal über eine Strecke von 526 Meilen von ÄGYPTEN BESETZT , einer ältesten Monarchie mit einer Geschichte, die zu den schönsten der Welt zählt. Während andere Nationen bei ihrem Fortschritt von Unwissenheit und Unhöflichkeit zu der Kunst, die sie je besaßen, beobachtet werden können, erscheint Ägypten im frühesten Morgenlicht der Geschichte „bereits geschickt, gelehrt und stark". Einige ihrer Gebäude sind älter als die Migration Abrahams, aber die ältesten von ihnen zeigen ein Können im Abbau, Transport, Schnitzen und Zusammenfügen von Stein, das moderne Architekten zwar bewundern, aber nicht übertreffen können .

127. Erste Periode. Die frühen Ägypter glaubten, dass es eine Zeit gab, in der ihre Vorfahren Wilde und Kannibalen waren und in Höhlen in den Sandsteinkämmen lebten, die im Osten an das Niltal grenzen. und dass ihre größten Wohltäter Osiris und Isis waren, die sie zu einer frommen und zivilisierten Nation erhoben, die Brot aß, Wein und Bier trank und Oliven pflanzte. Die Verehrung von Osiris und Isis verbreitete sich daher in ganz Ägypten, während die verschiedenen Städte und Provinzen jeweils ihre eigenen lokalen Gottheiten hatten. Laut Manetho, einem einheimischen Historiker aus späterer Zeit, [13] waren Götter, Geister, Halbgötter und *Mähnen* oder die Seelen der Menschen die ersten Herrscher Ägyptens. Dies ist lediglich eine alte Ausdrucksweise dafür, dass die früheste Geschichte Ägyptens, wie auch der meisten anderen Länder, von Unwissenheit und märchenhaften Vermutungen umhüllt ist.

128. Anstatt seine Existenz als einheitliches Königreich zu beginnen , bestand Ägypten zunächst aus einer Reihe verstreuter *Nomes* oder Kleinstaaten, von denen jeder einen Tempel und zahlreiche Priesterstätten als Kern hatte. Dreiundfünfzig dieser Nomen werden von einem Historiker erwähnt, sechsunddreißig von einem anderen. Als man mächtiger wurde, verschlang es manchmal seine Nachbarn und wuchs zu einem Königreich heran, das einen großen Teil oder sogar das ganze Land umfasste.

129. Der erste sterbliche König von Misraim , dem „Doppelland", war Menes von This. Sein Erbe lag in Oberägypten, aber durch seine Talente und Heldentaten machte er sich zum Herrn über das Unterägypten und wählte dort einen Standort für seine neue Hauptstadt. Zu diesem Zweck legte er ein sumpfiges Gebiet trocken, das zu bestimmten Jahreszeiten vom Nil überschwemmt worden war, errichtete einen Deich, um den Fluss in seinem regelmäßigen Kanal einzuschränken, und errichtete auf dem gewonnenen Gelände die Stadt Memphis. Menes kann daher als Gründer des Reiches angesehen werden.

130. Athothes (Thoth), sein Sohn und Nachfolger, war ein erfahrener Mediziner und verfasste Werke zur Anatomie. Über die sechs folgenden Könige regelmäßiger Abstammung, die diese Dynastie bilden, ist wenig bekannt, und es ist sogar möglich, dass sie eher der Tradition als der gesicherten Geschichte angehören. Nach den beiden Thoths kam Mnevis oder Uenephes , der den Namen des Heiligen Kalbes von Heliopolis trug. Dennoch soll er ein hochgesinnter, intelligenter Mann und der umgänglichste Prinz aller Zeiten gewesen sein. Er baute die Pyramide von Koko´me , deren

Standort heute nicht identifiziert werden kann. Während seiner Herrschaft herrschte in Ägypten eine Hungersnot.

131. Die Dritte Dynastie regierte in Memphis; Ihr Gründer war Sesorcheres der Riese. Der dritte König, Sesonchosis , war ein weiser und friedlicher Monarch, der die drei Künste des Schreibens, der Medizin und der Architektur förderte und von einem dankbaren Volk in Hymnen und Balladen als einer seiner größten Wohltäter gefeiert wurde. Er führte die Bauweise mit behauenen Steinen ein, wobei frühere Bauwerke entweder aus rauen, unregelmäßigen Steinen oder aus Ziegeln bestanden. Er war bei den Griechen als „friedlicher Sesostris " bekannt, während die beiden späteren Monarchen, die diesen Namen trugen, große Krieger und Eroberer waren.

132. Sein Sohn Sasychis (Maressesorcheres) war ein berühmter Gesetzgeber. Er soll die Götterverehrung organisiert und die Geometrie und Astronomie erfunden haben. Er erließ auch das einzigartige Gesetz, nach dem ein Schuldner die Mumie seines Vaters als Sicherheit für eine Schuld geben konnte. Wenn das Geld nicht bezahlt wurde, konnten weder der Schuldner noch sein Vater jemals im Familiengrab ruhen, was als größtmögliche Schande angesehen wurde.

Chr. 2440.

133. Die monumentale und sicherere Geschichte beginnt mit der zweiten, vierten und fünften Dynastie von Manetho, die gleichzeitig in Unter-, Mittel- und Oberägypten herrschte. Von diesen war die in Memphis regierende vierte Dynastie die mächtigste, während die anderen in gewissem Maße davon abhängig waren. Beweise für seine Größe finden sich in den riesigen Steinstrukturen, die sich über Mittelägypten zwischen den Libyschen Bergen und dem Nil erstrecken; denn die vierte Dynastie kann als die der Pyramidenbauer in Erinnerung bleiben.

134. Der Name Soris , der erste der Familie, wurde auf der nördlichen Pyramide von Abousir gefunden . Suphis I. oder Shufu war der Cheops von Herodot und gilt als Erbauer der Großen Pyramide. Sein Bruder Suphis II. oder Nou-shufu war an dieser Arbeit beteiligt. Er regierte gemeinsam mit Suphis I. und nach seinem Tod drei Jahre lang allein. Diese beiden Könige waren Unterdrücker des Volkes und Verächter der Götter. Sie zerschmetterten die ersteren durch die schwere Arbeit, die mit ihren öffentlichen Arbeiten verbunden war, und befahlen, die Tempel der letzteren zu schließen und ihren Gottesdienst einzustellen.

135. Mencheres der Heilige, Sohn von Suphis I., regierte wie sein Vater 63 Jahre lang, unterschied sich jedoch von ihm dadurch, dass er ein guter und menschlicher Herrscher war. Er öffnete die Tempel, die sein Vater geschlossen hatte, wieder, stellte religiöse Opfer- und Lobpreiszeremonien wieder her und setzte den bedrückenden Arbeiten ein Ende. Er wurde daher vom Volk sehr verehrt und war Gegenstand zahlreicher Balladen und Hymnen. Die vier verbliebenen Könige der vierten Dynastie sind uns nur mit Namen und Daten bekannt. Zur Familie gehörten insgesamt acht Könige, und die wahrscheinliche Gesamtdauer ihrer Regierungszeit beträgt 220 Jahre.

136. Die Könige der Zweiten Dynastie, die Mittelägypten von This oder Abydus aus regierten , und die Könige der Fünften, die Oberägypten von der Insel Elephantine aus regierten, waren wahrscheinlich blutsverwandt mit den mächtigen Herrschern Unterägyptens und den Gräbern aller drei Familien sind in der Nähe von Memphis zu finden. Die Struktur der Pyramiden zeigt große Fortschritte in der Wissenschaft und den mechanischen Künsten. Jedes ist so platziert, dass es genau den Himmelsrichtungen zugewandt ist, und die Große Pyramide liegt genau auf dem 30. Breitengrad. Die wunderbare Genauigkeit des letzteren bei seinen astronomischen Anpassungen hat einige profunde Gelehrte [14] der heutigen Zeit zu der Annahme veranlasst, dass er nur durch göttliche Offenbarung hätte errichtet werden können; nicht von den Ägyptern, sondern von einem Volk, das zu diesem Zweck aus Asien geführt wurde, mit dem Ziel, ein absolut vertrauenswürdiges System von Gewichten und Maßen zu etablieren.

137. Die arabischen Kupferminen der Sinai-Halbinsel wurden unter der Leitung der Pyramidenkönige betrieben. Zu dieser Zeit hatten die Künste ihre höchste Vollendung erreicht. Zeichnen, [15] Bildhauerei und Schreiben sowie Lebensweisen und allgemeine Zivilisation waren weitgehend dieselben wie fünfzehn Jahrhunderte später.

138. Chr. 2220. Während eine sechste königliche Familie die Nachfolge der Pyramidenbauer in Memphis antrat, regierten die zweite und fünfte weiterhin in This und Elephantis , während zwei weitere in Herakleopolis und Theben entstanden; so dass Ägypten nun in fünf verschiedene Königreiche aufgeteilt wurde, wobei das Thebaner nach und nach das mächtigste wurde. So geschwächt durch die Spaltung und vielleicht erschöpft durch die großen architektonischen Werke, die die Menschen von der Ausübung der Waffen abgehalten hatten, wurde das Land leicht zur Beute von Nomadenstämmen aus den Nachbarregionen Syrien und Arabien. Diese wurden Hyksos oder Hirtenkönige genannt. Sie drangen von Nordosten her in Unterägypten ein und wurden bald Herren des Landes von Memphis bis zum Meer.

139. ZWEITE PERIODE. Chr. 1900-1525. In Mittel- und Oberägypten herrschten noch eine Zeit lang einheimische Dynastien; und selbst im Herzen des Deltas entstand in Xo'is ein neues Königreich , das sich während der gesamten Zeit, in der die Hirten im Land waren, behauptete. Ein großer

Teil der versklavten Ägypter bewirtschaftete weiterhin den Boden und zollte den Eroberern Tribut; und mit der Zeit könnte das Beispiel ihrer guten Ordnung die wilden Eindringlinge besänftigt haben. Letztere errichteten im östlichen Teil des Deltas, in der Nähe der späteren Stadt Pelusium , ein stark befestigtes Lager, Avaris .

140. Zur gleichen Zeit wie die Invasion entstand in Theben eine zwölfte ägyptische Dynastie, die Osortasidae , und wurde zu einem der mächtigsten Stämme einheimischer Herrscher. Sie erlangten die höchste Macht über die Königreiche Elephantine und Herakleopolis , hielten die Sinai-Halbinsel und streckten ihre siegreichen Waffen nach Arabien und Äthiopien aus. Sesortasen I. regierte ganz Oberägypten. Unter dem zweiten und dritten Herrscher dieses Namens erreichte das Königreich seinen höchsten Wohlstand. Der dritte Sesortasen bereicherte das Land mit vielen Kanälen und hinterließ in Senneh , nahe der Südgrenze des Reiches, Denkmäler seiner Macht , die noch heute das Staunen der Reisenden erregen. Das größte Bauwerk und das nützlichste Werk Ägyptens wurde von seinem Nachfolger Ammenemes III. ausgeführt. Das erste war das Labyrinth im Faioom , das Herodot besuchte und erklärte, dass es alle menschlichen Werke übertreffe. Es enthielt dreitausend Räume; Fünfzehnhundert davon befanden sich unter der Erde und enthielten die Mumien der Könige und der heiligen Krokodile . Die Wände der fünfzehnhundert oberen Wohnungen bestanden aus massivem Stein und waren vollständig mit Skulpturen bedeckt. Das andere Werk von Ammenemes war der Moëris- See . Dabei handelte es sich um ein natürliches Reservoir, das in der Nähe einer Nilbiegung entstand. aber er verbesserte es durch Kunst so, dass er die Gaben des Flusses bewahrte und sorgfältig verteilte und so die Fruchtbarkeit der Provinz sicherstellte.

141. Eine schwächere Rasse war erfolgreich, und die Katastrophen Unterägyptens breiteten sich nun auf das ganze Land aus. Die Hyksos rückten nach Süden vor und die flüchtigen Könige von Theben suchten Zuflucht in Äthiopien. Mit Ausnahme der Xoiten , die in den Sümpfen des Deltas verschanzt waren, wurde ganz Ägypten eine Zeit lang den Hirten unterworfen. Sie brannten Städte nieder, zerstörten Tempel und machten alle Menschen zu Sklaven, die sie nicht töteten. Zwei einheimische Dynastien herrschten in Memphis und eine in Herakleopolis , aber sie waren den Eroberern tributpflichtig.

142. Einige haben angenommen, dass die Pyramiden von diesen Hirtenkönigen errichtet wurden. Aber die besten Autoritäten beschreiben die Rasse im Vergleich zu den Ägyptern entweder vor oder nach ihrer Invasion als unhöflich, unwissend und geistlos; und nachdem die lange Flut der Barbarei zurückgekehrt ist, finden wir Religion, Sprache und Kunst —

zweifellos gehalten und in Abgeschiedenheit von der gelehrten Klasse gepflegt – genau so vor, wie sie vor der Unterbrechung waren. Allein das Fehlen von Aufzeichnungen in diesem Zeitraum würde den Mangel an Bildung in der herrschenden Rasse beweisen. Baron Bunsen vermutet, dass die Hyksos mit den Philistern von Palästina identisch waren. Einige von ihnen suchten Zuflucht auf Kreta, als sie aus Ägypten vertrieben wurden, und tauchten ungefähr zur gleichen Zeit, als die Israeliten von Osten her in Palästina einmarschierten, von Westen her wieder in Palästina auf. Auf jeden Fall gibt es in der ägyptischen Geschichte eine Lücke von fast vierhundert Jahren zwischen dem alten und dem neuen Reich, in der die Heilige Stadt Theben in den Händen von Barbaren war, die Annalen aufhörten und die Namen der Könige, sowohl einheimischer als auch einheimischer Art, nicht mehr bekannt waren oder fremd, sind größtenteils unbekannt.

143. DRITTE PERIODE. Chr. 1525-525. Nach ihrer langen Demütigung versammelte sich das ägyptische Volk unter dem thebanischen König Amo'sis zu einem großen nationalen Aufstand und vertrieb die Eindringlinge nach einem hart umkämpften Kampf von ihrem Boden. Nun kam die strahlendste Periode der ägyptischen Geschichte. Amosis wurde mit der ungeteilten Souveränität belohnt und wurde zum Gründer der 18. Dynastie. Memphis wurde zur kaiserlichen Hauptstadt ernannt. Viele Tempel wurden repariert, wie wir aus Memoranden erfahren können, die in den Steinbrüchen von Syene und am Obernil aufbewahrt wurden. Aahmes , die Frau von Amosis , trägt den Nachnamen Nefru-ari , „die gute, glorreiche Frau", und scheint die höchste Ehre zu genießen, die jemals einer Königin zugeschrieben wurde. Sie war eine thebanische Prinzessin äthiopischen Blutes und hatte wahrscheinlich viele Provinzen als Mitgift. Amosis starb 1499 v. Chr.

144. Achthundert Jahre lang blieb Ägypten ein einziges, konsolidiertes Königreich. In dieser Zeit erlangte die Kunst ihre höchste Vollendung; die großen Tempelpaläste von Theben wurden gebaut; zahlreiche Obelisken, „Finger der Sonne", die zum Himmel zeigten; und das Volk, das lange unter grausamer Knechtschaft gelitten hatte, genoss unter der 18., 19. und 20. Dynastie den Schutz einer milden und gut organisierten Regierung.

145. Es ist zu befürchten, dass die Ägypter ihren Groll gegen ihre früheren Unterdrücker auf eine gefangene Nation innerhalb ihrer eigenen Grenzen ausübten. Die Hebräer wuchsen und vermehrten sich in Ägypten, und ihr Leben wurde durch harte Knechtschaft bitter. Viele der riesigen Backsteinbauten der 18. und 19. Dynastie könnten von den gefangenen Hebräern errichtet worden sein, von denen ausdrücklich gesagt wird, dass sie die beiden Schatzstädte Pithom und Raamses gebaut haben .

146. Königliche Frauen wurden in Ägypten mit größerem Respekt behandelt als in jeder anderen alten Monarchie. Thothmes I., der dritte König der 18. Dynastie, wurde von seiner Tochter Mesphra oder Amen-set abgelöst , die als Regentin für ihren jüngeren Bruder Thothmes II. regierte. Er starb minderjährig, und sie hatte das gleiche Amt inne oder regierte möglicherweise gemeinsam mit ihrem nächstjüngeren Bruder, Thothmosis III.; aber nicht mit seiner herzlichen Zustimmung, denn als auch sie nach zweiundzwanzigjähriger Regentschaft starb, ließ er ihren Namen und ihr Bild aus allen Skulpturen löschen, in denen sie zusammen erschienen waren.

147. Chr. 1461-1414. Dieser König, Thothmes III., zeichnet sich nicht mehr durch seine Auslandskriege aus als vielmehr durch die prächtigen Paläste und Tempel, die er in Karnac , Theben, Memphis, Heliopolis, Koptos und anderen Orten errichtete. Kaum eine antike Stadt in Ägypten oder Nubien weist Überreste seiner Bauwerke auf. Die Geschichte seiner zwölf aufeinanderfolgenden Feldzüge ist in Skulpturen an den Wänden seines Palastes in Theben festgehalten. Er vertrieb die Hyksos aus ihrer letzten Festung, Avaris , wo sie seit den Tagen seines Vaters eingesperrt waren. Die beiden Obelisken in der Nähe von Alexandria, die ein römischer Witzbold Kleopatras Nadeln nannte, tragen den Namen dieses Königs. Seine Militärexpeditionen erstreckten sich sowohl nach Norden als auch nach Süden; Inschriften auf seinen Denkmälern besagen, dass er Tribut von Ninive, Hit (oder Is) und Babylon entgegennahm.

Chr. 1400-1364.

148. Sein Enkel Thothmosis IV. ließ die große Sphinx in der Nähe der Pyramiden schnitzen. Amunoph III., sein Nachfolger, war ein großer und mächtiger Monarch. Er schmückte das Land mit prächtigen Gebäuden und verbesserte seine Landwirtschaft durch den Bau von Tanks oder Stauseen zur Regulierung der Bewässerung. Aus seiner Regierungszeit stammen die beiden *Kolosse bei Theben, von denen einer als der vokale Memnon bekannt ist;* aber das Amenopheum , dessen Schmuck sie waren, liegt jetzt in Trümmern. Amunoph wahrte den kriegerischen Ruhm seiner Vorfahren durch Expeditionen in alle von Thothmes III. überfallenen Länder. Auf seinen Denkmälern wird er als „Befrieder Ägyptens und Zähmer der libyschen Hirten" bezeichnet. Er baute den prächtigen Palast von Luxor, den er durch eine Allee mit tausend Sphinxen mit dem Tempel von Karnac verband. Er ließ auch in Theben eine ähnliche Allee anlegen, die von kolossalen Sitzstatuen der katzenköpfigen Göttin Pasht (Bubastis) gesäumt war.

Chr. 1327-1324.

149. Chr. 1364-1327. Unter der Herrschaft von Horus, seinem Sohn, wurde die Nation von vielen Anwärtern auf die Krone abgelenkt, von denen die meisten Prinzen oder Prinzessinnen königlichen Blutes waren. Horus überlebte seine Rivalen und zerstörte ihre Denkmäler. Er führte erfolgreiche Auslandskriege in Afrika und baute die Paläste von Karnac und Luxor aus. Mit dem nächsten König, Rathotis (oder Resitot), endete die 18. Dynastie.

1324–1322 . Ramses I., Gründer der neunzehnten Dynastie, stammte von den ersten beiden Königen der achtzehnten Dynastie ab. Sein Sohn Seti erbte den ganzen nationalen Hass gegen die syrischen Eindringlinge und „rächte die Schande Ägyptens an Asien". Er eroberte Syrien zurück, das etwa vierzig Jahre zuvor revoltiert hatte, und trug seine siegreichen Waffen bis an die Grenzen Kilikiens und die Ufer des Euphrat. Er baute die große Halle in Karnac – in der die gesamte Kathedrale Notre Dame in Paris stehen konnte, ohne Wände oder Decke zu berühren – und sein Grab ist das schönste aller Gräber der Könige.

151. Chr. 1311-1245. Ramses II., der Große, regierte 66 Jahre; und seine Errungenschaften in Krieg und Frieden füllen einen großen Raum in den Aufzeichnungen seiner Zeit, in denen Fakten und Fiktionen von seinen Schmeichlern oft vermischt werden. Zu Lebzeiten seines Vaters begann er seine Militärkarriere mit der Unterwerfung sowohl Libyens als auch Arabiens. Da sein Ehrgeiz so entfacht war, hatte er kaum den Thron bestiegen, als er sich zur Eroberung der Welt entschloss. Während seiner Abwesenheit sorgte er für die Sicherheit seines Königreichs, indem er das Land in sechsunddreißig Nomes aufteilte und für jeden einen Gouverneur ernannte. Anschließend rüstete er eine riesige Armee aus, die angeblich 600.000 Mann zu Fuß , 24.000 Reiter und 27.000 Kriegswagen umfasste. Nachdem er Äthiopien erobert hatte, baute Ramses eine Flotte von vierhundert Schiffen, die erste, die jemals ein ägyptischer König besessen hatte, und segelte das Rote Meer hinunter zum Arabischen Meer, um seine Reise bis nach Indien fortzusetzen. Er kehrte nur zurück, um neue Vorbereitungen zu treffen und eine weitere große Armee ostwärts über den Ganges hinaus zu führen, und weiter, bis er einen neuen Ozean erreichte. Überall wurden Säulen aufgestellt, die die Siege des Monarchen dokumentierten und den Mut derer lobten oder deren Feigheit beschämten, die ihm begegnet waren.

FIGUR VON AMUNOPH III, IN DER NÄHE VON THEBEN.

Von den Griechen „Vokales Memnon" genannt. Die Höhe betrug 47 Fuß bzw. 53 Fuß inklusive Sockel.

152. Als Ramses von seinen asiatischen Eroberungen zurückkehrte, drang er in Europa ein und unterwarf die Thraker. Dann, nach neun Jahren Abwesenheit, in denen er sich mit dem Ruhm unzähliger leichter Siege bedeckt hatte, kehrte er nach Ägypten zurück . Er brachte einen langen Zug von Gefangenen mit, die er für die architektonischen Arbeiten einsetzen wollte, die er bereits geplant hatte. Zu den berühmtesten gehören die Felsentempel von Ipsambul in Nubien, deren Seiten mit Flachreliefs bedeckt sind, die die Siege von Sesostris darstellen ; das Ramesseum oder Memnonium in Theben; und Ergänzungen zum Palast in Karnac . Er errichtete auch eine Mauer nahe der Ostgrenze Ägyptens, von Pelusium bis Heliopolis und vielleicht sogar bis Syene , um künftige Invasionen aus Arabien zu verhindern. Von Ramses II. gibt es mehr Denkmäler als von jedem anderen Pharao; aber die Kraft des Neuen Reiches war durch diese außergewöhnlichen Kriegs- und Bauanstrengungen erschöpft. Der König quälte sowohl seine Untertanen als auch seine Gefangenen, indem er sie lediglich als Instrumente seiner Leidenschaft für militärische und architektonische Darstellungen benutzte. Es war dieser König, der die Israeliten durch seine unmenschlichen Unterdrückungen in die Verzweiflung trieb, insbesondere indem er befahl, jedes männliche Kind im Nil zu ertränken. (Exodus I: 8-14, 22.)

153. In der großen Halle von Abydus oder This wird Ramses dargestellt, wie er zweiundfünfzig Königen seines eigenen Geschlechts Opfer darbringt, darunter auch er selbst in verherrlichter Form. Die Skulptur wird durch eine Inschrift erklärt: „Ein Trankopfer für die Herren des Westens durch die Opfergaben ihres Sohnes, des Königs Ramses, in seiner Residenz." Die Antwort der königlichen Gottheiten lautet wie folgt: „Die Rede der Herren des Westens an ihren Sohn, den Schöpfer und Rächer, den Herrn der Welt, die Sonne, die in Wahrheit siegt." Wir selbst erheben unsere Arme, um deine Opfergaben und alle anderen guten und reinen Dinge in deinem Palast zu empfangen. Wir werden erneuert und verewigt in den Gemälden deines Hauses" usw.

154. Der Sohn von Ramses II., Menephthah oder Amenephthes , war der Pharao des Exodus. Die flüchtenden Israeliten zogen am Ufer des vom Großkönig angelegten Kanals entlang und wurden so mit Wasser für ihre Menge an Menschen und Tieren versorgt. Aus den Daten, die man immer auf ägyptischen Gebäuden findet, erfahren wir, dass die architektonischen Arbeiten zwanzig Jahre lang eingestellt wurden; und dieser Kontrast zur früheren Aktivität bietet eine interessante Übereinstimmung mit der biblischen Erzählung. Josephus [16] zitiert auch aus Manetho eine Überlieferung, dass der Sohn des großen Ramses durch einen Aufstand unter Osarsiph (Moses) einer Rasse von Aussätzigen gestürzt wurde, die von ihm schwer unterdrückt worden war; und dass er mit seinem damals erst fünfjährigen Sohn nach Äthiopien floh, der dreizehn Jahre später als Sethos II. das Königreich zurückeroberte. Um ihre Verachtung gegenüber ihren ehemaligen Gefangenen auszudrücken, bezeichnen die ägyptischen Historiker die Israeliten stets als Aussätzige. Mit Sethos bzw. Sethos II. starb das Haus des großen Ramses aus.

1219. Ramses III., der Erste der 20. Dynastie, führte ausgedehnte Kriege, sowohl zur See als auch zu Lande. Seine vier Söhne trugen alle seinen Namen und bestiegen nacheinander den Thron, aber es gibt keine großen Ereignisse, die auf ihre Herrschaft schließen ließen. Es folgten sechs oder sieben Könige mit demselben Namen, und die Familie endete etwa 1085 v. Chr.

156. Während dieser Zeit nahm Ägypten sowohl an intellektueller als auch an militärischer Macht rapide ab. Ihre Auslandsunternehmen hörten auf; An den prachtvollen Bauten vergangener Zeiten wurden keine Anbauten vorgenommen; und anstatt aus dem Studium der Natur neues Leben zu gewinnen, waren Bildhauerei und Malerei gezwungen, die alten, festgelegten Formen zu kopieren oder sich auf langweilige und bedeutungslose Nachahmungen zu beschränken.

157. Die 21. Dynastie war eine Priesterrasse, deren Hauptstadt Ta'nis oder Zo'an in Unterägypten war, die aber im ganzen Land die Oberhand hatte. Sie trugen Priestergewänder und nannten sich Hohepriester des Amun. Einer von ihnen gab Salomo seine Tochter zur Frau. (1 Könige iii: 1; ix: 16.) Die sieben Könige dieser Dynastie hatten normalerweise kurze Regierungszeiten, die von wenigen Ereignissen geprägt waren. Chr. 1085-990.

Chr. 972.

Chr. 956-933.

158. Chr. 993-972. Scheschonk oder Schischak, der Gründer der 22. Dynastie, belebte die militärische Macht der Nation wieder. Er heiratete die Tochter von Pisham II., dem letzten König der tanitischen Rasse, und nahm auch den Titel eines Hohepriesters des Amun an, aber darüber hinaus gibt es in dieser Linie keine Anzeichen von Priestertum. Bubastis im Delta war der Sitz seiner Regierung. Zu ihm floh Jerobeam , als er plante, sich selbst zum König von Israel zu machen; und Schischak unternahm danach einen Feldzug gegen Judäa , um Jerobeam auf seinem Thron zu bestätigen. Er plünderte Jerusalem und empfing die Unterwerfung Rehabeams. Osorkon II., der vierte König dieser Dynastie und ein äthiopischer Prinz, war wahrscheinlich der Zerah der Heiligen Schrift, der in Syrien einmarschierte und in der Schlacht von Marescha von Asa, dem König von Juda, besiegt wurde . (2. Chronik xiv: 9-14.)

159. Als diese Linie in der Person von Takelot II. um 847 v. Chr. auslief, entstand in Tanis eine rivalisierende Familie, die die dreiundzwanzigste Dynastie bildete. Es umfasste nur vier Könige, von denen keiner berühmt war. Chr. 847-758.

Chr. 730.

758-714 . Die vierundzwanzigste Dynastie bestand aus einem König, Boccho´ris . Er setzte die Regierung in Sa´ïs , einer anderen Stadt im Delta, ein und war weithin bekannt für die Weisheit und Gerechtigkeit seiner Verwaltung. In der zweiten Hälfte dieser Periode überrannte Sabaco , der Äthiopier, das Land und machte den Saïte- Monarchen zu einem bloßen Vasallen. Bocchoris , der einen Aufstand versuchte, wurde nach vierundvierzigjähriger Herrschaft gefangen genommen und verbrannt.

Chr. 690-665.

161. Nachdem Sabaco I. Ägypten unterworfen hatte, gründete er die 25. Dynastie. Er kämpfte mit dem König von Assyrien um die Herrschaft über Westasien, wurde jedoch 718 v. Chr. in der Schlacht von Raphia von Sargon besiegt. Der assyrische Einfluss wurde im Delta vorherrschend, während die

Macht der Äthiopier nur in Oberägypten ungestört blieb. Der zweite König dieser Familie hieß ebenfalls Sabaco . Der dritte und letzte, Tir´hakeh , war der Größte der Linie. Er führte nacheinander Krieg mit drei assyrischen Monarchen. Der erste, Sennacherib, wurde 698 v. Chr. gestürzt [17]. Seinem Sohn Asarhaddon gelang es eine Zeit lang, Unterägypten in eine Reihe tributpflichtiger Provinzen aufzuteilen. Tirhakeh erlangte seine Macht zurück und vereinte sein Königreich wieder; doch nach zwei Jahren Krieg mit Assurbani - pal, dem nächsten König von Assyrien, musste er zugunsten seines Sohnes abdanken. Der Sohn wurde vertrieben und Ägypten wurde dreißig Jahre lang in viele kleine Königreiche aufgeteilt, die bis zum Tod des Eroberers Assyrien unterworfen blieben.

162. Für die Ägypter war dies lediglich ein Wechsel fremder Herrscher. Ihr Patriotismus hatte schon lange nachgelassen, und ihre einheimische Armee hatte seit der Zeit, als die Könige der 22. Dynastie die Landesverteidigung Ausländern anvertrauten , an Ruhm und Tapferkeit verloren. Die Militärkaste wurde degradiert und die Krone versuchte sogar, den Soldaten ihr Land zu entziehen. Ägypten war gewissermaßen zu einer Seemacht geworden, und eine Handelsklasse war entstanden, die den Soldaten und Bauern Konkurrenz machte.

163. Um 630 v. Chr. mussten die Assyrer ihre Kräfte im eigenen Land konzentrieren, um den Skythen Widerstand zu leisten; und Psammetichus , einer der einheimischen Vizekönige, die sie in Ägypten eingesetzt hatten, nutzte die Gelegenheit, um ihr Joch abzuwerfen. Das große assyrische Reich geriet nun unter den Aufstand der Medien und Babylonier, und seine Macht war in entfernten Provinzen nicht mehr spürbar. Psammetich errang Siege über seine Vizekönigsbrüder und errichtete die 26. Dynastie über ganz Ägypten. Er war ein aufgeklärter Monarch und während seiner Regentschaft erhielten Kunst und Wissenschaft neue Impulse.

164. Nachdem er die Dodekarchie mit Hilfe seiner griechischen und tyrischen Hilfstruppen überwunden hatte, siedelte er diese fremden Truppen in dauerhaften Lagern an, die letzteren in der Nähe von Memphis, die ersteren in der Nähe des Pelusischen Nilarms. Seine einheimischen Soldaten waren darüber so erzürnt, dass sie von ausländischen Söldnern abgelöst wurden, dass viele desertierten und sich in Äthiopien niederließen. Nun strömten so viele Ausländer aller Klassen in die Häfen Ägyptens, dass eine neue Kaste von Dragomanen oder Dolmetschern entstand. Psammetichus veranlasste seinen eigenen Sohn, Griechisch zu lernen, ein sicheres Zeichen dafür, dass die Barrieren, die das geistige Leben Ägyptens bis dahin vom Rest der Welt getrennt hatten, nun niedergerissen waren.

165. Die nördlichen Barbaren, die die Assyrer in Angst und Schrecken versetzt hatten, hatten nun Palästina überrannt und drohten mit einer Invasion Ägyptens; aber die Boten des Psammetichos trafen sie in Askalon mit Bestechungsgeldern, die sie zur Rückkehr bewegten.

Chr. 605.

166. Chr. 610-594. Unter der Herrschaft von Necho , dem Sohn des Psammetichos , wurden die Marine und der Handel Ägyptens stark ausgebaut, und Afrika wurde zum ersten Mal von einer ägyptischen Flotte umrundet. Diese Expedition segelte über das Rote Meer. Zweimal gingen die Seeleute an Land, lagerten, säten Getreide und warteten auf die Ernte. Nachdem sie ihre Ernte geerntet hatten, segelten sie erneut und gelangten im dritten Jahr über das Mittelmeer nach Ägypten. Die Eroberungen Nechos im Ausland können sogar mit denen des großen Ramses verglichen werden, denn er erweiterte seine Herrschaftsgebiete auf das gesamte Land zwischen Ägypten und dem Euphrat. Aber er traf in Nebukadnezar auf einen stärkeren Feind, und als er aus dem Feld von Karkemisch floh , fielen alle seine asiatischen Eroberungen in die Hände des großen Babyloniers.

Chr. 569-525.

167. Chr. 588-569. Sein Enkel Apries , der Pharao- Hophra der Heiligen Schrift, nahm die kriegerischen Pläne von Necho wieder auf . Er belagerte Sidon, führte eine Seeschlacht mit Tyrus und schloss ein erfolgloses Bündnis mit Zedekia, dem König von Juda, gegen Nebukadnezar. Er wurde abgesetzt und sein Nachfolger, Amasis , behielt seine Krone zunächst als Tributpflichtiger der Babylonier. Danach machte er sich unabhängig; und viele Denkmäler in ganz Ägypten zeugen von seiner liberalen Förderung der Künste, während seine Außenpolitik das Land bereicherte. Er pflegte freundschaftliche Beziehungen zu Griechenland und seinen Kolonien und viele griechische Kaufleute ließen sich in Ägypten nieder.

168. Alarmiert durch die zunehmende Macht Persiens versuchte er, sich durch Bündnisse mit Krösus von Lydien und Polykrates von Samos zu stärken. Die Vorsichtsmaßnahme war wirkungslos, aber Amasis erlebte den Untergang seines Landes nicht mehr. Kambyses, der König von Persien, war bereits an der Spitze einer großen Armee auf dem Marsch, als Psammenitus , der Sohn des Amasis, den ägyptischen Thron bestieg. Der neue König eilte dem Eindringling in Pelusium entgegen , wurde jedoch besiegt und gezwungen, sich in Memphis, seiner Hauptstadt, einzuschließen, wo die Perser nun vorrückten, um ihn zu belagern. Nach einer Regierungszeit von nur sechs Monaten wurde die Stadt eingenommen und ihr König gefangen genommen. Wenig später wurde er hingerichtet; und das Königreich Ägypten wurde nach tausend Jahren unabhängiger Existenz im Jahr 525 v. Chr. eine bloße Provinz des Persischen Reiches.

REPRISE.

Ägypten war in einer sehr frühen Zeit hochzivilisiert, aber nicht geeint, denn es bestand aus vielen unabhängigen , von Priestern regierten Königreichen. Menes baute Memphis und gründete das Reich Ober- und Unterägypten, das vor der persischen Eroberung von 26 Dynastien regiert wurde. Sesorcheres gründete die Dritte Dynastie; Sesonchosis förderte alle Künste und sein Sohn verbesserte die Gesetze und den Gottesdienst. Die Vierte Dynastie baute viele Pyramiden, während die Zweite und Fünfte als Untertanen in This und Elephantine regierten. Ägypten wurde später in fünf Königreiche aufgeteilt und den Hyksos aus Asien unterworfen, die das Volk versklavten und nach einer Zeit das ganze Land, mit Ausnahme der Xois im Delta, unterwarfen. Zu Beginn ihrer Invasion regierte die Zwölfte Dynastie in Theben mit großer Macht und Pracht.

Im Jahr 1525 v. Chr. führte Amosis einen Aufstand an, der die Hyksos vertrieb, und gründete die 18. Dynastie in Memphis. Mehrere Königinnen wurden hoch geehrt. Das Volk war wohlhabend, aber die gefangenen Hebräer wurden unterdrückt. Thothmosis III. baute viele Paläste; Seti eroberte Syrien zurück; und sein Sohn, Ramses der Große, errang Siege in Europa, Asien und Afrika. Unter Menephthah wurden die Israeliten von Moses aus Ägypten geführt. Unter der 20. Dynastie gingen die Kunst, der Unternehmergeist und die Macht Ägyptens zurück. Die einundzwanzigste Dynastie bestand aus Priestern; der Zweiundzwanzigste der Soldaten. Der Vierundzwanzigste wurde von Sabaco , dem Äthiopier, gestürzt; das von ihm gegründete Fünfundzwanzigste wurde wiederum von den Assyrern verkleinert. Nach dreißigjähriger Unterwerfung wurde Ägypten von Psammetichus mit Hilfe ausländischer Truppen befreit und vereint. Necho , sein Sohn, war in vielen See- und Militärunternehmungen erfolgreich, wurde aber schließlich von Nebukadnezar in der Schlacht von Karkemisch besiegt. Apries wurde vom selben König abgesetzt und Amasis bestieg den Thron als Vizekönig von Babylon. Sein Sohn Psammenitus wurde von Kambyses erobert und Ägypten wurde eine persische Provinz.

RELIGION ÄGYPTEN.

169. Die Religion der alten Ägypter war eine verwirrende Mischung aus großen Vorstellungen und erniedrigendem Aberglauben. Kein anderes antikes Volk hatte eine so feste Überzeugung von der Unsterblichkeit oder spürte, dass ihre Beweggründe ihr tägliches Leben so stark beeinflussten. doch kein anderer trieb seinen Götzendienst auf ein so erniedrigendes und lächerliches Extrem. Der Widerspruch wird teilweise gelöst, wenn wir uns an zwei Unterscheidungen erinnern: Die erste bezieht sich hauptsächlich auf die antike und heidnische Welt, zwischen der Religion der Priester und der Religion des Volkes; die zweite überall existierende, sogar im Einen Wahren

Glauben, zwischen Theorie und Praxis – zwischen idealer Lehre und dem persönlichen Charakter derjenigen, die sie empfangen.

170. Die heiligen Bücher der Ägypter enthielten das von den Priestern übernommene System. Ihre grundlegende Lehre war, dass Gott einer ist, nicht repräsentiert, unsichtbar. Aber während Gott auf die Welt einwirkt, wurden seine verschiedenen Eigenschaften oder Manifestationsweisen in verschiedenen Formen dargestellt. Als der Schöpfer war er Phtha ; als Offenbarer war er Am'un ; als Wohltäter und Richter der Menschen war er Osiris; und so weiter durch eine endlose Liste primärer, sekundärer und tertiärer Charaktere, die für den Ungebildeten zu so vielen separaten Gottheiten wurden. Ein Teil seines göttlichen Lebens sollte sogar in Pflanzen und Tieren liegen, die dementsprechend von den Unwissenden geschätzt und verehrt wurden. Denn was für die Weisen lediglich Symbole waren, wurde für das Volk zu deutlichen Objekten der Anbetung; und die ägyptischen Priester verschmähten es, wie alle anderen heidnischen Philosophen, das Licht, das sie besaßen, zu verbreiten. Sie verachteten das einfache Volk, das sie für unfähig hielten, die heiligen Geheimnisse zu begreifen, und lehrten es nur jene bequemen Lehren, die es der königlichen und priesterlichen Autorität unterwerfen würden.

171. Das Volk glaubte also an acht Götter der ersten Ordnung, zwölf an die zweite und sieben an die dritte; aber jeder von ihnen wurde unter vielen Titeln verehrt oder war mit unterschiedlichen Orten verbunden. Isis erhielt daher den Beinamen Myriônyma oder „mit zehntausend Namen". Die Sonne und der Mond wurden zu ihrer Anbetung zugelassen; Ersteres repräsentiert die lebensspendende Kraft der Gottheit, Letzteres als Regulator der Zeit und Bote des Himmels. Der Mond wurde als der Ibis-köpfige Thoth dargestellt, der dem griechischen Hermes entspricht, dem Gott der Buchstaben und Aufzeichner aller menschlichen Handlungen.

172. Ein Prinzip des Bösen wurde in sehr frühen Zeiten unter dem Namen Seth, dem Satan der ägyptischen Mythologie, verehrt. Auf einem Denkmal wurde dargestellt, wie er einem König den Umgang mit dem Bogen beibrachte. An anderer Stelle wird die Sünde als große Schlange dargestellt, der Feind von Göttern und Menschen, getötet durch den Speer von Horus, dem Kind von Isis. Es scheint unmöglich, daran zu zweifeln, dass die Ägypter einige Überlieferungen über die Versprechen an Eva bewahrt hatten. Zu einem späteren Zeitpunkt wurde die Verehrung des bösen Prinzips abgeschafft und die quadratischen Ohren von Seth wurden aus den Denkmälern gemeißelt.

173. Der interessanteste Artikel der ägyptischen Mythologie ist das Erscheinen von Osiris auf der Erde zum Wohle der Menschheit unter dem Titel „ Manifestator des Guten und der Wahrheit". sein Tod durch die

Bosheit des Bösen; sein Begräbnis und seine Auferstehung sowie sein Amt als Totenrichter. In allen Teilen Ägyptens und zu allen Zeiten seiner Geschichte galt Osiris als der große Schiedsrichter des künftigen Staates.

174. In der frühesten Zeit wurden Menschenopfer praktiziert, wie das Opfersiegel beweist, das üblicherweise am Opfer angebracht wurde und dessen Kopien häufig in den Gräbern gefunden werden. Es stellt eine kniende menschliche Figur dar, gefesselt und darauf wartend, dass das Messer in der Hand eines Priesters glitzert. Diese Praxis wurde jedoch von Amosis (1525–1499 v. Chr.) abgeschafft, der anordnete, anstelle der menschlichen Opfer eine gleiche Anzahl von Wachsfiguren darzubringen.

175. Die Anbetung von Tieren war das abstoßendste Merkmal ägyptischer Zeremonien. In ganz Ägypten galten Ochse, Hund, Katze, Ibis, Habicht und die Fische Lepidotus und Oxyrrynchus als heilig. Daneben gab es unzählige örtliche Götzendienste. Mendes verehrte die Ziege; Herakleopolis , das Schlupfwespen; Cynop´olis , der Hund; Lycop´olis , der Wolf; A´thribis , die Spitzmaus; Sa´ïs und Theben, die Schafe; Babylon bei Memphis, der Affe usw. Noch mehr geehrt wurde der Stier Apis in Memphis; das Kalb Mne´vis in Heliopolis; und die Krokodile von Om´bos und Arsin´oë . Diese wurden in ihren Ständen von Priestern betreut und vom Volk mit tiefer Ehrfurcht verehrt. Apis , das lebende Symbol von Osiris, verbrachte seine Tage in einem Apeum, das an das Serapeum in Memphis angeschlossen war. Als er starb , wurde er einbalsamiert und auf so prächtige Weise begraben, dass die für die Zeremonie verantwortlichen Personen oft durch die Kosten ruiniert waren. Er sollte der Sohn des Mondes sein und war an einem weißen Dreieck oder Quadrat auf seiner schwarzen Stirn, der Figur eines Geiers auf seinem Rücken und einem Käfer unter seiner Zunge zu erkennen. Er durfte nie länger als fünfundzwanzig Jahre leben. Wenn es wahrscheinlich war, dass er diese Zeit überleben würde, wurde er im heiligen Brunnen ertränkt und ein anderer Apis gesucht. Die Chemie der Priester hatte bereits die erforderlichen weißen Flecken im schwarzen Haar eines jungen Kalbes hervorgebracht, und der Kandidat wurde nie umsonst gesucht. Beim alljährlichen Nilaufgang wurde ein siebentägiges Fest zu Ehren von Osiris abgehalten.

176. Unterschiede in der Anbetung führten manchmal zu erbitterten Feindschaften zwischen den verschiedenen Nomen . So wurde das Krokodil in Ombos verehrt, während es in Ten´tyra gejagt und verabscheut wurde; Der widderköpfige Amun war in Theben ein Gegenstand der Anbetung, und das Schaf war ein heiliges Tier, während die Ziege zum Essen getötet wurde. In Mendes wurde die Ziege verehrt und das Schaf gegessen. Die Lycopoliten aßen auch Hammelfleisch als Lob für die Wölfe, die sie verehrten.

177. Wenn wir uns von den trivialen Riten den moralischen Auswirkungen des ägyptischen Glaubens zuwenden, finden wir mehr zu respektieren. Die Belohnungen und Strafen eines zukünftigen Lebens waren starke Anreize für richtiges Handeln in der Gegenwart. Beim Tod wurden alle gleich: Der König oder der höchste Pontifex musste ebenso wie die unterste Schweineherde von den Richtern freigesprochen werden, bevor sein Leichnam den heiligen See passieren und mit seinen Vätern begraben werden durfte. Jeder Nome hatte seinen heiligen See, über den alle Trauerzüge auf dem Weg zur Stadt der Toten gingen. Auf der Seite, die den Wohnorten der Lebenden am nächsten liegt, wurden die Überreste von Scharen gefunden, die die Prüfung nicht bestanden hatten und deren Körper schmachvoll ihren Freunden zurückgegeben wurden, um sie so schnell wie möglich zu entsorgen.

178. Neben dem irdischen Tribunal von 42 Richtern, die über das Schicksal des Körpers entschieden, glaubte man, dass die Seele den göttlichen Richterstuhl durchlaufen müsse, bevor sie die Wohnstätten der Seligen betreten könne. Das Totenbuch – das einzige bisher entdeckte der zweiundvierzig heiligen Bücher der Ägypter – enthält eine Beschreibung der Prüfung einer verstorbenen Seele. Es wird auf seiner langen Reise als mit Gebeten und Beichten beschäftigt dargestellt. Zweiundvierzig Götter besetzen den Richterstuhl. Osiris präsidiert; und vor ihm steht die Waage, auf deren einer die Statue der vollkommenen Gerechtigkeit steht; im anderen das Herz des Verstorbenen. Die Seele des Toten steht da und beobachtet die Waage, während Horus das Lot untersucht, das anzeigt, in welche Richtung der Strahl überwiegt; und Thoth, der Rechtfertiger, zeichnet den Satz auf. Wenn dies günstig ist, erhält die Seele das Zeichen oder Siegel „Gerechtfertigt".

179. Die Tempel Ägyptens sind die großartigsten Baudenkmäler der Welt. Das von Amun , in einer reichen Oase, zwanzig Tagereisen von Theben entfernt, war eines der berühmtesten antiken Orakel. In der Nähe, in einem Palmenhain, entsprang eine heiße Quelle, der Sonnenbrunnen, dessen Sprudeln und Rauchen ein Zeichen der göttlichen Gegenwart sein sollte. Die Oase war ein Rastplatz für Karawanen, die zwischen Ägypten und den inneren Regionen Nigritiens oder Sudans zogen. und viele reiche Opfergaben wurden im Tempel von Kaufleuten niedergelegt, die dankbar waren, den Gefahren der Wüste so knapp entkommen zu sein, oder die darauf bedacht waren, die Gunst Amuns für ihre gerade begonnene Reise zu gewinnen.

180. Die Ägypter waren in Kasten oder Ränge eingeteilt, die sich durch Berufe unterschieden. Diese wurden unterschiedlich von drei bis sieben nummeriert. Die Priester standen an erster Stelle, die Soldaten an zweiter Stelle; Darunter befanden sich Landwirte, die man in Gärtner, Schiffer,

Handwerker verschiedener Art und Hirten einteilen kann, wobei letztere Ziegenhirten und Schweinehirten einschlossen, die zuletzt als die niedrigsten von allen galten.

181. Das Land gehörte, zumindest unter dem neuen Reich, ausschließlich dem König, den Priestern und den Soldaten. Zur Zeit, als Joseph der Hebräer Premierminister war, übergaben alle anderen Eigentümer ihre Ländereien an die Krone [18] und behielten ihren Besitz nur unter der Bedingung, dass sie eine jährliche Pacht von einem Fünftel des Ertrags zahlten.

182. Der König war der Repräsentant der Gottheit und somit nicht nur das Oberhaupt der Regierung, sondern auch der Staatsreligion. Sein Titel Phrah (Pharao), der die Sonne bedeutet, machte ihn zum Sinnbild des Gottes des Lichts. Es war sein Recht und Amt, das Opfer zu leiten und den Göttern Trankopfer auszuschenken.

183. Aufgrund seiner großen Verantwortung wurde dem König von Ägypten in seinen persönlichen Gewohnheiten weniger Freiheit eingeräumt als den gemeinsten seiner Untertanen. Die heiligen Bücher enthielten detaillierte Vorschriften für sein Essen, Trinken und seine Kleidung sowie für die Beschäftigung seiner Zeit. Kein Genuss jeglicher Art durfte übertrieben werden. Kein Sklave oder Tagelöhner durfte ein Amt in seiner Person innehaben, damit er sich nicht Gedanken aneignete, die eines Fürsten unwürdig waren; aber nur Adlige von höchstem Rang hatten das Privileg, ihn zu begleiten. Das Ritual des jeden Morgengottesdienstes würdigte die Tugenden früherer Könige und erinnerte ihn an seine eigenen Pflichten. Nach seinem Tod wurde sein Leichnam in einem öffentlichen Gerichtssaal beigesetzt, wo alle seine Untertanen mit Anschuldigungen erscheinen konnten; und wenn sich herausstellte, dass sein Lebensverhalten seiner hohen Stellung unwürdig war, wurde er für immer aus dem Grab seiner Väter ausgeschlossen.

184. Der Priesterorden besaß große Macht im Staat, und was den Souverän betrifft, können wir nicht leugnen, dass er sie gut genutzt hat. Sie zeichneten sich durch ihre einfache und gemäßigte Lebensweise aus. Sie waren so darauf bedacht, dass der Körper „leicht auf der Seele ruht", dass sie nur Nahrung von einfachster Qualität und begrenzter Menge zu sich nahmen und auf viele Lebensmittel verzichteten, wie Fisch, Hammelfleisch, Schweinefleisch, Bohnen, Erbsen, Knoblauch und Lauch und Zwiebeln, die im einfachen Volk verwendet wurden. Sie badeten zweimal am Tag und zweimal in der Nacht – einige der strengeren – in Wasser, das ihr heiliger Vogel, der Ibis, gekostet hatte, um einen zweifelsfreien Beweis für seine Reinheit zu erhalten. Durch dieses Beispiel an Enthaltsamkeit, Reinheit und Demut sowie durch ihren Ruf als gebildet erlangten die ägyptischen Priester eine nahezu uneingeschränkte Kontrolle über das Volk. Ihre Kenntnisse der

Naturwissenschaften ermöglichten es ihnen, durch optische Täuschungen und andere Tricks den Schrecken und die abergläubische Ehrfurcht ihrer unwissenden Zuschauer zu erregen. Auch ihre angebliche Macht endete nicht mit diesem Leben, denn sie konnten jedem Menschen den Pass zur „Außenwelt" verweigern, der allein sein ewiges Glück sichern konnte.

185. Die Wissenschaft der Medizin wurde schon in den ältesten Zeiten von den Priestern gepflegt. Die allgemeine Praxis der Einbalsamierung wurde von Ärzten praktiziert und ermöglichte es ihnen, die Auswirkungen verschiedener Krankheiten durch Untersuchung des Körpers nach dem Tod zu untersuchen. Asiatische Monarchen schickten ihre Ärzte nach Ägypten, und der fruchtbare Boden des Niltals lieferte Medikamente für die ganze Welt. Bis heute sind die von Apothekern zur Bezeichnung von Drams und Grains verwendeten Zeichen ägyptische Chiffren, wie sie von den Arabern übernommen wurden.

186. Wenn die Soldaten nicht im Auslandskrieg, in Garnisonen oder am Hof eingesetzt wurden, wurden sie auf ihrem eigenen Land angesiedelt. Diese lagen hauptsächlich östlich des Nils oder im Delta, da das Land in diesen Gegenden den feindlichen Invasionen am stärksten ausgesetzt war. Jedem Soldaten wurden etwa sechs Hektar Land zugeteilt, frei von jeglichen Steuern oder Abgaben. Aus dem Erlös bestritt er die Kosten für seine eigenen Waffen und Ausrüstung.

187. An den Wänden ihrer Gräber finden sich anschauliche Darstellungen des täglichen Lebens der Ägypter. Ihre Industrien wie Glasbläserei, Leinenweberei, Seilerei usw. sowie ihre gemeinsamen Freizeitbeschäftigungen wie Jagen, Fischen, Ballspielen, Ringen und häusliche Szenen sowie die Unterhaltung der Gesellschaft sind alle vorhanden dargestellt in Skulpturen oder Gemälden auf den Mauern von Theben oder Beni- hassan . In den Gräbern werden Puppen und anderes Spielzeug von Kindern gefunden; und es ist offensichtlich, dass die Ägypter sich so sehr mit dem Gedanken an den Tod vertraut gemacht hatten, dass sie sich von den düsteren und schmerzhaften Assoziationen befreit hatten, mit denen er oft verbunden ist. Nachdem der Leichnam für das Grab vorbereitet worden war, wurde er in das Haus seines Wohnsitzes zurückgebracht, wo er mindestens dreißig Tage, manchmal sogar ein Jahr lang aufbewahrt wurde, wobei zu seinen Ehren Feste abgehalten wurden und er immer in der Gesellschaft anwesend war der Gäste. Von dem Moment an, als die zweiundvierzig Richter ihr positives Urteil über den Seerand verkündet hatten, verwandelten sich die Wehklagen des Trauerzuges in Triumphgesänge, und dem Verstorbenen wurde zu seiner Aufnahme in die glorreiche Gesellschaft der Freunde des Sees gratuliert Osiris.

KARTHAGO.

188. Um 850 v. Chr. beschloss Dido, die Schwester von Pygmalion, dem König von Tyrus , nachdem ihr Bruder ihnen bei der Ermordung ihres Mannes Acerbas grausames Unrecht zugefügt hatte, aus seinem Herrschaftsbereich zu fliehen und ein neues Reich zu errichten. In Begleitung einiger tyrischer Adliger, die mit der Herrschaft Pygmalions unzufrieden waren, segelte sie in einer Flotte, beladen mit den Schätzen ihres Mannes, und ankerte schließlich in einer Bucht an der Nordküste Afrikas, etwa sechs Meilen nördlich des heutigen Tunis.

189. Die libyschen Eingeborenen, die den Wert des Handels und den Reichtum der phönizischen Kolonien kannten, neigten zu Freundlichkeit; doch ihre erste Transaktion mit den neuen Siedlern versprach nur einer Seite Vorteile. Dido schlug vor, von ihnen so viel Land zu pachten, wie mit Ochsenhaut bedeckt werden konnte. Nachdem die jährliche Grundrente beglichen war, befahl sie, die Haut in möglichst dünne Streifen zu schneiden und so ein großes Stück Land zu umzingeln, auf dem sie die Festung Byr'sa errichtete . Die Kolonie florierte jedoch und wurde durch die Allianz von Utica und anderen tyrischen Siedlungen an derselben Küste gestärkt. Durch ähnliche Vereinbarungen mit den Libyern erhielt die Königin die Erlaubnis, die Stadt KARTHAGO ZU ERRICHTEN , die zum Sitz eines großen Handelsimperiums wurde.

190. Als die Neue Stadt [19] ein hohes Maß an Macht und Reichtum erlangte, schickte Hiar´bas , ein benachbarter König, los, um eine Heirat mit Dido zu fordern, und drohte mit Krieg im Falle einer Ablehnung. Die Königin schien zum Wohle ihres Staates zuzustimmen; Doch am Ende der dreimonatigen Vorbereitung bestieg sie einen Scheiterhaufen, auf dem Opfer für die Schatten von Acerbas dargebracht worden waren , und verkündete ihrem Volk, dass sie zu ihrem Mann gehen würde, wie es sich gewünscht hatte, und stürzte sich in einen Schwert in ihre Brust. Dido wurde in Karthago weiterhin als Gottheit verehrt, solange die Stadt existierte.

Chr. 585.

191. Bisher ist unsere Geschichte mit Fabeln vermischt, obwohl sie zweifellos einen großen Teil der Wahrheit enthält . Was wir mit Sicherheit wissen ist, dass die jüngste Kolonie von Tyrus bald die mächtigste wurde; dass es durch das Bündnis und die Einwanderung der benachbarten Libyer sowie seiner Schwesterkolonien wuchs; und dass es durch die Zerstörung [20] seiner Mutterstadt in den babylonischen Kriegen an Reichtum gewann . Während der levantinische Handel von Tyrus an die Griechen fiel, ging der Handel mit dem Westen natürlich an die Karthager über.

192. Die afrikanischen Stämme, denen die Kolonisten zunächst Tribut für ihren geringen Stand zahlen mussten, wurden schließlich völlig unterworfen. Sie bewirtschafteten ihr Land zum Nutzen Karthagos und könnten jederzeit gezwungen sein, die Hälfte ihres beweglichen Vermögens in die Staatskasse und alle ihre jungen Männer in die Armeen einzubringen. Die phönizischen Siedlungen bildeten nach und nach eine Konföderation, deren Oberhaupt Karthago war, obwohl es keine Autorität besaß, die über die natürliche Führung der Mächtigsten hinausging. Ihre Herrschaftsgebiete erstreckten sich nach Westen bis zu den Säulen des Herkules und entlang der afrikanischen Küste bis zum Ende des Atlasgebirges. Im Osten wurden ihre Grenzen nach einem langen Kampf mit der griechischen Stadt Kyrene am Fuße der Großen Syrtis oder des Golfs festgelegt, der das Nordufer einschneidet.

193. Karthago war mit seinen kontinentalen Herrschaftsgebieten nicht zufrieden und erlangte den Besitz der meisten Inseln des westlichen Mittelmeers. Die Küste Siziliens war bereits mit phönizischen Handelsstationen übersät. Diese gerieten unter die Kontrolle Karthagos; und obwohl der westliche Teil der Insel von den freien Städten der Griechen, insbesondere Agrigentum und Syrakus , an Wohlstand übertroffen wurde, blieb er lange Zeit ein wertvoller Besitz. Die Balearen wurden von karthagischen Truppen besetzt. Sardinien wurde durch einen langen und schweren Konflikt erobert und wurde zu einem wichtigen Handelsknotenpunkt mit Westeuropa. Auf Korsika und Spanien entstanden Siedlungen, während im Atlantik die Inseln Madeira und die Kanarischen Inseln frühzeitig unterworfen wurden.

194. Diese Eroberungen wurden hauptsächlich durch ausländische Söldner aus Europa und Afrika durchgeführt. Südlich und westlich von Karthago lebten die barbarischen, aber meist freundlichen Stämme Numidiens und Mauretaniens; und ihre Kaufleute hatten auf ihren Reisen häufig mit den kriegerischen Völkern Spaniens, Galliens und Norditaliens zu tun. Es wird gesagt, dass die Karthager diese verschiedenen Nationen in ihren Armeen so vermischten, dass unterschiedliche Sprachen ihre gemeinsame Verschwörung verhindern könnten.

195. Die Marine von Karthago war von großer Bedeutung beim Schutz ihres Handels vor den Piratenschwärmen, die das Mittelmeer heimsuchten. Die Galeeren wurden durch Ruder in den Händen von Sklaven angetrieben, aber die Offiziere und Matrosen waren in der Regel einheimische Karthager. Mit diesen Land- und Seestreitkräften wurde Karthago mehrere Jahrhunderte lang zur unbestrittenen Herrscherin über das zentrale und westliche Mittelmeer.

Chr. 509.

196. Gegen die Mitte des sechsten Jahrhunderts v. Chr. tauchte in den westlichen Gewässern ein großer Handelsrivale auf. Die Griechen hatten mit ihrem Kolonisierungssystem begonnen; hatten einen Handel mit Tartessus eröffnet , ihre Siedlungen auf Sizilien und Korsika vervielfacht und Massilia nahe der Rhonemündung errichtet. Gegen Ende unserer ersten Periode gerieten die beiden Mächte in einen heftigen Zusammenstoß, und die griechische Flotte wurde von der Flotte Karthagos zerstört, die von ihren etruskischen Verbündeten unterstützt wurde. Gleichzeitig wurde Rom, das unter seinen Königen mächtig geworden war, durch deren Vertreibung frei; und die Karthager, die bisher mit den Italienern freundschaftlich verbunden waren, schlossen einen Bündnisvertrag mit der neuen Republik, die sich als ihr unerbittlichster Feind erweisen sollte.

197. Die Regierung Karthagos war in der Form einer Republik in Wirklichkeit eine Aristokratie des Reichtums. Die beiden obersten Beamten waren die Suffetes , die zunächst, wie die hebräischen Herrscher von Josua bis Samuel, das Volk in den Krieg führten und es in Frieden richteten. In späterer Zeit wurde ihr Amt ausschließlich zivil und für die militärische Führung wurden Generäle ernannt. Die Suffeten wurden nur aus bestimmten Familien und wahrscheinlich auf Lebenszeit gewählt.

198. Als nächstes kam der Rat aus mehreren Hundert Bürgern, aus dem fünfköpfige Ausschüsse ausgewählt wurden, um die verschiedenen Staatsministerien zu verwalten. Zu einem späteren Zeitpunkt, als das Haus Mago eine militärische Macht erreicht hatte, von der man annahm, dass sie die öffentliche Sicherheit gefährde, wurde diesem ein Hundertschaftsrat hinzugefügt, vor dem sich alle aus dem Krieg heimkehrenden Generäle stellen mussten über ihre Taten Rechenschaft ablegen. Die Urteile dieses Tribunals waren so streng, dass ein erfolgloser General oft den Selbstmord auf dem Schlachtfeld der Entgegennahme ihrer Auszeichnungen vorzog. Zusammen mit den beiden Richtern und den beiden Hohepriestern bildete dieser Rat den Obersten Gerichtshof der Republik.

199. Der größere Rat oder Senat empfing ausländische Botschafter , beriet über alle Staatsangelegenheiten und entschied über Kriegs- oder Friedensfragen, mit einer gewissen Achtung vor der Autorität der Suffeten. Konnten sich Richter und Senat nicht einigen, wurde Berufung beim Volk eingelegt.

200. Die Religion Karthagos war dieselbe wie die von Tyrus , mit der Hinzufügung der Verehrung von zwei oder drei griechischen Gottheiten, die die Karthager nach der Zerstörung ihrer Tempel in Sizilien durch Opfer besänftigen wollten. Jede Armee wurde von einem Propheten oder Wahrsager begleitet, ohne dessen Führung nichts getan werden konnte. Generäle brachten häufig Opfer dar, selbst während einer Schlacht. Es gab kein erbliches Priestertum wie in Ägypten, sondern die Priesterämter wurden von den höchsten Persönlichkeiten des Staates besetzt, manchmal sogar von den Söhnen der Könige oder Richter. In jeder neuen Siedlung wurde ein

Heiligtum errichtet, damit die Religion des Mutterlandes zusammen mit seiner Regierung und seinem Handel wachsen konnte. Jedes Jahr verließ eine Flotte Karthago, beladen mit reichen Opfergaben und mit einer feierlichen Botschaft zum Schrein des tyrischen Herkules. In Karthago herrschten Menschenopfer und andere abscheuliche Riten des phönizischen Gottesdienstes; und obwohl diese Merkmale durch die fortschreitende Zivilisation etwas gemildert wurden, werden wir auf künftigen Seiten ihrer Geschichte genügend Spuren jener Grausamkeit finden, die einen so dunklen Makel im Charakter der gesamten Rasse macht.

201. Der Handel Karthagos wurde sowohl auf dem Land- als auch auf dem Seeweg betrieben. Ihre Karawanen durchquerten die Große Wüste auf noch befahrenen Wegen und tauschten die Produkte der nördlichen Länder gegen die aus Oberägypten, Äthiopien, Fessan und vielleicht auch aus den weit im Landesinneren gelegenen Regionen Nigritias . Zu den Manufakturen Karthagos gehörten feine Stoffe, Eisenwaren, Töpferwaren und Ledergeschirre; aber neben dem Austausch ihrer eigenen Produkte besaß sie fast ausschließlich den Transporthandel zwischen den Nationen Afrikas und Westeuropas.

202. Die Schiffe Karthagos durchdrangen alle damals bekannten Meere; und obwohl sie sich auf die Küstenschifffahrt beschränkten, erkundeten sie den Atlantik von Norwegen bis zum Kap der Guten Hoffnung. Hanno, der Sohn von Hamil´car , führte sechzig Schiffe mit 30.000 Kolonisten an die Westküste Afrikas, wo er eine Kette von sechs Kolonien zwischen der Meerenge und der Insel Cer´ne errichtete . Anschließend fuhr er mit einigen seiner Schiffe südwärts bis zum Fluss Gambia und besuchte die Goldküste, mit der seine Landsleute fortan regelmäßig Verkehr pflegten. Bei seiner Rückkehr brachte er eine Inschrift zur Erinnerung an diese Reise auf einer Messingtafel im Kronos- Tempel in Karthago an. Himilco , sein Bruder, leitete im selben Jahr eine weitere Expedition an die Westküste Europas, deren Geschichte jedoch verloren geht.

203. Diese ausgedehnten Handelsreisen brachten die Produkte der Welt auf die karthagischen Märkte. Möglicherweise sind Musseline aus Malta zu sehen; Öl und Wein aus Italien; Wachs und Honig aus Korsika; Eisen aus Elba; Gold, Silber und Eisen aus Spanien; Zinn aus Cornwall und den Scilly -Inseln; Bernstein aus der Ostsee; Gold, Elfenbein und Sklaven aus Senegambia .

204. Während der Handel eine reichliche Quelle des Reichtums darstellte, war die Landwirtschaft die Lieblingsbeschäftigung des Adels und des Volkes. Der fruchtbare Boden Libyens brachte dem Bauern hundertfachen Ertrag. Wohlhabende Karthager liebten die gesundheitsfördernde Arbeit auf dem Feld so sehr, dass einer ihrer großen Männer ein 28 Bände umfassendes Werk über die Methoden der Landwirtschaft schrieb; und nur diesen von allen Schätzen ihrer Literatur hielten ihre römischen Eroberer für erhaltenswert.

205. Wir haben den Verlauf der Ereignisse leicht vorweggenommen, um einen zusammenhängenden Bericht über die Regierung, die Religion und den Handel Karthagos zu präsentieren. Von ihren Kriegen mit den sizilianischen Griechen, von der verheerenden Niederlage Hamilkars bei Himera im Jahr 480 v. Chr. bis zum Frieden von 304 v. Chr., haben wir keinen Platz für Einzelheiten. Die letzte Periode der karthagischen Geschichte, die die römischen Kriege und die Zerstörung der Stadt umfasst, findet sich in Buch V.

REPRISE.

Karthago, eine Kolonie von Tyrus , wurde Herrscher über die Küsten und Inseln des westlichen Mittelmeers, ein Rivale Griechenlands und ein Verbündeter Roms. Ihre Armee und Marine bestanden größtenteils aus europäischen und afrikanischen Söldnern. Ihre Regierung war republikanisch, mit zwei Richtern an der Spitze, auswärtige Angelegenheiten wurden von einem Bürgerrat geregelt. Religiöse Zeremonien beanspruchten sowohl im Krieg als auch im Frieden große Aufmerksamkeit. Der Landhandel erstreckte sich bis ins Innere Afrikas; auf dem Seeweg, von der Ostsee bis zum Indischen Ozean; und Produkte aus aller Welt füllten die karthagischen Märkte. Die Landwirtschaft war eine beliebte Beschäftigung für Adlige und einfache Leute.

FRAGEN ZUR ÜBERPRÜFUNG.
Buch I. – Teil II.

1.	Was ist in der frühen Geschichte Ägyptens bemerkenswert?	§§ 126-128.
2.	Beschreiben Sie den ersten Monarchen des Vereinigten Reiches.	129.
3.	Seine Nachfolger in derselben Dynastie.	130.
4.	Wie viele Dynastien gab es vor der persischen Eroberung?	163.
5.	Beschreiben Sie die Könige der Dritten Dynastie.	131 , 132 .
6.	Die Pyramidenbauer.	133-135.
7.	Welche Dynastien waren der vierten unterworfen?	136.
8.	Beschreiben Sie die Teilungen Ägyptens und ihre Folgen.	138 , 139 .
9.	Die Denkmäler der zwölften Dynastie.	140.
10.	Die Herrschaft und der Charakter der Hyksos.	141 , 142 .
11.	Der Aufstieg des Neuen Reiches.	143.
12.	Die Familie von Thutmosis I.	146 , 147 .

BUCH II.
DAS PERSISCHE REICH VOM AUFSTIEG DES CYRUS BIS ZUM FALL DES DARIUS.
CHR. 558-330.

1. Um 650 v. Chr. nahm ein kriegerisches Volk aus dem Hochland östlich des Kaspischen Meeres das hügelige Land nördlich des Persischen Golfs in Besitz. Sie gehörten wie die Meder zur arischen oder indogermanischen Familie und unterschieden sich von den luxuriösen Bewohnern der babylonischen Ebene durch einen zäheren, einfacheren und tugendhafteren Charakter sowie einen reineren Glauben. Die Nation, wie sie sich bald zusammensetzte, bestand aus zehn Stämmen, von denen vier weiterhin Nomaden lebten, drei sich zur Bebauung des Bodens niederließen und drei Waffen zur allgemeinen Verteidigung trugen. Von diesen waren die Pasar´gadæ die Vorreiter und bildeten den Adel Persiens, der alle hohen Ämter in der Armee und am Hof innehatte.

2. Der erste König, Achæ´menes , war ein Pasargader , und von ihm stammten alle nachfolgenden persischen Könige ab. In den ersten hundert Jahren seiner Geschichte war Persien vom benachbarten Königreich Medien abhängig. Doch kurz nach der Mitte des sechsten Jahrhunderts vor Christus veränderte eine Revolution unter Kyros die Beziehungen der medo - persischen Monarchie und bereitete den Grundstein für ein großes Reich, das über den Nil und den Hellespont im Westen hinausreichen sollte und der Indus im Osten.

3. Cyrus verbrachte viele seiner frühen Jahre am Hofe von Asty´ages , seinem Großvater mütterlicherseits, in der siebenmauern Stadt Ekbat´ana . [21] Die tapfere, athletische Jugend, die an harte Sportarten und einfache Kost gewöhnt war, verachtete den Wein und das köstliche Essen, die bemalten Gesichter und seidenen Gewänder der medischen Adligen. Er erkannte, dass ihre Kräfte durch Luxus verschwendet wurden und dass sie im Falle eines Zusammenstoßes seinen kriegerischen Landsleuten nicht gewachsen wären. Zur gleichen Zeit versammelte sich eine Gruppe jüngerer Meder um Cyrus, die seine männlichen Tugenden dem weiblichen Pomp und der grausamen Tyrannei ihres Königs vorzogen und ungeduldig auf die Zeit warteten, in der er ihr Herrscher sein sollte.

Chr. 558.

4. Als alles bereit war, versammelte der persische Prinz seine Landsleute und überredete sie, sich von den Medern unabhängig zu machen. Astyages stellte eine Armee auf, um den Aufstand niederzuschlagen, doch als sich die beiden Streitkräfte bei Pasar´gadæ trafen , ging der größte Teil der Meder auf die persische Seite über. In einer zweiten Schlacht geriet Astyages in Gefangenschaft und die Herrschaft über Medien verblieb beim Eroberer.

Chr. 546.

5. Die Herrschaft des Cyrus war voller kriegerischer Unternehmungen. Als er die medischen Städte unterworfen hatte, war Krösus , [22] König von Lydien, durch seine rasch zunehmende Macht beunruhigt und hatte Ägypten, Babylon und die Griechen zum Widerstand aufgestachelt. Er überquerte die Halys und traf in der Nähe von Sinope in Kappadokien auf die Armee des Kyros . Keine Partei errang einen Sieg; Doch als Krösus feststellte, dass seine Truppen zahlenmäßig unterlegen waren, zog er sich in seine Hauptstadt zurück und überlegte, den Winter mit neuen Vorbereitungen zu verbringen. Cyrus verfolgte ihn bis vor die Tore von Sardes und besiegte ihn in einer entscheidenden Schlacht. Die Stadt wurde eingenommen und Krösus verdankte sein Leben der Gnade seines Eroberers. Sein Königreich, das ganz Kleinasien westlich des Halys umfasste , wurde dem Perserreich zugeschlagen.

6. Die Monarchen Asiens verfügten über drei Methoden, um ihre Herrschaft über die von ihnen eroberten Länder aufrechtzuerhalten: 1. Auf Kosten der Besiegten wurde ein großes stehendes Heer auf dem Boden gehalten. 2. Im Falle einer Revolte wurden manchmal ganze Nationen über eine Distanz von Tausenden von Kilometern transportiert, meist auf die Inseln des Persischen Golfs oder des Indischen Ozeans, während ihre Plätze durch Auswanderer besetzt wurden, deren Loyalität gesichert war. 3. Eine schädlichere, wenn auch scheinbar nachsichtigere Politik zwang ein kriegerisches Volk zu luxuriösen und weiblichen Manieren. So behandelten die Lyder auf Anraten ihres gefangenen Königs. Krösus war nun der vertrauenswürdige Ratgeber von Cyrus. Um sein Volk vor dem Elend des Transportwesens zu bewahren, schlug er vor, es seiner Waffen zu berauben, es zu zwingen, weiche Kleidung anzuziehen und seiner Jugend Spiel- und Trinkgewohnheiten beizubringen und es so für immer unfähig zu machen die Herrschaft ihrer Eroberer stören. Aus einer tapferen, kriegerischen und fleißigen Rasse verwandelten sich die Lyder in träge Vergnügungssüchtige, und ihr Land blieb eine unterwürfige Provinz des Reiches des Kyros.

7. EROBERUNG BABYLONS. CYRUS verließ Harpagus , um die Eroberung der asiatischen Griechen abzuschließen, und wandte sich nach Osten, wo er auf den größeren Ruhm der Unterwerfung Assyriens abzielte. Nabonadius , [23] der babylonische König, glaubte, dass die Mauern seiner Hauptstadt vor Angriffen geschützt seien; aber er wurde besiegt und die große Stadt wurde zur Beute des Eroberers. Die Schriften von Daniel, der am Hofe des Nabonadius lebte und Zeuge des Sturzes seines Königreichs war, informieren uns darüber, dass Darius der Medianer Babylon einnahm, als er etwa zweiundsechzig Jahre alt war. Es ist wahrscheinlich, dass Darius ein anderer Name von Astyages selbst war, der, als er sein eigenes Königreich verlor, von der Regierung der prächtigsten Stadt des Ostens entschädigt wurde. Seine willkürlichen Entscheidungen über Daniel und seine Ankläger stimmen gut mit dem Charakter von Astyages überein.

8. RÜCKKEHR DER JUDEN. Man wird sich daran erinnern, dass die Juden nun Gefangene in Babylonien waren, wo sie seit der Zerstörung ihrer Heiligen Stadt durch Nebukadnezar siebzig Jahre lang geblieben waren . Cyrus, der wie die Hebräer an den einen Gott glaubte, empfand ihre reine Religion als angenehmen Kontrast zu den korrupten und entwürdigenden Riten der Babylonier. Möglicherweise haben ihn die Prophezeiungen Jesajas, die fast zwei Jahrhunderte zuvor geäußert wurden, und die Prophezeiungen Jeremias zur Zeit der Gefangenschaft berührt. (Jesaja xliv: 28 und xlv: 1-5; Jeremia xxv: 12 und xxviii: 11.) Möglicherweise hatte er bei seinen Plänen gegen Ägypten auch selbstsüchtigere Beweggründe, die Juden zu bevorzugen, da er es für einen Vorteil hielt, eine zu haben freundliche Menschen, die in den Festungen Judas ansässig waren. Auf jeden Fall erfüllte er die Prophezeiungen, indem er die Rückkehr der Israeliten in ihr eigenes Land und den Wiederaufbau des Tempels in Jerusalem anordnete. Die 5.400 goldenen und silbernen Gefäße des Hauses des Herrn wurden aus der babylonischen Schatzkammer hervorgeholt und dem Prinzen von Juda übergeben, der den persischen Titel Sheshbazzar erhielt , entsprechend dem modernen Pascha. Nur wenige der ursprünglichen Gefangenen hatten wie Daniel überlebt, um die Rückkehr mitzuerleben; Doch bald wurde eine Schar von fünfzigtausend Männern, Frauen und Kindern aus ihren Siedlungen am Euphrat und am Persischen Golf versammelt und zog in ihr eigenes Land. (Lesen Sie Esra 1 und 2: 1, 64, 65, 68-70.) Bei ihrer Ankunft wurde sofort der Altar aufgebaut, die großen Feste wieder eingeführt , eine Spende von Zedern aus den Wäldern des Libanon beschafft und Vorbereitungen dafür getroffen Wiederaufbau des Tempels.

9. Cyrus hat seine Pläne für Ägypten nie persönlich umgesetzt. Er dehnte seine Eroberungszüge nach Westen bis an die Grenzen Mazedoniens und nach Osten bis zum Indus aus. Einige der eroberten Länder blieben unter der Kontrolle ihrer einheimischen Könige; einige empfingen persische Herrscher. Alle wurden tributpflichtig, der Anteil ihres Tributs wurde jedoch nicht festgelegt. Die Organisation dieses riesigen Herrschaftsgebiets wurde den Nachfolgern von Cyrus überlassen.

Chr. 529.

10. Sein letzter Feldzug war gegen die Massa´getæ , einen Stamm, der östlich des Aralsees lebte. Die Barbaren, die diese großen nördlichen Ebenen durchstreiften, waren zu furchtbaren Feinden der zivilisierten Reiche des Südens geworden, wurden jedoch von Cyrus so gründlich unterworfen, dass sie Persien zweihundert Jahre lang nicht mehr beunruhigten. Der Sieger verlor jedoch sein Leben in einer Schlacht mit Tom'yris , ihrer Königin, und die Regierung und Erweiterung seines Reiches wurden seinem Sohn Camby'ses überlassen .

11. Als Cyrus zu seinem skythischen Feldzug aufbrach, hatte er seinen jungen Vetter Darius in Persien, der Satrapie seines Vaters Hystaspes , zurückgelassen . In der Nacht nach der Überquerung des Araxes träumte er, dass er Darius mit Flügeln auf seinen Schultern sah, von denen der eine Asien und der andere Europa überschattete. Die Zeit und die Region waren fruchtbar in Träumen, und diese hatten eine bemerkenswerte Erfüllung.

12. HERRSCHAFT DES KAMBYSES. Chr. 529-522. Ohne die Fähigkeiten seines Vaters erbte Kambyses seinen kriegerischen Ehrgeiz und begann bald damit, die von Cyrus seit langem gehegten Pläne zur Eroberung Afrikas in die Tat umzusetzen. Er war ein Mann mit heftigen Leidenschaften, die seine unbegrenzte Macht ohne ihre gerechte Beherrschung ließ, und viele seiner Taten ähneln eher denen eines eigenwilligen und unwissenden Kindes als denen eines vernünftigen Mannes.

13. Ägypten, jetzt von Amasis regiert , war der einzige Teil der babylonischen Herrschaft, der Cyrus nicht nachgegeben hatte. Amasis hatte seine Herrschaft als Vizekönig von Nebukadnezar begonnen, war aber während des Niedergangs des Reiches unabhängig geworden. Kambyses bereitete sich auf seinen Ägyptenfeldzug vor, indem er Phönizien und Zypern, die beiden Seemächte Westasiens, eroberte. Anschließend marschierte er mit einer großen Streitmacht aus Persern und Griechen in Ägypten ein. Amasis war vor kurzem gestorben, aber sein Sohn Psammenitus erwartete den Eindringling in der Nähe der Pelusia- Mündung des Nils. Eine einzige Schlacht entschied über das Schicksal Ägyptens. Psammenitus wurde besiegt und schloss sich mit seinen überlebenden Anhängern in Memphis ein. Die Belagerung war von kurzer Dauer, und am Ende unterwarf sich ganz Ägypten Kambyses, der die volle Würde der Pharaonen als „Herr der Ober- und Unterländer" annahm. Auch die benachbarten Libyer und die beiden griechischen Städte Kyrene und Barca schickten ihre Unterwerfung und boten Geschenke an.

14. Kambyses dachte nun über drei Expeditionen nach: einen auf dem Seeweg gegen das große Handelsimperium Karthago; einer gegen die Ammonianer der Wüste; und ein dritter gegen die langlebigen Äthiopier, [24] deren Land angeblich reich an Gold war. Die erste wurde aufgegeben, weil

die Phönizier sich weigerten, gegen eine ihrer eigenen Kolonien zu dienen. Zu dem letztgenannten Volk sandte Kambyses eine Gesandtschaft der Ich´thyoph´agi , die an den Grenzen des Roten Meeres lebten und deren Sprache verstanden. Diese wurden beauftragt, dem makrobianischen König Geschenke zu überbringen und ihm zu versichern, dass der persische Monarch seine Freundschaft wünschte. Der Äthiopier antwortete deutlich: „Weder hat dich der König von Persien geschickt, weil er mein Bündnis schätzte, noch sprichst du die Wahrheit, denn du bist als Kundschafter meines Königreichs gekommen." Er ist auch kein gerechter Mann; denn wenn er gerecht wäre, würde er kein anderes Land als sein eigenes begehren, noch würde er Menschen in die Knechtschaft zwingen, die ihm keinen Schaden zugefügt haben. Geben Sie ihm jedoch diesen Bogen und sagen Sie diese Worte zu ihm: Der König der Äthiopier rät dem König der Perser, wenn seine Perser so leicht einen Bogen dieser Größe spannen können, dann mit den langlebigen Äthiopiern Krieg zu führen eine zahlreichere Armee; aber bis dahin soll er den Göttern danken, die den Söhnen der Äthiopier nicht den Wunsch eingeflößt haben, ihrem eigenen Land ein weiteres hinzuzufügen."

15. Als Kambyses die Antwort des Äthiopiers hörte, wurde er wütend, und ohne die übliche militärische Voraussicht, Vorräte mit Lebensmitteln bereitzustellen, setzte er seine Armee sofort in Bewegung. Als er in Theben ankam, schickte er eine Abteilung von 50.000 Mann los, um den Tempel und das Orakel des Amun [25] in der Oase zu zerstören. Diese Armee wurde im Sand der Wüste begraben, ohne Ammonium überhaupt zu sehen . Die Hauptarmee von Cambyses war fast ebenso unglücklich. Bevor ein fünfter Teil der Reise zu Ende war, waren die Vorräte aufgebraucht. Anschließend wurden die Lasttiere gefressen und das Leben durch aus dem Boden gesammelte Kräuter noch etwas länger unterstützt. Aber als sie die Wüste erreichten, fehlten sowohl Nahrung als auch Wasser, und die elenden Männer waren gezwungen, einige ihrer durch das Los ausgewählten Kameraden zu essen. Zu diesem Zeitpunkt war sogar der Zorn des Königs erschöpft, und er stimmte der Umkehr zu. aber er kam mit einem kleinen Teil des Heeres, das ihn bei diesem schlecht abgestimmten Unternehmen begleitet hatte, in Memphis an.

16. Er fand, dass die Memphianer ein freudiges Fest zu Ehren des Gottes Apis veranstalteten , der gerade wieder aufgetaucht war. [26] Der Perser war wegen seiner jüngsten Katastrophen schlecht gelaunt und glaubte, dass die Ägypter sich über sein Unglück freuten. Er befahl, die neuen Apis in seine Gegenwart zu bringen. Als das Tier erschien, zog er seinen Dolch und stach ihm in den Oberschenkel; dann rief er laut lachend aus: „Ihr Dummköpfe, gibt es solche Götter wie diesen, die aus Blut und Fleisch bestehen und aus Stahl empfinden?" Das ist wirklich ein Gott, der der Ägypter würdig ist!" Er befahl seinen Offizieren, die Priester zu geißeln und alle Leute zu töten, die beim Festessen angetroffen wurden. Die Ägypter glaubten, dass Kambyses als Strafe für dieses Sakrileg sofort in den Wahnsinn geschlagen wurde. Ein Grund für seine verächtliche Behandlung von Apis mag in dem persischen Hass auf den Götzendienst liegen, der dazu führte, dass er selbst die kolossalen Bilder der Könige vor vielen Tempeln zerschmetterte, und der dazu führte, dass er von alten Reisenden als der große Bilderstürmer Ägyptens angesehen wurde.

17. Die verrückte Karriere von Kambyses näherte sich ihrem Ende. Bevor er Persien verließ, hatte er die heimliche Ermordung seines jüngeren Bruders Bardes oder, wie ihn die griechischen Historiker nannten, Smerdis verursacht , dem ihr Vater die Regierung mehrerer Provinzen überlassen hatte. Er wollte gerade Ägypten verlassen, als die Nachricht eintraf, dass Smerdis gegen ihn rebelliert hatte. Der König vermutete nun, dass er von dem allzu treuen Boten verraten worden war, den er geschickt hatte, um seinen Bruder zu töten. Der Anführer der Revolte war jedoch weder königlichen noch persischen Blutes. Gomates , ein Magier, war von Kambyses, dem Verwalter seines Palastes in Susa, zurückgelassen worden. Dieser Mann verschwor sich mit seinem Orden im ganzen Reich für einen Aufstand der Meder gegen die Perser und für die Unterdrückung der reformierten Religion, die diese eingeführt hatten. Da er zufällig dem jüngeren Sohn von Cyrus ähnelte, verkündete er dies dem Volk kühn Smerdis , der Bruder des Kambyses, forderte ihren Gehorsam. Die Geschichte erschien glaubwürdig, denn der Tod des Prinzen war absichtlich geheim gehalten worden, so dass fast alle Welt außer Praxaspes und seinem Herrn annahm, er sei noch am Leben.

18. Kambyses war bereits in Syrien, als er einen Herold empfing, der den Gehorsam des Heeres gegenüber Smerdis , dem Sohn des Cyrus, forderte. Der König war in seine eigenen Schwierigkeiten verwickelt und beklagte sich vergeblich darüber, dass er aus törichter Eifersucht den einzigen Mann ermordet hatte, der den Betrug hätte aufdecken können und der sein Thron am besten stützen und verteidigen konnte. Von Kummer und Scham überwältigt, sprang er zu Pferd, um seine Reise nach Persien anzutreten, doch dabei wurde sein Schwert aus der Scheide gezogen und drang in seine Seite ein, was ihm eine tödliche Wunde zufügte. Er blieb drei Wochen und zeigte in dieser Zeit mehr Vernunft als in seinem ganzen Leben zuvor. Er gestand und beklagte die Ermordung seines Bruders und flehte die persischen Adligen an, den betrügerischen Magus zu besiegen und das Königreich einem würdigeren Menschen zu übertragen. Er hatte weder einen Sohn noch einen Bruder als Nachfolger. Er hatte sieben Jahre und fünf Monate regiert.

19. HERRSCHAFT DER PSEUDO- SMERDIS . Chr. 522-521. Da es die gerechte Strafe für Lügner ist, ihnen nicht zu glauben, selbst wenn sie die Wahrheit sagen, galt Kambyses' letztes Geständnis gemeinhin als das kunstvollste Geschäft seines Lebens. Die Adligen, die nichts vom Tod von Smerdis wussten , glaubten, dass er tatsächlich in Susa regierte und dass sein Bruder die Geschichte des Magus erfunden hatte, um seine Entthronung sicherer zu machen. Der angebliche König lebte in großer Abgeschiedenheit, verließ nie seinen Palast und erlaubte den verschiedenen Mitgliedern seines Haushalts keinen Verkehr mit ihren Verwandten. Alle Befehle wurden von seinem Premierminister erteilt. Er schloss die zoroastrischen Tempel, stellte das Magierpriestertum wieder her und ordnete die Einstellung des Wiederaufbaus in Jerusalem an. (Lesen Sie Esra IV: 17-24.) Diese religiösen Veränderungen, die kein achämenischer Fürst hätte befürworten können, erweckten allmählich Misstrauen. Sieben große Prinzen des königlichen Geschlechts, die durch einen Spion im Palast erfahren hatten, dass der angebliche Monarch nur ein Magier war, dem Cyrus die Ohren entzogen hatte, bildeten eine Liga, um ihn zu entthronen. Ihr kühner Angriff war erfolgreich; der Magus wurde nach Medien verfolgt und nach achtmonatiger Herrschaft getötet; und Darius Hystas´pes , [27] einer der sieben Verschwörer, wurde schließlich zum König gewählt.

20. REGIERUNGSZEIT VON DARIUS I. v. Chr. 521-486. Die ersten Jahre des Darius wurden durch Aufstände erschüttert, die seinen Thron in seinen Grundfesten erschütterten. Nicht weniger als elf Satrapien befanden sich nacheinander im Aufstand. Das wichtigste war das von Babylon, das sich zwanzig Monate lang allen Bemühungen des Großkönigs widersetzte, es zu verkleinern. Schließlich erfand Zop'yrus , Sohn eines der Verschwörer, die Darius auf den Thron erhoben hatten, einen genialen, wenn auch abstoßenden Plan. Er schnitt sich Nase und Ohren ab, schlug die Geißel auf seine Schultern, bis diese mit Blut befleckt waren, und nachdem er sich mit dem König über sein weiteres Verhalten geeinigt hatte, lief er zu den Babyloniern über. Ihnen gegenüber stellte er dar, dass der König ihn mit so grausamer Demütigung behandelt hatte, dass er auf Rache brannte. Seine Wunden machten seine Geschichte plausibler; Er wurde in das Vertrauen der Rebellen aufgenommen und am zehnten Tag mit dem Kommando über einen Ausfalltrupp betraut , der einen Angriff der Perser zurückschlagen sollte.

Darius war geraten worden, eine Truppe der Truppen, die er am besten entbehren konnte, zum Semiramis- Tor zu schicken: Tausend von ihnen wurden in Stücke gerissen. Bei einem zweiten von Zopyrus angeführten Vorstoß wurden zweitausend Perser getötet; in einem Drittel viertausend. Diese Ermordung von siebentausend seiner Landsleute beseitigte bei den Babyloniern jeglichen Zweifel an der Wahrheit von Zopyrus . Die Schlüssel der Stadt wurden ihm anvertraut, und die Vorbereitungen für seinen Verrat waren nun abgeschlossen. Während eines konzertierten Angriffs der Perser öffnete er die Tore für Darius, der daraufhin Rache für den langen

Widerstand gegen seine Macht nahm. Die rücksichtslose Opferung menschlichen Lebens bei dieser Transaktion zeigt, wie die Gewohnheit der unbegrenzten Macht die von Natur aus barmherzige Gesinnung des Darius beeinträchtigt hatte.

21. Um künftigen Unruhen vorzubeugen, bemühte sich Darius nun, das große Reich, das Cyrus und Kambyses aufgebaut hatten, gründlicher und effizienter zu organisieren. Er teilte das gesamte Gebiet in zwanzig Satrapien oder Provinzen auf und erlegte jedem einen Tribut auf, der seinem Reichtum entsprach. Die einheimischen Könige, die Cyrus auf ihren Thronen zurückgelassen hatte, wurden alle hinweggefegt, und über jede Provinz wurde ein persischer Gouverneur eingesetzt, der normalerweise durch Blut oder Heirat mit dem Großkönig verbunden war. Die innere Ordnung und die Sicherheit von außen wurden durch stehende Armeen von Medern oder Persern gewährleistet, die an geeigneten Stationen im ganzen Reich stationiert waren. Es wurden königliche Straßen gebaut und ein Kuriersystem eingerichtet, durch das der Hof ständig und schnell Informationen über alles erhielt, was in den Provinzen geschah.

22. Um eine Revolte zu verhindern, wurde ein ausgeklügeltes Kontrollsystem eingeführt, das dem Satrapen kaum Handlungsspielraum ließ. In dieser früheren und stärkeren Periode des konsolidierten Reiches übte der Satrap nur die Zivilregierung aus, während das Militär von Generälen und Garnisonskommandanten ausgeübt wurde, während die richterliche Gewalt zumindest in Persien bei direkt vom König ernannten Richtern lag. Neben diesen verfassungsmäßigen Kontrollen des Satrapen gab es in jeder Provinz die „Augen des Königs" und die „Ohren des Königs", in Form königlicher Sekretäre, die seinem Hofstaat angegliedert waren und deren Aufgabe es war, heimlich und ständig mit dem Souverän zu kommunizieren um ihn über alle Ereignisse in ihren jeweiligen Bezirken auf dem Laufenden zu halten.

Der geringste Verdacht einer Revolte, den diese Spione dem König mitteilten, genügte, um den Befehl zum Tod des Satrapen zu erlassen. Dieser Befehl war an seine Wachen gerichtet, die ihn sofort ausführten, indem sie ihn mit ihren Säbeln niederhauen. Darüber hinaus war jede Provinz jederzeit einem plötzlichen Besuch des Königs oder seines Beauftragten ausgesetzt, der die Konten des Satrapen prüfte, sich die Beschwerden seiner Untertanen anhörte und entweder einen ungerechten Herrscher seines Amtes enthob oder einen weisen, aufrichtigen Herrscher bemerkte. und Wohltätigen für die Beförderung zu größerer Ehre. Der Satrap strahlte in kleinerem Maßstab die gleiche Lebenspracht aus wie der große König selbst. Jeder hatte sein „Paradies" oder seine Lustgärten, die an zahlreiche Paläste angeschlossen waren. Der Satrap von Babylon hatte ein tägliches Einkommen von fast zwei Scheffeln gemünztem Silber; In seinen Ställen befanden sich fast siebzehntausend Rosse, und die Einnahmen aus vier Städten reichten kaum für den Unterhalt seiner Hunde.

23. Der Hof von Susa übertraf all diese Zurschaustellung von Reichtum ebenso sehr, wie die Sonne die Planeten übertrifft. Fünfzehntausend Menschen speisten täglich an den Tischen des Königs. Die königlichen Reisen beschränkten sich zwangsläufig auf den wohlhabenderen Teil des Reiches, denn in den ärmeren Provinzen hätte ein solcher Besuch eine Hungersnot ausgelöst. Der König erschien selten in der Öffentlichkeit, und der Zugang zu seiner Anwesenheit wurde von langen Reihen von Offizieren bewacht, von denen jeder seinen zugewiesenen Platz hatte, vom Minister mit dem höchsten Rang, der im Audienzzimmer stand, bis zum bescheidensten Diener, der darauf wartete das Tor.

24. Zum königlichen Gefolge gehörte eine zahlreiche Armee, die je nach Nationalität in Korps von jeweils 10.000 Mann aufgeteilt war. Die berühmtesten unter ihnen waren die persischen „Unsterblichen", die so genannt wurden, weil ihre Zahl immer genau eingehalten wurde. Wenn ein „Unsterblicher" starb, stand ein gut ausgebildetes Mitglied eines Reservekorps bereit, seinen Platz einzunehmen. Sie wurden aus der ganzen Nation aufgrund ihrer Stärke, Statur und ihrem guten persönlichen Aussehen ausgewählt. Ihre Rüstung glänzte mit Silber und Gold, und auf dem Marsch oder in der Schlacht waren sie immer in der Nähe der Person des Königs. Die königlichen Sekretäre oder Schriftgelehrten bildeten einen weiteren wichtigen Teil des Gefolges des Hofes. Sie schrieben jedes Wort auf, das dem Monarchen über die Lippen kam, insbesondere seine Befehle, an die man sich, einmal ausgesprochen, nie mehr erinnern konnte. (Esther VIII: 8; Daniel VI: 8, 12, 15.)

FIGUR EINES GUTEN ENGELS – VIELLEICHT SRAOSHA.

REPRISE.

Persien, das ein Jahrhundert lang den Medern unterworfen war, wurde unter Kyros unabhängig, der auch Lydien und Babylonien eroberte, die Juden befreite und ein großes Reich gründete, das von Mazedonien bis Indien reichte. Er starb im Krieg mit den Skythen und die Afrikaexpedition wurde seinem Sohn Kambyses überlassen. Dieser König eroberte Ägypten, aber seine Versuche gegen Äthiopien und den Amun-Tempel endeten nur in einer Katastrophe. Seine Verachtung für den ägyptischen Götzendienst wurde den Priestern zufolge mit Wahnsinn bestraft. Ein Aufstand im Namen von Smerdis , den er ermordet hatte, setzte einen Magier auf den Thron und löste eine Reaktion gegen die persische Reformation aus. Der Magier wurde von Darius Hystaspes entthront , der zum großen Organisator des Reiches von Cyrus wurde. Zwanzig Satrapien traten an die Stelle der eroberten Königreiche. Ein System königlicher Straßen, Kuriere und Spione hielt das gesamte Herrschaftsgebiet in Reichweite und unter den Augen des Königs, der von einer Vielzahl von Beamten umgeben und von einer zahlreichen Armee beschützt war, wobei die persischen Unsterblichen im Rang Vorrang hatten.

PERSISCHE RELIGION.

25. Die Perser hielten an der reformierten Religion fest, die von Zoroaster , einem großen Gesetzgeber und Propheten, gelehrt wurde, der lange vor [28] der Geburt von Cyrus im Medo -Baktrischen Königreich erschien. In allen Teilen des Ostens waren der Glaube an einen Gott und die reine und einfache Anbetung, die die Menschheitsfamilie in ihrer ursprünglichen Heimat gelernt hatte, von falschen Mythologien und abergläubischen Riten überlagert worden. Die Lehren Zarathustras teilten die arische Familie in ihre beiden asiatischen Zweige, die seitdem getrennt geblieben sind. Die Hindus behielten ihre sinnliche Anbetung der Natur bei, zu der In ́dra (Sturm und Donner), Mith ́ra (Sonnenlicht), Va ́yu (Wind), Agni (Feuer), Arama ́ti (Erde) und Soma (die) gehören berauschendes Prinzip in Flüssigkeiten) waren die Hauptziele. Zoroaster wurde entweder durch Vernunft oder durch göttliche Offenbarung zu einem reineren Glauben geführt. Er lehrte die Vorherrschaft eines lebenden Schöpfers, einer Person, und nicht nur einer Macht, die er Ahu ́rô-Mazdâo oder Or ́mazd nannte . Der Name wurde unterschiedlich wiedergegeben: „Göttlicher Vielgeber“, „Schöpfer des Lebens“ oder „Lebendiger Schöpfer von allem“. Es wurde angenommen, dass Ormazd nicht nur irdisches Gutes schenkte, sondern auch die wertvollsten spirituellen Gaben – Wahrheit, Hingabe, den „guten Geist“ und ewige Freude.

26. Es wurde gesehen, dass Cyrus den Gott der Hebräer als Gegenstand seiner eigenen Anbetung betrachtete (Esra 1:1-4); und die jüdischen Propheten erkennen dieselbe Identität in ihrer Beschreibung von Cyrus (Jesaja xlv: 1-5). Beide Nationen hegten einen tiefen Hass auf den Götzendienst. In den persischen Tempeln war keinerlei Bildnis zu sehen. Beide glaubten an den Dienst der Engel. Der Thron von Ormazd war von sechs Fürsten des Lichts umgeben, und unter ihnen befanden sich unzählige Heerscharen von Kriegern und Boten, die hin und her gingen, um das Richtige zu verteidigen und das Unrecht auszurotten . Ihr Anführer war Serosh oder Srao'sha , „der Gelassene, der Starke“, Oberbefelshaber der Armeen von Ormazd. Er schlief nie, sondern bewachte die Erde ständig mit seinem gezogenen Schwert, besonders nach Sonnenuntergang, wenn die Dämonen die größte Macht hatten. Bei ihrem Tod führte er die Seelen der Gerechten zu Ormazd und half ihnen, die schmale Brücke zu passieren, von der die Bösen in den Abgrund fielen.

27. Eine spätere Entwicklung der Lehren von Zoroaster war jener Dualismus, der das Universum in ein Königreich des Lichts und ein Königreich der Dunkelheit teilte. Letzterer wurde von Ahriman, der Quelle aller Unreinheit und aller Schmerzen, regiert, unterstützt von seinen sieben höheren *Devas* oder Fürsten des Bösen; und die ganze Welt war ein Schlachtfeld zwischen den beiden Armeen der Geister, den guten und den bösen. Wenn Ormazd ein Paradies schuf, schickte Ahriman eine giftige

Schlange hinein. Alle giftigen Pflanzen, Reptilien und Insekten, alle Krankheiten, Armut, Pest, Krieg, Hungersnot und Erdbeben, aller Unglaube, Hexerei und Todsünden waren das Werk Ahrimans; und die Welt, die „sehr gut" hätte sein sollen, wurde so zum Schauplatz des Leidens. Jeder Gegenstand, ob lebend oder unbelebt, gehörte dem einen oder anderen Königreich; und es war die Pflicht des Dieners von Ormazd, alles Heilige zu fördern und alles Böse und Unreine zu zerstören. Die Landwirtschaft wurde von Zoroaster besonders bevorzugt, da sie ein schönes und gesundes Wachstum förderte und Seuche, Mehltau, Hungersnot und alle zerstörerischen Einflüsse bekämpfte. Es war der feste Glaube aller gläubigen Zoroastrier, dass das Königreich der Dunkelheit letztendlich gestürzt werden würde und das Königreich des Lichts das Universum erfüllen würde.

28. RELIGION DER MEDER. Der Magianismus der Meder war zur Zeit ihrer Eroberung durch Cyrus eine dritte Form des arischen Glaubens, der durch den Kontakt mit den barbarischen Skythen verändert wurde. Es handelte sich um eine besondere Form der Naturverehrung, deren Gegenstand die vier (so betrachteten) physischen Elemente Feuer, Luft, Erde und Wasser waren. Das Feuer, als die energischste Kraft, war das Wichtigste. Dieses System war vollständig von der Priesterschaft abhängig; Nur den Heiligen Drei Königen oder der Priesterkaste, einem der sieben medischen Stämme, war es gestattet, Gebete und Opfer darzubringen. Die Zoroastrier verabscheuten diese Lehre als das Werk von Devas, um die reinen Prinzipien zu ersetzen, die die Rasse am Anfang von Ormazd selbst erhalten hatte. Darius beschreibt in seinen Inschriften die Usurpation des Magiers Gomates als die Zeit, in der „die Lüge" vorherrschte. Während der Magophonia , dem jährlichen Fest, das die Niederschlagung dieser Revolte feierte, wagte kein Magier aus Todesangst den Schritt ins Ausland.

Doch mit zunehmender Macht und mehr Luxus kam es auch zu einem Wandel in der Nationalreligion. Die auffälligen Zeremonien des Magianismus passten besser zum Prunk eines östlichen Hofes als die einfache und spirituelle Verehrung der Zoroastrier. Eine Versöhnung wurde wahrscheinlich unter der Herrschaft von Darius begonnen und unter Artaxerxes abgeschlossen Longim´anus . Die Magier akzeptierten die wesentlichen Lehren Zoroasters und durften im Gegenzug einen Teil ihrer eigenen Symbolik und Priesterriten in den nationalen Gottesdienst einführen. Sie hielten das heilige Feuer in den Tempeln, speisten es mit kostbaren Hölzern und ließen es nie zu, dass es mit menschlichem Atem geblasen wurde. Beim Aufgang der Sonne sangen sie heilige Hymnen an den Herrn und Lichtspender. Einer von ihnen weckte den König jeden Morgen mit den Worten: „Steh auf, Herr, und denke über die Pflichten nach, die Ormazd dir aufgetragen hat." Das gesamte religiöse Zeremoniell des Hofes war ihrer Obhut anvertraut. Sie allein besaßen die heiligen Liturgien, mit denen Ormazd angesprochen werden sollte; und man glaubte, dass Gott durch sie seinen Willen offenbarte, entweder in der Traumdeutung oder durch die Bewegung der Sterne.

29. Außer dem der Hebräer war der persische Glaube der reinste Monotheismus des Ostens. Seine Vorteile beschränkten sich jedoch hauptsächlich auf die Fürsten- und Adelskaste, während bei ihnen sein Einfluss durch die Korruption des Hofes weitgehend neutralisiert wurde. Die Polygamie war die fatale Schwäche der persischen wie aller anderen östlichen Monarchien. Die wütenden Feindschaften rivalisierender Prinzessinnen erfüllten den Palast mit Zwietracht und befleckten ihn oft mit den dunkelsten Verbrechen. Die zähen persischen Bergsteiger, die die Siege des Cyrus errungen hatten und deren einfache, aber edle Ausbildung sie nur lehrte, „auf dem Pferd zu reiten, den Bogen zu spannen und die Wahrheit zu sagen", übernahmen die sklavischen Manieren der Rassen, die sie besiegt hatten, und lernten um sich vor dem Angesicht eines Sterblichen zu verstellen und niederzuwerfen , und wurden zum prächtigen, aber oft nutzlosen Schmuck eines extravaganten Hofes.

30. INDISCHE EROBERUNGEN. Die erste große Expedition des Darius führte gegen den Punjab, die fünf Flüsse Westindiens. Die kaiserlichen Einnahmen wurden durch den Erwerb dieses reichen Goldgebiets um ein Drittel erhöht, und es entstand nun ein lukrativer Handel zwischen den Ufern des Indus und den Küsten des Persischen Golfs.

31. SKYTHENFELDZUG. Das nächste Unternehmen von Darius war gegen die Skythen Mitteleuropas zwischen Don und Donau. Sein Plan bestand darin, die skythischen Verwüstungen in Medien und Oberasien vor einem Jahrhundert zu rächen und die Barbaren durch die Zurschaustellung seiner Macht in Angst und Schrecken zu versetzen, damit sie sich künftig gut benehmen würden. vielleicht auch, um durch die Eroberung der thrakischen Stämme einen Weg nach Griechenland zu öffnen. Die gesamte Armee und Marine des Reiches, bestehend aus nicht weniger als 700.000 Landsoldaten und 600 Schiffen, versammelte sich am thrakischen Bosporus , den sie über eine von ionischen Ingenieuren gebaute Bootsbrücke überquerte. Die Seestreitkräfte wurden vollständig von den Griechen der Ägäis gestellt .

32. Darius schickte seine Flotte durch das Euxine-Meer in die Donau mit dem Befehl, zwei Tagesreisen von der Mündung entfernt eine Schiffsbrücke zu errichten. Er marschierte durch Thrakien, nahm die Unterwerfung seiner Stämme entgegen oder erzwang sie und fügte ihre jungen Männer zu seinen hinzu Armee. Als er an der Donau ankam, überquerte er die Brücke und gab den Griechen den Befehl, sechzig Tage lang zu bleiben und sie zu bewachen; Wenn er in dieser Zeit nicht zurückkehrte, könnten sie zu dem Schluss kommen, dass er auf einem anderen Weg nach Medien gegangen war. Die

Einzelheiten der Operationen des Großkönigs nördlich der Donau sind der Geschichte unbekannt. Es gab keine großen Städte, die man einnehmen konnte; Die umherziehenden Skythen zerstörten ihre spärlichen Ernten, verstopften ihre Brunnen, zogen ihre Familien nach Norden an sichere Orte und zogen die Eindringlinge hinter sich in die Tiefen ihrer Wälder oder unbewohnten Wüsten.

Darius war nicht in der Lage, seinen Feind in die Schlacht zu ziehen, und da seine Armee aus Mangel an Nahrung und Wasser in große Not geriet, war er gezwungen, sich auf dem Weg, den er gekommen war, zurückzuziehen. Die sechzig Tage waren mehr als verstrichen, als eine skythische Streitmacht, die seine Bewegungen beobachtet hatte, auf einem kürzeren Weg zur Donau eilte und die Ionier, die immer noch auf der Hut waren, drängte, die Brücke zu zerstören und Darius wie Cyrus sterben zu lassen , in den nördlichen Wüsten. Die Griechen Asiens hätten so ihre Freiheit ohne einen Schlag erlangen können; Aber die Tyrannen, die die Flotte befehligten, hatten eigene Interessen, die von denen ihres Volkes völlig getrennt waren. Histiæ´us von Milet drängte seine Mitdespoten, dass ihre Macht mit der von Darius fallen müsse und von ihm gegen den Willen des Volkes aufrechterhalten werde. Seine Argumente setzten sich durch, und der große König, der in der Dunkelheit der Mitternacht ankam, konnte, dicht verfolgt von den Skythen, den Fluss sicher zurücküberqueren.

33. Histiæus erhielt als Belohnung eine Landgewährung am Fluss Stry´mon , einschließlich der Stadt Myrcinus , für den Standort einer Kolonie. Mit seinem fruchtbaren Boden, den großen Wäldern, den günstigen Handelsmöglichkeiten und den benachbarten Gold- und Silberminen zog dieses neue Gebiet sofort Siedler an und wurde zu einer wichtigen Seestation. Sein schnelles Wachstum weckte in der Tat die Befürchtungen von Darius, sein Besitzer könnte für einen Vasallen zu mächtig werden und eine Barriere zwischen ihm und den Griechen errichten. Er schickte nach Histiæus , den er mit allem Respekt behandelte, und tat so, als könne er nicht ohne seine wertvollen Ratschläge auskommen, hielt ihn aber am Hofe von Susa ständig in Reichweite. Histiæus , entschlossen, um jeden Preis seine goldenen Ketten zu brechen, sandte einen einzigartigen Brief an seinen Cousin Aristagoras , den er als seinen Leutnant in Milet zurückgelassen hatte, und befahl ihm, einen Aufstand unter den asiatischen Griechen zu schüren.

34. Die ionischen Städte, die sich neunzig Meilen entlang der Küste in einer fast ununterbrochenen Reihe prächtiger Kais, Lagerhäuser und Wohnhäuser erstreckten, waren für das Reich aufgrund der Flotten, die sie ausstatten konnten, so wichtig, dass sie in größerer Entfernung belassen wurden Freiheit als jedes andere eroberte Gebiet. Anstelle von Satrapen wurden sie von ihren eigenen Magistraten regiert – entweder einem einzelnen Tyrannen in jeder Stadt oder einem Adligenrat, einer Oligarchie genannt –

aber immer im persischen Interesse. Die europäischen Griechen waren von dem Wunsch beseelt, ihre Brüder in Asien zu befreien, und dies bot einen ständigen Vorwand für einen Perserkrieg. Zu den Streitkräften von Athen und Eretria kamen nun die Streitkräfte von Aristagoras hinzu, der darüber hinaus seine Sache gestärkt hatte, indem er auf seine Tyrannei verzichtete und den anderen Städten half, die gleiche freie und volkstümliche Regierung zu übernehmen, die er in Milet errichtete. Überall wurden die Tyrannen vertrieben und das Volk griff zu den Waffen.

Von Ephesus aus marschierten die vereinten Streitkräfte das Tal des Cayster hinauf, überquerten schnell die Berge und überraschten Sardes. Die Stadt konnte leicht eingenommen werden, aber Ar´taphernes, der Satrap, zog sich mit einer starken Garnison zur Burg zurück, die von ihrem unzugänglichen Felsen aus jedem Angriff widerstand. Ein Funke, der auf das leichte Schilfrohr fiel, das die Dächer von Sardes bildete, setzte die Stadt in Brand, und die Eindringlinge waren gezwungen, sich zurückzuziehen. Sie wurden von Artaphernes in der Schlacht von Ephesus verfolgt und unter großen Verlusten besiegt. Die Athener zogen sich nun zurück, aber der Krieg ging mit unvermindertem Elan weiter. Die Bewohner Zyperns, die Karer und Kaunier der südwestlichen Ecke der Halbinsel, machten gemeinsame Sache mit den ionischen, äolischen und hellenspontinischen Griechen; Byzanz wurde eingenommen und die gesamte Küste vom thrakischen Bosporus bis zum Golf von Issus war für einen Moment von der persischen Herrschaft befreit. Obwohl die tapferen Karier zweimal mit großen Verlusten besiegt wurden, siegten sie in einer dritten Schlacht, in der ein Schwiegersohn des Darius getötet wurde. Aber die Macht des großen Königs siegte schließlich. Die Flotte der Ionier wurde in der Nähe von Milet besiegt, und die Rache der Perser konzentrierte sich auf diese ergebene Stadt, den Anführer der Rebellion. Nach einer langen Blockade wurde es im sechsten Jahr der Revolte im Sturm erobert.

35. Die Ehre des großen Königs galt nun der Bestrafung jener europäischen Griechen, die sich zwischen ihn und seine Untertanen eingemischt hatten. Es war das erste Mal, dass die Athener auf Darius aufmerksam wurden. Er erkundigte sich, wer und was für Männer das seien, und als man ihm sagte, ergriff er seinen Bogen, schoss einen Pfeil in die Luft und schrie laut: „O höchster Gott, gewähre mir, dass ich mich an den Athenern räche!" Von da an wurde ein Diener angewiesen, dreimal täglich, wenn er am Tisch saß, zu ihm zu sagen: „Herr, gedenke der Athener!"

36. Im Frühjahr 492 v. Chr. wurde Mardonius, dem Schwiegersohn des Darius, eine große Streitmacht zu diesem Zweck anvertraut. Sein ursprünglicher Plan scheiterte, denn die Flotte wurde am Berg Athos zerschmettert und die Armee von den Brygiern, einem thrakischen Stamm, fast zerstört. Thasos wurde jedoch erobert und Mazedonien wurde Persien unterworfen.

37. Chr. 490. Eine zweite große Expedition zwei Jahre später wurde von Datis in Begleitung von Artaphernes , dem Sohn des ehemaligen Satrapen dieses Namens und Neffen des Königs, durchgeführt . Nachdem sie das Meer passiert hatten, fielen sie zuerst auf Eretria, das durch Verrat eingenommen, seine Tempel verbrannt und seine Bewohner in Ketten gefesselt wurden, um nach Asien transportiert zu werden. Das erste entscheidende Kräftemessen zwischen Persien und den Westgriechen fand bei Marathon in Attika statt. Die Perser zählten 100.000 Mann, die Griechen nur wenig mehr als 10.000. Die medo -persischen Truppen galten bisher als unbesiegbar; Aber diese großartigen Soldaten wurden nun bis zu einem gewissen Grad durch unwillige Wehrpflichtige aus eroberten Stämmen ersetzt, die unter der Peitsche der Aufseher marschierten, gruben oder kämpften. Miltiades, der als Fürst von Chersonesos in den persischen Armeen gedient hatte, war sich dieser Schwäche wohl bewusst und gab im gerechten Vertrauen auf die Überlegenheit seiner freien Athener den Befehl zur Schlacht.

38. In der Mitte, wo die einheimischen Perser kämpften, erlangten sie den Vorteil und verfolgten die Athener ein oder zwei der Täler hinauf, die den Fuß des Berges Kotroni umgeben ; aber gleichzeitig wurden sowohl die rechte als auch die linke Seite der Asiaten von den Griechen besiegt, die, anstatt sie zu verfolgen, ihre Streitkräfte auf dem Feld zur Entlastung ihres Zentrums vereinten und so einen vollständigen Sieg errangen. Die Perser flohen zu ihren Schiffen, nun folgten ihnen heftig die Griechen, und am Ufer des Wassers kam es zu einem noch heftigeren Kampf. Die Athener versuchten, die Flotte abzufeuern, aber nur sieben Galeeren wurden zerstört; Der Rest gelang mit den zerschmetterten Überresten der Armee die Flucht.

39. Der persische Befehlshaber verlor durch die Niederlage nicht seinen Mut. Ermutigt durch ein vorab abgestimmtes Signal der Partisanen von Hippias , segelte er sofort um Attika herum, in der Hoffnung, Athen in Abwesenheit seiner Verteidiger zu überraschen. Aber auch Miltiades hatte den glitzernden Schild auf einem Berggipfel gesehen und seine Bedeutung erraten. Er überließ es Aristides einem Stamm, die Beute auf dem Schlachtfeld zu bewachen, und führte seine Armee in einem schnellen Nachtmarsch quer durch das Land nach Athen. Als Datis am nächsten Morgen, nachdem er die Spitze von Sunium umrundet hatte, den athenischen Hafen hinaufsegelte, sah er auf den Höhen über der Stadt dieselben siegreichen Truppen, vor denen seine Männer am Abend zuvor geflohen waren. Er unternahm keinen Landungsversuch, sondern segelte mit seinen eretrischen Gefangenen zu den Küsten Asiens.

Silberner Daric von Darius I., um die Hälfte vergrößert.

40. Eher verärgert als bestürzt über diese Misserfolge bereitete sich Darius darauf vor, persönlich einen noch größeren Feldzug gegen die Griechen zu leiten. Doch zunächst lenkte ein Aufstand in Ägypten seine Aufmerksamkeit ab, und sein Tod im darauffolgenden Jahr gab den freien Staaten Europas Zeit, ihre Verteidigungsvorbereitungen abzuschließen. Chr. 486.

41. Viele Werke und Trophäen von Darius sind in verschiedenen Teilen seines Reiches erhalten. Er war der erste König, der in Persien Geld prägte. Die goldenen und silbernen *Dariken* waren nicht nur im ganzen Reich, sondern auch in Griechenland im Umlauf. Die interessantesten Denkmäler sind die beiden in seinen eigenen Worten verfassten Aufzeichnungen über die Ereignisse seiner Herrschaft, die auf seinem Grab in Nakshi-rus´tam und auf der großen Felsentafel von Behistûn´ eingraviert sind . Letzteres ist von größerer Länge; Es besteht aus fünf Spalten mit jeweils sechzehn bis neunzehn Absätzen, die in drei Sprachen verfasst sind: Persisch, Babylonisch und Skythisch bzw. Tatarisch. Diese dreisprachigen Inschriften, die die drei großen Familien der menschlichen Sprache, die arische, semitische und turanische Sprache , umfassen, rechtfertigen fast den Anspruch von Darius auf ein Weltreich.

NOTIZ. — Ein Exemplar des Stils des großen Königs könnte für den Gelehrten von Interesse sein. Es sollte erwähnt werden, dass die Behistûn -

Klippe Teil des Zagros-Gebirges zwischen Babylon und Ekbatana ist. Dieser große natürliche Steintisch, der offenbar ausdrücklich für bleibende Aufzeichnungen geschaffen wurde, hat eine senkrechte Höhe von 1.700 Fuß und trägt vier Skulpturengruppen, von denen eine Semiramis zugeschrieben wird. Am wichtigsten ist die Inschrift von Darius. Es wurde innerhalb weniger Jahre von Oberst Sir Henry Rawlinson von der britischen Armee mit wunderbarem Wissen, Fleiß und Geduld entschlüsselt. Viele Jahre lang, nachdem seine Existenz bekannt wurde, galt er als unzugänglich, da er 300 Fuß vom Fuß der senkrechten Wand entfernt war und der Entdecker mit Seilen von einer am Gipfel angebrachten Ankerwinde hochgezogen werden musste. Selbst als auf diese Weise unter großem Risiko und mit großen Unannehmlichkeiten eine Kopie angefertigt wurde, wurde mit der Arbeit erst begonnen, da die pfeilspitzenförmigen (Keilschrift-)Zeichen, in denen die persische Sprache geschrieben war, noch nur teilweise verstanden wurden. Diese Schwierigkeiten sind nun überwunden, und der normale Schüler kann die Worte von „Darius dem König" lesen. Die gesamte Inschrift in persischer und englischer Sprache findet sich in Rawlinsons Herodot, Bd. II, Anhang. Einige der kürzeren Absätze sind hier angefügt:

I. 8. „ Sagt Darius der König: „In diesen Ländern habe ich den Mann, der gut war, sehr geschätzt." Wer auch immer böse war, den habe ich völlig ausgerottet. Durch die Gnade von Ormazd sind dies die Länder, in denen meine Gesetze befolgt wurden ."…

I. 11. „ Sagt Darius der König: Danach gab es einen Mann, einen Magier, namens Gomates … Er belog den Staat folgendermaßen: ‚Ich bin Bardes, der Sohn von Cyrus, der Bruder von Kambyses.' Dann wurde der ganze Staat rebellisch. … Er eroberte das Reich. Danach starb Kambyses, der es nicht ertragen konnte."

I. 13. „ Sagt Darius der König: Es gab keinen Mann, weder Perser noch Medianer, noch irgendjemand aus unserer Familie, der diesem Gomates , dem Magier, die Krone entreißen würde." Der Staat fürchtete ihn außerordentlich. Er tötete viele Menschen, die die alten Bardes gekannt hatten; Aus diesem Grund tötete er sie, „damit sie mich nicht erkennen würden, dass ich nicht Bardes, der Sohn des Cyrus, bin." Bis zu meiner Ankunft wagte niemand, etwas über Gomates, den Magier, zu sagen. Dann betete ich zu Ormazd; Ormazd hat mir geholfen. Am 10. Tag des Monats Bagayadisch tötete ich dann mit der Hilfe meiner treuen Männer den Magier Gomates und diejenigen, die seine wichtigsten Anhänger waren. Die Festung namens Sictachotes , im Bezirk von Medien namens Nisæa , dort tötete ich ihn. Ich habe ihn des Reiches enteignet; Ich wurde König. Ormazd hat mir das Zepter gegeben."

I. 14. „ Sagt Darius der König: Das Reich, das unserer Familie genommen worden war, habe ich wiedererlangt." Ich habe es an seiner Stelle errichtet. Wie es vorher war, also habe ich es gemacht. Die Tempel, die Gomates der Magier zerstört hatte, baute ich wieder auf. Die heiligen Ämter des Staates, sowohl die religiösen Gesänge als auch die Anbetung, habe ich dem Volk zurückgegeben, dessen ihnen Gomates , der Magier, vorenthalten hatte. ... Durch die Gnade von Ormazd habe ich dies getan."

REPRISE.

Der persische Monotheismus unterschied sich wesentlich von der Naturverehrung der Hindus und der Elementverehrung der Meder; Doch unter Darius und seinen Nachfolgern erlangten die Heiligen Drei Könige die ausschließliche Kontrolle über religiöse Riten, und Luxus zerstörte die männlichen Tugenden des Volkes. Darius eroberte Westindien und fiel in das europäische Skythen ein, jedoch ohne Ergebnis. Seine Festnahme von Histiæus führte zu einem sechsjährigen Aufstand aller Griechen Kleinasiens, unterstützt von den Athenern und Eretriern . Sein erster Vergeltungsversuch gegen die europäischen Griechen scheiterte; und in der zweiten endete die große entscheidende Schlacht von Marathon mit dem Sturz der Perser. Der Tod von Darius verschob die griechischen Kriege.

HERRSCHAFT VON XERXES I.

Chr. 486-465.

42. Xer´xes , der Ahasverus aus dem Buch Esther, erlangte die Herrschaft seines Vaters anstelle von Artabazanes , seinem älteren Bruder, der vor der Thronbesteigung von Darius geboren worden war. Sein erstes Anliegen war die Niederschlagung des ägyptischen Aufstands. Dies gelang im zweiten Jahr seiner Herrschaft; Es wurde eine strengere Knechtschaft verhängt, und sein Bruder Achæ´menes blieb als sein Vizekönig im Niltal. Die Babylonier versuchten einen Aufstand, bezahlten ihre Unbesonnenheit aber teuer mit dem gesamten Schatz ihrer Tempel.

43. Im dritten Jahr seiner Herrschaft [29] berief der König seine Satrapen und Generäle, „die Adligen und Fürsten der Provinzen", nach Susa ein, um über die Invasion Griechenlands zu beraten. In ihrer Gegenwart erläuterte er die Motive von Ehrgeiz und Rache, die ihn gegen ein Volk drängten, das es gewagt hatte, sich seiner Macht zu widersetzen, und erklärte seine Absicht, durch Europa von einem Ende zum anderen zu marschieren und alle seine Länder zu einem einzigen Land zu machen. Er glaubte, dass nach der Eroberung der Griechen kein Volk der Welt mehr gegen ihn bestehen könne und die Sonne daher nicht mehr auf ein anderes Land als sein eigenes scheinen würde. Abschließend befahl er jedem General, seine Truppen bereitzuhalten, und versicherte ihnen, dass derjenige, der am festgesetzten

Tag mit der schlagkräftigsten Truppe erschien, die für jeden Perser wertvollste Belohnung erhalten würde.

44. Vier Jahre lang ertönten in ganz Asien, von den Docks von Sidon und Tyrus bis zu den Ufern des Indus, Vorbereitungsnotizen. Alle Rassen und Stämme des riesigen Reiches schickten Männer und Material. Die Seefahrernationen stellten die größte Flotte, die das Mittelmeer bisher gesehen hatte. Die Phönizier und Ägypter wurden mit dem Bau einer doppelten Schiffsbrücke über den Hellespont beauftragt, von Abydus auf der asiatischen Seite bis zu einem Punkt zwischen Sestus und Mad'ytus auf der europäischen Seite der Meerenge. Nachdem diese Arbeiten abgeschlossen waren, zerbrach ein heftiger Sturm sie und warf die zerschmetterten Fragmente ans Ufer. Der König, der es nicht gewohnt war, bei seinen Plänen vereitelt zu werden, ließ die Ingenieure enthaupten, das Meer geißeln und als Zeichen der erforderlichen Unterwerfung zwei Fesseln in die beleidigenden Gewässer werfen. Mit noch größerer Sorgfalt wurde nun eine neue Brücke bzw. ein neues Brückenpaar geformt. Zwei Schiffslinien, die an Bug und Heck verankert waren, waren jeweils durch sechs große Kabel verbunden, die von Ufer zu Ufer reichten. Sie stützten eine Plattform aus Holz, die mit Erde bedeckt und durch eine Balustrade geschützt war.

45. Eine andere Gruppe von Männern, die unter der Peitsche persischer Aufseher arbeiteten, war drei Jahre lang damit beschäftigt, einen Kanal vom Strymonischen zum Singitischen Golf zu schlagen, um den Berg Athos vom Festland abzutrennen und so der Flotte zu ermöglichen, den Starken und Wechselnden auszuweichen Strömungen und hohe See, die rund um die Halbinsel herrschten. Riesige Vorräte an Lebensmitteln, die aus allen Teilen des Reiches zusammengetragen wurden, wurden in geeigneten Abständen entlang der Marschlinie deponiert.

46. Das Treffen der Truppen fand in Crital'la in Kappadokien statt, von wo aus sie nach Sardes vorrückten. Im Herbst 481 v. Chr. traf Xerxes in der letztgenannten Hauptstadt ein und setzte im Frühjahr des folgenden Frühjahrs seine riesige Armee in Richtung Hellespont in Bewegung. In der Nähe des Königs befanden sich die zehntausend Unsterblichen, deren gesamte Rüstung mit Gold glänzte. Ihm voraus ging der von acht schneeweißen Pferden gezogene Sonnenwagen, in den sich kein Sterblicher zu setzen wagte.

47. In Abydus überblickte der König von seinem Thron aus weißem Marmor auf einem Hügel die unzähligen Menschenmengen, die sich in der Ebene drängten, und die Myriaden von Segeln, die den Hellespont übersäten. Der vorübergehende Stolz, der seine Brust anschwellen ließ, angesichts des Bewusstseins, dass er der oberste Herr über das gesamte Heer war, wich einem würdigeren Gefühl, als er darüber nachdachte, dass das gesamte Leben dieser Myriaden auf der Erde fast so vergänglich war wie ihr Übergang über die Brücke , die vor ihm lag und den bekannten mit dem unbekannten Kontinent verband. Früh am nächsten Morgen wurden Parfüme verbrannt und Myrtenzweige auf die Brücken gestreut, während die Armee schweigend auf den Sonnenaufgang wartete . Als es erschien, goss Xerxes mit unbedecktem Haupt – der nicht nur an Rang, sondern auch an Kraft, Statur und Schönheit alle seine Heerscharen übertraf – ein Trankopfer ins Meer und betete währenddessen mit dem Gesicht zur aufsteigenden Kugel Kein Unglück würde seinen Waffen widerfahren, bis er bis an die äußersten Grenzen Europas vorgedrungen war. Haying betete, er warf den goldenen Kelch und einen persischen Cimeter ins Meer und gab der Armee das Signal zum Marschieren.

48. Das Heer war so zahlreich, dass es Tag und Nacht ununterbrochen marschierte und von der Peitsche angetrieben sieben Tage damit verbrachte, die Meerenge über die beiden Brücken zu überqueren. In der thrakischen Ebene von Doriscus , nahe dem Meer, wurde das Heer zur letzten Überprüfung aufgestellt. Die Landstreitkräfte bestanden aus 46 Nationen. Laut Herodot, der seine Informationen durch sorgfältigste Befragung der anwesenden Personen sammelte, zählte die Zahl der Fußsoldaten 1.700.000; die Kriegswagen und Kamele, 20.000; das Pferd, 80.000. Die Flotte bestand aus 1.207 Trieren und 3.000 kleineren Schiffen mit insgesamt 517.610 Mann. Neben dieser eigentlichen Streitmacht müssen wir von einer ebenso großen Zahl von Sklaven, Dienern und der Besatzung von Versorgungsschiffen ausgehen, also insgesamt über fünf Millionen Menschen.

49. Mehrere Flüsse wurden ausgetrocknet, um diese Menge zu trinken, während ihre Nahrung, selbst das dürftige Taschengeld der asiatischen Sklaven, sich auf 662.000 Scheffel Mehl pro Tag belief; aber das hervorragende Kommissariat von Xerxes, das sieben Jahre lang organisiert hatte, trug keine Schuld. Auf dem Marsch von Doriskos nach Griechenland erhielt der König, noch innerhalb seines eigenen Reiches, weitere Beitritte von thrakischen, mazedonischen und anderen europäischen Stämmen, so dass seine Streitmacht bei Thermopylen 2.640.000 Mann betrug. Verschiedenen Städten entlang der Route war befohlen worden, jeweils eine Mahlzeit für die Armee bereitzustellen; Und obwohl sie Jahre mit der Vorbereitung verbracht hatten, wurden einige durch die Kosten ruiniert. [30]

50. Inzwischen waren die Griechen nicht untätig gewesen. Die zehn Jahre seit der Schlacht von Marathon waren mit aktiven Truppenübungen zu Wasser und zu Lande verbracht worden. Jeder Staat stellte seine Quote zur Verfügung; und obwohl sie im Vergleich zu den unzähligen Eindringlingen nur eine Handvoll waren, verfügten sie aufgrund von Patriotismus und hoher Disziplin über die Kraft, sich der bloßen materiellen Masse und dem Gewicht des persischen Heeres zu widersetzen. Es stand Geist gegen Materie.

51. Die kleine Armee von Leonidas , dem König von Sparta, gab die Verteidigung Thessaliens auf, die den Persern durch zu viele Wege offen stand, und trat entschlossen an den Thermopylen an, einem schmalen Pass zwischen dem Berg Œta und dem Meer. Die gesamte Streitmacht betrug nur 6.000 Mann, von denen nur 300 Spartaner waren. Xerxes wartete mehrere Tage in der Trachin- Ebene und erwartete , dass diese kleine Gruppe beim Anblick seiner großen Zahl vor Schrecken dahinschmelzen würde. Schließlich schickte er die medische Kavallerie, um einen Durchmarsch zu erzwingen. Sie wurden mit Verlust zurückgeschlagen. Die Unsterblichen unternahmen den gleichen Versuch, ohne besseren Erfolg. Zu diesem Zeitpunkt bot Ephialtes , ein Malier, gegen eine große Belohnung an, den Eindringlingen einen Bergpfad zu zeigen, über den sie die Rückseite des spartanischen Lagers erreichen könnten. Die phokischen Wächter dieses Weges wurden überwältigt. Leonidas erfuhr, dass er verraten worden war, und indem er erklärte, dass er und seine Spartaner auf ihrem Posten bleiben müssten, entließ er den gesamten Rest seiner Armee außer den Thespisern und Thebanern. Dann, bevor die Gruppe der Perser, die unter der Führung des Verräters den Berg überquerte, ihn von hinten angreifen konnte, stürzte er sich auf den Feind vor ihm und beschloss, so viel Rache wie möglich zu üben. Viele aus dem persischen Heer fielen den spartanischen Schwertern zum Opfer, viele wurden von ihrer eigenen Schar zu Tode getreten und viele wurden ins Meer gezwungen. Leonidas fiel bald, und der Kampf um seinen Körper entfachte bei seinen Männern neuen Zorn. Nachdem sie es zurückgeholt hatten, lehnten sie sich mit dem Rücken an eine Steinmauer und kämpften, bis jeder Mann getötet war.

52. In denselben Tagen wurden mehrere Seeschlachten zwischen der griechischen und der persischen Flotte ausgetragen. Keine Seite erlangte einen entscheidenden Vorteil, aber das Ergebnis war für die Perser, die am meisten auf den Erfolg gehofft hatten, äußerst entmutigend. Auch die Elemente waren weder gegeißelt noch zu gutem Benehmen erzogen worden; Ein schrecklicher Hurrikan tobte drei Tage und Nächte über der Küste Thessaliens, riss die Schiffe aus ihren Liegeplätzen und schleuderte sie an die Klippen. Mindestens vierhundert Kriegsschiffe wurden dabei zerstört, außerdem unzählige Transportschiffe mit ihren Vorräten und Schätzen. Ein weiteres Geschwader von zweihundert Schiffen, das um Euböa geschickt worden war , um den Griechen den Rückzug abzuschneiden, kam in einem plötzlichen Sturm auf den Felsen ums Leben. Die griechischen Kommandeure konnten diese Vorteile nicht nutzen, denn die Niederlage bei den Thermopylen zwang sie, sich aus Artemisium zurückzuziehen , um für die Sicherheit Attikas und des Peloponnes zu sorgen.

53. Durch den Tod der spartanischen Dreihundert wurden die Tore Griechenlands geöffnet, und die Heerscharen Asiens strömten hindurch und verwüsteten das Land mit Feuer und Schwert. Bei Pano´peus wurde eine Abteilung ausgesandt, um den Apollontempel in Delphi zu plündern, während Xerxes sein Hauptheer durch Bœotia führte . Auf dem Marsch erhielt er die Unterwerfung des gesamten Volkes mit Ausnahme der Platäer und Thespier, die, anstatt sich einem Eindringling zu ergeben, ihre Städte verließen, um sie niederzubrennen. Vor seiner Ankunft in Athen, dem Hauptziel seiner Rache, hörte der König von der völligen Niederlage seiner Delphischen Expedition. Der griechischen Überlieferung zufolge hat keine sterbliche Hand die Eindringlinge zurückgeschlagen, sondern Apollo selbst warf in den dunklen Schluchten des Parnass große Felsen und Felsen auf ihre Köpfe und verteidigte so sein Heiligtum.

Chr. 480.

54. Athen war eine verlassene Stadt. Alle kämpfenden Männer waren bei der Flotte, während Frauen, Kinder und Gebrechliche nach Salamis, Ægi´na oder Tœze´ne gebracht worden waren . Der Eroberer stürmte die Zitadelle, plünderte und brannte die Tempel nieder und teilte Susa mit, dass Athen das Schicksal von Sardes geteilt habe.

55. Xerxes entschloss sich nun zu einer entscheidenden Seeschlacht im Saronischen Golf. Die griechische Flotte hatte sich vor Salamis auf 378 Schiffe versammelt, während die persische Flotte 1.200 zählte. Auf dem Festland, am Hang des Berges Ægaleos , wurde ein Thron errichtet, von dem aus der große König den Kampf beobachtete, der seinen Träumen von einer Eroberung ein Ende setzen sollte. Die persische Flotte besetzte den Kanal zwischen Salamis und der Küste Attikas. Ihre große Zahl auf engstem Raum war für sie ein verhängnisvoller Nachteil, denn sie konnten sich den Griechen nur in kleinen Abteilungen nähern; während letztere, die an diese Gewässer eher gewöhnt waren, ihre ehernen Bugspitzen in die Seiten der Perser trieben und mit wunderbarer Geschicklichkeit und Zielsicherheit vorrückten und sich zurückzogen. Als die Perser den Blick ihres Königs auf sich spürten, kämpften sie mit verzweifelter Tapferkeit. Der Kampf dauerte den ganzen Tag; Als die Nacht hereinbrach, sah Xerxes, wie seine Streitkräfte zerstreut oder zerstört wurden, und beschloss, statt die Schlacht zu erneuern, auf dem Rückzug seine eigene Sicherheit zu suchen.

56. Mardonius verpflichtete sich, die Eroberung Griechenlands mit 300.000 Mann abzuschließen. Die Flotte wurde zum Hellespont beordert, und der König machte sich mit dem Rest seiner Streitkräfte auf den Heimweg. Seine Magazine waren aufgebraucht und während dieses erzwungenen Rückzugs starben viele an Hunger. Fünfundvierzig Tage nach seiner Abreise aus Attika erreichte er den Hellespont, und als er feststellte, dass seine zweite Bootsbrücke zerstört war, kehrte er mit dem Schiff nach Asien zurück. Er betrat Sardes am Ende des Jahres 480, demütig und deprimiert, nur acht Monate nach dem Zeitpunkt, als er es voller vergeblicher Hoffnungen verließ, die westliche Welt zu unterwerfen.

57. Die Operationen von Mardonius werden in der Geschichte Griechenlands ausführlicher beschrieben; [31] Hier wird lediglich ein Überblick gegeben. Während er in Thessalien überwinterte, versuchte er durch großartige Versprechungen, die Athener von den griechischen Interessen abzukoppeln. Da die Diplomatie scheiterte, marschierte seine Armee sofort nach Attika ein und besetzte Athen, dessen Bewohner erneut in Salamis Zuflucht gesucht hatten. Er zerstörte die wunderschöne Stadt durch einen Brand und vollendete damit die Zerstörung, die Xerxes begonnen hatte. Als er feststellte, dass die Griechen ihre Kräfte an der Landenge konzentrierten, zog er sich nach Böotien zurück , wo im September 479 die große Schlacht von Platæ´a ausgetragen wurde. Mardonius wurde getötet und seine Truppen wurden durch ein schreckliches Blutbad in die Flucht geschlagen. Der letzte Rest der persischen Flotte wurde auf ähnliche Weise bei Myc´ale , auf der gegenüberliegenden Seite der Ägäis , in die Flucht geschlagen , und die Befreiung Europas war abgeschlossen. Von nun an betrat keine persische Armee den Boden des europäischen Griechenlands, und zwölf Jahre lang tauchte kein persisches Segel in der Ägäis auf .

58. Nachdem Xerxes in diesem katastrophalen Krieg seine besten Kräfte und die seines Reiches aufgewendet hatte, unternahm er keine weiteren Anstrengungen für militärischen Ruhm, sondern gab sich der luxuriösen Trägheit hin. Die höchsten Belohnungen wurden demjenigen angeboten, der ein neues Vergnügen erfinden konnte. Seine Untertanen folgten dem Beispiel ihres Königs; Das Reich wurde durch Zügellosigkeit geschwächt und durch Gewalt zerstreut. Es war nur ein passender Abschluss einer solchen Herrschaft, als Xerxes nach zwanzig Jahren von Artabanus , dem Hauptmann seiner Garde, und Aspamitres , seinem Kammerherrn, ermordet wurde.

59. HERRSCHAFT VON ARTAXERXES I. v. Chr. 465-425. Die Attentäter setzten den jüngsten Sohn ihres Opfers, Artaxerxes Longimanus oder den Langhändigen, auf den Thron. Der älteste Sohn, Darius, wurde unter der falschen Anschuldigung hingerichtet, seinen Vater ermordet zu haben. Der zweite, Hystas´pes , beanspruchte die Krone, wurde jedoch im Kampf besiegt und getötet. Ihnen wurden die Verbrechen der wahren Attentäter nachgewiesen und sie wurden mit dem Tod bestraft. Artaxerxes genoss eine unumstrittene Herrschaft von vierzig Jahren, in der die Macht des Reiches trotz seiner wohltätigen Bemühungen, die Interessen seines Volkes zu fördern, abnahm.

60. ÄGYPTISCHER AUFSTAND. Zu Beginn seiner Herrschaft kam es in Ägypten zu einem Aufstand unter Inarus , dem Sohn des Psammetichos , der von den Athenern unterstützt wurde. Achämenes, der Bruder des Königs, wurde mit einer großen Armee geschickt, um den Aufstand zu bestrafen; aber er wurde von der Hand des Inarus in der Schlacht von Papremis besiegt und getötet , und eine große Zahl Perser kam ums Leben. Der Rest der Armee wurde im White Castle bei Memphis eingesperrt und erlitt eine dreijährige Belagerung. Eine neue Streitmacht unter der Führung von Megaby´zus war erfolgreicher: Memphis wurde abgelöst, Inarus eingenommen und die athenische Flotte zerstört. Amyrtas , der Verbündete des Inarus , hielt noch sechs Jahre in den Sümpfen des Deltas aus, bis durch die Intervention Athens Frieden geschlossen wurde. Die Perser wurden vor Salamis auf Zypern mit großen Verlusten besiegt und stimmten sehr demütigenden Bedingungen zu. Sie verpflichteten sich, die Westküste Kleinasiens nicht mit Flotte oder Heer zu besuchen, sondern die Unabhängigkeit der asiatischen Griechen zu respektieren. Selbst der Anführer der Revolte wurde nur mit dem Verlust seines Fürstentums bestraft.

61. Entgegen der feierlichen Zustimmung von Megabyzus wurde Inarus nach fünf Jahren am persischen Hof zusammen mit fünfzig athenischen Gefährten der Rache der Königinmutter ausgeliefert und erlitt einen barbarischen Tod, weil er Achämenes getötet hatte. Empört über diese Verletzung seiner Ehre löste Megabyzus in seiner Provinz Syrien einen Aufstand aus. Er war der größte General im Reich, und der Erfolg seiner Operationen gegen die Truppen, die ihn unterwerfen sollten, beunruhigte seinen Herrn so sehr, dass es ihm erlaubt wurde, seine eigenen Friedensbedingungen zu diktieren. Die Fürsprache seiner Frau Amytis , der Schwester des Königs, trug wesentlich zu seiner Versöhnung bei . aber das Beispiel zerstörte die strenge Organisation der Provinzen, die Darius eingeführt hatte. Die Verfallstendenzen wirkten sich nun immer schneller aus.

62. Im siebten Jahr der Herrschaft von Artaxerxes wurde eine neue Migration von Juden aus Babylon von Esra angeführt, einem Mann aus priesterlicher Abstammung und hoher Gunst am persischen Hof. Beladen mit Spenden der Juden Babyloniens kam er mit großen Schätzen nach Jerusalem, um den Tempel fertigzustellen und die Zivilregierung im ganzen Land wiederherzustellen . Er stellte fest, dass sich das Volk durch Heirat mit den benachbarten Stämmen verbündet hatte, und bestand auf der sofortigen Entlassung aller heidnischen Mitglieder aus jüdischen Haushalten.

63. Die Niederlage der Perser bei Zypern im Jahr 449 v. Chr. wirkte sich in gewissem Maße zugunsten der Juden aus; Nachdem alle Seehäfen des Reiches abgetreten worden waren, erlangte die natürliche Festung Zion, die die Straßen zwischen Ägypten und der Hauptstadt beherrschte, große Bedeutung. Bisher hatten die persischen Monarchen die Befestigung Jerusalems verboten, doch im zwanzigsten Regierungsjahr von Artaxerxes erhielt Nehemia , der jüdische Mundschenk des Großkönigs, den Auftrag, die Mauern wieder aufzubauen. Er ging mit großer Schnelligkeit und Geheimhaltung vor, denn die benachbarten Samariter, Ammoniter und Araber, die nicht mehr wie früher durch einen Erlass des Reiches eingeschüchtert waren, widersetzten sich dem Werk heftig. Nachts arbeitend, mit Werkzeugen in der einen Hand und Waffen in der anderen, gaben sich die Juden jeden Ranges der Aufgabe so eifrig hin, dass Jerusalem innerhalb von zweiundfünfzig Tagen von Mauern und Türmen umgeben war , die stark genug waren, um seinen Feinden zu trotzen. (Nehemia 1 -v: 16.)

In der Zwischenzeit arbeitete Ezra, entbunden vom zivilen Kommando, an seiner großen Arbeit, der Sammlung und Herausgabe der Heiligen Bücher. Während der Gefangenschaft gingen viele Schriften verloren, darunter das Buch Jasher , das Buch „Die Kriege des Herrn", die Schriften von Gad und Iddo , den Propheten, und die Werke Salomos zur Naturgeschichte. Die verbleibenden heiligen Bücher wurden in drei große Abteilungen eingeteilt: das Gesetz, die Propheten und die Hagiographa; Letzteres umfasst Hiob, die Psalmen und Sprichwörter, Prediger, Gesänge, Ruth, Daniel und die Chroniken. Anschließend wurden die Bücher Maleachi, Esra, Nehemia und Esther hinzugefügt und der Kanon geschlossen.

64. Beim Weggang Nehemias kehrten die alten Unruhen zurück. Esra starb; Der Hohepriester verbündete sich mit dem tödlichsten Feind des jüdischen Glaubens, Tobija , dem Ammoniter, dem er im Tempel Unterkunft gab. Der Sabbat wurde gebrochen; Am Heiligen Tag verkauften tyrische Händler ihre Waren vor den Toren Jerusalems. Nehemia kehrte mit der Macht eines Satrapen zurück und korrigierte diese Missbräuche mit seinem gewohnten Können. Er vertrieb Manasse, der inzwischen Hohepriester geworden war, weil er eine Tochter Sanballats, des Horoniters, geheiratet hatte . Der heidnische Schwiegervater baute daraufhin einen Konkurrenztempel auf dem Gipfel des Berges Garizim, dessen Hohepriester Manasse wurde. Der bittere Hass, der aus diesem Schisma entstand, hielt jahrhundertelang an und hörte auch mit der Zerstörung des Tempels in Jerusalem im Jahr 70 n. Chr. nicht auf. „Die Juden hatten keinen Umgang mit den Samaritern." Seit der Teilung gab es keine Vermischung heidnischer Elemente mehr in der Religion und den Bräuchen Judäas . Die Hebräer wurden nicht nur die strengsten Monotheisten, sondern trotz ihrer späteren Wanderungen auch die am stärksten isolierte Nation.

65. XERXES II. Artaxerxes starb 425 v. Chr. und wurde von seinem Sohn Xerxes II. abgelöst. Nach einer Regierungszeit von nur 45 Tagen wurde der junge König von seinem Halbbruder Sogdia´nus ermordet ; und der Trauerzug seines Vaters wurde auf dem Weg zu den Königsgräbern in Persepolis von seinem eigenen Zug überholt.

66. SOGDIANUS . Chr. 425, 424. Der Mörder genoss die Früchte seines Verbrechens, aber kaum mehr als ein halbes Jahr. Ein anderer Halbbruder, O´chus , revoltierte mit den Satrapen Ägyptens und Armeniens und dem General der königlichen Kavallerie. Sogdianus wurde abgesetzt und hingerichtet.

67. DARIUS II. Chr. 424-405. Als Ochus den Thron bestieg, nahm er den Namen Darius an, dem die Griechen den verächtlichen Beinamen No´thus hinzufügten . Dieser Prinz verbrachte die neunzehn Jahre seiner Herrschaft unter der Herrschaft seiner Frau Parysa'tis , die ihre Mutter Amas'tris an Bosheit und Grausamkeit übertraf . Das Reich wurde unterdessen von ständigen Aufständen erschüttert, und die Mittel, die zu ihrer Unterdrückung ergriffen wurden, waren nicht geeignet, die Integrität der Nation zu bestätigen. Es wurden Versprechen gemacht, die niemals eingehalten werden sollten, um die aufständischen Satrapen in ihre Vernichtung zu treiben; und anstatt wie Megabyzus den Verlust ihrer Ehre zu bedauern, nahmen die Werkzeuge dieser Unwahrheiten freudig die Beute ihrer Opfer an. Die Vorsichtsmaßnahmen von Darius I. wurden missachtet; Zivile und militärische Macht waren in derselben Person vereint, und oft wurden zwei oder drei Länder unter der Herrschaft eines Satrapen vereint. Diese großen Regierungen, die oft vom Vater auf den Sohn übergingen, ähnelten eher unabhängigen Königreichen als Provinzen des Reiches.

68. Nach mehr als einem Jahrhundert der Unterwerfung unter die persische Herrschaft versuchten die Meder im Jahr 408 v. Chr., sich zu befreien, wurden jedoch besiegt. Die entfernteren Ägypter waren erfolgreicher. Schon immer war die Provinz die unzufriedenste unter den persischen Provinzen, ihre Opposition war eher eine Frage der Religion als des Patriotismus und wurde ständig von den Priestern geschürt. Unter zwei aufeinanderfolgenden Dynastien einheimischer Könige konnten sie nun fast sechzig Jahre lang ihre Unabhängigkeit bewahren. Chr. 405-346.

69. Während das Reich diese Verluste erlitt, erlangte es einen großen Vorteil bei der Wiederherstellung der griechischen Städte Kleinasiens. Die Athener und Spartaner hatten im Peloponnesischen Krieg (431–404 v. Chr.) ihre Kräfte gegeneinander vergeudet, was ihre feindlichen Versuche gegen Persien vor allem wegen ihrer Gefechte unterbrochen hatte. Die Macht Athens wurde nun durch Katastrophen in Sizilien gebrochen; und der lydische Satrap Tissaphernes nutzte die Gelegenheit, um das Bündnis mit Sparta zu pflegen und den athenischen Kolonien Lesbos, Chios und Erythræ bei ihrem beabsichtigten Aufstand zu helfen. Pharnaba´zus , Satrap der Hellespontinischen Provinzen, verfolgte den gleichen Weg; und durch die Rivalität der beiden griechischen Staaten erlangte ihr alter Feind den unbestrittenen Besitz „ganz Asiens".

Cyrus, der jüngere Sohn des Königs, wurde Satrap von Phrygien, Lydien und Kappadokien und nutzte seinen Reichtum und seine Macht vorbehaltlos, um den Lakedämoniern zu helfen und die Athener zu demütigen. Er erklärte gegenüber Lysander , dem spartanischen Admiral, dass er, wenn es nötig wäre , seinen Thron selbst verkaufen oder ihn in Geld ummünzen würde, um die Kosten des Krieges zu decken. Diese Liberalität hatte einen anderen Grund als Freundschaft. Die Spartaner galten als die besten Soldaten der Welt, und Cyrus bereitete sich auf eine kühne und schwierige Bewegung vor, bei der er ihre Unterstützung brauchte.

70. Dieser junge Prinz war „im Purpur geboren" worden, während sein älterer Bruder vor der Thronbesteigung ihres Vaters geboren worden war. Mit diesem Vorwand, der im Fall von Xerxes I. genützt hatte, versuchte seine Mutter Parysatis , deren Günstling er war, vergeblich, Darius dazu zu bewegen, ihn zu seinem Nachfolger im Reich zu ernennen. Cyrus übernahm in seiner Provinz den Königsstaat; und obwohl er von Natur aus hochmütig und grausam war, gelang es ihm, durch sein liebenswürdiges Benehmen die Zuneigung seiner Höflinge zu gewinnen, während seine brillanteren Eigenschaften ihre Bewunderung hervorriefen. Darius, alarmiert über den grenzenlosen Ehrgeiz seines Sohnes, rief ihn in die Hauptstadt zurück, die er gerade rechtzeitig erreichte, um Zeuge des Todes seines Vaters und der Thronbesteigung seines Bruders zu werden.

71. Chr. 405-359. ARTAXERXES II. wurde wegen seines wunderbaren Gedächtnisses Mnemon genannt . Seine erste königliche Handlung bestand darin, seinen Bruder ins Gefängnis zu werfen, nachdem ihm wohl zu fundiert vorgeworfen wurde, dass er eine Verschwörung gegen das Leben des Königs plante. Cyrus wurde zum Tode verurteilt, aber seine Mutter, die die Verschwörung angezettelt hatte, flehte so wirkungsvoll für ihn, dass Artaxerxes nicht nur sein Leben verschonte, sondern ihn auch in seine Satrapie zurückschickte. Wenn Cyrus zuvor ehrgeizig und rebellisch war, hatte er jetzt das zusätzliche Motiv der Rache, das ihn dazu drängte, seinen Bruder zu entthronen und an seiner Stelle zu regieren. Er stellte eine Armee griechischer Söldner für einen angeblichen Feldzug gegen die Räuber von Pisidien auf und brach im Frühjahr 401 von Sardes aus auf.

Chr. 401.

Tissaphernes über seine Bewegungen informiert und war gut auf die Begegnung mit ihm vorbereitet. Die Griechen erfuhren den eigentlichen Zweck ihres Marsches zu spät, um einen Rückzieher zu machen. Die Armee zog durch Phrygien und Kilikien, drang über die Gebirgspässe bei Issos in Syrien ein, überquerte den Euphrat bei Thapsakos und rückte in die Ebene von Kunaxa vor , etwa 57 Meilen von Babylon entfernt. Hier traf er auf eine königliche Armee, die mindestens viermal so groß war wie seine eigene. Die Griechen behaupteten ihren alten Ruf, indem sie die Asiaten , die sich ihnen widersetzten, völlig in die Flucht schlugen; Aber Cyrus drang überstürzt in das persische Zentrum vor, wo sein Bruder persönlich das Kommando hatte, und wurde von einem der königlichen Garde niedergeschlagen . Er hatte den König bereits verwundet. Artaxerxes befahl, ihm den Kopf und die verräterische rechte Hand abzuschlagen, und sein Schicksal beendete die Schlacht.

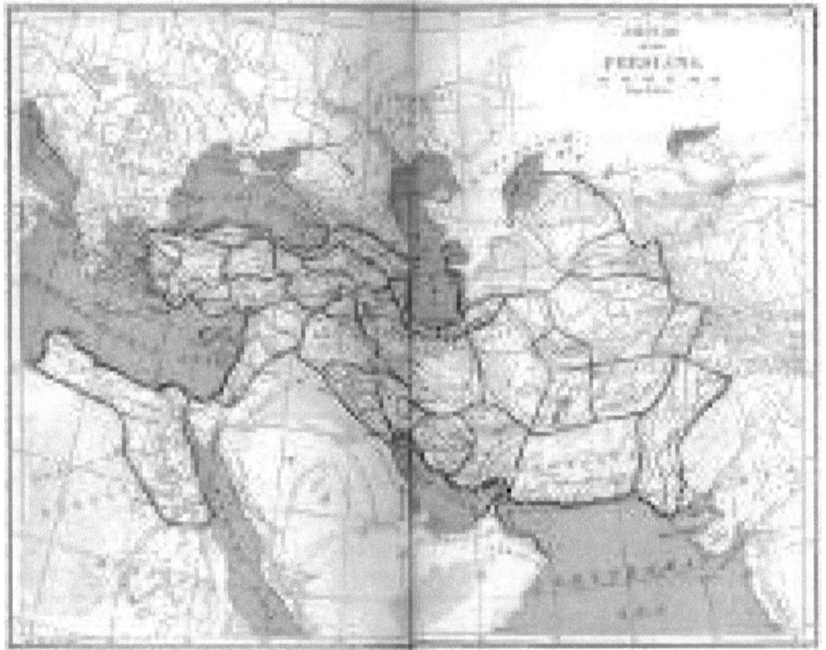

REICH der PERSER.

72. Die griechischen Hilfstruppen, die von Cyrus in den Krieg verwickelt worden waren, befanden sich nun in einer gefährlichen Lage. Ihre persischen Verbündeten wurden zerstreut; Sie befanden sich im Herzen eines unbekannten und feindlichen Landes, zweitausend Meilen von ihrer Heimat entfernt und waren von der siegreichen Armee des Artaxerxes umgeben. Der listige Tissaphernes , der mit den Herrschaftsgebieten des Cyrus belohnt worden war, hielt sie unter dem Vorwand falscher Verhandlungen fast einen Monat lang fest; und nachdem er sie bis zum Quellgebiet des Tigris geführt hatte, erlangte er Besitz von allen ihren Offizieren, die er töten ließ. In dieser Krise rief der Athener Xen´ophon , der die Armee des Kyros begleitet hatte, allerdings nicht als Soldat, um Mitternacht die wichtigsten Griechen zusammen und drängte auf die Wahl neuer Offiziere, die sie in ihr Heimatland zurückführen sollten. Der Vorschlag wurde angenommen; Fünf Generäle wurden ausgewählt, darunter Xenophon, und bei Tagesanbruch war die Armee für den Heimmarsch zusammengestellt.

Hier begann der Rückzug der Zehntausend, der in den Annalen des Krieges als vielleicht bemerkenswertestes Beispiel eines Unternehmens gefeiert wurde, das ungeheuren Hindernissen mit vollkommener Kaltblütigkeit, Tapferkeit und Erfolg trotzte. Tissaphernes stand mit seinem Heer ihnen im Rücken, feindliche Barbaren standen an der Spitze, und zu den Strapazen des Marsches kamen noch die Gefahren häufiger Schlachten hinzu. Ihr Kurs verlief über die Hochebenen Armeniens, wo viele in den eiskalten Nordwinden umkamen oder vom ungewöhnlichen Glanz des Schnees geblendet wurden. Die Überlebenden machten mit unbezwingbarem Mut weiter, bis sie, als sie einen Berg südlich von Trapezus bestiegen , weit im Nordwesten das dunkle Wasser des Euxine erblickten. Ihre größten Gefahren waren nun vorüber; ein freudiger Schrei: „Das Meer! das Meer!" erhob sich aus der vordersten Reihe und wurde schnell von den Hintermännern eingeholt. Offiziere und Soldaten umarmten sich unter Freudentränen; und alle schlossen sich zusammen, um auf diesem glücklichen Aussichtspunkt ein Denkmal der Trophäen zu errichten, die sie während ihrer beschwerlichen Reise gesammelt hatten.

Chr. 387.

73. Durch ihren Anteil an der Rebellion des Cyrus, wie unfreiwillig er auch gewesen sein mochte, hatten die Spartaner Artaxerxes unverzeihlichen Anstoß erwiesen, und sie beschlossen, die Vorreiter in dem Krieg zu sein, der folgen musste. Sie sicherten sich die Dienste der Zehntausend und griffen die Perser in Kleinasien an, mit einem Erfolg, der ein baldiges Ende ihrer Herrschaft versprach. Aber Persien war seit den Tagen des Xerxes klüger geworden und bekämpfte die Griechen nicht so sehr mit seinen unhandlichen Truppenmassen als vielmehr mit subtilen Intrigen. Mithilfe geschickter, gut mit Gold versorgter Gesandter schloss sie einen Bund zwischen den Nebenstaaten Griechenlands – Argos, Korinth, Athen und Theben – ab, der die Macht Spartas sofort überwältigte. Persische Schiffe waren an der Schlacht von Knidos beteiligt, durch die die Konföderierten die Herrschaft über das Meer erlangten. Chr. 394 v. Chr. Sparta war gezwungen, den demütigenden Frieden von Antal´cidas anzunehmen , durch den die asiatischen Griechen unter der Kontrolle Persiens blieben und der Großkönig in allen Streitigkeiten zwischen den griechischen Staaten eine maßgebliche Stimme erhielt.

74. Artaxerxes wurde von dem Wunsch heimgesucht, das Reich unter Darius Hystaspes in seiner größten Ausdehnung wiederherzustellen . Er eroberte Samos zurück , das er als Sprungbrett zu den übrigen griechischen Inseln nutzen wollte. und schickte eine große Expedition nach Ägypten unter dem gemeinsamen Kommando von Iphikrates , einem Athener, und Pharnabazos , einem persischen Feldherrn. Dieses Unternehmen scheiterte, teilweise aufgrund der Eifersüchteleien der beiden Kommandeure; und das Scheitern löste einen Aufstand in den westlichen Satrapien aus, der kurz davor stand, das Reich zu stürzen. Ägypten revanchierte sich nun und versuchte, seinen alten Ruhm durch die Eroberung Syriens und Phöniziens wiederzubeleben . Aber diese Bewegungen wurden durch Management und Gold besiegt, und Artaxerxes hinterließ seiner Herrschaft fast die gleichen Grenzen wie zu Beginn seiner Herrschaft.

75. HERRSCHAFT VON ARTAXERXES III. Chr. 359-338. Dem Tod von Artaxerxes II. folgten die üblichen Verbrechen und Gräueltaten, die mit einem Wechsel auf dem persischen Thron einhergingen. Sein jüngster Sohn, Ochus , ergriff die Krone nach der Ermordung seines ältesten und dem Selbstmord seines zweiten Bruders. Er nahm den Namen Artaxerxes III. an und trug durch seine Energie und seinen Geist viel dazu bei, den schwindenden Wohlstand des Reiches wiederherzustellen. Er beseitigte jedoch nicht die inhärenten Ursachen seiner Schwäche in der Korruption des Gerichts. Die familiäre Zuneigung war durch Eifersucht und Hass ersetzt worden. Die erste Tat von Ochus war die Ausrottung seines eigenen königlichen Geschlechts, damit kein Rivale mehr übrig blieb, der ihm den Thron streitig machen konnte. Seine ehrgeizigeren Unternehmungen wurden durch einen Aufstand des Artabazos in Kleinasien verzögert, der von Athen und Theben gefördert wurde. Der besiegte Satrap floh zu Philipp von Makedonien, dessen bereitwilliger Schutz und die Vergeltungsmaßnahmen von Ochus zu den wichtigsten Ergebnissen führten. Diese werden in Buch IV detailliert beschrieben.

76. Um 351 v. Chr. war Ochus bereit, die Unterwerfung Ägyptens zu versuchen. Er wurde in seinem ersten Feldzug besiegt und zog sich nach Persien zurück, um seine Truppen zu rekrutieren. Dieser Rückzug war das Signal für unzählige Aufstände. Phönizien unterstellte sich der unabhängigen Regierung des Königs von Sidon; Zypern stellte neun einheimische Herrscher auf; in Kleinasien wurden ein Dutzend separate Königreiche behauptet, wenn nicht sogar gegründet. Aber der Geist von Artaxerxes III. war der Situation gewachsen. Er stellte eine zweite Bewaffnung auf, heuerte zehntausend griechische Söldner an und zog persönlich in den Krieg gegen Phönizien und Ägypten. Sidon wurde eingenommen und Phönizien unterworfen. Mentor der Rhodier, der im Dienste des Königs von Ägypten den Sidoniern zur Seite stand, ging mit viertausend Griechen zu den Persern über. Anschließend wurde Ägypten mit größerem Erfolg überfallen. Nectanebo wurde besiegt und vertrieben, und sein Land wurde erneut zu einer persischen Satrapie.

77. Die meisten späteren Siege von Artaxerxes waren auf die Tapferkeit seiner griechischen Hilfstruppen oder auf den Verrat oder die Unfähigkeit seiner Gegner zurückzuführen. Nach der Wiederherstellung seiner Regierung überließ er sich den Vergnügungen seines Palastes, während die Kontrolle über die Angelegenheiten ausschließlich bei Bagoas , seinem Minister, und Mentor, seinem General, lag. Die Menschen wurden nur von Zeit zu Zeit durch einen ungewöhnlich blutigen Auftrag an seine Existenz erinnert . Welche Hoffnung auch immer durch seine wirklich großen Fähigkeiten geweckt worden sein mochte, sie wurde sofort von seiner skrupellosen Gewalt und seiner trägen Zügellosigkeit enttäuscht. Er starb im Jahr 338 v. Chr. an Gift durch Bagoas .

78. ÄRSCHE . Chr. 338-336. Der perfide Minister vernichtete nicht nur den König selbst, sondern alle königlichen Prinzen mit Ausnahme von Ar'ses , dem jüngsten, den er auf den Thron setzte, weil er glaubte, dass er sich als kleiner Junge seiner Herrschaft unterwerfen würde. Nach zwei Jahren wurde er durch Anzeichen eines unabhängigen Charakters seines Schülers beunruhigt und fügte der Zahl seiner Opfer Asses hinzu. Er übertrug die Herrschaft nun an Darius Codomannus , einen Enkel von Darius II., den er als Freund betrachtete, der seine Herrschaft jedoch mit einem Akt summarischer Gerechtigkeit begann, indem er den Unglücklichen hinrichtete, dem er seine Krone verdankte. Chr. 336.

79. REGIERUNGSZEIT VON DARIUS III. Chr. 336-331. Wie so oft in der Weltgeschichte musste einer der besten persischen Könige die Folgen der Tyrannei seiner Vorgänger ertragen. Darius zeichnete sich nicht mehr durch seine persönliche Schönheit als durch die Aufrichtigkeit und das Wohlwollen seines Charakters aus; und als Satrap von Armenien hatte er vor seiner Thronbesteigung großen Beifall sowohl für seine Tapferkeit als Soldat als auch für seine Fähigkeiten als General erhalten. Aber die Griechen, deren Gründe für ihre Feindschaft gegen die Perser sich seit zweihundert Jahren angehäuft hatten, hatten nun endlich einen Anführer, der ehrgeiziger als Xerxes und fähiger als Cyrus war. Bereits bevor Darius den Thron bestiegen hatte, war Alexander der Große die Nachfolge seines Vaters in Makedonien angetreten, zum Oberbefehlshaber aller griechischen Streitkräfte ernannt worden und hatte seinen Vormarsch gegen Asien begonnen.

80. Der persische Monarch verachtete die Anmaßung eines unerfahrenen Jungen und unternahm keine Anstrengungen, indem er den europäischen Feinden Alexanders half, den neuen Feind in seiner Wiege zu vernichten. Die Satrapen und Generäle teilten das Vertrauen ihres Herrn, und obwohl in Mysien eine große Streitmacht versammelt war , gab es keinen ernsthaften Widerstand gegen seinen Durchmarsch über den Hellespont. Im Jahr 334 v. Chr. überquerte Alexander mit seinen 35.000 Griechen die Meerenge, die Xerxes mit seinen fünf Millionen vor weniger als 150 Jahren passiert hatte. Die griechische Armee war der persischen Armee zahlenmäßig kaum unterlegen, aber kaum überlegen an Effizienz. Sie bestand aus Veteranentruppen mit höchstmöglicher Ausrüstung und Disziplin, und jeder Mann war erfüllt von enthusiastischer Hingabe an seinen Anführer und Vertrauen in den Erfolg.

Memnon, ein Bruder Mentors des Rhodiers, befehligte zusammen mit den Satrapen Spithridates und Arsites die Perser in Kleinasien. Ihr erster Zusammenstoß mit Alexander erfolgte bei dem Versuch, seine Durchquerung des Granicus , eines kleinen mysischen Flusses, der in den Propontis mündet, zu verhindern . Sie wurden völlig besiegt, und Alexander, der nach Süden vorrückte, unterwarf oder befreite ohne lange Verzögerung alle Städte der Westküste. Halikarnassos unter dem Kommando von Memnon leistete hartnäckigen Widerstand und ergab sich erst Ende Herbst. Memnon beschloss daraufhin, den Krieg nach Griechenland auszuweiten. Er stellte eine große Flotte zusammen und eroberte viele Inseln in der Ägäis ; aber sein Tod bei Mytilene entlastete Alexander von den fähigsten seiner Gegner.

81. Der König von Mazedonien überwinterte in Gordium , wo er den berühmten Knoten schnitt oder löste, von dem eine alte Prophezeiung besagte, dass er nur durch den Eroberer Asiens gelöst werden könne. Mit neuer Verstärkung aus Griechenland begann er im Frühjahr 333 seinen zweiten Feldzug, indem er durch Kappadokien und Kilikien bis vor die Tore Syriens marschierte. Darius begegnete ihm in der engen Ebene von Issus mit einer Armee von einer halben Million Mann. Eingegrenzt zwischen den Bergen, dem Fluss und dem Meer konnten die persischen Reiter nicht handeln, und ihre enorme Zahl war eher eine Belastung als ein Vorteil. Darius wurde besiegt und floh über den Euphrat. Seine Mutter, seine Frau und seine Kinder fielen in die Hände des Eroberers, der sie mit größter Zartheit und Respekt behandelte.

82. Chr. 333-331. Die Eroberungen Syriens, Phöniziens und Ägyptens, die Alexander nun in weniger als zwei Jahren vollbrachte, werden in der mazedonischen Geschichte beschrieben. Im Frühjahr 331 kehrte er zu seinem Siegeszug durch Syrien zurück, überquerte den Euphrat bei Thapsacus , durchquerte Mesopotamien und traf Darius in der großen assyrischen Ebene östlich des Tigris wieder. Der persische König hatte die zwanzig Monate seit der Schlacht von Issos damit verbracht, die gesamte Streitmacht seines Reiches zusammenzustellen. Der Boden wurde sorgfältig ausgewählt, da er für die Bewegungen der Kavallerie am günstigsten war und ihm den vollen Vorteil seiner überlegenen Zahl verschaffte. Für die Weiterentwicklung der mit Sensen bewaffneten Streitwagen wurde ein großer Raum eingeebnet und mit Rollen befestigt. Ein wichtiger Teil der Infanterie bestand aus den tapferen und zähen Bergsteigern Afghanistans, Bucharas, Chiwas und Tibets; und die Kavallerie, die Vorfahren der modernen Kurden und Turkmenen , eine Rasse, die sich schon immer durch kühne und geschickte Reitkunst auszeichnete. Nur eine Brigade griechischer Hilfstruppen galt als fähig, dem Angriff der Phalanx Alexanders standzuhalten. Insgesamt zählten die Streitkräfte des Darius mehr als eine Million Mann und übertrafen alle früheren Generalaufgebote der Perser in der effizienten Disziplin, die es ihnen ermöglichte, als eine Einheit zusammenzuarbeiten.

83. Die mazedonische Phalanx, die das Zentrum von Alexanders Armee bildete, war die effektivste schwer bewaffnete Truppeneinheit, die in der antiken Taktik bekannt war. Die Männer waren in einer Tiefe von sechzehn Fuß aufgestellt und mit der *Sarissa* , einem langen Spieß von vierundzwanzig Fuß Länge, bewaffnet. Beim Einsatz ragten die Speerspitzen der ersten sechs Reihen nach vorne. Beim Empfang eines Angriffs überlappte der Schild jedes Mannes, den er mit dem linken Arm über den Kopf hielt, den seines Nachbarn; so dass der gesamte Körper einem Monster ähnelte, das in den Panzer einer Schildkröte und die Borsten eines Stachelschweins gekleidet war. Solange sie zusammenhielt, war die Phalanx unbesiegbar. Ganz gleich, ob er wie eine massive, mit Speerspitzen gespickte Stahlwand sein gewaltiges Gewicht auf einen Feind vorstieß oder kniend, mit jedem Spieß im Boden, auf den Angriff wartete, nur wenige wagten es, ihm entgegenzutreten.

84. SCHLACHT VON ARBELA. Am Morgen des 1. Oktober 331 v. Chr. trafen die beiden großen Streitkräfte in der Ebene von Gaugamela aufeinander . Alexander kämpfte an der Spitze seiner Kavallerie, rechts von seiner Armee. Darius im persischen Zentrum belebte seine Männer sowohl durch Worte als auch durch sein Beispiel. Beide Seiten kämpften mit wunderbarer Tapferkeit, aber die perfekte Disziplin der Mazedonier errang am Ende einen vollständigen Sieg. Die persischen Kriegswagen, die mit langen Sensen, die von ihren Rädern ausgingen, große Verwüstungen unter der griechischen Reiterei anrichten sollten, wurden von einer Abteilung leicht bewaffneter Truppen, die für diesen Zweck ausgebildet waren, unbrauchbar gemacht, indem sie zunächst Pferde und Fahrer verwundeten Mit ihren Speeren liefen sie neben den Pferden her und durchtrennten die Ketten oder ergriffen die Zügel, während die wenigen, die die mazedonische Front erreichten, zwischen Reihen hindurchgehen durften, die sich öffneten, um sie aufzunehmen, und leicht von hinten gefangen genommen werden konnten. Fünf Brigaden der Phalanx schlugen die ihnen entgegenstehenden griechischen Söldner nieder und drangen bis zum persischen Zentrum vor, wo Darius persönlich das Kommando führte. Der Wagenlenker des Königs wurde durch einen Speer getötet; er selbst bestieg ein flinkes Pferd und galoppierte vom Feld.

Anderswo war die Frage des Tages für Alexander viel zweifelhafter; aber die Nachricht von Darius' Flucht entmutigte seine Offiziere und spornte die zahlenmäßig unterlegenen und fast überwältigten Mazedonier zu neuen Anstrengungen an. Eine Gruppe persischer und indischer Reiter, die das makedonische Lager plünderte, wurde von einem Reservekorps der Phalanx in die Flucht geschlagen. Der flüchtige König, gefolgt von seiner gesamten Armee, richtete seinen Kurs auf die zwanzig Meilen entfernte Stadt Arbe'la , wo seine militärischen Schätze deponiert wurden. Der Fluss Lycus lag ihnen im Weg und wurde nur von einer schmalen Brücke überquert, und die Zahl der Perser, die in diesem reißenden Strom ertrunken waren, übertraf sogar die Zahl derer, die auf dem Schlachtfeld umgekommen waren.

85. Am nächsten Tag kam Alexander in Arbela an und nahm dessen Schätze in Besitz. Der persische König war unglücklicherweise einem großzügigen Eroberer entkommen, nur um in die Hände seines verräterischen Satrapen Bessus zu fallen . Dieser Mann hatte eine Division der persischen Armee in der Schlacht von Arbela angeführt, aber als er feststellte, dass das Vermögen seines Herrn ruiniert war, hatte er mit einigen Offizierskameraden einen Plan geschmiedet, um ihn zu beschlagnahmen und ihn entweder zu töten oder an Alexander auszuliefern, in der Hoffnung, dies zu erreichen sich wichtige Befehle aneignen. Mit Ketten beladen wurde der unglückliche König von seinen Dienern auf der Flucht nach Hyrkanien davongetragen ; Aber Alexanders Truppen bedrängten sie stark, und da ihnen ein Entkommen unmöglich war, verwundeten sie ihren Gefangenen tödlich und ließen ihn zum Sterben am Straßenrand zurück.

Der frühere Herrscher von Asien war einem mazedonischen Soldaten zu Dank verpflichtet, der ihm für die letzte Geste einen Becher kaltes Wasser brachte. Er versicherte dem Mann, dass seine Unfähigkeit, diesen Dienst zu belohnen, seine letzten Augenblicke noch bitterer machte; aber empfahl ihn Alexander, dessen Großzügigkeit er selbst bewiesen hatte und der es nicht versäumen würde, seiner letzten Bitte nachzukommen. Der Eroberer kam herauf, während die leblosen Überreste von Darius noch am Straßenrand lagen. Tief bewegt warf er seinen eigenen königlichen Mantel über den Körper seines Feindes und befahl, dass eine prächtige Prozession den letzten persischen König zum Grab seiner Väter bringen sollte. In der Schlacht von Arbela fiel das persische Reich. Die Reduzierung der Provinzen beschäftigte die wenigen verbleibenden Jahre von Alexanders Leben; aber ihre Unterwerfung war von dem Moment an sicher, als die Streitkräfte Asiens in die Flucht geschlagen wurden und ihr Monarch gefangen war.

REPRISE.

Nachdem Xerxes Ägypten zurückerobert und sein gesamtes Reich unterworfen hatte, führte er die größte Armee, die die Welt je gesehen hatte, nach Europa. Durch Verrat erlangte er den Pass von Thermopylae , aber seine Flotte wurde von Stürmen zerschmettert und bei Salamis völlig geschlagen. Der Krieg endete im folgenden Jahr mit dem Sturz von Mardonius bei Platæa und der Zerstörung einer persischen Flotte und Armee bei Mykale. Die vierzigjährige Herrschaft von Artaxerxes Longimanus leitete den Niedergang des Reiches ein. Eine erneute Einwanderung befreiter Juden befestigte Jerusalem erneut, und die Bücher des Alten Testaments wurden zum ersten Mal gesammelt und geordnet. Die Fehde mit den Samaritern wurde durch den Bau eines Konkurrenztempels auf dem Berg Garizim verewigt. Unter der Herrschaft von Darius II. kam es in vielen Provinzen zu Aufständen, und Ägypten blieb sechzig Jahre lang unabhängig. Nach dem Tod von Darius führte sein jüngerer Sohn Cyrus mit Hilfe von 10.000 spartanischen Söldnern Krieg gegen seinen Bruder Artaxerxes Mnemon , doch er wurde in Cunaxa besiegt und getötet. Es folgte ein allgemeiner Krieg, in dem Sparta durch die vereinten Streitkräfte Persiens und der Kleinstaaten Griechenlands gedemütigt wurde und der Vertrag von Antalcidas den großen König zum Schiedsrichter in griechischen Angelegenheiten machte. Artaxerxes III. eroberte Syrien, Phönizien und Ägypten zurück, nachdem er alle seine Verwandten ermordet hatte. Er wurde mit all seinen Kindern von seinem Minister Bagoas vernichtet, der die Herrschaft an Darius Codomannus übertrug . Dieser letzte der Achämeniden wurde von Alexander dem Großen bei Issos und schließlich bei Arbela besiegt; und alle Herrschaftsgebiete Persiens wurden Teile des Makedonischen Reiches.

FRAGEN ZUR ÜBERPRÜFUNG.
BUCH II.

1.	Wer und was waren die Perser?	§ 1.
2.	Welche Beziehungen hatten sie zu den Medern?	Buch I, 39 ; Buch II, 2 .
3.	Was führte zur Revolution im medo -persischen Herrschaftsbereich?	3 , 4 .
4.	Beschreiben Sie die Kriege von Cyrus.	5 , 7 , 9 .
5.	Seine Behandlung der Lyder.	6.
6.	Was führte zur Rückkehr der Juden?	8.
7.	Was war der Charakter von Kambyses?	12.
8.	Beschreiben Sie seinen Ägyptenfeldzug.	13.
9.	Seine Operationen außerhalb Ägyptens.	14 , 15 .
10.	Sein Verhalten in Memphis.	17.
12.	Die letzten Tage des Kambyses.	18.
13.	Die Herrschaft und Entthronung der falschen Smerdis .	19.
14.	Die Aufstände gegen Darius Hystaspes .	20.
15.	Sein Regierungssystem.	21 , 22 .
16.	Sein Hofstaat und sein Gefolge.	23 , 24 .
17.	Vergleichen Sie die religiösen Systeme der Perser, Hindus und Meder.	25-28.
18.	Welche Ursachen gibt es für Korruption am persischen Gericht?	29.
19.	Beschreiben Sie die Kriege von Darius I.	30-32.
20.	Die Ursachen und Ereignisse des ionischen Aufstands.	33 , 34 .

39.	Die Herrschaft des Artaxerxes Mnemon .	74.
40.	Die Regierungszeit von Artaxerxes III.	75-77.
41.	Wer folgte ihm nach?	78.
42.	Was war der Charakter von Darius III.	79.
43.	Vergleichen Sie die Armeen von Alexander und Darius.	80 , 82 , 83 .
44.	Beschreiben Sie die Schlachten von Issus und Arbela.	81 , 84 .
45.	Das Schicksal von Darius.	85.
46.	Wie lange existierte das Persische Reich?	
47.	Wie viele Könige, beginnend mit Cyrus?	
48.	Was war seine größte Ausdehnung, beschrieben durch Grenzen?	
49.	Was versteht man unter einer *Satrapie* ?	

Buch III.

GRIECHISCHE STAATEN UND KOLONIEN VON IHRER FRÜHESTEN
ZEIT BIS ZUR THRONBESTEIGUNG ALEXANDERS DES GROßEN.

GEOGRAPHISCHER ÜBERBLICK GRIECHENLANDS.

1. Von den drei Halbinseln, die sich nach Süden ins Mittelmeer erstrecken, wurde die östlichste zuerst besiedelt und zum Sitz der höchsten Zivilisation, die die antike Welt vorweisen konnte. Nur sein südlicher Teil war von Griechenland besetzt und erstreckte sich vom 40. Breitengrad nach Süden bis zum 36. Breitengrad. Das kontinentale Griechenland erreichte in seiner Größe nie die Größe des Bundesstaates Ohio. Seine größte Länge, vom Olymp bis zum Kap Tæn'arum , betrug 250 Meilen; und seine größte Breite, von Actium bis Marathon, betrug nur 180. Dennoch war dieser kleine Raum in vierundzwanzig verschiedene Länder unterteilt, von denen jedes politisch unabhängig von allen anderen war.

2. Das eigentümlichste Merkmal der griechischen Halbinsel ist die große Ausdehnung ihrer Küste im Vergleich zu ihrer Fläche. Es ist durch tiefe Meereseinschnitte fast in drei verschiedene Teile geteilt, wobei Nordgriechenland vom zentralen Teil durch den Ambrakischen und Malischen Golf und Zentralgriechenland vom Peloponnes durch den Korinthischen und Saronischen Golf getrennt ist. Ein so von Wasser umgebenes und durchdrungenes Land wurde zwangsläufig zu einem Seeland. Die Inseln der Ägäis boten einfache Sprungbretter von Europa nach Asien. Gegenüber, im Süden, befand sich einer der fruchtbarsten Teile Afrikas; und im Westen war die italienische Halbinsel an der engsten Stelle des Kanals nur dreißig Meilen entfernt.

3. Die nördliche Grenze Griechenlands ist das Kambusgebirge , das die Halbinsel von Ost nach West durchquert. Ungefähr auf halber Strecke zwischen den beiden Meeren wird dieses Gebirgsmassiv von dem Pinus-Gebirge durchschnitten , das von Norden nach Süden verläuft, wie die Apenninen Italiens. Diese hohe Kette geht in Richtung der Ostküste ab, die in einer Entfernung von sechzig Meilen parallel zum Kambunium verläuft und die wunderschöne Ebene von Thessalien einschließt . Westlich des Berges Pindos liegt Epirus , ein raues und bergiges Land, in dem verschiedene Stämme leben, einige Griechen, andere Barbaren. Seine nach Norden und Süden verlaufenden Bergrücken wechselten sich mit gut bewässerten Tälern ab. Durch den östlichsten dieser Flüsse fließt der Achelous , der größte Fluss Griechenlands. In der Nähe seiner Quelle befanden sich die heiligen Eichen von Dodo´na , in deren Rascheln die Stimme der höchsten Gottheit zu hören war.

4. Mittelgriechenland war von elf Staaten besetzt: Attika , Megaris , Böotien , Malis , Ænienien , Ost- und West-Lokris, Phokis, Doris, Æto´lia und Ak´arna´nia . Zwischen Ätolien und Doris teilt sich der Berg Pindos in zwei Arme. Einer davon verläuft südöstlich nach Attika und umfasst die bekannten Gipfel von Parnassus , Hel´icon , Cithæ´ron und Hymet´tus ; der andere wendet sich nach Süden und erreicht das Meer nahe der Einfahrt zum Golf von Korinth.

Attika ist eine dreieckige Halbinsel, deren zwei Seiten vom Meer umspült werden und deren Basis mit dem Land verbunden ist. Geschützt durch seine Bergbarrieren von Cithæron und Par´nes , litt es in früheren Zeiten weniger unter Krieg als andere Teile des Landes; und die Olive, ihr Hauptprodukt, wurde für alle Zeiten zum Symbol des Friedens.

5. Südgriechenland umfasste elf Länder: Korinth , Sikyonien , Achaia , Elis , Arcadia , Messenia , Lakonien , Argolis , Epidauria , Troezenia und Hermi´onis .

Das Gebiet von Korinth befand sich auf der Landenge zwischen dem Korinthischen und dem Saronischen Golf; und über seine beiden Häfen, Lechæum und Kenchreae , betrieb es einen ausgedehnten Handel sowohl mit dem östlichen als auch dem westlichen Meer. Aufgrund ihrer bewundernswerten Lage war Korinth, die Hauptstadt, bereits zur Zeit Homers für ihren Reichtum bekannt.

Sikyonien galt als der älteste Staat Griechenlands, als nächstes folgte Argolis. Die Ruinen von Tir´yns und Myce´næ in letzterem existierten lange vor Beginn der authentischen Geschichte.

Elis war das Heilige Land der Hellenen . Jeder Fuß seines Territoriums war Zeus heilig und es war ein Sakrileg, innerhalb seiner Grenzen Waffen zu tragen. So herrschte Frieden, als sich außer ganz Griechenland Krieg befand; und obwohl sein Reichtum den aller Nachbarstaaten übertraf, blieb seine Hauptstadt unbefestigt.

Arkadien, die Schweiz des Peloponnes, war der einzige griechische Staat ohne Meeresküste. Seine wilden, steilen Felsen waren in düstere Wälder gehüllt und während eines großen Teils des Jahres in Nebel und Schnee begraben. Die Menschen waren rustikal und ungebildet; Sie verehrten Pan, den Gott der Hirten und Jäger, aber wenn sie mit leeren Händen von der Jagd zurückkehrten, drückten sie ihren Ekel aus, indem sie sein Bild stachen oder geißelten.

Messenien befand sich in der südwestlichen Ecke Griechenlands und umgab einen Golf, dem es seinen Namen gab. Lakonien umfasste die beiden anderen Vorgebirge, in denen der Peloponnes endet, sowie einen größeren Abschnitt im Norden. Es bestand hauptsächlich aus einem langen Tal, das von zwei hohen Gebirgszügen begrenzt wurde, weshalb es manchmal *Hollow genannt wurde* La´cedæ´mon . In der Mitte des Tals floss der Eurotas , dessen Quellen in den steilen Ausläufern des Berges Taygetus lagen . Sparta, die Hauptstadt, war die einzige wichtige Stadt. Es lag am Eurotas , etwa zwanzig Meilen vom Meer entfernt, umgeben von einem Amphitheater aus Bergen, die kühlende Winde abhielten und die Sonnenstrahlen konzentrierten, um im Sommer intensive Hitze zu erzeugen.

6. Obwohl der Name Griechenland heute streng auf die von uns beschriebene Halbinsel beschränkt ist, wurde er von den Alten oft allgemeiner auf alle Häuser und Kolonien der hellenischen Rasse angewendet. Der Süden Italiens war lange Zeit als *Mag´na bekannt Griechenland* ; Die Ostküste der Ägäis bildete das asiatische Griechenland, und die Städte Kyrene in Afrika, Syrakus auf Sizilien und Massilia in Südfrankreich waren für die Griechen gleichermaßen wesentliche Teile von Hellas. Die Beschreibung der zahlreichen und bedeutenden Kolonien stammt aus einer späteren Zeit. Einige der Inseln, die unmittelbarer zu Griechenland gehören, sollen hier nur erwähnt werden.

7. Der wichtigste davon war Eubœ´a , der große Wellenbrecher der Ostküste, der sich über eine Strecke von 100 Meilen Länge und 15 Meilen Breite erstreckte. Fast genauso wichtig, wenn auch kleiner, war Corcy´ra an der Westküste; und südlich davon lagen Paxos , Leucadia , Ithaka , Cephallenia und Zacynthos . Im Süden lagen die Œnus´sæ und die wichtige Insel Cythera . Im Osten lagen unter anderem Hy´drea , Ægina und Salamis. Außer diesen Küsten- oder Küsteninseln gab es in der nördlichen Ägäis Lemnos, Imbros, Thasos und Samothra´ce ; im Zentrum die Kykladen ; und im Süden die große Insel Kreta.

GESCHICHTE GRIECHENLANDS.

PERIODEN.

ICH.	Traditionelle und fabelhafte Geschichte, von den frühesten Zeiten bis zu den dorischen Völkerwanderungen,	um	Chr. 1100.
II.	Authentische Geschichte, von der dorischen Völkerwanderung bis zum Beginn der Perserkriege;		Chr. 1100-500.
III.	Vom Beginn der Perserkriege bis zum Sieg Philipps von Mazedonien bei Chæronea ,		Chr. 500-336.

8. ERSTE PERIODE. Der Name Griechenland war den Griechen unbekannt, sie nannten ihr Land *Hellas* und sich selbst *Hellenes* . Aber die Römer, die ihre erste Bekanntschaft mit dem Volk dieser Halbinsel

wahrscheinlich durch die *Grai'koi gemacht hatten* , einen Stamm, der an der Küste am nächsten zu Italien lebte, verwendeten ihren Namen auf die gesamte hellenische Rasse. Ein älterer Name, *Pelas'gia* , wurde von den frühesten bekannten Bewohnern des Landes abgeleitet – einem weit verbreiteten Volk, das anhand der Überreste seiner massiven Architektur in verschiedenen Teilen Italiens und Griechenlands nachweisbar ist. Die *Pelasgi* gehörten zu den ersten Vertretern der indogermanischen Familie, die von Asien nach Europa einwanderten.

9. Durch Eroberung oder Einfluss erlangten die Hellenen sehr früh die Kontrolle über ihre Nachbarn und verbreiteten ihren Namen, ihre Sprache und ihre Bräuche auf der gesamten Halbinsel. Man betrachtete sie damals als aus vier Stämmen bestehend, den Doriern, Achæ'anern , Ao'lianern und Ioniern; aber die letzten beiden, wenn nicht alle vier, waren wahrscheinlich Mitglieder der früheren Rasse.

10. Obwohl die Griechen derselben Familie wie die Meder, Perser, Baktrier und die Brahmanen Indiens angehörten, hatten sie keine Tradition einer Einwanderung aus Asien, sondern glaubten, dass ihre Vorfahren der Erde entsprungen seien. Sie erkannten jedoch, dass sie einige wichtige Elemente ihrer Zivilisation den Einwanderern aus fremden Ländern zu verdanken hatten. *Ce'crops* , gebürtig aus Sais in Ägypten, soll Athen gegründet und seine religiösen Riten etabliert haben. Von ihm erhielt die Zitadelle in späterer Zeit den Namen Cecro'pia . Bessere Autoritäten machen Cecrops zu einem pelasgischen Helden. *Da'naus* , ein weiterer angeblicher Ägypter, soll Argos gegründet haben, nachdem er mit seinen fünfzig Töchtern nach Griechenland geflohen war. Auf ihn führte der Stamm der Da'nai ihren Namen zurück, den Homer manchmal auf alle Griechen anwendete; aber die Geschichte ist offensichtlich eine Fabel.

Pelops soll aus Phrygien stammen und durch seinen großen Reichtum das Königreich Mykene erobert haben . Die gesamte Halbinsel südlich des Golfs von Korinth trug seinen Namen und wurde Peloponnes genannt. Eine vierte Überlieferung beschreibt die Besiedlung durch die Phönizier *Cadmus* in Theben in Böotien beruht auf besseren Beweisen. Er soll den Gebrauch der Buchstaben, die Kunst des Bergbaus und die Weinkultur eingeführt haben. Es ist sicher, dass das griechische Alphabet vom Phönizischen abgeleitet wurde ; und Cadmus kann in diesem elementaren Sinne als Begründer der europäischen Literatur angesehen werden. Die Festung von Theben wurde von ihm Cadme'a genannt .

11. Die früheste Periode der griechischen Geschichte wird das heroische Zeitalter genannt. In späteren Zeiten liebten Dichter und Bildhauer es, ihre Anführer als eine edlere Rasse als sie selbst zu feiern, die zwischen Göttern und Menschen stand; Sie unterscheiden sich von ersteren dadurch, dass sie dem Tod unterworfen sind, übertreffen letztere jedoch sowohl an körperlicher Stärke als auch an geistiger Größe. Die unzähligen Heldentaten der Helden müssen eher in der Mythologie als in der Geschichte gelesen werden. Die drei, die den stärksten Glauben und Einfluss auf den Charakter des Volkes hatten, waren Herkules, der große Nationalheld; The´seus , der Held von Attika; und Minos, König von Kreta.

Die „Zwölf Arbeiten des Herkules" stellen den Kampf des Menschen mit der Natur dar, sowohl bei der Zerstörung des physischen Bösen als auch beim Erwerb von Reichtum und Macht. Um seine angebliche Geschichte zu verstehen, müssen wir bedenken, dass es in diesem frühen Alter in Südeuropa noch zahlreiche Löwen und andere wilde Tiere gab; dass große Gebiete von nicht entwässerten Sümpfen und undurchdringlichen Wäldern bedeckt waren; und dass eine wilde, eingeborene Menschenrasse, gefährlicher als die Tiere, als Räuber und Piraten Land und Meer heimsuchte.

12. Theseus war der Zivilisator von Attika. Er gründete eine konstitutionelle Regierung und führte die beiden großen Feste Panathenäa [32] und Synoikia zu Ehren der Schutzgöttin Athens ein. Auch die Isthmischen Spiele zu Ehren Neptuns gehen auf ihn zurück.

13. Minos, König von Kreta, wurde von den Griechen als der erste große Gesetzgeber und damit als einer der wichtigsten Begründer der Zivilisation und der sozialen Ordnung angesehen. Nach seinem Tod galt er als einer der Seelenrichter im Hades. Es ist erwähnenswert, dass die traditionellen Gesetzgeber vieler Nationen ähnliche Namen trugen; und Menu in Indien, Menes in Ägypten, Manis in Lydien, Minos auf Kreta und Mannus in Deutschland könnten allesamt mythische Namen für *den* Denkermenschen im Unterschied zum Wilden sein.

Chr. 1194.

Chr. 1184.

14. Von den vielen bemerkenswerten Unternehmungen der griechischen Helden war die Belagerung von Troja die letzte und größte. Zeus [33] hatte Mitleid mit der Erde – so heißt es in der Fabel – wegen der schwärmenden Menschenmengen, die sie ernähren musste, und beschloss, Zwietracht unter den Menschen zu säen, damit sie sich gegenseitig vernichteten. Der Grund für den Krieg war das Unrecht, das Paris, der Sohn des Priamos, des Königs von Troja, Menelaos, dem König von Sparta, zufügte. Alle griechischen Fürsten, die sich über die Verletzung ärgerten, versammelten ihre Streitkräfte an den äußersten Enden von Hellas – vom Olymp bis zu den Inseln Ithaka, Kreta und Rhodos – und überquerten unter dem Kommando von

Agamemnon die Ägäis und verbrachten zehn Jahre in der Belagerung von Troja. Die Geschichte des zehnten Jahres muss in der Ilias von Homer gelesen werden. [34] Es ist unmöglich, den historischen vom poetischen Teil seiner temperamentvollen Erzählung zu trennen. Einige Historiker haben der Belagerung einen bestimmten Zeitraum zugeordnet, während andere bezweifelten, dass Troja, wie Homer es beschrieben hat, jemals existiert hat.

15. Obwohl viele Zweifel am Charakter ihrer Helden und Ereignisse bestehen, vermitteln uns die Gedichte Homers ein wahres Bild der Regierung und der Manieren der Griechen in diesem frühen Alter. Aus ihnen erfahren wir, dass jeder der Kleinstaaten seinen eigenen König hatte, der der Vater, der Richter, der Feldherr und der Priester seines Volkes war. Er sollte göttlicher Abstammung und Ernennung sein. Aber im Gegensatz zu den blinden Anhängern des „göttlichen Rechts" in der Neuzeit verlangten die Griechen, dass ihre Könige sich an Tapferkeit, Weisheit und Seelengröße den gewöhnlichen Menschen überlegen erweisen sollten. Wenn sie sich auf diese Weise als Söhne der Götter erwiesen, empfingen sie bedingungslosen Gehorsam.

16. Ein Rat von Adligen umringte den König und stand ihm mit Rat bei. Das Volk versammelte sich oft, um den Diskussionen im Rat und der Rechtspflege beizuwohnen und die Absichten des Königs zu hören; aber in diesem frühen Alter hatten sie kein Mitspracherecht im Verfahren. Die Adligen stammten wie der König von den Göttern ab und zeichneten sich durch große Besitztümer, großen Reichtum und zahlreiche Sklaven aus.

17. Die Griechen des heroischen Zeitalters zeichneten sich durch starke häusliche Bindungen, großzügige Gastfreundschaft und ein hohes Maß an moralischer Verpflichtung aus. Jeder Fremde wurde willkommen geheißen und bestens begrüsst, bevor man ihn nach seinem Namen oder seinem Auftrag fragte. Wenn er kam, um Schutz zu suchen, war die Familie noch stärker verpflichtet, ihn aufzunehmen, selbst wenn er ein Feind war; Denn Zeus hatte keine Gnade mit dem, der sich vom Gebet eines Bittstellers abwandte.

18. Die Manieren der Zeit waren einfach und heimelig. Die Göttersöhne kochten ihr eigenes Abendessen und waren stolz auf ihr Können dabei. Odysseus baute sein Schlafgemach und sein Floß und war außerdem ein ausgezeichneter Pflüger und Schnitter. Die hochgeborenen Damen kardierten und spinnten in gleicher Weise die Wolle der Schafe ihrer Ehemänner und webten daraus Kleidung für sich und ihre Familien; während ihre Töchter Wasser aus den Brunnen holten oder den Sklaven beim Wäschewaschen im Fluss halfen.

19. Obwohl diese Menschen einfach waren, waren sie nicht unzivilisiert. Sie lebten in befestigten Städten, geschmückt mit Palästen und Tempeln. Die Paläste der Adligen waren mit Vasen aus Gold, Silber und Bronze geschmückt und mit reichen tyrischen Vorhängen behangen. Die Krieger wurden durch hochgearbeitete und reich verzierte Rüstungen geschützt. Die Landwirtschaft wurde hoch geehrt. Weizen, Flachs, Wein und Öl waren die Hauptproduktionen.

20. Die Künste der Bildhauerei und des Designs hatten bereits einige Fortschritte gemacht. Die Poesie wurde von Minnesängern gepflegt, die von Ort zu Ort wanderten und Lieder ihrer eigenen Komposition sangen und sich eines ehrenvollen Empfanges in jedem Palast sicher waren. Auf diese Weise berichtete zweifellos der blinde Homer [35] von den tapferen Taten, die vor den Mauern Trojas vollbracht wurden, und lobte die Helden dieser Epoche in den Häusern ihrer Nachkommen.

21. Die Religion der Griechen hatte einige ihrer ersten Elemente mit der der Hindus gemeinsam. Zeus, der König der Götter und Menschen, der auf dem schneebedeckten Gipfel des Olymp herrschte, hatte zweifellos die gleiche Vorstellung wie Dyaus , der helle Äther oder heitere Himmel der Brahmanenverehrung. Aber da die Kräfte der Natur Gegenstand der Verehrung waren, entlehnte jedes System seine besonderen Merkmale denen des Landes, in dem es entwickelt wurde, und das der Griechen wurde unvergleichlich feiner und raffinierter. Den asiatischen Ursprung ihres Glaubens erkannten die Griechen selbst in der Fabel, dass Zeus Europa , die Tochter von Agenor (dasselbe wie Kanaan), in ihrer frühen Jugend über den Hellespont und durch Thrakien gebracht hatte. Eine alte Überlieferung besagt, dass die Menschen der vorhellenischen Zeit alle Götter verehrten, aber keinem einen Namen gaben; ein mystischer Ausdruck der Wahrheit, dass die Griechen, wie die meisten anderen antiken Völker, von der Anbetung eines einzigen Gottes zum Glauben an viele übergegangen waren.

Indem sie mit scharfem Blick die verschiedenen und scheinbar widersprüchlichen Vorgänge der Natur beobachteten, wurden die Griechen ohne Hilfe der Offenbarung dazu gebracht, an viele verschiedene und manchmal feindselige Götter zu glauben; denn ihre Wissenschaft, so unvollkommen wie ihre Religion, war noch nicht zu einer Wahrnehmung der Einheit unter der scheinbaren Vielfalt gelangt und lehrte sie auch nicht, dass alle Kräfte in einer aufgelöst werden könnten. Daher lesen wir von Konflikten und Eifersüchteleien unter den göttlichen Bewohnern des Olymp, für die sich selbst das unwissendste Kind schämen sollte. In aufgeklärteren Zeiten kritisierten Philosophen diese Zuschreibung unwürdiger Leidenschaften an die Götter scharf und lehrten, dass sie nur als heiter, wohltätig und den menschlichen Erregungen überlegen angesehen werden sollten.

22. Ein Großteil der Mythologie der Griechen gehörte lediglich zur Poesie und hatte keinerlei religiösen Charakter. Viele Göttergeschichten lassen sich durch die bekannten Erscheinungen der Natur erklären. E´os , die Morgenröte, war die Schwester von Helios , der Sonne, und Sele´ne , dem Mond. Sie wohnte am Ufer des Ozeans in einem Palast mit goldenen Toren, von wo aus sie jeden Morgen hinausging, um Göttern und Menschen die Annäherung ihres größeren Bruders anzukündigen. Sie war die Mutter der Winde und des Morgensterns. I´ris war der Bote der Götter. Der bunte Regenbogen war der Weg, den sie beschritt, und der, als sie ihn nicht mehr brauchte, genauso plötzlich verschwand, wie er aufgetaucht war.

23. Die Zwölf, die den Olympischen Rat bildeten, waren Zeus, der Höchste; Posidon , der Gott des Meeres; Apollo, der Sonnengott und Förderer der Musik, Poesie und Beredsamkeit; A´res , der Gott des Krieges; Hephæstus vom Feuer und den nützlichen Künsten; Hermes , der Herold der Götter und Förderer von Handel und Reichtum; Hera, die große Göttin der Natur; Athene , die Lieblingstochter des Zeus und Schutzpatronin aller Weisheit, Zivilisation und Kunst; Ar´temis , die Göttin des Mondes oder der Jagd; Aphrodite , Schönheit und Liebe; Hestia, vom häuslichen Leben; und Demeter , die reiche Mutter der Ernte – sechs Götter und sechs Göttinnen.

24. Daneben und in einigen Fällen gleichrangig waren Hades, der Gott der Unterwelt; Helios und Hekate ; Dionysos , der Schutzpatron des Weinstocks, dessen Rituale eine gewisse Ähnlichkeit mit der betrunkenen Soma- Verehrung der Hindus hatten; die neun Musen, Töchter von Zeus und Memory, die über Musik, Literatur und alle Künste herrschten; die Ozeaniden und die Nereiden, Töchter von Posidon ; und noch viele weitere, deren Aufzählung einen Band statt einiger Seiten erfordern würde.

25. Die eigentlich so genannte Religion der Griechen bestand in der Ehrfurcht vor einem moralischen Herrscher der Welt, der stets präsent und aktiv an den menschlichen Angelegenheiten beteiligt war; und im Gehorsam ihm gegenüber durch Wahrhaftigkeit in Gedanken, Worten und Taten. Es wurde angenommen, dass Zeus selbst über die heilige Erfüllung aller Eide wachte. Athene war die göttliche Weisheit, insbesondere wenn sie in bürgerlichen Angelegenheiten ausgeübt wurde. Nemesis war die göttliche Gerechtigkeit, wie man sie entweder in den Warnungen des inneren Gewissens oder in den Vorwürfen der äußeren Welt vernehmen konnte. Die Erin´nyes , oder wie sie schmeichelhaft genannt wurden, Eumen´ides , [36] waren die Rächer des Verbrechens, älter als alle olympischen Gottheiten und von Göttern und Menschen gleichermaßen gefürchtet. Die Schreie der Verletzten schreckten sie aus ihrem dunklen Aufenthaltsort im Tartarus auf; und dem Schuldigen erschienen sie als wilde, unversöhnliche Furien mit flammenden Augen und ausgestreckten Krallen, die nie schliefen, sondern vom Moment seines Verbrechens bis zu seiner Bestrafung ständig an seiner

Seite gingen oder warteten; Für das unschuldige Opfer, das sie rächten, erschienen sie in der Gestalt heiterer und stattlicher Göttinnen mit schönen, wenn auch strengen Gesichtern.

26. Zu einem späteren Zeitpunkt gelangten durch den Verkehr mit anderen Nationen, insbesondere mit Ägypten, Kleinasien und Thrakien, neue Elemente in das religiöse Leben der Griechen. Die wichtigste davon war die Idee der Reinigung von Sünden, die Homer und Hesiod unbekannt war und wahrscheinlich von den Lydiern übernommen wurde. Die frühesten Opfer waren lediglich ein Ausdruck der Dankbarkeit oder ein Mittel, um die Gunst der Götter zu erlangen, und hatten nichts mit dem Charakter von Sündopfern zu tun. Im Falle eines Verbrechens war es unmöglich, den Zorn der Eumeniden durch Gebete oder Opfer abzuwenden; Der Schuldige muss die schlimmsten Folgen seiner Schuld tragen. Aber unter dem neuen System glaubte man, dass der göttliche Zorn abgewendet und der Makel der Sünde beseitigt werden könnte.

Personen, die sich vorsätzlicher oder unbeabsichtigter Tötungsdelikte schuldig gemacht hatten, wurden von der Gesellschaft der Menschen und der Verehrung der Götter ausgeschlossen, bis bestimmte Riten durchgeführt worden waren. In früheren Zeiten konnte ein Häuptling oder König die Reinigungszeremonie leiten, später wurde sie jedoch Priestern oder Personen anvertraut, die angeblich durch die Heiligkeit des Lebens besonders für die Gunst des Himmels ausgezeichnet waren . Im Falle einer öffentlichen Katastrophe wie einer Pest, einer Hungersnot oder einer Kriegsniederlage wurden ganze Städte oder Staaten einem Reinigungsprozess unterzogen, um den vermeintlichen Zorn der Götter über ein verstecktes oder offenes Verbrechen zu besänftigen.

27. Zu den anderen ausländischen Bräuchen gehörten die ekstatischen Riten zu Ehren verschiedener Gottheiten. Dies waren die bacchantischen Tänze, die in Theben und Delphi zu Ehren des Dionysos gefeiert wurden, bei denen Scharen von Frauen ganze Nächte in wildester Raserei auf den Bergen verbrachten, schrien, sprangen, mit lärmenden Instrumenten klirrten, Tiere in Stücke rissen und verschlangen das rohe Fleisch und schnitten sich sogar mit Messern, ohne die Wunden zu spüren. Wer sich dieser Aufregung freiwillig hingab, sollte sich die Gunst des Gottes sichern und künftigen Heimsuchungen entgehen, während diejenigen, die sich widersetzten, mit Wahnsinn bestraft wurden.

KARTE DES ALTEN GRIECHENLANDS und des ÄGÄISCHEN
MEERES.

28. Zu den feierlichsten Riten gehörten die Mysterien, die in Eleusis zu
Ehren von Demeter und Persephone gefeiert wurden . Diese konnten nur
durch eine lange und geheime Vorbereitung erreicht werden, und es war ein
Verbrechen, in Gegenwart der Uneingeweihten auch nur darüber zu
sprechen. Sie erregten bei den Griechen höchste Verehrung, und die
Teilnehmer galten als sicherer als andere, sowohl in zeitlichen als auch in
spirituellen Gefahren. Bei einem Schiffbruch fragten sich die Passagiere
häufig gegenseitig: „Sind Sie eingeweiht worden?"

pelasgischen Verehrung gewesen sein und daher „auf einer weniger
phantasievollen, ernsthafteren Sicht auf die Natur beruhen und besser dazu
geeignet sein, sowohl philosophisches Denken als auch religiöse Gefühle zu
wecken". " als die hellenische Mythologie.

29. Ein weiterer Brauch, der aus dem Ausland übernommen wurde, war
die Bildung von Geheimgesellschaften, deren Mitglieder sich durch
asketische Gelübde und die Verpflichtung verpflichteten, zu bestimmten
Zeiten bestimmte Feierlichkeiten durchzuführen. Dies waren die orphischen
und später die pythagoreischen Bruderschaften. Diejenigen, die in das
sogenannte „orphische Leben" eintraten, versprachen, gänzlich auf tierische
Nahrung zu verzichten, mit Ausnahme des mystischen Opfermahls von

rohem Fleisch, und trugen weiße Leinengewänder wie die ägyptischen Priester. Obwohl sie Dionysos verehrten, enthielt sich die orphische Bruderschaft aller wilden und unziemlichen Demonstrationen und strebte nach strengster Einfachheit und Reinheit des Lebens und der Sitten. Ihr Ruf als Weisheit und Heiligkeit wurde von gewissen Betrügern missbraucht, die die Häuser der Reichen besuchten und anboten, sie durch Opfer und Sühnelieder, die in den orphischen Büchern vorgeschrieben sind, von den Folgen ihrer eigenen Sünden und der ihrer Vorfahren zu befreien .

30. Wir haben die fünf oder sechs Jahrhunderte vorweggenommen, die auf das heroische Zeitalter folgten, um einen zusammenhängenden, wenn auch kurzen Bericht über die religiösen Überzeugungen und Bräuche der Griechen zu geben, ohne die ihre Geschichte nicht verstanden werden könnte. Es bleibt nur noch die Erwähnung jener Orakel, durch die man glaubte, dass die Götter von der frühesten bis in die späteste Zeit und sogar lange nach dem Ende der bürgerlichen Existenz Griechenlands den Menschen ihren Willen kundgetan haben.

31. Das älteste der Orakel war das des Zeus in Dodona, wo man glaubte, dass die Botschaft des Gottes im Rascheln der heiligen Eichen und Buchen zu hören und von seinen auserwählten Priestern oder Prophetinnen interpretiert wurde. In Olympia, in Elis, wurde der Wille des Zeus an den dafür geopferten Opfern deutlich. Es gab vergleichsweise wenige Orakel des Zeus. Das Amt, den Menschen den göttlichen Willen zu offenbaren, oblag in der Regel Apollon, der im europäischen und asiatischen Griechenland zweiundzwanzig Orakel hatte.

32. Das berühmteste davon befand sich in Delphi in Phokis, wo sich ein Apollontempel mit seiner goldenen Statue und einem ewig brennenden Feuer aus Tannenholz befand. In der Mitte des Tempels befand sich eine Spalte im Boden, aus der ein besonders berauschender Dampf aufstieg. Als das Orakel befragt werden sollte, nahm die Pythia oder Priesterin ihren Platz auf dem heiligen Dreifuß über dieser Öffnung ein; und als sie von dem Dampf, der angeblich der Atem des Gottes war, verwirrt oder inspiriert wurde, gab sie eine Antwort in Hexameterversen. Es war oft so dunkel, [37] dass es mehr Witz erforderte, die Bedeutung des Orakels zu erkennen, als ohne seine Hilfe die beste Vorgehensweise zu bestimmen. Aber der Ruf des Delphischen Heiligtums war so groß, dass nicht nur Griechen, sondern auch Lyder, Phrygier und Römer feierliche Gesandtschaften schickten, um es bezüglich ihrer wichtigsten Unternehmungen zu konsultieren.

33. Was Europa für den Rest der Welt war , war Griechenland für Europa. Dieselben Besonderheiten der Küste und des Klimas, die Europa von allen Kontinenten zum am besten an die Zivilisation angepassten machten,

machten Griechenland lange Zeit zu seinem am höchsten zivilisierten Teil. Aber so wie Europa seine nördlichen Barbaren hatte, die ständig auf die große Bergbarriere der Pyrenäen, Alpen und Karpaten drängten, manchmal ihre Grenzen sprengten und die zivilisierteren, aber schwächeren Nationen im Süden überrannten, so litt Griechenland gegen Ende des Heroischen Zeitalters Alter, seit den Einfällen der Illyrer an ihrer Nordwestgrenze. Der Zeitpunkt dieser Bewegung wurde von griechischen Historikern auf sechzig Jahre nach dem Fall Trojas oder, unserer Schätzung nach, auf das Jahr 1124 v. Chr. festgelegt.

Obwohl die Illyrer nicht in Zentral- oder Südgriechenland einmarschierten, führte ihre Bewegung nach Süden zu einer allgemeinen Veränderung unter den Stämmen der Halbinsel. Die Thessalier, die zuvor an der Westküste von Epirus ansässig gewesen waren, überquerten nun das Pindos-Gebirge und sicherten sich einen Platz im fruchtbaren Becken des Peneus, der bis dahin von den Böotiern besetzt war. Die so ihrer alten Sitze enteigneten Bœotianer zogen südwärts über die Berge O'thrys und Œta in das Tal des Kephissus, von wo aus sie die Cadmians und Minyæ vertrieben . Diese Stämme waren über Attika und den Peloponnes verstreut. Die Dorer besetzten von Norden kommend das enge Tal zwischen Œta und Parnassus, das so zu *Doris wurde* ; während die Dryopier , frühere Bewohner dieser Region, Zuflucht in Euböa und den Inseln der Ägäis suchten .

34. Chr. 1104. Zwanzig Jahre später fand eine noch wichtigere Bewegung statt. Die Dorer, die durch die engen Berggrenzen ihres Wohnsitzes eingeengt waren, schlossen sich mit ihren westlichen Nachbarn, den Ätoliern , zusammen, um auf dem Peloponnes einzudringen. Es wird gesagt, dass sie von Tem´enus , Cresphontes und Aristodemus geleitet wurden , um die Ansprüche ihres großen Vorfahren Herkules zu verfolgen, der vor hundert Jahren von der südlichen Halbinsel vertrieben worden war. Die dorische Wanderung wird daher oft als Rückkehr der Herakliden bezeichnet . Aristodemus wurde durch einen Blitz getötet, als er den Golf von Korinth überqueren wollte. Seine Brüder siegten vollständig über den König der Achäer , damals den mächtigsten Monarchen auf dem Peloponnes, und begannen, die Halbinsel zwischen sich und ihren Verbündeten aufzuteilen. Die Ätolier erhielten Elis an der Westküste; Der Rest der Halbinsel, mit Ausnahme ihrer nördlichen Grenze am Golf von Korinth, blieb den Dorern vorbehalten, die fünf Jahrhunderte lang die dominierende Rasse in Griechenland waren. Die Heraklidenfürsten teilten dann die verschiedenen Kronen per Los auf. Das von Argos fiel an Temenos ; das von Messenien an Cresphontes ; und das von Sparta an Eurysthenes und Prokles , die Zwillingssöhne von Aristodemus .

35. Die eroberten Achäer waren gezwungen, entweder nach Asien und Italien auszuwandern oder sich mit der Nordküste ihrer Halbinsel zufrieden zu geben, von der sie ihre ionischen Bewohner vertrieben und ihr ihren eigenen Namen gaben, Achaia. Nachdem die Ionier einige Jahre in Attika geruht hatten, dessen Volk ihre Verwandten waren, suchten sie nach mehr Raum auf den Kykladen, in Chios und Samos oder an den benachbarten Küsten Kleinasiens. In der fruchtbaren Region zwischen Hermus und Mæander sowie auf den Inseln entstanden zwölf ionische Städte [38] und wurden zu reichen und blühenden Staaten. Obwohl sie in der Regierung unabhängig voneinander waren , waren sie in der Poseidon -Verehrung in einem gemeinsamen Tempel, dem Panionium , vereint , der die Landzunge von Mykale krönte.

36. Die Äolier waren bereits aus ihrer alten Heimat in Zentralgriechenland vertrieben worden und hatten auf Lesbos und an der Nordwestküste Kleinasiens zwischen Hermus und Hellespont Zuflucht gefunden. Auch sie bildeten zwölf unabhängige Städte, als Metropole galt jedoch Mytilene auf der Insel Lesbos.

37. Die Dorier dehnten ihre Wanderungen über die eroberte Halbinsel hinaus aus und nahmen die südwestliche Küste Kleinasiens mit den Inseln Kos und Rhodos in Besitz. Ihre sechs Städte — manchmal auch die dorische Hexapolis genannt — waren Knidos und Halikarnassos auf dem Festland; Ial'yssus , Cami'rus und Lindus auf der Insel Rhodos; und Cos, auf der gleichnamigen Insel. Wie die Ionier beteten sie in einem gemeinsamen Heiligtum, dem Tempel des triopischen Apollon.

REPRISE.

Griechenland wurde zuerst von den Pelasgi besiedelt, aber sein alter Name leitet sich von den Hellenen ab, die schon früh zur vorherrschenden Rasse wurden. Viele Künste wurden von Ausländern eingeführt, unter denen Kekrops und Danans aus Ägypten, Pelops aus Phrygien und Kadmus aus Phönizien traditionell die berühmtesten sind. Das heroische Zeitalter wurde durch die Errungenschaften der Göttersöhne veranschaulicht, deren letztes und größtes Werk die zehnjährige Belagerung Trojas war. Griechenland wurde zu dieser Zeit von vielen absoluten Monarchen regiert: Könige und Adlige sowie Menschen führten ein einfaches und fleißiges Leben. Nicht nur Ackerbau, Weberei und Metallverarbeitung, sondern auch Architektur, Bildhauerei, Musik und Poesie wurden in hohem Maße gepflegt. Die griechische Religion war die raffinierteste und schönste Form der Naturverehrung. Sechs Götter und sechs Göttinnen bildeten den Obersten Rat des Olymp, und eine Vielzahl niederer Gottheiten bevölkerte die Berge, Wälder und Gewässer. Das Gewissen wurde in Nemesis und den Erinnyes personifiziert . Sühneriten für Sünden, ekstatische Feiern und asketische Bruderschaften wurden von den Griechen aus fremden Nationen übernommen. Von vielen Orakeln war das des Apollo in Delphi das berühmteste. Das heroische Zeitalter endete mit einer allgemeinen Migration der Stämme Griechenlands, die zur Ansiedlung der Dorer auf dem Peloponnes und zur Gründung vieler ionischer und äolischer Kolonien an den Küsten Kleinasiens führte.

ZWEITE PERIODE. CHR. 1100-500.

38. Das heroische Zeitalter war mit einer allgemeinen Migration unter den Stämmen Griechenlands zu Ende gegangen, die eine Zeit lang ihre Verbesserung der Manieren unterbrach. Aber die griechische Freiheit entstand aus den Ruinen des heroischen Zeitalters; und anstelle absoluter Monarchien wurden in den einzelnen Staaten verschiedene Formen freier Regierung eingeführt. Ein Staat war in der Tat nichts anderes als eine Stadt, die von einem kleinen Stück Land umgeben war. Außer in Attika hatte zu dieser Zeit keine Stadt die Kontrolle über eine andere Stadt.

39. Alle Griechen – obwohl sie unter einer Vielzahl von Regierungen existierten und durch Rivalitäten und Eifersüchteleien gespalten waren – betrachteten sich als Kinder eines Vorfahren, Hellen, und gaben allen anderen Nationen den gemeinsamen Namen „ *Barbaren* " oder „ *Schwätzer* ". Die Gedichte Homers, die bei den öffentlichen Festen gesungen und an jedem Herd wiederholt wurden, beschrieb alle Griechen als vereint gegen einen gemeinsamen Feind und machte das Gefühl der Brüderlichkeit stärker als jede gelegentliche Feindseligkeit. Neben der Bluts-, Sprach- und Nationalgeschichte waren die Griechen durch ihr gleiches Interesse an den Orakeln und der Feier religiöser Riten sowie durch ihre Teilnahme an den großen Nationalfesten eng verbunden.

Chr. 884.

40. DIE SPIELE. Die ältesten und berühmtesten davon waren die Olympischen Spiele. Das Datum ihrer Gründung geht in den Fabeln des Heldenzeitalters verloren, aber es ist sicher, dass diese sportlichen Wettkämpfe in jenen primitiven Zeiten die Lieblingsbeschäftigung der Helden waren. Zur Zeit von Iphitus , dem König von Elis, und Lykurgus , dem Regenten von Sparta, wurden sie wiederbelebt und erhielten neue Bedeutung. Im nächsten Jahrhundert begann ihre alle vier Jahre stattfindende Feier die griechische Zeitmessung zu ermöglichen.

Die erste Olympiade fand 776–772 v. Chr. statt. Der Schauplatz des Festes war am Ufer des Alpheus in Elis, in der Nähe des antiken Tempels des olympischen Zeus. Im Monat der Feier wurden in ganz Griechenland Kriege ausgesetzt. Aus allen hellenischen Staaten erschienen Abgeordnete, die in der Kostbarkeit ihrer Opfergaben im Tempel miteinander wetteiferten. Die Spiele waren zu Ehren von Zeus und Herkules. Sie standen allen Griechen offen, unabhängig von Reichtum oder Herkunft; aber Barbaren, sogar königlichen Blutes, waren strikt ausgeschlossen. Dazu gehörten Laufen,

Springen, Ringen, Boxen, das Werfen von Quoits und Speeren sowie Rennen mit Pferden und Streitwagen. Die einzige Belohnung des Siegers war eine Krone aus wildem Olivenbaum; aber dies wurde von jedem Griechen als die höchste Ehre angesehen, die er erlangen konnte. Sein glücklicher Träger wurde mit Prozessionen und Triumphgesängen zu Hause willkommen geheißen; Er betrat die Stadt durch eine Bresche in den Mauern, um zu zeigen, dass eine Stadt, die von solchen Söhnen besessen war, keiner anderen Verteidigung bedarf; er war fortan von allen Steuern befreit, da er dem Staat die höchste Verpflichtung auferlegt hatte; er nahm bei allen öffentlichen Aufführungen den ersten Platz ein; wenn er ein Athener war, aß er am Tisch der Beamten; Als Spartaner hatte er das Privileg, in der Schlacht in der Nähe des Königs zu kämpfen.

41. Drei weitere periodische Feste, die zunächst auf die Staaten beschränkt waren, in denen sie stattfanden, wurden schließlich der gesamten hellenischen Rasse zugänglich gemacht. Die Pythischen Spiele zu Ehren Apollos wurden im dritten Jahr jeder Olympiade in der Cirrhæ´an -Ebene in Phokis gefeiert. Sie umfassten Wettbewerbe in Musik und Poesie sowie im Leichtathletiksport und waren neben den Olympischen Spielen das berühmteste Festival in Griechenland. Die Ne'mean- und Isthmian-Spiele wurden alle zwei Jahre einmal gefeiert; Ersteres im Tal von Nemea in Argolis zu Ehren von Zeus und Letzteres auf der Landenge von Korinth zu Ehren des Meeresgottes Posidon .

So war jedes Jahr mindestens ein großes Nationalfest und jedes zweite Jahr zwei, was die Menschenmengen, die sie besuchten, an ihre gemeinsame Herkunft und den Unterschied zwischen ihnen und den Barbaren erinnerte. Diese jährlichen Versammlungen hielten nicht nur das sportliche Training aufrecht, das die Kraft der griechischen Jugend stärkte, sondern dienten auch den Zwecken der modernen europäischen Messen, des Hörsaals und in gewissem Maße der Druckerei; denn rund um den heiligen Hain wurden Stände errichtet, in denen die Industrien aller hellenischen Staaten und Kolonien einen bereitwilligen Markt fanden; während in den Pausen sportlicher Darbietungen Dichter der eifrigen Menge ihre Hymnen und Balladen vorsangen; Historiker erzählten von den Taten ausländischer und einheimischer Helden; und Philosophen legten allen, die weise genug waren, zuzuhören, ihre Theorien über Geist und Materie sowie die Beziehung der Götter zu den Menschen dar.

42. Ein weiteres Bündnis zwischen den Griechen bestand in den Amphic´tyones , also freiwilligen Zusammenschlüssen benachbarter oder verwandter Stämme, meist zum Schutz eines gemeinsamen Tempels oder Heiligtums. Eine solche hatte ihr Zentrum in Delos, der religiösen Metropole der Kykladen; und die drei Stämme der Dorer, Ionier und Äoler in Westkleinasien hatten jeweils ihre Bundesvereinigung nach dem gleichen

Prinzip. Am berühmtesten und nachhaltigsten war jedoch der Amphiktyonische Bund der zwölf Stämme, der seine halbjährlichen Treffen im Frühjahr in Delphi und im Herbst in Anthela in der Nähe der Thermopylen abhielt .

43. Nach der dorischen Eroberung war Argos mehrere Jahrhunderte lang die führende Macht in Griechenland. Im frühesten Teil ihrer Geschichte war die Regierung eine Monarchie, wie sie im heroischen Zeitalter herrschte, wobei die Könige behaupteten, von Herkules abzustammen. Doch nachdem der Geist der Freiheit im Volk erwacht war, entzogen sie ihren Königen nach und nach die Macht und gründeten eine Republik, behielten jedoch den Namen Monarchie bei. Um 780 v. Chr. bestieg ein gewisser Phidon den Thron, der, da er über mehr Talent verfügte als seine Vorgänger, alle Kräfte zurückeroberte, die sie verloren hatten, und sich selbst mit dem jetzt erstmals verwendeten Namen „Tyrann" unumschränkt machte. Er dehnte die Herrschaft von Argos über den gesamten Peloponnes aus und entsandte Kolonien, die den Namen Argive auf Kreta, Rhodos, Kos, Knidos und Halikarnassos berühmt machten. Sein Verkehr mit Asien führte zur ersten Verwendung von Münzgeld in Griechenland und einem System von Gewichten und Maßen, das mit dem babylonischen identisch sein soll. Nach dem Tod von Phidon nahm die Macht der Argiven rapide ab. Die unterworfenen und verbündeten Städte brachen die unterdrückende Herrschaft ab, die er ausgeübt hatte, und auf dem Peloponnes erlangte nun ein neuer Staat die Macht, der dazu bestimmt war, alle Herrlichkeiten von Argos in den Schatten zu stellen.

SPARTA.

44. Als die Dorier in den Peloponnes einfielen, behielten die ehemaligen Bewohner noch immer ihre Stellung im Land, und dreihundert Jahre lang stand ihre Festung Amy´clæ nur zwei Meilen von der dorischen Hauptstadt Lacedæmon entfernt und trotzte einem Angriff. Die Lacedämonier bestanden aus drei Klassen: 1. den dorischen Eroberern; 2. Die Untertanen der Landstädte; und 3. Die versklavten Heloten, die mit dem Boden gekauft und verkauft wurden.

45. Die Regierung Spartas war eine Doppelmonarchie, deren beiden Könige jeweils von Prokles und Eurysthenes , den Zwillingssöhnen von Aristodemus , abstammten . Im Frieden besaßen sie wenig Macht, aber als Generäle waren sie in diesen frühen Zeiten im Krieg absolut. Sie wurden als Nachkommen des Herkules und damit als Bindeglied zwischen ihrem Volk und den Göttern hoch verehrt. Der spartanische Senat bestand aus dreißig Mitgliedern, von denen jeder das sechzigste Lebensjahr überschritten hatte und ein tadelloser Diener des Staates gewesen war. Die Volksversammlung war von geringer Bedeutung, obwohl der Form halber Friedens- und

Kriegsfragen sowie die Wahl bestimmter Offiziere an sie verwiesen wurden. Zu einem späteren Zeitpunkt wählte diese Versammlung jedoch durch freie Abstimmung fünf Ephoren, die sogar über die Könige und den Senat sowie über das Volk absolute Macht hatten.

46. So unterwürfig sie auch den Königen oder dem Senat gegenüber sein mochten, das Volk erhob sich stolz über die fleißigen, aber abhängigen Bewohner der Städte. Zwischen Spartanern und Achäern gab es größere Rangunterschiede als zwischen dem gemeinsten Spartaner und seinem König. Die Heloten wurden durch ein Gewand aus Schaffell und eine Mütze aus Hundefell als Zeichen ihrer Verachtung gekennzeichnet; Und jedes Jahr wurden ihnen ohne Verschulden Schläge zugefügt, damit sie nie vergessen würden, dass sie Sklaven waren.

47. Um 850 v. Chr. erschien Lykurg, einer der berühmtesten Gesetzgeber der Antike. Er stammte aus der königlichen Familie von Sparta; und nach dem Tod seines Bruders, König Polydektes , übte er im Namen seines kleinen Neffen Charilaus den Oberbefehl aus . Seine Regierung war die weiseste und gerechteste, die die Spartaner je gekannt hatten; Aber seine Feinde erhob das Gerücht, dass er die Krone für sich selbst anstrebte, und er beschloss, sich aus dem Land zurückzuziehen, bis sein Neffe volljährig sein würde.

Die Spartaner vermissten die feste und weise Regierung ihres Regenten. Der junge König bestieg den Thron, aber die Unruhen konnten nicht gestoppt werden, und eine Gruppe besserer Sorte sandte eine Nachricht an Lykurg, in der er ihn zu seiner Rückkehr drängte. Als erster konsultierte er das Orakel von Delphi und wurde mit dem Titel „Geliebter der Götter und eher ein Gott als ein Mensch" gefeiert. Auf sein Gebet, dass er in die Lage versetzt werden möge, gute Gesetze zu erlassen, antwortete die Priesterin, dass Apollo seine Bitte gehört habe und versprach, dass die Verfassung, die er erlassen wolle, die beste der Welt sein würde. Diejenigen, die die Macht des Lykurg beneiden und dessen Autorität als Mensch leugnen könnten, könnten den Gehorsam gegenüber seinen Gesetzen nicht verweigern, wenn der Gott sie auf diese Weise durchsetzt. Mit Zustimmung und Mitarbeit des Königs selbst löste er in Sparta eine große Revolution aus.

48. Die Gesetze des Lykurg verringerten die Macht der Könige und vergrößerten die des Volkes, aber ihr Hauptziel bestand darin, den Fortbestand des Staates zu sichern, indem sie jeden Spartaner zum Soldaten machten. Moderne Nationen glauben, dass Regierungen für die Menschen existieren; In Sparta hingegen existierte jeder Mensch nur für den Staat. Über sein Existenzrecht wurde an der Schwelle des Lebens von einem Rat alter Männer entschieden, denen jedes neugeborene Kind vorgestellt wurde. Wenn es ein kraftvolles und aktives Leben zu versprechen schien, wurde es als Kind des Staates akzeptiert und erhielt einen neuntausendstel Teil der spartanischen Ländereien; aber wenn es schwach und deformiert war, wurde es in eine Schlucht geworfen, um zu sterben.

Im Alter von sieben Jahren wurde jeder Junge, der so leben durfte, aus seinem Zuhause geholt und einer öffentlichen Ausbildung unterzogen. Die Disziplin seines Körpers galt als wichtiger als die Verbesserung seines Geistes. Er ertrug Hitze und Kälte, Hunger und Müdigkeit; und neben den gymnastischen Übungen war er allen Strapazen des Militärdienstes ausgesetzt. Sein Gewand war im Sommer wie im Winter dasselbe; Die Nahrung, die ihm gegeben wurde, reichte nicht aus, um am Leben zu bleiben, aber man erwartete von ihm, den Mangel durch Jagen oder Stehlen auszugleichen. Wenn er bei letzterer Tat ertappt wurde, wurde er hart bestraft; aber es lag nicht an der Unehrlichkeit, sondern an der Unbeholfenheit, sich entdecken zu lassen. Es muss jedoch daran erinnert werden, dass es dort, wo es kein Eigentum gab, auch keinen Diebstahl im moralischen Sinne geben konnte. Alles in Sparta war letztlich Staatseigentum, und jedes Interesse war der Schulung der Bürger zur Geschicklichkeit im Krieg untergeordnet.

49. Ein anderes Mittel, um die spartanische Jugend zu Tapferkeit zu erziehen, war eine grausame Geißelung am Schrein der Artemis, die sie lautlos ertrugen, obwohl der Altar mit ihrem Blut besprengt war, und einige starben sogar unter der Peitsche. Diejenigen, die durch solch unmenschliche Strenge erzogen wurden, würden wahrscheinlich weder gerecht noch barmherzig gegenüber anderen werden. Die elenden Heloten boten eine nie versagende Übung für ihre Kriegskunst. Unter der Institution namens Crypti´a wurden sie häufig von ausgewählten Gruppen junger Spartaner angegriffen und ermordet, die nachts auf der Suche nach militärischer Übung durch das Land zogen. Als die Heloten zahlreicher wurden als ihre Herren, so dass sie mit Besorgnis betrachtet wurden, wurden diese Massaker häufiger und allgemeiner.

50. Die spartanische Disziplin endete nicht mit der Jugend. Mit dreißig durfte ein Mann heiraten, aber er lebte immer noch in der Kaserne und aß am gemeinsamen Tisch. An diesen Tischen wurden öffentliche Angelegenheiten mit einer Freiheit besprochen, die die Unterdrückung der Rede in der Versammlung teilweise wettmachte. Die Jugendlichen durften schweigend teilnehmen und erhielten so ihre politische Bildung. Die restlichen Stunden des Tages teilten sich die Männer zwischen gymnastischen Übungen und dem Unterricht der Jugend auf. Erst im Alter von sechzig Jahren wurde ein Mann aus diesem kriegerischen Leben entlassen.

51. Spartanische Mädchen wurden einer fast ebenso strengen Ausbildung unterzogen wie ihre Brüder. Ihre Übungen bestanden aus Laufen, Ringen und Boxen, und ihr Charakter wurde ebenso kriegerisch wie der der Männer. Wie andere Bürger betrachteten die spartanischen Frauen sich selbst und alles, was ihnen am meisten am Herzen lag, als absolutes Staatseigentum.

52. Um die Gedanken der Spartaner niemals von militärischen Beschäftigungen ablenken zu lassen, erlaubte Lykurg keinem Bürger, sich in der Landwirtschaft, im Handel oder in der Industrie zu engagieren; alle Berufe, die gewinnbringend ausgeübt werden konnten, blieben in den Händen der unterworfenen Achäer . Um ausländischen Luxus auszuschließen, ergriff er eine noch strengere Maßnahme. Der Besitz von Gold oder Silber war verboten, und Geld wurde aus Eisen hergestellt, das durch Erhitzen und Eintauchen in Essig wertlos wurde. Der Nennwert war im Verhältnis zu seinem Gewicht so niedrig, dass der Betrag von einhundert Dollar eine Ladung für ein Ochsenpaar darstellte. Ein so umständliches Tauschmittel wurde von anderen Nationen verachtet; Die Häfen Spartas wurden von Handelsschiffen nicht angelaufen, und seine Dörfer wurden von reisenden Minnesängern oder Kaufleuten nicht besucht. Und da es den Spartanern verboten war, ohne die Erlaubnis ihrer Magistraten in andere Länder zu reisen, während, mit sehr seltenen Ausnahmen, kein Ausländer in ihrer Hauptstadt wohnen durfte, schien die selbstsüchtige Exklusivität der Nation vollkommen zu sein.

Die Liebe zum Land beschränkte sich auf Lakonien und schloss nie Hellas ein. Außer als Sparta bedroht wurde, schlossen sie sich nie mit den anderen griechischen Staaten zusammen; und in Friedenszeiten hegte er mehr Hass gegen Athen als gegen Persien. Das freie, geistige Leben der Athener war Gegenstand ihres besonderen Ekels; und die Philosophie und Beredsamkeit, die den Ruhm Athens ausmachten, wurden von den Spartanern verachtet, die es für ein Verbrechen hielten, drei Wörter zu verwenden, wo zwei ausreichen könnten.

53. Im Gegensatz zu anderen Städten Griechenlands war Sparta nie durch Mauern geschützt. Die hohen Berge im Norden und Westen schützten vor Landangriffen, während die felsigen Küsten im Osten eine Invasion auf dem Seeweg verhinderten. Die ganze Stadt war ein Lager, in dem jeder seine stündliche Pflicht kannte und in Friedenszeiten mehr Entbehrungen ertragen musste als im Krieg. Den Gesetzen des Lykurg gelang es, eine Rasse von Soldaten zu schaffen, die engstirnig, voreingenommen und geizig waren; Ohne die feineren und süßeren Eigenschaften, die zur höheren Stufe des griechischen Charakters gehörten, aber mutig, zäh, aufopferungsvoll und unbesiegbar.

54. Nachdem Lykurg seine gesetzgeberische Arbeit abgeschlossen hatte, sicherte er deren Fortbestand durch ein Opfer seiner selbst. Er erklärte, dass es notwendig sei, das Orakel zu befragen, und verlangte von Königen, Senatoren und dem Volk einen Eid, dass sie seinen Gesetzen bis zu seiner Rückkehr gehorchen würden. Dann ging er nach Delphi, brachte Apollo Opfer dar und erhielt die Zusicherung, dass Sparta die herrlichste Stadt der Welt sein würde, solange sie sich an seine Gesetze hielt. Nachdem er diese Botschaft an seine Landsleute übermittelt hatte, beschloss Lykurg, niemals zurückzukehren. Er soll sich verhungert haben. Zeitpunkt und Ort seines Todes sind unbekannt. Cirrha , Elis und die Insel Kreta beanspruchten sein Grab, während andere Berichte behaupten, dass seine sterblichen Überreste nach Sparta gebracht wurden und dass ein Blitzschlag seiner letzten Ruhestätte das Siegel der Göttlichkeit verlieh.

55. Sparta hielt seinen Eid fünfhundert Jahre lang und behielt während eines großen Teils dieser Zeit den ersten Rang unter den griechischen Staaten. Amyclæ wurde einige Jahre nach der Abreise von Lykurg eingenommen. Von einer bloßen Garnison in einem feindlichen Land wurde Sparta nun zur Herrscherin Lakoniens und begann mit seinen nördlichen Nachbarn Argos und Arkadien Krieg zu führen. Der Hauptgegenstand ihrer Feindschaft war Messenien, ein weiteres dorisches Königreich im Westen, das durch den Bergrücken des Taygetus von Sparta getrennt war .

56. ERSTER MESSENISCHER KRIEG. Chr. 743-724. Die Messenier hatten gegenüber ihren achäischen Untertanen eine liberalere Politik verfolgt als in Sparta, und die Eifersucht der beiden Nationen hatte häufig zu gegenseitigen Beleidigungen geführt, bis sie schließlich aus einem unbedeutenden Anlass in einen offenen Krieg gestürzt wurden. Ein angesehener Messenier, der bei den Olympischen Spielen gekrönt worden war, weidete sein Vieh nach Vereinbarung auf den Ländereien eines gewissen Spartaners. Doch der Spartaner nutzte die Gelegenheit zu einem Betrug, verkaufte sowohl das Vieh als auch die messenischen Hirten, die es hüteten, und krönte seine Missetat, indem er den Sohn des Besitzers ermordete, der kam, um den Preis zu fordern. Der unglückliche Vater ging nach Sparta, um von den Königen Gerechtigkeit zu fordern, aber sein Kummer wurde ignoriert und seine Ansprüche wurden nicht beglichen. Dann nahm er die Rache selbst in die Hand und ermordete jeden Lacedämonier , der ihm in den Weg kam. Die Spartaner forderten die Messenier auf, ihren Landsmann auszuliefern, aber sie weigerten sich, ihn herauszugeben, und es brach ein Krieg aus.

Chr. 738.

Chr. 730.

Chr. 724.

57. In den ersten vier Jahren leisteten die Messenier wirksamen Widerstand, und ihre Eindringlinge gewannen nichts; aber im fünften zwang ein teilweiser Rückschlag sie, sich in der starken Festung Itho'me einzuschließen . Die Spartaner legten einen feierlichen Eid ab, niemals zu ihren Familien zurückzukehren, bis sie Messenien unterworfen hatten. Im dreizehnten Jahr marschierte Theopompus , König von Sparta, gegen Ithome und es kam zu einer großen Schlacht, in der der König von Messenien getötet wurde. An seiner Stelle wurde Aristodemus gewählt und der Krieg ging weiter. Im achtzehnten Jahr schickten Arkadien und Sikyon Truppen, um den Messeniern zu helfen, während Korinth sich den Spartanern anschloss. Es kam zu einer dritten großen Schlacht, in der die Invasoren besiegt und in Ungnade in ihr eigenes Land vertrieben wurden. Doch zu dieser Zeit begannen die Orakel die Spartaner zu begünstigen, während Träume und Visionen die Seele des Aristodemus bestürzten . Er tötete sich selbst, und mit seinem Leben verschwand der Erfolg der Messenier. Ithome wurde verlassen, die Spartaner machten es dem Erdboden gleich und die Messenier wurden zur Sklaverei gezwungen.

Chr. 685-668.

58. Neununddreißig Jahre lang ertrugen sie eine erdrückende Last der Unterdrückung, doch am Ende dieser Zeit erhob sich ein Held aus der königlichen Linie, um sie zu befreien. Die Heldentaten des Aristom´enes bilden die Hauptgeschichte des Zweiten Messenischen Krieges, obwohl fast der gesamte Peloponnes beteiligt war. Die Korinther kämpften wie zuvor für Sparta, während die Argiver, Arkadier, Sikyonier und Pisater an der Seite der Messenier teilnahmen. Nachdem sie eine Schlacht verloren hatten, baten die Spartaner Delphi um Rat und erhielten die unwillkommene Anweisung, sich bei Athen um einen Anführer zu bewerben. Auch die Athener hatten Angst, dem Orakel nicht zu gehorchen; Doch da sie ihren Rivalen keine wirkliche Hilfe leisten wollten, schickten sie einen lahmen Schulmeister namens Tyrtæ´us als ihren General. Sie stellten wie üblich fest, dass die Pythia nicht zu überlisten war. Tyrtæus belebte die raue Kraft der Spartaner durch seine kriegerischen Lieder, und ihnen wird ihr endgültiger Erfolg hauptsächlich zugeschrieben.

Chr. 683.

59. Die Spartaner erlangten nur langsam ihre frühere Vormachtstellung zurück. In der Schlacht von Stenycleros wurden sie mit großen Verlusten besiegt und von Aristomenes bis zum Gipfel der Berge verfolgt. Im dritten Jahr erlitten die Messenier durch den Verrat eines Verbündeten eine deutliche Niederlage und Aristomenes zog sich in die Festung Ira zurück. Die Spartaner lagerten am Fuße des Hügels, und vierzehn Jahre lang wurde der Krieg aktiv geführt, wobei der messenische Held oft aus seiner Burg verließ und mit Feuer und Schwert die vom Feind gehaltenen Länder verwüstete. Dreimal brachte er Zeus Ithomates das Opfer namens Hecatomphonia dar , als Zeichen dafür, dass er hundert Feinde mit eigener Hand getötet hatte.

Chr. 668.

60. Aber weder die Tapferkeit noch das Glück des Anführers halfen, sein Land zu retten. Ira war überrascht. Aristomenes beendete seine Tage auf Rhodos. Seine Söhne führten einen großen Teil der vertriebenen Messenier nach Italien und ließen sich in der Nähe von Rhegion nieder . Einige wenige, die zurückblieben, wurden in den Zustand der unterworfenen Achäer aufgenommen ; aber wie zuvor wurde die Masse des Volkes in die Leibeigenschaft gezwungen und blieb in diesem Zustand dreihundert Jahre lang. Der Eroberung Messeniens folgte ein Krieg gegen Arkadien, der fast hundert Jahre andauerte. Der einzige Erfolg für Sparta war die Einnahme der kleinen Stadt Tegea .

61. Sparta war seit frühester Zeit der Rivale von Argos, das damals die gesamte Ostküste des Peloponnes beherrschte. Bald nach Lykurg wurden die Grenzen Lakoniens nach Osten bis zum Meer und nach Norden bis über die Stadt Thyr´ea hinaus erweitert . Um 547 v. Chr. zogen die Argiver in den Krieg, um diesen Teil ihres früheren Territoriums zurückzugewinnen. Sie wurden besiegt und ihre Macht für immer gedemütigt.

Chr. 547.

62. Sparta war zeitweise der mächtigste Staat Griechenlands. Ihre eigenen Territorien umfassten den Süden des Peloponnes, und die Nachbarstaaten waren so weit unterworfen, dass sie keinen Versuch unternahmen, sich ihrer Autorität zu widersetzen. Bisher war diese Autorität innerhalb der engen Grenzen des Peloponnes ausgeübt worden, doch etwa zu dieser Zeit erkannte eine Gesandtschaft von Krösus , dem König von Lydien, ihre Führungsrolle in Griechenland an und lud sie ein, sich ihm im Widerstand gegen die Perser anzuschließen. An diesem Punkt begann die Außenpolitik Spartas. Ihr Einfluss auf die griechischen Staaten war immer zugunsten der Oligarchie oder des Despotismus – gegen eine solche Volksregierung wie in Athen; und die aristokratische Partei in jeder Stadt betrachtete Sparta als ihren natürlichen Vorkämpfer und Beschützer.

REPRISE.

Nach den dorischen Völkerwanderungen ersetzten Republiken die meisten Monarchien in Griechenland. Obwohl sie in viele rivalisierende Staaten aufgeteilt waren, waren die Hellenen in Bezug auf Herkunft, Sprache, Religion und Bräuche eine Rasse. Die Olympischen, Pythischen, Nemeischen und Isthmischen Spiele förderten die Zivilisation durch den freien Austausch von Ideen. Der Amphiktyonische Rat in Delphi und Thermopylen vereinte zwölf hellenische Stämme zur gegenseitigen Verteidigung. Phidon , König von Argos, gründete viele Kolonien und führte als Erster Gewichte, Maße und die Münzprägung aus dem Osten ein.

Die spartanische Regierung bestand aus einer Doppellinie heraklidischer Könige, einem Senat und später fünf Ephoren. Als Regent reformierte Lykurg die Gesetze, indem er jeden Menschen der Militärherrschaft unterwarf, lukrative Beschäftigungen verbot und jeglichen Verkehr mit fremden Nationen untersagte. In zwei langen Kriegen versklavten die Spartaner ihre Nachbarn, die Messenier; und ihre Macht stand immer im Gegensatz zu den freien Institutionen in den Staaten Griechenlands, unter denen Lacedæmon mehrere Jahrhunderte lang den ersten Platz innehatte.

ATHEN.

63. Die Geschichte Athens weist eine unendlich größere Vielfalt an Charakteren und Ereignissen auf als die von Sparta. Die Athener waren von den Spartanern an Patriotismus und Tapferkeit unübertroffen, unterschieden sich jedoch von ihnen durch ihre Liebe zu seltenen Skulpturen, prächtiger Architektur und den raffinierten Ablenkungen von Musik, Poesie und Drama. Die Konsequenz ist, dass die Spartaner die Bewunderung der Welt nur dadurch erlangten, dass sie persönliche Interessen denen des Staates opferten, während die Athener gleichzeitig Vorbilder und Führer aller zivilisierten Nationen in den Künsten waren, die dem Leben Anmut und Schönheit verleihen. Ein Athener, der Sparta besuchte und die Besetzung der öffentlichen Tische sah, sagte, er wundere sich nicht mehr über die Tapferkeit der Spartaner im Kampf, denn ein so genährtes Leben könne es nicht wert sein, erhalten zu werden.

Chr. 1050-752.

64. Im heroischen Zeitalter wurde Athen von Königen regiert. Theseus unterwarf die Landstädte Attikas und machte die Stadt zur Hauptstadt einer zentralisierten Monarchie. Codrus , der letzte der Könige, fiel im Widerstand gegen die dorischen Invasoren, die den Peloponnes erobert hatten und Attika unterwerfen wollten. Die Invasion wurde abgewehrt, das Königreich jedoch nicht wiederhergestellt . Die Eupatridæ oder Adligen sicherten sich die Wahl eines Archonten auf Lebenszeit, der ihnen gegenüber in gewissem Maße für seine Taten verantwortlich war. Obwohl er zum königlichen Geschlecht von Codrus gehörte , besaß er weder den Namen noch die Würde eines Königs. Diese Abfolge der Archonten dauerte etwa 300 Jahre.

Chr. 684.

65. Eine wichtige Änderung wurde dann vorgenommen, indem die Amtszeit auf zehn Jahre begrenzt wurde. Nach Ablauf seines Dienstes konnte der Archon vor Gericht gestellt und bestraft werden, wenn sich herausstellte, dass sein Verhalten ungerecht war. Die Wahl erfolgte zunächst wie zuvor aus den Nachkommen des Codrus ; Als aber einer von ihnen wegen seiner Grausamkeit abgesetzt wurde, wurde das Amt allen Adligen zugänglich gemacht. Eine dritte Änderung ernannte anstelle eines einzelnen Richters einen neunköpfigen Vorstand, der jährlich aus den Eupatriden ausgewählt wurde. Nur Adlige hatten das Wahlrecht, und sechzig Jahre lang war die Regierung Athens eine reine Aristokratie.

Chr. 621.

66. Aber das Volk von Athen, das später eine so wichtige Rolle in der Geschichte einnahm, machte sich nun Gehör mit der Forderung nach *schriftlichen Gesetzen* , die zwischen ihm und dem willkürlichen Willen seiner Herrscher stehen sollten. Die Adligen kamen der Forderung nach, rächten jedoch ihre verletzte Würde, indem sie Draco mit der Ausarbeitung des Kodex beauftragte. Dieser erste athenische Gesetzgeber verfasste eine Sammlung von Gesetzen, die so streng waren, dass man sagte, sie seien tatsächlich das Werk eines Drachen und nicht mit Tinte, sondern mit Blut geschrieben worden. Der kleinste Diebstahl, nicht weniger als Mord und Sakrileg, wurde mit dem Tod bestraft, und das Leben jedes Bürgers war völlig der Gnade der herrschenden Ordnung ausgeliefert.

Chr. 620.

Chr. 596.

67. Unter den Athenern entstand infolge dieser Gesetze große Unzufriedenheit, und Zylon , ein aufstrebender junger Adliger, nutzte mit Hilfe seines Schwiegervaters, dem Tyrannen von Megara, die Unruhen aus, um die Akropolis einzunehmen, um sie zu erobern macht sich zum Tyrannen von Athen. Die Archonten schlugen diesen überstürzten Aufstand nieder, doch dabei machten sie sich selbst des Sakrilegs schuldig, denn die Verbrecher wurden am Altar der Eumeniden hingerichtet. [39] Während das Volk in einen Tumult abergläubischer Angst geriet, brach eine Pest aus, die man für ein Urteil der Götter hielt. Das Orakel von Delphi wurde angerufen und befahl, Athen durch priesterliche Riten zu reinigen. Epimenides , ein Weiser und Seher, dem große Einsichten in die Heilkräfte der Natur zugeschrieben wurden, wurde aus Kreta mitgebracht, und man glaubte, dass durch seine Opfer und Fürbitten die Pest gestoppt werden konnte. Die Archonten sahen jedoch einen Grund für ihre jüngste Gefahr, der tiefer lag als der vorübergehende Ausbruch, und sie beauftragten Solon, den Weisesten unter ihnen, mit der Ausarbeitung eines neuen Gesetzeskodex.

68. Der Zustand Attikas erforderte sofortige Abhilfe. Die drei Fraktionen, bestehend aus den wohlhabenden Adligen der Athener *Ebene* , den Kaufleuten der *Küste* und der armen Bauernschaft des Attischen *Gebirges* , standen einander in erbitterter Feindschaft gegenüber. Einige von ihnen waren in ihrer Not gezwungen gewesen, Geld zu exorbitanten Zinsen von den Adligen zu leihen, und da sie nicht in der Lage waren, zu zahlen, waren sie zu Sklaven ihrer Gläubiger geworden.

Chr. 594.

69. Obwohl Solon ein Adliger war, war er durch den Ruin seines Vermögens gezwungen worden, Handel zu treiben. Er wählte dieses Mittel des Lebensunterhalts jedoch mit der Absicht, seinen Geist durch die Beobachtung fremder Länder zu verbessern. Während er in Naukratis sein attisches Öl und seinen Honig gegen ägyptische Hirse eintauschte, hatte er es nicht versäumt, die Gesetze der Pharaonen zu studieren und ihre Auswirkungen auf die Interessen und den Charakter des Volkes zu beobachten. Seine Weisheit und Integrität erlangten das Vertrauen aller Klassen seiner Mitbürger, und er wurde zum alleinigen Archon auf Lebenszeit ernannt, mit unbegrenzter Macht, den bestehenden Zustand der Dinge zu ändern.

70. Sein erstes Ziel war es, die Lage der armen Schuldner zu verbessern, nicht nur durch Linderung der gegenwärtigen Not, sondern durch Beseitigung ihrer Ursachen. Zu diesem Zweck erließ er ein Konkursgesetz, das alle Verträge annullierte, in denen das Land oder die Person eines Schuldners als Sicherheit gegeben worden war; und um solche Übel in Zukunft zu vermeiden, schaffte er die Schuldensklaverei ab. Der Zinssatz wurde gesenkt und der Wert der Währung gesenkt, so dass der Schuldner durch die Zahlung in einem entwerteten Medium etwa ein Viertel gewann. Vor allem wurde Vorsorge getroffen, um einem erneuten Auftreten derselben Not vorzubeugen, indem von jedem Vater verlangt wurde, seinem Sohn einige mechanische Künste beizubringen. Wurde dies vernachlässigt, war der Sohn von jeglicher Verantwortung für den Unterhalt des Vaters im Alter befreit. Ausländern war es nicht gestattet, sich im Land niederzulassen, es sei denn, sie waren in der von ihnen beauftragten Industrie ausgebildet.

71. Das Hauptziel der neuen Verfassung bestand darin, eine freie und gemäßigte Regierung anstelle der unterdrückenden Tyrannei der Adligen zu schaffen. Solon teilte das Volk entsprechend seinem Besitz in vier Klassen ein. Die Ärmsten durften wählen, aber kein Amt bekleiden. Nur die oberen drei Klassen unterlagen der direkten Besteuerung, die vor allem die Reichsten traf. Der Kodex von Draco wurde aufgehoben. Anstelle harter Strafen führte Solon die Angst vor Scham und die Hoffnung auf Ehre als Vorbeugung gegen Verbrechen ein. Zu den Belohnungen für treue Staatsbürgerschaft gehörten vom Senat oder vom Volk verliehene Kronen; öffentliche Bankette im Staatssaal; Statuen in der Agora oder auf den Straßen; Ehrenplätze im Theater oder in der Volksversammlung. Da die durch diese verschiedenen Auszeichnungen ausgezeichneten Personen von der Jugend Athens ständig gesehen wurden, wurde ihr Ehrgeiz geweckt, ähnliche Auszeichnungen zu verdienen.

72. Es wurde ein neuer vierhundertköpfiger Legislativrat gebildet, der aus einhundert Mitgliedern jedes Stammes bestand und jährlich durch freie Abstimmung in der Volksversammlung gewählt wurde. Die Quelle der Macht lag in der Versammlung des gesamten Volkes, die die Archonten und Räte wählte, die von diesen vorgeschlagenen Gesetze annahm oder ablehnte und am Ende ihrer Amtszeit über erstere richtete. Es wurden auch Volksgerichte eingerichtet, an die sich ein Verbrecher wenden konnte, wenn er von einem anderen Gericht verurteilt wurde. Der Rat des Areopags war weiterhin das höchste Gericht des Staates und hatte insbesondere die Aufgabe, Religion und Moral aufrechtzuerhalten. Ursprünglich umfasste es alle Adligen, aber Solon beschränkte es auf diejenigen, die die Pflichten des Archons würdig erfüllt hatten.

73. In Athen gab es keine professionellen Anwälte, denn die Kenntnis und Durchsetzung der Gesetze galt als Pflicht jedes Bürgers. Im Falle eines Volksaufstandes sollte jeder Mann entehrt und entrechtet werden, der sich auf keiner Seite beteiligte. Diese Regel sollte den öffentlichen Geist anregen und den Bedarf an einer regulären Polizei- oder Militärmacht durch die aktive Einmischung der Bürger decken. Bereits jetzt hielt sich eine große Schar wohlhabender und angesehener Männer von den öffentlichen Angelegenheiten fern, die so in die Hände skrupelloser und ehrgeiziger Verschwörer fielen.

Chr. 570.

74. Solon gilt als der größte der Sieben Weisen [40] Griechenlands, und einige seiner Aussprüche waren die Maximen der besten Gesetzgeber aller Zeiten. Auf die Frage, wie Ungerechtigkeit aus einer Republik verbannt werden könne, antwortete er: „Indem man *allen* Menschen das Unrecht, das *jedem zugefügt wird, spüren lässt* ." Seine neue Verfassung konnte jedoch nicht alle Klassen seiner Mitbürger zufriedenstellen. Die Adligen warfen ihm vor, zu weit gegangen zu sein; das einfache Volk, weil es zu viel zurückgehalten hat. Er selbst gab zu, dass seine Gesetze nicht die bestmöglichen, sondern die besten waren, die das Volk erhalten würde. Er erhielt jedoch von der Regierung und dem Volk einen Eid, die Verfassung zehn Jahre lang aufrechtzuerhalten; und um sich von ständigen Fragen und Beschwerden zu befreien, reiste er dann in fremde Länder.

Chr. 560.

75. Als Solon nach Athen zurückkehrte, stellte er fest, dass die Flammen der Fraktion mit größerer Wut als je zuvor ausgebrochen waren. Die *Ebene* hatte ihren Anführer Lykurg; das *Ufer*, Megacles ; und der *Berg*, Pisis´tratus , ein Verwandter von Solon. Letzterer wurde vom Volk wegen seiner persönlichen Schönheit, seines militärischen Ruhms, seiner überzeugenden Beredsamkeit und seiner grenzenlosen Großzügigkeit vergöttert. Aber hinter vielen wahren Tugenden verbarg er einen unersättlichen Ehrgeiz, der nicht umhin konnte, die Vorherrschaft im Staat zu erringen. Als seine Pläne zur Ausführung bereit waren, erschien er eines Tages auf dem Marktplatz, blutend aus selbst zugefügten Wunden, die er dem Volk, wie er versicherte, zur Verteidigung seiner Rechte aus den Händen seiner und ihrer Feinde, der aufrührerischen Adligen, gegeben hatte . Das Volk wählte ihn in seiner Trauer und Empörung zu einer Garde von fünfzig Clubmännern. Solon erkannte die Gefahr, die in dieser Maßnahme lauerte, doch seine ernsten Einwände blieben unbeachtet.

Pisistratus beschränkte sich nicht auf die ihm zugeteilten fünfzig Männer, sondern stellte eine viel größere Streitmacht auf, mit der er die Akropolis eroberte und sich zum Herrn der Stadt machte. Trotz seines Widerstands gegen die Usurpation wurde Solon von seinem Cousin mit großer Achtung behandelt, der ihn bei der Verwaltung der Angelegenheiten ständig um Rat fragte. Doch der betagte Gesetzgeber überlebte die Freiheit Athens nicht lange. Nach seinem Tod wurde seine Asche, wie er es angeordnet hatte, auf der Insel Salamis verstreut, die er in seiner Jugend für die Athener gewonnen hatte.

Chr. 560-554.

76. DIE ERSTE TYRANNEI DES PISISTRATUS war nicht von langer Dauer. Sechs Jahre lang hatte er die Gesetze Solons eingehalten, als sich die beiden Fraktionen der Ebene und der Küste gegen ihn schlossen und er aus der Stadt vertrieben wurde. Ein Vorfall, der sich während seiner ersten Regierungszeit ereignete, hatte einen wichtigen Einfluss auf die spätere Geschichte Griechenlands. Ein Adliger namens Miltiádes , von höchster Abstammung in Athen, saß eines Tages vor seiner Tür, als er Fremde vorbeigehen sah, von denen er anhand ihrer Speere und eigenartigen Gewänder wusste, dass sie Ausländer waren. Mit echter athenischer Gastfreundschaft lud er sie ein, die Annehmlichkeiten seines Hauses zu genießen, und wurde mit einer einzigartigen Offenbarung belohnt.

Sie stammten aus dem thrakischen Chersonesus – jener schmalen Landzunge, die an der Nordküste des Hellespont liegt – und hatten das Orakel in Delphi über den Krieg befragt, in den ihre Landsleute jetzt verwickelt waren. Die Priesterin hatte sie angewiesen, den ersten Mann, der ihnen nach dem Verlassen des Tempels Gastfreundschaft anbieten sollte, zu bitten, eine Kolonie in Chersones zu gründen . Sie waren durch Phokis und Böotien gezogen, ohne eine Einladung zu erhalten, und nun begrüßten sie ihren Gastgeber als die Person, die das Orakel beschrieben hatte, und baten ihn, ihnen zu Hilfe zu kommen. Miltiades und seine Familie wurden von Pisistratus mit besonderer Feindschaft betrachtet und waren unter seiner Herrschaft unzufrieden. Er nahm die Einladung seiner Gäste an, versammelte eine Schar der ebenfalls Betroffenen unter seinen Mitbürgern und errichtete mit ihnen ein unabhängiges Fürstentum am Hellespont. Es war sein Neffe, der bei Marathon das Kommando hatte. [41]

Chr. 548, 547.

Chr. 537.

77. ZWEITE TYRANNEI. Innerhalb von sechs Jahren nach der Vertreibung von Pisistratus gerieten seine Rivalen in Streit, und Megakles , der Anführer der Küste, lud ihn ein, zurückzukehren und die Souveränität wieder aufzunehmen. Aber Athen konnte noch nicht im Frieden bleiben. In kurzer Zeit beleidigte Pisistratus Megakles , der ihn zurückgebracht hatte und sich erneut mit Lykurgos zusammenschloss, um ihn zu vertreiben. Diesmal war der Tyrann zehn Jahre im Exil, aber er war ständig damit beschäftigt, in den verschiedenen Staaten Griechenlands Männer und Geld zu beschaffen. Schließlich landete er mit einer mächtigen Armee bei Marathon und rückte zusammen mit vielen Freunden in Richtung der Stadt vor. Er hatte sein Zelt in der Nähe des Tempels der Athene aufgeschlagen, bevor seine Feinde irgendeine Streitmacht aufgestellt hatten, um sich ihm entgegenzustellen, und ihre hastig versammelten Truppen wurden dann deutlich besiegt. Das Volk wechselte bereitwillig den Herren und Pisistratus wurde zum dritten Mal oberster Herrscher Athens.

Chr. 537-527.

78. DRITTE TYRANNEI. Er stellte seine Regierung nun auf ein festeres Fundament, und das Volk vergaß deren willkürlichen Charakter in der Liberalität und Gerechtigkeit, die seine Regierung kennzeichnete. Er hielt alle Gesetze Solons ein und gab in seiner eigenen Person ein Beispiel für strengen und beständigen Gehorsam. Er achtete darauf, die höchsten Ämter mit seinen eigenen Verwandten zu besetzen, aber der Reichtum, den er anhäufte, stand allen zur Verfügung, die Hilfe brauchten. Seine Bibliothek, die älteste in Griechenland, und seine wunderschönen Gärten am Ilissus wurden der Öffentlichkeit frei zugänglich gemacht. Er veranlasste zunächst, die Gedichte Homers zu sammeln und zu ordnen, damit sie von den Rhapsodisten beim größeren Panathenæ´a [42] , dem zwölftägigen Fest zu Ehren Athenas, gesungen werden konnten. Er kümmerte sich sofort um den Geschmack und die Bedürfnisse des Volkes, indem er viele arme Männer beim Bau prächtiger öffentlicher Gebäude beschäftigte, mit denen er die Stadt schmückte. Die

Meinung Solons war berechtigt, denn er war der beste aller Tyrannen und
besaß kein Laster außer dem des Ehrgeizes.

Chr. 527.

Chr. 527-514.

79. Nach einer Regierungszeit von insgesamt siebzehn Jahren starb
Pisistratus in fortgeschrittenem Alter, und sein ältester Sohn, Hippias,
übernahm die Macht, wobei sein Bruder Hipparchos so eng mit ihm
verbunden war, dass sie häufig als die beiden Tyrannen erwähnt wurden .
Ihre vereinte Regierung wurde im gleichen milden und liberalen Geist
geführt, der ihren Vater ausgezeichnet hatte, und ihre Herrschaft galt in
Athen als eine Art Goldenes Zeitalter. Sie senkten die Steuer auf Erzeugnisse
von einem Zehntel auf ein Zwanzigstel und verschönerten die Stadt dennoch
durch eine umsichtige Verwaltung der Ressourcen weiter.

Harmo'dius ernsthaft beleidigte , der sich daraufhin mit seinem Freund
Aristogiton zu einem Komplott zur Ermordung der beiden Tyrannen
zusammenschloss. Hipparchos wurde getötet. Hippias rettete sich durch
Schnelligkeit und Geistesgegenwart; aber von diesem Tag an veränderte sich
sein Charakter. Seine engsten Freunde waren von den Verschwörern
beschuldigt worden, an der Verschwörung beteiligt gewesen zu sein, und
wurden hingerichtet. Obwohl die Anschuldigung falsch war und nur aus
Rache bestand, schlief Hippias' Verdacht nie wieder. Das Eigentum und das
Leben der Bürger wurden gleichermaßen seinen grausamen und geizigen
Leidenschaften geopfert.

Chr. 510.

80. Die unter ihrem Anführer Megakles verbannte Fraktion der
Alemäoniden gewann nun an Kraft für eine aktive Demonstration. Sie
bestachen die delphische Priesterin, um den Spartanern immer wieder zu
verkünden, dass „Athen befreit werden muss". Diese tapferen, aber
abergläubischen Menschen pflegten eine langjährige Freundschaft mit den
Pisistrat'idæ , aber sie wagten es nicht, dem Orakel ungehorsam zu sein. Eine
Armee wurde ausgesandt, um in Attika einzumarschieren. Sie wurde besiegt
und ihr Anführer getötet. Ein zweiter Versuch war erfolgreicher: Die
thessalische Kavallerie, die dem Tyrannen geholfen hatte, war nun besiegt,
und Hippias schloss sich in der Zitadelle ein. Seine Kinder fielen in die Hände
der Spartaner, die sie nur unter der Bedingung freiließen, dass er und alle
seine Verwandten sich innerhalb von fünf Tagen aus Attika zurückzogen.
Gegen die Familie wurde ein dauerhaftes Verbannungsdekret erlassen und
auf der Akropolis ein Denkmal errichtet, das ihre Vergehen dokumentiert.

81. Klisthenes, das Oberhaupt der Alemæonidæ , gelangte nun an die Macht. Obwohl er zu den höchsten Adligen gehörte, schloss er sich der Volkspartei an, und seine Maßnahmen verliehen dem Volk noch größere Macht, als es die Gesetze Solons getan hatten. Anstelle der vier Stämme ernannte er zehn und unterteilte jeden in Demes oder Bezirke, von denen jeder seinen eigenen Magistrat und seine eigene Volksversammlung hatte. Der Senat oder Große Rat wurde von 400 auf 500 Mitglieder vergrößert, fünfzig aus jedem Stamm, und alle freien Einwohner Attikas wurden zu den Privilegien der Bürger zugelassen.

Um sich vor der Machtübernahme durch einen einzelnen Mann zu schützen, wie im Fall von Pisistratus, führte Klisthenes den einzigartigen Brauch der *Ächtung ein* , durch den jeder Bürger ohne Anklage, Gerichtsverfahren oder Verteidigung verbannt werden konnte. Wenn der Senat und die Versammlung entschieden, dass diese extreme Maßnahme für die Sicherheit des Staates erforderlich sei, schrieb jeder Bürger auf eine Kachel oder Austernschale den Namen der Person, die er verbannen wollte. Wenn auf sechstausend Stimmzetteln der Name einer Person gefunden wurde, musste diese sich innerhalb von zehn Tagen aus der Stadt zurückziehen. Die Dauer seiner Verbannung betrug zunächst zehn Jahre, wurde aber später auf fünf Jahre verkürzt.

82. Isagoras , Anführer der Adligen, empört über den Aufstieg seines Rivalen, forderte die Spartaner erneut auf, sich in die Angelegenheiten Athens einzumischen. Kleomenes , König von Sparta, rückte nach Athen vor und forderte die Vertreibung von Klisthenes und seiner gesamten Familie, da sie für das Sakrileg verflucht waren, das fast hundert Jahre zuvor bei der Ermordung des Zylonen begangen worden war . Klisthenes zog sich zurück und Kleomenes machte sich zusammen mit seinem Freund Isagoras daran , siebenhundert Familien zu vertreiben, den Senat aufzulösen und die Stadt zu revolutionieren. Doch das Volk erhob sich gegen diese Usurpation, belagerte Isagoras und seine Spartaner in der Zitadelle und akzeptierte ihre Kapitulation nur unter der Bedingung, dass sie sich aus Attika zurückzogen. Klisthenes wurde abberufen und seine Institutionen wiederhergestellt.

Chr. 507.

83. Kleomenes hatte Griechenland aufgehetzt, um seine Rache an Athen zu unterstützen. Er rückte mit einer beträchtlichen Armee vor und eroberte die Stadt Eleusis, während die Böotier die westlichen und die Chalkidier von Euböa die östlichen Grenzen Attikas verwüsteten. Unbeirrt von dieser dreifachen Invasion marschierten die Athener zunächst gegen Kleomenes ; Aber das irrationale Verhalten des Spartaners hatte seine Verbündeten verärgert und seine Pläne zunichte gemacht, bevor eine Schlacht stattfinden konnte. Die Athener wandten sich gegen die Bœotianer und besiegten sie mit großem Gemetzel; Dann drängten sie ohne Verzögerung weiter, überquerten den Kanal, der sie von Euböa trennte , und errangen einen ebenso entscheidenden Sieg über die Chalkidier.

Hippias überspielte nun sein hohes Alter mit Schande, indem er zum König von Persien überging und all seine Beredsamkeit aufbot, um die Macht des Reiches gegen seine Heimatstadt zu richten. Die Athener schickten zu Artaphernes und baten ihn, kein Vertrauen in jemanden zu setzen, der nur wegen seiner Verbrechen verbannt worden war. „Wenn du Frieden wünschst, erinnere dich an Hippias", lautete die energische Antwort.

GRIECHISCHE KOLONIEN.

84. Die Geschichte der anderen Kontinentalstaaten ist mehr oder weniger mit der von Sparta und Athen verknüpft; Aber bevor wir uns mit den Perserkriegen befassen, wollen wir einen kurzen Überblick über jene ausländischen Siedlungen geben, die den Unternehmungen und der überfüllten Bevölkerung der hellenischen Halbinsel einen Absatzmarkt boten. In sehr frühen Zeiten wurden Kolonien von Griechenland aus von Anführern geführt, die später in den von ihnen gegründeten Staaten als Helden verehrt wurden. Feuer, das Wahrzeichen der Zivilisation, wurde aus dem *Prytaneum der Mutterstadt* getragen und auf den neuen Herdstein der Kolonie gelegt. Die Agora, die Akropolis, die Tempel und die besondere Verehrung der älteren Stadt wurden in der neuen nachgeahmt. Die Kolonisten beteiligten sich durch Delegierte und Opfergaben an den religiösen Festen der Metropole, und es galt als Sakrileg, Waffen gegen den Mutterstaat zu tragen.

85. Es gab jedoch große Unterschiede in den Beziehungen der einzelnen Kolonien zu den Staaten, aus denen sie hervorgingen. Die äolischen , ionischen und dorischen Siedlungen in Asien und die Achäer in Italien waren unabhängige Staaten. Handel, Literatur und Kunst blühten auf der Ostseite der Ägäis früher auf als in den Städten Griechenlands. Homer, der Vater der griechischen Poesie, war ein Ionier. Alcæ´us und Sappho, die größten griechischen Dichterinnen, stammten aus Lesbos. Ana´kreon war ein Ionier von Teos; und vier der Sieben Weisen Griechenlands lebten in den asiatischen Kolonien.

Münze von Ephesus, um die Hälfte vergrößert.

86. *Milet* war zwei Jahrhunderte lang nicht nur das Oberhaupt der asiatischen Kolonien, sondern auch die erste Handelsstadt in ganz Hellas. Ihre Seeleute drangen bis in die entlegensten Winkel des Mittelmeers und seiner Buchten vor, und achtzig Kolonien wurden gegründet, um ihren Handel zu schützen und zu erweitern. *Ephesus* trat die Nachfolge von Milet als Oberhaupt der ionischen Städte an. Der Handel erfolgte eher auf dem Land- als auf dem Seeweg; und anstatt entfernte Kolonien zu gründen, dehnte es sein Territorium auf Kosten seiner lydischen Nachbarn aus. *Phocaea* , die nördlichste der ionischen Städte, verfügte über eine starke Marine, und ihre Schiffe waren an den fernen Küsten Galliens und Spaniens bekannt. Ihnen verdankte die schöne Stadt Massilia (heute Marseille) ihren Ursprung.

87. Die erste griechische Kolonie in Italien befand sich in *Cumæ* , in der Nähe des heutigen Neapel, das daraus hervorging. Sie soll etwa 1050 v. Chr. gegründet worden sein und war fünf Jahrhunderte lang die blühendeste Stadt Kampaniens. *Syb´aris* und *Krotona* waren achäische Kolonien am Golf von Tarentum . Mehrere einheimische Stämme wurden ihre Untertanen und ihre Herrschaftsgebiete erstreckten sich von Meer zu Meer über die Halbinsel Kalabrien. Die Krotonier wurden schon früh für die Fähigkeiten ihrer Ärzte und für die Zahl ihrer Athleten gefeiert, die bei den Olympischen Spielen Preise gewannen. Die Sybariten waren für ihren Reichtum, Luxus und ihre Weiblichkeit bekannt. Bei öffentlichen Festen versammelten sie 5.000 voll ausgerüstete Reiter, während Athen selbst für die große Panathenäen nur 1.200 vorweisen konnte .

Der Fall von Sybaris im Jahr 510 v. Chr. wurde durch einen Krieg mit der Schwesterstadt, aber nun rivalisierenden Stadt Crotona verursacht. Die Volkspartei hatte in Sybaris eine Oligarchie verdrängt, und die verbannten Bürger hatten in Crotona Zuflucht gesucht. Die Sybariten forderten ihre Auslieferung. Die Krotonier zitterten, denn sie mussten sich zwischen zwei großen Gefahren entscheiden: Sie mussten entweder den Zorn der Götter auf sich ziehen, indem sie ihre Bittsteller verrieten, oder die Rache der Sybariten, deren Heer angeblich 300.000 Mann umfasste. Pythagoras drängte sie, die großzügigere Alternative zu wählen, und sein Schüler Milo, der berühmteste Sportler seiner Zeit, wurde ihr Feldherr. In einer Schlacht am Trais siegten die Krotonier . Sie wurden Herren von Sybaris und beschlossen, es so gründlich zu zerstören, dass es nie wieder bewohnt werden sollte. Zu diesem Zweck änderten sie den Lauf des Flusses Crathis , sodass dieser die Stadt überschwemmte und ihre Ruinen unter Schlamm und Sand begrub. Bis heute ist bei Niedrigwasser eine Mauer im Flussbett zu sehen, das einzige Denkmal der antiken Pracht von Sybaris.

88. Die Einwohner von *Locri* waren die ersten Griechen, die über schriftliche Gesetze verfügten. Die Verordnungen von Zaleucus , einem Hirten, den sie auf Befehl des Delphischen Orakels zu ihrem Gesetzgeber machten, waren vierzig Jahre früher als die von Draco, dem sie in der Härte ihrer Strafen ähnelten. Die Lokrer schätzten sie jedoch so sehr, dass jeder, der ein neues Gesetz vorschlagen oder ein altes aufheben wollte, in der öffentlichen Versammlung mit einem Strick um den Hals erschien, der sofort festgezogen wurde, wenn es ihm nicht gelang, ihn zu überzeugen seine Mitbürger von der Weisheit seiner Vorschläge.

89. *Rhegium* an der sizilianischen Meerenge wurde von den Chalkidiern von Euböa gegründet , aber während des ersten und zweiten Messenischen Krieges durch Flüchtlinge vor den Spartanern stark vergrößert. Die Meerenge und die gegenüberliegende Stadt in Sizilien, früher Zan´cle genannt , erhielten von diesen Vertriebenen einen neuen Namen. *Tarentum* war eine spartanische Kolonie, die um 708 v. Chr. gegründet wurde. Ihr Hafen war der beste und sicherste im Tarentinischen Golf und nach dem Fall von Sybaris wurde sie zur blühendesten Stadt in Magna Graecia . Obwohl der Boden weniger fruchtbar war als der anderer Kolonien, lieferten seine Weiden die feinste Wolle in ganz Italien. Tarentiner Pferde waren bei den Griechen sehr beliebt; und seine Ufer lieferten eine solche Fülle an Schalentieren, die zum Färben verwendet wurden, dass der „tarentinische Purpur" nach dem tyrischen an zweiter Stelle stand. Die Manufakturen für diesen Farbstoff waren so umfangreich, dass in der Nähe des alten Hafens sogar noch große Hügel zu sehen sind, die vollständig aus zerbrochenen Schalen der *Murex bestanden* .

90. Der Wohlstand von Magna Graecia nahm nach dem Ende des sechsten Jahrhunderts v. Chr. ab, als die kriegerischen Samniten und Lucanier begannen, von ihren Heimatorten in Mittelitalien nach Süden vorzudringen. Die griechischen Kolonien verloren nach und nach ihre Besitztümer im Landesinneren und beschränkten sich auf bloße Handelssiedlungen an der Küste.

91. *Massilia* in Gallien wurde bereits als Kolonie der ionischen Phokäer erwähnt . Es übte einen kontrollierenden Einfluss auf die keltischen Stämme aus, von denen es umgeben war und die daraus die Vorteile der griechischen Schrift und der griechischen Zivilisation nutzten. Ein massiliotischer Seefahrer, Pytheas , befuhr den Atlantik und erkundete die Westküste Europas, zumindest bis nach Großbritannien. Fünf Kolonien an der spanischen Küste wurden von Massilia gegründet .

92. Die fruchtbare Insel Sizilien erregte schon früh die Aufmerksamkeit der Griechen. Die Karthager besetzten bereits die Westseite der Insel, doch zweieinhalb Jahrhunderte lang blühten die Handelssiedlungen beider Völker ohne Kollision nebeneinander. Innerhalb von 150 Jahren entstanden zwölf blühende griechische Städte, darunter *Syrakus* an der Ostküste und *Agrigentum* an der Südküste. Syrakus, mit Ausnahme von Naxos, die früheste der sizilianischen Kolonien, wurde 734 v. Chr. von den Korinthern gegründet. Aufgrund ihrer Lage bildete sie das Tor zur gesamten Insel und war in der Römerzeit die Hauptstadt der Provinz. In seiner größten Blütezeit hatte es eine halbe Million Einwohner, und seine Mauern waren 22 Meilen lang. Obwohl Agrigentum später entstand (582 v. Chr.), wuchs es so schnell, dass es seine älteren Nachbarn überflügelte. Der Dichter Pindar nannte sie die schönste aller sterblichen Städte, und ihre öffentlichen Gebäude gehörten zu den prächtigsten der Antike.

93. AFRIKANISCHE KOLONIEN. Die griechische Kolonisierung beschränkte sich zunächst auf die Nordküste des Mittelmeers, während Ägypten und Karthago den Süden zwischen sich aufteilten. Aber die Politik von Psammetichos und nach ihm von Amasis begünstigte die Griechen, denen es fortan gestattet wurde, sich in Naukratis niederzulassen und dort ein Monopol auf den Mittelmeerhandel Ägyptens zu genießen. Zwanzig Jahre nach der ersten Gründung in Naukratis wurde *Kyrene* von den Einwohnern von Thera, einer spartanischen Kolonie an der Ägäis , gegründet . Im Gegensatz zu den meisten griechischen Kolonien wurde Kyrene in den ersten zwei Jahrhunderten seines Bestehens von Königen regiert.

94. Die Halbinsel Chalkidiki in Mazedonien war mit Siedlungen von Kolonisten aus Chalkis und Eretria bedeckt, von denen sie ihren Namen erhielt. *Potidæ'a* , an derselben Küste, wurde von Korinthern gepflanzt. *Byzanz* wurde von Megariern an der Meerenge gegründet, die den Propontis mit dem Euxine verbindet. Nur wenige Städte konnten sich einer so hervorragenden Lage rühmen; aber die Macht der megarischen Kolonie stand in keinem Verhältnis zu dem, was sie später als Hauptstadt Konstantins und Herrin der Welt erreichen sollte. Die nördlichste griechische Siedlung war *Istrien* , gegründet von Milesiern nahe der Donaumündung.

REPRISE.

Kodrus , der letzte König von Athen, wurde drei Jahrhunderte lang von Archonten auf Lebenszeit abgelöst, die aus seiner Familie ausgewählt wurden. Danach regierten sieben Archonten jeweils zehn Jahre lang nacheinander, und die Regierung wurde dann einer neunköpfigen Kommission anvertraut , die jährlich gewählt wurde. Als die Menschen schriftliche Gesetze forderten, bereitete Draco einen Kodex unmenschlicher Strenge vor. Eine gemäßigtere Verfassung wurde von Solon, einem der sieben Weisen Griechenlands, ausgearbeitet; Doch der Streit der drei rivalisierenden Fraktionen der *Ebene* , der *Küste* und des *Berges* führte bald dazu, dass Athen der Tyrannei von Pisistratus unterworfen wurde. Pisistratus wurde zweimal vertrieben, stellte aber zweimal seine Macht wieder her und tröstete das Volk durch seine Gerechtigkeit und großzügige Förderung aller Künste über seine ungerechtfertigte Machtübernahme. Sein Sohn Hippias wurde von den Alemæonidæ mit Hilfe der Spartaner vertrieben . Klisthenes vollendete die liberalen Reformen Solons und führte den einzigartigen Brauch der Ächtung ein. Bei drei Versuchen, die freie Verfassung Athens zu stürzen, wurden die Spartaner und ihre Verbündeten deutlich besiegt.

DRITTE PERIODE. CHR. 500-338.

95. Die Einzelheiten des Ionischen Aufstands (499–494 v. Chr.) wurden in der Geschichte Persiens gefunden. [43] Darius behielt seine Rache für die europäischen Griechen vor, die sich in den Streit eingemischt hatten, und versuchte, die besiegten Ionier durch größere persönliche Freiheit für den Verlust ihrer politischen Unabhängigkeit zu trösten. Gerechte Gesetze, gleiche Steuern, Frieden und gute Ordnung begannen, ihren Wohlstand wiederherzustellen; und als Mardonius , der Schwiegersohn des Darius, die Nachfolge von Artaphernes in der Satrapie antrat, signalisierte er seine Herrschaft, indem er alle Tyrannen absetzte und in den Städten eine republikanische Regierungsform einführte. All dies geschah, um ihre Freundschaft oder Neutralität bei seinem bevorstehenden Feldzug gegen Griechenland zu sichern. Diese Expedition (492 v. Chr.) scheiterte, wie wir gesehen haben, in ihrem Hauptziel.

96. Im nächsten Jahr sandte Darius Boten in jeden Staat Griechenlands und forderte Erde und Wasser, die üblichen Symbole des Gehorsams. Keiner der Inselstaaten und nur wenige auf dem Kontinent wagten es, sich zu weigern. Die Menschen in Athen und Sparta antworteten mit einer unverkennbaren Antwort. Letzterer warf die Gesandten in einen Brunnen und ersterer in eine Grube, wo die schlimmsten Verbrecher bestraft wurden, indem er ihnen sagte, sie sollten sich Erde und Wasser besorgen.

97. Die Jugend und der schlechte Erfolg von Mardonius veranlassten Darius, ihn zurückzurufen und das Kommando über seinen neuen Feldzug gegen die Griechen in die Hände von Datis , einem Meder, und Artaphernes , seinem eigenen Neffen, zu legen. Im Frühjahr 490 v. Chr. wurde das große Heer vor der Küste Kilikiens aufgestellt – eine Flotte von 600 Triremen mit nicht weniger als 100.000 Mann an Bord. Sie segelten nach Westen und verwüsteten die Insel Naxos, verschonten aber Delos, den angeblichen Geburtsort von Apollo und Artemis, weil der Median Datis sie als identisch mit seinen eigenen nationalen Gottheiten, der Sonne und dem Mond, erkannte. Anschließend rückte die Flotte nach Euböa vor , wobei Eretria das erste Ziel der Rache war. Carystus , der sich weigerte, sich an der Bewaffnung gegen seine Nachbarn zu beteiligen, wurde eingenommen und zerstört. Eretria hielt einer sechstägigen Belagerung stand; aber die unglückliche Stadt war eine Beute derselben Meinungsverschiedenheiten, die die verhängnisvolle Schwäche Griechenlands ausmachten. [44] Zwei Verräter der oligarchischen Partei öffneten den Barbaren die Tore. Der Ort wurde der Plünderung überlassen, die Tempel niedergebrannt und das Volk versklavt.

98. Ein flinker Bote wurde nun von Athen nach Sparta geschickt und bat um Hilfe. Die Entfernung betrug neunzig Meilen und er erreichte sein Ziel am Tag nach seiner Abreise. Die Spartaner lehnten ihre Hilfe nicht ab, erklärten jedoch, dass die Religion ihnen den Marsch vor Vollmond verbiete, und es sei nun erst der neunte Tag. Die Perser waren bereits an der Küste Attikas gelandet und rückten unter der Führung von Hippias in die Ebene von Marathon vor. Die auf den Höhen stationierte athenische Armee musste überlegen, ob sie auf ihre verspäteten Verbündeten warten oder diese überwältigende Zahl allein bewältigen sollte. Im letzten Moment traf eine unerwartete Verstärkung ein, die zwar zahlenmäßig gering war, aber durch die Freundlichkeit, die sie zum Ausdruck brachte, die Stimmung der Athener hob. Es war die gesamte kämpfende Bevölkerung der kleinen Stadt Platæa , insgesamt tausend Mann, die hierherkamen, um ihre Dankbarkeit für die früheren Dienste der Athener auszudrücken.

99. Alle anderen Generäle, die der Reihe nach befehligen sollten, überließen ihre Tage Miltiades, dessen Genie und Erfahrung gleichermaßen ihr Vertrauen gewannen; Doch aus Angst, Neid zu erregen, wartete er, bis er selbst an die Reihe kam, und gab dann den Befehl zum Kampf. Die Opfer und Gebete wurden dargebracht, die Trompeten erklangen und unter dem Gesang einer Schlachthymne stürmten die elftausend Griechen von den Höhen, auf denen sie gelagert hatten, herab. Anstelle des üblichen langsamen Marschs der Phalanx überquerten sie die mehr als eine Meile ebenen Bodens, der sie von den Persern trennte, in vollem Lauf und trugen ihre Speere in einer geraden, unerschütterlichen Linie. [45]

Die vorderste Reihe der Asiaten fiel unmittelbar vor diesem ungewöhnlichen Angriff; aber der Widerstand war nicht weniger entschlossen. Die Perser stürzten sich auf die Speere der Griechen und opferten freiwillig ihr Leben, um in der Phalanx eine Lücke zu schaffen, wo ihnen ihre Kurzschwerter und Dolche dienen könnten. Viele auf dem Feld glaubten, dass der gigantische Schatten von Theseus, dem großen attischen Helden, in den Reihen zu sehen sein könnte. Die Nacht nahte, bevor der verzweifelte Konflikt entschieden war. Doch obwohl die Griechen von der langen Aktion ermüdet waren, gaben sie nie nach, und schließlich wandten sich die zerschmetterten Überreste des asiatischen Heeres um und flohen. [46]

100. Die Perser hatten eine Masse weißen Marmors mitgebracht, mit der sie auf dem Feld von Marathon ein Denkmal ihres Sieges errichten wollten. Daraus wurde von Phidias eine gigantische Statue der Nemesis, der Verkörperung der göttlichen Rache, geschnitzt. Aus der Bronzebeute der Perser wurde die kolossale Statue der Athena Promachos gegossen , deren glitzernder Speer und Helm vom Gipfel der athenischen Zitadelle aus weit über das Meer hinaus, jenseits der Spitze von Sunium , zu sehen war . Die bewaffnete Göttin „Erste im Kampf" schien ihre geliebte Stadt ständig zu bewachen.

Chr. 489.

101. Eine Zeit lang nach dem Sieg bei Marathon war Miltiades der beliebteste der Athener. Schon als Fürst in Chersonesos hatte er ihre Dankbarkeit dadurch gewonnen, dass er Lemnos und Imbros ihren Herrschaftsgebieten angegliedert hatte. Zu diesem Anspruch auf ihre Achtung fügte er nun hinzu, dass er sie aus ihrer größten Gefahr gerettet habe, und ihrem Vertrauen seien keine Grenzen gesetzt. Als er ihnen daher ein noch lukrativeres, wenn auch weniger ruhmreiches Unternehmen als das jüngste gegen die Perser versprach, stimmten sie nicht lange zu, obwohl die Bedingungen eine Flotte von siebzig Schiffen und ein großer Vorrat an Männern und Geld für seinen Einsatz waren , worüber er bis zu seiner Rückkehr keine Rechenschaft ablegen sollte. Sie wurden gewährt, und Miltiades segelte zur Insel Paros, die den Persern während der jüngsten Invasion eine Trireme zur Verfügung gestellt hatte. Die Hauptstadt wurde belagert und war im Begriff, eingenommen zu werden, als Miltiades plötzlich und ohne ausreichenden Grund seine Befestigungen niederbrannte, seine Flotte abzog und nach Athen zurückkehrte, ohne Schätze zu haben und nur Schande und Verluste zu vermelden seine Expedition.

Münze von Athen, um drei Viertel vergrößert.

102. Der Ruhm von Miltiades war nun vergangen. Er wurde von Xanthip´pus , einem Anführer der Aristokratie, beschuldigt , ein Bestechungsgeld von den Persern angenommen zu haben, um sich aus Paros zurückzuziehen. Schwer verwundet wurde Miltiades auf einer Couch in den Gerichtssaal gebracht; und obwohl sein Bruder Tisagóras seine Verteidigung übernahm, bestand das einzige Argument, das er vorbringen wollte, in den beiden Worten „Lemnos" und „Marathon". Das Vergehen war, wenn es bewiesen wurde, tödlich; aber das Volk weigerte sich, seinen Befreier zum Tode zu verurteilen. Sie wandelten seine Strafe in eine Geldstrafe von fünfzig Talenten um; aber bevor es bezahlt wurde , starb er an seiner Wunde.

103. Der größte Bürger Athens war nach dem Tod des Miltiades Aristides, genannt „der Gerechte". Er war von adliger Herkunft und gehörte der Alcmæoniden- Partei an , widmete sich jedoch leidenschaftlich den Interessen des Volkes. Er war streng gegenüber Verbrechen, ob bei Freunden oder Feinden, und dennoch milde gegenüber allen Menschen; und seine Wahrheit und Unparteilichkeit waren so sprichwörtlich, dass, als er das Amt des Archonten innehatte, die Gerichte verlassen waren und alle Bewerber es vorzogen, ihre Anliegen seinem Schlichtungsverfahren zu unterwerfen.

104. Sein Hauptkonkurrent war Themistokles , ein junger Mann mit großen Talenten und vielleicht noch größerem Ehrgeiz. Schließlich steigerte sich sein Widerstand so weit, dass er die Ächtung vorschlug, und Aristides wurde verbannt. Es heißt, dass der große Archon während der Abstimmung von einem Mann, der nicht schreiben konnte, gebeten wurde, den Namen Aristides für ihn auf eine Austernschale zu schreiben. „Hat er dich jemals verletzt?" fragte Aristides. „Nein", sagte der Mann, „ich kenne ihn auch nicht einmal vom Sehen; aber es ärgert mich, ihn immer den Gerechten nennen zu hören." Aristides schrieb seinen Namen auf die Muschel, die in den Haufen geworfen wurde. Als er seine Heimatstadt verließ, sagte er mit seiner gewohnten Großzügigkeit: „Möge das athenische Volk nie einen Tag erleben, an dem es sich an Aristides erinnern muss!"

105. Themistokles hatte nun in Athen keinen Rivalen mehr. Sein scharfsinniger Verstand erkannte, was seine Landsleute allzu gerne ignorierten: dass die persischen Invasionen nur eingedämmt und nicht beendet wurden. Die Athener waren stolz auf den Sieg von Marathon und glaubten, dass die Perser es nie wieder wagen würden, sie anzugreifen. Aber Ägina war noch mächtig, und zwischen den beiden Staaten herrschte schon lange eine erbitterte Feindschaft. Ihre Kaufleute betrachteten einander als Rivalen im Handel, während die freien Menschen Athens die Oligarchie von Ägina hassten . Themistokles beschloss, diese Feindschaft auszunutzen und Athen gegen die größere, wenn auch weiter entfernte Gefahr zu wappnen. Er überredete die Bürger, eine Flotte zu bauen, die die von Ægina übertreffen sollte , und zu diesem Zweck die Einnahmen aus den Silberminen von Laurium , nahe dem äußersten Ende der attischen Halbinsel, zu verwenden.

Zweihundert Triremen wurden gebaut und ausgerüstet, und ein Erlass wurde erlassen, der vorsah, dass jedes Jahr zwanzig hinzugefügt werden mussten. Bisher war Attika eher ein Agrar- als ein Seestaat; Aber Themistokles erkannte klar, dass ihre einzige dauerhafte Macht bei einem so kleinen und unfruchtbaren Territorium auf dem Meer liegen musste. Seine Anstrengungen waren so anstrengend, dass die Athener in den zehn Jahren zwischen dem ersten und dem zweiten Perserkrieg eine große Anzahl von Seeleuten ausgebildet, ihre Seemacht organisiert und bereit waren, in Salamis ebenso siegreich zu sein wie zuvor beim Marathon.

106. Im Jahr 481 v. Chr. fand in Korinth ein hellenischer Kongress statt. Das Kommando über die griechischen Streitkräfte zu Lande und zu Wasser wurde Sparta übertragen. Ein Aufruf zur Zusammenarbeit wurde an die entfernten Kolonien in Sizilien sowie an Kerkyra und Kreta gerichtet. Auch nach Asien wurden Abgesandte geschickt, um die Bewegungen der persischen Armee zu beobachten. Sie wurden in Sardes gefangen genommen und wären hingerichtet worden, wenn Xerxes nicht geglaubt hätte, dass ihre Berichte ihre Landsleute eher erschrecken und schwächen als ihnen helfen würden. Er ließ sie durch seine unzähligen Heerscharen führen und ihre prächtige Ausrüstung markieren , um sie dann in Sicherheit zu entlassen.

107. Die schwierigste Aufgabe des Kongresses bestand darin, die Streitigkeiten der verschiedenen Staaten zum Schweigen zu bringen. Athen stimmte auf Bitten des Themistokles dem Frieden und der Freundschaft mit Ägina zu, und alle Delegierten verpflichteten ihre Staaten offiziell dazu, als eine Körperschaft zusammenzuarbeiten. Dennoch blieben viele Elemente der Uneinigkeit bestehen. Böotien , mit den ehrenwerten Ausnahmen von Thespiæ und Platæa , sandte dem persischen König Erde und Wasser. Argos wurde durch das Massaker an 6.000 seiner Bürger, die auf Befehl von Kleomenes in einem Tempel, in dem sie Zuflucht gesucht hatten, verbrannt worden waren, geschwächt und zugleich wütend auf Sparta. Sie wollte ihre Hilfe angesichts der gemeinsamen Gefahr nicht verweigern und stimmte dem Beitritt zum Bund nur zu Bedingungen zu, die Sparta nicht akzeptieren wollte.

108. Sogar die Götter schienen zu schwanken, und die schüchternen Antworten der Pythia hinderten einige Staaten daran, sich auf den Krieg einzulassen. Die athenischen Boten in Delphi empfingen ein Orakel, das weniger standhafte Geister entsetzt hätte. „Unglückliche Männer!" rief die Pythia, „verlasst eure Häuser und die Stadtmauern und fliegt bis an die Enden der Erde." Feuer und scharfer Ares, der den syrischen Streitwagen zwingt, werden zerstören; Türme werden eingerissen und Tempel durch Feuer zerstört. Siehe, jetzt, gerade jetzt, stehen sie schweißgebadet da, ihre Hausdächer sind schwarz von Blut und zittern vor prophetischer Ehrfurcht. Geh weg und bereite dich auf das Unglück vor!"

109. Die Athener legten die Trauerkleidung der Bittsteller an und baten Apollon um eine günstigere Antwort und erklärten, dass sie nicht ohne diese gehen würden, sondern an seinem Altar bleiben würden, bis sie starben. Die zweite Antwort war noch unklarer, aber möglicherweise hoffnungsvoller. „Athena ist nicht in der Lage, den olympischen Zeus zu besänftigen. Deshalb spreche ich noch einmal, und meine Worte sind ebenso unnachgiebig. Alles andere innerhalb der Grenzen von Cecropia und dem Schoß des göttlichen Cithæron wird fallen und versagen. Allein die Holzwand, die Zeus Pallas gewährt, ist eine Zuflucht für Ihre Kinder und für Sie selbst. Warte nicht auf Pferd und Fuß; Verzögere nicht den Marsch der mächtigen Armee; Ziehen Sie sich zurück, auch wenn sie sich Ihnen nähern. O göttliche Salamis! Du wirst die Söhne der Frauen verlieren, ob Demeter ihre Ernte zerstreut oder hortet!" Themistokles, der vielleicht die Antwort diktiert hatte, lieferte nun eine passende Lösung. Mit den „Wänden aus Holz" meinte er die Flotte, in der die Bürger und ihre Kinder Zuflucht suchen sollten. Der letzte Satz drohte nicht den Athenern, sondern ihren Feinden. Warum wurde Salamis sonst „göttlich" genannt?

110. Als Xerxes mit seiner riesigen Armee an der Spitze des Malischen Golfs ankam, schickte er einen Spion, um die gegen ihn geschickte Streitmacht zu ermitteln. Der Bote sah nur die spartanischen Dreihundert. Sie machten entweder Gymnastikübungen oder frisierten ihre langen Haare wie für ein Fest. Demaratus, ein im Exil lebender König von Sparta, war bei der persischen Armee und wurde vom Großkönig nach der Bedeutung dieses Verhaltens angesichts der überwältigenden Gefahr befragt. Demaratus antwortete: „Es ist offensichtlich ihre Absicht, Sire, den Pass streitig zu machen, denn es ist Brauch der Spartaner, sich am Vorabend der Schlacht zu schmücken." Du bist dabei, die Blüte der griechischen Tapferkeit anzugreifen." Xerxes konnte noch nicht glauben, dass eine solche Handvoll Männer ernsthaften Widerstand bedeutete. Er wartete vier Tage, um ihnen Zeit zum Rückzug zu geben, schickte aber in der Zwischenzeit einen Boten zu Leonidas und forderte seine Waffen. „Komm und nimm sie!" antwortete der Spartaner.

111. SCHLACHT BEI DEN THERMOPYLEN . Am fünften Tag war die Geduld des großen Königs erschöpft. Er schickte eine Abteilung Meder und Cissianer in den Pass mit dem Befehl, die Verteidiger lebendig in seine Nähe zu bringen. Die Angreifer wurden mit Verlust zurückgeschlagen. Die Immortal Band wurde daraufhin nach vorne geschickt, allerdings ohne größeren Erfolg. Am nächsten Tag wurde der Kampf erneuert, mit großen Verlusten für die Perser und ohne Anzeichen eines Nachgebens seitens der Griechen. Aber der Verrat bewirkte nun, was die Gewalt nicht geschafft hatte. [47] Unter den Verteidigern des Passes wurde ein Kriegsrat abgehalten, und es wurde beschlossen, sich zurückzuziehen, da die Niederlage sicher war. Leonidas war nicht dagegen, sondern befürwortete die Entscheidung der anderen Generäle; Er bemerkte nur, dass es den Spartanern nicht gestattet sei, vor Feinden zu fliehen. Er wusste auch, dass das Delphische Orakel erklärt hatte, dass entweder Sparta fallen oder ein König aus dem Blut des Herkules geopfert werden müsse. Er glaubte, dass er durch die freiwillige Hingabe seines Lebens zumindest sein erbliches Königreich, wenn nicht sogar ganz Griechenland, retten sollte.

Die Thespisianer bestanden darauf, das Schicksal der spartanischen Dreihundert zu teilen. Die vierhundert Thebaner, deren Loyalität von Anfang an verdächtigt worden war, wurden als Geiseln gehalten. Der Rest der Griechen zog sich vor der Ankunft der Perser hastig zurück. So allein gelassen, zogen die Spartaner und Thespier aus, um der riesigen Armee entgegenzutreten, die nun in Bewegung war, um sie anzugreifen. Als die Orientalen ihren Mut verloren, wurden sie durch die Peitsche in die Schlacht getrieben, und Tausende waren dazu verdammt, vor der verzweifelten Tapferkeit der Griechen zu sterben. Schließlich erschien Hydarnes mit seiner unsterblichen Bande von hinten, und die Spartaner zogen sich bis zur engsten Stelle des Passes zurück, wo sie bis zum letzten Atemzug kämpften und schließlich von der großen Zahl zermalmt und nicht getötet wurden Schwerter der Perser.

112. Das Andenken an Leonidas wurde durch Spiele gewürdigt, die rund um sein Grab in Sparta gefeiert wurden und an denen nur seine Landsleute teilnehmen durften. Auf Befehl des Amphiktyonischen Rates wurde an der Stelle, an der er fiel, ein steinerner Löwe aufgestellt ; und andere Denkmäler am selben Ort bewahrten die Erinnerung an seine tapferen Gefährten. Auf dem der Dreihundert standen die Worte: „Geh, Fremder, und sag den Spartanern, dass wir die Gesetze befolgt haben und hier liegen bleiben!"

113. Als die Flotte vom Schicksal von Leonidas und seinen Männern erfuhr, zog sie sich nach Süden zurück, um die Küste zu schützen. Die Spartaner handelten mit ihrem gewohnten Egoismus, indem sie Athen und den Rest Griechenlands ihrem Schicksal überließen, während sie ihre Landstreitkräfte zur Befestigung der Landenge einsetzten, um den Zugang zu ihrer eigenen Halbinsel zu versperren. Es war schwierig, dass Themistokles seine maritimen Verbündeten sogar dazu überreden konnte, vor Salamis lange genug vor Anker zu bleiben, um einige Maßnahmen zur Sicherheit des athenischen Volkes ergreifen zu können.

114. AUFGABE ATHENS. Es war auch nicht einfach, die Athener selbst davon zu überzeugen, ihre geliebte Stadt den rachsüchtigen Händen der Barbaren zu überlassen. Da jedoch kein anderes Mittel mehr übrig blieb, um die völlige Zerstörung abzuwenden, griff Themistokles wie üblich auf eine List zurück. Die der Athene heilige Schlange verschwand plötzlich von der Akropolis, die Honigkuchen blieben ungeschmeckt und die Priester verkündeten, dass die Göttin selbst die Stadt verlassen hatte und bereit sei, ihre auserwählten Krieger zum Meer zu führen. Das Volk stimmte nun der Abreise zu. Frauen, Kinder und alte Männer wurden eilig an Orte mit größerer Sicherheit gebracht, während sich alle, die kämpfen konnten, zur Flotte begaben. Nur wenige Athener, die entweder zu arm waren, um die Kosten für den Abtransport aufzubringen, oder immer noch davon überzeugt waren, dass die „Holzmauern" des Orakels die Zitadelle bedeuteten, blieben zurück und kamen nach tapferem, aber nutzlosem Widerstand durch die Schwerter der Perser um. Das schöne Athen wurde in Schutt und Asche gelegt, als Rache für die Zerstörung von Sardes vor zwanzig Jahren.

115. Die Kommandeure der Flotte beschlossen nun, sich aus Salamis zurückzuziehen band sich in der Nähe der Landenge zu stationieren, um mit den Landstreitkräften des Peloponnes zusammenzuarbeiten . Die Athener widersetzten sich entschieden diesem Rückzug, der die Zufluchtsorte ihrer

Frauen und Kinder der Gnade der Barbaren überlassen würde. Es war Mitternacht, und der Rat hatte sich aufgelöst, als Themistokles erneut das Schiff des Eurybiades suchte und ihn schließlich davon überzeugte, dass sein eigener Plan klüger sei, und ihn überredete, den Rat wieder zusammenzusetzen. Die Anführer wurden von ihren Schiffen zurückgerufen und es kam zu einer heftigen Diskussion. Der Korinther Adimantus widersetzte sich Themistokles nicht nur mit Argumenten, sondern auch mit Beleidigungen. In Anspielung auf die jüngste Zerstörung Athens behauptete er, dass jemand, der keine Stadt mehr zu vertreten habe, bei der Beratung keine Stimme haben dürfe.

Themistokles behielt seine Fassung und antwortete würdevoll und bestimmt. Er zeigte, dass die Marinevorteile der Griechen im gegenwärtigen Krieg immer in den engen Meeren gelegen hatten, wo die immense Zahl der Perser ihnen keine Überlegenheit verschaffte, während ihre bessere Disziplin und ihre Vertrautheit mit den Strömungen und Sondierungen allesamt zugunsten der Meerengen ausfielen Griechen. Er argumentierte, dass sie durch die Verlagerung des Krieges auf den Peloponnes nur die Armeen und Schiffe der Perser dorthin locken würden; Indem sie sie besiegten, bevor sie die Landenge erreichen konnten, konnten sie Südgriechenland vor einer Invasion bewahren. Abschließend erklärte er, dass die Athener Griechenland verlassen würden, wenn Salamis aufgegeben würde, und mit ihren Frauen und Kindern an Bord ihrer Flotte zu den Küsten Italiens segeln würden, wo ihnen das Orakel befohlen hatte, eine neue Stadt zu gründen.

116. Damit selbst dieses Argument nicht ausreichte, griff Themistokles auf eine andere seiner List zurück. Er zog sich für einen Moment aus dem Rat zurück und sandte einen treuen Boten zur persischen Flotte, der ihrem Kommandeur versicherte, dass die Griechen, von Bestürzung ergriffen, sich auf die Flucht vorbereiteten, und ihn drängte, die Gelegenheit zu nutzen, um zu gewinnen, während sie untereinander uneins seien ein entscheidender Sieg. Der persische Admiral kannte die häufigen Meinungsverschiedenheiten der Griechen zu gut, um an der Wahrheit der Botschaft zu zweifeln. Er versetzte seine Schwadronen sofort in Bewegung, um sie von der Möglichkeit eines Rückzugs abzuhalten.

In der Zwischenzeit wurde Themistokles durch die Ankunft eines Boten erneut aus dem Rat gerufen. Es war sein alter Rivale, der tapfere und aufrichtige Aristides, der aufgrund des Einflusses von Themistokles immer noch im Exil war, aber wie immer auf die Interessen seines Landes bedacht war. Er war in einem offenen Boot von Ägina aus übergefahren , um den Griechen mitzuteilen, dass sie von den Persern umzingelt waren. „Jederzeit", sagte der gerechte Athener, „würden wir unsere privaten Meinungsverschiedenheiten vergessen, und in dieser Zeit besonders, wenn wir nur darüber streiten, wer seinem Land am meisten dienen sollte."

Themistokles führte ihn sofort zum Rat. Seine Informationen wurden bald
von einem Tenian- Desertenten bestätigt, und die Anführer waren nun
gezwungen, sich zu vereinen, um sich auf den sofortigen Kampf
vorzubereiten.

Chr. 480.

117. SCHLACHT VON SALAMIS. Als die Sonne über der Meerenge von
Salamis aufging, sah man die attischen Küsten gesäumt von den glitzernden
Reihen der persischen Armee, die auf Befehl von Xerxes aufgestellt worden
war, um Flüchtlinge der griechischen Flotte abzufangen. Der König selbst
saß auf einem Thron aus Edelmetallen, um den bevorstehenden Wettbewerb
zu verfolgen. Seine Schiffe waren dreimal so groß wie die der Griechen, und
noch hatte keine ernsthafte Katastrophe seinen Fortschritt aufgehalten. Die
Griechen rückten vor und sangen jenes Schlachtlied, das der große Dichter
Aeschylos , der selbst an diesem denkwürdigen Tag kämpfte, für uns
aufbewahrt hat: „Auf, Söhne der Griechen! Streik für die Freiheit deines
Landes! Streikt für die Freiheit eurer Kinder und eurer Frauen — für die
Schreine der Götter eurer Väter und für die Gräber eurer Väter! Alle, alle
sind jetzt auf deinen Kampf angewiesen!"

Themistokles hielt sie zurück, bis ein Wind zu wehen begann, der
normalerweise morgens aufkam und einen starken Wellengang im Kanal
verursachte. Dies belastete die schwerfälligen Schiffe der Perser erheblich,
während die leichten und kompakten griechischen Schiffe ihre ehernen
Schnäbel problemlos in die Seiten des Feindes rammten. Die Athener auf der
rechten Seite durchbrachen bald die ihnen entgegenstehende phönizische
Linie; und die Spartaner auf der linken Seite errangen Siege über die
ionischen Verbündeten der Perser. Das Meer war übersät mit Leichen, die in
den Masten und im Tauwerk der Schiffe verwickelt waren. Aristides, der mit
seinem Kommando an der Küste von Salamis gewartet hatte, überquerte nun
die kleine Insel Psytalia und schlug die persische Garnison mit dem Schwert.
Xerxes beobachtete von seinem Thron auf dem Berg Ægaleos hilflos die
Verwirrung und das Abschlachten seiner Männer. Der Kampf dauerte bis
zum Abend, als die Meerenge von Salamis von den Barbaren verlassen
wurde.

118. Als der Morgen kam, waren die Griechen bereit, die Schlacht zu
erneuern. Die Perser verfügten noch immer über eine große Flotte und ein
zahlreiches Heer; und in der Nacht waren die phönizischen Transporte
zusammengelegt worden, um eine Brücke zwischen Salamis und dem
Festland zu bauen. Aber das war nur eine Finte, um die tatsächliche
Bewegung zu vertuschen. Die Flotte hatte bereits den Befehl, zum
Hellespont zu segeln, und die Armee zog sich wenige Tage später nach
Bœotien zurück . Xerxes ließ 300.000 Mann bei Mardonius zurück , um den

Krieg im folgenden Jahr zu erneuern, und eilte nach Asien. Seine Armee wurde unterwegs durch Hungersnot und Pest geschwächt, und es war nur ein Bruchteil des großen Heeres, das im Frühjahr 480 den Hellespont überquert hatte und im Herbst zurückkehrte.

Chr. 479.

119. Als der Frühling begann, bereitete Mardonius die Wiederaufnahme des Krieges vor; Doch zunächst versuchte er, durch Diplomatie zu erreichen, was ihm bisher mit Gewalt nicht gelungen war. Er war tief beeindruckt von der Tapferkeit der Athener und war sich sicher, dass der Rest Griechenlands eine leichte Beute sein würde, wenn er sie aus der Konföderation zurückziehen könnte. Zu diesem Zweck schickte er Alexander I., den König von Makedonien, seinen Verbündeten, aber ehemaligen Freund der Athener, um ihnen mit Gunstversprechen zu schmeicheln und sie um ein Bündnis zu bitten. Die Athener verweigerten ihm eine Audienz, bis sie Zeit hatten, Delegierte aus Sparta einzuberufen. Als die Spartaner angekommen waren, überbrachte Alexander seine Botschaft. Der große König bot den Athenern Vergebung für die Verletzungen an, die sie ihm zugefügt hatten, die Wiederherstellung ihres Landes und seine Ausdehnung auf benachbarte Gebiete, die freie Ausübung ihrer eigenen Gesetze und die Möglichkeit, alle ihre Tempel wieder aufzubauen. Er forderte die Athener auf, ein so günstiges Angebot anzunehmen, denn ihnen allein von allen Griechen wurde Vergebung zuteil.

120. Die Athener antworteten: „Wir sind uns der Macht der Meder nicht unwissend, aber um der Freiheit willen werden wir dieser Macht widerstehen, so gut wir können." Geben Sie Mardonius diese unsere Antwort zurück : Solange die Sonne dort ihren Lauf fortsetzt, so lange verzichten wir auf jede Freundschaft mit Xerxes; So lange werden wir im Vertrauen auf die Hilfe unserer Götter und Helden, deren Schreine und Altäre er verbrannt hat, gegen ihn um Rache kämpfen. Was euch betrifft, Spartaner, da ihr unseren Geist kennt, solltet ihr euch schämen, unser Bündnis mit dem Barbaren zu fürchten. Schicken Sie Ihre Truppen unverzüglich ins Feld. Der Feind wird über uns sein, wenn er unsere Antwort kennt. Treffen wir ihn in Bœotien , bevor er nach Attika aufbricht ."

121. Die Athener hatten die Dringlichkeit der Gefahr richtig eingeschätzt. Kaum war ihre Antwort eingegangen, als sich der persische General in Bewegung setzte und in schnellen Märschen bis an die Grenzen Attikas vorrückte. Er wurde bei jedem Halt von Nordgriechen verstärkt, entweder aus Angst vor seiner Macht oder aus langjähriger Eifersucht gegen die Mitglieder der Liga. Das attische Gebiet war völlig verwüstet und Athen ein zweites Mal verlassen. Als Mardonius die Stadt in Besitz nahm, schickte er

einen griechischen Boten nach Salamis und wiederholte seine früheren
Vorschläge, die ebenso sofort abgelehnt wurden wie zuvor.

Die Athener waren zum zweiten Mal obdachlos und standen den Feinden
Griechenlands vorerst allein gegenüber. Die Spartaner waren an einigen lang
andauernden Feierlichkeiten beteiligt – vielleicht an der Beerdigung ihres
Regenten Cleom'brotus – und ließen die athenischen Boten zehn Tage auf
eine Antwort warten. Erst als die empörten Gesandten gedroht hatten, sich
mit Mardonius abzufinden und Sparta ihrem Schicksal zu überlassen, regten
sich die Ephoren, aber dann geschah es mit echter spartanischer Energie und
Schnelligkeit. Fünftausend Spartaner und 35.000 Sklaven wurden unter dem
Kommando von Pausanias, dem neuen Regenten, entsandt, zu dem die
Ephoren eine Wache von 5.000 schwer bewaffneten Lakoniern hinzufügten.

122. Als die Perser vom Vormarsch der Spartaner hörten, hielten sie es
für das Beste, sich zurückzuziehen. Er zündete Athen erneut an, machte die
Überreste seiner Mauern und Tempel dem Erdboden gleich und zog sich
nach Böotien zurück . Hier schlug er sein Lager an einem Seitenarm des
Asopus auf , nicht weit von der Stadt Platæa entfernt . Die Spartaner folgten,
denen sich an der Landenge die peloponnesischen Verbündeten und in
Eleusis die Athener anschlossen. Die griechischen Streitkräfte besetzten die
unteren Hänge des Berges Cithæron , vor ihnen lag der Fluss, und trennten
sie von den Persern.

123. SCHLACHT VON ERYTHRÆ . Die Schlacht wurde von der persischen
Kavallerie unter dem Kommando von Masistius , dem berühmtesten
General der Armee, außer Mardonius , eröffnet . Seine prächtige
Persönlichkeit, gekleidet in eine vollständige Schuppenrüstung aus Gold und
brüniertem Messing, war auf dem Schlachtfeld auffällig; und seine Reiter,
damals die berühmtesten der Welt für ihre Geschicklichkeit und Tapferkeit,
bedrängten die Megarier, die auf der offenen Ebene postiert waren, schwer.
Olym'piodor'rus kam ihnen mit einer ausgewählten Truppe Athener zu
Hilfe, und Masistius trieb sein Nisæan -Ross über das Feld, um ihm
entgegenzukommen. In dem darauffolgenden heftigen Kampf wurde der
Perser vom Pferd genommen und als er am Boden lag, wurde er von einem
Schwarm Feinde angegriffen. Die schwere Rüstung, die sein Aufstehen
verhinderte, schützte ihn vor ihren Waffen, bis schließlich eine Öffnung in
seinem Visier einer Lanze den Zugang zu seinem Gehirn ermöglichte. Sein
Tod entschied über das Schicksal der Schlacht.

124. Nach diesem Sieg rückte die griechische Armee näher an Platæa heran
, wo es reichlichere Wasservorräte und einen bequemeren Boden gab. Es war
die stärkste Streitmacht, der die Perser bisher in Griechenland begegnet
waren, und zählte mit Verbündeten und Begleitern 110.000 Mann. Zehn
Tage lang lagen sie einander gegenüber, ohne etwas Wichtiges zu

unternehmen. Die Perser fingen jedoch Proviantkonvois ab und schafften es, die Quelle zu verstopfen, die die Griechen mit Wasser versorgte, während sie mit Pfeilen und Speeren die Annäherung an den Fluss verhinderten. Pausanias beschloss daraufhin, sich auf eine ebene und gut bewässerte Wiese noch näher an Platæa zurückzuziehen .

Chr. 479.

125. SCHLACHT VON PLATÆA . Die Spartaner wurden auf dem Marsch angegriffen und sofort zu den Athenern geschickt, um Hilfe zu holen. Letztere marschierten ihnen zu Hilfe, wurden jedoch von den ionischen Verbündeten der Perser abgefangen und von der beabsichtigten Rettung abgeschnitten. Pausanias, der dadurch gezwungen war, sich mit einem kleinen Teil seiner Armee auseinanderzusetzen, befahl ein feierliches Opfer, und seine Männer warteten unerschütterlich auf das Ergebnis, obwohl sie einem Sturm persischer Pfeile ausgesetzt waren. Die Vorzeichen waren ungünstig und die Opfer wurden immer wieder erneuert. Schließlich erhob Pausanias seinen tränenüberströmten Blick zum Hera-Tempel und flehte die Göttin an, dass, wenn das Schicksal den Griechen die Eroberung verbiete, sie zumindest wie Menschen sterben könnten. In diesem Moment nahmen die Opfer ein günstigeres Aussehen an und der Befehl zum Kampf wurde gegeben.

Die spartanische Phalanx bewegte sich in einer dichten Masse langsam, aber stetig gegen die Perser. Letztere handelten mit wunderbarer Entschlossenheit, indem sie die Piken der Spartaner ergriffen oder ihnen ihre Schilde entrissen, während sie Hand in Hand mit ihnen kämpften. Mardonius selbst kämpfte an der Spitze seiner auserwählten Wachen in den vordersten Reihen und ermutigte seine Männer durch Wort und Beispiel zum Mut. Doch er erlitt eine tödliche Wunde und seine Anhänger flohen bestürzt über seinen Sturz verwirrt in ihr Lager. Hier stellten sie sich erneut den Lacedämoniern entgegen , die im Angriff auf befestigte Orte ungeschickt waren, bis die Athener, die inzwischen ihre ionischen Gegner besiegt hatten, heranrückten und den Sieg vollendeten. Sie erklommen die Stadtmauer und schlugen eine Bresche, durch die der Rest der Griechen in das Lager strömte. Die Perser gaben nun der allgemeinen Niederlage nach. Sie flohen in alle Richtungen, wurden aber so heftig verfolgt, dass außer den 40.000 von Artabazos , die sich bereits ihren Rückzug gesichert hatten, kaum 3.000 entkamen. Der Sieg war endgültig, und in den Händen der Griechen blieben neben Pferden, Kamelen und reicher Kleidung auch riesige Gold- und Silberschätze.

126. Für die tapferen und berühmten Toten wurden Hügel errichtet. Lediglich für Aristodemus , den Spartaner, der Schande erlitten hatte, als er lebend aus den Thermopylen zurückkehrte , wurden keine Ehrungen verfügt.

Der Boden von Platæa wurde zu einem zweiten „Heiligen Land". Jedes Jahr kamen Gesandte der griechischen Staaten dorthin, um Zeus, dem Erlöser, Opfer darzubringen, und alle fünf Jahre wurden Spiele zu Ehren der Freiheit gefeiert. Die Platäer selbst, die von nun an vom Militärdienst befreit waren, wurden zu den Wächtern des heiligen Bodens, und ein Angriff auf sie galt als Sakrileg.

127. Am Tag des Sieges von Platæa erlangten die Griechen bei Mykale in Ionien einen nicht weniger wichtigen Vorteil. Hier hatte Xerxes eine große Landstreitmacht unter Tigra´nes zum Schutz der Küste stationiert, und hierher zog sich die persische Flotte vor dem Vormarsch der Griechen zurück. Die Perser zogen ihre Schiffe an Land und schützten sie durch Schanzen und starke Erdwälle. Als die Griechen das Meer verlassen vorfanden, näherten sie sich so nahe, dass sie die Stimme eines Herolds hören konnten, der die Ionier in der Armee von Tigranes ermahnte, sich daran zu erinnern, dass auch sie einen Anteil an den Freiheiten Griechenlands hätten. Da die Perser die Sprache des Herolds nicht verstanden, begannen sie, ihren Verbündeten zu misstrauen. Sie entzogen den Samiern ihre Waffen und stellten die Milesier in einiger Entfernung von der Front auf, um den Weg zu den Höhen von Mykale zu bewachen. Nachdem die Griechen gelandet waren, vertrieben sie die Perser von der Küste in ihre Verschanzungen, und die Athener begannen zunächst mit dem Sturm auf die Barrikaden. Die einheimischen Perser kämpften erbittert, auch nachdem ihr General getötet worden war, und fielen schließlich in ihrem Lager. Alle Inseln, die den Medern Hilfe geleistet hatten, wurden nun in den Hellenischen Bund aufgenommen, mit dem feierlichen Versprechen, ihn nie wieder zu verlassen.

REPRISE.

Athen zog sich die Rache des persischen Königs zu, indem es einen Aufstand der asiatischen Griechen unterstützte. Die erste Invasion Griechenlands durch Mardonius scheiterte; Eine zweite und größere Streitmacht unter Datis und Artaphernes verwüstete Naxos und einen Teil von Euböa , wurde jedoch bei Marathon von Miltiades und 11.000 Griechen besiegt. Ein erfolgloser Versuch auf Paros zerstörte den Ruhm von Miltiades und er starb unter der Anklage, Bestechungsgelder von den Persern erhalten zu haben. Aristides folgte ihm in der Gunst des Volkes nach, wurde aber schließlich durch den Einfluss von Themistokles ins Exil geschickt. Dieser drängte auf die Flottenvorbereitungen seiner Landsleute, und Athen wurde daraufhin zunächst zu einer großen Seemacht. Ein Kongress in Korinth im Jahr 481 v. Chr. vereinte die griechischen Streitkräfte unter spartanischem Kommando. Das Orakel von Delphi versprach den Athenern Sicherheit nur innerhalb von Waldmauern. Sie verließen ihre Stadt und flüchteten auf die Flotte. Einige Hundert Spartaner und Thespianer widerstanden dem persischen Heer bei den Thermopylen , bis sie von einem malischen Führer verraten wurden. Die Invasoren wurden in einem Seekampf bei Salamis völlig besiegt und Xerxes zog sich nach Persien zurück. Mardonios gelang es nicht, den Krieg durch Diplomatie zu beenden, und er wurde schließlich in den Schlachten von Erythræ und Platæa gestürzt ; und die Land- und Seestreitkräfte der Perser wurden gleichzeitig bei Mykale in Kleinasien vernichtet.

WACHSTUM VON ATHEN.

128. Obwohl ihre unmittelbare Gefahr vorüber war, ließen die Griechen ihre Feinde nicht ruhen. Eine Flotte von fünfzig Schiffen wurde vorbereitet, mit der Absicht, jede griechische Stadt in Europa oder Asien zu retten, die noch die Macht der Perser spürte. Obwohl Athen nach wie vor mehr Schiffe als alle anderen Staaten zur Verfügung stellte, befehligte Pausanias. Er entriss zunächst den Persern Zypern und zog dann nach Byzanz, das er ebenfalls befreite und sieben Jahre lang als Residenz bewohnte.

Chr. 478.

129. BELAGERUNG VON SESTUS . DIE ATHENER BESCHLOSSEN, DIE VON MILTIADES GEGRÜNDETE KOLONIE IN Chersones zurückzugewinnen . Die gesamte verbleibende Streitmacht der Perser leistete bei Sestus einen letzten Widerstand und ertrug eine so hartnäckige Belagerung, dass sie aus Mangel an Nahrung sogar das Leder ihrer Geschirre und Bettzeuge verzehrten. Sie gaben schließlich nach und die Eingeborenen hießen die Griechen gerne wieder willkommen. Beladen mit Schätzen und in der Gewissheit des wohlverdienten Friedens kehrten die Athener triumphierend nach Hause zurück. Unter ihren Reliquien waren die zerbrochenen Fragmente und Kabel der Hellespontinischen Brücke von Xerxes lange Zeit in den Tempeln von Athen zu sehen.

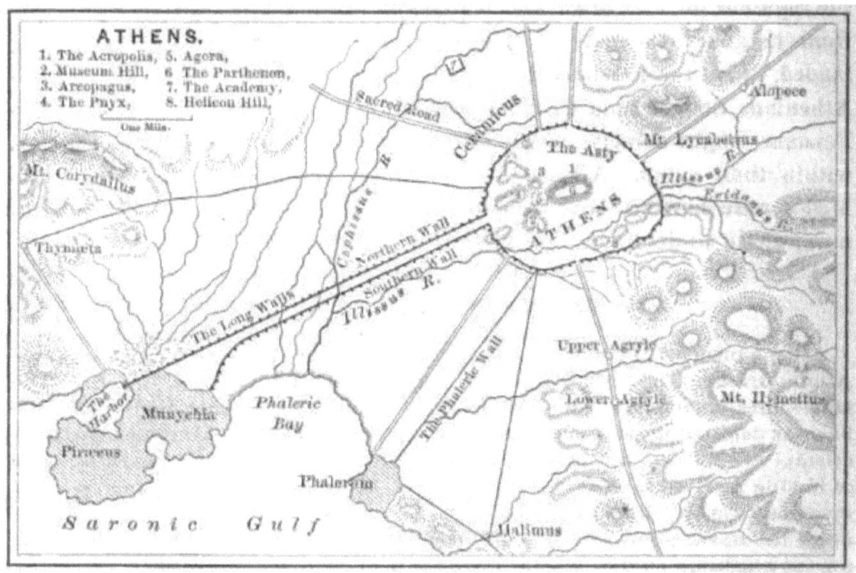

ATHEN.

130. Trotz seiner Verluste ging Athen gestärkt aus den Perserkriegen hervor und nahm einen höheren Rang unter den griechischen Staaten ein, als es in sie eingetreten war. Ihre Bemühungen und Opfer hatten eine Macht hervorgebracht, deren Besitz sie sich kaum bewusst war, und mit der Zustimmung Spartas, dessen Verfassung sie für entfernte Unternehmungen kaum geeignet machte, wurde Athen nun als Führer der Griechen in auswärtigen Angelegenheiten anerkannt. In der Zwischenzeit hatten sich in ihrer internen Politik wichtige Änderungen ergeben. Die Macht der großen Familien war gebrochen, und das einfache Volk, das im Krieg die Hauptlast der Not und Gefahr getragen hatte, wurde als wichtiges Element des Staates anerkannt. Obwohl Aristides der Anführer der aristokratischen Partei war, schlug er einen Verfassungszusatz vor und setzte ihn durch, durch den das gesamte Volk ohne Unterschied von Rang oder Vermögen einen Anteil an der Regierung erhielt, wobei die einzigen Voraussetzungen Intelligenz und moralischer Charakter waren. Die Archontschaft, die bis dahin den Eupatriden vorbehalten war, stand nun allen Klassen offen.

Themistokles war der beliebte Anführer. Sein erstes Anliegen war der Wiederaufbau der Mauern Athens, und er sorgte dafür, dass er von den Inseln, die den Persern Hilfe geleistet hatten, Kontributionen erhob. Der eifersüchtige Widerstand der Spartaner wurde durch Gold und Management überwunden. Um die stark vergrößerte Marine unterzubringen, baute er den Hafen von Piräus aus und schützte ihn durch starke Mauern. Durch den Ausbau der Seemacht hoffte er, Athen an die Spitze eines großen

Seeimperiums zu stellen, das die Inseln und asiatischen Küsten der Ägäis umfasste , und so die spartanische Vormachtstellung auf dem griechischen Festland in den Schatten zu stellen.

131. Pausanias, der jetzt in Byzanz befehligte, hatte all seine spartanischen Tugenden im Eroberungsstolz und im Luxus des Reichtums verloren. Nach dem Sieg bei Platæa ließ er auf dem von allen Griechen dem Apollo geweihten goldenen Dreifuß eine Inschrift eingravieren , mit der er den ausschließlichen Ruhm für sich beanspruchte. Seine zu Recht beleidigte Regierung ließ diese Inschrift durch eine andere ersetzen, in der nur die verbündeten Städte genannt und Pausanias nicht erwähnt wurde. Sowohl der Stolz als auch die Talente des spartanischen Kommandanten waren zu groß für die Privatstation, in die er bald absteigen musste; denn obwohl er so lange Generalissimus der Griechen war, war er doch kein König in Sparta, sondern nur Regent für den Sohn des Leonidas. Die Unterhaltung seiner persischen Gefangenen, von denen einige Verwandte des Großkönigs waren, eröffnete glänzende Einblicke in den Ehrgeiz und die Gier von Pausanias. Sein eigener Verwandter, Demaratus , hatte mit der Regierung von drei äolischen Städten das strenge Leben eines Spartaners gegen den ganzen Luxus eines orientalischen Palastes eingetauscht . Die größeren Talente von Pausanias würden ihn zu noch höheren Würden und Ehren berechtigen.

Angesichts dieser glänzenden Bestechungsgelder war der Sieger von Platæa bereit, zum Verräter seines Landes zu werden. Er ließ seine edlen Gefangenen mit Botschaften an Xerxes frei, in denen er anbot, Sparta und den Rest Griechenlands der persischen Herrschaft zu unterwerfen, unter der Bedingung, dass er die Tochter des Königs mit seinem Stand entsprechendem Reichtum und Macht zur Frau empfing. Xerxes begrüßte diese Annäherungsversuche mit Freude und schickte sofort Kommissare, um die Verhandlungen fortzusetzen. Erhaben durch seine neuen Hoffnungen wurde der Stolz von Pausanias unerträglich. Er nahm die Kleidung eines persischen Satrapen an und reiste in wahrem orientalischem Prunk mit einer Wache aus Persern und Ägyptern nach Thrakien. Er beleidigte die griechischen Offiziere und ließ die einfachen Soldaten auspeitschen. Sogar Aristides wurde grob zurückgewiesen, als er den Grund für dieses außergewöhnliche Verhalten erfahren wollte.

Berichte erreichten die spartanische Regierung und Pausanias wurde zurückgerufen. Er wurde wegen verschiedener persönlicher und geringfügiger Vergehen vor Gericht gestellt und verurteilt, doch die Beweise für seinen Verrat reichten nicht aus, um ihn zu verurteilen. Er kehrte ohne Erlaubnis seiner Regierung nach Byzanz zurück, wurde aber wegen seines schändlichen Verhaltens von den Verbündeten ausgewiesen. Wieder nach Sparta zurückgerufen, wurde er vor Gericht gestellt und eingesperrt, nur um zu entkommen und seine Intrigen sowohl mit den Persern als auch mit den

Heloten in seiner Heimat zu erneuern, denen er Freiheit und Bürgerrechte versprach, wenn sie ihm helfen würden, die Regierung zu stürzen und zu machen selbst Tyrann.

Chr. 471.

Er geriet schließlich in seine eigenen Fallstricke. Ein Mann namens Argilius , dem er einen Brief an Artabazus anvertraut hatte , erinnerte sich, dass keiner von denen, die er mit ähnlichen Besorgungen gesehen hatte, zurückgekehrt war. Er brach das Siegel und fand zusammen mit vielen verräterischen Stoffen Anweisungen für seinen eigenen Tod, sobald er am Hof des Satrapen ankommen sollte. Der Brief wurde den Ephoren vorgelegt, und da der Verrat nun vollständig bewiesen war, wurden Vorbereitungen getroffen, um Pausanias zu verhaften. Er wurde gewarnt und flüchtete in den Tempel der Athena Chalcioe´cus . Hier erlitt er die Strafe für seine Verbrechen. Das Dach wurde entfernt und seine eigene Mutter brachte den ersten Stein, um den Eingang zum Tempel zu versperren. Als bekannt wurde, dass er durch Hunger und Kälte fast erschöpft war, wurde er zum Sterben an die frische Luft gebracht, damit sein Tod nicht den Schrein der Göttin verunreinigte.

132. Bei der ersten Abberufung von Pausanias im Jahr 477 v. Chr. hatten die Alliierten Aristides einstimmig an ihre Spitze gesetzt. Dies war der Wendepunkt einer friedlichen Revolution, die Athen anstelle von Sparta zum führenden Staat Griechenlands machte. Aristides hütete sich immer noch davor, Eifersucht zu erwecken, und ernannte nicht Athen, sondern die heilige Insel Delos zum Sitz des Hellenischen Bundes. Hier tagte der Kongress, und hier befand sich die gemeinsame Schatzkammer, gefüllt mit den Beiträgen aller griechischen Staaten zur Verteidigung der ägäischen Küsten und zur Förderung aktiver Operationen gegen die Perser. Bei der Festsetzung dieser Steuern handelte Aristides mit so viel Weisheit und Gerechtigkeit, dass, obwohl sich alle Schätze Griechenlands in seiner Macht befanden, von keinem der Verbündeten ein Wort der Anklage oder Beschwerde geäußert wurde.

Chr. 476.

133. Nachdem Aristides durch seine Mäßigung den Grundstein für die Vorherrschaft Athens gelegt hatte, zog er sich von der Führung zurück und wurde von Cimon, dem Sohn des Miltiades, abgelöst. Dieser junge Adlige zeichnete sich durch sein offenes und großzügiges Benehmen sowie durch seine Tapferkeit im Krieg aus, die er bereits gegen die Perser unter Beweis gestellt hatte. Die Rückgewinnung der Ländereien seines Vaters im Chersonesus verschaffte ihm immensen Reichtum, den er auf großzügigste Weise nutzte. Er hielt einen offenen Tisch für Männer aller Ränge bereit und wurde von einer Schar mit Umhängen beladener Diener durch die Straßen begleitet, die sie jedem Bedürftigen gaben, dem sie begegneten. Gleichzeitig kümmerte er sich um die Bedürfnisse der empfindlicheren Menschen, indem er ihnen behutsam und heimlich Wohltätigkeitsorganisationen spendete . Obwohl diese Liberalität zweifellos dem Geist des athenischen Volkes schadete, wurde sie gerne angenommen und führte zu einer grenzenlosen Popularität von Cimon. Sein mutiger und aufrichtiger Charakter lobte ihn bei den Spartanern, und von allen Athenern war er für die Alliierten wahrscheinlich der akzeptabelste Anführer.

134. Sein erster Feldzug führte gegen die thrakische Stadt Eion , die heute von einer persischen Garnison gehalten wird. Die Stadt wurde von einer Hungersnot heimgesucht, als ihr Gouverneur, der das Missfallen von Xerxes mehr fürchtete als den Tod, sich selbst, seine Familie und seine Schätze auf einen Scheiterhaufen legte und im Feuer umkam. Der Ort kapitulierte und seine Verteidiger wurden als Sklaven verkauft. Anschließend reiste Kimon nach Skyros , dessen Volk sich durch seine Piratenpraktiken die Rache der Liga zugezogen hatte. Die Piraten wurden vertrieben und der Ort von einer attischen Kolonie besetzt. Als die Angst vor einer asiatischen Invasion nachließ, entspannte sich die Bindung zwischen den Verbündeten und ihrem Anführer. Karystos weigerte sich, Tribut zu zahlen, und Naxos, das bedeutendste der Kykladen, empörte sich offen. Cimon war auf der Hut. Karystus wurde unterworfen und eine mächtige Flotte gegen Naxos geführt. Die Belagerung war langwierig und hartnäckig, endete jedoch zugunsten Athens. Die Insel wurde von einem Verbündeten zu einem Untertanen degradiert.

Chr. 466.

135. SCHLACHT AM EURYMEDON . Die siegreiche Flotte von Kimon rückte nun entlang der Südküste Kleinasiens vor, und alle griechischen Städte, entweder ermutigt durch seine Anwesenheit oder eingeschüchtert von seiner Macht, nutzten die Gelegenheit, um das Joch der Perser abzuwerfen. Seine Streitmacht wurde durch ihren Beitritt verstärkt, als er an den Fluss Eurymedon in Pamphylien kam und in der Nähe seines Eingangs eine persische Flotte vertäut und an den Ufern eine mächtige Armee vorfand. Sie waren bereits zahlreicher als die Griechen und erwarteten Verstärkung aus Zypern. Doch Cimon zog es vor, sie unverzüglich anzugreifen, segelte den Fluss hinauf und griff ihre Flotte an. Die Perser kämpften nur schwach, und als sie in den schmalen und flachen Teil des Flusses getrieben wurden, gaben sie ihre Schiffe auf und schlossen sich der Armee an Land an. Cimon vergrößerte seine eigene Flotte um zweihundert der verlassenen Triremen und zerstörte viele davon.

So siegreich auf dem Wasser verlangten die Männer, an Land geführt zu werden, wo die persische Armee in dichter Aufstellung stand. Erschöpft vom

Seekampf war es gefährlich, angesichts eines überlegenen Feindes zu landen, der noch frisch und unermüdlich war, aber der Eifer der Griechen übertraf alle Einwände. Die zweite Schlacht war härter umkämpft als die erste; viele edle Athener fielen, aber schließlich kam der Sieg; das Feld und die Beute blieben den Griechen. Um seinen Sieg zu vervollständigen, reiste Cimon nach Zypern, wo die phönizischen Verstärkungen noch festgehalten wurden. Diese wurden vollständig erobert oder zerstört, und der riesige Schatz, der in die Hände der Sieger fiel, steigerte den Glanz Athens. Die Flut des Krieges war nun so gewaltig auf Persien zurückgekehrt, dass die Küsten des asiatischen Griechenlands von jeder Gefahr verschont blieben. Keine persischen Truppen kamen im Umkreis einer Tagesreise zu Pferd an die griechischen Meere heran, deren Gewässer von den persischen Segeln freigehalten wurden.

136. Aristides war nun tot und Themistokles im Exil, nachdem er 471 v. Chr. geächtet worden war . Cimon war daher sowohl der größte als auch der reichste der Athener; und während sein Reichtum großzügig zur Verschönerung Athens und zum Vergnügen seiner Bürger verwendet wurde, trug er kontinuierlich zu seiner Macht bei. Er bepflanzte den Marktplatz mit orientalischen Platanen; In Spazierwegen angelegt und mit Hainen und Brunnen geschmückt, die Académia , die später durch die Lehren Platons berühmt wurde; er errichtete wunderschöne Kolonnaden aus Marmor, in denen sich die Athener lange Zeit gern zum geselligen Beisammensein versammelten; und er sorgte dafür, dass die dramatischen Unterhaltungen mit größerer Eleganz und Brillanz zelebriert wurden. Mit dieser Zunahme des Reichtums wurde der Geschmack der Bürger luxuriöser und Athen stieg aus seiner Armut und seinem zweitrangigen Rang nicht nur zur mächtigsten, sondern auch zur prächtigsten griechischen Stadt auf.

137. Obwohl Cimon der entgegengesetzten politischen Partei wie Themistokles angehörte, setzte er den großen Plan dieses Staatsmannes fort, die Seemacht Athens mit allen Mitteln zu erhöhen. Zu diesem Zweck gab er der Bitte der Alliierten nach, die ihre Kontingente an Schiffen oder Männern für die allgemeine Verteidigung in eine Geldzahlung umwandeln wollten. Andere Admirale waren weniger entgegenkommend gewesen, aber Cimon verbarg hinter seiner offensichtlichen Gutmütigkeit eine tiefgreifende Politik. Die Streitkräfte der anderen Staaten wurden durch mangelnde Disziplin geschwächt, während die Athener durch ihren Tribut nicht nur bereichert, sondern auch in der zähen Ausbildung des Soldaten und Seemanns gestärkt wurden, die Cimon ihnen nie nachlassen ließ.

138. Der Sturz des Themistokles wurde indirekt durch den Sturz des Pausanias herbeigeführt. Der große Athener, der im Exil lebte, aber wie immer wachsam in allem war, was die Interessen Griechenlands betraf, war so weit in die Intrigen des Pausanias verwickelt, dass er von all seinen Plänen

Besitz ergriffen hatte. Die spartanischen Ephoren, die seine Briefe in den Papieren des Pausanias fanden und sich über einen solchen Vorwand gegen ihren alten Feind freuten, schickten sie nach Athen und beschuldigten ihn, an der Verschwörung beteiligt gewesen zu sein. Die von Kimon angeführte und mit Sparta befreundete Partei war nun in Athen vorherrschend, und das Volk hörte allzu bereitwillig auf diesen Verdacht. Eine vereinte Streitmacht spartanischer und athenischer Truppen wurde ausgesandt mit dem Befehl, Themistokles zu ergreifen, wo immer er sich aufhalten konnte.

Chr. 466.

Nach vielen Abenteuern flüchtete der Verbannte an den Hof Persiens, jener Macht, zu deren Zerstörung er mehr als jeder andere lebende Mensch beigetragen hatte, die aber gegenüber ihren Feinden stets großzügig war. Zur Unterstützung wurden ihm die drei Städte Myus , Lampsacus und Magnesia zugeteilt. In letzterer Stadt verbrachte er seine verbleibenden Tage in Wohlstand und Ehre. Es liegen zwei Berichte über seinen Tod vor. Wahrscheinlicher ist, dass der persische König Themistokles aufforderte, seine Versprechen einzulösen und Operationen gegen Griechenland zu beginnen, als Ägypten rebellierte und von Athen unterstützt wurde (449 v. Chr.). Aber der Athener wollte seinen undankbaren Landsleuten nur entkommen, nicht ihnen schaden, und er konnte nicht anders, als die Vormachtstellung Athens zu zerstören, die er in den besten Jahren seines Lebens aufgebaut hatte. Die Lüge gegenüber dem großen König erschien ihm als ein weniger abscheuliches Verbrechen als der Verrat an seinem Land. Er brachte den Göttern ein feierliches Opfer dar, verabschiedete sich von seinen Freunden und beendete seine Tage mit Gift.

Chr. 465.

Chr. 464.

139. Die Thasier lieferten sich unterdessen einen Wettstreit mit Athen um einige Goldminen in Thrakien. Cimon führte eine Flotte nach Thasos, errang einen Seesieg und begann eine dreijährige Belagerung der Hauptstadt. Die Thasianer baten Sparta um Hilfe, und dieser Staat bereitete sich mit großem Eifer darauf vor, sie zu leisten, als ihre Aufmerksamkeit zu Hause plötzlich von unvorhergesehenen Katastrophen in Anspruch genommen wurde. Ein Erdbeben beispielloser Gewalt zerstörte zunächst die Stadt. Große Steine vom Berg Taygetus rollten auf die Straßen und Scharen von Menschen wurden von den Ruinen ihrer Häuser verschlungen oder begraben. Die Erschütterungen hielten lange an, und zu der Angst vor Armut und Trauer gesellte sich noch die Angst vor dem vermeintlichen Zorn des Himmels. Die gefürchtete Rache erschien bald in menschlicher Form; denn die verfolgten Heloten, die das Zeichen ihrer Befreiung im Schicksalsschlag Spartas hörten, strömten aus den Feldern und Dörfern zusammen und vermischten ihre Rache mit den Aufregungen der Natur.

Es war ein schrecklicher Moment für Sparta; aber ihr König, Archidamus , blieb der strengen Tapferkeit seines Geschlechts treu. Die Erschütterungen des Erdbebens hatten kaum nachgelassen, als er befahl, die Trompeten zu den Waffen zu ertönen. Selbst in diesem schrecklichen Moment herrschte spartanische Disziplin. Jeder Mann, der überlebte, eilte zum König, und als sich die unordentliche, unterwürfige Menge näherte, fanden sie eine disziplinierte Streitmacht vor, die bereit war, sich ihnen zu widersetzen. Sparta war für den Moment gerettet; Die Aufständischen flohen und zerstreuten sich über das Land und riefen alle Unterdrückten zu ihrer Standarte auf. Die Messenier erhoben sich in Massen, eroberten Ithome , wo ihr nie vergessener Held Aristomenes so lange den Waffen der Lacedämonier widerstanden hatte , befestigten es erneut und erklärten Sparta offiziell den Krieg. Der darauf folgende zehnjährige Konflikt ist als Dritter Messenischer Krieg (464–455 v. Chr.) bekannt.

In seiner Not schickte Sparta nach Athen und bat um Hilfe, und der Appell löste eine heftige Kontroverse zwischen den beiden Parteien aus, in die die Stadt gespalten war. Cimon bevorzugte die Spartaner; Er hatte ihren mutigen und robusten Charakter stets als Vorbild für seine Landsleute gewürdigt und sogar einen Großteil seiner Popularität geopfert, indem er seinen Sohn Lacedæmonius nannte . Als andere darauf drängten, dass es gut sei, den Stolz Spartas zu demütigen und seine Macht zum Unheil einzuschränken, ermahnte Kimon seine Landsleute, Griechenland nicht durch den Verlust einer seiner beiden Großmächte verstümmeln zu lassen und so Athen seines Gefährten zu berauben . Sein großzügiger Rat setzte sich durch und Cimon führte eine starke Streitmacht gegen die Aufständischen an, die nun aus dem offenen Land vertrieben wurden und gezwungen waren, sich in der Burg von Ithome einzuschließen .

140. Der Einfluss von Cimon war in Athen stark zurückgegangen. Die demokratische Partei hatte sich von ihrem Verlust durch Themistokles erholt, denn es trat ein neuer Führer hervor, dessen Popularität und Verdienste um den Staat dazu bestimmt waren, selbst die großen Männer, die ihm vorausgegangen waren, in den Schatten zu stellen. Dies war Perikles , der Sohn des Xanthippus , der Miltiades angeklagt hatte. Seine Mutter war die Nichte von Klisthenes, der als zweiter Begründer der athenischen Verfassung gilt. Perikles, der aus einer angesehenen Familie stammte und in allen Möglichkeiten der athenischen Lager und Schulen erzogen wurde, hatte außer seinen Vorteilen nichts zu befürchten. Sein schönes Gesicht, seine gewinnenden Manieren und seine musikalische Stimme erinnerten die ältesten Bürger von Pisistratus; und die Wachsamkeit, mit der die Athener ihre Freiheiten schützten, verwandelte die Bewunderung einiger in Eifersucht. Perikles beeilte sich jedoch nicht, seine öffentliche Karriere einzuschlagen, sondern bereitete sich durch langes und sorgfältiges Studium auf den Einfluss vor, den er zu erlangen hoffte. Er suchte nach den weisesten Lehrern und eignete sich die Regierungswissenschaft an, während er seine Redekunst durch die Ausbildung in allen Ausdruckskünsten kultivierte.

Anaxagóras , der erste griechische Philosoph, der an eine einzige höchste Intelligenz glaubte, die das Universum erschuf und regierte, war der besondere Freund und Lehrer von Perikles, und die Menschen führten die Erhabenheit und Reinheit der Beredsamkeit des jungen Staatsmannes auf seine erhabenen Lehren zurück. Anstatt sich wie Themistokles ausschließlich auf die Weisheit seiner Ratschläge oder wie Pisistratus auf seine natürlichen Gaben zu verlassen, wählte Perikles jedes Wort mit Sorgfalt und war der Erste, der seine Reden niederschrieb, um jeden Satz dem Höchsten zu unterwerfen Politur, zu der es fähig war. Das athenische Volk, das vielleicht das empfindlichste für die Schönheit des Stils aller Zeiten war, erfreute sich mit größter Freude an der klaren Argumentation und der brillanten Sprache, die die Reden des Perikles kennzeichneten. Seine Perfektion im Detail wurde auch nicht durch Energieopfer erreicht. Seine öffentlichen Reden wurden mit Donner und Blitz verglichen und er soll die Waffen des Zeus auf seiner Zunge getragen haben. Vor allem die Sanftheit seines Temperaments und die Beherrschung seiner Leidenschaften, die ihm die Philosophie ermöglicht hatte, verschafften ihm einen Vorteil gegenüber weniger disziplinierten Rednern. Die heftigste Debatte oder die beleidigendsten Unterbrechungen störten keinen Augenblick die heitere und würdevolle Gelassenheit seines Auftretens.

141. Thasos kapitulierte 463 v. Chr.; Seine Mauern wurden dem Erdboden gleichgemacht, seine Schifffahrt an die Athener übertragen und alle seine Ansprüche auf die thrakischen Goldminen wurden aufgegeben. Das Volk war verpflichtet, alle seine Tributrückstände an die Schatzkammer von Delian zu zahlen und sich darüber hinaus zu verpflichten, seine Beiträge in Zukunft pünktlich zu begleichen.

Chr. 461.

142. Ein zweites Mal baten die Spartaner Athen um Hilfe in ihrem Sklavenkrieg, und Cimon führte erneut eine Armee zu ihrer Hilfe. Aber die Überlegenheit der Athener bei Belagerungsoperationen erregte den Neid der Lacedämonier , selbst wenn sie zu ihrer Verteidigung eingesetzt wurden; und die lange Belagerung von Ithome gab den Rivalitäten der beiden Nationen Zeit, in offene Fehden auszubrechen. Die Spartaner erklärten, dass sie die Athener nicht mehr brauchten und entließen ihre Truppen. Andere

Verbündete blieben erhalten, darunter Ægina , der antike Rivale Athens. Letztere fühlte sich beleidigt und verbündete sich mit den Argivern und den Aleuaden von Thessalien gegen Sparta. Die griechische Schatzkammer wurde von Delos nach Athen verlegt, um sie, wie es hieß, vor den bedürftigen und räuberischen Händen der Spartaner sicher aufzubewahren.

WESTBLICK AUF DIE AKROPOLIS.

Pelasgische Mauern. Erechtheion . Athena Promachos . Parthenon. Mauern von Cimon.

Höhle von Pan. Propylæa . Tempel des Nike Apteros .

Der allgemeine Unmut erstreckte sich natürlich auch auf Cimon. Die Gunst, die ihm in Sparta entgegengebracht wurde, war nun sein größtes Verbrechen. Die Athener hatten in der Tat Grund zur Befürchtung, denn die spartanischen Adligen unterhielten in ihrer Stadt immer eine Partei, die angeblich heimlich gegen die freie Regierung plante. So ehrlich Cimon auch die aristokratischen Prinzipien vertrat, das Volk widersetzte sich ihm mit gleicher Ehrlichkeit und größerer Weisheit. Er wurde geächtet und für zehn Jahre verbannt.

REPRISE.

Die Macht Athens wurde durch den Perserkrieg vergrößert; und ihre Heimatregierung, die den Adligen vorbehalten gewesen war, wurde dem Volk überlassen. Themistokles baute die Mauern wieder auf und verbesserte den Hafen. Pausanias wurde zum Verräter und verhungerte im Tempel der Athene in Sparta. Athen wurde Oberhaupt des Hellenischen Bundes, dessen Sitz und Schatzkammer sich in Delos befanden. Kimon, Sohn des Miltiades, kommandierte die alliierten Streitkräfte, eroberte Eion , befreite Skyros von Piraten, unterdrückte Aufstände in Karystos und Naxos und besiegte die Perser zu Wasser und zu Land in der Schlacht am Eurymedon . Er verschönerte Athen durch großzügige Nutzung seines enormen Reichtums und verbesserte die Militär- und Marinedisziplin seiner Mitbürger auf Kosten ihrer Verbündeten. Themistokles, aus Verdacht verbannt, flüchtete in die persische Herrschaft, wo er starb. Sparta erlitt ein doppeltes Unglück: ein Erdbeben und einen Sklavenaufstand, der als Dritter Messenischer Krieg bekannt ist. Ihre beleidigende Behandlung ihrer athenischen Helfer zerstörte die Popularität von Cimon; und Perikles, der fähigste der Athener, gelangte an die Macht.

VORHERRSCHAFT VON ATHEN.

143. Athen trat nun unter der Führung von Perikles in die glänzendste Periode seiner Geschichte ein. Ein Streit zwischen Megara und Korinth verwickelte Athen auf ersterer und Sparta auf letzterer Seite und führte so zum Ersten Peloponnesischen Krieg (460–457 v. Chr.). Gleichzeitig lockte ein weiter entferntes Unterfangen die Athener. Ägypten hatte nun den letzten Anschein von Gehorsam gegenüber Persien abgelegt und begrüßte in der Person von Inarus einen Befreier und Herrscher . Als Inarus sich nach Verbündeten umsah, suchte er natürlich die Hilfe derer, die bei Marathon als erste die Macht der Perser gebrochen hatten. Die Athener beteiligten sich gern am Krieg und schickten eine Flotte von zweihundert Trieren an den Nil. Die Ereignisse des Feldzugs wurden in der Geschichte Persiens aufgezeichnet. [48]

Chr. 457.

144. Der Krieg in Griechenland ging mit großer Kraft weiter. Die Athener wurden bei Halæ besiegt , gewannen aber bald darauf eine Seeschlacht bei Cec´ryphali´a , [49] die ihren Ruf mehr als wiederherstellte. Ægina beteiligte sich nun am Krieg, und die Athener landeten auf der Insel und belagerten die Stadt. Eine peloponnesische Armee kam Ägina zu Hilfe , während die Korinther die Gelegenheit nutzten, um in Megaris einzumarschieren . Da alle ihre Streitkräfte entweder in Ägypten oder in Ägina stationiert waren , hofften sie, dass Athen durch diesen neuen Angriff besiegt werden würde. Doch Myronides stellte eine Armee aus dienstfreien Jungen und alten Männern zusammen und marschierte sofort Megara zu Hilfe. In der darauffolgenden Schlacht erkannte keine Partei ihre Niederlage an, doch die Korinther zogen sich in ihre Hauptstadt zurück, während die Athener das Feld besetzten und eine Trophäe aufstellten. Unfähig, die Vorwürfe ihrer Regierung zu ertragen, kehrte die korinthische Armee nach zwölf Tagen zurück und errichtete auf dem Feld ein Denkmal mit der Behauptung, der Sieg sei ihnen zugefallen. Doch nun griffen die Athener sie erneut an und fügten ihnen eine entscheidende und schändliche Niederlage zu.

145. Inmitten dieser Unternehmungen im Ausland wurden in Athen große öffentliche Arbeiten durchgeführt. Cimon hatte bereits eine Reihe von Befestigungsanlagen geplant, um die Stadt mit ihren Häfen zu verbinden, und die Beute der Perser, die sie am Eurymedon und auf Zypern erbeutet hatten, war für die Kosten vorgesehen. Unter der Leitung von Perikles begann man ernsthaft mit dem Bau. Eine Mauer wurde bis Phalerum und eine andere bis Piräus verlängert ; Da es jedoch schwierig war, einen so großen geschlossenen Raum zu verteidigen , wurde eine zweite Mauer zu Piräus hinzugefügt, in einer Entfernung von 550 Fuß von der ersten. Zwischen diesen langen Mauern grenzte eine durchgehende Reihe von Wohnhäusern an die fast fünf Meilen lange Kutschenstraße, die sich von Athen bis zu seinem Haupthafen erstreckte.

146. Die Spartaner waren immer noch zu sehr in die Belagerung von Ithome vertieft , um den großen und plötzlichen Fortschritt der athenischen Macht zu behindern; Aber eine Katastrophe, die ihr kleines angestammtes Land Doris im Krieg mit den Phokern ereilte , lenkte ihre Aufmerksamkeit sogar von ihren eigenen Sorgen ab. Eine Armee aus 1.500 schwerbewaffneten Spartanern und 10.000 Hilfstruppen, die zur Entlastung der Dorier entsandt wurden, vertrieb die Phoker aus der Stadt, die sie eingenommen hatten, und sicherte ihr künftiges gutes Benehmen durch einen Vertrag. Der Rückzug der Spartaner wurde nun durch die athenische Flotte im Golf von Korinth und die Garnison im Megariden abgeschnitten . Ihr Kommandeur Nicomedes hatte jedoch Gründe, die über die Notwendigkeit des Falles hinausgingen, eine Weile in Bœotien zu bleiben . Er plante mit der aristokratischen Partei in Athen die Rückkehr Kimons und wollte auch die Macht Thebens als nahen und gefährlichen Rivalen der ehemaligen Stadt vergrößern.

Chr. 457.

Als die Verschwörung bekannt wurde, spornten die Athener Rache an. Sie stellten eine Armee von 14.000 Mann auf und marschierten gegen Nikomedes bei Tan´agra . Beide Seiten kämpften mit gleichem Mut und Geschick, und der Sieg war unentschieden, bis die thessalische Kavallerie zu den Spartanern überlief. Die Athener und ihre Verbündeten hielten noch einige Stunden durch, aber als der Kampf bei Tagesanbruch endete, blieb der Sieg bei ihren Gegnern. Nikomedes erntete von seinem Sieg keine andere Frucht als eine sichere Rückkehr nach Hause, aber Theben erlangte dadurch einen Machtzuwachs über die Städte Bœotiens .

Chr. 456.

147. SCHLACHT VON ŒNO´PHYTA . Die Athener wurden nur zu neuen Anstrengungen angespornt. Die tapferen Myroniden marschierten zwei Monate nach der Schlacht von Tanagra in Böotien ein und errangen bei

Œnophyta einen der entscheidendsten Siege, die jemals von Griechen errungen wurden. Die Mauern von Tanagra wurden dem Erdboden gleichgemacht. Phokis, Lokris und ganz Böotien außer Theben wurden mit Athen verbündet. Diese Bündnisse wurden durch die Errichtung freier Regierungen in allen Städten wirksam, die sich aus Selbsterhaltungsgründen immer auf die Seite Athens stellen mussten; so dass Myronides sich rühmen konnte, nicht nur Feinde besiegt, sondern auch Zentralgriechenland mit Garnisonen von Freunden gefüllt zu haben.

Chr. 455.

148. Bald nach der Fertigstellung der Langen Mauern im Jahr 456 unterwarf sich die Insel Ægina schließlich Athen. Ihre Schifffahrt wurde aufgegeben, ihre Mauern zerstört und der lebenslange Rivale wurde zum Nebenfluss und Untertan. Eine Flotte von fünfzig athenischen Schiffen unter dem Kommando von Tol'mides kreuzte um den Peloponnes; verbrannte Gythium , einen Hafen von Sparta; eroberte Chalkis in Ätolien , das zu Korinth gehörte, und besiegte die Sizyonier an ihrer eigenen Küste. Auf dem Rückweg durch den Golf von Korinth eroberten sie Naupactus im Westen von Lokris und alle Städte Kephalleniens .

Im selben Jahr, dem zehnten Jahr seiner Belagerung, ergab sich Ithome den Spartanern. Eine so lange und mutige Verteidigung gewann den Respekt selbst erbitterter Feinde. Die Heloten wurden erneut in die Sklaverei gezwungen, aber den Messeniern wurde die sichere Ausreise nach Naupaktos gestattet, das ihnen Tolmides als Belohnung für die Früchte seiner Siege schenkte.

149. In Ägypten endete der Widerstand der Athener gegen die Perser im selben Jahr, jedoch erst nach langen und verzweifelten Abenteuern. Als die Zitadelle von Memphis durch eine persische Streitmacht abgelöst wurde, zogen sich die Griechen nach Prosopitis zurück , einer Insel im Nil, um die herum ihre Schiffe vor Anker lagen. Die folgenden Perser legten den Kanal trocken und ließen so die Schiffe auf dem Trockenen zurück. Die ägyptischen Verbündeten gaben nach, als sie ihre schlagkräftigste Streitmacht verloren. Doch nachdem die Athener die gestrandeten Schiffe verbrannt hatten, zogen sie sich in die Stadt Byblus zurück und beschlossen, bis zum letzten Tag durchzuhalten. Die Belagerung dauerte achtzehn Monate. Schließlich marschierten die Perser über das trockene Kanalbett und eroberten den Ort im Angriff. Die meisten Athener fielen; Einige durchquerten die libysche Wüste nach Kyrene und kehrten so nach Hause zurück. Eine Flotte von fünfzig Schiffen, die ihnen zu Hilfe geschickt worden waren, kam zu spät und wurde von den Persern und Phöniziern besiegt .

Chr. 449.

150. Andere Unternehmungen der Athener waren zu dieser Zeit kaum erfolgreicher, und Kimon, der nun aus dem Exil zurückgerufen worden war, nutzte seinen ganzen Einfluss für den Frieden. Mit Sparta wurde 451 v. Chr. ein fünfjähriger Waffenstillstand geschlossen. Die Insel Zypern war das nächste Ziel athenischer Ambitionen. Da es in neun Kleinstaaten aufgeteilt war, schien es eine leichte Eroberung zu sein; und da der persische König noch immer die Souveränität beanspruchte, war das Unternehmen nur eine Erneuerung der alten Feindseligkeiten. Kimon segelte mit einer Flotte von zweihundert Schiffen von Athen aus; und trotz der persischen Streitmacht von dreihundert Schiffen, die die Küste Zyperns bewachten, landete er und erlangte den Besitz vieler seiner Städte. Während der Belagerung von Citium starb der große Feldherr. Auf seinen Befehl wurde sein Tod vor seinen Männern geheim gehalten, bis sie in seinem Namen einen weiteren bedeutenden Sieg zu Lande und zur See errungen hatten. Die Seeschlacht ereignete sich vor der zypriotischen Salamis – ein Name, der für die Athener ein gutes Omen war.

Chr. 448.

151. Ein kleiner Vorfall um diese Zeit löste erneute Feindseligkeiten mit Sparta aus. Die Stadt Delphi beanspruchte Unabhängigkeit bei der Verwaltung des Tempels und seiner Schätze, obwohl sie auf phokischem Boden lag. Die Einwohner waren dorianischer Abstammung und daher eng mit den Spartanern verbunden. Wo die Interessen Griechenlands geteilt waren, lag der große Einfluss des Orakels immer auf der Seite der dorischen und nicht der ionischen Rasse. Die Athener hatten daher keine Einwände, als ihre Verbündeten, die Phoker , das Gebiet von Delphi eroberten und die Pflege des Tempels übernahmen. Die Spartaner begannen sofort mit dem, was sie einen heiligen Krieg nannten, indem sie die Phoker vertrieben und den Delphianern ihre früheren Privilegien wieder einsetzten. Delphi erklärte sich nun zum souveränen Staat; und um die Spartaner für ihr Eingreifen zu belohnen, gewährte er ihnen das erste Privileg, das Orakel zu befragen. Dieses Dekret wurde auf einem dreisten Wolf eingraviert, der in der Stadt aufgestellt wurde. Die Athener konnten nicht freiwillig auf ihren Anteil an einer Macht verzichten, die durch den Aberglauben des Volkes oft in der Lage war, im Krieg den Sieg und im Frieden Wohlstand zu bescheren. Kaum hatten die Spartaner die heilige Stadt verlassen, marschierte Perikles ein und stellte den Phokern den Tempel wieder her . Der dreiste Wolf musste nun eine andere Geschichte erzählen und den Athenern den Vorrang einräumen.

152. Auf dieses Kriegssignal hin schlossen sich die Verbannten aus verschiedenen böotischen Städten, die durch die Errichtung demokratischer Regierungen vertrieben worden waren, zu einer konzertierten Bewegung zusammen. Sie eroberten Chærone´a , Orchom´enus und andere Städte und stellten die oligarchischen Regierungen wieder her, die die Athener gestürzt hatten. Diese Veränderungen lösten in Athen große Aufregung aus. Das Volk forderte einen sofortigen Krieg; Perikles widersetzte sich entschieden: Die Jahreszeit sei ungünstig und er war der Ansicht, dass die Ehre Athens nicht unmittelbar auf dem Spiel stünde. Aber der Rat von Tolmides setzte sich durch, und mit tausend jungen athenischen Freiwilligen, unterstützt von einer Armee von Verbündeten, marschierte er in Böotien ein . Chæronea wurde bald unterworfen und mit Athenern besetzt.

Chr. 447.

Chr. 445.

Überglücklich über den schnellen Sieg kehrte die Armee nach Hause zurück, als sie in der Nähe von Coronæa in einen Hinterhalt geriet und eine höchst bedeutsame und denkwürdige Niederlage erlitt. Tolmides selbst, mit der Blüte und dem Stolz der athenischen Soldaten, wurde tot auf dem Feld zurückgelassen. Es wurden zahlreiche Gefangene gemacht, und um diese wieder zurückzuholen, musste die Regierung einen Vertrag mit den neuen Oligarchien schließen und ihre Streitkräfte aus Bœotien abziehen . Lokris und Phokis verloren ihre freien Institutionen und wurden Verbündete Spartas. Die Insel Euböa warf das athenische Joch ab und andere unterworfene Inseln zeigten Anzeichen von Unzufriedenheit. Gleichzeitig lief der fünfjährige Waffenstillstand mit Sparta aus, und dieser Staat bereitete sich mit neuem Eifer darauf vor, seine Demütigung in Delphi zu rächen.

153. Perikles, dessen erinnerte Warnungen vor dem böotischen Krieg nur den Respekt und das Vertrauen des Volkes steigerten, handelte nun mit Energie und Schnelligkeit. Er landete in Euböa mit einer ausreichenden Streitmacht, um diese Insel zu bezwingen, hatte aber kaum den Kanal überquert, als er erfuhr, dass die Megarier im Aufstand waren. Unterstützt von Verbündeten aus Sikyon, Epidaurus und Korinth hatten sie alle athenischen Garnisonen bis auf einige wenige in der Festung Nisæa niedergemetzelt , und alle peloponnesischen Staaten hatten sich zusammengeschlossen, um eine Armee nach Attika zu schicken. Um dieser größeren Gefahr zu begegnen, kehrte Perikles nach Hause zurück. Bald erschien die peloponnesische Armee unter dem jungen spartanischen König Plistoanax ; aber statt der erwarteten entscheidenden Operationen plünderte es nur die Westgrenzen Attikas und zog sich ohne einen Schlag zurück. Plistoanax und sein Vormund wurden bei ihrer Rückkehr beschuldigt, Bestechungsgelder von den Athenern angenommen zu haben; Und da beide aus dem Land flohen, anstatt sich der Anklage zu stellen, können wir davon ausgehen, dass die Anklage gerechtfertigt war. Als Perikles nach Euböa zurückkehrte , unterwarf er die Insel vollständig und gründete eine Kolonie in Histiæa .

Chr. 445.

154. Alle Parteien wünschten sich nun Frieden. Zwischen Athen und Sparta wurde ein dreißigjähriger Waffenstillstand geschlossen, in dem Athen den Verlust seines Reiches an Land in Kauf nahm. Der Stützpunkt in Tœzene , das Recht, Truppen in Achaia auszuheben, der Besitz der Megariden , des Protektorats der freien Regierungen in Zentralgriechenland, alles wurde aufgegeben. Aber die Verluste des Krieges waren am schwersten auf die Partei zu lasten, die ihn begonnen hatte, während Perikles bei seinen Mitbürgern höher denn je in der Wertschätzung stand. Thukydides , [50] ein Verwandter von Kimon und sein Nachfolger als Anführer der Aristokratie, wurde zur Ächtung aufgefordert, und als er sich erhob, um seine Verteidigung vorzutragen, hatte er kein Wort zu sagen. Er wurde verbannt und zog sich 444 v. Chr. nach Sparta zurück.

155. Perikles vereinte nun alle Parteien und hatte für den Rest seines Lebens die oberste Kontrolle über die Angelegenheiten. Die Adligen respektierten ihn als einen ihrer eigenen Ordnung ; die Kaufleute und ausländischen Siedler wurden durch seinen Schutz des Handels bereichert; die Reeder und Seeleute durch seine Aufmerksamkeit für maritime Angelegenheiten; Handwerker und Künstler, durch die öffentlichen Arbeiten, die er unaufhörlich durchführte; während die Ohren aller Klassen von seiner Beredsamkeit entzückt waren und ihre Augen von den prächtigen Gebäuden, mit denen er die Stadt schmückte. Zu dieser Zeit wurde der Parthenon oder Tempel der Jungfrau Athene errichtet, den Phidias mit den schönsten Skulpturen schmückte, insbesondere mit der kolossalen Statue der Göttin aus Elfenbein und Gold, siebenundvierzig Fuß hoch. Das Erechtheion , das antike Heiligtum der Athena Polias , wurde wieder aufgebaut; die Propylæ´a aus pentelischem Marmor, errichtet; und die Akropolis wurde nun die „Stadt der Götter" genannt.

Chr. 440.

156. Nur drei Inseln in den Nachbarmeeren behielten jetzt ihre Unabhängigkeit, und von diesen war Samos die wichtigste. Die Milesier, die Grund zur Beschwerde gegen die Samier hatten, wandten sich an das Schiedsgericht von Athen und schlossen sich auf Samos selbst einer Partei an, die gegen die Oligarchie war. Die Athener übernahmen das Urteil des Falles bereitwillig und beschlossen, die Insel zu erobern, da Samos ihr Schiedsverfahren ablehnte. Perikles reiste mit einer Flotte nach Samos, revolutionierte die Regierung und entführte die mächtigsten Familien als Geiseln. Doch kaum war er gegangen, kehrten einige der abgesetzten Truppen nachts zurück, überwältigten die athenische Garnison und stellten die Oligarchie wieder her. Sie erlangten Besitz von ihren Geiseln, die auf der

Insel Lemnos deponiert worden waren, und erklärten zusammen mit Byzanz den offenen Krieg gegen Athen.

157. Als die Nachricht von diesem Ereignis Athen erreichte, wurde sofort eine Flotte von sechzig Schiffen ausgesandt, wobei Perikles einer der zehn Kommandanten war. Mehrere Schlachten wurden auf dem Seeweg ausgetragen, und die Samier wurden schließlich innerhalb der Mauern ihrer Hauptstadt vertrieben, wo sie eine neunmonatige Belagerung erdulden mussten. Als sie schließlich zum Nachgeben gezwungen wurden, waren sie gezwungen, ihre Befestigungen zu zerstören, ihre Flotte abzugeben, Geiseln für ihr zukünftiges Verhalten zu stellen und die Kosten des Krieges zu bezahlen. Gleichzeitig unterwarfen sich die Byzantiner. Athen war völlig triumphierend; aber der Schrecken, den sie ausgelöst hatte, war mit Eifersucht vermischt. Während der Revolte hatten die rivalisierenden Staaten ernsthaft über die Frage der Unterstützung der Rebellen diskutiert; und es wurde hauptsächlich durch den Einfluss von Korinth zum Negativen entschieden, das, obwohl es kein Freund Athens war, fürchtete, dass der Präzedenzfall im Falle eines Aufstands seiner eigenen Kolonien in Erinnerung bleiben könnte.

Chr. 435.

158. Kerkyra, eine Kolonie von Korinth, hatte selbst an der illyrischen Küste die Stadt Epidamnus gegründet . Diese Stadt, die von den Illyrern angegriffen wurde, angeführt von einigen ihrer eigenen verbannten Adligen, schickte nach Korkyra um Hilfe, wurde jedoch abgelehnt, da die Verbannten der Partei angehörten, die in der Mutterstadt an der Macht war. Die Epidamnier griffen nun auf Korinth zurück, das mit großer Energie ihre Verteidigung vornahm. Corcyra war wiederum alarmiert und beantragte bei Athen Hilfe. Die Meinungen waren in der Versammlung geteilt, aber die des Perikles setzte sich durch, der darauf drängte, dass der Krieg auf keinen Fall lange hinausgezögert werden dürfe und dass es klüger sei, ihn im Bündnis mit Kerkyra zu schließen, dessen Flotte neben der von Athen der Mächtigste in Griechenland zu sein, als letztendlich dazu getrieben zu werden, im Nachteil zu kämpfen.

Da jedoch Korinth als Verbündeter Spartas in den dreißigjährigen Waffenstillstand einbezogen war, wurde beschlossen, nur ein Verteidigungsbündnis mit Kerkyra einzugehen; *das heißt* , Hilfe zu leisten, falls sein Territorium angegriffen werden sollte, sich aber nicht an aggressiven Aktionen zu beteiligen. Bald kam es vor der Küste von Epirus zu einer Seeschlacht, in der die Korinther als Sieger hervorgingen und sich auf eine Landung in Kerkyra vorbereiteten . Es waren zehn athenische Schiffe unter dem Kommando von Lacedæmonius , dem Sohn des Kimon, anwesend, und es stand ihnen nun gemäß ihrer Vereinbarung frei, sich zu engagieren. Doch plötzlich, nachdem das Signal zum Kampf gegeben worden war, zogen sich die Korinther zurück und machten sich auf den Weg zur Küste von Epirus. In der Ferne waren zwanzig athenische Schiffe aufgetaucht, die sie für die Vorhut einer großen Flotte hielten. Obwohl dies ein Fehler war, verhinderte es weitere Feindseligkeiten und die Korinther kehrten mit ihren Gefangenen nach Hause zurück.

Chr. 432.

159. Erzürnt über die Einmischung Athens suchten die Korinther Rache, indem sie sich mit Prinz Perdikkas von Mazedonien schlossen, um Aufstände unter den athenischen Nebenflüssen auf den Chalkidischen Halbinseln zu schüren . Es kam zu einer Schlacht bei Olynth, in der die Athener über den korinthischen Feldherrn siegten und ihn in Potidæa , wo er Zuflucht gesucht hatte, blockierten.

In Sparta fand ein Kongress der peloponnesischen Staaten statt, und von vielen Seiten wurden Beschwerden gegen Athen geäußert. Die Æginetaner beklagten den Verlust ihrer Unabhängigkeit; die Megarier, die Lähmung ihres Handels; die Korinther, dass sie vom gewaltigen Ehrgeiz ihres mächtigen Nachbarn überschattet wurden. Gleichzeitig stellten die Korinther die ruhelose Aktivität Athens der selbstsüchtigen Trägheit Spartas gegenüber und drohten, dass sie sich nach einem wirksameren Verbündeten umsehen würden, wenn Letzteres weiterhin zögern würde, seine Pflicht gegenüber dem Bund zu erfüllen.

Nachdem die Gesandten abgereist waren, beschloss Sparta, den Krieg zu beginnen. Bevor es zu den eigentlichen Feindseligkeiten kam, hielt man es für das Beste, Boten nach Athen zu schicken und unter anderem zu fordern, dass sie „die Verfluchten" aus ihrer Gegenwart vertreiben solle – womit sie sich auf Perikles beriefen, dessen Rasse sie als immer noch mit Sakrileg behaftet betrachteten. Aber Perikles antwortete, dass die Spartaner selbst schwere Rechnungen wegen Sakrilegs zu begleichen hätten, nicht nur wegen der Hungersnot von Pausanias im Heiligtum der Athene, sondern auch wegen der Verschleppung und Ermordung der Heloten, die während des letzten Aufstands im Tempel Zuflucht gesucht hatten von Posidon . Die anderen Forderungen wurden, wenn auch mit größerer Zurückhaltung, abgelehnt. Sie betrafen die Unabhängigkeit von Megara und Ægina und im Allgemeinen den Verzicht Athens auf ihre Position als Oberhaupt der Liga. Die Athener erklärten, sie würden von der Aufnahme von Feindseligkeiten Abstand nehmen und für jeden Verstoß ihrerseits gegen den dreißigjährigen Waffenstillstand gerechtfertigt sein; aber dass sie bereit waren, Gewalt mit Gewalt zu begegnen.

Chr. 431.

160. KRIEG IN BÖOTIEN . Während beide Parteien zögerten, den Krieg zu beginnen, beschleunigten die Thebaner die Sache durch einen heimtückischen Angriff auf die Stadt Platæa . Anstatt dem Böotischen Bund beizutreten, hatte diese Stadt ein freundschaftliches Bündnis mit Athen geschlossen und wurde daher von den Thebanern mit großer Eifersucht betrachtet. Eine kleine oligarchische Partei in Platæa befürwortete die Thebaner, und es war Nauclides , der Anführer dieser Partei, der mitten in der Nacht dreihundert von ihnen in die Stadt einließ. Die Platäer wurden aus dem Schlaf geweckt und stellten fest, dass ihre Feinde auf ihrem Marktplatz lagerten. aber obwohl sie zerstreut und verraten wurden, gaben sie nicht nach. Sie kommunizierten heimlich miteinander, indem sie die Mauern ihrer Häuser durchbrachen; und nachdem sie so einen Verteidigungsplan aufgestellt hatten, fielen sie kurz vor Tagesanbruch über den Feind her.

Die Thebaner waren erschöpft, weil sie die ganze Nacht im Regen marschierten; sie waren in den engen, verwinkelten Gassen der Stadt verwickelt; und sogar Frauen und Kinder kämpften gegen sie, indem sie Ziegel von den Dächern warfen. Die erwartete Verstärkung verzögerte sich, und bevor sie eintraf, wurden die dreihundert entweder getötet oder gefangen genommen. Die Thebaner außerhalb der Mauern beschlagnahmten nun alle Personen und Besitztümer, die ihnen in die Hände fielen, als Sicherheit für die Freilassung der Gefangenen. Die Platäer schickten einen Herold, um zu verkünden, dass die Gefangenen sofort getötet würden, sofern die Verwüstungen nicht aufhören würden; Aber wenn die Thebaner sich zurückziehen würden, müssten sie aufgegeben werden. Die Plünderer zogen sich zurück, doch anstatt ihr Wort zu halten, versammelten die Platäer ihr bewegliches Eigentum in der Stadt und ließen dann alle ihre Gefangenen töten. Flinke Boten waren bereits mit der Nachricht nach Athen geschickt worden. Sie kehrten mit dem Befehl zu den Platäern zurück , ohne den Rat der Athener nichts Wichtiges zu unternehmen. Es war jedoch zu spät, um das Leben der Gefangenen oder die Ehre ihrer Häscher zu retten.

REPRISE.

Im Ersten Peloponnesischen Krieg (460–457 v. Chr.) war Athen mit Megara verbündet; Sparta und Ägina mit Korinth. Zur gleichen Zeit unterstützten die Athener einen Aufstand Ägyptens gegen Persien und bauten lange Mauern, um ihre Stadt mit ihren Häfen zu verbinden. Sparta mischte sich in einen Krieg zwischen Phokis und Doris ein und besiegte die Athener bei Tanagra. Letzterer errang jedoch einen entscheidenderen Sieg bei Œnophyta , der Phokis, Lokris und ganz Bœotien außer Theben in sein Bündnis brachte. Ägina wurde erobert und Athen tributpflichtig. Ithome ergab sich Sparta; Die Heloten wurden erneut versklavt und die Messenier verbannt. In einem neuen Krieg, der durch die Einmischung Spartas bei Delphi ausgelöst wurde, erlangten die Athener unter Tolmides einige

Vorteile, wurden jedoch bei Koronäa verheerend besiegt , was zu großen Einflussverlusten in Zentralgriechenland führte. Perikles wurde gleichzeitig von Aufständen in Euböa und Megaris und von einer spartanischen Invasion angegriffen und besiegte letzteren durch Bestechung und ersteren durch Waffen. Der darauf folgende Frieden wurde zu für Athen ungünstigen Bedingungen geschlossen. Als die Athener aufgefordert wurden, eine Volksrevolution auf Samos zu unterstützen, eroberten sie die Hauptstadt und stellten ihren eigenen Einfluss wieder her. Epidamnus wurde im Krieg mit seiner Mutterstadt von Korinth unterstützt; während Athen auf der Seite von Kerkyra die Korinther bei Olynth besiegte und sie zwei Jahre lang in Potidäa belagerte . Ein allgemeinerer Krieg wurde durch den gegenseitigen Verrat der Thebaner und Platäer beschleunigt .

DER PELOPONNESISCHE KRIEG.

Chr. 431-404.

161. Ganz Griechenland bereitete sich nun auf den Krieg vor – einen Krieg von siebenundzwanzig Jahren, der von mehr Katastrophen und Schrecken geprägt sein sollte, als Hellas jemals zuvor erlebt hatte. Auf der Seite Spartas kämpfte der gesamte Peloponnes, außer Argos und Achaia, zusammen mit Megara, Bœotia , Phocis, Opuntia Locris, Ambracia , Leucadia und Anactoria . Athen hatte auf dem Festland Thessalien und Anaktoria mit den Städten Naupaktos und Platäa als Verbündete . Neben ihren Inselverbündeten Chios, Lesbos, Kerkyra, Zacynthos und später Kephallenia gab es auch ihre Nebenflüsse an der Küste von Thrakien und Kleinasien sowie auf den Kykladen .

Chr. 431.

162. Archidamus , König von Sparta, marschierte etwa Mitte Juni in das attische Gebiet ein, nachdem er seine Verbündeten an der Landenge versammelt hatte. Die Einwohner verließen ihre Felder und flüchteten mit allem Eigentum, das sie mitnehmen konnten, nach Athen und in den Piräus . Jede Ecke und Nische der Stadtmauer wurde zu einer Behausung. Auf dem Marktplatz, auf öffentlichen Plätzen und in den Tempelbezirken entstanden vorübergehende Unterkünfte, und die ärmere Bevölkerungsschicht fand Schutz in Zelten, Hütten und sogar Fässern, die an den Langen Mauern aufgestellt waren. Unter dieser überfüllten Bevölkerung kam es zu heftigen Debatten über die Kriegsführung. Gegen Perikles herrschte große Empörung über die Untätigkeit des Heeres, während Archidamus fast unter ihren Augen die Felder verwüstete.

Aber der Anführer hatte beschlossen, den Krieg von Attika aus zu führen. Zu diesem Zweck segelte eine gemeinsame Flotte aus Athenern und Kerkyräern um den Peloponnes und ließ an verschiedenen Punkten Truppen landen, um das Land zu verwüsten. Zwei korinthische Siedlungen in Akarnanien wurden erobert und die Insel Kephallenia übertrug ihre Treue von Sparta nach Athen. Die Æginetaner wurden vertrieben und ihre Insel von athenischen Siedlern besetzt. Nach fünf oder sechs Wochen marschierte Archidamus aus Attika aus und löste seine Armee auf. Die Athener setzten daraufhin ihre Streitkräfte in Bewegung, um die Megarier zu bestrafen, die sie als aufständische Untertanen betrachteten. Sie verwüsteten das gesamte Gebiet bis vor die Tore der Hauptstadt, und die Verwüstungen wurden jedes Jahr erneut, solange der Krieg andauerte.

Chr. 430.

163. Der nächste Frühling brachte mit einer erneuten spartanischen Invasion ein noch größeres Unglück für die Athener. Die aus Äthiopien stammende Pest breitete sich entlang der asiatischen Küsten des Mittelmeers aus, bis sie ihre Stadt erreichte, wo sie sich aufgrund der beengten Bevölkerungslage mit erschreckender Geschwindigkeit ausbreitete. Ein Schrecken erfasste die Bevölkerung, von der einige glaubten, ihre Feinde hätten die Brunnen vergiftet, während eine größere Zahl die Pest auf den Zorn Apollos zurückführte, der der besondere Beschützer der dorischen Rasse war.

164. In ihrer Leidenschaft der Verzweiflung wandten sich die Athener gegen Perikles, dessen vorsichtige Politik sie für die Ursache ihres Unglücks hielten. Obwohl er immer noch den Kampf ablehnte, der angesichts der reduzierten Truppenstärke und der erschöpften Kampfkraft der Armee fast eine sichere Niederlage bedeutet hätte, forcierte er aktiv seine Operationen gegen den Peloponnes. Um die überfüllte Stadt von ihren schädlichen Elementen zu befreien, rüstete er eine Flotte aus und führte sie persönlich an, um die feindlichen Küsten zu verwüsten. Bei seiner Rückkehr stellte er fest, dass die Opposition stärker denn je war, und es war sogar eine Botschaft nach Sparta geschickt worden, um um Frieden zu bitten. Die Klage war verächtlich abgelehnt worden, und die Wut der Athener steigerte sich nur noch. Perikles überredete sie, im Krieg durchzuhalten, aber seine Beredsamkeit reichte nicht aus, um die Wut seiner persönlichen Feinde zum Schweigen zu bringen. Durch den Einfluss von Cleon, seinem Hauptgegner, wurde er sogar der Veruntreuung öffentlicher Gelder beschuldigt und mit einer hohen Geldstrafe belegt.

Chr. 429.

165. Doch das Leben und die Widrigkeiten des großen Staatsmannes waren bald zu Ende. Die Pest hatte ihn seiner nächsten Verwandten beraubt. Ein anhaltendes Fieber nach einem Pestanfall beendete sein Leben. Als er scheinbar bewusstlos dalag, probten die Freunde um sein Sterbebett gerade seine großen Taten, als der Sterbende sie mit den Worten unterbrach: „Alles, was Sie loben, war entweder das Ergebnis von Glück oder auf jeden Fall etwas Gemeines." für mich mit vielen anderen Führungskräften. Worauf ich vor allem stolz bin, ist die Tatsache, dass noch nie ein Athener meinetwegen getrauert hat."

Chr. 430.

166. Der zweite Raubzug der Lacedæmonier war zerstörerischer als der erste, denn die Verwüstungen erstreckten sich über ganz Attika, sogar bis zu den Silberminen von Laurium . Die Flotte der Peloponnesier zerstörte die Fischerei und den Handel Athens und verwüstete die Insel Zakynthos . Im folgenden Winter ergab sich Potidæa nach einer zweijährigen Blockade und wurde von tausend athenischen Kolonisten besetzt.

Chr. 429.

Der dritte Feldzug der Spartaner richtete sich gegen Platæa . Als sich Archidamus näherte , sandten die Platäer eine feierliche Protestschrift, in der sie ihn an den Eid erinnerten, den Pausanias am Abend ihrer großen Schlacht geschworen hatte und der Platäa für immer vor einer Invasion heilig machte. Der König antwortete, dass auch die Platäer durch einen Eid verpflichtet seien, für die Unabhängigkeit jedes griechischen Staates zu kämpfen. Er erinnerte sie an ihr abscheuliches Verbrechen bei der Ermordung der thebanischen Gefangenen, versprach jedoch, dass ihre Privilegien respektiert werden sollten, wenn sie die Sache Athens aufgeben und während des Krieges neutral bleiben würden. Die Platäer weigerten sich, ihren alten Verbündeten im Stich zu lassen, und die Belagerung ihrer Stadt begann.

Chr. 429-427.

167. Die Garnison, die sich so der gesamten peloponnesischen Armee widersetzte, bestand nur aus 480 Mann, aber sie glichen den Mangel an Zahl durch Energie aus. Archidamus schloss zunächst jeden Ausgang der Stadt mit einer Holzpalisade ab und errichtete darauf einen Hügel aus Erde und Stein, der eine schiefe Ebene bildete, auf der seine Truppen marschieren konnten. Die Platäer untergruben den Hügel, der einstürzte, und machten so die siebzigtägige Arbeit der gesamten Belagerungsarmee zunichte. Sie bauten auch eine neue Mauer innerhalb der alten, so dass die Spartaner, wenn diese eingenommen würde, dem Besitz der Stadt immer noch nicht näher kämen.

sahen, dass der Wille der Platäer nur durch eine Hungersnot gebremst werden konnte, verwandelten sie die Belagerung in eine Blockade. Sie umgaben die Stadt mit einer doppelten Mauer und überdachten den Zwischenraum, um den diensthabenden Soldaten Schutz zu bieten. Die Platäer erlebten so zwei Jahre lang eine völlige Trennung von der Außenwelt.

Die Vorräte begannen zu versagen; und im zweiten Jahr gelang fast der
Hälfte der Garnison die Flucht, indem sie im Regen und in der Dunkelheit
einer Dezembernacht über die Kasernen und Befestigungen ihrer Belagerer
kletterten. Obwohl die Zahl der Platäer auf diese Weise verringert wurde,
verhungerten sie schließlich völlig. Nun erschien ein Herold des
spartanischen Befehlshabers, der ihre Unterwerfung forderte, aber
versprach, dass nur die Schuldigen bestraft werden sollten. Sie gaben nach.
Als sie den fünf spartanischen Richtern vorgeführt wurden, wurde jeder
Mann für schuldig befunden und zur Hinrichtung geführt. Die Stadt und das
Gebiet von Platæa wurden den Thebanern übergeben, die alle
Privatwohnungen zerstörten und mit dem Material eine riesige Kaserne
errichteten, um Besuchern Unterkunft und den Leibeigenen, die das Land
bewirtschafteten, Wohnraum zu bieten. Die Stadt Platæa wurde von der
Karte Griechenlands ausgelöscht.

Chr. 429.

168. Die Athener kämpften mit ihrem Verbündeten Sitalces , einem
thrakischen Häuptling, im Norden mit wenig Erfolg. Sitalces marschierte mit
einem irregulären, aber mächtigen Heer von 150.000 Thrakern in
Mazedonien ein, mit der Absicht, Perdikkas zu entthronen . Da die
Mazedonier nicht in der Lage waren, ihm auf offenem Feld entgegenzutreten,
zogen sie sich in ihre Festungen zurück, und Sitalkes , der nicht über die
Mittel zur Durchführung von Belagerungen verfügte, zogen sich nach dreißig
Tagen zurück. Phorímio , ein athenischer Kapitän, errang unterdessen im
Golf von Korinth zwei Siege über eine weit überlegene Anzahl Spartaner. Im
ersten Gefecht hatte er nur zwanzig Schiffe, gegenüber der Spartan
siebenundvierzig; im zweiten traf er ohne Verstärkung auf eine frische
spartanische Flotte von siebenundsiebzig Segeln.

Chr. 428.

Das vierte Kriegsjahr war geprägt vom Aufstand von Mytilini, der
Hauptstadt von Lesbos. Gesandte wurden nach Sparta geschickt, um um
Hilfe zu bitten, die bereitwillig gewährt wurde, und die Mytilenier wurden in
den Peloponnesischen Bund aufgenommen.

169. Im Frühjahr 427 rückte die spartanische Flotte nach Mytilini vor,
doch als sie ankam, befand sich die Stadt im Besitz der Athener. Durch die
Hungersnot fast geschwächt, hatte der Gouverneur auf Anraten eines
spartanischen Gesandten alle Männer der unteren Klassen für einen letzten
verzweifelten Ausfall bewaffnet. Das Ergebnis widersprach seinen
Erwartungen. Die Masse des mytileniischen Volkes zog die athenische
Vormachtstellung der ihrer eigenen oligarchischen Regierung vor. Durch

ihre Waffen ermutigt, erklärten sie, dass sie direkt mit den Athenern verhandeln würden, wenn nicht alle ihre Forderungen erfüllt würden. Dem Gouverneur blieb keine andere Wahl, als selbst Verhandlungen aufzunehmen. Die Stadt wurde übergeben und das Schicksal ihrer Bewohner der Volksversammlung in Athen überlassen, wohin die Rädelsführer der Revolte geschickt wurden.

170. Tausend Athener versammelten sich auf der Agora, um über das Schicksal ihrer Gefangenen zu entscheiden. Salæ´thus , der spartanische Gesandte, wurde sofort hingerichtet. Im Hinblick auf den Rest entwickelte sich eine lebhafte Debatte. Kleon der Gerber, der frühere Gegner des Perikles, nahm eine herausragende Rolle ein; und trotz humanerer und gemäßigterer Ratschläge gelang es ihm tatsächlich, seinen brutalen Vorschlag umzusetzen, alle Männer von Mytilini mit dem Schwert zu töten und die Frauen und Kinder in die Sklaverei zu verkaufen. So ungerechtfertigt ein solcher Befehl auch sein mochte, umso mehr, als die meisten Mytilinier Athen freundlich gesinnt waren, während der Aufstand das Werk der Oligarchie war, die Feinde des Volkes war. Der Widerstand war so stark gewesen, dass Cleon eine Aufhebung des Urteils befürchtete und deshalb sofort eine Galeere nach Lesbos schicken ließ mit dem Befehl zur sofortigen Vollstreckung.

Seine Befürchtungen waren begründet. Eine einzige nächtliche Betrachtung erfüllte die besseren Athener mit Entsetzen über die unmenschliche Entscheidung, zu der sie gezwungen worden waren. Sie forderten eine neue Versammlung, um die Frage noch einmal zu prüfen; und obwohl dies gegen das Gesetz verstieß, stimmten die *Strategen* zu und beriefen die Bürger ein. In der Debatte am zweiten Tag wurde das grausame Dekret aufgehoben. Alle Kräfte waren nun angespannt, um es der barmherzigen Bark zu ermöglichen , die Todesboten einzuholen, die eine ganze Tagesreise voraus waren. Die stärksten Ruderer wurden ausgewählt und zu ihrer größten Anstrengung gedrängt, indem ihnen große Belohnungen versprochen wurden, wenn sie rechtzeitig eintrafen. Während sie ruderten, bekamen sie Nahrung und Schlaf durften sie nur in kurzen Abständen und abwechselnd. Das Wetter erwies sich als günstig und sie trafen gerade ein, als Paches , der die erste Depesche erhalten hatte, sich auf deren Ausführung vorbereitete. Die Mytilinier wurden gerettet, aber die Mauern ihrer Stadt wurden dem Erdboden gleichgemacht und ihre Flotte ergab sich den Athenern. Die Insel Lesbos wurde mit Ausnahme von Methymna , die jede Beteiligung an der Revolte abgelehnt hatte, in 3.000 Teile geteilt, von denen 300 den Göttern geweiht waren und der Rest durch das Los athenischen Siedlern zugeteilt wurde. Den Gefangenen in Athen wurde wegen ihrer Beteiligung an der Verschwörung der Prozess gemacht und sie wurden hingerichtet.

171. Die korkyrischen Gefangenen, die 432 nach Korinth gebracht worden waren, wurden nun nach Hause geschickt, in der Hoffnung, dass ihr Bericht über die großzügige Behandlung, die sie erhalten hatten, ihre Landsleute dazu bewegen würde, sich aus dem athenischen Bündnis zurückzuziehen. Sie schlossen sich der oligarchischen Fraktion an, um Wirkung zu erzielen Eine Revolution in Korkyra tötete die Anführer der Volkspartei, erlangte Besitz über den Hafen, das Arsenal und den Marktplatz und erlangte so, durch Einschüchterung des Volkes, eine Stimme in der Versammlung, in Zukunft eine strikte Neutralität aufrechtzuerhalten. Die Menschen befestigten sich jedoch in den höher gelegenen Teilen der Stadt und riefen die Leibeigenen aus dem Inselinneren zu Hilfe, denen sie Freiheit versprachen.

Die Oligarchisten zündeten die Stadt an, doch während sie brannte, traf ein kleines athenisches Geschwader aus Naupaktos ein, und sein Kommandant versuchte mit großer Weisheit, Frieden zwischen den streitenden Parteien zu schließen. Anscheinend hatte er diesen Plan verwirklicht, als eine peloponnesische Flotte, mehr als viermal so zahlreich wie seine eigene, unter dem Kommando von Alcidas erschien . Die Athener zogen sich ohne Verlust zurück, und Alcidas hatte Korkyra für einen Moment in seiner Macht; aber mit seinem üblichen Mangel an Schnelligkeit verbrachte er einen Tag damit, die Insel zu verwüsten, und nachts kündigten Leuchtfeuer auf Leucas das Herannahen einer athenischen Flotte an, die seiner eigenen zahlenmäßig überlegen war. Alcidas machte sich vor Tagesanbruch auf den Weg und überließ die Oligarchisten in der Stadt ihrem Schicksal. Die nächsten sieben Tage herrschten in Korkyra eine Schreckensherrschaft. Die durch die Anwesenheit der Athener geschützte Volkspartei gab sich der Rache hin. Ziviler Hass war stärker als natürliche Zuneigung. Ein Vater tötete seinen eigenen Sohn; Brüder hatten kein Mitleid mit Brüdern. Die aristokratische Partei war nahezu ausgerottet; aber fünfhundert entkamen und befestigten sich auf dem Berg Isto´ne , in der Nähe der Hauptstadt.

172. Das sechste Kriegsjahr begann mit Überschwemmungen und Erdbeben, die scheinbar ein Echo der moralischen Erschütterungen Griechenlands waren. In Athen wütete erneut die Pest. Um den Zorn Apollos zu besänftigen, wurde im Herbst eine feierliche Reinigung der Insel Delos, seinem Geburtsort, durchgeführt. Alle dort begrabenen Leichen wurden auf eine Nachbarinsel überführt und das Delian-Fest wurde mit noch größerer Pracht wiederbelebt. Die übliche spartanische Invasion in Attika war dieses Jahr verhindert worden, entweder aus Ehrfurcht vor dem angeblichen Zorn der Götter oder aus Angst vor der Pest; Doch im siebten Kriegsjahr (425 v. Chr.) überschritt ihr König Agis erneut die Grenzen und verwüstete das Land. Nach fünfzehn Tagen wurde er durch die Nachricht zurückgerufen, dass die Athener an der Küste Messeniens eine Militärstation errichtet hatten.

173. Eine Flotte unter Eurymedon und Sophokles, die nach Sizilien unterwegs war, war durch einen Sturm in der Nähe des Hafens von Pylos eine Zeit lang aufgehalten worden. Die Kommandeure wählten diesen Ort für eine Ansiedlung von Messeniern aus Naupaktos, die so in der Lage sein würden, mit ihren helotischen Verwandten zu kommunizieren und die Spartaner zu belästigen. Demosthenes blieben fünf Schiffe und zweihundert Soldaten übrig, die durch eine Verstärkung aus Messeniern auf tausend Mann aufgestockt wurden. Der Zorn der Spartaner wurde nur durch ihre Besorgnis über diese Verletzung ihres Territoriums übertroffen. Ihre Flotte wurde sofort von Korkyra abgezogen, während Agis mit seiner Armee von Attika aus marschierte. Die lange und schmale Insel Sphacteria , die den Eingang zur Bucht von Pylos bedeckte, wurde von Thrasymelidas , dem Spartaner, besetzt, während seine Schiffe in dem von ihr eingeschlossenen Becken geschützt waren . Während Demosthenes auf Verstärkung wartete, musste er sich mit seiner Handvoll Männern einer weit überlegenen Gruppe stellen. Der Angriff vom Meer aus wurde von Brasídas angeführt , einem der größten Kapitäne, die Sparta jemals hervorgebracht hat. Er kämpfte am Bug des vordersten Schiffes und drängte seine Männer durch Blicke und Worte vorwärts; aber er wurde schwer verwundet und die Schlacht endete ohne Vorteil für die Spartaner. Am zweiten Tag wurde es ohne größeren Erfolg erneuert, und die Athener stellten eine Trophäe auf, die sie mit dem Schild des Brasidas schmückten .

Chr. 425.

Der Ankunft der athenischen Flotte folgte eine schwere und noch entscheidendere Schlacht. Die siegreichen Athener begannen mit der Blockade von Sphacteria , wo sich die besten Truppen des Peloponnes befanden. Die Krise war so ernst, dass die Ephoren keinen anderen Ausweg sahen, als um Frieden zu bitten. Es wurde ein Waffenstillstand vereinbart und die besseren Geister auf beiden Seiten begannen auf ein Ende des Krieges zu hoffen. Aber die törichte Eitelkeit von Cleon und seiner Partei verlangte die extravagantesten Bedingungen, und die Stimme der Vernunft ging unter. Die Feindseligkeiten begannen erneut, was beide Parteien gleichermaßen verärgerte. Demosthenes, der befürchtete, dass die Winterstürme seine Blockade unterbrechen würden, beschloss, die Insel anzugreifen, schickte nach Athen, erklärte seine Position und forderte Verstärkung. Der Bericht war für die Versammlung entmutigend, die nun begann, Cleon zu beschuldigen, er habe sie überredet, die Gelegenheit für einen ehrenvollen Frieden verstreichen zu lassen. Cleon konterte, indem er den Offizieren Feigheit und Unfähigkeit vorwarf und erklärte, wenn *er General wäre, würde er* Sphacteria sofort nehmen ! Bei dieser Prahlerei des Gerbers brach die ganze Versammlung in Gelächter aus und rief: „Warum gehst du dann nicht?" waren von allen Seiten zu hören. Der lebhafte Geist der Athener erholte sich rasch von ihrer ungewöhnlichen Niedergeschlagenheit, und der bloße Scherz entwickelte sich bald zu einem Vorsatz. Cleon versuchte, sich zurückzuziehen, aber die Versammlung bestand darauf. Schließlich verpflichtete er sich, zusammen mit einer gewissen Anzahl von Hilfstruppen zu den bereits in Pylos befindlichen Truppen die Insel in zwanzig Tagen einzunehmen und entweder alle darauf befindlichen Spartaner zu töten oder sie in Ketten nach Athen zu bringen.

174. So einzigartig die Umstände von Cleons Auftrag waren, so bemerkenswert war sein Erfolg. Demosthenes hatte alles zum Angriff vorbereitet; und seiner Klugheit, unterstützt durch das versehentliche Abbrennen des Waldes auf Sphacteria , und nicht der Feldherrschaft von Cleon, war der Sieg zu verdanken. Die Athener, die vor Tagesanbruch landeten, überwältigten die Wache am südlichen Ende der Insel, stellten sich dann in Schlachtordnung auf und schickten Scharmützlergruppen aus, um den Feind zum Kampf zu provozieren. Der spartanische General, geblendet von der leichten Asche, die der Marsch seiner Männer aufwirbelte, rückte mit einiger Mühe über die halb verbrannten Baumstümpfe vor. Er war seinen Angreifern weit überlegen, die ihn aus der Ferne mit Pfeilen bedrängten und ihn schließlich zwangen, sich an das äußerste Ende der Insel zurückzuziehen. Hier kämpften die Spartaner erneut mit ihrer gewohnten Tapferkeit; Aber eine Gruppe von Messeniern, die über einige Klippen geklettert waren, die normalerweise als unzugänglich galten, erschien oben auf den Höhen und entschied über das Schicksal der Schlacht. Alle überlebenden Spartaner ergaben sich, und Kleon und Demosthenes brachen unmittelbar nach der Schlacht auf und kamen innerhalb von zwanzig Tagen mit ihren Gefangenen in Athen an. Dieser Sieg war einer der wichtigsten, die die Athener errungen hatten. Der Hafen von Pylos wurde stark befestigt und mit messenischen Truppen als Operationsbasis gegen Lakonien besetzt.

Chr. 424.

175. Zu Beginn des achten Jahres triumphierten die Athener überall, und die Spartaner hatten demütig und verzweifelt wiederholt um Frieden gebeten. Nikias eroberte zu Beginn des Jahres die Insel Kythera und platzierte Garnisonen in ihren beiden Hauptstädten, die den Lacedämoniern ständigen Widerstand leisteten . Anschließend verwüstete er die Küsten Lakoniens und eroberte unter anderem die Stadt Thyr´ea , in der sich die Ägineter nach ihrer Vertreibung von ihrer eigenen Insel niederlassen durften. Die Überlebenden der ursprünglichen Verbannten wurden nach Athen gebracht und hingerichtet. Die brutalen Auswirkungen des Krieges wurden von Jahr zu Jahr deutlicher, und diese kaltblütigen Massaker waren fast an der Tagesordnung.

Ungefähr zur gleichen Zeit gaben die Spartaner, alarmiert durch die Nähe der messenischen Garnisonen von Pylos und Kythera, bekannt, dass die Heloten, die sich während des Krieges durch treue Dienste ausgezeichnet hatten, freigelassen werden sollten. Eine große Zahl der Mutigsten und Fähigsten schien das Versprechen in Anspruch zu nehmen. Zweitausend von ihnen wurden als emanzipationswürdig ausgewählt, mit Girlanden gekrönt und mit hohen religiösen Ehren geehrt. Aber innerhalb weniger Tage waren sie alle verschwunden, und zwar auf eine Art und Weise, die nur den spartanischen Ephoren bekannt war – Männer, die sich weder durch Ehre noch durch Mitleid von ihrer engstirnigen Rücksichtnahme auf das vermeintliche Interesse des Staates rühren ließen.

Chr. 424.

176. Der Erfolg der Athener ließ sie bei ihrer megarischen Expedition nicht völlig im Stich, aber ihr Versuch nach Böotien endete nur in einer Katastrophe. Die Hauptbewegung wurde von Hippokrates ausgeführt , der eine Armee von mehr als 32.000 Soldaten über die böotische Grenze nach Delium führte , einem Ort in der Nähe von Tanagra, zwischen den Klippen der Ostküste. Hier befestigte er den Apollontempel, stellte eine Garnison in die Bauarbeiten und machte sich auf den Weg nach Hause. Die Bœotianer hatten bei Tanagra eine große Armee versammelt, die nun loszog, um die Athener auf den Höhen von Delium abzufangen . Der Kampf begann spät am Tag. Die athenische Rechte war zunächst erfolgreich, doch ihre Linke wurde von der thebanischen Phalanx niedergeschlagen. In ihren Reihen befanden sich Sokrates, der Philosoph, und seine Schüler Alkibiades und Xenophon, die alle den höchsten Ruhm in der griechischen Geschichte erlangen sollten. Schließlich erschien die böotische Kavallerie und entschied über die Geschicke des Tages. Die Athener flohen in alle Richtungen und nur der Einbruch der Nacht verhinderte ihre völlige Zerstörung. Delium wurde nach siebzehn Tagen belagert.

177. Bald nach diesen Katastrophen verloren die Athener ihre gesamte Herrschaft in Thrakien. Brasidas hatte eine kleine, aber gut ausgewählte Armee angeführt, um Perdikkas und den chalkidischen Städten zu Hilfe zu kommen. Der Mut und die Integrität dieses großen Generals führten dazu, dass viele der Verbündeten Athens ihre Partei verließen, und als er plötzlich vor Amphipolis erschien, ergab sich diese Stadt, ohne dass es einen Versuch gab, Widerstand zu leisten. Thukydides, [51] der Historiker, war General in dieser Region. Die Athener in Amphipolis schickten ihn um Hilfe, doch er kam zu spät. Wegen dieses Versagens, sei es aus Notwendigkeit oder aus

Fahrlässigkeit, wurde der General zur Verbannung verurteilt und verbrachte die nächsten zwanzig Jahre im Exil, in denen er durch sein literarisches Werk mehr zum Ruhm Griechenlands beitrug, als er wahrscheinlich im Militär getan hätte Befehl. Brasidas zog zur östlichsten der drei Chalkidischen Halbinseln und erhielt die Unterwerfung fast aller Städte.

Die Athener waren nun so entmutigt über ihre Verluste, dass sie ihrerseits begannen, Frieden vorzuschlagen; und die Spartaner, die auf die Rückkehr ihrer adligen Jugendlichen hofften, die in Athen gefangen waren, wünschten sich gleichermaßen einen Vertrag. Zu diesem Zweck wurde im Jahr 423 ein einjähriger Waffenstillstand vereinbart, um Zeit für dauerhafte Verhandlungen zu schaffen. Bedauerlicherweise lehnte sich Scione zwei Tage nach Beginn des Waffenstillstands gegen die Athener auf, die dessen Rückerstattung forderten. Die Spartaner weigerten sich, und das ganze Jahr verging ohne weitere Friedensbemühungen. Nach Ablauf dieser Frist rückte Kleon mit einer Flotte und einer Armee nach Thrakien vor. Er eroberte die Städte Torone und Galepsus und zog gegen Amphipolis, als es zu einer Schlacht kam, die sowohl sein Leben als auch seine Machtübernahme beendete. Auch Brasidas wurde tödlich verwundet, aber er lebte lange genug, um zu wissen, dass er siegreich war.

178. FRIEDEN VON NIKIAS. Die beiden großen Hindernisse für den Frieden waren nun beseitigt, und im Frühjahr 421 wurde zwischen Athen und Sparta ein fünfzigjähriger Vertrag geschlossen, der allgemein als „Frieden von Nikias" bezeichnet wurde. Einige Verbündete der letzteren beklagten sich darüber, dass Sparta ihre Interessen seinen eigenen geopfert und einen neuen Bund mit Argos an der Spitze gegründet hatte. Athen schloss 420 v. Chr. ein neues Bündnis für hundert Jahre mit Argos, Elis und Mantinea .

REPRISE.

Im Großen Peloponnesischen Krieg (431–404 v. Chr.) war fast ganz Mittel- und Südgriechenland mit Sparta verbündet; die meisten Seestaaten, mit Athen. In der letztgenannten Stadt drängten sich die meisten Einwohner Attikas aus Angst vor den spartanischen Invasionen zusammen. Viele starben an der Pest; sein berühmtestes Opfer war Perikles. Eine zweijährige Blockade Platæas durch die Spartaner endete mit der Vernichtung der Stadt. Der Aufstand von Lesbos wurde von Athen niedergeschlagen und die Mytilinier wurden zum Tode verurteilt, aber das Racheurteil wurde aufgehoben. Eine Revolution in Korkyra führte zu einem siebentägigen Massaker an der aristokratischen Partei. Um die Pest in Athen zu lindern, wurde eine feierliche Reinigung von Delos durchgeführt. Die Athener gründeten eine Kolonie in Pylos, um Lakonien zu bedrängen, und gingen in mehreren Seeschlachten als

Sieger hervor. Kleon, der Gerber, besiegte zusammen mit Demosthenes, dem Feldherrn, die Spartaner bei Sphacteria . Nikias eroberte Cythera und besetzte seine Städte. Der brutale Charakter des Krieges zeigte sich im Massaker an den im Exil lebenden Ägineten in Athen und an zweitausend Heloten in Sparta. Die verheerende Schlacht von Delium beendete die Invasion Böotiens durch die Athener, die gleichzeitig alle ihre Besitztümer in Thrakien verloren. Der Frieden von Nikias wurde 421 v. Chr. geschlossen, und Athen schloss mit einigen ehemaligen Verbündeten Spartas einen neuen Bund.

DIE SIZILIANISCHE EXPEDITION.

Chr. 420.

179. Von zwei früheren Feiern der Olympischen Spiele waren die Athener ausgeschlossen, aber im Sommer dieses Jahres erschienen die Herolde von Eleanus erneut, um sie zur Teilnahme einzuladen. Diejenigen, die sahen, wie Athen aufgrund seiner vielen Verluste verarmt war, waren überrascht über die Pracht seiner Delegierten, die bei allen Prozessionen die kostspieligste Darbietung ablieferten. Alkibiades trug sieben vierspännige Streitwagen in die Liste ein und erhielt bei den Rennen zwei Olivenkronen. Dieser junge Mann gehörte zu den fähigsten Bürgern, die Athen jemals besaß. Sein Genie, sein Mut und seine Schnelligkeit in Notfällen hätten ihn zu ihrem größten Wohltäter machen können; Doch durch seinen unkontrollierten Ehrgeiz und seine völlige Gewissenlosigkeit wurde er zur Ursache ihres größten Unheils.

180. Bald brach ein Krieg zwischen den Spartanern und den Argivern aus, in dem der spartanische König Agis die wichtige Schlacht von Mantinea im Jahr 418 v. Chr. gewann. Die oligarchische Partei, die bei Argos die Macht erlangte, gab das Bündnis mit Athen auf und schloss eine Vertrag mit Sparta. Doch die Adligen missbrauchten ihre Macht in brutalen Gräueltaten gegen das Volk, das eine weitere Revolution auslöste und die Stadt in Besitz nahm. Auf ihre Bitte hin kam ihnen Alkibiades mit einer Flotte und einem Heer zu Hilfe. Obwohl zwischen Spartanern und Athenern scheinbar Frieden herrschte, verübte die Garnison von Pylos immer noch Plünderungen in Lakonien, und spartanische Freibeuter beeinträchtigten den athenischen Handel ernsthaft.

181. Ungefähr zu dieser Zeit ersuchte eine Gesandtschaft aus Sizilien die Athener um Hilfe für die Stadt Egesta . Es war in einen Streit mit seinem Nachbarn Selinus verwickelt , der Hilfe aus Syrakus erhalten hatte. Der „Rassenkrieg" war tatsächlich zwölf Jahre zuvor in Sizilien ausgebrochen, und die Athener hatten den ionischen Städten Leonti'ni und Camari'na mehr als einmal Hilfe gegen ihre dorischen Nachbarn geschickt, die sich dem Peloponnes angeschlossen hatten Liga. Alcibiades setzte seinen ganzen Einfluss für die Sache von Egesta ein, in der Hoffnung, sein verlorenes

Vermögen sofort mit sizilianischer Beute aufzubessern und seinen Ehrgeiz mit dem Ruhm der Eroberung zu befriedigen. Er hoffte sogar, nicht nur Athen zur Oberherrschaft über alle hellenischen Kolonien zu machen, sondern auch das Reich Karthago im westlichen Mittelmeerraum zu erobern.

Nicias und die gesamte gemäßigte Partei widersetzten sich dem Unternehmen. Sie setzten sich lediglich dadurch durch, dass sie eine Gesandtschaft nach Egesta entsandten , um sich zu vergewissern, ob die dortige Bevölkerung ihr Versprechen, Mittel für den Krieg bereitzustellen, tatsächlich erfüllen konnte. Die Gesandten wurden völlig überlistet. Im Tempel der Aphrodite sahen sie eine prächtige Ausstellung von Gefäßen, die aus massivem Gold zu sein schienen, in Wirklichkeit aber aus vergoldetem Silber waren. Sie feierten in den Häusern der Bürger und waren überrascht von der Fülle an Gold- und Silberplatten, die ihre Anrichten schmückten, ohne zu ahnen, dass dieselben Gegenstände von Haus zu Haus gingen, und dienten ihnen immer wieder als Unterhaltungsmittel. Als erste Rate wurden 60 Talente Silber gezahlt, und die Kommissare gingen mit glänzenden Berichten über den Reichtum von Egestan nach Hause .

Chr. 415.

182. Alle Zweifel verschwanden aus den meisten Köpfen Athens, und Nikias, Alkibiades und Lamachos wurden mit der Leitung einer Expedition nach Sizilien beauftragt. Der Eifer der Athener kannte keine Grenzen. Jung und Alt, Reich und Arm forderten gleichermaßen eine Teilnahme an der großen Expedition. Den Generälen fiel es schwer, aus der Menge der Freiwilligen eine Auswahl zu treffen. Die Flotte wollte gerade auslaufen, als ein mysteriöses Ereignis die aufgeregte Menge in Bestürzung versetzte. Die *Hermæ , die vor jeder Tür in Athen, vor jedem Tempel oder Gymnasium und auf jedem öffentlichen Platz standen, wurden eines Morgens in* formlose Steinmassen verwandelt aufgefunden . Keiner ist entkommen. Das Volk forderte in einer Qual abergläubischen Grauens die Entdeckung und Bestrafung des Verbrechers. Der Verdacht fiel auf Alkibiades, weil bekannt war, dass er die eleusinischen Mysterien in einem betrunkenen Spaß provozierte und zu jedem Sakrileg fähig sein sollte. Empört bestritt er seine Schuld und forderte eine sofortige Untersuchung. Aber seine Feinde schafften es, die Sache bis zu seiner Rückkehr aufzuschieben, und schickten ihn so unter die Bürde einer unbewiesenen Anklage, die im Falle einer Katastrophe für seine Verurteilung wiederbelebt werden könnte.

183. An dem Tag, der für die Abfahrt der Bewaffnung bestimmt war, begleitete fast die gesamte Bevölkerung Athens die Soldaten bei Tagesanbruch auf ihrem Marsch nach Piräus . Als alle an Bord waren, befahl die Posaune Stille, und die Stimme des Herolds war im Einklang mit der des

Volkes im Gebet zu hören. Dann wurde das Lobgesang gesungen, während der Offizier am Bug jedes Schiffes ein Trankopfer aus einem goldenen Kelch ins Meer goss. Auf ein gegebenes Signal hin löste die gesamte Flotte ihre Kabel und startete mit Höchstgeschwindigkeit, wobei jede Besatzung bestrebt war, in Ægina die Erste zu sein .

184. Die gesamte Bewaffnung der Athener und Verbündeten versammelte sich im Juli 415 in Kerkyra. Sie bestand aus 136 Kriegsschiffen und 500 Transportschiffen mit 6.300 Soldaten, Handwerkern und einer großen Versorgung mit Nahrungsmitteln und Waffen. Als sich die Flotte der Küste Italiens näherte, wurden drei schnellsegelnde Triremen ausgesandt, um die Egestäer über ihre Ankunft zu informieren und sich über ihren aktuellen Zustand zu informieren. Diese schlossen sich der Flotte in Rhegium wieder an und erhielten die unwillkommene Nachricht, dass der Reichtum von Egesta völlig fiktiv sei und dass dreißig Talente mehr das Ausmaß der zu erwartenden Hilfe seien. Die drei Admirale waren nun geteilter Meinung. Nicias war dafür, sofort nach Selinus zu segeln , die bestmöglichen Konditionen auszuhandeln und dann nach Hause zurückzukehren. Alkibiades schlug vor, neue Verbündete unter den griechischen Städten zu suchen und mit deren Hilfe sowohl Selinus als auch Syrakus anzugreifen . Lamachus forderte einen sofortigen Angriff auf die letztere Stadt, die größte und reichste der Insel. Dieser Rat war gleichzeitig der kühnste und sicherste, denn die Syrakusaner waren nicht auf eine Verteidigung vorbereitet, und ihre Kapitulation hätte über das Schicksal der Insel entschieden; aber unglücklicherweise war Lamachus weder reich noch einflussreich. Sein Plan wurde missachtet und der von Alkibiades übernommen.

185. Die Flotte segelte nach Süden, erkundete die Verteidigungsanlagen von Syrakus und nahm Catana in Besitz , das ihr Hauptquartier wurde. Zu diesem Zeitpunkt erhielt Alkibiades von Athen ein Dekret der Versammlung, das seine Rückkehr zum Prozess forderte. Eine gerichtliche Untersuchung hatte ihn von der Verstümmelung der Hermæ freigesprochen , ihm wurde jedoch weiterhin vorgeworfen, die eleusinischen Mysterien entweiht zu haben, indem er sie in seinem eigenen Haus zur Unterhaltung seiner Freunde vorstellte. Dies war ein unverzeihliches Verbrechen, und jene Adelsfamilien, die von ihren heldenhaften oder göttlichen Vorfahren ein besonderes Recht abgeleitet hatten, an den Zeremonien teilzunehmen, fühlten sich schwer beleidigt. Die öffentliche Trireme, die Alkibiades die Vorladung überbrachte, hatte den besonderen Befehl, ihn nicht zu verhaften, sondern ihn in seinem eigenen Schiff zurückkehren zu lassen. Der schlaue General nutzte diese Höflichkeit, um seine Flucht herbeizuführen . Als er in Thurii landete , entkam er seinen Verfolgern und die Boten kehrten ohne ihn nach Athen zurück. Hier wurde er in seiner Abwesenheit zum Tode verurteilt, sein

Eigentum beschlagnahmt und die Eumolpidæ erklärten ihn feierlich für „verflucht".

186. Die Athener hatten drei Monate in Sizilien mit so wenig Erfolg verbracht, dass die Syrakusaner begannen, sie mit Verachtung zu betrachten. Nikias, der so beschämt war, etwas zu versuchen, verbreitete die Meldung, dass die Katanäer geneigt seien, die Athener aus ihrer Stadt zu vertreiben, und zog ihnen deshalb eine große Armee aus Syrakus zu Hilfe. Während ihrer Abwesenheit von zu Hause segelte die gesamte athenische Flotte in den Großen Hafen von Syrakus und landete eine Streitmacht, die sich in der Nähe der Mündung des Anapus verschanzte . Nach der Rückkehr der Syrakusaner kam es zu einer Schlacht, bei der Nikias erfolgreich war. Anstatt diesen Vorteil auszunutzen, zog er sich in die Winterquartiere in Catana und danach in Naxos zurück, während er nach Athen schickte, um einen Geldvorrat zu holen, und zu seinen sizilianischen Verbündeten, um Verstärkung zu erhalten.

Die Syrakusaner verbrachten den Winter in aktiver Vorbereitung. Sie bauten eine neue Mauer über die Halbinsel, zwischen der Bucht von Thapsus und dem Großen Hafen, die ihre Stadt im Westen und Nordwesten abdeckte. Sie schickten gleichzeitig Korinth und Sparta um Hilfe und fanden in der letztgenannten Stadt einen unerwarteten Verbündeten. Alkibiades war von Italien nach Griechenland gereist und hatte eine besondere Einladung nach Sparta erhalten. Hier ließ er seiner Bosheit gegenüber seinen Landsleuten freien Lauf, indem er alle ihre Pläne enthüllte und die Spartaner drängte, eine Armee nach Sizilien zu schicken, um ihre Bewegungen zu verunsichern.

Chr. 414.

187. Mit Beginn des Frühlings begann Nikias mit der Belagerung, indem er die Höhen von Epipolæ befestigte , die die Stadt beherrschten. Er baute auch eine Festung in Sy´ke und vertrieb die Syrakusaner von den Gegenmauern, die sie errichteten. Die athenische Flotte war im Großen Hafen stationiert, und die Syrakusaner, die an wirksamem Widerstand verzweifelten, schickten Boten, um die Bedingungen für die Kapitulation zu vereinbaren. Aber der tapfere Lamachus war getötet worden, und Nikias, jetzt alleiniger Befehlshaber, war zu untätig, um den Sieg zu erringen, der gerade noch in seiner Reichweite lag.

188. Zu diesem Zeitpunkt kam Gylip´pus , der Spartaner, mit nur vier Schiffen an der italienischen Küste an, und in der Annahme, dass Syrakus und ganz Sizilien unwiederbringlich verloren wären, versuchte er nur, die Städte auf der Halbinsel zu erhalten. Zu seiner Freude erfuhr er, dass die Athener ihre nördlichen Bauarbeiten rund um Syrakus noch nicht einmal abgeschlossen hatten. Er eilte durch die Meerenge von Messina, die er unbewacht vorfand, und als er in Himera landete , begann er, eine Armee aus den dorischen Städten Siziliens aufzustellen. Mit diesen marschierte er direkt über die Höhen von Epipolæ , die Nikias nicht gehalten hatte, nach Syrakus. Als er die Stadt betrat, sandte er dem athenischen General den Befehl, die Insel innerhalb von fünf Tagen zu verlassen. Nicias ignorierte die Botschaft, aber die folgenden Taten bewiesen, dass der Spartaner Herr der Lage war. Er eroberte die athenische Festung bei Labalum , baute eine weitere auf den Höhen von Epipolæ und verband sie durch eine starke Mauer mit der Stadt.

Chr. 413.

Die sizilianischen Städte, die gezögert hatten, schlossen sich nun der Siegerseite an. Verstärkung traf aus Korinth, Leukas und Ambrakien ein ; und Nicias, der die Belagerung mit seiner derzeitigen Streitmacht nicht fortsetzen konnte, zog sich auf die Landzunge von Plemmyrium südlich des Großen Hafens zurück. Seine Schiffe waren außerstande, seine Männer waren entmutigt und neigten zur Desertion, und seine eigene Gesundheit verschlechterte sich. Er schrieb an Athen und bat darum, die Armee sofort zu verstärken, und er selbst erinnerte sich. Athen befand sich im Belagerungszustand, denn der spartanische König Agis lagerte in Decele´a , vierzehn Meilen nördlich der Stadt, in einer Position, in der er die gesamte athenische Ebene beherrschen konnte. Die öffentlichen Gelder waren fast erschöpft, der Hunger machte sich bemerkbar und die geschrumpfte Zahl der Bürger war erschöpft von der Arbeit, Tag und Nacht die Mauern zu verteidigen. Es wurde jedoch beschlossen, Nikias zu verstärken und gleichzeitig Sparta auf seinem eigenen Territorium zu bedrängen. Zu diesem Zweck wurde Charikles geschickt, um an der Südküste Lakoniens eine Militärstation zu errichten, ähnlich der von Pylos in Messenien; während Demosthenes und Eurymedon eine Flotte und ein Heer nach Sizilien führten. Das erste Unternehmen war erfolgreich; der zweite war zu spät.

189. Die Syrakusaner waren in einer Seeschlacht besiegt worden, aber in einer zweiten, zwei Tage dauernden Schlacht waren sie völlig siegreich und die athenischen Schiffe wurden am Ende des Hafens festgesetzt. Die Ankunft von Demosthenes mit seinen frischen Truppen hatte einige Auswirkungen darauf, den Feind einzudämmen und die Stimmung seiner Landsleute zu heben. Als er sofort erkannte, dass Epipolæ der entscheidende Punkt war, richtete er alle seine Bemühungen auf die Wiedereroberung, aber ohne Erfolg. Da er nun sah, dass die Belagerung aussichtslos war, forderte er Nikias auf, nach Hause zurückzukehren und die Spartaner aus Attika zu vertreiben. Aber Nikias erinnerte sich an die lebhaften Hoffnungen und die großartigen Zeremonien, mit denen die Aufrüstung begonnen hatte, und konnte nicht zustimmen, mit der Schande des Scheiterns bedeckt nach Athen zurückzukehren. Er würde sich auch nicht nach Thapsus oder Catana zurückziehen , wo Demosthenes die Vorteile eines offenen Meeres und einer ständigen Versorgung mit Proviant betonte. Doch als große Verstärkungen in Syrakus eintrafen, wurde dieser Rückzug notwendig, und die Pläne waren so gut ausgearbeitet, dass er ohne Wissen des Feindes leicht hätte durchgeführt werden können.

27. August 413.

Unglücklicherweise kam es genau am Vorabend der beabsichtigten Bewegung zu einer Mondfinsternis. Die unvollkommene Astronomie jener Tage hatte das Ereignis nicht vorhergesagt, und die Wahrsager konnten nur zu dem Schluss kommen, dass Artemis, die besondere Wächterin von Syrakus, ihren Zorn gegen die Angreifer zum Ausdruck brachte. Sie erklärten, dass die Armee dreimal neun Tage in ihrer jetzigen Position bleiben müsse. Während dieser Verzögerung wurde den Syrakusanern der verunsicherte Plan bekannt, und sie beschlossen, einen Schlag auszuführen, während der Feind in ihrer Reichweite war. Eine Schlacht zu Lande und zur See war die Folge. Im ersten Fall schlugen die Athener ihre Angreifer zurück; aber im letzteren Fall wurde ihre Flotte völlig besiegt und Eurymedon getötet.

190. Die Syrakusaner beschlossen nun, ihren Feind völlig zu vernichten. Sie blockierten den Großen Hafen durch eine Reihe von Schiffen, die vor der Einfahrt festgemacht hatten. Die einzige Hoffnung für die Athener, vielleicht auch für Athen selbst, bestand darin, diese Linie zu durchbrechen, und zu diesem Zweck bereitete sich Nikias erneut auf den Kampf vor. Das Amphitheater aus Hügeln, die den Hafen umgeben, war voller Zuschauer beider Parteien, die mit besorgten Augen den Konflikt beobachteten, von dem ihr Schicksal abhing. Das Wasser war mit den Yachten wohlhabender Syrakusaner bedeckt, die jederzeit bereit waren, ihre Dienste anzubieten, wenn man sie brauchte. Der erste Angriff der Athener erfolgte gegen die Schiffssperre an der Hafeneinfahrt. Es scheiterte, und die syrakusanische Flotte von 76 Triremen griff daraufhin die 110 Athener an. Das Krachen der eisernen Bugs, die Schreie der Kämpfer und das antwortende Stöhnen oder Jubeln ihrer Freunde am Ufer erfüllten die Luft mit einem ständigen Lärm. Lange Zeit war der Ausgang zweifelhaft, aber schließlich begann die Flotte von Nikias, sich in Richtung Küste zurückzuziehen. Die athenische Armee erhob einen Schrei der Verzweiflung, der mit Triumphschreien der verfolgenden Schiffe und der Bürger auf den Mauern beantwortet wurde.

Die athenische Flotte war nun auf sechzig Schiffe reduziert, die syrakusanische auf fünfzig. Nicias und Demosthenes flehten ihre Männer an, den Versuch zu wiederholen, den Hafen zu verlassen, aber ihr Mut war so gebrochen, dass sie jeden weiteren Kampf auf dem Seeweg ablehnten. Die Armee zählte immer noch 40.000 Mann und es wurde beschlossen, sich auf dem Landweg in eine befreundete Stadt zurückzuziehen, wo sie sich bis zum Eintreffen der Transporte verteidigen konnten. Wäre dieser Entwurf sofort in die Tat umgesetzt worden, wäre er vielleicht erfolgreich gewesen; denn die Syrakusaner hatten sich Trunkenheitsfeierlichkeiten hingegeben, die gleichermaßen durch den Jubel über ihren Sieg und durch das Fest des Herkules ausgelöst wurden, und hatten keinen Gedanken an ihren flüchtigen Feind verschwendet. Aber Hermocrates , der Umsichtigste unter ihnen, beschloss, die seiner Ansicht nach athenische Bewegung zu verhindern. Er schickte Boten an die Mauer, die vorgaben, von Spionen des Nikias in der Stadt zu stammen, und warnte die Generäle, in dieser Nacht nicht zu marschieren, da alle Straßen streng bewacht seien. Nicias geriet in die Schlinge und opferte seine letzte Hoffnung auf Flucht.

191. Am zweiten Tag nach der Schlacht begann die Armee ihren Marsch ins Landesinnere und ließ die verlassene Flotte im Hafen, die Toten unbegraben und die Verwundeten der Rache des Feindes überlassen. Am dritten Tag des Marsches lag die Straße über einer steilen Klippe, die von einer syrakusanischen Streitmacht bewacht wurde. Zweitägige Angriffe auf diese Position blieben erfolglos, und die Generäle berieten sich in der Nacht, sich dem Meer zuzuwenden. Nicias gelang es mit dem Lieferwagen, die Küste zu erreichen; Aber Demosthenes verirrte sich, wurde vom Feind eingeholt und in einem engen Pass umzingelt, wo er die zerschmetterten Überreste seiner sechstausend Mann starken Armee übergab. Nikias wurde nun verfolgt und am Fluss Asina´rus eingeholt . Bei dem Versuch, die Grenze zu überqueren, kamen zahlreiche Menschen ums Leben. Von der Armee des Gylippus eng bedrängt , stürmten die Nachhut auf die Speere ihrer Kameraden vor oder wurden die steilen Ufer hinuntergeschleudert und von der Strömung mitgerissen. Jegliche Ordnung ging verloren und Nicias ergab sich nach eigenem Ermessen. Die Generäle wurden zum Tode verurteilt. Die einfachen Soldaten, die ohne Nahrung und Unterkunft in den Steinbrüchen eingesperrt waren, erlitten größeres Elend als alles zuvor. Einige der Überlebenden wurden als Sklaven verkauft, und ihre Talente und Leistungen gewannen in einigen Fällen die Freundschaft ihrer Herren.

REPRISE.

Alkibiades stärkte den Ruhm Athens bei den Olympischen Spielen, leistete den Argivern Hilfe gegen die Spartaner und förderte eifrig die sizilianische Expedition seiner Landsleute. Am Vorabend seiner Abreise wurde er des Sakrilegs beschuldigt und nach seiner Ankunft in Sizilien zum Tode verurteilt und für verflucht erklärt. Die Belagerung von Syrakus endete trotz der großen Bemühungen der Athener mit Misserfolg und Katastrophe, während Athen selbst vom König von Sparta belagert wurde. Die von Demosthenes angeführten Verstärkungen vollendeten nur die Erschöpfung der Stadt. Die Syrakusaner gewannen eine Seeschlacht in ihrem Hafen und eroberten die beiden athenischen Armeen auf ihrem Rückzug.

Chr. 412.

192. Inmitten privater Trauer und nationaler Bestürzung erfuhren die Athener, dass ihre Verbündeten sie im Stich ließen. Alkibiades schürte Aufstände in Chios, die zusammen mit Lesbos und Euböa die Hilfe Spartas anflehten, um sie aus ihrer Abhängigkeit zu befreien. Die beiden Satrapen Kleinasiens sandten Gesandte an dieselbe Macht, forderten sie auf, beim Sturz des athenischen Reiches in Asien mitzuwirken , und versprachen persisches Gold für die gesamten Kosten. Zur bleibenden Schande Spartas schloss sie in Milet einen Vertrag, in dem sie sich verpflichtete, sich mit Persien in einem Krieg gegen Athen zu vereinen und alle Städte und Gebiete, die es zuvor umfasst hatte, wieder unter persische Herrschaft zu bringen. In einem späteren Vertrag wurde erklärt, dass diese Klausel nicht nur alle Inseln der Ägäis , sondern auch Thessalien und Böotien umfasste, wodurch den Persern das Feld von Plataä überlassen und ihre Grenze an der Grenze zu Attika festgelegt wurde. Milet selbst wurde sofort Tissaphernes übergeben .

193. Samos blieb diesem allgemeinen Abfall treu und bot in den verbleibenden Kriegsjahren einen äußerst wichtigen Stützpunkt für die athenische Flotte. Die Samier, gewarnt durch das Beispiel von Chios, stürzten ihre oligarchische Regierung, und die so errichtete Demokratie wurde von Athen als gleichberechtigter und unabhängiger Verbündeter anerkannt. In Athen wurden nun große Vorbereitungen getroffen. Der Reservefonds von tausend Talenten, der seit der Zeit des Perikles unberührt gelegen hatte, wurde für die Ausrüstung einer Flotte gegen Chios verwendet. Wieder einmal waren die Athener erfolgreich, sowohl zu Wasser als auch zu Land. Lesbos und Clazomenæ wurden zurückerobert, die Chier besiegt und in einer Schlacht bei Milet die Spartaner selbst besiegt. Diese Stadt blieb in den Händen der Perser und Lacedämonier , aber die Beziehungen zwischen diesen sehr unterschiedlichen Verbündeten waren nicht mehr freundschaftlich. Die Spartaner schämten sich für ihren Umgang mit dem großen Feind Griechenlands, und Tissaphernes stand unter dem Einfluss von Alkibiades. Dieser zutiefst intrigante Athener überzeugte den Satrapen davon, dass es nicht im Interesse Persiens sei, einer Partei in Griechenland zu gestatten, mächtig zu werden, sondern dass sie sich vielmehr durch gegenseitige Feindseligkeiten gegenseitig zermürben und sich dann die Herrschaftsbereiche beider aneignen sollten. Dieser Rat richtete sich am meisten gegen die Spartaner, die nun so stark verstärkt waren, dass sie den Krieg bald hätten beenden können. Dementsprechend hielt Tissaphernes die spartanische Flotte untätig und wartete auf die Phönizier , die nie erscheinen sollten; und als dieser Vorwand nicht mehr greifen würde, wandte er seine goldenen Argumente mit der gleichen Wirkung auf seine Kommandeure an.

194. Alkibiades versuchte nun, den Satrapen mit Athen zu verbünden; Da ihm dies nicht gelang, versuchte er zumindest, seine Landsleute auf Samos davon zu überzeugen, dass er die Macht hatte, ein solches Bündnis zu schließen , denn sein einziger Wunsch bestand darin, in seine Heimatstadt zurückgerufen zu werden. Da er die athenische Demokratie hasste und fürchtete, machte er für seine Fürsprache bei den Persern jedoch eine Bedingung, nämlich dass eine Revolution durchgeführt und eine oligarchische Regierung eingesetzt werden sollte. Die Generäle auf Samos stimmten diesem Plan zu und Pisander wurde nach Athen geschickt, um die politischen Clubs zugunsten der Revolution zu organisieren.

Als er der Versammlung den Plan des Alkibiades vorstellte, entstand großer Aufruhr. Das Volk protestierte gegen den Verzicht auf seine Rechte; Die Eumolpiden protestierten gegen die Rückkehr eines Unglücklichen, der die Mysterien entweiht hatte. Pisander konnte sich nur auf die Erschöpfung und das Elend der Republik berufen; aber dieses Argument war zwar geschmacklos, aber nicht zu entkräften. Das Volk stimmte der Verfassungsänderung widerstrebend zu, und Pisander wurde mit zehn Kollegen zu einem Gespräch mit Alkibiades geschickt. Der Verbannte wusste genau, dass er mehr versprochen hatte, als er halten konnte. Um seinen Kredit zu retten, empfing er die elf Gesandten in Anwesenheit von Tissaphernes und stellte in seinem Namen so übertriebene Forderungen, dass diese selbst die Konferenz wütend auflösten und sich zurückzogen.

Chr. 411.

195. Obwohl sie davon überzeugt waren, dass sie von Alkibiades betrogen worden waren, waren sie nun zu weit gegangen, um von der geplanten Revolution zurückzutreten. Pisander kehrte mit fünf seiner Kollegen nach Athen zurück, während der Rest unter den Alliierten umherzog, um Oligarchien zu gründen. In Athen wurden die alten Ämter abgeschafft und ein vierhundertköpfiger Rat, der hauptsächlich aus Selbstwählern bestand, vier Monate lang an der Macht. Mit Hilfe der Armee auf Samos kam es zu einer Konterrevolution , und die Führer der Oligarchie wurden wegen ihrer Geschäfte mit den Spartanern des Verrats beschuldigt. Die meisten von ihnen flohen; aber zwei, Ar´cheptol´emus und Antiphon, wurden vor Gericht gestellt und hingerichtet.

196. Der Rest des Peloponnesischen Krieges war ausschließlich maritimer Natur und der Schauplatz seiner Operationen war die Küste Kleinasiens. Die Spartaner waren durch langes Training und den engen Zusammenstoß mit ihren großen Rivalen den Athenern in puncto Seefähigkeiten nahezu ebenbürtig geworden. Ihre Aufmerksamkeit für diesen Teil des Dienstes zeigte sich durch die jährliche Ernennung des *Navarchus* , eines Offiziers,

dessen Macht, solange sie bestand, sogar größer war als die der Könige, da
er über der Kontrolle der Ephoren stand.

Chr. 411.

197. Min´darus , der spartanische Befehlshaber in Milet, war von der
launischen Politik des Tissaphernes angewidert und segelte zum Hellespont,
in der Hoffnung, den anderen Satrapen zu finden, der dem spartanischen
Bündnis treuer blieb. Ihm folgte eine athenische Flotte unter Thrasylus , die
ihm, obwohl sie weniger zahlreich als seine eigene war, in der Meerenge
zwischen Sestus und Abydus eine schwere Niederlage beibrachte . Mindarus
schickte nun die alliierte Flotte nach Euböa , doch als sie den Berg Athos
passierte, wurde sie von einem heftigen Sturm erfasst und vollständig
zerstört. Die Athener nutzten ihren Vorteil durch die Gefangennahme von
Kyzikos , der sich von ihnen aufgelehnt hatte; und einige Wochen später
gewann er mit der rechtzeitigen Hilfe von Alkibiades eine weitere große
Schlacht in der Nähe von Abydus .

198. Im Frühjahr 410 belagerte Mindarus Kyzikos und die Athener
beschlossen, es zu entsetzen. Sie fuhren in der Nacht den Hellespont hinauf
und versammelten sich in Proconnesus . Alkibiades rückte mit seiner
Flottenabteilung auf Kyzikos zu und schaffte es, Mindarus in eine
Entfernung vom Hafen zu locken, während die beiden anderen Abteilungen
sich zwischen ihn und die Stadt schlichen und ihm so den Rückzug
versperrten. Es kam zu einer Schlacht, in der Mindarus getötet, die Spartaner
und ihre persischen Verbündeten in die Flucht geschlagen und die gesamte
peloponnesische Flotte gefangen genommen wurde, mit Ausnahme der
syrakusanischen Schiffe, die Hermokrates verbrennen ließ.

199. Dieser Sieg gab den Athenern die Kontrolle über die Propontis und
den Handel mit der Euxine zurück. Mit Mais beladene Schiffe fuhren nun in
Piräus ein , um den hungrigen Armen Erleichterung zu bringen und König
Agis zu entmutigen, der immer noch die Höhen von Decelea innehatte , in
der vergeblichen Hoffnung, die Stadt durch Aushungern zur Kapitulation zu
zwingen.

Unterdessen unterstützte Pharnabazus die Spartaner mit allen Mitteln, die
ihm zur Verfügung standen. Er ernährte und kleidete, bewaffnete und
bezahlte ihre Seeleute, erlaubte ihnen, in den Wäldern des Berges Ida Holz
zu schlagen und ihre Schiffe an seinen Docks von Antandros zu bauen .
Durch seine Hilfe konnte Chalcedon am Bosporus zwei Jahre lang gegen
Alkibiades bestehen. Im Jahr 408 ergab es sich schließlich. Selymbrien und
Byzanz wurden etwa zur gleichen Zeit eingenommen.

200. Diese wiederholten Erfolge stellten den Kredit von Alkibiades wieder
her und im Frühjahr 407 wurde er in seiner Heimatstadt wieder willkommen

geheißen. Alle Menschen trafen ihn in Piräus mit der gleichen Freude und Begeisterung, wie sie ihn acht Jahre zuvor dorthin begleitet hatten, als sie zu der tödlichen Expedition nach Sizilien aufbrachen. Er beteuerte seine Unschuld vor dem Senat und der Versammlung. Sein Urteil wurde durch Akklamation aufgehoben, sein Eigentum wiederhergestellt, der Fluch aufgehoben und er wurde zum General mit unbegrenzten Befugnissen ernannt. Vor seiner Abreise beschloss er, mit der großen Flotte und Armee, die ihm nun zur Verfügung standen, Demeter für die Beleidigung zu entschädigen, die ihr durch sein angebliches Sakrileg zugefügt worden war. Die heilige Prozession von Athen nach Eleusis war in diesen sieben Jahren wegen der Nähe der spartanischen Truppen unterbrochen worden. Alkibiades verzögerte nun seine Abreise, um die Teilnehmer zu begleiten und zu schützen.

Chr. 407.

201. Die Ankunft zweier neuer Offiziere auf dem asiatischen Kriegsschauplatz wendete den Ausschlag gegen Athen. Der eine war Cyrus, ein Sohn des persischen Königs; der andere war Lysander, der neue spartanische *Navarchos*, der das Kommando über die peloponnesische Flotte in Ephesus übernahm. Diese beiden machten gemeinsame Sache und ergriffen gemeinsam Maßnahmen für einen schweren und unerbittlichen Krieg gegen die Athener. Das Gold, das der persische Prinz ohne Maß verschwendete, verwendete der Spartaner zur Erhöhung der Löhne seiner Seeleute. Durch diese rechtzeitige Liberalität lockte er eine große Anzahl von Männern aus der gegnerischen Flotte an und machte selbst diejenigen, die nicht desertierten, unzufrieden und meuternd.

202. Alkibiades traf mit seiner Flotte ein und stellte fest, dass die Lage ungünstiger war, als er gehofft hatte. Die spartanischen Truppen waren besser bezahlt und ausgerüstet als seine eigenen, und um Geld zu beschaffen, erhob er Zwangsbeiträge von befreundeten Staaten. Während seiner Abwesenheit auf einem dieser Streifzüge geriet die Flotte in eine Schlacht mit den Spartanern und wurde mit erheblichen Verlusten besiegt. Die Athener begannen zu erkennen, dass acht Jahre Verbannung und zwei oder drei Jahre gutes Benehmen den Charakter des Mannes nicht verändert hatten, sondern dass er genauso entschlossen, wankelmütig und skrupellos war wie eh und je. Sie entließen ihn von seinem Kommando und ernannten zehn Generäle, mit Conon an der Spitze.

Chr. 406.

203. Zur gleichen Zeit, als Conon eintraf, um das Kommando über die Athener zu übernehmen, trat Cal´licrat´idas die Nachfolge von Lysander als *Navarchus an*. Er fand eine leere Schatzkammer und einen kalten Empfang vor, sowohl von seinen eigenen Landsleuten als auch von den Persern, die

Lysander absichtlich gegen ihn eingestellt hatte. Cyrus weigerte sich, ihn zu sehen oder ihm zu helfen. Callicratidas ergriff nun mutigere Ratschläge. Er segelte nach Milet und forderte die Bürger auf, das persische Bündnis abzubrechen. Viele reiche Männer meldeten sich mit großzügigen Geldbeiträgen, mit denen er fünfzig neue Triremen ausrüstete, und segelten mit einer Flotte, die doppelt so groß war wie die der Athener, nach Lesbos.

204. Er lieferte sich eine Schlacht mit Konon im Hafen von Mytilini, in der die Athener fast die Hälfte ihrer Schiffe verloren und den Rest nur retteten, indem sie sie unter den Stadtmauern an Land zogen. Callicratidas blockierte daraufhin die Stadt zu Wasser und zu Land; und Cyrus, der seinen Erfolg bemerkte, unterstützte ihn mit Geldlieferungen. Sobald der Zustand von Konon bekannt wurde, wurden in Athen große Anstrengungen unternommen. Innerhalb weniger Tage wurde eine große Flotte ausgesandt, die durch die Verbündeten auf Samos verstärkt wurde und mit 150 Schiffen am südöstlichen Ende von Lesbos ankam. Callicratidas ließ fünfzig Schiffe zurück, um die Blockade fortzusetzen, und segelte seinem Feind entgegen.

SCHLACHT VON ARGINUSÆ . Es folgte ein langer und hartnäckiger Kampf; aber Callicratidas wurde schließlich über Bord geworfen und ertrank, und den Athenern wurde der Sieg erklärt. Die Spartaner hatten siebenundsiebzig Schiffe verloren, und ihre Flotte in Mytilini zog sich hastig zurück und ließ den Hafen für die Flucht von Conon offen.

Chr. 405.

205. Zu Beginn des nächsten Jahres wurde Lysander erneut zum Kommandeur der spartanischen Flotte ernannt. Da seine Truppenstärke immer noch unterlegen war, vermied er ein Gefecht, überquerte jedoch die Ägäis zur Küste von Attika, um sich persönlich mit Agis zu beraten, und reiste von dort weiter zum Hellespont, wo er mit der Belagerung von Lampsacus begann . Die athenische Flotte folgte, kam aber zu spät, um die Stadt zu retten. Conon stationierte sich jedoch in Ægos-Potami (Ziegenfluss) auf der Nordseite des Kanals mit der Absicht, die Spartaner zu einem Gefecht zu bewegen. Die Athener befanden sich auf einer kargen Ebene; während die Spartaner, besser gelegen und reichlich mit Proviant versorgt, es nicht eilig hatten, die Schlacht zu beginnen. Alkibiades, der in der Nähe seiner eigenen Burg lebte, erkannte die Gefahr, die seinen Landsleuten drohte, und riet ihren Generälen, nach Sestus zu ziehen , aber seine Ratschläge wurden als Unverschämtheit missbilligt; und da die Athener die spartanische Verzögerung auf Feigheit zurückführten, vernachlässigten sie die Disziplin von Tag zu Tag mehr.

Chr. 405, Sept.

206. SCHLACHT VON ÆGOS-POTAMI . Schließlich nutzte Lysander den Moment, als die athenischen Seeleute über das Land zerstreut waren, und überquerte mit seiner gesamten Streitmacht die Meerenge. Nur ein Dutzend Schiffe unter Conons persönlichem Kommando waren kampfbereit; und die gesamte Flotte, mit Ausnahme des Flaggschiffs, der heiligen Par´alus , und acht oder zehn anderen, fiel ohne einen Schlag in den Besitz der Spartaner. Als Vergeltung für die jüngsten Grausamkeiten der Athener im Umgang mit ihren Gefangenen wurden drei- oder viertausend Gefangene, darunter Offiziere und Soldaten, massakriert. Die Niederlage bei Ægos-Potami war der Todesstoß für das Athener Reich. Chalcedon, Byzanz und Mytilini ergaben sich bald; und alle athenischen Städte außer der von Samos fielen ohne Widerstand in die Hände der Spartaner. Überall wurden Volksregierungen gestürzt und eine neue Form der Oligarchie gegründet, die aus zehn Bürgern bestand und an deren Spitze ein spartanischer Offizier, *Harmost genannt, stand.*

207. Die Nachricht von der großen Katastrophe traf in der Nacht in Piräus ein . Ein Schrei der Trauer und Verzweiflung breitete sich augenblicklich vom Hafen in die Stadt aus, als jeder Mann seinem Nachbarn die schreckliche Nachricht überbrachte. „In dieser Nacht schlief kein Mensch." [52] und am Morgen wurde die Versammlung einberufen, um zu überlegen, wie die Existenz der Stadt verlängert werden könnte. Die Situation war verzweifelt. Auch wenn keine feindliche Streitmacht sich Athen nähern sollte, konnte Lysander es durch die Eroberung der Euxine wirksam zum Aushungern bringen. Die Zahl der Bürger war so stark zurückgegangen, dass auch Kriminelle nicht vom öffentlichen Dienst verschont blieben. Alle Gefangenen wurden freigelassen, bis auf ein paar Mörder und verzweifelte Schurken; Private Vergehen wurden in der gemeinsamen Gefahr vergessen, und alle Athener schlossen sich zu einem feierlichen Eid der gegenseitigen Vergebung zusammen.

Chr. 405, Nov.

208. Zwei Monate nach der Niederlage erschien Lysander mit einer überwältigenden Seestreitmacht in Ægina ; und zur gleichen Zeit lagerte die peloponnesische Armee in den Hainen von Academia, nahe den Toren Athens. Doch obwohl einige der Menschen bereits vor Hunger starben, war ihr Geist nicht gebrochen; und als die spartanischen Ephoren einen Frieden unter der Bedingung der Zerstörung der Langen Mauern vorschlugen, wurde ein Senator inhaftiert, weil er lediglich über die Annahme dieser Bedingungen diskutierte. Als die Athener schließlich Kapitulationsangebote schickten, vergingen drei Monate in vergeblichen Debatten, bevor die Bedingungen festgelegt werden konnten. Die Thebaner und Korinther bestanden darauf, dass keine Bedingungen gewährt werden sollten, sondern dass der Name Athen ausgelöscht, sein Standort zur Wüste gemacht und sein Volk in die

Sklaverei verkauft werden sollte. Die Spartaner weigerten sich großzügiger, „einen der Augen Griechenlands auszustechen" oder ein Volk zu versklaven, das der gesamten hellenischen Rasse in der großen Krise der Perserkriege solche Dienste geleistet hatte.

Schließlich einigte man sich darauf, dass die Langen Mauern und die Befestigungsanlagen von Piräus zerstört, die Kriegsschiffe übergeben, allen Verbannten ihre Bürgerrechte zurückgegeben und alle ausländischen Besitztümer Athens aufgegeben werden sollten. Diese harten Bedingungen wurden mit unnötiger Unverschämtheit umgesetzt. Lysander selbst leitete den Abriss der Mauern; und die Arbeit, die durch die Solidität ihrer Konstruktion sehr schwierig war, wurde in eine Art Festfeier verwandelt. Ein mit Blumen geschmückter Chor von Flötenspielern und Tänzern belebte die Arbeiter bei ihrer Arbeit; Und als die massiven Mauern des Perikles Stein für Stein einstürzten, erklangen Triumphschreie aus der Armee der Zerstörer, die an diesem Tag den Beginn der Freiheiten Griechenlands miterlebte.

Chr. 477-404.

209. Die Vorherrschaft der Athener hatte seit der Konföderation in Delos dreiundsiebzig Jahre gedauert. Die Macht, die der Reichsstadt zur gemeinsamen Verteidigung anvertraut worden war, wurde in einigen Fällen zu einer schweren Last auf die unterworfenen Verbündeten ausgeübt, und ihre spätere Geschichte ist von vielen Grausamkeiten geprägt. Aber das wahre Reich Athens wurde nie gestürzt; denn durch Poesie, Kunst und Philosophie beherrscht sie immer noch den Geist der Menschen mit einer Macht, die nie übertroffen wurde.

REPRISE.

Die Rivalen, Untertanen und Feinde Athens schlossen sich zusammen, um ihren Fall zu beschleunigen; und zu diesem Zweck versprach Sparta den Persern Thessalien, Böotien , die Inseln der Ägäis und die Küste Kleinasiens. Alkibiades neutralisierte den spartanischen Einfluss teilweise mit den Satrapen und sicherte sich als Preis für seine Bemühungen zu ihren Gunsten eine oligarchische Revolution in Athen. Durch seine Hilfe errangen die Athener mehrere große Seesiege in der nördlichen Ägäis , die ihnen den Getreidehandel am Euxine wieder ermöglichten und die Hungersnot in ihrer belagerten Stadt linderten. Das Gold von Cyrus dem Jüngeren und die Fähigkeiten von Lysander wendeten erneut das Blatt gegen die Athener, die zweimal besiegt wurden; und obwohl sie später in der Nähe der Arginusæ siegten, erlitten sie bei Ægos-Potami einen endgültigen und verheerenden Sturz , der ihre Vorherrschaft in Griechenland beendete. Die unterworfenen Städte fielen in die Macht der Spartaner; und im folgenden Frühjahr wurde Athen selbst Lysander übergeben und seine langen Mauern zerstört.

210. Sparta wurde nun im Bündnis mit Persien der führende Staat in Griechenland; und alle Städte gaben ihrem Einfluss nach, indem sie ihre freien Regierungen abschafften und an ihrer Stelle Oligarchien errichteten. Athen selbst erhielt eine durch und durch spartanische Verfassung. Ein vorläufiges fünfköpfiges Komitee namens Ephors lud Lysander aus Samos ein, den Vorsitz bei der Neuorganisation Athens zu übernehmen. Unter seiner Leitung wurden dreißig Beamte für die Regierung der Stadt ernannt, die in der Geschichte immer als die „Dreißig Tyrannen" bekannt waren.

Chr. 401.

211. Kritias war ihr Anführer. Nachdem er einst durch eine Volksabstimmung verbannt worden war, übte er nun seine Rache mit schonungsloser Grausamkeit an den besten und edelsten Bürgern. Täglich floss Blut und Geldstrafen, Inhaftierungen und Beschlagnahmungen waren an der Tagesordnung. Auf Anraten von Theram´enes , dem Oberhaupt der gemäßigteren Partei, wurden aus den Anhängern der Dreißig dreitausend Bürger ausgewählt, deren Zustimmung für wichtige Verfahren erforderlich war. Aber alle, mit Ausnahme dieser entrechteten Zahl, befanden sich außerhalb des Schutzes des Gesetzes und konnten auf Befehl der Tyrannen hingerichtet werden, ohne dass es auch nur einen Anschein eines Prozesses gab. Es wurde eine Liste derjenigen erstellt, die zum Tode verurteilt waren, und jeder aus der herrschenden Partei konnte Namen hinzufügen, die ihm entweder aus Geiz oder aus Hass einfielen. Die wohlhabendsten Bürger waren natürlich die ersten Opfer, denn der Nachlass des Ermordeten fiel an seinen Ankläger. Theramenes wiederum wurde angeboten, einen wohlhabenden Außerirdischen zu zerstören und zu plündern, aber er lehnte den Vorschlag empört ab. Dieser angedeutete Protest gegen die Schreckensherrschaft kostete ihn das Leben. Er wurde als Staatsfeind denunziert, sein Name aus der Liste der Dreißig und der Dreitausend gestrichen und seine sofortige Hinrichtung angeordnet. Er sprang zum Altar im Senatsgebäude; aber die Angst vor göttlicher Rache war ebenso wie Menschlichkeit und Gerechtigkeit von den Herrschern Athens verschwunden. Er wurde ins Gefängnis geschleppt und dazu verurteilt, Hemlocktanne zu trinken.

212. Das Blatt wendete sich bereits, sowohl in der unglückseligen Stadt als auch in ganz Griechenland. Athen erregte in seiner Demütigung weder Angst noch Eifersucht mehr bei seinen ehemaligen Verbündeten; während Sparta, anstatt seinem angenommenen Titel „Befreier der Griechen" gerecht zu werden, ein neues Reich errichtete, das noch repressiver war als das seines Rivalen. Sogar in Sparta selbst erregten der Stolz und die Härte Lysanders

Abscheu, und die dreißig Tyrannen in Athen galten allgemein als Werkzeuge seines intriganten Ehrgeizes.

Die athenischen Verbannten, die auf ihre Zeit gewartet hatten, zogen nun unter der Führung von Thrasybulos aus Theben aus und eroberten die Festung Phyle im Gebirgswall von Attika auf dem Weg zur Hauptstadt. Die Tyrannen marschierten mit der spartanischen Garnison der Akropolis und den Dreitausend aus, um sie anzugreifen, wurden aber mit Mut zurückgeschlagen, und ein rechtzeitiger Schneesturm brach ihren Versuch, die Festung zu belagern, ab und trieb sie zurück in die Stadt. Da sie ihre Vertreibung vorhersahen, verschafften sich die Dreißig nun durch eine weitere schreckliche Tat einen Zufluchtsort. Sie ließen alle waffenfähigen Einwohner von Salamis und Eleusis als Gefangene nach Athen bringen und die Städte in ihrem eigenen Interesse mit Garnisonen besetzen. Dann füllten sie das Odeon mit spartanischen Soldaten und ihren dreitausend Anhängern und erpressten von dieser Versammlung ein Votum für die sofortige Ermordung der Gefangenen.

Chr. 403.

213. Thrasybulus, unterstützt von der Empörung des Volkes, marschierte nun mit tausend Mann nach Piräus , eroberte den Hafen ohne Widerstand und befestigte sich auf seinem Burgberg, Munych´ia . Die gesamte lacedämonische Partei in Athen marschierte gegen ihn und wurde mit erheblichen Verlusten geschlagen, zu denen auch der Tod von Kritias zu zählen ist . Die gemäßigtere Partei gewann nun die Oberhand; Die Dreißig wurden nach achtmonatiger Herrschaft abgesetzt und an ihrer Stelle zehn weniger grausame Herrscher gewählt. Die gewalttätigeren Mitglieder der Dreißig zogen sich nach Eleusis zurück, und beide Parteien schickten Gesandte nach Sparta mit der Bitte um Hilfe. Lysander marschierte erneut mit einer Armee in Athen ein, während sein Bruder Piräus mit einer Flotte blockierte.

Zu diesem Zeitpunkt wurde Lysander jedoch abgelöst, und der spartanische König Pausanias nahm Friedensverhandlungen auf, nachdem er zunächst zurückgeschlagen, aber später über Thrasybulus siegreich gewesen war. Für alle früheren Straftaten wurde eine Amnestie verfügt, mit Ausnahme derjenigen der Dreißig, der Elf, [53] und der Zehn. Die Verbannten wurden wiederhergestellt, und Thrasybulus marschierte nun mit seinen Kameraden in feierlicher Prozession von Piräus aus, um Athene auf der Akropolis ihre Dankopfer darzubringen. In einer anschließenden Volksversammlung wurden alle Handlungen der Dreißig Tyrannen annulliert, die Archonten, Richter und der Senat der Fünfhundert wurden wiederhergestellt und ein überarbeiteter Kodex der Gesetze von Draco und Solon wurde angeordnet.

Thrasybulus und seine Gruppe wurden für die Rettung der Stadt mit Olivenkränzen belohnt.

Chr. 399.

214. TOD VON SOKRATES. Obwohl die Athener gedemütigt und von ihrer früheren Größe zurückgedrängt wurden, freuten sie sich nun über die Wiederherstellung ihrer alten Gesetze. Ihre Stadt, ihre Tempel und all ihre alten Bräuche und Glaubensvorstellungen wurden durch die Gefahren, die sie durchgemacht hatten, doppelt teuer und heilig. Die schlimmste Auswirkung dieser konservativen Reaktion war die Verurteilung und der Tod von Sokrates. Dieser große Philosoph gehörte keiner politischen Partei an und hatte sich den extremen Maßnahmen beider widersetzt; Aber er hatte auf vielen Schlachtfeldern gekämpft und seine Macht als Bürger immer zugunsten von Gerechtigkeit und Barmherzigkeit eingesetzt. Kritias war sein Schüler gewesen, aber als er an der Macht war, hatte er seinen früheren Lehrer gehasst und verfolgt. Seine Amtsenthebung kam nun von der Gegenpartei. Ihm wurde vorgeworfen, die Götter Athens zu verachten, eine neue Anbetung einzuführen und die athenische Jugend zu korrumpieren. Die Zügellosigkeit des Alkibiades mag diesem Vorwurf etwas Farbe verliehen haben, obwohl es sicher ist, dass seine jugendlichen Gottlosigkeiten und sein daraus resultierendes Fehlverhalten den Anweisungen seines Herrn zuwiderliefen und nicht ihretwegen.

Als Sokrates zu seiner Verteidigung aufgefordert wurde, antwortete er, dass er, weit davon entfernt, die Staatsreligion zu verletzen, seine Jünger ständig ermahnt habe, nicht von den etablierten Bräuchen abzuweichen. Er weigerte sich, unter der Bedingung entlassen zu werden, dass er von der Lehrtätigkeit absehen müsse. Die Leidenschaft seines Lebens war es, bei der Jugend Weisheit und Tugend zu entwickeln. Er beanspruchte keine eigene Weisheit, sondern versuchte, aus den Gedanken anderer gerechte Schlussfolgerungen zu ziehen. Und wenn er jemanden davon überzeugen konnte, dass die Sorge, jeden Tag weiser und besser zu werden, Vorrang vor allen anderen Sorgen haben muss, war er sicher, dass er den größtmöglichen Nutzen gebracht hatte. Der hohe Ton seiner Verteidigung verärgerte nur seine Richter und er wurde zum Tod durch Gift verurteilt.

Der Paralus war nun zu seiner heiligen jährlichen Mission zur Insel Delos aufgebrochen, und bis zu seiner Rückkehr konnte keine Hinrichtung stattfinden. Die dreißig Tage, die Sokrates so im Gefängnis verbrachte, waren erfüllt von anregenden Gesprächen mit seinen Freunden. Er sprach fröhlich von der Vergangenheit und der Zukunft und brachte seine unerschütterliche Überzeugung von der Unsterblichkeit der Seele zum Ausdruck. Seine letzte Bitte war, dass in seinem Namen ein Hahn dem Æsculapius geopfert werden sollte , [54] ein Opfer, das Menschen zu machen pflegten, wenn sie von einer

Krankheit genesen waren – durch dieses gemeinsame Symbol, das allen Menschen bezeugte, dass er den Tod als etwas betrachtete freudige Befreiung aus einem Zustand der Unvollkommenheit und Krankheit. Als der bestimmte Zeitpunkt gekommen war, trank er den Hemlocktrank und atmete ruhig aus.

Chr. 402.

Chr. 401.

215. INVASION VON ELIS. Die Eleaner gehörten zu den ersten, die die unkontrollierte Macht Spartas zu spüren bekamen. Als Wächter des heiligen Hains von Olympia hatten sie die Spartaner von den Spielen ausgeschlossen, als die Athener unter der Führung von Alkibiades mit solcher Pracht erschienen, und hatten im Bündnis mit den Argivern und Mantiniern Waffen gegen sie erhoben (420-416 v. Chr.). Sie hatten ihre Beleidigungen gekrönt, indem sie König Agis aus ihrem Tempel vertrieben hatten, als er mit Opfern gekommen war, um das Orakel zu befragen. Agis forderte nun Genugtuung, die die Eleer jedoch nicht gewährten, und überschritt mit beträchtlicher Streitmacht ihre Grenzen. Ein Erdbeben erschütterte seinen Aberglauben und er zog sich ohne aktive Feindseligkeit zurück. Aber im nächsten Jahr erneuerte er seinen Mut. Mit einer großen Anzahl von Verbündeten, unter denen sich sogar die Athener befanden, überrannte und plünderte er das heilige Land und führte das Opfer, das er nicht friedlich darbringen durfte, mit Gewalt durch. So siegreich in seinem ersten Feldzug, richtete der Spartaner seine Rache an den Messeniern, die sich in seinem Gebiet oder auf den Nachbarinseln niedergelassen hatten, und vertrieb sie alle oder versklavte sie.

Chr. 398.

216. Ein Jahr später starb König Agis und sein Bruder Agesilaus erhielt seine Krone. Agesilaos war mutig, ehrlich und energisch, und die Umstände seiner Herrschaft erforderten eine ständige Ausübung dieser spartanischen Tugenden. Die Hilfe, die die Lacedämonier im Aufstand des Kyros leisteten, war dem persischen König nicht entgangen; und Tissaphernes , der nun die Satrapie des rebellischen Fürsten besaß, wurde angewiesen, sie aus allen ihren Städten an den Küsten Asiens zu vertreiben. Die ersten Bemühungen der Spartaner unter unterlegenen Kommandeuren hatten nur mäßigen Erfolg, und Agesilaos selbst bereitete sich darauf vor, das Kommando in Asien zu übernehmen.

217. Das Hauptquartier der griechischen Streitkräfte befand sich in Ephesus, wo die Armee 396 v. Chr. eintraf. Der Winter wurde mit geschäftigen Vorbereitungen verbracht, was dieser wohlhabenden Stadt das Aussehen eines riesigen Arsenals verlieh. Im Frühjahr 395 rückte er nach

Sardes vor und schlug die persische Kavallerie in die Flucht. Die Plünderung ihres Lagers bereicherte die Spartaner, die nun fast unter den Augen von Tissaphernes das Land verwüsteten . Doch etwa zu dieser Zeit geriet der Satrap in die Gewalt von Parysatis , der Königinmutter, die ihn wegen seiner früheren Opposition gegen Cyrus enthaupten ließ . Sein Nachfolger, Tithraustes , schlug Friedensbedingungen vor, wonach die griechischen Städte unabhängig bleiben sollten, mit Ausnahme eines jährlichen Tributs, den sie auch an Darius Hystaspes gezahlt hatten .

Chr. 395.

218. In der Zwischenzeit war in Griechenland ein Krieg zwischen Theben und Sparta ausgebrochen, und Sparta hatte Athen, ihren alten Feind und Rivalen, mit dem Versprechen herbeigerufen, bei der Wiederherstellung ihrer verlorenen Vormachtstellung zu helfen. Lysander, der die spartanischen Streitkräfte in Bœotien befehligte, wurde bei Haliar´tus besiegt und getötet . Pausanias, der zu spät für seine Hilfe eintraf, wagte es nicht, mit der Armee nach Sparta zurückzukehren, sondern flüchtete sich in den Tempel der Athene in Tegea ; und als er von seinen Landsleuten zum Tode verurteilt wurde, verbrachte er den Rest seiner Tage im Heiligtum. Sein Sohn Agesipólis bestieg den Thron.

Chr. 394-387.

219. DER KORINTHISCHE KRIEG. Athen, Korinth, Argos und Theben bildeten nun ein enges Bündnis gegen Sparta, das bald durch die Hinzufügung von Euböa , Akarnanien, West-Lokris, Ambrakien , Leukadien und Chalkidike in Thrakien gestärkt wurde. Die Alliierten versammelten im Frühjahr 394 eine große Armee in Korinth, und es wurde vorgeschlagen, direkt auf Sparta zu marschieren und „die Wespen in ihren Nestern zu verbrennen, bevor sie zum Stechen hervorkommen konnten". Als die Alliierten jedoch Nemea erreichten, waren die Lacedämonier bereits bis nach Sikyon vorgerückt, und diese mussten sich zurückziehen, um Korinth zu schützen. Die Spartaner griffen sie in der Nähe der Stadt an und errangen im Juli 394 einen Sieg.

Chr. 394.

220. Agesilaus war unfreiwillig aus seinem Krieg gegen Persien abberufen worden und erschien nun im Norden mit einer mächtigen Armee, zu der auch Xenophon [55] und viele der Zehntausend gehörten . Als der König vom Sieg Korinths hörte, rief er aus: „Wehe Griechenland! Sie hat genug ihrer Söhne getötet, um alle Barbaren zu besiegen." Agesilaos rückte nach Koronæa vor , wo bald eine weitere Schlacht ausgetragen wurde. Die Thebaner waren zunächst erfolgreich, und nachdem sie die Orchomenier in die Flucht geschlagen hatten , drangen sie bis zu ihrem Lager im Hintergrund vor. Aber während sie dies plünderten, war Agesilaus auf dem Rest der Linie siegreich gewesen und hatte die Verbündeten dazu getrieben, am Hang des Berges Helikon Zuflucht zu suchen. Die so umzingelten Thebaner mussten die ganze Wucht des spartanischen Angriffs aushalten, und in den griechischen Annalen war noch nie ein schwererer Kampf bekannt geworden. Es gelang ihnen schließlich, sich wieder ihren Kameraden anzuschließen, aber der Sieg blieb bei Agesilaos.

221. SCHLACHT BEI KNIDOS. Ihre beiden erfolgreichen Schlachten von Korinth und Koronäa entschädigten die Spartaner bei weitem nicht für die verheerende Niederlage, die sie in derselben Saison bei Knidos erlitten. Konon, der die sieben Jahre seit seiner Schande in Ægos-Potami mit Evagoras von Zypern verbracht hatte, trat nun im Bündnis mit dem alten Feind Griechenlands gegen den erbitterten Feind und Rivalen Athen wieder auf. Artaxerxes, der den Hass spürte, der gegen die wachsende Macht Spartas zu spüren begann, hatte Gesandte in die wichtigsten Städte Griechenlands geschickt, um sie in einem Widerstandsbund zu vereinen, während er eine große Geldsumme nach Konon schickte, um eine Stadt auszurüsten Flotte unter den Griechen und Phöniziern der Küste. Als Befehlshaber dieser Flotte wurde Conon bei Kaunus vom Spartaner Pharax blockiert ; Doch als Verstärkung für die Perser eintraf, zog sich das Blockadegeschwader nach Rhodos zurück. Die Menschen auf dieser Insel hatten die Herrschaft der Spartaner so lange widerwillig ertragen. Sie erhoben sich gegen Pharax , zwangen ihn zum Abzug und stellten sich unter den Schutz von Conon. Dieser Admiral segelte sofort nach Rhodos und nahm die Insel in Besitz; Dann begab er sich nach Babylon, wo er von Artaxerxes eine noch großzügigere Geldzuwendung für die aktive Kriegsführung erhielt.

Mit der Hilfe von Pharnabazos , der mit ihm das Kommando übernahm, rüstete er eine mächtige Flotte aus und bot Pisander , dem spartanischen Admiral, vor Knidos in Karien den Kampf an. Die persische Streitmacht, bestehend aus Griechen und Phöniziern , war von Anfang an überlegen, insbesondere als Pisander im Verlauf der Schlacht von seinen asiatischen Verbündeten im Stich gelassen wurde. Er kämpfte jedoch mit der Tapferkeit eines Spartaners, bis sein Tod dem Kampf ein Ende setzte. Mehr als die Hälfte der spartanischen Flotte wurde entweder gefangen genommen oder zerstört. Als Folge dieser Niederlage fiel das spartanische Reich noch schneller als sein Aufstieg acht Jahre zuvor. Konon und Pharnabazus segelten von Hafen zu Hafen und wurden von allen asiatischen Griechen als Befreier empfangen. Die spartanischen *Harmosten* flohen vor ihrer Ankunft überall hin. Allein Abydus und das thrakische Chersonesus hielten der Macht Athens und Persiens stand.

Chr. 393.

222. Im folgenden Frühjahr überquerte die Flotte von Konon und Pharnabazos die Ägäis , verwüstete die Ostgrenzen Lakoniens und errichtete eine athenische Garnison auf der Insel Kythera. Der Perser versicherte den Verbündeten, die er in Korinth traf, durch Gold und Versprechen seine unerschütterliche Unterstützung gegen Sparta; und er beschäftigte die Seeleute der Flotte beim Wiederaufbau der Langen Mauern von Athen und der Befestigungen des Piräus . Die jüngsten Dienste von Conon haben die Erinnerung an seine früheren Katastrophen mehr als ausgelöscht, und er wurde von seinen Landsleuten als zweiter Gründer Athens und Wiederhersteller seiner Größe gefeiert.

223. Der Krieg wurde fortan auf korinthischem Gebiet geführt, und das Hauptziel der Verbündeten bestand darin, die drei Pässe in den Bergen zu bewachen, die sich über den südlichen Teil der Landenge erstrecken. Die westlichste davon wurde durch die langen Mauern verteidigt, die von Korinth nach Lechæum verliefen ; die anderen beiden durch starke Garnisonen der alliierten Truppen. Die Spartaner befanden sich in Sikyon, von wo aus sie die fruchtbare Ebene leicht verwüsten und die Landsitze der reichen Korinther plündern konnten. Die aristokratische Partei in Korinth begann sich zu beschweren und über ihr altes Bündnis mit Sparta zu seufzen. Die herrschende Fraktion hingegen lud eine Kompanie Argiver in die Stadt ein und massakrierte eine große Zahl ihrer Gegner. Die Aristokraten rächten sich, indem sie Praxitas , den spartanischen Anführer, in ihre langen Mauern einließen und auf engstem Raum eine Schlacht ausfochten, in der die Korinther besiegt wurden. Die Spartaner zerstörten einen großen Teil der Mauern und eroberten auf ihrem Marsch über die Landenge zwei Orte am Saronischen Golf.

Chr. 392.

Die Athener waren alarmiert darüber, dass die Tür für die Invasion ihres eigenen Territoriums geöffnet wurde, marschierten mit einer Streitmacht von Zimmerleuten und Maurern zur Landenge und halfen den Korinthern beim Wiederaufbau der Mauern. Sie bauten jedoch für ihre Feinde; denn im nächsten Sommer eroberte Agesilaus mit der spartanischen Flotte nicht nur die Mauern, sondern auch den Hafen von Lechæum . Mehrere andere Städte am Golf von Korinth mit großer Beute und vielen Gefangenen fielen ebenfalls in seinen Besitz. Die Lacedämonier umzingelten nun Korinth von allen Seiten, und die Thebaner, die am Erfolg ihrer Verbündeten verzweifelten, schickten Gesandte mit der Forderung nach Frieden.

224. Während sie sich noch in der Gegenwart von Agesilaos befanden, erhielt er die Nachricht von einer beispiellosen und beschämenden Katastrophe. Iphikrates , der Athener, hatte zwei Jahre lang eine Söldnertruppe in ein neues Taktiksystem ausgebildet, das die Vorteile schwerer und leichter Truppen vereinen sollte. Er hatte ihre Leistungsfähigkeit in mehreren Versuchen unter Beweis gestellt und war nun bereit, sie am spartanischen Bataillon zu testen, das als nahezu unbesiegbar galt. Die Spartaner kehrten gerade in das Lager von Lechæum zurück – nachdem sie ihre Amyclean- Kameraden auf dem Heimweg ein Stück begleitet hatten, um ein religiöses Fest zu feiern –, als sie von der Flanke und von hinten mit Pfeilen und Wurfspießen angegriffen wurden. Mit ihrer schweren Rüstung waren sie ihren flinken Gegnern nicht gewachsen, während ihre langen Piken gegen die kurzen Schwerter der *Peltasten* wenig nützten . Sie brachen schließlich in Verwirrung aus und viele wurden ins Meer getrieben, gefolgt von ihren Angreifern, die mit ihnen kämpften und sie im Wasser töteten.

Chr. 390.

225. Der Krieg in Asien verlief mit unterschiedlichem Erfolg. Thimbron , der Spartaner, wurde vom Perser Struthas besiegt und getötet , wobei seine Armee von 8.000 Mann völlig verloren ging. Ungefähr zur gleichen Zeit wurde ein athenisches Geschwader, das Evagoras gegen Persien unterstützen sollte , von einer spartanischen Flotte gefangen genommen. Thrasybulus wurde dann mit einer größeren Seestreitmacht entsandt, mit der er die athenische Macht in der Propontis wiederherstellte und allen Schiffen, die den Euxine verließen, erneut den von Athen einst erhobenen Zoll auferlegte. Während dieser Expedition wurde Thrasybulus getötet. Die Spartaner wurden durch erneute Anstrengungen wieder eine Zeit lang Herren der Meerenge; Doch Iphikrates überraschte mit seinen Peltasten ihren Anführer auf den Pässen des Berges Ida und errang einen entscheidenden Sieg, der die athenische Vormachtstellung in dieser Region wiederherstellte.

Chr. 387.

226. FRIEDEN VON ANTALCIDAS . Die Spartaner bemühten sich nun um Frieden, indem sie Antalcidas an den persischen Hof schickten. Der König akzeptierte ihre Vorschläge und stellte Mittel zur Verfügung, um sie durchzusetzen. Eine große Flotte unter dem Kommando von Antalcidas und Tiribazus besuchte den Hellespont und drohte Athen mit einer Hungersnot, indem sie die Maislieferungen aus dem Euxine unterbrach. Alle Staaten waren nun bereit, sich die Bedingungen anzuhören, und in einem Abgeordnetenkongress stellte Tiri´bazus die folgenden Vorschläge vor: „König Artaxerxes hält es für gerecht, dass die Städte in Asien und die Inseln Clazomenæ und Zypern ihm gehören sollten. Er hält es für gerecht, alle anderen griechischen Städte, sowohl kleine als auch große, unabhängig zu lassen, mit Ausnahme von Lemnos, Imbros und Skyros, die wie früher zu Athen gehören sollten.“ Die Thebaner erhoben zunächst Einspruch, doch als ihnen von den Spartanern Krieg angedroht wurde, leisteten sie schließlich den Eid. Die Bedingungen, die Griechenland auf diese Weise zu Füßen Persiens warfen, wurden auf Steintafeln eingraviert und in jedem Tempel aufgestellt.

REPRISE.

Die zweite Periode der spartanischen Vorherrschaft wurde durch die Abschaffung der freien Regierungen in ganz Griechenland eingeläutet. Athen litt unter den Dreißig Tyrannen acht Monate lang unter einer Schreckensherrschaft. Thrasybulus bewirkte zusammen mit den athenischen Verbannten die Vertreibung der Tyrannen, die Wiederherstellung der freien Regierung und eine konservative Reaktion, die unter anderem zur Hinrichtung von Sokrates führte. Die Spartaner plünderten das heilige Land Elis und vertrieben oder versklavten alle Messenier, die auf ihrem Boden verblieben waren. Agesilaos trat die Nachfolge seines Bruders als König von Sparta an und geriet in einen Krieg mit Persien. Im Kampf mit Theben wurde Lysander getötet und der König Pausanias in Ungnade gefallen. Während des folgenden Korinthischen Krieges siegte Sparta in Korinth und Koronäa , erlitt jedoch in der Schlacht von Knidos einen verheerenden Sturz durch die persische Flotte unter Konon, was zum plötzlichen Sturz seiner Vormachtstellung führte. Die Langen Mauern von Athen und die Befestigungen von Piräus wurden unter der Aufsicht von Conon wieder aufgebaut. Der Frieden von Antalcidas gab dem persischen König eine beherrschende Stimme in griechischen Angelegenheiten, mit der Souveränität über das asiatische Griechenland und die Inseln Zypern und Clazomenæ .

VORHERRSCHAFT VON THEBEN.

Chr. 386.

227. Der spartanische Hass auf Theben wurde durch die Rückkehr des Friedens nicht gemildert. Um die letztgenannte Stadt zu verärgern, wurde Platæa [56] wieder aufgebaut und so viele seiner ehemaligen Bürger wie möglich zurückgebracht. Eine Expedition gegen Olynth gab Anlass zu einer entschiedeneren Feindseligkeit. Phœ´bidas näherte sich auf seinem Marsch durch Bœotien zufällig an einem Festtag Theben, als die Zitadelle nur von Frauen besetzt war. Unterstützt von einigen Bürgern, die in einem geheimen Bündnis mit Sparta standen, eroberte er Cadmea , ließ den Chef der patriotischen Partei aufgrund einer falschen Anschuldigung hinrichten und löste eine Revolution in der Regierung aus, die Theben nur noch zu einem unterwürfigen Verbündeten Spartas machte. Die Lacedämonier gaben vor, sich der allgemeinen Empörung Griechenlands über diese Gräueltat anzuschließen; aber obwohl sie Phoebidas entließen , behielten sie die Cadmea .

228. OLYNTHISCHER KRIEG. Der Krieg in Mazedonien wurde nun mit Hilfe von Theben geführt. Olynth auf der Chalkidischen Halbinsel war zum Oberhaupt einer mächtigen Konföderation griechischer Städte geworden; aber Acanthus und Apollonia weigerten sich, sich ihm anzuschließen, und wandten sich an Sparta um Hilfe. Amyntas , König von Mazedonien, schloss sich ihren Truppen an und schloss sich denen von Eudamidas an . Olynth hielt mit seiner hervorragenden Kavallerie vier Jahre lang tapfer durch; aber schließlich fiel es und die Liga wurde aufgelöst. Die mazedonischen Häfen gerieten wieder unter Amyntas , während die griechischen Städte sich dem spartanischen Bündnis anschlossen. Sparta war nun auf allen Seiten mit den Feinden Griechenlands verbündet: mit den Persern, mit Dionysius von Syrakus und mit Makedonien. Durch die Zerstörung des Olynthischen Bundes hatte sie das Haupthindernis für die mazedonische Macht beseitigt, die bald die Freiheit der Griechen stürzen sollte.

229. Theben blieb drei Jahre lang unter der Kontrolle der Lacedämonischen Partei. Aber die Bürger waren unzufrieden, und eine Gruppe von Verbannten in Athen wartete auf eine Gelegenheit zur Rache. Unter ihnen war Pelopidas , ein edler und wohlhabender junger Mann, der sich bereits durch seinen Patriotismus hervorgetan hatte. Er war der glühende Freund von Epam'inon'das , einem Thebaner von höherem Alter und noch erhabenerer Tugend als er selbst. Unter den Verbannten wurde nun ein Plan zur Befreiung Thebens geschmiedet. Pelopidas war ihr Anführer; Doch Epaminondas hielt sich zunächst zurück, da die Durchführung der Verschwörung Täuschung und möglicherweise das Vergießen unschuldigen Blutes erforderte. Er war ein strenger Pythagoräer; und seine Prinzipien waren so rein, dass er nie, auch nicht im Scherz, mit der Wahrheit leichtfertig umging oder sie für irgendein Interesse opferte.

230. Phyl'lidas , Sekretär der thebanischen Regierung, war an der Verschwörung beteiligt und nahm eine führende Rolle bei der Durchführung ein. Er lud die beiden Polemarchen Archias und Philippus zum Abendessen mit den wichtigsten spartanischen Anführern ein; und als sie vom Essen und Trinken genug betäubt waren, schlug er vor, einige thebanische Damen vorzustellen. Bevor diese eintraten, überbrachte ein Bote einen Brief zu Archias und bat ihn um Aufmerksamkeit, da er eine Angelegenheit von ernster Bedeutung enthielt. Aber der Polemarch schob den Brief nur unter die Kissen seines Sofas und sagte: „Morgen geht es um ernste Dinge!"

Pelopidas und seine Freunde, die als Jäger verkleidet in der Stadt angekommen waren, betraten nun den Bankettsaal in den langen weißen Schleiern und festlichen Frauengewändern. Sie wurden von den halb betrunkenen Gästen lautstark begrüßt und verteilten sich scheinbar nachlässig in der Gesellschaft; Doch als einer der spartanischen Herren versuchte, den Schleier der Person, die ihn ansprach, zu lüften, erlitt er eine tödliche Wunde. Es war das Signal zum Generalangriff. Unter den seidenen Gewändern wurden Schwerter hervorgezogen, und kein Spartaner verließ den Raum lebend. Die Gefängnisse wurden nun geöffnet und fünfhundert Thebaner, die dort aus Liebe zur Freiheit eingemauert worden waren, wurden der bewaffneten Streitmacht der Revolutionäre hinzugefügt. Als der Tag anbrach, wurden alle Bürger, die die Freiheit schätzten, auf den Marktplatz gerufen. Es fand eine freudige Versammlung statt, die erste seit der spartanischen Usurpation. Die Lacedämonier in der Zitadelle wurden belagert, und nachdem ihnen die erwartete Verstärkung abgeschnitten worden war, ergaben sie sich schnell.

231. Es war jetzt tiefster Winter, aber als die Nachricht in Sparta eintraf, wurden sofort Vorbereitungen für den Krieg getroffen. Kleombrotus führte eine Armee nach Böotien , und Athen wurde dafür zur Rechenschaft gezogen, dass es den Verbannten Unterschlupf gewährt hatte. Da die Athener nicht in der Lage waren, mit Sparta in den Krieg zu ziehen, willigten sie ein, ihre beiden Generäle zu opfern, die den Thebanern am wirksamsten geholfen hatten. Einer wurde hingerichtet, der andere wurde nach der Flucht zur Verbannung verurteilt. Die Thebaner befürchteten, dass sie im Alleingang gegen Sparta kämpfen müssten. Um Athen zur Teilnahme am Krieg zu zwingen, bestachen sie Sphodrias , den spartanischen General, damit er in ihr Territorium einmarschierte. Er drang in der Nacht in Attika ein und verübte verschiedene Verwüstungen, zog sich aber am nächsten Tag zurück. Die spartanische Regierung bestritt jegliche Kenntnis von der Angelegenheit und stellte Sphodrias dafür vor Gericht; aber durch den Einfluss von Agesilaos wurde er freigesprochen. Athen schloss sofort ein aktives Bündnis mit Theben und erklärte seinem alten Rivalen den Krieg.

Chr. 378.

232. Nach dem Plan von Delos wurde nun eine neue Konföderation gebildet, die in ihrer Blütezeit siebzig Städte umfasste. Athen war das Oberhaupt, aber die Unabhängigkeit der Mitglieder wurde sorgfältig gewahrt. Ein Kongress in Athen regelte den Anteil jedes Einzelnen an den allgemeinen Ausgaben. Die Befestigungen von Piräus wurden fertiggestellt, neue Kriegsschiffe gebaut und alle Verbündeten zogen mit ihren Truppenkontingenten vor. In Theben wurde die Heilige Bande gegründet — ein schwerbewaffnetes Bataillon, bestehend aus dreihundert ausgewählten Bürgern der vornehmsten Familien, die durch engste Freundschaft miteinander verbunden waren. Obwohl Pelopidas Bœotarch war , hatte Epaminondas den größten Anteil an der Ausbildung und Disziplin der Truppen.

Chr. 375.

Während zweier Sommer fiel die Armee des Agesilaos in das Land ein und führte ihre Plünderungen bis vor die Tore von Theben. Im dritten Jahr hielten die Thebaner die Pässe des Berges Kitharon und hielten die Eindringlinge fern. Auf See waren die Spartaner nicht mehr erfolgreich. Sie wurden vor Naxos von den Athenern gründlich besiegt, die so ihr Seereich im Osten zurückeroberten; während sich in den westlichen Meeren Korkyra, Kephallenien und die benachbarten Stämme auf dem Festland dem athenischen Bündnis anschlossen. An Land waren die Thebaner nicht weniger siegreich. Während der zwei Jahre, in denen sie von der spartanischen Invasion verschont blieben, unterwarfen sich die meisten böotischen Städte ihrer Kontrolle. Im Jahr 374 v. Chr. wurden alle Spartaner vertrieben, in allen Städten außer Orchomenus und Chæronea wurden freie Regierungen wiederhergestellt und der Bœotische Bund wurde wiederbelebt. Die Phoker, die zwanzig Jahre zuvor die Spartaner nach Zentralgriechenland eingeladen hatten, waren nun Gegenstand der Rache, und das nicht zuletzt, weil die Schätze von Delphi der Preis des Siegers sein würden. Doch Kleombrotus kam den Phokern zu Hilfe und die Aggression wurde unter Kontrolle gebracht.

Chr. 374.

233. Die Athener hatten nun verschiedene Gründe für eine Feindschaft gegen Theben, und es wurden Boten mit Friedensvorschlägen nach Sparta geschickt. Sie wurden eifrig angenommen; Aber die ungünstige Wiederherstellung der zacynthischen Verbannten durch Timotheus, den Sohn von Konon, in dieser Krise brach die Verhandlungen ab und der Krieg wurde erneuert. Es wurde im Westmeer mit großen Kosten und ohne Gewinn für eine der Parteien durchgeführt; Das Hauptziel der Spartaner war die Eroberung von Kerkyra und der Athener der Schutz seiner Unabhängigkeit. Schließlich waren alle Parteien des Krieges müde und im Frühjahr 371 wurde in Sparta ein Generalkongress einberufen.

234. FRIEDEN VON CALLIAS . [57] Es wurde vereinbart, dass die spartanischen Garnisonen aus jeder Stadt abgezogen und allen die Unabhängigkeit gesichert werden sollte. Athen und seine Verbündeten unterzeichneten den Vertrag getrennt, aber Sparta leistete den Eid für die gesamte Lacedämonische Konföderation. Als die Thebaner aufgefordert wurden, weigerte sich Epaminondas, mit Ausnahme des gesamten Böotischen Bundes zu unterzeichnen, und behauptete, Theben sei ebenso rechtmäßig die souveräne Stadt Böotiens wie Sparta in Lakonien. Er verteidigte seine Ansicht in einer Rede von großer Beredsamkeit; aber

Agesilaus war heftig erzürnt. Zwischen den anderen Staaten wurde Frieden geschlossen, aber Theben und Sparta führten weiterhin Krieg.

235. Der Mut der Thebaner kam den übrigen Griechen wie Wahnsinn vor, und man glaubte, dass sie in wenigen Wochen von der Übermacht Spartas vernichtet werden würden. Aber Theben besaß nun den größten Feldherrn, den Griechenland je hervorgebracht hatte. Da er seine eigene Macht und den Wert dieser neuen Taktiken kannte, die dazu bestimmt waren, das spartanische System zu ersetzen, belebte er das schwindende Selbstvertrauen seiner Landsleute, überlegte ihre bösen Vorzeichen oder erfand gute, und durch seine eigene Seelengröße stützte er den Geist einer ganzen Nation.

Chr. 371.

236. SCHLACHT VON LEUC´TRA . Kleombrotus , der Spartaner, befand sich bereits mit einer beträchtlichen Armee in Phokis. Er begann mit Energie, indem er Creusis am Crissäischen Golf mit zwölf im Hafen liegenden thebanischen Schiffen eroberte und so gleichzeitig eine Versorgungsbasis und eine Rückzugslinie bot. Anschließend marschierte er entlang des Golfs von Korinth nach Böotien und lagerte in der Ebene von Leuctra. Drei der sieben Botarchen waren so beunruhigt, dass sie vorschlugen, sich nach Theben zurückzuziehen und ihre Frauen und Kinder zur Sicherheit nach Athen zu schicken; aber ihr Plan wurde außer Kraft gesetzt. Epaminondas und Pelopidas waren wachsam und fröhlich. Obwohl sie den Spartanern zahlenmäßig unterlegen waren, ordneten sie ihre Streitkräfte so an, dass sie am tatsächlichen Kontaktpunkt immer überlegen waren, anstatt alle auf einmal anzugreifen, was in der griechischen Kriegsführung die einheitliche Methode gewesen war. Die thebanische Linke war eine dichte Kolonne, fünfzig Mann stark, angeführt von der Heiligen Schar. Dies wurde auf die lacedämonische Rechte geschleudert , die ihre besten Truppen unter der Führung von Kleombrotus selbst enthielt; während die thebanische Mitte und rechte Seite, die den spartanischen Verbündeten gegenüberstand, außer Gefecht blieben. Der Angriff der Thebaner war unaufhaltsam. Noch nie hatte es auf einem griechischen Schlachtfeld heftigere Kämpfe gegeben. Die Spartaner behielten ihre alte Tugend; aber Kleombrotus wurde tödlich verwundet, seine gesamte Division wurde in ihr Lager getrieben und der Sieg der Thebaner war vollständig. Die Verbündeten der Spartaner, von denen viele eher aus Angst als aus freien Stücken anwesend waren, bereuten den Ausgang der Schlacht kaum.

In Sparta durfte die verhängnisvolle Nachricht das damals laufende Fest nicht unterbrechen. Alle Zeichen der Trauer waren verboten, außer denen derjenigen, deren Angehörige die Niederlage überlebt hatten. Dennoch war die Katastrophe die größte, die Sparta jemals heimgesucht hatte. Ihr Einfluss wurde zerstört, sogar über die Städte des Peloponnes. Ihre Gebiete nördlich des Golfs von Korinth wurden zwischen den Thebanern und Jason, dem Tyrannen von Pheræ in Thessalien, aufgeteilt, einem Mann mit einzigartigem Talent und grenzenlosem Ehrgeiz, der die Souveränität ganz Griechenlands anstrebte. Die Thebaner hatten um sein Bündnis geworben, waren aber über das Ausmaß seiner Projekte beunruhigt, und ganz Griechenland war erleichtert, als er im Jahr 370 ermordet wurde. Die spartanische Souveränität, die seit der Schlacht von Ægos-Potami vierunddreißig Jahre gedauert hatte , wich nun der THEBANISCHEN SUPREMATIE (371–362 v. Chr.).

237. Die Mantineer nutzten die Gelegenheit, um ihr früheres Unrecht zu rächen, und baten Epaminondas um Hilfe. Gegen Ende des Jahres 370 marschierte er mit einer Armee in Arkadien ein und wurde von Argivern und Eleanern unterstützt , die seine Zahl auf 70.000 Mann erhöhten. Auf Bitten seiner Verbündeten marschierte er in Lakonien ein und rückte gegen Sparta selbst vor. In all den Jahrhunderten, in denen der Ruhm der spartanischen Tapferkeit Griechenland und Asien in Ehrfurcht versetzt hatte, hatten die spartanischen Frauen nie einen bewaffneten Feind gesehen, und die Stadt ohne Mauern war nun voller Schrecken. Aber die Energie des alten Königs Agesilaus war seiner Verteidigung gewachsen. Er schlug die Kavallerie von Epaminondas zurück, die sich brennend und plündernd in das Tal des Eurotas zurückzog und dann nach Arkadien zurückkehrte.

238. Die Hauptziele seiner Expedition waren noch nicht erfüllt. Es hatte sich bereits ein Zusammenschluss arkadischer Städte gebildet, den Epaminondas organisieren und stärken wollte. Damit die Wahl eines bestehenden Ortes als Hauptstadt der Liga keine Eifersucht erregte, wurde eine neue Stadt namens Megalopólis gebaut und von Kolonisten aus vierzig Städten bevölkert. Hier sollte regelmäßig ein Abgeordnetenkongress namens „Zehntausend" einberufen werden; und es wurde auch ein stehendes Heer von Abgeordneten aus den verschiedenen Städten aufgestellt.

239. Ein noch wichtigerer Plan war die Wiederherstellung der Messenier. Dreihundert Jahre lang war diese edle Rasse auf der Flucht und im Exil gewesen, während ihre Ländereien im Besitz der Lacedämonier waren . Die Verbannten wurden nun durch die Briefe von Epaminondas von den Küsten Italiens, Siziliens, Afrikas und Asiens zurückgerufen und griffen eifrig zu den Waffen, um ihre alten Sitze zurückzugewinnen. Die Zitadelle von Ithome wurde neu befestigt und die Stadt Messene , die am Westhang des Berges entstand, wurde durch starke Mauern geschützt. Die messenischen Gebiete erstreckten sich nach Süden bis zum Golf, der ihren Namen trug, und nach Norden bis nach Elis und Arkadien.

Chr. 369.

240. Die gemeinsame Eifersucht auf Theben führte nun zu einem engeren Bündnis zwischen Athen und Sparta. Ihre Truppen waren vereint bei der

Bewachung der Gebirgspässe der Landenge, um eine weitere Invasion des Peloponnes zu verhindern. Epaminondas brach jedoch ihre Linie, indem er eine spartanische Division besiegte, und Sikyon verließ die spartanische Division und schloss sich dem thebanischen Bündnis an. Die Thebaner wurden ihrerseits bei einem Angriff auf Korinth besiegt, und ihre Feinde wurden durch ein Geschwader verstärkt, das von Dionysios von Syrakus aus mit zweitausend Hilfstruppen aus Gallien und Spanien in Lechæum eintraf.

Chr. 368.

241. DER TRÄNENLOSE KAMPF. Unterdessen freuten sich die Arkadier über ihre neu erworbene Macht und strebten danach, die Souveränität mit Theben zu teilen, wie es Athen mit Sparta tat. Unter ihrem Anführer Lycomedes , der als erster den Bund vorgeschlagen hatte, erlangten sie im Westen mehrere Vorteile und vollendeten den Sturz der spartanischen Macht im messenischen Teil der Halbinsel. In einem späteren Unternehmen wurden sie jedoch unter großem Blutbad von den Spartanern besiegt, die bei dem Gefecht keinen Mann verloren und dem Gefecht daher den Namen „Tränenlose Schlacht" gaben. Die Thebaner trauerten nicht um diese Niederlage ihrer Verbündeten, die ihren Stolz zügelte und zeigte, dass sie Schutz vor dem souveränen Staat brauchten.

Im selben Jahr organisierten die Thebaner unter Pelopidas einen Bund zwischen den Städten Thessaliens und schlossen ein Bündnis mit Mazedonien. Zu den Geiseln, die vom mazedonischen Hof geschickt wurden, gehörte der junge Prinz Philipp, der Sohn von Amyntas , jetzt fünfzehn Jahre alt, der eine wichtige Rolle in der späteren Geschichte Griechenlands spielen sollte.

242. In den Jahren 367 und 366 erhielten die Thebaner vom persischen König die Sanktion ihrer Macht, die der Frieden von Antalcidas in Griechenland notwendig oder zumindest üblich gemacht hatte. Artaxerxes erkannte die hellenische Vormachtstellung von Theben und die Unabhängigkeit von Messene und Amphipolis an ; entschied einen Streit zwischen den Arkadiern und den Eleern zugunsten der Letzteren und befahl Athen, seine Marine auf Friedensbasis zu bringen. Dieses königliche Reskript löste natürlich heftigen Widerstand unter den Staaten Griechenlands aus; und als Pelopidas Thessalien besuchte, um die Einhaltung der Bedingungen zu erreichen, wurde er von Alexander von Pheræ festgenommen und eingesperrt . Die Thebaner schickten sofort eine Streitmacht, um ihren Botschafter zu bergen oder zu rächen. Doch unglücklicherweise wurde Epaminondas nun seines Kommandos enthoben; Die Armee wurde besiegt und entging nur knapp der völligen Zerstörung. Der große General diente als Privatmann in den Reihen; Er wurde von seinen Kameraden zu ihrem Anführer berufen und führte sie sicher nach Hause. Anschließend erhielt er das Kommando über eine zweite Expedition, die die Freilassung von Pelopidas sicherstellte.

Chr. 363.

Zwei Jahre später führte Pelopidas selbst eine Armee gegen Alexander und errang bei Cyn´oceph´alæ einen großen Sieg über ihn . Die Wut beim Anblick seines alten Feindes besiegte seine Klugheit und er fiel inmitten von Alexanders Wachen im wütenden Kampf. Die Thebaner empfanden mehr Trauer über seinen Tod als Freude über den Sieg, aber sie versäumten es nicht, ihm eine neue Armee anzuschließen, die Alexander aller seiner Besitztümer außer der Stadt Pheræ beraubte und die thebanische Vormachtstellung in ganz Nordgriechenland etablierte.

243. Der Krieg auf dem Peloponnes wurde nun durch einen Akt des Sakrilegs abgeändert. Die Arkadier eroberten im Jahr des Festivals den Heiligen Hain in Olympia, entzogen die Eleer ihrer Aufsicht über die Spiele und setzten an ihrer Stelle die Pisaner ein. Ein großes Heer der Arkadier und ihrer Verbündeten war anwesend, um dieses irreguläre Vorgehen durchzusetzen. Mitten in den Spielen rückten die Eleer an, unterstützt von ihren Verbündeten, den Achäern , und auf dem heiligen Boden wurde eine Schlacht ausgetragen. Der Tempel des olympischen Zeus selbst wurde zu einer Festung, und die Gold- und Elfenbeinstatue von Phidias blickte auf einen Schauplatz beispiellosen Streits herab. Die Schatzkammer des Schreins wurde von den Eindringlingen geplündert. Arkadien selbst wurde durch diese gottlose Tat gespalten. Die Mantineer verweigerten jeglichen Anteil an der Beute und wurden aus diesem Grund als Verräter des Bundes erklärt. Mit Elis wurde schließlich Frieden geschlossen, aber zwei Parteien blieben in Arkadien: die Mantiner im Bündnis mit Sparta; und die Tegeer , mit den anderen Städten, die Theben bevorzugten. Es kam häufig zu Feindseligkeiten und Gesandte wurden nach Epaminondas geschickt, die sein Eingreifen forderten.

244. Im Sommer 362 v. Chr. fiel der große Feldherr zum vierten und letzten Mal in die Peloponnes ein. Bei Tegea schlossen sich ihm seine Verbündeten an, während Agesilaos mit einer spartanischen Streitmacht in Richtung Mantinea zog. Auf diese Weise zwischen dem König und seiner Hauptstadt platziert, nutzte Epaminondas die Gelegenheit zu einem plötzlichen Angriff auf Sparta. Agesilaos hörte davon, als er rechtzeitig zurückkehrte, und obwohl in den Straßen der Hauptstadt eine Schlacht ausgetragen wurde, musste sich der Eindringling zurückziehen. Mit seiner gewohnten Schnelligkeit zog Epaminondas zurück, um Mantinea zu überraschen, während die spartanische Armee zurückgezogen wurde. Die Bürger wurden mit ihren Sklaven auf die Felder verstreut, denn es war Erntezeit; Doch gerade war eine Truppe athenischer Kavallerie eingetroffen, und obwohl sie müde und hungrig waren, gelang es ihnen, die Thebaner zurückzuschlagen.

245. SCHLACHT VON MANTINEA. Es war nun klar, dass eine große Schlacht stattfinden musste, und die Hochebene zwischen Tegea und Mantinea, die auf allen Seiten von Bergen umgeben war , war das vorgesehene Schlachtfeld. Als die Thebaner ankamen, legten sie ihre Waffen nieder, als wollten sie ihr Lager aufschlagen; und die Spartaner, die daraus folgerten, dass sie nicht kämpfen wollten, zerstreuten sich in einiger Verwirrung. Einige hüteten gerade ihre Pferde, andere schnallten ihre Brustpanzer ab, als sie vom Angriff der großen und schweren Kolonne böotischer Truppen überrascht wurden , die Epaminondas schnell zum Angriff gebracht hatte. Die Spartaner kämpften tapfer, aber unter dem Nachteil, den die Unordnung immer mit sich bringt, konnten sie sich nicht sofort erholen. Epaminondas nutzte die Gelegenheit, um eine Gruppe ausgewählter Truppen direkt in die Mitte des Feindes zu führen. Die Mantiner und Spartaner machten kehrt und flohen; aber in diesem Moment fiel der thebanische General, von einer tödlichen Wunde durchbohrt. Seine Anhänger standen wie gelähmt vor Bestürzung da und waren nicht in der Lage, den Vorteil, den er ihnen bereitet hatte, auszunutzen. Die Spartaner erkannten ihre Niederlage an, indem sie um Erlaubnis baten, ihre Toten begraben zu dürfen, aber beide Armeen stellten Siegestrophäen auf.

246. Epaminondas wurde mit der Speerspitze in der Brust vom Feld getragen. Er versicherte sich zunächst, dass die Schlacht gewonnen sei, und versuchte dann, über sein Kommando zu entscheiden; aber die beiden Generäle, die er ausgewählt hätte, waren bereits getötet. „Dann schließe Frieden", war sein letzter öffentlicher Befehl. Die Speerspitze wurde nun entfernt, und mit dem darauf folgenden Blutstrom starb sein Leben. Kein Grieche hat aufgrund seines Charakters und seiner Begabung jemals mehr den Titel „Großartig" verdient. Viele der Würdigsten, die ihm nachfolgten, nahmen ihn zum Vorbild; und selbst im christlichen Zeitalter gab es niemanden, der die Beschreibung eines tapferen Ritters „ohne Furcht und ohne Tadel" besser erfüllte. Die Größe Thebens begann und endete mit seiner öffentlichen Karriere. Nach dem verhängnisvollen Ausgang der Schlacht von Mantinea fiel sie auf ihre frühere Stellung zurück.

Chr. 361.

247. Es wurde Frieden geschlossen und alle Parteien befanden sich in der gleichen Lage wie vor dem Krieg. Agesilaus, trotz seiner achtzig Jahre ungezähmt, suchte nach einem Feld des Ruhms jenseits des Meeres. Tachos , König von Ägypten, hatte Sparta bei seinem Aufstand gegen Persien um Hilfe gebeten. Agesilaos kam ihm an der Spitze von tausend schwerbewaffneten Truppen zu Hilfe. Das Erscheinen des kleinen, lahmen alten Mannes, der keinerlei Gefolge oder Pracht eines Königs hatte, erregte den Spott der Ägypter; Doch als er seine Hilfe von Tachos an Nectanabis übertrug, der sich gegen ihn erhoben hatte, wurde die Bedeutung des kleinen Spartaners deutlich, denn Nectanabis erlangte den Thron. Agesilaos konnte seine Ehren und Belohnungen nicht mehr nach Sparta zurückbringen. Er starb auf dem Weg nach Kyrene und sein in Wachs einbalsamierter Körper wurde mit großem Pomp in seine Heimatstadt überführt. Ein altes Orakel hatte vorausgesagt, dass Sparta unter einem lahmenden Herrscher seine Macht verlieren würde. Es wurde nun erfüllt, aber ohne Verschulden des Königs. Agesilaos hatte alle Tugenden seiner Landsleute, ohne deren gemeinsame Fehler Geiz und Betrug; und er fügte der Freundschaft eine Wärme und Zärtlichkeit hinzu, die Spartaner selten besaßen. Er wurde „Spartas vollkommenster Bürger und vollendetster General, in vielerlei Hinsicht vielleicht ihr größter Mann" genannt.

248. DER SOZIALE KRIEG. Athen führte weiterhin seine Kriege im Norden; auf dem Seeweg gegen Alexander von Pheræ und auf dem Landweg gegen Mazedonien und die thrakischen Fürsten. Die zweite Periode athenischer Größe erreichte ihren Höhepunkt im Jahr 358, als Euböa , Chersones und Amphipolis erneut unterworfen wurden. In diesem Jahr kam es auf Rhodos, Kos, Chios und Byzanz zu einem schweren Aufstand, der als „Gesellschaftskrieg" bezeichnet wurde. Sestus und andere Städte am Hellespont schlossen sich dem Streit an, und Mauso'lus , König von Karien, sandte den Aufständischen Hilfe. Der Krieg war für Athen unrühmlich und erschöpfend. Um Geld für die Bezahlung ihrer Seeleute zu erhalten, unterstützten die Kommandeure Artabazus bei seinem Aufstand gegen Persien und zogen sich dadurch die Rache des großen Königs zu. Athen musste der Unabhängigkeit der vier Rebellenstaaten zustimmen, um noch größere Verluste und Katastrophen zu vermeiden. Während der vier Jahre, in denen ihre Aufmerksamkeit auf diese Weise in Anspruch genommen worden war, war es Philipp von Mazedonien gelungen, alle ihre Abhängigkeiten vom Thermaischen Golf zu erfassen und so seine Macht bis zum Peneus auszudehnen.

Chr. 357.

249. DER HEILIGE KRIEG. Während des Verlaufs des Sozialen Krieges begann in Zentralgriechenland ein weiterer tödlicher Streit durch die Feindschaft von Theben und Phokis. Getrieben vom Kampf um ihre Existenz beschlagnahmten die Phoker die heiligen Schätze von Delphi, was es ihnen ermöglichte, eine große Söldnerarmee aufzustellen und zu unterhalten und sogar einige der Nachbarstaaten zu bestechen, um ihnen entweder zu helfen oder neutral zu bleiben. Ihr erster Feldherr, Philomelus , wurde bei Tithorea besiegt und getötet . Sein Bruder Onomarchus , der sein Kommando übernahm, nutzte die Delphischen Schätze mit noch weniger

Bedenken und beschlagnahmte außerdem das Eigentum aller, die sich ihm widersetzten. Auf diese Weise eroberte er Lokris und Doris, fiel in Böotien ein und eroberte Orchomenos.

Chr. 352.

250. Lyc´ophron , Tyrann von Pheræ , suchte nun seine Hilfe gegen Philipp von Mazedonien, dessen zunehmende Macht Thessalien schwer bedrängte. Phaÿl´lus , der zuerst eine Streitmacht zur Hilfe von Lycophron anführte , wurde besiegt; aber Onomarchus selbst marschierte in Thessalien ein, besiegte den König in zwei offenen Schlachten und vertrieb ihn aus dem Land. Anschließend kehrte er nach Bœotien zurück, wo er Coronæa eroberte , wurde aber durch eine weitere Invasion Philipps nach Thessalien zurückgerufen. Diesmal änderte sich sein Schicksal; Er wurde besiegt und stürzte sich zusammen mit vielen anderen Flüchtlingen ins Meer, in der Hoffnung, die athenischen Schiffe zu erreichen, die vor der Küste lagen, um die Schlacht zu beobachten. Er kam ums Leben, und sein Körper fiel in die Hände Philipps und wurde als Strafe für sein Sakrileg gekreuzigt.

251. Diese Schlacht sicherte Philipps Herrschaft in Thessalien. Er errichtete eine volkstümlichere Regierung in Pheræ , nahm Magnesia ein, besetzte es und rückte dann gegen die Thermopylen vor . Die Athener erkannten die Gefahr und bewachten den Pass mit einer starken Streitmacht. Aber die Freiheit Griechenlands sollte seinen inneren Meinungsverschiedenheiten geopfert werden. Der Heilige Krieg hatte elf Jahre gedauert, als die Thebaner Philipp zu Hilfe riefen, um die Zerstörung von Phokis abzuschließen. Die Athener blieben nun neutral und Philipp passierte die Thermopylen ohne Widerstand. In einem kurzen Feldzug besiegte er Phokis und wurde anstelle des eroberten Staates als Mitglied des Amphiktyonischen Rates aufgenommen.

Chr. 349.

252. Athen war nun die einzige Macht in Griechenland, die in der Lage war, sich dem makedonischen König zu widersetzen, und Athen verfügte nicht mehr über einen Miltiades, einen Conon oder einen Themistokles. Es war jedoch ein großer Redner aufgetaucht, und als Olynth Gesandte sandte, um Hilfe gegen den Eindringling anzuflehen, der nun die chalkidischen Städte angriff, erweckte die Beredsamkeit des Demosthenes einen schwachen Anschein ihres früheren Geistes. Der Rettungsversuch wurde jedoch durch Verrat innerhalb der Mauern vereitelt; und im Jahr 347 fiel Olynth. Die dreifache Halbinsel befand sich nun in der Macht Philipps, und er konnte seine Interessen in ganz Griechenland eher durch Intrigen als durch Gewalt durchsetzen. Sogar in Athen arbeitete eine mächtige Partei, unterstützt von seinen Bestechungsgeldern, daran, die Bemühungen der wahren Patrioten, deren Anführer Demosthenes war, zu untergraben.

Æs´chines war das Sprachrohr der mazedonischen Partei, ein Redner, der nur Demosthenes selbst übertroffen wurde, und gewann wahrscheinlich mehr durch Schmeicheleien als durch Geschenke für Philipp. Er drängte ständig auf Frieden mit dem König, während Demosthenes, sobald er das Ausmaß von Philipps Absichten erkannte, ihnen mit der ganzen schonungslosen Vehemenz seiner Natur entgegentrat. Seine *Philipper* sind die eindringlichsten Beispiele überhaupt für kühnen und beredten Widerstand gegen eine ungerechtfertigte Machtübernahme.

Chr. 339.

253. Im Jahr 340 wurde wegen der Aggressionen Philipps am Bosporus der Krieg erklärt ; und der Zweite Heilige Krieg, der im folgenden Jahr ausbrach, gab ihm einen Grund, erneut die Thermopylen zu durchqueren . Er wurde nun zum Oberbefehlshaber der amphiktyonischen Streitkräfte ernannt und erlangte so eine Position im Herzen Griechenlands, die er nicht versäumte, zu seinem eigenen Vorteil zu nutzen.

7. August 338 v. Chr.

254. Die Thebaner wandten sich alarmiert an Athen um Hilfe, was jedoch nicht abgelehnt wurde. Die Armeen trafen in der Schlacht bei Chæronea aufeinander und der Sieg Philipps gab der griechischen Unabhängigkeit den Todesstoß. Alle Staaten außer Sparta erkannten seine Souveränität an und er wurde zum Generalissimus der hellenischen Streitkräfte in dem nun geplanten Krieg gegen Persien ernannt. Um die Feindseligkeit Spartas einzuschüchtern, marschierte er durch den Peloponnes bis zum südlichen Ende und kehrte über die Westküste zurück, ohne auf ernsthaften Widerstand zu stoßen.

Philipps Tod durch ein Attentat unterbrach die Bewegung gegen die Perser und belebte für einen Moment die Hoffnungen der Patrioten; aber die mazedonische Partei setzte sich unter dem jungen Alexander durch, der seinen Vater sowohl als Feldherr als auch als König übertraf.

REPRISE.

Sparta zerstörte die Olynthische Konföderation und eroberte Theben, das nach drei Jahren von Pelopidas und seinen Verbannten gerettet wurde. Athen erlangte seine Herrschaft sowohl im östlichen als auch im westlichen Meer zurück, während Theben das Oberhaupt des neuen Böotischen Bundes wurde. Der Vertrag von Callias sicherte den Frieden zwischen allen Staaten außer Theben und Sparta. Der Sieg von Epaminondas über die Spartaner bei Leuctra begründete die thebanische Vorherrschaft, die in den verbleibenden Jahren seines Lebens von den Persern anerkannt und unterstützt wurde. Er fiel viermal in den Peloponnes ein; organisierte eine arkadische Konföderation mit der neuen Stadt Megalopolis an der Spitze; brachte die verbannten Messenier in das Land ihrer Vorfahren zurück; griff Sparta selbst zweimal an; und schließlich triumphierte und fiel bei Mantinea. Agesilaos starb bei seiner Rückkehr aus Ägypten, wo seine Hilfe Nectanabis den Thron gesichert hatte. Athen erlebte infolge des Sozialkrieges (357–355 v. Chr.) den Niedergang seiner zweiten Blütezeit. Die Phoker erlangten mit den von ihnen beschlagnahmten delphischen Schätzen die Vorherrschaft in Zentralgriechenland, verloren sie jedoch im Krieg mit Philipp von Mazedonien. Dieser König beendete den Heiligen Krieg (357–346 v. Chr.) durch die Zerstörung von Phokis, nahm ihren Platz im Amphiktyonischen Rat ein, eroberte die Chalkidischen Halbinseln, führte die alliierten Streitkräfte im Zweiten Heiligen Krieg an und etablierte durch seinen Sieg bei Chæronea seine Vormachtstellung über Griechenland. Sein Sohn Alexander erbte das zivile und militärische Kommando.

FRAGEN ZUR ÜBERPRÜFUNG.
BUCH III.

1.	Unter welchen Namen war Griechenland bekannt?	§ 8.
2.	Welche Stämme zählten die Hellenen?	9.
3.	Welche Ausländer haben zur Zivilisation Griechenlands beigetragen?	10.
4.	Beschreiben Sie drei der griechischen Helden.	11-13.
5.	Was kann man über die Belagerung Trojas sagen?	14.
6.	Wie war der Zustand des Landes und der Menschen im heroischen Zeitalter?	11 , 17-20 .
7.	Beschreiben Sie die Könige.	15 , 16 .
8.	Welche Verbindungen gibt es zwischen griechischen und asiatischen Religionen?	21.
9.	Nennen Sie die zwölf olympischen Gottheiten.	23.
10.	Welchen Einfluss hatte der griechische Glaube auf das menschliche Verhalten?	25.
11.	Welche ausländischen Zeremonien wurden von den Griechen übernommen?	26 , 27 , 29 .

Buch IV.

ERSTE PERIODE. Vom Aufstieg der Monarchie bis zum Tod Alexanders des Großen, etwa 700–323 v. Chr.

1. Das nördlich von Thessalien und östlich von Illyrien gelegene Königreich Makedonien hatte vor der Herrschaft Philipps II., dessen Aggressionen die unabhängige Geschichte Griechenlands beendeten, kaum Bedeutung. (Siehe Buch III, §§ 248–254.) Im Jahr 507 v. Chr. unterwarf sich Amyntas I. Darius Hystaspes ; und fünfzehn Jahre später, im ersten Feldzug des Mardonius , wurde das Land zu einer bloßen Provinz des Persischen Reiches, wobei die einheimischen Könige als Nebenflüsse regierten. Nach dem Rückzug von Xerxes im Jahr 480 v. Chr. wurde Mazedonien wieder frei und begann entlang der Nordküste der Ägäis nach Osten vorzudringen . Hier traf es auf zwei Rivalen: das neue thrakische Königreich Sitalkes an seiner Ostgrenze und die athenische Macht in den griechischen Städten der Chalkidischen Halbinseln.

2. Als Athen durch seine sizilianischen Katastrophen erschüttert wurde, legte die kurze, aber glänzende Herrschaft von Archelaos I. (413–399 v. Chr.) den Grundstein für die Größe Mazedoniens. Er verbesserte sein Land durch Straßen, stärkte es durch Festungen und führte eine bessere Disziplin in der Armee ein. Auf seinen Tod folgten vierzig Jahre großer Aufruhr, ein fortlaufender Schauplatz von Verschwörungen und Attentaten, deren Darstellung den Studenten nur verwirren würde, ohne ihm zu nützen. Als Perdikkas III. Als er in der Schlacht starb, hinterließ er einen kleinen Sohn, Amyntas , unter der Regentschaft seines Bruders Philipp. Mindestens fünf weitere Prinzen beanspruchten die Krone; die siegreichen Illyrer besetzten die westlichen Provinzen, und Thrakien und Pæonien waren bereit, die östlichen zu übernehmen.

3. Philippus meisterte all diese Gefahren mit bewundernswertem Geist und Können. Er machte sich selbst zum König anstelle seines Neffen, besiegte die Illyrer und nutzte den Sozialen Krieg, um Amphipolis, Pydna und Potidæa einzunehmen . Er verschob die mazedonische Grenze nach Osten bis zum Nestus und baute die Stadt Philippi zum Schutz der Goldminen. Diese waren während der Athener Kriege in Vergessenheit geraten, aber unter seiner verbesserten Verwaltung erwirtschafteten sie bald einen Jahresumsatz von tausend Talenten (1.250.000 Dollar).

4. Philipp hatte in seiner Jugend drei Jahre in Theben verbracht, wo er die Taktik des Epaminondas sowie die Sprache, den Charakter und die Politik der Griechen studiert hatte. Als er an die Macht kam, widmete er unermüdlich der Ausbildung seiner Armee, bis diese die eines jeden hellenischen Staates bei weitem übertraf. Er war in der Diplomatie nicht weniger begabt als in der Militärwissenschaft und verstand es, die Rivalitäten in Griechenland und die Bestechlichkeit aller Parteien auszunutzen, um die einen gegen die anderen auszuspielen und sich so an die Spitze zu setzen. Durch seine schnellen Bewegungen schien es, als befände er sich gleichzeitig an vielen Orten, und kein Umstand, der seine Interessen bedrohte oder begünstigte, entging ihm.

5. Der Olynthische Krieg endete mit der Einnahme von 32 Städten in Chalkidiki; Der Heilige Krieg machte Philipp zum Herrn von Phokis und zum Oberhaupt der Amphiktyonischen Liga. In Ostthrakien fanden die Athener Hilfe bei den Persern, die bereits durch den raschen Aufstieg der mazedonischen Macht alarmiert waren, und Perinthos und Byzanz waren so eine Zeit lang gerettet. Philipp siegte (339 v. Chr.) gegen einen skythischen Fürsten des heutigen Bulgarien ; und obwohl er bei seiner Rückkehr in einer Schlacht mit den Triballi besiegt und verwundet wurde , gingen seine Pläne mit ununterbrochenem Erfolg weiter. Der Zweite Heilige Krieg verschaffte ihm die Vorherrschaft in Zentralgriechenland, und der Sieg bei Chæronea vernichtete alle verbliebenen Widerstände. Der Kongress in Korinth (337 v. Chr.) erkannte seine Führung an und ernannte ihn zum Anführer der griechischen Streitkräfte gegen Persien. Die Vorhut der mazedonischen Armee befand sich bereits in Asien, als Philipp während der Feierlichkeiten zur Hochzeit seiner Tochter im Jahr 336 v. Chr. ermordet wurde.

6. Mitten in Philipps frühen Siegen hatte er von der Geburt seines Sohnes Alexander in Pella gehört. Er schrieb sofort an seinen Freund Aristoteles [58] und brachte seine Freude darüber zum Ausdruck , HYPERLINK "https://gutenberg.org/files/56734/56734-h/56734-h.htm" \l "Footnote_58" dass der junge Prinz zu Lebzeiten des Philosophen geboren wurde, dem er seine Ausbildung am liebsten anvertrauen konnte. Am selben Tag, an dem Alexander geboren wurde, wurde der Tempel der Artemis in Ephesus bis auf die Grundmauern niedergebrannt. Die Priester und Wahrsager, die das Feuer als ein böses Omen betrachteten, liefen durch die Stadt, schlugen sich auf die Brust und riefen laut: „Dieser Tag hat die Geißel und den Vernichter Asiens hervorgebracht." Chr. 356.

Münze von Alexander, um die Hälfte vergrößert.

7. Im Alter von sechzehn Jahren wurde Alexander während des Feldzugs seines Vaters gegen Byzanz zum Regenten des Königreichs ernannt. Zwei Jahre später führte er in Chæroaea ein Korps mazedonischer Jugendlicher gegen die Heilige Bande von Theben an, und der Sieg war hauptsächlich seinem Mut und seinem Ungestüm zu verdanken. Nach dem Tod seines Vaters bestieg Alexander im Alter von zwanzig Jahren einen Thron, der mit vielen Gefahren behaftet war. Er vertrieb seine nächsten Rivalen oder tötete sie, marschierte in Griechenland ein und berief in Korinth einen neuen Kongress ein, der ihm die gleichen Würden und Befugnisse verlieh, die zuvor seinem Vater gewährt worden waren; Dann kehrte er sofort nach Mazedonien zurück und besiegte seine Feinde im Westen und Norden deutlich, von denen er einige sogar jenseits der Donau verfolgte. Während dieser Feldzüge erreichte Griechenland eine falsche Nachricht über seinen Tod, und Theben nutzte die Gelegenheit zum Aufstand. Doch Alexander erschien plötzlich vor ihren Toren, stürmte und eroberte die Stadt, die er zur Warnung an andere völlig zerstörte – wobei er nur das Haus des Dichters Pindar rettete – und die Einwohner entweder versklavte oder massakrierte.

8. Griechenland geriet nun voller Ehrfurcht in die Unterwerfung, und Alexander bereitete sich darauf vor, die Eroberungspläne seines Vaters und seiner eigenen in Asien auszuführen. Im Frühjahr 334 v. Chr. überquerte er mit 35.000 Mann den Hellespont. Die Perser, die ihn am Granikos erwarteten, wurden besiegt, und Alexander überrannte mit seiner gewohnten Schnelligkeit Kleinasien, das sich ohne großen Widerstand ergab. Memnon, ein rhodischer Grieche im Dienste von Darius und sein größter Feldherr, wollte den Krieg mit Hilfe der überwältigenden Flotte der Perser nach Mazedonien führen. Seine Bewegungen hielten Alexander einige Monate in der Nähe der ägäischen Küste fest; Doch sein Tod im Frühjahr 333 v. Chr. gab dem Eindringling die Freiheit, ins Herz des Reiches zu marschieren. Darius führte eine riesige Armee in die Ebene des Orontes, wo er möglicherweise einen Vorteil gegenüber seinem Angreifer hatte; aber Alexander blieb in den kilikischen Gebirgspässen , bis der persische König ungeduldig wurde und ihm entgegenkam. Die Schlacht von Issus (333 v. Chr., November) endete mit der Niederlage der Perser unter großem Gemetzel.

9. Anstatt Darius zu folgen, eroberte Alexander die Meeresküste des Mittelmeers bis nach Ägypten und sorgte so für die Sicherheit Makedoniens und Griechenlands. Die meisten phönizischen Städte unterwarfen sich, als er näherkam, aber Tyrus hielt ihm sieben Monate lang stand. Als es eingenommen wurde (332 v. Chr., Juli), wurden 8.000 seiner Bewohner massakriert und 30.000 in die Sklaverei verkauft. Ga´za wurde nach einer zweimonatigen Belagerung eingenommen. Laut Josephus marschierte der Eroberer dann nach Jerusalem. Der Hohepriester Jad'dua kam ihm entgegen, trug den Brustpanzer aus Edelsteinen und die Mitra mit der Inschrift des Heiligen Namens. Alexander warf sich voller Ehrfurcht vor dem Priester nieder und erklärte seinen Anhängern, dass er in einer Vision, bevor er Europa verließ, eine solche Gestalt gesehen hatte, die ihn zur Eroberung Asiens eingeladen hatte. Der Hohepriester machte ihn auf die Prophezeiungen Daniels über seine Karriere aufmerksam; und als Alexander die Juden zu seinem Reich hinzufügte , befreite er sie jedes siebte Jahr vom Tribut, wenn sie nach ihrem Gesetz weder säen noch ernten durften.

10. In Ägypten wurde der mazedonische König mit Freuden begrüßt, denn das Volk hasste die Perser, weil sie ihre Götter beleidigt und ihre Tempel entweiht hatten. An der Westmündung des Nils gründete er eine neue Hauptstadt, die er als Handelsknotenpunkt der östlichen und westlichen Welt konzipierte. Alexandria wurde mit seinen großen Lagevorteilen bald zu einer reichen und prächtigen Stadt. Ein weniger kluges Vorgehen des Eroberers war ein beschwerlicher Marsch durch die Wüste zum Tempel des Amun. Als Belohnung dafür wurde er jedoch von den Priestern als Sohn Gottes begrüßt, eine Auszeichnung, die Alexander sehr schätzte.

11. Alexander wandte sich nun nach Norden und Osten und strebte den großen Kampf an, der darin bestand, ihm die Herrschaft des Kyros zu übertragen. Er hatte Darius absichtlich Zeit gegeben, die gesamte Streitmacht seines Reiches zu sammeln, damit eine Schlacht über sein Schicksal entscheiden konnte. Die Schlacht von Arbela (331 v. Chr., Okt.) wurde in Buch II beschrieben. Infolgedessen ergaben sich die drei Hauptstädte Susa, Persepolis und Babylon fast ohne Widerstand; und Alexander hätte ohne weitere Anstrengung den Prunk und die Leichtigkeit eines orientalischen

Monarchen annehmen können. Aber sein ruheloser Geist trug ihn zur Eroberung der östlichen Provinzen und Indiens. Er marschierte zunächst in Medien ein, wo Darius die Überreste seiner Streitkräfte versammelt hatte, um sich ihm zu widersetzen, doch als er sich näherte, floh der entthronte König durch das Kaspische Tor nach Baktrien. Bevor Alexander ihn einholen konnte, wurde er von seinem rebellischen Satrapen Bessus ermordet, der den Titel eines Königs von Persien annahm.

12. Die griechischen Söldner des Darius, die seine schlagkräftigste Streitmacht gebildet hatten, wurden nun zum Heer des Eroberers hinzugefügt. Von Provinz zu Provinz marschierte Alexander, nahm Unterwerfungen entgegen und organisierte Regierungen. Bessus floh nach Sogdiana, wurde aber gefangen genommen und erlitt wegen seines Verrats und seiner Usurpation einen grausamen Tod. Am Jaxartes wurde die neue Stadt Alexandria gegründet; und nachdem er die Skythen im Norden gezüchtigt hatte, kehrte der Eroberer nach Baktrien zurück, wo er den Winter 329 v. Chr. verbrachte

13. Das Genie Alexanders begann durch den Stolz und die skrupellose Grausamkeit eines östlichen Königs in Ungnade zu fallen. Er übernahm die persische Kleidung und das persische Zeremoniell und verlangte von seinen Höflingen, sich vor ihm wie vor einer Gottheit und nicht vor einem Sterblichen niederzuwerfen. Er hatte seinen Freund Philo'tas bereits hingerichtet , unter dem unbewiesenen Vorwurf, er habe gegen sein Leben geplant; und dem alten Parmenio , dem Vater des Philotas, wurde ohne Gerichtsverfahren ein ähnliches Schicksal widerfahren. In Bactra ermordete Alexander in einem betrunkenen Fest seinen Freund Clitus eigenhändig.

14. Während seines zweijährigen Krieges gegen Sogdiana eroberte Alexander eine Bergfestung, in der Oxyartes , ein baktrischer Prinz, seine Familie untergebracht hatte. Roxana , eine der Prinzessinnen, wurde die Frau des Eroberers. Im Frühjahr 327 v. Chr. überquerte die mazedonische Armee den Indus und fiel in den Punjab ein. Es gab keinen Widerstand, bis es die Hydaspes erreichte , wo Porus , ein indischer König, mit seinen Elefanten und einer beeindruckenden Truppe Männer aufgestellt wurde. Eine hartnäckige Schlacht führte zur Niederlage und Einnahme von Porus ; aber sein tapferer Geist erregte den Respekt seines Eroberers so sehr, dass es ihm gestattet wurde, sein Königreich zu behalten.

Alexander gründete zwei Städte in der Nähe des Hydaspes , eine mit dem Namen Bucephala zu Ehren seines Lieblingspferdes, das dort starb, und die andere mit Nicäa zum Gedenken an seine Siege. Er befahl den Aufbau einer Flotte aus den Indianerwäldern, während er mit seiner Armee noch weiter nach Osten vorrückte. Alle Stämme bis zur Hyphasis (Sutlej) wurden einer nach dem anderen erobert. Als sie an diesem Fluss ankamen, weigerten sich die Mazedonier, weiter zu gehen. Sie erklärten, dass sie die Bedingungen ihrer Rekrutierung mehr als erfüllt hätten und dass sie durch die Strapazen von acht beispiellosen Feldzügen erschöpft seien.

15. Alexander musste umkehren. Seine Flotte war nun bereit und er stieg im Herbst und Winter 327 v. Chr. über den Hydaspes zum Indus hinab. Seine Armee marschierte in zwei Kolonnen an den Ufern entlang, wobei das gesamte Tal sich ohne geringen Widerstand ergab. Zwei weitere Städte wurden gegründet und mit griechischen Garnisonen und Gouverneuren zurückgelassen. Am Indischen Ozean angekommen, wurde Near´chus mit der Flotte in den Persischen Golf geschickt, während Alexander auf dem Landweg zurückkehrte. Sein Marsch durch Gedrosia war der schwerste aller seiner Einsätze, da die Armee unter dem Mangel an Nahrung und Wasser litt. In Pura beschaffte er Vorräte und reiste über Kerman nach Pasargadæ und von dort nach Persepolis. Als er im Frühjahr 325 v. Chr. in Susa ankam, gönnte er seiner Armee einige Monate der nötigen Ruhe, während er begann, das riesige Reich zu organisieren, das er so schnell aufgebaut hatte.

16. In dem Wunsch, seine östlichen und westlichen Herrschaftsgebiete durch jedes Band der Sympathie und des gemeinsamen Interesses zu vereinen, teilte er achtzig seiner Offiziere asiatische Frauen mit reicher Mitgift zu. Er ließ sich selbst ein Beispiel geben, indem er Barsine , die Tochter von Darius III. , zur zweiten Frau nahm ; und als zehntausend Soldaten asiatische Frauen heirateten, gab er ihnen allen Geschenke. Zwanzigtausend Perser wurden in die Armee aufgenommen und in mazedonischer Taktik geschult; während persische Satrapen über mehrere Provinzen verteilt waren und der Hof zu gleichen Teilen aus Asiaten und Europäern bestand . Einige von Alexanders Veteranen brachen in offene Meuterei aus, als sie sahen, dass die eroberten Nationen mit sich selbst gleichgesetzt wurden. Er brachte ihre Beschwerden mit großer Ansprache zum Schweigen und schickte dann 10.000 von ihnen nach Hause.

17. Im Gegensatz zu den meisten Eroberern verbesserte Alexander die Länder, die er mit Waffen erobert hatte. Flüsse wurden von Hindernissen befreit, der Handel wurde wiederbelebt und westliche Unternehmen traten an die Stelle der asiatischen Trägheit und Armut. Die griechische Sprache und Literatur wurde überall gepflanzt: Jede neue Erforschung trug zu den Schätzen der Wissenschaft und der Aufklärung der Menschheit bei. Auf seinem Marsch von Ekbatana nach Babylon wurde Alexander von Gesandten aus fast allen Teilen der bekannten Welt empfangen , die ihm entweder Unterwerfung oder Freundschaft anboten.

18. Er plante, zunächst Arabien, dann Italien, Karthago und den Westen zu erobern und sein Reich vom Indus bis zu den Säulen des Herkules auszudehnen. Babylon sollte seine Hauptstadt sein; und Alexander stieg den Fluss hinab, um persönlich die Verbesserung der Kanäle zu inspizieren, die das Wasser über die Ebene verteilten. Doch seine großartigen Pläne scheiterten an der Verwirklichung durch seinen frühen Tod. Als er von der Kanalbesichtigung zurückkam, fand er die arabische Expedition fast segelbereit vor und feierte diesen Anlass mit einem Bankett für Nearchos und die Oberoffiziere. Während der folgenden Vorbereitungen wurde der König von einem Fieber befallen, das durch seine Anstrengungen in den Sümpfen verursacht wurde und möglicherweise durch den Wein, den er auf dem Fest getrunken hatte, verschlimmert wurde. Nach elftägiger Krankheit starb er im Alter von zweiunddreißig Jahren, nachdem er zwölf Jahre und acht Monate regiert hatte.

REPRISE.

Mazedonien erlangte unter Archelaus (418–399 v. Chr.) große Bedeutung; wurde durch Philipp II. erheblich vergrößert. (350-336 v. Chr.), der Herr über Griechenland wurde. Alexander, der in seiner Jugend Krieg und Diplomatie erlernt hatte, begann seine Herrschaft im Alter von zwanzig Jahren; führte eine griechische Armee nach Asien; besiegte die Perser am Granikos und bei Issus; eroberte Phönizien , Syrien und Ägypten; gründete Alexandria am Nil; errang einen entscheidenden Sieg über Darius bei Arbela, 331 v. Chr.; unterwarf die östlichen und nördlichen Provinzen des Reiches; gründete Städte in Westindien; erkundete seine Flüsse und Küsten im Interesse der Wissenschaft; plante die Verschmelzung Europas und Asiens und die Ausdehnung seines Reiches nach Westen bis zum Atlantik; starb 323 v. Chr.

ZWEITE PERIODE. Vom Tod Alexanders bis zur Schlacht von Ipsus , 323–301 v. Chr.

19. Alexander ernannte keinen Nachfolger, doch kurz vor seinem Tod schenkte er seinen Ring Perdikkas . Dieser General hielt als Premierminister das Reich zwei Jahre lang in der königlichen Familie vereint. Ein kleiner Prinz, Alexander IV., der nach dem Tod seines Vaters geboren wurde, war auf dem Thron mit Philipp Arrhidæus , dem Halbbruder des großen Alexander, verbunden. Es wurden vier Regenten oder Wächter des Reiches ernannt – zwei in Europa und zwei in Asien. Einer von ihnen wurde von Perdikkas ermordet , der damit die alleinige Verwaltung Asiens erlangte, wobei Antipatros und Kraterus westlich des Bosporus herrschten .

Die vom Eroberer nicht bereits verliehenen Provinzen wurden unter zehn seiner Generäle aufgeteilt, von denen erwartet wurde, dass sie im Namen und zum Nutzen der beiden Könige regierten. Da es Perdikkas jedoch weder durch Management noch durch Gewalt möglich war, diese Leutnants dem bloßen Namen des Königtums unterworfen zu halten, fasste er den Plan, die Souveränität an sich zu reißen. Eu´menes war auf seiner Seite, während seine

Kollegen in der Regentschaft und die beiden großen Provinzgouverneure Ptolemaios und Antigonos seine mächtigsten Gegner waren. Bei einem Feldzug gegen Ptolemaios in Ägypten wurde Perdikkas von seinen eigenen meuternden Soldaten getötet. Krateros fiel in einer Schlacht mit Eumenes in Kappadokien und die alleinige Regentschaft fiel auf Antipater . Dieser General vereitelte die Pläne von Eurydike , der Nichte Alexanders des Großen und Frau des schwachsinnigen Königs Philipp Arrhidäus , die sogar in Triparadis in Syrien vor der Armee eine Ansprache hielt und die Aufnahme in den Krieg forderte Regierung. Nun erfolgte eine neue Aufteilung und Zuordnung der Provinzen. Antigonos wurde mit der Führung des Krieges gegen Eumenes beauftragt, in dem er sich die Herrschaft über den größten Teil Kleinasiens aneignete.

20. Antipater starb 319 v. Chr. in Mazedonien und überließ die Regentschaft nicht seinem Sohn Cassander , sondern seinem Freund Polysperchon . Kassander floh voller Abscheu zu Antigonos; und im folgenden Krieg strebten diese beiden zusammen mit Ptolemaios die Zerschlagung des Reiches an, während Eumenes und Polysperchon für seine Einheit kämpften. Eumenes sammelte in Kilikien eine Streitmacht, mit der er Syrien und Phönizien erobern und so die Herrschaft über das Meer erlangen wollte. Antigonos besiegte zunächst eine königliche Flotte in der Nähe von Byzanz, marschierte dann quer durch das Land bis an die Grenzen Syriens und verfolgte Eumenes landeinwärts jenseits des Tigris. Einige der östlichen Satrapen schlossen sich hier Eumenes an, aber nach zwei unentschlossenen Schlachten wurde er von seinen eigenen Truppen erobert und Antigonos ausgeliefert, der ihn 316 v. Chr. hinrichten ließ.

21. In Mazedonien wurden der Scheinkönig Philipp Arrhidæus und seine Frau auf Befehl von Olympias, der Mutter Alexanders des Großen, hingerichtet. Aber diese herrische Prinzessin wurde ihrerseits in Pydna gefangen genommen ; und wurde unter Missachtung der Bedingungen ihrer Kapitulation von ihren Feinden ermordet. Kassander wurde Herr über Mazedonien und Griechenland. Er heiratete Thessaloniki , die Halbschwester des Eroberers, und gründete ihr zu Ehren im Jahr 316 v. Chr. die Stadt, die ihren Namen trägt.

22. Der Ehrgeiz des Antigonos begann seine Kollegen nun zu beunruhigen, denn er konnte sich offensichtlich nicht mit weniger als der gesamten Herrschaft Alexanders zufrieden geben. Die östlichen Satrapien verschenkte er nach Belieben. Aus Babylonien vertrieb er Seleukus , der bei Ptolemaios in Ägypten Zuflucht suchte, und bildete einen Bund mit Kassander , Lysimachos und Asander . Es folgte ein vierjähriger Krieg (315–311 v. Chr.), der zur Wiederherstellung Seleukos in Babylon und im Osten führte, während Antigonos in Griechenland, Syrien und Kleinasien die Macht erlangte. Der Frieden von 311 v. Chr. sorgte für die Unabhängigkeit der griechischen Städte, erlaubte jedoch jedem General, das zu behalten, was er gewonnen hatte, und überließ Kassander bis Alexander IV. Regent von Mazedonien. sollte volljährig sein. Zwischen den Vertragsparteien bestand wahrscheinlich Einigkeit darüber, dass dieses letzte Ereignis niemals eintreten würde. Der junge König und seine Mutter wurden auf Befehl von Kassander ermordet .

23. Am Ende eines Jahres brach Ptolemaios den Frieden mit der Begründung, Antigonos habe die griechischen Städte Kleinasiens nicht befreit. Er wurde in Kilikien von Demetrius , dem Sohn des Antigonos, bekämpft , der in diesem Krieg den Titel *Poliorcetes* , der Belagerer, erlangte. Als Ptolemaios nach Griechenland einmarschierte, eroberte er Sikyon und Korinth und wollte Kleopatra, die letzte Überlebende des mazedonischen Königshauses, heiraten. aber die Prinzessin wurde auf Befehl von Kassander im Jahr 308 v. Chr. ermordet. Als Demetrius nun mit einer Flotte zur Entlastung Athens ankam, zog sich Ptolemaios nach Zypern zurück und erlangte den Besitz der Insel. Auf Salamis folgte eine große Schlacht, eine der schwersten in der Weltgeschichte. Ptolemaios wurde besiegt, wobei bis auf acht alle seiner Schiffe verloren gingen und 17.000 Gefangene in den Händen des Feindes blieben.

24. Die fünf wichtigsten Generäle nahmen nun den Königstitel an. Demetrius verbrachte ein Jahr bei der Belagerung von Rhodos, das sich durch seine tapfere und denkwürdige Verteidigung in den verbleibenden Kriegsjahren die Privilegien eines Neutralen sicherte. Als er nach Griechenland zurückkehrte, versammelte er in Korinth einen Kongress, der ihm die Titel verlieh, die zuvor Philipp und Alexander verliehen worden waren, und marschierte dann nach Norden gegen den Regenten, oder besser gesagt, den König von Makedonien. Beunruhigt über seine gefährdete Lage stachelte Kassander seine Verbündeten zum Einmarsch in Kleinasien an.

25. Die entscheidende Schlacht fand 301 v. Chr. bei Ipsus in Phrygien statt. Demetrius war aus Europa gekommen, um seinem Vater zu Hilfe zu kommen; aber Seleukus verstärkte mit den Streitkräften des Ostens, darunter 480 indische Elefanten, die Armee von Lysimachos. Antigonos wurde in seinem einundachtzigsten Lebensjahr getötet; Demetrius, völlig besiegt, flüchtete nach Griechenland, durfte aber Athen nicht betreten. Die beiden Eroberer Seleukus und Lysimachos teilten die Herrschaftsgebiete Alexanders unter Berücksichtigung ihrer eigenen Interessen auf. Seleukus erhielt das Euphrattal, Obersyrien, Kappadokien und einen Teil von Phrygien. Lysimachos fügte seinem thrakischen Herrschaftsbereich den Rest Kleinasiens hinzu, der sich entlang der Westküste des Euxine bis zu den Mündungen der Donau erstreckte; Ptolemaios behielt Ägypten und Kassander regierte bis zu seinem Tod weiterhin in Mazedonien.

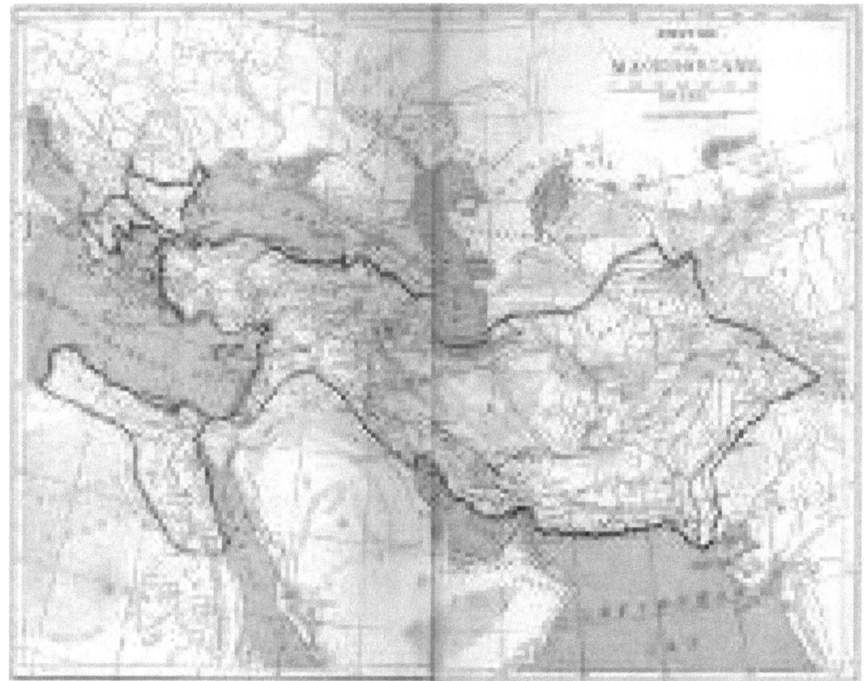

REICH der MAZEDONIER.

26. Die Ergebnisse des zwanzigjährigen Krieges waren für Griechenland und Mazedonien katastrophal, nicht nur durch die erschöpfende Verschwendung von Blut und Schätzen, sondern auch durch die Einführung orientalischer Luxusgewohnheiten und unmännlicher Unterwürfigkeit anstelle der freien und einfachen Manieren frühere Zeiten. Obwohl der Geist der Griechen durch das Wissen über die Geschichte und Philosophie der östlichen Nationen und durch die Beobachtung der natürlichen Welt und ihrer Produktion in neuen Klimazonen und Umständen erweitert wurde, waren doch die meisten Einflüsse, die den freien Geist lebendig gehalten hatten die Leute hatten aufgehört zu arbeiten. Der Patriotismus war tot; Gelehrsamkeit trat an die Stelle des Genies; und Nachahmung, der Ort der Kunst.

27. Gleichzeitig hatte Asien viele prächtige Städte gewonnen, sein Handel hatte enorm zugenommen, und die griechische Militärdisziplin und die Formen der Zivilregierung verliehen seinen Armeen und Staaten neue Stärke. Vom Indus bis zur Adria und von der Krim bis zu den südlichen Grenzen Ägyptens herrschte die griechische Sprache vor, zumindest unter den gebildeten und herrschenden Klassen. In Kleinasien, Syrien und Ägypten hielt der Einfluss des hellenischen Denkens tausend Jahre lang mit voller

Kraft an, bis Mohammed und seine Nachfolger ihr neues semitisches Reich errichteten. Die weite Verbreitung der griechischen Sprache in Westasien gehörte zu den wichtigsten Vorbereitungen für die Verbreitung des Christentums. Hätte Alexander seinen großen Plan, die Rassen des Ostens und des Westens miteinander zu vermischen, noch überlebt, hätte Asien in noch größerem Maße gewonnen und Europa verloren.

REPRISE.

Perdikkas wurde Wesir, Philipp Arrhidæus und Alexander IV. waren nominelle Könige. Feldherrenkriege zur Reichsteilung, 321–316 v. Chr.; 315-311; 310-301. Ermordung der beiden Könige, 316, 311. Schlacht von Salamis auf Zypern, 306. Die entscheidende Schlacht bei Ipsus übergab Syrien und den Osten an Seleukus ; Ägypten, an Ptolemaios; Thrakien, zu Lysimachos; Mazedonien, an Kassander .

DRITTE PERIODE. Geschichte der verschiedenen Königreiche, in die Alexanders Reich aufgeteilt war.

I. DAS SYRISCHE KÖNIGREICH DER SELEUKIDEN . Chr. 312-65.

28. Nach der Rückgabe von Seleukus an die Regierung Babyloniens (siehe § 22) weitete er seine Macht auf alle Provinzen zwischen Euphrat und Indus aus. Er führte sogar Krieg gegen ein indisches Königreich am westlichen Quellgebiet des Ganges und erreichte dadurch eine große Ausweitung des Handels und die Verstärkung seiner Armee durch fünfhundert Elefanten. Die Schlacht von Ipsus erweiterte seine Herrschaftsgebiete um das Land westlich des Mittelmeers und das Zentrum von Phrygien und machte sein Königreich bei weitem zum größten, das aus den Fragmenten von Alexanders Reich entstanden war.

Dieses riesige Herrschaftsgebiet wurde von Seleukus mit großem Geschick und Energie organisiert. In jeder der 72 Provinzen entstanden neue Städte als Denkmäler seiner Macht und Zentren der griechischen Zivilisation. Sechzehn davon wurden zu Ehren seines Vaters Antiochia genannt; fünf Laodicea für seine Mutter Laodicea ; sieben für sich selbst, Sel´euci´a ; und mehrere für seine beiden Frauen Apame´a und Stratoni´ce . Um die Bewegungen seiner Rivalen Ptolemaios und Lysimachos besser beobachten zu können, verlegte er den Regierungssitz vom Euphrat in seine neue Hauptstadt Antiochia am Orontes, die fast tausend Jahre lang eine der reichsten und bevölkerungsreichsten Städte war in der Welt.

Münze von Antiochia, doppelt so groß wie das Original.

29. Im Jahr 293 v. Chr. teilte Seleukus sein Reich mit seinem Sohn Antiochos und überließ dem jüngeren Prinzen alle Provinzen östlich des Euphrat. Demetrius Poliorcetes versuchte, nachdem er Mazedonien gewonnen und dann verloren hatte, aus den Besitztümern von Lysimachos und Seleukus ein neues Königreich in Asien zu errichten . Er wurde von letzterem besiegt und blieb für den Rest seines Lebens ein Gefangener.

30. Lysimachos, König von Thrakien, hatte unter dem Einfluss seiner ägyptischen Frau und ihres Bruders, Ptolemaios Cerau´nus , die Herzen seiner Untertanen durch die Ermordung seines Sohnes entfremdet. Die Witwe des ermordeten Prinzen floh zum Schutz an den Hof von Seleukus , der sich ihrer Sache annahm und in die Gebiete von Lysimachos einfiel. Die beiden alten Könige waren nun die einzigen Überlebenden der Gefährten und Feldherren Alexanders. In der Schlacht von Corupedion im Jahr 281 v. Chr. wurde Lysimachos getötet und alle seine asiatischen Herrschaftsgebiete wurden an Seleukus übertragen . Das Reich Alexanders schien im Begriff zu sein, in den Händen eines Mannes vereint zu werden. Bevor der syrische König den Hellespont überquerte, um die europäischen Provinzen zu erobern, übertrug er die Regierung seines jetzigen Herrschaftsbereichs seinem Sohn Antiochus. Dann überquerte er die Meerenge und rückte nach Lys'imachi'a vor , der Hauptstadt seines ehemaligen Feindes. aber hier wurde er durch die Hand von Ptolemaios Ceraunus im Jahr 280 v. Chr. getötet. Thrakien und Mazedonien wurden zur Beute des Mörders.

31. Antiochos I. (Soter) erbte die asiatischen Herrschaftsgebiete seines Vaters und führte in Kleinasien Krieg gegen die einheimischen Könige von Bithynien. Einer von ihnen, Nikomedes , rief die Gallier, die Osteuropa verwüsteten, zu seiner Hilfe und belohnte ihre Dienste mit einem großen Gebiet in Nordphrygien, das seitdem Galatien genannt wurde . Auch das nordwestliche Lydien wurde Antiochos entrissen und bildete das Königreich Pergamon . Von seinem einzigen wichtigen Sieg über die Gallier im Jahr 275 v. Chr. leitete der syrische König seinen Titel *Soter* (der Befreier) ab; aber seine Operationen blieben meist erfolglos, und sein Königreich verlor während seiner Herrschaft sowohl an Reichtum als auch an Macht stark. Er wurde 261 v. Chr. in der Nähe von Ephesus in einer Schlacht mit den Galliern besiegt und getötet .

32. Antiochos II. trug den blasphemischen Titel *Theos* (der Gott), erwies sich jedoch durch die Schwäche und Zügellosigkeit seiner Herrschaft als weniger als ein Mensch. Er überließ alle Angelegenheiten wertlosen Günstlingen, die in den fernen Provinzen weder gefürchtet noch respektiert wurden, und im Jahr 255 v. Chr. entstanden in Parthien und Baktrien ungehindert zwei unabhängige Königreiche. Der Einfluss seiner Frau Laodice verwickelte ihn in einen Krieg mit Ägypten. Es wurde durch die Scheidung von Laodice und die Heirat von Antiochus mit Berenike , der Tochter von Ptolemaios Philadelphus (260–252 v. Chr.), beendet. Nach dem Tod von Philadelphus schickte Antiochus Berenike weg und nahm Laodice zurück; Doch da sie an seiner Beständigkeit zweifelte, ermordete sie ihn, um das Königreich für ihren Sohn Seleukus zu sichern . Auch Berenice und ihr kleiner Sohn wurden hingerichtet.

33. Seleukos II. (Callini´cus) war zunächst in einen Krieg mit dem König von Ägypten, Ptolemaios Euer´getes , verwickelt, der kam, um den Tod seiner Schwester und seines Neffen zu rächen. Mit Ausnahme eines Teils von Lydien und Phrygien unterwarf sich ganz Asien westlich des Tigris und sogar Susana, Medien und Persien dem Eindringling; doch die Härte seiner Forderungen erregte Unmut, und ein Aufstand in Ägypten rief ihn in seine Heimat, woraufhin Callinicus seine Gebiete zurückeroberte. Antiochus Hi´erax (der Falke), ein jüngerer Bruder des Königs, revoltierte im Alter von vierzehn Jahren mit Hilfe seines Onkels und einer Truppe Gallier . Zur gleichen Zeit erlangte Arsa´ces II., der parthische König, große Vorteile in Oberasien und besiegte Callinicus (237 v. Chr.), der persönlich eine Expedition gegen ihn anführte, deutlich. Der Krieg zwischen den Brüdern endete 229 v. Chr. mit der Niederlage des rebellischen Fürsten. Seleukus starb im Jahr 226 v. Chr. durch einen Sturz vom Pferd.

Seleukus III. (Ceraunus) regierte nur drei Jahre. Während eines Feldzugs gegen Attalos, den König von Pergamon , wurde er bei einer Meuterei von einigen seiner eigenen Offiziere getötet.

34. Antiochos III., der Große, hatte eine ereignisreiche Herrschaft von sechsunddreißig Jahren. Molo, sein General, empörte sich zunächst und eroberte nach und nach die Länder östlich des Euphrat, indem er alle gegen ihn geschickten Armeen vernichtete. Antiochus besiegte ihn schließlich im Jahr 220 v. Chr. und führte dann Krieg gegen Ägypten, um Syrien und Palästina zurückzuerobern, die bis dahin von Ptolemaios gehalten worden waren. Zunächst war er erfolgreich, aber seine Niederlage bei Raphia beraubte ihn aller seiner Eroberungen, mit Ausnahme von Seleukia in Syrien. Achæ´us , sein Cousin und bis dahin ein treuer Diener von Antiochus und seinem Vater, war inzwischen durch die falschen Anschuldigungen des Premierministers Hermías in die Revolte getrieben worden . Er unterwarf alle Länder westlich des Taurus seiner Kontrolle. Sobald mit Ägypten Frieden geschlossen worden war, zog der König von Syrien gegen ihn, beraubte ihn in einem Feldzug aller seiner Besitztümer, belagerte ihn zwei Jahre lang in Sardes und nahm ihn schließlich gefangen und ließ ihn töten.

35. Der parthische König Arsakes III. hatte gegen Medien zu den Waffen gegriffen. Antiochus führte eine Armee durch die Wüste nach Hekatompylos , der Hauptstadt der Parther, die er eroberte. aber die darauffolgende Schlacht war unentschlossen, und Arsaces blieb unabhängig und besaß Parthien und Hyrkanien . Der Krieg gegen den baktrischen Monarchen hatte ein ähnliches Ergebnis: Euthydemus behielt Baktrien und Sogdien. Antiochus drang in Indien ein und erneuerte das alte Bündnis von Seleukus Nikator mit dem König des oberen Ganges. Der syrische König überwinterte in Kermania und unternahm im nächsten Jahr eine Flottenexpedition gegen die arabischen Piraten an der Westküste des Persischen Golfs. Bei seiner Rückkehr von seiner siebenjährigen Abwesenheit im Osten erhielt Antiochus den Titel „Großer", unter dem er in der Geschichte bekannt ist.

36. Im selben Jahr, 205 v. Chr., trat Ptolemaios Epiphanes , ein fünfjähriges Kind, die Nachfolge seines Vaters in Ägypten an. Durch den ungeschützten Zustand des Königreichs in Versuchung geführt, schloss Antiochus einen Vertrag mit Philipp von Mazedonien, um die Herrschaftsgebiete des Ptolemaios unter ihnen aufzuteilen. Philipps Pläne wurden durch einen Krieg mit Rom, der mittlerweile mächtigen Republik des Westens, unterbrochen. Antiochus führte den Kampf mit großer Energie, aber mit unterschiedlichem Erfolg, in Cœle -Syrien und Palästina weiter. Durch die entscheidende Schlacht von Paneas im Jahr 198 v. Chr. erlangte er den vollständigen Besitz dieser Provinzen; Doch da er seine Kriege in eine andere Richtung führen wollte, heiratete er seine Tochter Kleopatra mit dem jungen König von Ägypten und versprach ihr das eroberte Land als Mitgift.

37. Anschließend überrannte er Kleinasien, überquerte den Hellespont und eroberte das thrakische Chersones . Die Römer, die Philipp besiegt hatten und Wächter von Ptolemaios waren, schickten nun eine Gesandtschaft an Antiochus und forderten ihn auf, alle seine Eroberungen von Gebieten, die einem der beiden Fürsten gehörten, aufzugeben (196 v.

Chr.). Antiochus lehnte ihre Einmischung empört ab und bereitete sich auf den Krieg mit ihnen vor Hilfe ihres großen Feindes Hannibal, der an seinem Hof Zuflucht gesucht hatte. Im Jahr 192 v. Chr. überquerte er Griechenland und eroberte Chalkis; aber er wurde bald darauf von den Römern bei den Thermopylen deutlich besiegt und gezwungen, sich aus Europa zurückzuziehen. Sie folgten ihm über das Meer und eroberten durch zwei Seesiege die Westküste Kleinasiens. Die beiden Scipios überquerten den Hellespont und besiegten Antiochus ein viertes Mal in der Nähe von Magnesia in Lydien. Frieden erlangte er nur dadurch, dass er ganz Kleinasien außer Kilikien mit seiner Flotte und allen seinen Elefanten aufgab und eine enorme Kriegsentschädigung zahlte. Für die Bezahlung wurden zwanzig Geiseln gegeben, darunter Antiochus Epiphanes, der Sohn des Königs. Der König von Pergamon erhielt die abgetretenen Provinzen und wurde zum größten Rivalen Syriens. Um seine Verpflichtungen mit den Römern zu erfüllen, plünderte Antiochus die Tempel Asiens und verlor in einem dadurch ausgelösten Aufruhr in Elymais sein Leben.

38. Seleukus IV. (Philop´ator) regierte elf Jahre lang ohne große Ereignisse. Das Königreich war erschöpft und die Römer waren bereit, jede exponierte Provinz bei der geringsten feindlichen Bewegung der Syrer einzunehmen. Heliodorus , der Schatzmeister, ermordete schließlich seinen Herrn und übernahm die Krone; Seine Usurpation wurde jedoch durch die Ankunft von Antiochus Epiphanes, dem Bruder des verstorbenen Königs, abgebrochen, der sich mit Hilfe von Eumenes, dem König von Pergamon , auf dem Thron etablierte.

39. Antiochos IV. war dreizehn Jahre lang als Geisel in Rom gewesen und überraschte sein Volk mit den römischen Bräuchen, die er einführte. Er führte einen vierjährigen Krieg gegen Ägypten und hatte das Land beinahe erobert, als die Römer eingriffen und ihm befahlen, alle seine Eroberungen aufzugeben. Er musste gehorchen, aber er ließ seinen Zorn an den Juden aus, deren Tempel er plünderte und entweihte. Unter der Führung des Priesters Mattathias und seines tapferen Sohnes Judas Makkabäus griffen sie zu den Waffen und besiegten das Heer, das sie unterwerfen sollte. Antiochus, der sich nun im Osten aufhielt, machte sich persönlich auf den Weg, um diese Beleidigung seiner Autorität zu rächen. Unterwegs versuchte er, den Tempel von Elymais zu plündern und wurde dabei von einem wütenden Wahnsinn heimgesucht, an dem er starb. Sowohl Juden als auch Griechen glaubten, sein Wahnsinn sei ein Urteil für sein Sakrileg.

40. Antiochus V. (Eupator), ein zwölfjähriger Junge, bestieg den Thron unter der Herrschaft von Lysias , dem Regenten. Aber sein Vater hatte ihm nach seinem Tod einen anderen Vormund in der Person Philipps ernannt, der mit dem königlichen Siegel nach Antiochia zurückkehrte, während der junge König und sein Minister in Judäa abwesend waren . Als Lysias dies hörte, beeilte er sich, Frieden mit Judas Makkabäus zu schließen , und wandte sich wieder dem Kampf gegen Philipp zu, den er besiegte und tötete. Unterdessen überrannten die Parther das Königreich im Osten; und die Römer im Westen setzten die Bedingungen des von Antiochos dem Großen geschlossenen Vertrags rigoros durch. Demetrius, der Sohn von Seleukus Philopator floh nun aus Rom und erlangte den Besitz des Königreichs, nachdem er die Hinrichtung sowohl Eupators als auch seines Vormunds angeordnet hatte.

41. Demetrius I. verbrachte einige Jahre mit vergeblichen Versuchen, den jüdischen Aufstand niederzuschlagen. Seine Armeen wurden von Judas Makkabäus besiegt und die Römer schlossen ein Bündnis mit Judäa , das sie nun zu einem unabhängigen Königreich erklärten. Der syrische König hatte in Kappadokien keinen Erfolg mehr; und in Babylon setzte der Satrap, den er abgesetzt hatte, einen Betrüger ein, Alexander Balas , der behauptete, ein Sohn von Antiochus Epiphanes zu sein. Unterstützt von den Streitkräften Roms, Pergamus , Kappadokiens, Ägyptens und Judäas eroberte dieser Mann Demetrius und behielt das Königreich fünf Jahre lang.

42. Alexander Balas erwies sich als einer Krone unwürdig, indem er die öffentlichen Angelegenheiten den schwachen und inkompetenten Händen seines Günstlings Ammonios überließ und sich der Trägheit und dem Luxus hingab. Demetrius Nicator , der älteste Sohn des ehemaligen Königs, landete, ermutigt durch die Verachtung der Syrer für die Zügellosigkeit Alexanders, in Kilikien und kämpfte für die Wiedererlangung seines Königreichs. Ptolemaios von Ägypten, der mit einem Heer zur Hilfe seines Schwiegersohns Alexander in Syrien einmarschiert war, empörte sich über seine Undankbarkeit und trat auf die Seite von Demetrius. Eine Schlacht bei Antiochia wurde zugunsten der Alliierten entschieden. Alexander floh nach Arabien, wo er von einigen seiner eigenen Offiziere ermordet wurde.

43. Demetrius II. (Nicator) regierte mit solch mutwilliger Grausamkeit, dass er seine Untertanen verärgerte. Einer von ihnen, Diodotos Tryphon stellte in der Person von Antiochos VI., einem zweijährigen Kind, dem Sohn von Alexander Balas , einen Gegenkönig auf . Nach drei oder vier Jahren setzte er diesen kleinen Monarchen ab und machte sich mit Hilfe von Judas Makkabäus zum König . Nachdem Demetrius sieben Jahre lang vergeblich gegen seine Rivalen im Westen gekämpft hatte, überließ er die Regentschaft über Syrien seiner Frau Kleopatra, während er sich gegen die Parther wandte, die seine östlichen Provinzen beinahe erobert hatten. Er wurde von Arsaces VI. besiegt und gefangen genommen und blieb zehn Jahre lang gefangen, obwohl er mit allen Ehren des Königtums behandelt wurde und eine parthische Prinzessin zur zweiten Frau empfing.

44. Kleopatra, die nicht in der Lage war, allein gegen Tryphon Krieg zu führen , rief Antiochus Sidetes , den Bruder ihres Mannes, herbei, der den Usurpator besiegte und sich auf den vakanten Thron setzte. Er führte Krieg gegen die Juden und eroberte Jerusalem durch eine fast einjährige Belagerung. Danach wandte er sich gegen die Parther und erlangte einige Vorteile, wurde aber schließlich besiegt und verlor nach einer neunjährigen Herrschaft sein Leben. Demetrius Nikator war vom parthischen König freigelassen worden und ließ sich nun wieder in Syrien nieder. Aber Ptolemaios Phys´con aus Ägypten stellte einen neuen Prätendenten auf, Zabinas , der Demetrius in Damaskus besiegte. Beim Versuch, nach Tyrus einzudringen , wurde der syrische König gefangen genommen und hingerichtet.

45. Seleukus V., sein ältester Sohn, übernahm die Krone ohne Erlaubnis seiner Mutter, die daraufhin seine Hinrichtung veranlasste und ihren zweiten Sohn, Antiochos VIII., mit sich verband. (Grypus). Zabinas , der Prätendent, regierte zur gleichen Zeit in einem Teil Syriens, bis er 122 v. Chr. von Antiochus besiegt und durch Gift getötet wurde. Im selben Jahr wurde Kleopatra bei einem Komplott gegen das Leben ihres Sohnes entdeckt und getötet selbst hingerichtet.

46. Durch lange Kriege erschöpft und sowohl an Macht als auch an Ausmaß stark geschwächt, genoss Syrien nun acht Jahre Frieden. Judäa und die Provinzen östlich des Euphrat waren völlig unabhängig. Die wenigen Syrer, die über Reichtum verfügten, wurden vom Luxus geschwächt, während die Masse des Volkes von der Not erdrückt wurde . Im Jahr 114 v. Chr. revoltierte Antiochus Cyzice´nus , ein Halbbruder des Königs, gegen ihn und verwickelte das Land in einen weiteren dreijährigen blutigen Krieg. Das Gebiet wurde dann zwischen ihnen aufgeteilt; Doch im Jahr 105 v. Chr. brach erneut ein Krieg aus, der neun Jahre andauerte und keinen Gewinn für eine der Parteien, sondern große Verluste und Leid für die Nation mit sich brachte. Tyrus , Sidon, Seleukia und die gesamte Provinz Kilikien wurden unabhängig. Die Araber auf der einen und die Ägypter auf der anderen verwüsteten das Land nach Belieben. Schließlich endete die Herrschaft von Antiochos VIII. wurde 96 v. Chr. von Herakleon , einem Beamten seines Hofes, mit dem Leben beendet .

47. Der Mörder erhielt die Belohnung für sein Verbrechen nicht, denn Seleukus VI. (Epiphanes), der älteste Sohn des Grypus , erlangte den Besitz des Königreichs. Innerhalb von zwei Jahren besiegte er Cyzicenus , der Selbstmord beging, um einer Gefangennahme zu entgehen. aber die Ansprüche des rivalisierenden Hauses wurden weiterhin von Antiochos X. (Eusebes), seinem ältesten Sohn, aufrechterhalten. Seleukus wurde nun nach Kilikien vertrieben. Hier nahm er ein jämmerliches Ende, denn er wurde von den Bewohnern einer Stadt, von der er eine Subvention verlangt hatte, lebendig verbrannt. Philipp, der Bruder von Seleukus und zweiter Sohn von Antiochus Grypus , wurde König und führte mit Hilfe seiner jüngeren Brüder den Krieg gegen Eusebes fort . Dieser Prinz wurde besiegt und gezwungen, in Parthien Zuflucht zu suchen. Doch es kam kein Frieden ins Land, denn Philipp und seine Brüder Antiochos XI., Demetrius und Antiochos

48. Tigranes regierte weise und gut vierzehn Jahre lang (83–69 v. Chr.); Doch nachdem er sich schließlich die Rache der Römer zugezogen hatte, indem er seinem Schwiegervater Mithridates von Pontus Hilfe leistete, war er gezwungen, alles außer seinem erblichen Königreich aufzugeben. Vier Jahre länger (69-65 v. Chr.) bestand Syrien unter Antiochus XIII. weiter. (Asiaticus), der Sohn von Eusebes . Am Ende dieser Zeit wurde das Königreich von Pompeius dem Großen unterworfen und wurde eine römische Provinz.

REPRISE.

Seleukus I. (312-281 v. Chr.) dehnte sein Reich über den Indus hinaus aus, baute viele Städte und eroberte durch die Niederlage von Lysimachos ganz Kleinasien. Antiochos I. (280-261 v. Chr.) verlor die Gebiete Pergamon und Galatien; Antiochos II. (261-246), die von Parthien und Baktrien. Unter Seleukus II. (246-226) wurde der größte Teil des Reiches von Ptolemaios erobert, erholte sich aber bald wieder. Seleukus III. regierte drei Jahre (226–223 v. Chr.). Antiochos III. (223–187 v. Chr.) schlug die Aufstände von Molo und Achæus nieder ; hatte Kriege mit den Königen von Parthien und Baktrien; drang nach Indien bis zum Ganges ein; bestrafte die Piraten des Persischen Golfs; entriss Ägypten die Provinzen Syrien und Palästina; überrannte Kleinasien und fiel in Griechenland ein. Er wurde von den Römern besiegt, zweimal auf dem Seeweg und zweimal auf dem Landweg. Seleukus IV. (187–176 v. Chr.) wurde von seinem Schatzmeister Heliodorus ermordet . Antiochos IV. (176-164 v. Chr.) wurde von den Römern daran gehindert, Ägypten zu erobern; Durch seine Verfolgungen löste er einen Aufstand in Judäa aus , das unter den Makkabäern unabhängig wurde. Die kurze Regierungszeit von Antiochos V. (164-162 v. Chr.) war von Regentenkriegen geprägt. Sein Onkel Demetrius I. (162–151 v. Chr.) führte erfolglose Kriege mit den Juden und Kappadokiern; wurde von Alexander Balas erobert , der 151–146 v. Chr. regierte. Demetrius II. hatte eine umstrittene Regierungszeit (146–140 v. Chr.); eine zehnjährige Haftstrafe in Parthien (140–130 v. Chr.), während seine Frau und sein Bruder Antiochus VII. Syrien regierten; und ein zweiter Wettbewerb mit einem Prätendenten, 129-126 v. Chr. Antiochos VIII. (126-96 v. Chr.) regierte fünf Jahre gemeinsam mit seiner Mutter, sieben Jahre allein und achtzehn Jahre Seite an Seite mit seinem Bruder Antiochos IX. (Cyzicenus), der 111–96 v. Chr . Cœle -Syrien und Phönizien regierte . Seleukus V. (96, 95 v. Chr.) eroberte

Cyzicenus , führte aber den gleichen Krieg mit seinem Sohn Eusebes bis zu seinem eigenen gewaltsamen Tod. Seine jüngeren Brüder kämpften zuerst gegen Eusebes und dann gegeneinander, bis Tigranes, König von Armenien, das Land eroberte und es vierzehn Jahre lang regierte (83–69 v. Chr.). Antiochos XIII. der letzte der Seleukiden , regierte 69–65 v. Chr.

II. ÄGYPTEN UNTER DEN PTOLEMÄERN. CHR. 323-30.

49. Das mazedonische Königreich in Ägypten stellte einen deutlichen und brillanten Kontrast zu den einheimischen Reichen und der persischen Satrapie dar. Durch die Verlegung der Hauptstadt nach Alexandria hatte der Eroberer für freien Verkehr mit dem Ausland gesorgt, und die alte Exklusivität der Ägypter war für immer gebrochen. Während Palästina diesem Königreich angegliedert war, erwiesen die Juden besondere Gunst; und in den griechischen Eroberern, den einheimischen Ägyptern und den jüdischen Kaufleuten wurden die drei Familien Sem, Ham und Japhet wieder vereint, wie sie seit der Zerstreuung in Babel nie zuvor gewesen waren. Die Ägypter, die die persische Herrschaft verabscheut hatten, begrüßten die Mazedonier als Befreier; Das einfache Volk engagierte sich mit Eifer in den neuen Industrien, die Reichtum als Belohnung für Unternehmungen versprachen, und die gebildete Klasse fand ihre Freude an der intellektuellen Gesellschaft sowie an den seltenen Schätzen der Literatur und Kunst, die den Hof der Ptolemäer füllten.

50. Ptolemaios I. (Soter [59]) erhielt die ägyptische Provinz unmittelbar nach dem Tod Alexanders und begann sie mit großer Energie und Weisheit zu organisieren. In dem Wunsch, Ägypten zu einer Seemacht zu machen, versuchte er sofort, Palästina, Phönizien und Zypern zu erobern, deren Wälder er für den Schiffbau ebenso brauchte wie ihre Seefahrer für Seeleute. Die beiden Länder auf dem Festland wurden 320 v. Chr. von Ptolemaios besetzt und blieben sechs Jahre in seinem Besitz. Sie gingen im Krieg mit Antigonos verloren und konnten erst nach der Schlacht von Ipsus im Jahr 301 v. Chr. vollständig zurückerobert werden. Zypern war Schauplatz vieler Konflikte, von denen die große Seeschlacht vor Salamis im Jahr 306 v. Chr. die schwerste und entscheidendste war. Es ging dann an Ägypten verloren, wurde aber 294 oder 293 v. Chr. zurückgewonnen und blieb sein wertvollster ausländischer Besitz, solange das Königreich existierte. Kyrene und alle libyschen Stämme zwischen ihm und Ägypten wurden ebenfalls von Ptolemaios annektiert.

51. In der internen Regierung Ägyptens wurden nur wenige Änderungen vorgenommen. Das Land war wie zuvor in Nomen unterteilt , von denen jeder seinen eigenen Herrscher hatte, der normalerweise ein gebürtiger Ägypter war. Die alten Gesetze und Gottesdienste herrschten vor. Die Ptolemäer bauten die Tempel wieder auf, erwiesen den Apis besondere Ehre und nutzten alle Ähnlichkeiten zwischen der griechischen und der ägyptischen Religion aus. In Alexandria wurde ein prächtiger Serapis - Tempel errichtet. Die Priester behielten ihre Privilegien und Ehren und waren von allen Steuern befreit. Das Heer und seine Offiziere bestanden überwiegend aus Griechen oder Makedoniern, und auch alle wichtigen bürgerlichen Würden wurden vom Eroberervolk besetzt. Allein die griechischen Einwohner der Städte besaßen völlige Freiheit in der Verwaltung ihrer Angelegenheiten.

52. Ptolemaios folgte der liberalen Politik Alexanders gegenüber genialen und gebildeten Männern. Er sammelte eine umfangreiche und wertvolle Bibliothek, die er in einem mit dem Palast verbundenen Gebäude unterbrachte; und er gründete das „Museum", das Studenten und Professoren aus aller Welt anzog. Nirgendwo gab es mehr literarische und intellektuelle Aktivitäten als in Alexandria, der Universität des Ostens. Dort entfaltete Euklid erstmals die „Elemente der Geometrie"; Eratosthenes sprach über Geographie; Hipparchos, der Astronomie; Aristophanes und Aristar´chus , der Kritik; Man´etho , der Geschichte; während Apelíles und Antiphilus ihre Gemälde und Philetas , Callim'achus und Apollonius ihre Gedichte hinzufügten, zur Freude eines Hofes, dessen Monarch selbst Autor war und an dem Talent den Rang ausmachte. Alexandria wurde während dieser Herrschaft mit vielen kostbaren und prächtigen Werken geschmückt. Der königliche Palast; das Museum; der große Leuchtturm auf der Insel Pharos, der in der Neuzeit vielen ähnlichen Bauwerken seinen Namen gegeben hat; die Mole oder der Damm, der diese Insel mit dem Festland verband; das Hippodrom und das Mausoleum mit dem Grab Alexanders gehörten zu den bedeutendsten. Ptolemaios Soter unterschied sich durch seine Wahrheit und Großmut von den meisten Fürsten und Feldherren seiner Zeit. Seine unbegrenzte Macht führte nie zu Grausamkeit oder Maßlosigkeit. Er starb im Alter von vierundachtzig Jahren im Jahr 283 v. Chr.

53. Ptolemaios II. (Philadelphus) war durch den Einfluss seiner Mutter zwei Jahre vor dem Tod seines Vaters anstelle seines älteren Bruders Ceraunus auf den Thron gehoben worden . Er war von mehreren gelehrten Männern sorgfältig erzogen worden, die die Schirmherrschaft seines Vaters an den Hof gezogen hatte; und er setzte in noch liberalerem Maßstab die Förderung von Wissenschaft und Literatur fort, die Alexandria bereits zu einem erfolgreichen Rivalen Athens gemacht hatte. Er vergrößerte die Alexandrische Bibliothek so sehr, dass er oft als ihr Gründer erwähnt wird. Es wurden Agenten beauftragt, Europa und Asien nach jedem literarischen Werk von Wert zu durchsuchen und es um jeden Preis zu sichern. Eine Gesandtschaft wurde zum Hohepriester nach Jerusalem geschickt, um eine Kopie der Heiligen Schrift zusammen mit einer Gruppe gelehrter Männer zu überbringen, die sie ins Griechische übersetzen konnten. Die Übersetzer wurden vom König mit größter Ehre empfangen. Die ersten fünf Bücher wurden unter Philadelphus fertiggestellt, der Rest wurde im Auftrag der späteren Ptolemäer übersetzt; und die gesamte Version – immer noch ein unschätzbarer Schatz für Bibelforscher – ist als Septuaginta bekannt , entweder aufgrund der siebzig Übersetzer oder weil sie vom San'hedrim von Alexandria autorisiert wurde, der aus derselben Anzahl bestand.

54. Ptolemaios II. war in verschiedene Kriege verwickelt; zunächst zur Förderung des achäischen Bundes und zum Schutz der Griechen vor mazedonischen Angriffen; danach gegen seinen Halbbruder Magas, den König von Zyrene, und die Könige von Syrien, mit denen Magas verbündet war. Er eroberte die gesamte Küste Kleinasiens und viele der Kykladen. Durch die Weisheit seiner Innenpolitik wurde Ägypten inzwischen zu seinem höchsten Reichtum und Wohlstand erhoben. Er ließ den von Ramses dem Großen angelegten Kanal wieder öffnen (siehe Buch I, §§ 153, 154) und baute den Hafen von Arsinoë an der Stelle des heutigen Suez. Um den Gefahren der Schifffahrt im Roten Meer zu entgehen, gründete er weiter südlich zwei Städte namens Berenice und verband eine davon durch eine Straße mit Koptos am Nil. Ägypten profitierte so von den kommerziellen Vorteilen seiner Lage auf halbem Weg zwischen Ost und West. Über Jahrhunderte hinweg wurden die reichen Erzeugnisse Indiens, Arabiens und Äthiopiens über diese verschiedenen Straßen nach Alexandria transportiert, von wo aus sie nach Syrien, Griechenland und Rom verteilt wurden. Die Einnahmen Ägyptens entsprachen denen, die Darius aus dem riesigen Persienreich erzielt hatte.

55. Der persönliche Charakter von Philadelphus war weniger bewundernswert als der seines Vaters. Er tötete zwei seiner Brüder, verbannte einen äußerst treuen Ratgeber und führte durch die Heirat mit seiner eigenen Schwester Arsinoë einen Brauch ein, der im Königreich unsagbares Elend und Unheil verursachte. Er starb 247 v. Chr., nachdem er achtunddreißig Jahre regiert hatte, also sechsunddreißig seit dem Tod seines Vaters.

56. Ptolemaios III. (Euergetes) war der unternehmungslustigste Monarch seiner Rasse und erweiterte die Grenzen seines Königreichs bis zum Äußersten. Durch Heirat mit der Tochter des Magas erlangte er die Cyr´ena´ica und annektierte Teile Äthiopiens und Arabiens. In seinem Krieg gegen Syrien, um seine Schwester Berenike zu rächen (siehe §§ 32, 33), überschritt er sogar den Euphrat und eroberte das ganze Land bis an die Grenzen Baktriens; aber das alles verlor er durch seine plötzliche Rückkehr nach Ägypten. Seine Eroberungen an der Küste, die von seiner Flotte verteidigt werden konnten, blieben dauerhaft in seinem Besitz. Alle Küsten des Mittelmeers, von Kyrene bis zum Hellespont, mit vielen wichtigen Inseln und sogar ein Teil Europas, einschließlich Lysimachia in Thrakien, gehörten zu seinem Herrschaftsgebiet.

Er förderte weiterhin Kunst und Literatur und bereicherte die alexandrinischen Bibliotheken mit vielen seltenen Manuskripten. Noch mehr freuten sich die Ägypter über die Wiedererlangung einiger alter Bilder ihrer Götter, die von Sargon oder Esarhaddon nach Assyrien verschleppt und von Ptolemaios von seinem Ostfeldzug mitgebracht worden waren. Euergetes starb 222 v. Chr. nach einer wohlhabenden Herrschaft von 25 Jahren; und mit ihm endete der Ruhm der mazedonischen Monarchie in Ägypten. „Historiker rechnen mit neun Ptolemäern nach Euergetes . Außer Philometor , der sanft und menschlich war; Lath´yrus , der liebenswürdig, aber schwach war; und Ptolemaios XII., der lediglich jung und inkompetent war, sie waren alle fast gleichermaßen verabscheuungswürdig.“

57. Ptolemaios IV. wurde verdächtigt, seinen Vater ermordet zu haben, und nahm deshalb den Nachnamen Philopator an , um den Verdacht zu zerstreuen. Er begann seine Herrschaft jedoch mit der Ermordung seiner Mutter, seines Bruders und seines Onkels und der Heirat mit seiner Schwester Arsinoë . Einige Jahre später wurde auch sie auf Betreiben eines wertlosen Günstlings des Königs hingerichtet. Die Kontrolle über die Angelegenheiten wurde Sosibius überlassen , einem ebenso bösen wie inkompetenten Minister. Durch seine Nachlässigkeit wurde die Armee durch mangelnde Disziplin geschwächt und die Syrer nutzten die Gelegenheit, ihre verlorenen Besitztümer zurückzugewinnen. Sie wurden jedoch bei Raphia besiegt und eroberten nur ihren Hafen Seleukia. Viele Jahre dieser Herrschaft dauerte ein Aufstand der einheimischen Ägypter.

58. Ptolemaios V. (Epiphanes) war beim Tod seines Vaters erst fünf Jahre alt. Die Könige von Syrien und Mazedonien planten, seine Herrschaftsgebiete untereinander aufzuteilen, und die einzige Möglichkeit der inkompetenten Minister bestand darin, die Römer zu Hilfe zu rufen. Alle ausländischen Abhängigkeiten außer Zypern und der Cyrenaica gingen verloren; aber durch die gute Führung von M. Lep´idus wurde Ägypten dem kleinen Ptolemaios gerettet. Aristom´enes , ein Akarnaner, trat die Nachfolge von Lepidus als Regent an, und seine Energie und Gerechtigkeit stellten eine Zeit lang den Wohlstand des Königreichs wieder her. Im Alter von vierzehn Jahren wurde Epiphanes für volljährig erklärt und die Regierung agierte fortan in seinem Namen. Es sind nur wenige Ereignisse seiner Regierungszeit bekannt. Er heiratete Kleopatra von Syrien und vergiftete bald darauf seinen verstorbenen Vormund Aristomenes . Seine Pläne für einen Krieg mit Syrien wurden durch seine eigene Ermordung im Jahr 181 v. Chr. verhindert.

59. Ptolemaios VI. (Philometor) wurde im Alter von sieben Jahren König unter der kraftvollen Regentschaft seiner Mutter Kleopatra. Sie starb 173 v.

Chr. und die Macht ging in die Hände zweier schwacher und korrupter Minister über, die das Königreich durch ihren überstürzten Einmarsch in Syrien in einen Krieg verwickelten und es fast in den Ruin trieben. Antiochos IV. besiegte sie bei Pelusium , rückte nach Memphis vor und erlangte Besitz von dem jungen König, den er als Werkzeug zur Vernichtung des ganzen Landes benutzte. Die Alexandriner krönten Ptolemaios Physkon , einen jüngeren Bruder des Königs, und widerstanden erfolgreich der Belagerungsarmee des Antiochus. Als die Römer nun dazwischenkamen, musste er sich zurückziehen.

Die beiden Brüder einigten sich darauf, gemeinsam zu regieren und bereiteten sich auf den Krieg mit Antiochus vor. Er eroberte Zypern, fiel ein zweites Mal in Ägypten ein und hätte zweifellos die gesamte Herrschaft der Ptolemäer zu seinem eigenen gemacht, wenn die Römer, die das Protektorat Ägypten beanspruchten, nicht erneut eingegriffen und ihm den Rückzug befohlen hätten. Der syrische König gehorchte widerwillig und die Brüder regierten vier Jahre lang in Frieden. Dann kam es zu einem Streit, und Philometor ging vor den römischen Senat, um seine Sache zu vertreten. Die Römer setzten ihn wieder in den Besitz Ägyptens ein und gaben seinem Bruder Physcon Libyen und die Cyrenaica. Unzufrieden mit seinem Anteil ging Physcon nach Rom und erhielt eine weitere Zuwendung von Zypern; aber Philometor weigerte sich, es aufzugeben, und die Brüder bereiteten sich auf den Krieg vor, als ein Aufstand in Kyrene die Aufmerksamkeit des Königs erregte. Nach neun Jahren erneuerte er seinen Anspruch und erhielt von Rom ein kleines Geschwader, um bei der Eroberung der Insel zu helfen. Er wurde besiegt und von seinem Bruder gefangen genommen; aber sein Leben wurde verschont und er wurde in sein Königreich Kyrene zurückgebracht. Philometor fiel 146 v. Chr. in einer Schlacht in der Nähe von Antiochia mit Alexander Balas , den er selbst ermutigt hatte, die Krone Syriens zu übernehmen. (Siehe § 42.)

60. Ptolemaios VII. (Eupator) hatte nur wenige Tage regiert, als er von seinem Onkel Ptolemaios Physcon ermordet wurde , der mit Hilfe der Römer die beiden Königreiche Ägypten und Kyrene in sich vereinte. Dieses Monster erregte durch seine unmenschlichen Grausamkeiten einen solchen Schrecken und durch seine Exzesse einen solchen Ekel, dass seine Hauptstadt zur Hälfte entvölkert war und die verbliebenen Bürger fast ständig in Aufruhr gerieten. Schließlich musste er auf Zypern Zuflucht suchen, die Krone blieb seiner Schwester Kleopatra . Um die Königin zutiefst zu verletzen, ermordete er ihren Sohn und schickte ihr den Kopf und die Hände des Opfers. Die Alexandriner waren über diese Gräueltat so wütend, dass sie tapfer für Kleopatra kämpften; Doch als sie den König von Syrien um Hilfe bat, wurden sie beunruhigt und riefen Physcon nach dreijähriger Verbannung zurück. Durch seine Strafe gewarnt, gab Physcon nun seine Grausamkeiten auf und widmete sich literarischen Beschäftigungen, wobei er sich sogar einen gewissen Ruf als Autor erwarb.

61. Ptolemaios VIII. (Lath´yrus) trat die Nachfolge seines Vaters in Ägypten an, während sein Bruder Alexander in Zypern regierte und A´pion , ein weiterer Sohn von Physcon , die Cyrenaica erhielt. Kleopatra, die Königinmutter, hatte die wahre Macht. Nach zehn Jahren beleidigte Lathyrus seine Mutter, indem er eine eigene Politik verfolgte, und war gezwungen, mit Alexander zu tauschen, der achtzehn Jahre lang in Ägypten unter dem Titel Ptolemaios IX. regierte. Anschließend wurde Kleopatra hingerichtet, Alexander vertrieben und Ptolemaios Lathyrus abberufen. Er regierte acht Jahre lang als alleiniger Monarch, besiegte Alexander, der versuchte, Zypern zurückzugewinnen, und bestrafte einen Aufstand in Theben mit einer dreijährigen Belagerung, die mit der Zerstörung der Stadt (89–86 v. Chr.) endete.

62. Berenice, das einzige legitime Kind von Lathyrus, regierte sechs Monate allein und war dann verheiratet und mit ihrem Cousin Ptolemaios X., einem Sohn Alexanders, dessen Ansprüche von den Römern unterstützt wurden, auf dem Thron verbunden. Innerhalb von drei Wochen tötete er seine Frau, und die Alexandriner empörten sich und erschlugen ihn im Gymnasium im Jahr 80 v. Chr. Es folgten fünfzehn Jahre großer Verwirrung, in denen die Nachfolge von mindestens fünf Antragstellern bestritten wurde und Zypern ein eigenständiges Königreich wurde .

63. Ptolemaios XI. (Aule´tes oder der Flötenspieler) erhielt daraufhin die Krone und datierte seine Herrschaft ab dem Tod seiner Halbschwester Berenice. Im Jahr 59 v. Chr. wurde er von den Römern anerkannt; Doch zu diesem Zeitpunkt hatte seine unterdrückende und verschwenderische Regierung das Volk so sehr verärgert, dass es ihn aus dem Königreich vertrieb. Er flüchtete vier Jahre lang in Rom, während seine beiden Töchter Ägypten zunächst gemeinsam regierten, dann die jüngere allein, nach dem Tod ihrer Schwester. Im Jahr 55 v. Chr. kehrte Auletes mit Unterstützung einer römischen Armee zurück, tötete seine Tochter, die sich seiner Wiederherstellung widersetzt hatte, und regierte dreieinhalb Jahre unter römischem Schutz. Er starb im Jahr 51 v. Chr. und hinterließ vier Kinder: die berühmte Kleopatra, siebzehn Jahre alt; Ptolemaios XII.; ein weiterer Ptolemaios und eine noch jüngere Tochter Arsinoë .

Münze von Antonius und Kleopatra, doppelt so groß.

64. Die Prinzessin Kleopatra erhielt die Krone unter römischer Schirmherrschaft, gemeinsam mit dem älteren Ptolemaios. Der Bruder und die Schwester stritten sich und Kleopatra wurde nach Syrien vertrieben. Hier lernte sie Julius Cäsar kennen und erlangte durch ihre Talente und Leistungen große Macht über seinen Geist. Mit seiner Hilfe wurde Ptolemaios erobert und getötet und Kleopatra etablierte sich im Königreich. Sie entfernte ihren jüngeren Bruder durch Gift und hatte fortan keinen Rivalen mehr. Mit vollendetem Können, gepaart mit der skrupellosen Grausamkeit ihrer Rasse, regierte sie siebzehn Jahre lang in großem Wohlstand. Cäsar war ihr Beschützer, solange er lebte, und Antonius wurde dann ihr Sklave, der alle seine Interessen und seine Ehre als Römer und Feldherr ihren geringsten Launen opferte. In den Bürgerkriegen Roms wurde Antonius schließlich bei Actium besiegt; Kleopatra beging Selbstmord und ihr Königreich wurde 30 v. Chr. eine römische Provinz.

65. Das Königreich der Ptolemäer dauerte 293 Jahre, vom Tod Alexanders bis zum Tod Kleopatras. Unter den ersten drei Königen war es 101 Jahre lang die blühendeste, am besten organisierte und wohlhabendste der mazedonischen Monarchien; Die verbleibenden fast zwei Jahrhunderte gehörten zu den am stärksten degradierten Perioden in der Geschichte der Menschheit.

REPRISE.

Wohlstand Ägyptens unter den Ptolemäern. Rennbahn in Alexandria. Ptolemaios I. (323-283 v. Chr.) eroberte Palästina, Phönizien , Zypern und die afrikanische Küste bis nach Kyrene. Alte Gesetze und Gottesdienste bleiben erhalten. Alexandrische Bibliothek und Museum, Professoren und öffentliche Arbeiten. Ptolemaios Philadelphus (283–247 v. Chr.) bestellte eine griechische Version der Hebräischen Schriften; errichtete Städte, Straßen und Kanäle für Handelszwecke. Erwerbungen von Ptolemaios III. (247-222 v. Chr.). Schnelle Eroberungen in Asien, schnell verloren. Sammlung von Manuskripten und Wiederherstellung von Bildern. Niedergang des ptolemäischen Königreichs. Verbrechen von Ptolemaios IV. (222–205 v. Chr.). Sieg bei Raphia, 217 v. Chr. Römische Einmischung während der Minderheit von Ptolemaios V. (205-181 v. Chr.). Ptolemaios VI. (181-146 v. Chr.) von Antiochos IV. aus Syrien eingenommen. Sein Bruder Physcon wurde gekrönt. Rom schützte die ägyptischen Abhängigkeiten vor Syrien und teilte sie unter den Brüdern auf. Ptolemaios VII. wurde von seinem Onkel Ptolemaios Physcon ermordet , der von 146 bis 117 v. Chr. regierte. Er wurde wegen seiner Verbrechen ins Exil geschickt, aber nach drei Jahren abberufen. Ptolemaios VIII. und sein Bruder Alexander regierten abwechselnd in Ägypten und Zypern, während ihre Mutter lebte (117–89 v. Chr.). Nach ihrem Tod war erstere bis 81 v. Chr. alleinige Monarchin. Berenike regierte sechs Monate (81, 80 v. Chr.) und wurde dann von ihrem Ehemann Ptolemaios X. ermordet. Er wurde von den Alexandrinern getötet. Ptolemaios XI. (80-51 v. Chr.) machte seinen Anspruch nach fünfzehnjähriger Anarchie geltend; wurde von den Römern anerkannt, aber von seinen Untertanen vertrieben (59-55 v. Chr.); kehrte zur Herrschaft unter römischem Schutz zurück. Kleopatra vergiftete ihre beiden Brüder und behielt dank der Gunst von Cäsar und Antonius ihr Königreich einundzwanzig Jahre lang, 51–30 v. Chr.

III. Mazedonien und Griechenland.

66. Nach dem Tod Alexanders revoltierte der größte Teil Griechenlands gegen Makedonien, wobei Athen wie immer der Anführer war. Antipater, der mazedonische Regent, wurde in der Nähe von Thermopylae besiegt und in Lamia in Thessalien belagert. Die Konföderierten wurden später in Cranon besiegt , und die gute Führung von Antipater löste den Bund auf, indem er seine Mitglieder getrennt behandelte und allen außer den Anführern die mildesten Bedingungen anbot. Athen erlitt die Strafe, die es oft verhängt hatte. Zwölftausend ihrer Bürger wurden gewaltsam nach Thrakien, Illyrien, Italien und Afrika vertrieben, von der wohlhabenderen Sorte blieben nur noch neuntausend übrig, die sich bereitwillig der mazedonischen Vorherrschaft unterwarfen. Demosthenes und die wichtigsten Mitglieder seiner Partei wurden hingerichtet und die letzten Reste der Unabhängigkeit Athens zerstört.

67. Die Kriege der Generäle und die Intrigen der makedonischen Prinzessinnen gehören zur Periode II. (Siehe §§ 19–25.) Drei Jahre nach der Schlacht von Ipsus starb Kassander im Jahr 298 v. Chr. und überließ die Krone seinem Sohn Philipp IV. Der junge König regierte weniger als ein Jahr, und seine Mutter Thessaloniki teilte Mazedonien dann zwischen ihren beiden verbleibenden Söhnen Antipater und Alexander auf. Ersterer war mit seinem Anteil unzufrieden, ermordete seine Mutter und rief seinen Schwiegervater Lysimachos zu sich, um ihm bei der Erlangung des Ganzen zu helfen. Sein Bruder bat gleichzeitig Demetrius, der in Griechenland regierte, und Pyrrhus, den König von Epirus, um Hilfe. Mit ihrer Hilfe vertrieb er Antipater aus Mazedonien; aber er hatte durch den Sieg nichts gewonnen, denn Demetrius hatte den Krieg nur mit der Absicht unternommen, sich auf den Thron zu begeben, was ihm durch die Ermordung Alexanders gelang. Antipater II. wurde im selben Jahr von Lysimachos, 294 v. Chr., hingerichtet.

68. Das Königreich umfasste nun Thessalien, Attika und den größten Teil des Peloponnes, wobei Pyrrhus mehrere Länder an der Westküste Griechenlands erhalten hatte. Demetrius opferte jedoch alle seine Herrschaftsgebiete seinem grenzenlosen Ehrgeiz und seiner Einbildung. Er scheiterte bei einem Angriff auf Pyrrhos und musste 287 v. Chr. Mazedonien verlassen, da er sowohl von Osten als auch von Westen angegriffen wurde. Bei einer späteren Expedition nach Asien wurde er zum Gefangenen von Seleukus und starb im dritten Jahr seiner Gefangenschaft . (Siehe § 29.)

69. Pyrrhos blieb fast ein Jahr lang König über den größten Teil Mazedoniens, wurde dann aber von Lysimachos in sein Erbreich zurückgedrängt, der so seine eigenen Herrschaftsgebiete von den Halys bis zum Berg Pindos ausdehnte, 286 v. Chr. Die Hauptstadt dieses konsolidierten Königreichs war Lysimachia in Chersones und Mazedonien waren fünf Jahre lang lediglich eine Provinz. Da die Adligen unzufrieden wurden, riefen sie Seleukus herbei , der Lysimachos im Jahr 281 v. Chr. besiegte und tötete.

70. Der alte Seleukus regierte einige Wochen lang fast alle Gebiete Alexanders mit Ausnahme Ägyptens. Anschließend wurde er von Ptolemaios Ceraunos ermordet , [60] der an seiner Stelle König wurde. Der ägyptische Prinz wurde bald von einer neuen Gefahr durch die Invasion der Gallier überwältigt . Dieses ruhelose Volk strömte seit fast einem Jahrhundert nach Norditalien, wo es die Etrusker aus der Po-Ebene vertrieben und der Gallia Cisalpina ihren eigenen Namen gegeben hatte . Nun wandten sie sich nach Osten, besetzten die Donauebene und drangen südwärts bis nach Illyricum vor, von wo aus sie in drei Divisionen vorrückten, eine über die Thraker, eine andere über die Paeonier und eine dritte über die Mazedonier. Die letzte Armee traf auf Ptolemaios Ceraunus , der im Kampf besiegt und getötet wurde. Zwei Jahre lang verwüsteten sie Mazedonien, während Meleager , ein Bruder von Ceraunus , und Antipater, ein Neffe von Kassander , nacheinander den Thron besetzten, 279–277 v. Chr.

71. Brennus , ein gallischer Anführer, marschierte mit mehr als 200.000 Mann durch Thessalien und verwüstete alles mit Feuer und Schwert. Bei den Thermopylen kam es zu einer erbitterten Schlacht , und die Gallier gelangten schließlich nur auf dem gleichen Bergpfad, der vor zweihundert Jahren den Truppen von Xerxes den Weg geebnet hatte, in den Rücken der griechischen Armee. Brennus drängte weiter, um Delphi zu plündern, aber eine Armee von 4.000 Mann, die gut auf den Höhen von Parnassus stationiert war, widerstand ihm mit Erfolg; und ein heftiger Wintersturm, der die Angreifer verwirrte und betäubte, überzeugte gläubige Griechen davon, dass Apollo wieder einmal sein Heiligtum verteidigte. Der gallische Anführer wurde schwer verwundet und wollte seine Schande nicht überleben und setzte seinem eigenen Leben ein Ende. Seine Armee zerfiel in eine Vielzahl plündernder Banden ohne Ordnung und Disziplin, und der größte Teil kam durch Kälte, Hunger oder Kampf ums Leben. Ihre Landsleute gründeten jedoch ein Königreich in Thrakien; und eine andere Gruppe, die von Nikomedes nach Kleinasien eingeladen wurde , erlangte Besitz über ein großes Landgebiet, das ihren Namen Galatia erhielt .

72. Während der Unruhen in Mazedonien war Sosthenes, ein Offizier von adliger Herkunft, an die Spitze der Geschäfte gesetzt worden, anstelle von Antipater, der wegen seiner Unfähigkeit abgesetzt wurde. Nach dem Abzug der Gallier erlangte Antipatros den Thron zurück. Aber Antigonos Gonatas, der sich seit der Gefangenschaft seines Vaters Demetrius als unabhängiger Fürst in Mittel- und Südgriechenland behauptet hatte, erschien nun mit einem hauptsächlich aus gallischen Söldnern bestehenden Heer, besiegte Antipatros und erlangte den Besitz Makedoniens. Antiochus Soter führte Krieg gegen ihn, wurde aber mit so viel Energie bekämpft, dass er Antigonos als König anerkannte und ihm seine Schwester Phila zur Frau gab. Aber Antigonos war weder bei den Griechen noch bei den Mazedoniern akzeptabel, und als Pyrrhos, der beliebteste Fürst seiner Zeit, aus Italien zurückkehrte, war die gesamte mazedonische Armee bereit, auf seine Seite zu überlaufen. Antigonos wurde besiegt und war für ein Jahr oder länger auf der Flucht, 273–271 v. Chr.

73. Pyrrhus war der größte Krieger und einer der besten Fürsten seiner Zeit – einer Zeit, aus der Wahrheit und Treue fast verschwunden zu sein schienen. Er hätte der mächtigste Monarch der Welt werden können, wenn seine Beharrlichkeit seinen Talenten und seinem Ehrgeiz entsprochen hätte. Aber anstatt das Territorium, das er besaß, zu organisieren, dürstete er ständig nach neuen Eroberungen. In einem Krieg gegen Südgriechenland wurde er aus Sparta zurückgeschlagen und bei dem Versuch, Argos nachts einzunehmen, wurde er durch einen Ziegelstein getötet, den eine Frau von einem Hausdach geworfen hatte.

74. Antigonos Gonatas kehrte nun zurück und regierte zweiunddreißig Jahre. Er dehnte seine Macht über den größten Teil des Peloponnes aus und führte fünf Jahre lang Krieg gegen die Athener, die von Sparta und Ägypten unterstützt wurden. In der Zwischenzeit wurde Antigonus durch den Einfall von Alexander, dem Sohn des Pyrrhos, zurückgerufen, der alles vor sich hergetragen hatte und zum König von Makedonien ernannt worden war. Demetrius, Sohn des Antigonus, verjagte ihn aus Mazedonien und sogar aus Epirus; und obwohl er bald seine väterliche Herrschaft wiedererlangte, blieb er von da an in Frieden mit seinen Nachbarn. Athen fiel 263 v. Chr. Neunzehn Jahre später erlangte Antigonus den Besitz von Korinth; aber dies war der letzte seiner Erfolge.

75. Der achäische Bund, der von den unmittelbaren Nachfolgern Alexanders unterdrückt worden war, erwachte bald wieder zum Leben und dehnte sich über die Grenzen von Achaia hinaus aus und erhielt Städte aus dem gesamten Peloponnes. Im Jahr 243 v. Chr. eroberte Aratos , sein Oberhaupt, durch eine plötzliche und gut abgestimmte Bewegung Korinth, das sich sofort der Liga anschloss. Mehrere wichtige Städte folgten dem Beispiel; und Antigonos, der alt und vorsichtig geworden war, konnte sich ihnen nicht widersetzen, außer indem er Ätolien zum Angriff auf die Achäer aufstachelte . Er starb 239 v. Chr., nachdem er achtzig Jahre gelebt und siebenunddreißig Jahre lang regiert hatte.

76. Demetrius II. verbündete sich mit Epirus und brach die Freundschaft mit den Ätoliern , die Feinde dieses Königreichs waren. Die Folge war, dass die Ätolier sich mit dem achäischen Bund verbündeten, um sich ihm zu widersetzen. Er konnte sie in Thessalien und Böotien besiegen , doch südlich der Landenge war der Vormarsch Makedoniens am Ende. Die Römer mischten sich nun zum ersten Mal in griechische Angelegenheiten ein, indem sie von der ätolischen Konföderation verlangten, von Angriffen auf Akarnanien Abstand zu nehmen. Korkyra, Apollonia und Epidamnus fielen 228 v. Chr., ein Jahr nach dem Tod von Demetrius II., in ihre Hände.

77. Philipp V. war erst acht Jahre alt, als er die Herrschaft seines Vaters unter der Vormundschaft seines Verwandten Antigonus Doson erbte . Während dieser Regentschaft fanden in Sparta große Veränderungen statt, die zu einer kurzen Rückkehr ihrer alten Energie führten. Die Gesetze des Lykurg galten mehr als fünf Jahrhunderte lang, aber die Zeit ihrer Gültigkeit und Nützlichkeit war vorbei. Die strenge Trennung zwischen den verschiedenen Klassen beschränkte nun die Zahl der echten Spartaner auf 700, während die Eigentumsprüfungen so streng waren, dass nur 100 die vollen Bürgerrechte genossen. Der Reichtum der Gemeinschaft konzentrierte sich in den Händen einiger weniger, die gegen das alte Gesetz verstießen, indem sie in großem Luxus lebten. In diesem Zustand war Sparta nicht einmal in der Lage, sich gegen illyrische Piraten oder ätolische Plünderer zu verteidigen , geschweige denn, wie früher, irgendeinen Einfluss auf die allgemeinen Angelegenheiten Griechenlands auszuüben.

Die 230 v. Chr. von Agis IV. vorgeschlagenen und vier Jahre später von Kleomenes durchgeführten Reformen erhöhten die Zahl der Bürger um 3.800 *Periœ'ci* und teilten die Ländereien des Staates zwischen diesen und 15.000 ausgewählten Lakoniern neu auf. Die Schulden wurden abgeschafft und die alten einfachen und sparsamen Bräuche des Lykurg wiederhergestellt. Sparta war nun in der Lage, die Streitkräfte des Achäischen Bundes zu besiegen und daraus die meisten peloponnesischen Städte aus Achaia in sein eigenes Bündnis zu ziehen. Aber Aratus, das Oberhaupt des Bundes, verstieß gegen alle seine Prinzipien, indem er Antigonus, den mazedonischen Regenten, herbeirief und ihn in den Besitz von Akro-Korinth brachte . In der Schlacht von Sellasia im Jahr 221 v. Chr. wurde Kleomenes besiegt und gezwungen, am Hofe des Ptolemaios Philopator Zuflucht zu suchen . Der Bund, der zur Verteidigung der Freiheiten Griechenlands gegründet worden war, hatte sie verraten; und es bestand keine Hoffnung mehr, den Ruhm Spartas wiederherzustellen oder die überwältigende Macht Makedoniens und Roms einzudämmen.

78. Antigonos starb 220 v. Chr. und Philipp, jetzt siebzehn Jahre alt, übernahm die Regierung. Die großen Vorteile, die er während der Regentschaft erlangt hatte, wurden durch seine Unbesonnenheit bald wieder verloren. Er verbündete sich hastig mit Hannibal gegen Rom und dann mit Antiochus von Syrien gegen Ägypten. (Siehe §§ 37 , 59.) Sein erster Krieg war jedoch gegen Ätolien , das unmittelbar nach seiner Thronbesteigung zu den Waffen gegriffen hatte, in der Hoffnung, seinen Rivalen Achaia sofort zu überwältigen und seine eigenen Gebiete auf Kosten Makedoniens zu vergrößern . Bereits zur Zeit Alexanders des Großen hatten sich die ätolischen Stämme zu einer Bundesrepublik zusammengeschlossen, die in Zentralgriechenland eine ähnliche Stellung einnahm wie der Achäische Bund auf dem Peloponnes. Durch die Unterwerfung oder Annexion mehrerer Staaten wurde es nun vom Ionischen bis zum Ägäischen Meer ausgedehnt. Philipp überrannte Ätolien mit großer Energie, eroberte den Regierungssitz und zeigte durch seine glänzenden Erfolge ein militärisches Talent, das den frühen Tagen der mazedonischen Eroberung würdig war. Aber die Nachricht von einem großen Sieg, den Hannibal am Thrasymene -See errungen hatte , lenkte seine Aufmerksamkeit auf das Ziel seines Hauptziels, einen Krieg mit Rom.

79. Die erste Bewegung im neuen Krieg war die Belagerung von Apollonia, einer römischen Kolonie in Illyricum. Philipp hoffte, die Römer von der Westküste Griechenlands vertreiben und so den Weg für eine Invasion Italiens ebnen zu können. Sein Lager wurde nachts von Valerius überrascht und er war gezwungen, seine Schiffe zu verbrennen und sich in aller Eile zurückzuziehen. Die Ätolier und alle ihre Verbündeten – Sparta, Elis und die Könige von Illyricum und Pergamon – stellten sich auf die Seite Roms und führten den Krieg nach Mazedonien, wodurch Philipp gezwungen wurde, Karthago um Hilfe zu bitten. Die Römer eroberten Zakynthos , Ne´sos und Œniadæ , Antic´yra in Lokris und die Insel Ægina und übergaben alles den Ätoliern .

In dieser Krise wurde Philopœ´men , der größte Grieche seiner Zeit, Kommandeur der achäischen Kavallerie und zwei Jahre später Oberhaupt der Liga. Er verbesserte die Ausbildung und Taktik der Armee und flößte der ganzen Nation neuen Geist ein. Sein Einmarsch in Elis, gemeinsam mit Philipp, war erfolglos und der König wurde von Sulpicius Galba besiegt; Doch im Jahr 207 v. Chr. stellte der große Sieg von Mantinea die Mazedonier und Achäer den Römern gleich. Der Frieden wurde zu für alle Parteien ehrenhaften Bedingungen geschlossen.

80. Philip, vom Ehrgeiz verwöhnt, war skrupellos und rücksichtslos geworden. Anstatt sich das zu sichern, was er bereits besaß, strebte er ständig nach neuen Eroberungen; und ohne auf den Sturm zu achten, der früher oder später aus dem Westen über ihn hereinbrechen würde, wandte er sich nun nach Osten und Süden. Er schloss mit Antiochos dem Großen einen Vertrag über die Aufteilung der ägyptischen Gebiete, durch den er Thrakien und den westlichen Teil Kleinasiens erhalten sollte. Dies führte sofort zum Krieg mit Atalus von Pergamon , einem Verbündeten Roms, sowie mit Rhodos, das den Teil Ägyptens einnahm . Seine Flotte wurde 201 v. Chr. vor Chios deutlich besiegt; und obwohl er später bei Lade einen Sieg errang, wurden seine Verluste nicht wettgemacht. Er eroberte jedoch die wichtigen Inseln Samos, Thasos und Chios mit der Provinz Karien und mehrere Orte in Ionien.

81. Die große Katastrophe des Krieges war der Bruch des Vertrags mit Rom. Diese Macht griff zugunsten ihrer Verbündeten Ägypten, Rhodos und Pergamon ein ; und als Philipp alle vernünftigen Forderungen ablehnte, erklärte sie den Frieden für beendet. Im zweiten Krieg mit Rom war Griechenland zunächst in drei Parteien gespalten, einige Staaten blieben neutral, einige standen auf der Seite Roms und einige auf der Seite Mazedoniens. Doch als der Konsul Flamininus allen Griechen die Freiheit verkündete und sich selbst zu ihrem Vorkämpfer gegen die lange verhasste Macht Mazedoniens erklärte, gingen fast alle Staaten auf die römische Seite über. Auf dem Land wurde Mazedonien von Sulpicius Galba angegriffen, unterstützt von den Illyrern und Dardaniern; Auf dem Seeweg bedrohte eine römische Flotte, verstärkt durch rhodische und pergamenische Schiffe, die Küste. Mehrere wichtige Städte in Euböa wurden eingenommen, aber die große entscheidende Schlacht fand (197 v. Chr.) bei Cynocephalæ statt , wo Philipp besiegt wurde und seine Macht völlig zunichte gemacht wurde. Er war gezwungen, alle von ihm gehaltenen griechischen Städte in Europa oder Asien zu verlassen, seine gesamte Marine abzugeben und eine Kriegsentschädigung von eintausend Talenten (1.250.000 US-Dollar) zu zahlen.

82. Bei der Regelung der Angelegenheiten Griechenlands unterteilten die Römer die Staaten in noch kleinere Abschnitte als früher und garantierten jedem vollkommene Unabhängigkeit. Die beiden Bünde Achaia und Aetholien blieben jedoch im Gleichgewicht. Die Staaten waren im Großen und Ganzen mit der Vereinbarung zufrieden, aber die Ätolier entfachten noch im Jahr von Flamininus' Abreise einen neuen Krieg und riefen Antiochus aus Asien zu Hilfe. Er wurde 191 v. Chr. bei den Thermopylen von den Römern besiegt, und die große Schlacht von Magnesia im folgenden Jahr beendete alle Hoffnungen auf Widerstand gegen die Macht Roms. Der achäische Bund gewann, unterstützt durch die weise und geschickte Führung der Philopöen , durch die Schwächung seines Rivalen an Macht und umfasste nun den gesamten Peloponnes, mit Megaris und einigen anderen Gebieten jenseits der Halbinsel.

83. Philipp hatte den Römern im jüngsten Krieg geholfen und es war ihm gestattet worden, seine Herrschaft über einen Teil Thrakiens und nach Süden bis nach Thessalien auszudehnen. Doch als der Frieden gesichert war, musste er alles außer seinem erblichen Königreich aufgeben. Demetrius, der zweite Sohn Philipps, war lange Zeit eine Geisel in Rom gewesen und fungierte nun als Botschafter seines Vaters. Der römische Senat räumte viele Punkte ein, um der herzlichen Freundschaft willen, die er diesem jungen Prinzen entgegenbrachte; aber seine Gunst erregte nur das Misstrauen seines Vaters und die Eifersucht seines älteren Bruders Perseus . Dieser fälschte Briefe, um seinen Vater vom Verrat des Demetrius zu überzeugen, und der unschuldige Jugendliche wurde auf Befehl des Königs hingerichtet. Doch die Trauer und Reue Philipps überstiegen alle Grenzen, als er von der Täuschung erfuhr, die praktiziert worden war. Er glaubte, vom Geist des Demetrius heimgesucht zu werden, und es waren eher seelische Qualen als körperliche Krankheiten, die bald zu seinem Tod führten.

Ein antiker Historiker bemerkte, dass es nur wenige Monarchen gab, von denen man mit Recht mehr Gutes oder mehr Böses sagen konnte als von Philipp V. Wenn das Versprechen seiner Jugend erfüllt worden wäre und sich die Chancen seiner Herrschaft verbessert hätten, hätte er Großes vollbracht für Mazedonien und Griechenland. Aber seine Talente wurden durch

Trunkenheit und Verschwendung getrübt, seine natürliche Großzügigkeit wurde durch die Gewohnheit, den Oberbefehl zu übernehmen, beeinträchtigt und er wurde in späteren Jahren zu einem düsteren, skrupellosen und misstrauischen Tyrannen.

84. Philipp hatte geplant, das Verbrechen des Perseus zu bestrafen, indem er den Thron einem entfernten Verwandten, Antigonos, überließ; Doch der plötzliche Tod des Vaters, während Antigonos vom Hof abwesend war, ermöglichte es dem Sohn, sich ohne Widerstand zum König zu machen. Er verfolgte mit großem Eifer die Politik Philipps, um Mazedonien auf einen zweiten Kampf mit Rom vorzubereiten. Die Einnahmen wurden durch einen sorgfältigen Betrieb der Minen erhöht; die durch so viele Kriege ausgezehrte Bevölkerung wurde durch Kolonien von Thrakern und anderen rekrutiert; und es wurden enge Bündnisse mit den Königen Asiens und mit den zähen Barbaren des Nordens, Galliern , Illyrern und Germanen, geschlossen, deren Hilfe im entscheidenden Moment von unschätzbarem Wert sein könnte. Perseus gelang es jedoch nicht, die Staaten Griechenlands zu vereinen, in denen eine große Partei bereits seine Vormachtstellung der römischen vorzog; und statt seine Schätze dazu zu verwenden, seine Verbündeten zufriedenzustellen und zu stärken, hortete er sie geizig, nur um seine Feinde am Ende des Krieges zu bereichern.

85. Im Frühjahr 171 v. Chr. landeten die Römer in Epirus und verbrachten einige Monate damit, die griechischen Staaten durch Geld und Einfluss für sich zu gewinnen. Im Herbst trafen sie in Thessalien mit nahezu gleichen Kräften auf Perseus und wurden besiegt. Der Mazedonier nutzte seinen Sieg jedoch nicht aus, und zwei Jahre lang wurde nichts Wichtiges unternommen. Im Jahr 168 v. Chr. übernahm L. Æmilius Paulus das Kommando und zwang Perseus zu einer Schlacht bei Pydna . Hier wurde das Schicksal Makedoniens endgültig entschieden. Perseus wurde besiegt und floh nach Samothrake, wo er bald mit all seinen Schätzen gefangen genommen wurde. Er wurde nach Rom gebracht und gezwungen, beim prächtigen Triumph des Æmilius in Ketten zu wandeln . Nach mehreren Jahren starb der letzte mazedonische König in der Gefangenschaft von Alba.

Mazedonien wurde nicht sofort zur römischen Provinz erklärt, sondern in vier verschiedene Staaten aufgeteilt, denen jeglicher Verkehr untereinander verboten war. Das Volk wurde durch eine starke Senkung der Steuern getröstet, da die Römer nur die Hälfte des Betrags verlangten, den sie ihren einheimischen Königen zu zahlen pflegten.

86. In Griechenland wurden alle Konföderationen mit Ausnahme des Achäischen Bundes aufgelöst. Achaia war während des Krieges der ständige Freund Roms gewesen; Um jedoch seine Unterwerfung sicherzustellen , wurden tausend der wichtigsten Bürger beschuldigt, Perseus heimlich unterstützt zu haben, und zur Verhandlung nach Italien gebracht. Sie wurden ohne Anhörung siebzehn Jahre lang inhaftiert; und dann, als alle bis auf dreihundert gestorben waren, wurden diese zurückgeschickt, in der Gewissheit, dass ihr Groll gegen Rom sie zu einer überstürzten Feindseligkeit verleiten würde.

Alles geschah, wie die Römer es vorhergesehen hatten. Die drei Verbannten, die über diese grundlose Empörung am meisten erbittert waren, kamen an die Macht, und ihre Feindschaft gab ihren Feinden das, was sie sich am meisten wünschten: einen Vorwand für eine bewaffnete Invasion in die Gebiete der Liga. Im Jahr 146 v. Chr. wurde der Krieg erklärt. Einer der achäischen Anführer wurde in der Nähe der Thermopylen katastrophal besiegt und getötet ; ein anderer leistete mit dem Rest der Armee einen letzten Widerstand gegen Korinth, wurde jedoch besiegt und die Stadt wurde eingenommen, geplündert und zerstört. Innerhalb weniger Jahre wurde Griechenland wie andere Provinzen Roms unter eine prokonsularische Regierung gestellt. Es blieb fast 16 Jahrhunderte lang Teil dieses großen Reiches, das, obwohl es aus Italien vertrieben wurde, seine Existenz im Osten aufrechterhielt, bis es 1453 von den Türken gestürzt wurde.

REPRISE.

Der Lamische Krieg endete mit der Unterwerfung Griechenlands unter Mazedonien. Kassander regierte 316–297 v. Chr. Der Tod aller seiner Söhne innerhalb von drei Jahren überließ die Krone Demetrius, dem Sohn des Antigonus (294–287 v. Chr.), der sie durch voreilige Unternehmungen verlor und als Gefangener in Asien starb. Pyrrhus, der Epirote, regierte ein Jahr. Mazedonien wurde dann von Thrakien annektiert (286–281 v. Chr.). Nach dem Tod des Lysimachos fiel es an Seleukus , der wiederum von Ptolemaios Ceraunos ermordet wurde . Unter der Herrschaft von Ptolemaios (281–279 v. Chr.), Meleagers, Antipaters II. und Sosthenes (279–277 v. Chr.) verwüsteten die Gallier Mazedonien und Griechenland, eroberten die Thermopylen , wurden jedoch bei Delphi besiegt. Antigonos, Sohn des Demetrius (277–273 v. Chr.), wurde von Pyrrhos vertrieben, dessen zweite Herrschaft 273–271 v. Chr. dauerte, der jedoch bei Argos getötet und Antigonos wiederhergestellt wurde (271–239 v. Chr.). Er eroberte Athen und Korinth; Letzteres wurde von der Achäischen Liga zurückerobert. Demetrius II. (239–229 v. Chr.) verbündete sich mit Epirus gegen den achäischen und den ätolischen Bund. Erste Einmischung Roms in griechische Angelegenheiten, 238 v. Chr. Regentschaft von Antigonus Doson , 229–220 v. Chr. Reform und neue Energie in Sparta. Die Mazedonier besiegten im Bündnis mit dem Achäischen Bund die Spartaner bei Sellasia , 221 v. Chr.. Unabhängige Herrschaft Philipps V., 220–179 v. Chr. Seine Kriege gegen Ätolien , Rom, Ägypten. In einem zweiten Krieg verkündeten die Römer den

Griechen die Freiheit; stürzte Philipp bei Cynocephalæ , 197 v. Chr.; unterteilte und reorganisierte die griechischen Staaten. Die Ätolier provozierten einen weiteren Krieg, ihr Verbündeter Antiochus wurde bei Thermopylen und Magnesia besiegt. Tod von Prinz Demetrius und seinem Vater. Bemühungen von Perseus, dem letzten König von Makedonien (179–168 v. Chr.). Sein Krieg mit Rom; Niederlage bei Pydna ; Gefangennahme und Tod. Teilung Mazedoniens. Reduzierung des Tributs. Verrat der Römer an der Achäischen Liga. Letzter Krieg mit Rom. Schlacht von Leukopetra , nahe Korinth, 146 v. Chr.

IV. THRAKIEN.

87. Das thrakische Königreich Lysimachos hat keine Geschichte, die uns aufhalten müsste. Im Gegensatz zu Ägypten oder Syrien unter mazedonischer Herrschaft trug es nichts zur Literatur, Wissenschaft oder allgemeinen Zivilisation bei. Die einzelnen Stämme waren aufgrund ihrer großen Zahl, ihrer unerschütterlichen Verachtung von Gefahr und Entblößung und ihrer unbezähmbaren Freiheitsliebe mächtig; Aber allzu oft wurde ihre Kraft im Kampf gegeneinander vergeudet, und so wurden sie entweder zu Untertanen oder zu bescheidenen Verbündeten der zivilisierteren Nationen im Süden. Gleichzeitig waren sie aufgrund ihrer Lage an der Donau von allen antiken Königreichen den Einfällen der nördlichen Barbaren am stärksten ausgesetzt; und die Geschichte Thrakiens unter den Römern ist nur eine Aufzeichnung von Kriegen und Verwüstungen.

V. KÖNIGREICH PERGAMON .

88. Neben den vier bereits beschriebenen großen Monarchien entstanden aus den Ruinen des Alexanderreichs eine Reihe kleinerer Königreiche. Einige davon werden kurz erwähnt. Pergamon , am Kaikos in Mysien , besaß eine starke Festung, die Lysimachos unter der Obhut von Philetæros aus Tium , einem Offizier, dem er größtes Vertrauen entgegenbrachte, als sicheren Aufbewahrungsort für seine Schätze nutzte . Diese Person, provoziert durch Misshandlungen seitens der thrakischen Königin, machte sich unabhängig und konnte sein Fürstentum mithilfe der umfangreichen Schätze des Lysimachos zwanzig Jahre lang, 283–263 v. Chr., ungestört aufrechterhalten. (Siehe §§ 30, 31.)

Sein Neffe Eumenes, der sein Nachfolger wurde, vergrößerte seine Gebiete durch einen Sieg über Antiochos I. bei Sardes. Nach zweiundzwanzigjähriger Herrschaft (263–241 v. Chr.) wurde er von seinem Cousin Attalos I. abgelöst, der einen großen Sieg über die Gallier errang und als Erster seiner Familie den Titel eines Königs annahm. Zehn Jahre später besiegte er Antiochus Hierax (siehe § 33) und schloss alle Länder westlich

des Halys und nördlich des Taurus in seine eigenen Herrschaftsgebiete ein.
In Kriegen mit den Königen von Syrien verlor er diese Eroberungen und war
sieben Jahre lang auf sein eigenes Fürstentum Pergamon beschränkt ; Doch
mit Hilfe gallischer Söldner und seinem guten Management eroberte er die
meisten Gebiete zurück. Er erlangte die Gunst Roms, indem er sich dieser
Republik gegen Philipp V. von Mazedonien anschloss. Das Land wurde von
Philipp in der Zeit seiner römischen Kriege verwüstet (siehe § 80); Doch
der große Sieg vor Chios entschädigte Attalus für seine Verluste, und die
Schätze, die er anhäufte, machten seinen Namen zum sprichwörtlichen
Reichtum. Sein Einsatz für seine Verbündeten während des Zweiten Krieges
von Rom und Makedonien beendete sein Leben im fortgeschrittenen Alter,
im Jahr 197 v. Chr.

89. Eumenes II., sein ältester Sohn und Nachfolger, unterstützte die
römischen Operationen gegen die Könige von Syrien und Mazedonien mit
so viel Energie und Talent, dass er mit einer Vergrößerung des Territoriums
auf beiden Seiten des Hellespont und seines Königreichs belohnt wurde war
zeitweise einer der größten in Asien. Er setzte die liberale Politik seines
Vaters zur Förderung von Kunst und Literatur fort, gründete die große
Bibliothek von Pergamon , die nach der von Alexandria die zweitgrößte war,
und verschönerte seine Hauptstadt mit vielen prächtigen Gebäuden. Bei
seinem Tod übernahm sein Bruder Attalos II. die Krone. (Philadelphus), da
der Sohn des Eumenes noch ein Kind war. Mehr als die Hälfte der
einundzwanzig Jahre der Herrschaft Philadelphus war von Kriegen geprägt,
insbesondere gegen Prusias II., den König von Bithynien. Indem er den
Aufstand von Nikomedes unterstützte , der dieses Königreich anstelle seines
Vaters eroberte, sicherte sich Attalos einige Jahre des Friedens, die er zum
Bau von Städten und zur Erweiterung seiner Bibliothek nutzte. Anführer der
Städte waren Eumenia in Phrygien; Philadelphia, in Lydien; und Attalia in
Pamphylien.

90. Philadelphus starb 138 v. Chr. und überließ das Königreich seinem
Neffen Attalos III. (Philometor), der Sohn von Eumenes II. Dieser König
beging in der kurzen Zeitspanne von fünf Jahren mehr Verbrechen und
Gräueltaten als in allen anderen Regierungszeiten seiner Dynastie zusammen.
Er ermordete alle alten Freunde seines Vaters und Onkels mit ihren Familien;
alle, die noch ein Vertrauensamt im Königreich innehatten; und schließlich
seine eigenen nächsten Verwandten, einschließlich seiner Mutter, zu der er
durch den von ihm angenommenen Nachnamen die wärmste Zuneigung
zum Ausdruck gebracht hatte. Schließlich zog er sich von dieser grausamen
Karriere der Misswirtschaft zurück und widmete sich den unschuldigeren
Beschäftigungen der Malerei, Bildhauerei und Gartenarbeit. Er starb an
einem Fieber und hinterließ sein Königreich als Erbe dem römischen Volk.
Aristonikos , ein Halbbruder von Attalus III., wehrte sich drei Jahre lang

erfolgreich gegen die römischen Ansprüche und besiegte und eroberte sogar Licinius Crassus, der zur Besitznahme geschickt wurde ; aber er wurde seinerseits gefangen genommen und Pergamon wurde 130 v. Chr. den Gebieten Roms zugeschlagen.

VI. BITHYNIEN.

91. Diese tributpflichtige Provinz Persiens erlangte nach dem Sturz dieses Reiches ihre Unabhängigkeit zurück und widerstand allen Bemühungen von Alexanders Generälen, es zu verkleinern. Zu seinen Königen gehörte Nikomedes I., der Nikomedia am Propontis gründete ; Zeilas , der mit Hilfe der Gallier seine Krone erlangte ; und Prusias , sein Sohn, der sein Königreich durch ständige Kriege erweiterte und es zu großer Bedeutung gebracht hätte, wenn er den Römern keinen Anstoß gegeben hätte, indem er Krieg gegen Pergamon führte und Hannibal Schutz gewährte. Er war gezwungen, einige wichtige Gebiete an Eumenes abzugeben.

Prusias II. erlitt aufgrund seiner eigenen verachtenswerten Bosheit noch größere Katastrophen. Er schickte seinen Sohn Nikomedes mit dem geheimen Befehl zur Ermordung nach Rom. Aber die Verschwörung scheiterte; und Nikomedes II., dessen Popularität die Eifersucht seines Vaters geweckt hatte, kehrte nun mit Unterstützung der Römer und des pergamenischen Königs zurück und erlangte den Thron. Er regierte 58 Jahre lang unter dem Titel Epiphanes (Erleuchteter). Sein Sohn Nikomedes III. führte im Bündnis mit den Römern sieben Jahre lang Krieg mit Mithridates, dem König von Pontus, ihrem fähigsten und entschlossensten Gegner. Er wurde zweimal aus seinen Herrschaftsgebieten vertrieben; Doch nach dem Ende des ersten Mithridatischen Krieges regierte er zehn Jahre lang friedlich, und da er keine Kinder hatte, überließ er sein Königreich im Jahr 74 v. Chr. den Römern.

VII. PONTUS.

92. Kappadokien war unter den Persern eine Satrapie gewesen, regiert von den Nachkommen jenes Otanes , der mit Darius I. gegen die falschen Smerdis verschworen hatte . (Siehe Buch II.) Im Jahr 363 v. Chr. erhob sich ein Sohn des Satrapen Mithridates und machte sich selbst zum König des Teils Kappadokiens, der am Meer lag und von den Griechen von da an Pontus genannt wurde. Dieses Königreich war für kurze Zeit der mazedonischen Macht unterworfen; aber Mithridates I. wurde 318 v. Chr. wieder unabhängig. Die Annalen der nächsten beiden Regierungszeiten sind nicht von großer Bedeutung. Mithridates III. (245-190 v. Chr.) erweiterte und stärkte seine Herrschaft durch Bündnisse mit den asiatischen Monarchen sowie durch Kriege. Sein Sohn Pharnakes eroberte Sinope von den Griechen und machte es zu seiner Hauptstadt. Der nächste König, Mithridates IV. (160–120 v. Chr.) unterstützte Rom im Kampf gegen Karthago und

Pergamon und wurde mit der Hinzufügung von Groß-Phrygien zu seinen Herrschaftsgebieten belohnt.

93. Mithridates V., der Große, bestieg den Thron im Alter von elf Jahren, nachdem sein Vater von einigen Beamten des Hofes ermordet worden war. Der junge Prinz, der seinen Vormunden misstraute, begann schon in jungen Jahren, sich an Gegenmittel gegen Gift zu gewöhnen und einen Großteil seiner Zeit auf der Jagd zu verbringen, was es ihm ermöglichte, in den rauesten und unzugänglichsten Teilen seines Königreichs Zuflucht zu suchen. Er hatte jedoch in Sinope eine griechische Ausbildung erhalten; und als er im Alter von zwanzig Jahren die Regierung übernahm, besaß er nicht nur eine Seele und einen Körper, die allen Gefahren und Nöten ausgesetzt waren, sondern auch einen Geist, der mit allem Wissen ausgestattet war, das ein König braucht. Er sprach fünfundzwanzig Sprachen und konnte mit jedem Stamm seiner Herrschaftsgebiete Geschäfte in seinem eigenen Dialekt abwickeln.

Die Römer hatten seine Provinz Phrygien bereits eingenommen, und er sah deutlich den Konflikt, der bald mit der alles absorbierenden Republik ausbrechen musste. Er beschloss daher, sein Königreich nach Osten und Norden auszudehnen und so seine Macht und seinen Reichtum zu vergrößern, um es seinem großen westlichen Gegenspieler noch näher zu bringen. Innerhalb von sieben Jahren erweiterte er sein Herrschaftsgebiet um die Hälfte der Schwarzmeerküste, einschließlich der kimmerischen Halbinsel – der heutigen Krim – und erstreckte sich nach Westen bis zum Dnjestr. Er schloss Bündnisse mit den wilden und mächtigen Stämmen an der Donau und mit den Königen von Armenien, Kappadokien und Bithynien. Aus den letzten beiden Ländern vertrieb er anschließend deren Erbkönige und setzte seinen eigenen Sohn auf den Thron von Kappadokien und Sokrates, einen jüngeren Bruder von Nikomedes III., auf den von Bithynien.

94. Der römische Senat mischte sich nun ein und Nikomedes fiel mit seiner Gunst in Pontus ein. Mithridates marschierte in Kappadokien ein und vertrieb den neu eingesetzten König. dann nach Bithynien, wo er die Armee von Nikomedes in die Flucht schlug und die Römer besiegte. Mit Ausnahme einiger Städte im äußersten Süden und Westen erlangte er schnell die Herrschaft über ganz Kleinasien. und gab von seinem Hauptquartier in Pergamon aus den Befehl zu einem allgemeinen Massaker an allen Römern und Italienern in Asien. Achtzigtausend Menschen starben infolge dieser grausamen Tat, aber von diesem Moment an wendete sich das Blatt gegen Mithridates. Zwei große Armeen, die er nach Griechenland schickte, wurden von Sulla bei Chæronea besiegt. Eine große Schlacht in Bithynien wurde von den pontischen Generälen verloren. Pontus selbst wurde überfallen und sein König wurde ein Flüchtling.

Endlich wurde Frieden geschlossen, zu Bedingungen, die für Mithridates äußerst demütigend waren. Er gab alle seine Eroberungen und eine Flotte von siebzig Schiffen auf; stimmte zu, 2.000 Talente zu zahlen; und erkannte die Könige von Kappadokien und Bithynien an, die er zuvor vertrieben hatte. Die Rückschläge von Mithridates führten natürlich dazu, dass die unterworfenen Nationen am Euxine sein Joch abwarfen. Er bereitete sich darauf vor, gegen sie zu marschieren, als ein zweiter römischer Krieg durch eine plötzliche und unprovozierte Aggression von Murena , dem General der Republik im Osten, entfacht wurde. Die Römer wurden am Halys besiegt und der Frieden wurde wiederhergestellt, 82 v. Chr.

95. In den darauffolgenden sieben Jahren Atempause unterwarf Mithridates alle seine aufständischen Untertanen und rekrutierte seine Truppen mit äußerster Energie. Seine Armee, die größtenteils aus den barbarischen Nationen an der Donau und am Euxine bestand, wurde nach dem römischen System ausgebildet und ausgerüstet, und seine Marine wurde auf vierhundert Schiffe vergrößert. Sowohl der pontische König als auch die Römer wären gerne noch einige Jahre länger in Frieden geblieben, aber im Jahr 74 v. Chr. geriet das Erbe Bithyniens an die letztgenannte Macht durch Nikomedes III. in einen unvermeidlichen Konflikt zwischen ihnen. Mithridates eroberte zunächst das Land und errang einen Doppelsieg über Cotta, zu Wasser und zu Lande. Doch er scheiterte bei den Belagerungen von Chalkedon und Kyzikos und wurde im zweiten Jahr wiederholt von Lucullus besiegt . Seine Flotte wurde zunächst vor Tenedos besiegt und dann von einem Sturm zerstört. Im dritten Jahr wurde Mithridates aus seinen eigenen Herrschaftsgebieten und denen seines Schwiegersohns Tigranes vertrieben. Drei Jahre lang tobte der Krieg in Armenien, wo die beiden Könige zweimal von Lucullus besiegt wurden.

Im Jahr 68 v. Chr. kehrte Mithridates in sein Königreich zurück und besiegte die Römer innerhalb weniger Monate zweimal. Doch im Jahr 66 v. Chr. übernahm Pompeius das Kommando, und Mithridates verließ nach dem Verlust fast seiner gesamten Armee Pontus und zog sich in die barbarischen Gebiete nördlich des Euxine zurück, wo die Römer ihn nicht verfolgen wollten. Mit einem Geist, der weder durch Jahre noch durch Unglück gezähmt wurde, schmiedete er den kühnen Plan, die wilden Stämme entlang der Donau zu seiner Standarte zu versammeln und von Norden her nach Italien zu marschieren. Doch seine Offiziere teilten seine Begeisterung nicht. Eine Verschwörung gegen ihn wurde von seinem eigenen Sohn angeführt; und der alte König, verlassen von allen, denen er vertraut hätte, versuchte, seinem Leben durch Gift ein Ende zu setzen. Seine Verfassung war viele Jahre lang so durch Gegenmittel geschützt worden, dass die Medikamente keine Wirkung zeigten und er schließlich von einem seiner gallischen Soldaten erledigt wurde. Pontus wurde eine römische Provinz, nur ein kleiner Teil seines Territoriums blieb ein Jahrhundert oder länger unter Fürsten der antiken Dynastie.

VIII. KAPPADOKIEN.

Münze von Ariarathes V., doppelt so groß wie das Original.

96. Der südliche Teil Kappadokiens blieb den persischen Königen bis zu ihrem Sturz bei Arbela treu. Nach dem Tod Alexanders wurde es von Perdikkas erobert , aber innerhalb von sechs Jahren wurde es unabhängig und blieb unter einheimischen Königen bestehen, bis es im Jahr 17 n. Chr. in die römischen Herrschaftsgebiete eingegliedert wurde. Die Geschichte dieser Monarchen ist von geringer Bedeutung, außer insoweit ist in dem der Nachbarstaaten enthalten. Der fünfte König, Ariarathes IV., schloss in seinen späteren Jahren ein enges und freundschaftliches Bündnis mit den Römern, das unter seinen Nachfolgern ungebrochen fortdauerte.

Ariarathes V. (131-96 v. Chr.) präsentiert das einzige Beispiel eines „tadellosen Fürsten" in den drei Jahrhunderten nach Alexander. Gegen ihn ist kein Akt der Täuschung oder Grausamkeit verzeichnet. Unter seiner Herrschaft wurde Kappadokien unter der Schirmherrschaft und dem Vorbild des Königs zu einem berühmten Wohnort der Philosophie. Mit Ariarathes VIII. starb die persische Königslinie aus und die Kappadokier wählten mit Ariobarzanes I. (93-64 v. Chr.) einen neuen Herrscher. Dieser König wurde dreimal von den Herrschern von Armenien und Pontus aus seinen Herrschaftsgebieten vertrieben und dreimal von den Römern wieder eingesetzt. Der letzte König, Archelaus (36 v. Chr. – 17 n. Chr.), wurde von

Tiberius nach Rom gerufen, wo er starb und sein Königreich eine römische Provinz wurde.

IX. ARMENIEN.

97. Armenien wurde von der Schlacht von Ipsus bis zur Schlacht von Magnesia im Jahr 190 v. Chr. in das Königreich der Seleukiden eingegliedert. Zwei Generäle von Antiochos III. Dann revoltierte er gegen ihn und errichtete die Königreiche Großarmenien im Osten und Kleinarmenien im Westen des Euphrat. Der größte König Armeniens war Tigranes I. (96-55 v. Chr.), der nicht nur wichtige Siege vom parthischen Monarchen errang, sondern auch ganz Syrien eroberte und vierzehn Jahre lang hielt. Er zog sich die Rache Roms auf verschiedene Weise zu, vor allem aber dadurch, dass er seinen Schwiegervater Mithridates in dessen Kriegen gegen die Republik unterstützte. Er erlitt mehrere katastrophale Niederlagen, darunter den Verlust seiner Hauptstadt Tigran´ocer´ta .

Im Jahr 67 v. Chr. bot die Unzufriedenheit der römischen Truppen den beiden Königen die Möglichkeit, einen Großteil ihrer Verluste zurückzugewinnen. Das Erscheinen des großen Pompeius auf der Bühne wendete erneut das Blatt. Der junge Tigranes rebellierte mit Hilfe von Parthien und Rom gegen seinen Vater. Der König gab alle seine Eroberungen auf und behielt nur sein Erbkönigreich Großarmenien. Sein Sohn, Artavas´des I. (55-34 v. Chr.), unterstützte den Feldzug des Crassus gegen die Parther; aber nachdem er Antonius beleidigt hatte, wurde er gefangen genommen und auf Befehl von Kleopatra hingerichtet. Artaxias , sein Sohn, befahl ein Massaker an allen Römern in Armenien. Im Jahr 19 v. Chr. wurde er selbst von seinen eigenen Verwandten ermordet. Die übrigen Könige waren nur dem Namen nach Herrscher und wurden abwechselnd von den Römern und den Parthern eingesetzt oder verdrängt, bis Armenien im Jahr 114 n. Chr. von den ersteren einverleibt wurde. Kleinarmenien war von der Zeit Mithridates an normalerweise eine Abhängigkeit von einem benachbarten Königreich von Vespasian (69-79 n. Chr.), als es ebenfalls eine römische Provinz wurde.

X. BAKTRIEN.

98. Baktrien war von 305 bis 255 v. Chr. Teil des syrischen Reiches. Diodotus , der Satrap, machte sich dann unabhängig und gründete ein neues griechisches Königreich, das östlichste aller verstreuten Fragmente von Alexanders Eroberungen. Euthydemus, der dritte König, stammte aus Magnesia und war ein Usurpator (222–200 v. Chr.). Sein Sohn Demetrius unternahm viele siegreiche Feldzüge, die sich über Afghanistan bis nach Indien erstreckten (200–180 v. Chr.). Er verlor einen Teil seiner Heimatgebiete an einen Rebellen, Eukratiden , der zu Lebzeiten des Demetrius nördlich des Pa´ropam´isus -Gebirges und nach seinem Tod über das ganze Land herrschte. Auch er führte Indianerkriege mit großer Energie und Erfolg. Unter seinem Sohn Heliokles (160-150 v. Chr.) verfiel das baktrische Königreich rasch, da es von den parthischen Königen im Westen und den Tatarenstämmen aus dem Norden überfallen wurde.

XI. PARTHISCHES REICH DER ARSACIDÆ .

99. Die Parther erlangten ihre Unabhängigkeit um 250 v. Chr. unter der Führung der skythischen Arsakes. Das Volk gehörte der gleichen Rasse wie die modernen Türken an – verräterisch im Krieg, träge und anspruchslos im Frieden, unhöflich in den Künsten und barbarisch in den Manieren. Ihre kriegerische Tapferkeit bereitete den Römern jedoch einen lästigeren Widerstand als in jedem anderen Teil von Alexanders ehemaligem Reich; und die Herrschaft der Arsacidæ dauerte fast 500 Jahre, bis sie im Jahr 226 n. Chr. vom neuen persischen Königreich gestürzt wurde. Die Größe des parthischen Reiches geht auf Mithridates zurück, der auch Arsaces VI. genannt wird, 174-136 v. Chr. Das benachbarte Königreich Baktrien mit seinen griechischen Monarchen und seiner höheren Zivilisation hatte bisher die Vorherrschaft behalten; Doch während diese Könige mit ihren indischen Eroberungen beschäftigt waren, eroberte Mithridates mehrere ihrer Provinzen und übernahm schließlich deren gesamte Herrschaft.

Münze von Arsaces III., doppelt so groß wie das Original.

Das Partherreich umfasste in seiner größten Ausdehnung alle Länder zwischen Euphrat und Indus; vom Araxes und dem Kaspischen Meer im Norden bis zum Persischen Golf und Indischen Ozean im Süden. Seine zahlreichen Teile wurden nicht in einer Regierung zusammengefasst, wie dies bei den Satrapien Persiens oder den Provinzen Roms der Fall war; aber jede

Nation behielt mit ihren eigenen Gesetzen und Bräuchen ihren einheimischen König, der dem Oberherrn der Arsakidenfamilie tributpflichtig war. Daher tragen die parthischen Münzen ebenso wie die assyrischen Denkmäler üblicherweise den Titel „König der Könige". Die Kriege von Mithridates machten den Euphrat zur Grenzlinie zwischen dem parthischen und dem römischen Reich. Der Reichtum und die Macht der orientalischen Monarchie provozierten gleichzeitig den Geiz und die Eifersucht der westlichen Republik, und ein Zusammenstoß ließ sich nicht lange aufhalten. Die Einzelheiten der Partherkriege Roms finden sich in Buch V.

REPRISE.

Tapferkeit und Barbarei der Thraker. Aufstieg von Pergamon , 283 v. Chr. Regierungszeiten von Philotæros , Eumenes, Attalos I. Erfolg und aufgeklärte Politik von Eumenes II. Kriege des Attalus Philadelphus. Seine neuen Städte. Verbrechen von Attalos III. Vermächtnis seines Königreichs an Rom. Kurze Regierungszeit von Aristonicus . Bithynien regiert von Nikomedes I., Zeilas , Prusias I. und II., Nikomedes II. und III., 278-74 v. Chr. Aufstieg des Königreichs Pontus, 363 v. Chr.. Unabhängig von Makedonien, 318 v. Chr.; erweitert durch Mithridates III. und Pharnaces , 245–160 v. Chr. Bildung von Mithridates V., seine Eroberungen und Allianzen; erster Zusammenstoß mit den Römern, 88 v. Chr.; Massaker an 80.000 Italienern; Katastrophen und demütigender Frieden. Zweiter Römischer Krieg, 83, 82 v. Chr. Siebenjährige Übung pontischer Streitkräfte in römischer Taktik. Dritter Römischer Krieg, 74–65 v. Chr.; Mithridates wird 71 v. Chr. nach Armenien vertrieben; erlangte sein Königreich zurück, 68 v. Chr.; besiegt von Pompeius, 66 v. Chr.; flüchtete in die nördliche Wildnis und beendete sein Leben durch Gewalt, 63 v. Chr.. Pontus wurde eine römische Provinz. Kappadokien im Bündnis mit Rom, 188 v. Chr. Gerechte und friedliche Herrschaft von Ariarathes V. Ende der Dynastie in Ariarathes VIII. Verbannung und Rückkehr von Ariobarzanes I. Das Land ging im Jahr 17 n. Chr. in die römische Herrschaft über. Armenien war ein Teil des syrischen Reiches, 301–190 v. Chr. „Große" und „kleine" Königreiche bildeten sich dann östlich und westlich des Euphrat. Eroberung Syriens durch Tigranes I., 83 v. Chr. Seine Kriege mit Rom, 69-66 v. Chr. Verluste. Schicksal von Artavasdes . Massaker an den Römern durch Artaxias . Abwechselnde Abhängigkeit von Rom und Parthien, 19 v. Chr. – 114 n. Chr.. Baktrien abhängig von Syrien, 305–255 v. Chr. Diodotus regierte von 255 bis 237 v. Chr. Der dritte König war ein Lyder, 222–200 v. Chr. Indianerzüge des Demetrius und Eukratidas , 200–160 v. Chr. Niedergang und Fall des Königreichs unter Angriffen der umliegenden Barbaren, 160–80 v. Chr. Partherreich mächtig, aber unzivilisiert. Eingliederung baktrischer

Provinzen, 174–136 v. Chr. Eine Gruppe von Königreichen und nicht eine Nation, Seite an Seite mit Rom.

XII. JUDÄA .

100. Judäa war zusammen mit dem Rest Syriens nach der Teilung der Eroberungen Alexanders Laomedon zugeteilt worden; aber es wurde bald von Ptolemaios Soter annektiert und blieb 117 Jahre lang Teil des ägyptischen Reiches. Seine Geschichte wird in diesem Buch in drei Perioden betrachtet:

ICH.	Vom Untergang des Persischen Reiches bis zum Aufstieg eines unabhängigen jüdischen Königreichs,	Chr. 323-168.
II.	Die Zeit der Makkabäer,	Chr. 168-37.
III.	Die Zeit des Herodes ,	Chr. 37–44 n. Chr.

ERSTE PERIODE. Unter den ersten drei Ptolemäern waren die Juden friedlich und wohlhabend. Der Hohepriester stand an der Spitze des Staates und regierte in lokalen Angelegenheiten ohne große Einmischung Ägyptens. Ptolemaios Philopator jedoch, ein böser und törichter Prinz, versuchte, den Tempel zu entweihen, und die Juden suchten alarmiert Schutz bei Antiochus dem Großen. Dieser Monarch erlangte mit ihrer Hilfe den Besitz der gesamten Küste zwischen Obersyrien und der Wüste Sinai; und obwohl dieser Bezirk oft umstritten war und nach seiner Wiedereroberung durch die Ägypter ein Teil des syrischen Königreichs blieb.

101. Dreißig Jahre lang wurden die Privilegien der Juden von ihren neuen Herrschern respektiert; aber gegen Ende seiner Regierungszeit wählte Seleukus IV. beschloss, die heiligen Schätze des Tempels für seine eigenen dringenden Bedürfnisse zu nutzen, und sandte zu diesem Zweck Heliodorus , seinen Schatzmeister, nach Jerusalem. Nach jüdischer Überlieferung [61] erschienen drei Engel zur Verteidigung des heiligen Ortes. Einer von ihnen saß auf einem schrecklichen Pferd, das Heliodorus mit seinen Füßen zertrampelte, während die anderen ihn geißelten, bis er leblos zu Boden fiel . Er wurde nur durch die Gebete des Hohepriesters wiederhergestellt und die Schatzkammer blieb unversehrt.

Antiochus Epiphanes, der Bruder und Nachfolger von Seleukus , war noch gottloserer Verbrechen schuldig. Er ließ das Hohepriestertum versteigern und vergab es zweimal an den Meistbietenden unter der Bedingung, dass er griechische Riten und Bräuche in Jerusalem einführte. Einer dieser Söldnerpriester stahl die heiligen Gefäße des Tempels und verkaufte sie in Tyrus . In Jerusalem kam es zu einem Aufstand, der jedoch von Antiochus persönlich bestraft wurde, der die Stadt eroberte, einen Altar für Zeus Olympius errichtete , in der heiligen Einfriedung des Tempels täglich Schweinefleisch opferte und eine große Anzahl von Menschen tötete die Menschen. Zwei Jahre später, 168 v. Chr., befahl er ein allgemeines Massaker an den Juden und versuchte durch eine schreckliche Verfolgung, den letzten Überrest der alten Religion auszurotten. Nun erhob sich die Familie der Asmonäer und machte sich durch ihre tapfere Treue schließlich zum Herrscher von Judäa .

102. ZWEITE PERIODE. Mattathias, ein Priester, der zwischen Jerusalem und Joppe lebte, tötete mit eigener Hand den Beamten des Königs, der ausgesandt worden war, um die heidnischen Opfer durchzusetzen, zusammen mit dem ersten abtrünnigen Juden, der sich bereit erklärte, Opfer darzubringen. Anschließend flüchtete er mit seinen fünf Söhnen in die Berge und wurde täglich durch Flüchtlinge aus verschiedenen Teilen Judäas verstärkt . Als ihre Zahl zunahm, verließ diese Bande häufig ihre Festungen, schnitt Abteilungen der syrischen Armee ab, zerstörte heidnische Altäre und stellte vielerorts den jüdischen Gottesdienst in den Synagogen wieder her. Der betagte Mattathias starb im ersten Kriegsjahr und wurde von seinem dritten Sohn Judas als Oberbefehlshaber abgelöst, der aufgrund seiner vielen Siege den Namen *Makkabäus erhielt* .

Während der Streitigkeiten um die syrische Regentschaft, die auf den Tod von Antiochus Epiphanes folgten (siehe §§ 40, 41), erlangte Judas Makkabäus den Besitz ganz Jerusalems mit Ausnahme der Zitadelle auf dem Berg Zion und hielt es drei Jahre lang. Er reinigte den Tempel, stellte Weihrauch, Lichter und Opfer wieder her und vertrieb Syrer und hellenisierende Juden aus allen Teilen Judäas . Der syrische General Nicanor wurde zweimal mit großen Verlusten besiegt. In der zweiten Schlacht in der Nähe von Beth- Horon fiel Nikanor und sein gesamtes Heer wurde in Stücke gerissen. Die Römer verbündeten sich mit den Makkabäern; Doch bevor ihre Hilfe eintreffen konnte, war Judas im Jahr 160 v. Chr. in der Schlacht gefallen. Jerusalem war verloren, und Jonathan Makkabäus konnte vierzehn Jahre lang nur von seiner Festung in der Wüste Teko'ah aus einen Guerillakrieg führen . Die Streitigkeiten um den syrischen Thron zwischen Demetrius und Alexander Balas , die unter ihren Söhnen fortgesetzt wurden (siehe §§ 42-46), verschafften den Juden eine Atempause und machten ihr Bündnis sogar zu einem Gegenstand der Begierde beider Parteien. Jonathan wurde fortan als Fürst und Hohepriester anerkannt und besaß den vollen Besitz der Heiligen Stadt.

103. Sein Bruder Simon folgte ihm in beiden Würden nach, und unter seiner wohlhabenden Verwaltung erholte sich Judäa weitgehend von den lang anhaltenden Verwüstungen des Krieges. Das Leben von Simon wurde durch Verrat beendet. Sein Schwiegersohn Ptolemaios, der Gouverneur von Jericho, wollte die Regierung an sich reißen und ermordete den Hohepriester und zwei seiner Söhne bei einem Bankett. Doch der andere Sohn, John Hyrcanus, entkam und trat die Nachfolge seines Vaters an. Zu Beginn seiner Herrschaft erlebte Jerusalem eine lange und schmerzhafte Belagerung durch Antiochus Sidetes (135–133 v. Chr.). Die restaurierten Mauern wurden dem Erdboden gleichgemacht; und es wurde erneut ein Tribut gefordert, der jedoch nicht länger als das Leben von Sidetes dauerte . Hyrkanos eroberte Samaria und zerstörte den Tempel auf dem Berg Garizim (siehe Buch II, § 64). Er eroberte Idumea und machte Judäa völlig gleichberechtigt mit Syrien, das nun von einem großen Reich auf ein kleines und erschöpftes Königreich reduziert war.

104. Aristobulus , Sohn des Hyrkanos, war der erste der Familie, der den Titel eines Königs annahm. Er regierte nur ein Jahr und wurde von seinem Bruder Alexander Jannæus (v. Chr. 105-78) abgelöst. Dieser Prinz war ein Sadduzäer, und die entgegengesetzte Sekte der Pharisäer hetzte einen Mob auf, um ihn anzugreifen, während er als Hohepriester am Laubhüttenfest amtierte. Der Aufstand wurde mit der Ermordung von 6.000 Aufständischen niedergeschlagen. Alexander errang Siege über die Moabiter und die Araber von Gilead; doch in einem darauffolgenden Krieg mit letzteren erlitt er eine schwere Niederlage, und die Unzufriedenen zu Hause nutzten die Gelegenheit zu einem neuen Ausbruch. Der Bürgerkrieg dauerte mittlerweile sechs Jahre. Eine Zeit lang wurde Alexander in die Berge getrieben, aber schließlich erlangte er die Oberherrschaft zurück und rächte sich mit schrecklicher Grausamkeit an den Rebellen. Er überließ die Krone seiner Witwe Alexandra, die sich den Pharisäern anschloss und durch deren Einfluss an der Macht blieb.

105. Nach ihrem Tod stritten ihre beiden Söhne Hyrkanos und Aristobulos sieben Jahre lang um die Herrschaft. Pompeius der Große, der sich damals in Damaskus aufhielt, mischte sich ein und eroberte Jerusalem, entführte Aristobulos nach Rom und setzte den älteren Bruder in die Regierung ein. Er regierte sechs Jahre lang in Frieden, 63-57 v. Chr. Im letzten Jahr entkam Aristobulos , und zusammen mit vielen seiner Anhänger brach der Krieg erneut aus. Er wurde in Machæros vom römischen Prokonsul belagert und gefangen genommen , der auch Hyrkanos absetzte und in Jerusalem eine Art Oligarchie errichtete. Als Pompeius die Stadt einnahm, ließ er ihre heiligen Schätze unberührt, doch während dieser Zeit beschlagnahmte und plünderte Crassus auf seinem Weg nach Parthien den Tempel. Nach zehn Jahren (57–47 v. Chr.) wurde Hyrkanos wieder zum Hohepriester ernannt, während sein Freund Antipatros, der Idumäer , zum Prokurator oder Zivilgouverneur von Judäa ernannt wurde .

Im Jahr 40 v. Chr. eroberte Antigonos, der Sohn des Aristobulos , mit
Hilfe einer parthischen Streitmacht Jerusalem und regierte drei Jahre lang als
letzter der asmonäischen Fürsten. Antipater war vergiftet worden; sein Sohn
Herodes begab sich nach Rom und erhielt vom Senat den Titel eines Königs
von Judäa . Er kehrte schnell zurück, eroberte Galiläa und rückte zur
Belagerung Jerusalems vor. Dies dauerte mehrere Jahre, da die Juden fest mit
Antigonos verbunden waren und sich über die Einmischung Roms und die
Herrschaft eines Edomiters gleichermaßen ärgerten. Nach harten Kämpfen
wurden die Mauern eingenommen und der König wie ein gewöhnlicher
Verbrecher hingerichtet.

106. DRITTE PERIODE , 37 v. Chr. – 44 n. Chr. Herodes wurde wegen
seiner Talente und der Größe seiner Unternehmungen zu Recht „der Große"
genannt, obwohl sein Charakter durch die schlimmsten Fehler eines
Tyrannen, Grausamkeit und rücksichtslose Launen befleckt war. Im Alter
von fünfzehn Jahren war er von Julius Cäsar zum Gouverneur von Galiläa
ernannt worden und hatte mit großer Energie und Erfolg regiert, die
Banditen unterdrückt, die das Land heimgesucht hatten, und ihre Anführer
getötet. Er begann seine Herrschaft in Judäa mit einem Massaker an allen,
die sich ihm widersetzt hatten, insbesondere an denen, deren Reichtum es
ihm am besten ermöglichen würde, seine römischen Wohltäter zu belohnen.
Der Tempel, der als Festung diente und bei den wiederholten Belagerungen
fast zerstört worden war, wurde auf seinen Befehl hin mit einer Pracht wieder
aufgebaut, die mit der Herrlichkeit Salomos konkurrierte. Seine
Großzügigkeit zeigte sich auch während einer Hungersnot, die Judäa und die
umliegenden Länder heimsuchte. Er kaufte in Ägypten riesige Mengen Mais
und ernährte auf eigene Kosten das gesamte Volk, außerdem versorgte er
mehrere Provinzen mit Saatgut für die nächste Ernte.

Herodes prägte den römischen Geschmack: Er baute in einem Vorort
Jerusalems einen Zirkus und ein Amphitheater, in dem zu Ehren des Kaisers
Augustus Spiele und Kämpfe mit wilden Tieren gefeiert wurden. Um seine
Unparteilichkeit zu demonstrieren, restaurierte er den Samariter-Tempel auf
dem Berg Garizim, während er seine neue und prächtige Stadt Cäsarea mit
imposanten Schreinen der römischen Götter schmückte. Diese allgemeine
Toleranz war für die Juden äußerst unangenehm, und ihre Neigung zum
Aufstand wurde nur durch die Wachsamkeit unzähliger Spione und den Bau
einer Festungskette um Jerusalem herum unterdrückt.

107. Die letzten beiden Mitglieder der Familie Asmonæan waren
Mariam´ne und Aristobulus , Enkel von Hyrkanos II. Herodes heiratete den
ersteren und verlieh dem letzteren das Amt eines Hohepriesters; Doch die
große Beliebtheit des jungen Prinzen erregte seine Eifersucht und er ließ ihn
heimlich ermorden. Obwohl Herodes Mariamne treu ergeben war , ordnete
er während gefährlicher Expeditionen, zu denen er die Hauptstadt verließ,

zweimal an, sie im Falle seines eigenen Todes zu töten. Diese grausamen Befehle, die der Königin bekannt wurden, verstärkten natürlich die Abneigung gegen Herodes, die durch die Ermordung ihres Großvaters und ihres Bruders geweckt worden war.

Ihr Hochmut verachtete Verheimlichung; Sie wurde vor Gericht gestellt und ihre erbitterten Feinde überredeten Herodes, ihrer Hinrichtung zuzustimmen. Aber die Heftigkeit seiner Trauer und Reue hielt ihn lange Zeit am Rande des Wahnsinns, und ein rasendes Fieber hätte ihm beinahe das Leben gekostet. Sein zuvor großzügiges, wenn auch übereiltes Temperament wurde nun so wild, dass seine besten Freunde oft auf den geringsten Verdacht hin zum Tode verurteilt wurden. Drei seiner Söhne wurden wegen Verschwörung hingerichtet. Von seinem Sterbebett aus befahl er ein Massaker an den Säuglingen in Bethlehem, weil weise Männer aus dem Osten ihm mitgeteilt hatten, dass in diesem kleinen Dorf der Messias geboren wurde. Etwa zur gleichen Zeit ließ er einen Steinadler über dem Tor des Tempels aufstellen. Sofort kam es zu einem Aufstand, und seine Anführer wurden auf Befehl des sterbenden Königs mit grausamer Grausamkeit bestraft. Herodes starb im selben Jahr mit der Geburt unseres Herrn, was in der gängigen Chronologie fälschlicherweise auf das Jahr 4 v. Chr. datiert wird.

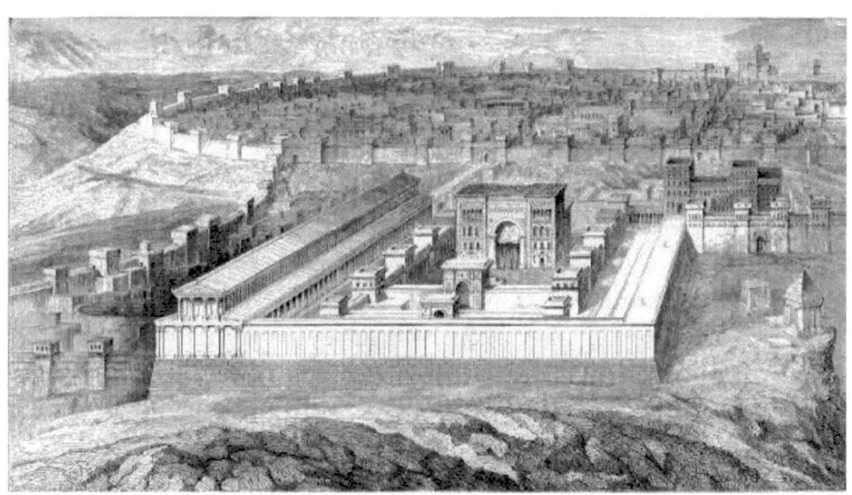

TEMPEL IN JERUSALEM, WIE VON HERODES
WIEDERAUFBAUT.

Herodes-Vorhalle. Salomons Veranda. Schloss von Antonia.

108. Seine Herrschaftsgebiete, mit Ausnahme von Abilene in Syrien, wurden unter seinen drei Söhnen Archelaus, Antipas und Philippus aufgeteilt, wobei der älteste Judäa und Samaria erhielt. Er regierte so repressiv, dass er im Jahr 8 n. Chr. von den Römern abgesetzt wurde; und bis 36 n. Chr. wurde die Provinz von Prokuratoren oder Gouverneuren verwaltet, die den Präfekten Syriens unterstanden . Unter dem fünften von ihnen, Pontius Pilatus, wurde Christus auf römische Autorität hin gekreuzigt, was auf die Anschuldigungen der führenden Beamten der Juden zurückzuführen war. Herodes Antipas regierte unterdessen in Galiläa (4 v. Chr. – 39 n. Chr.; siehe Lukas xxiii: 6–12) und Philippus in Trachonitis (4 v. Chr. – 37 n. Chr.; siehe Markus VI: 17, 18). Als diese Provinzen vakant wurden, wurden sie vom Kaiser verliehen Caligula über seinen Liebling, Herodes Agrippa I., Enkel von Herodes dem Großen und Mariamne . Im Jahr 41 n. Chr. wurden auch Samaria und Judäa zu seinen Herrschaftsgebieten hinzugefügt, die drei Jahre lang das gesamte Gebiet Herodes des Großen umfassten.

109. Im Jahr 44 begann Agrippa mit der Verfolgung der Christen, und die Römer unterstellten Judäa erneut der Regierung von Prokuratoren. Gessius Florus , der sechste Teil der neuen Serie, war ein grausamer und listiger Tyrann, der seine Provinz ohne Mitleid oder Scham ausplünderte. Er teilte die Beute mit Straßenräubern, die er zuließ und sogar ermutigte. Zweimal schürte er Unruhen in Jerusalem und opferte das Leben Tausender Menschen, nur um die Verwirrung zu nutzen und den Tempel zu plündern.

Seine Gräueltaten trieben die Juden schließlich zum offenen Aufstand. Eine römische Armee von 100.000 Mann unter dem Kommando von Titus, dem Sohn des Kaisers Vespasian, belagerte die Heilige Stadt fünf Monate lang. Die drei Mauern, die Festung des Berges Zion und der Tempel mussten jeweils durch einen separaten Angriff eingenommen werden; und nie war eine Belagerung wegen der Hartnäckigkeit des Widerstands denkwürdiger. Der Tempel wurde am 8. September 70 übergeben. Alle Menschen, die nicht durch die Strapazen der Belagerung umgekommen waren, wurden zu Sklaven gemacht und als Beute unter den Siegern aufgeteilt. Große Kolonien wurden ins Herz Deutschlands oder nach Italien transportiert, wo die goldenen Gefäße des Tempels den Triumphzug des Titus in Rom schmückten. Keine berühmte antike Stadt wurde jemals so vollständig zerstört wie Jerusalem. Der Berg Zion wurde wie ein Acker gepflügt und mit Salz gesät, und die Gebäude des Tempels wurden dem Erdboden gleichgemacht.

REPRISE.

Judäa unterworfen Ägypten, 320–203 v. Chr.; nach Syrien, 203-168 v. Chr. Verfolgung durch Antiochus Epiphanes und Aufstand des Mattathias, 168 v. Chr. Siege des Judas Makkabäus , 166–160 v. Chr. Jonathan Prinz und Hohepriester, 160–143 v. Chr. Wohlhabende Herrschaft Simons, 143–133 v. Chr. Belagerung und Einnahme Jerusalems durch Antiochus Sidetes , 135–133 v. Chr. Eroberungen von John Hyrcanus, v. Chr. 135-106. Aristobulos

I. übernimmt den Königstitel. Bürgerkriege der Pharisäer und Sadduzäer unter Alexander Jannæus , 105–78 v. Chr. Regierungszeit von Alexandra, 78–69 v. Chr. Hyrkanos II., 69, 68 v. Chr .. Aristobulos II., 68-63 v. Chr. Jerusalem wird von Pompeius eingenommen, der Hyrkanos die Herrschaft verleiht. Nach sechs Jahren wurde Hyrkanos abgesetzt und eine Oligarchie gegründet, 57-47 v. Chr. Jerusalem wird von Crassus geplündert, 54 v. Chr. Antipater, der Idumäer , Gouverneur, 47–40 v. Chr., während Hyrkanos erneut Hohepriester ist. Antigonos Fürst und Priester, 40-37 v. Chr. Herodes, der Sohn des Antipater, wurde in Rom mit dem Königtum von Judäa ausgestattet , erobert Galiläa und erobert Jerusalem im Jahr 37 v. Chr. durch eine lange Belagerung. Seine Größe und Tyrannei. Seine öffentlichen Werke. Hinrichtung der Königin Mariamne , 29 v. Chr. „Mord an den Unschuldigen" und Tod des Herodes, 4 v. Chr. Aufteilung seines Königreichs in Tetrarchien. Archelaus gelang es, seine Herrschaft durch römische Gouverneure zwischen 8 und 36 n. Chr. zu übernehmen. Die Kreuzigung, 29 oder 30 n. Chr. Vier Provinzen vereint unter Herodes Agrippa, 41 n. Chr. Wiederhergestellte Prokuratoren, 44 n. Chr. Gessius Florus , 65, 66 n. Chr. Belagerung und Einnahme Jerusalems durch Titus, 70 n. Chr.

FRAGEN ZUR ÜBERPRÜFUNG.
BUCH IV.

1.	Beschreiben Sie den Aufstieg Mazedoniens.	§§ 1 , 2 .
2.	Die aufeinanderfolgenden Schritte des Aufstiegs Philipps.	2-5.
3.	Die Jugend, Bildung und Charakter von Alexander.	6 , 7 .
4.	Seine Eroberungen und seine asiatische Politik.	8-12 , 14-17 .
5.	Seine Projekte und sein Tod.	18.
6.	Der Krieg der Regenten.	19.
7.	Was hat Antipater getan?	19 , 20 , 66 , 67 .
8.	Von Antigonos und seinem Sohn?	20 , 22-25 , 29 , 68 .
9.	Was wurde aus den nahen Verwandten Alexanders?	21-23.

44.	Der Charakter des Herodes und die großen Ereignisse seiner Herrschaft.	106 , 107 .
45.	Wie waren seine Herrschaftsgebiete von 4 v. Chr. bis 44 n. Chr. verteilt?	108.
46.	Beschreiben Sie die letzten 26 Jahre jüdischer Geschichte.	109.
47.	Wie viele Schlachten wurden bei Beth- Horon beschrieben ?	
48.	Wie viele gibt es in den Thermopylen ?	
49.	Wie viele bei Mantinea?	
50.	Wie viele gibt es bei Salamis auf Zypern?	
51.	Wie viele in Chæronea ?	

BUCH V.
GESCHICHTE ROMS VON DEN FRÜHESTEN ZEITEN BIS ZUM UNTERGANG DES WESTRÖMISCHEN REICHES, 476 N. CHR.

GEOGRAPHISCHE SKIZZE VON ITALIEN.

1. ITALIEN ist die kleinste der drei Halbinseln Südeuropas und wird von den Alpen sowie dem Adriatischen, Ionischen und Tyrrhenischen Meer begrenzt. An Zahl seiner Häfen und Küsteninseln ist es Griechenland unterlegen, übertrifft es aber an Reichtum und Ausdehnung seiner Ebenen und fruchtbaren Berghänge und eignet sich daher besser für die Landwirtschaft und Viehzucht als für maritime Interessen. Dennoch verfügt Italien aufgrund seiner langen und schmalen Form über eine ausgedehnte Küstenlinie; Die Hänge des Apennins waren in der Antike reich an Eichenwäldern, die für die Schiffsholzverarbeitung geeignet waren. und die Menschen, insbesondere in Etrurien , fühlten sich schon früh vom Meer angezogen.

2. Die Alpen, die Italien vom Rest Europas trennen, hatten einen wichtigen Einfluss auf seine Geschichte. Gegenwärtig werden sie von weniger als einem Dutzend Straßen sicher durchquert, was zu den Wundern der modernen Ingenieurskunst zählt. In frühen Zeiten bildeten sie eine meist wirksame Barriere gegen die barbarischen Nationen im Norden und Westen. Der Apennin verlässt die Alpenkette nahe der heutigen Grenze zwischen Italien und Frankreich und erstreckt sich in südöstlicher und südlicher Richtung bis zum Ende der Halbinsel, wobei er auf beiden Seiten Seitenkämme zum Meer abwirft und diese große Vielfalt an Oberflächen bildet und das Klima machen den besonderen Charme des Landes aus. Eine Vielzahl von Flüssen trägt wesentlich zur Fruchtbarkeit des Bodens bei, ist jedoch aufgrund ihres kurzen und schnellen Laufs für die Schifffahrt von geringem Wert. Varro bevorzugte das Klima Italiens gegenüber dem Griechenlands, da dort alles Gute für den Menschen in Vollkommenheit hervorgebracht wurde. Keine Gerste konnte mit der Kampanischen verglichen werden , kein Weizen mit der Apulischen , kein Roggen mit der Falernischen , kein Öl mit der Venafranischen .

3. NORDITALIEN liegt zwischen den Schweizer Alpen und dem oberen Apennin und ist fast von der großen Poebene bedeckt, die zu den fruchtbarsten Regionen Europas zählt. Es umfasste in der Antike die drei Länder Ligurien , Oberetrurien und Venetien . Die zweite dieser Divisionen wurde zusammen mit einigen Teilen der ligurischen und venezianischen Gebiete im sechsten Jahrhundert vor Christus von einer keltischen Bevölkerung aus dem Norden und Westen erobert und war fortan als cisalpines Gallien bekannt. Die Region nördlich des Apennins gehört erst etwa zur Zeit der christlichen Ära zur römischen oder gar italienischen Geschichte, als sie in die Gebiete Roms eingegliedert wurde.

4. Die eigentliche Halbinsel ist durch eine Linie, die von der Mündung des Tifernus an der Adria bis zur Mündung des Silarus an der Westküste verläuft, in die beiden Regionen Mittel- und Süditalien unterteilt. MITTELITALIEN umfasste sechs Länder, von denen drei, Etrurien, Latium und Kampanien, am Tyrrhenischen Meer lagen und drei weitere, Umbrien , Picenum und das Sabinerland, an der Adria lagen. *Etrurien* war in den frühesten Zeiten der wichtigste Teil Italiens. Es wurde durch den Fluss Macra von Ligurien getrennt ; aus Cisalpine Gallien, am Apennin; und aus Umbrien, dem Sabinergebiet und Latium am Tiber.

Latium , südlich von Etrurien gelegen, war hauptsächlich eine Tiefebene; aber seine Oberfläche wurde durch Ausläufer des Apennins im Norden und durch die Vulkan- und Albanerketten vulkanischen Ursprungs in der Mitte und im Süden variiert. Es umfasste die römische Campagna, heute ein einsames und fast baumloses Gebiet, das aufgrund der schädlichen Ausdünstungen des Bodens als unbewohnbar galt, aber während und vor der Blütezeit Roms Sitz vieler bevölkerungsreicher Städte war. Mehrere fremde Stämme besetzten Teile des lateinischen Territoriums, darunter die Volsci auf den Bergen, die ihren Namen tragen, und die Æqui nördlich von Prænes'te . Aus historischer Sicht ist eine Ansammlung niedriger Hügel — sieben östlich und drei westlich des Tiber —, die in späteren Zeiten den Standort Roms bildeten, nicht nur der wichtigste Teil Latiums, sondern das, was allen seine Bedeutung verleiht ausruhen.

5. *Kampanien* war eine fruchtbare und reizvolle Region, die sich vom Liris bis zum Silarus und vom Apennin bis zum Meer erstreckte. Griechische und römische Schriftsteller wurden nicht müde, die Vorzüglichkeit ihrer Häfen, die Schönheit ihrer Landschaft, den üppigen Reichtum ihres Bodens und die bezaubernde Sanftheit ihrer Luft zu feiern. Die Küste wird durch den isolierten Kegel des Vesuv und eine Reihe vulkanischer Hügel, einschließlich des inzwischen erloschenen Kraters Solfata'ra , abwechslungsreich . *Umbrien* war ein Gebirgsland östlich von Etrurien. Vor der Ankunft der Gallier erstreckte es sich nach Norden bis zum Rubicon und nach Osten bis zur Adria; aber seine Küste wurde vollständig von diesem Volk erobert, das die Umbrier über die Berge hinaustrieb.

Picenum bestand aus einer flachen, fruchtbaren Ebene entlang der Adria und einer hügeligen Region, bestehend aus gewundenen Ausläufern des Apennins im Landesinneren. Dichter priesen die Äpfel von Picenum und seine Oliven gehörten zu den erlesensten Italiens. Das *Sabinergebiet* war in seiner größten Ausdehnung 200 Meilen lang und erstreckte sich fast von Meer zu Meer. Es wurde von vielen Stämmen bewohnt, die wahrscheinlich gemeinsamen Ursprungs waren. Neben den eigentlichen Sabinern gab es die Samniten , die Frenta´ni und die Marsi , Mar´ruci´ni , Pelig´ni und Vesti´ni , die den Bund der Vier Kantone bildeten. Das Sabinerland war zwar rau, aber fruchtbar, und sein Wein und sein Öl versorgten hauptsächlich das einfache Volk Roms.

6. SÜDITALIEN umfasste vier Länder: Lucania und Bruttium im Westen, Apulien und Kalabrien im Osten. *Lucania* ist ein malerisches und fruchtbares Land, das von vielen Flüssen bewässert wird. *Bruttium* hat einen ähnlichen Charakter und wurde in alten Zeiten vor allem wegen seiner Kiefernwälder geschätzt, die der römischen Regierung mit ihrem Holz und Pech ein wichtiges Einkommen einbrachten. Beide Länder zogen Scharen griechischer Kolonisten an, deren Städte schon früh zu einem hohen Grad an Reichtum und Zivilisation aufstiegen. (Siehe Buch III, §§ 87, 90.) *Apulien* besteht im Gegensatz zu allen anderen Teilen Mittel- oder Süditaliens hauptsächlich aus einer reichen, ununterbrochenen Ebene mit einer Breite von zwanzig bis vierzig Meilen, die von den Bergen sanft zum Meer abfällt. In der Antike gab es hier eine große Anzahl von Pferden und Schafen, die für die Feinheit ihrer Wolle berühmt waren. Als die Ebene durch die Sommerhitze ausgedörrt wurde, wurden die Herden in die benachbarten Berge von Samnium getrieben; während die Samnitenherden im Winter ihre kargen und schneebedeckten Höhen verließen, um auf den üppigen Wiesen Apuliens Weide zu finden. Der nördliche Teil Apuliens ist gebirgig und wird von zwei starken Ausläufern des Apennins durchzogen, von denen einer ins Meer ragt und die felsige Landzunge des Garganus bildet .

Kalabrien , [62] von den Griechen Iapygia oder Messapia genannt , befand sich auf der langen Halbinsel, die gemeinhin als der Absatz Italiens bezeichnet wird. Sein weicher Kalksteinboden nimmt schnell Feuchtigkeit auf, wodurch das Land trocken wird und die Sommerhitze intensiv wird. Die Produkte des Bodens waren jedoch in der Antike reichlich vorhanden und von großem Wert. Sein Öl, sein Wein und sein Honig waren weithin berühmt, die Wolle seiner Herden war von bester Qualität und die Pferde, die die tarentinische Kavallerie rekrutierten, gehörten zu den besten der Welt.

7. Italien besaß drei Inseln von großer Bedeutung: Sizilien, bekannt für seine hervorragenden Häfen und seinen unerschöpflichen Boden; Sardinien wegen seiner Silberminen und Getreideernten; und Korsika für seine dichten Kiefern- und Tannenwälder. Die Lage sowie die wertvollen Produkte dieser Inseln lockten schon früh die Unternehmungen sowohl der Griechen als auch der Karthager an; und die Rivalität um ihren Besitz brachte diese Nationen zunächst in Feindseligkeit untereinander und mit der letztlich siegreichen Macht Rom.

GESCHICHTE VON ROM.

8. Unsere Geschichte in diesem Buch gliedert sich natürlich in drei Abschnitte:

ICH.	DAS RÖMISCHE KÖNIGREICH ,	Chr	753-510.
II.	DIE RÖMISCHE REPUBLIK ,	”	510-30.
III.	DAS RÖMISCHE REICH ,	”	30-476 n. Chr.

Die Aufzeichnungen der ersten Periode sind, soweit sie sich auf Personen beziehen, größtenteils mit Fabelwesen vermischt, und es ist unmöglich, das Fantastische vom Realen zu trennen. Dem Studenten wird empfohlen, die Geschichten der Könige in ihrer frühesten und attraktivsten Form in Dr. Arnolds Geschichte Roms zu lesen. Unter ihrem wunderschönen mythischen Gewand bergen diese Legenden zweifellos eine beträchtliche Menge Wahrheit. Unsere Grenzen erlauben lediglich die Aussage des populären antiken Glaubens über den Aufstieg Roms unter den anderen und älteren Nationen, die Italien bewohnten.

9. Mittel- und Süditalien waren seit den frühesten bekannten Zeiten von drei Rassen bewohnt: den Etruskern , den Italienern und den Japygiern . Letztere waren nahezu mit den Griechen verwandt, wie ihre Sprache und die Identität ihrer Kultgegenstände beweisen. Sie vermischten sich daher bereitwillig mit den hellenischen Siedlern (siehe § 6), und die griechische Zivilisation fasste schnell Fuß und blühte in ganz Süditalien auf. Die eigentlichen Italiener – so genannt, weil sie nach ihrer Vereinigung die herrschende Rasse in Italien wurden – kamen später auf der Halbinsel an als die Iapygier . Sie kamen aus dem Norden und drängten die halbhellenischen Bewohner des Südens enger zusammen. Sie bestanden aus vier Hauptrassen: den Umbrern, Sabinern, Oskern und Lateinern. Von diesen waren die ersten drei eng miteinander verbunden, während die Lateiner unterschiedlich waren. Letztere bildeten eine Konföderation von dreißig Städten oder Kantonen und trafen sich jedes Jahr auf dem Alban-Berg, um Jupiter Latiaris , der Schutzgottheit der lateinischen Rasse, ein gemeinsames Opfer darzubringen . Während dieses Festes wurden die Kriege ausgesetzt, wie in Elis während der Olympischen Spiele.

10. Die Etrusker oder Toskaner unterschieden sich in Sprache, Aussehen und Charakter völlig von den anderen Nationen Italiens. Ihr Ursprung ist geheimnisvoll. Einige nehmen an, dass sie Turaner waren und daher mit den Lappen, Finnen und Esten Nordeuropas und den Basken Spaniens verbündet waren; andere und die größere Zahl glauben, dass die Masse des Volkes Pelasgi gewesen sei – jene Rasse, die Griechenland und Italien in einer längst vergangenen Zeit, als die Geschichte reichen kann, überschwemmte –

, aber von einem mächtigeren Volk aus dem Norden absorbiert und versklavt
worden sei. die sich *Ras'ena* nannten , während sie von anderen Etruskern
benannt wurden. Die Geschichte findet diese Eindringlinge erstmals in
Rhætia , dem Land an den Quellflüssen der Etsch , der Donau und des
Rheins; verfolgt sie dann bis zur Po-Ebene, wo sie schon sehr früh einen
Bund von zwölf Städten bildeten; und von dort südlich des Apennins in die
Toskana , die in reduzierten Grenzen immer noch ihren Namen trägt.

Hier bildeten sie einen ähnlichen, aber recht unterschiedlichen Bund aus
ebenso vielen Städten. Eine Zeit lang erstreckte sich ihre Herrschaft über die
gesamte Halbinsel, und ihre Flotten beherrschten sowohl das „Obere" als
auch das „Untere Meer", von dem letzteres seinen alten Namen,
Tyrrhenisches Meer, ableitete. Sie eroberten Kampanien und bauten dort
eine dritte Gruppe von zwölf Städten, von denen Capua der wichtigste war.
aber diesen Teil ihres Territoriums verloren sie in Kriegen mit den Samniten.
Es gibt viele Relikte etruskischer Kunst in den massiven Mauern ihrer Städte,
ihre Bronzegüsse, Figuren aus Terrakotta sowie goldene Ketten, Armbänder
und andere Ornamente, die beweisen, dass sie ein luxuriöses und
wohlhabendes Volk waren. Ihre Religion war düster und abergläubisch. Sie
versuchten, den Willen ihrer Götter durch Vorzeichen aus Donner und Blitz,
aus dem Flug von Vögeln oder aus den Eingeweiden getöteter Tiere zu
erfahren; und um ihren Zorn durch Opfer abzuwenden, die durch ein
aufwändiges Ritual vorgeschrieben und reguliert werden. Das Erlernen
dieser Riten bildete einen großen Teil der Ausbildung eines jungen
toskanischen Adligen.

11. Die Römer, die fast zwölf Jahrhunderte lang die dominierende Rasse
Italiens und der Welt sein sollten, gehörten zum lateinischen Zweig der
italienischen Familie. Eine griechische Tradition, die von Vergil gefeiert
wurde und an die die meisten Römer in der Zeit des Reiches glaubten, führte
ihren Ursprung auf eine Schar trojanischer Auswanderer zurück, die nach
dem Fall Trojas von Æneas , dem Sohn des Anchises, an die Küsten Italiens
geführt wurden. (Siehe Buch III, § 14.) Aber die lateinische Küste war zu
dieser Zeit dicht besiedelt, und die Neuankömmlinge, falls es welche gab,
mussten bald von den älteren Bewohnern absorbiert und untergegangen sein.

12. Die gemeinsamen Legenden schreiben den Bau Roms Romulus zu ,
dem Enkel von Numitor , einem albanischen Fürsten. Numitor war von
seinem Bruder Amu'lius seiner Krone beraubt worden , der auch den Sohn
des abgesetzten Königs tötete und seine Tochter Silvia zwang, Vestalin zu
werden. Vom Mars geliebt, wurde sie jedoch die Mutter von Romulus und
Remus, woraufhin ihr Onkel sie mit ihren Zwillingssöhnen in den Anio ,
einen Nebenfluss des Tiber, werfen ließ. Die Flüsse waren über die Ufer
getreten; Als sie nachließen, wurde die Wiege mit den kleinen Prinzen am
Fuße des Palatin umgeworfen. Von einem Wolf ernährt und von einem dem

Mars heiligen Specht gefüttert, wuchsen sie zu robusten jungen Hirten heran und zeichneten sich in Kämpfen mit wilden Tieren und Räubern aus.

Im Alter von zwanzig Jahren wurden sie sich ihrer königlichen Herkunft bewusst und nachdem sie Amulius besiegt hatten , brachten sie ihren Großvater wieder auf den Thron. Dennoch liebten sie die Heimat ihrer Jugend und beschlossen, am Ufer des Tiberufs eine neue Stadt zu bauen. Die Brüder waren unterschiedlicher Meinung hinsichtlich der Standortwahl und konsultierten die Schirmherrschaft. Nachdem er die ganze Nacht zugeschaut hatte, sah Remus im Morgengrauen sechs Geier; aber Romulus sah bei Sonnenaufgang zwölf. Die Mehrheit der Hirten stimmte Romulus zu und man glaubte seitdem, dass die zwölf Geier zwölf Jahrhunderte bezeichneten, während derer die Herrschaft über die Stadt andauern sollte.

13. Da es zu wenige Hirtenkameraden gab, um seinen Ehrgeiz zu befriedigen, bot Romulus Mördern und entlaufenen Sklaven Asyl auf der Kapitolinischen Küste an und zählte so den Abfall der benachbarten Stämme zu seinen Untertanen. Um Frauen für diese Abenteurer zu gewinnen, lud er die Latiner und Sabiner ein, bei Spielen zu Ehren Neptuns dabei zu sein; Und als nicht nur Männer, sondern auch Frauen und Kinder versammelt waren, stürmten die Läufer und Ringer in die Menge und trugen mit, wen sie wollten. Es folgte ein Krieg, in dem die Latiner dreimal besiegt wurden. Der Sabinerkönig Titus Tatius marschierte mit einer mächtigen Armee nach Rom, erlangte durch den Verrat der Jungfrau Tarpeia , der Tochter seines Befehlshabers, Besitz von der kapitolinischen Festung und besiegte die Streitkräfte von Romulus in einer langen und hartnäckigen Schlacht beinahe
.

Die Sabinerinnen jedoch, die sich nun mit ihrem Schicksal abgefunden hatten, traten zwischen ihre Väter und Ehemänner und flehten sie unter Tränen an, sich zu versöhnen, denn wer auch immer besiegt werden sollte, der Kummer und der Verlust müssten sie selbst sein. Es wurde ein dauerhafter Frieden geschlossen, und die beiden Könige einigten sich darauf, gemeinsam über die Vereinten Nationen zu regieren , wobei Romulus seinen Hof auf dem Palatin und Titus Tatius auf den Hügeln Kapitol und Quirinal hielt. Nach dem Tod des Tatius regierte Romulus allein. Am Ende einer erfolgreichen Herrschaft von 37 Jahren musterte er eines Tages seine Truppen auf dem Marsfeld, als sich die Sonne plötzlich verdunkelte, ein Sturm Erde und Luft erschütterte und Romulus verschwand. Das Volk betrauerte ihn als tot, aber es tröstete sich dadurch, dass er einem von ihnen in verherrlichter Form erschien und ihm versicherte, dass die Römer Herrscher der Welt werden würden und dass er selbst unter dem Namen Quiri´nus dies tun würde sei ihr Beschützer.

14. Nach einem Jahr Interregnum wurde Numa , eine Sabine mit klugem und friedlichem Charakter, zum König gewählt. Er wurde später als religiöser Gründer Roms verehrt, nicht weniger als Romulus als Autor seiner zivilen und militärischen Institutionen. Die Weisheit und Frömmigkeit seiner Gesetze wurde der Nymphe Egeria zugeschrieben , die ihn an einem Brunnen in einem Hain traf und ihm die Grundsätze einer guten Regierung diktierte. Die wenigen Aufzeichnungen über diesen König und seinen Vorgänger gehören eher zur Mythologie als zur Geschichte.

15. Tullus Hostilius , der dritte König von Rom, ist der erste, über dessen Taten wir glaubwürdige Berichte haben. Er eroberte Alba Longa und übersiedelte seine Bürger auf den Cælian- Hügel in Rom. Diese neue Stadt wurde dann zur Beschützerin des Lateinischen Bundes und hatte das Recht, den Vorsitz beim jährlichen Fest zu führen, obwohl sie nie, wie Alba, Mitglied des Lateinischen Bundes war, sondern eine eigenständige Macht, die mit ihm verbündet war. Das Bundesheer wurde abwechselnd von einem römischen und einem lateinischen General kommandiert; und die in den Kriegen des Bundes erworbenen Ländereien wurden zu gleichen Teilen zwischen den beiden Vertragsparteien aufgeteilt, wodurch Rom offensichtlich einen weitaus größeren Anteil erhielt als jede andere Stadt.

16. Die Bürger des konsolidierten Roms bildeten nun drei Stämme: die *Ram´nes* oder ursprünglichen Römer auf der Pfalz; die *Titis* oder Sabinerinnen auf dem Capitolinus und dem Quirinal; und die *Luceres* am Cælian . Jeder Stamm bestand aus zehn *Cu´riæ* oder Mündeln und jede *Curia* aus zehn *Häusern* oder Clans (*Gentes*). Die Zahl der Patrizier- oder Adelshäuser, die allein das Bürgerrecht genossen, betrug somit dreihundert. Die Oberhäupter aller Häuser bildeten den Senat, während die *Comit´ia Die Curia´ta* , die öffentliche Versammlung, umfasste alle volljährigen Bürger.

Zu dieser Zeit gab es in Rom neben den Patriziern nur zwei Klassen. Das waren die *Klienten* und *Sklaven* . Erstere waren die ärmeren Menschen, die keiner *Gens angehörten* und daher, obwohl sie frei waren, keine Bürgerrechte hatten. Es war ihnen gestattet, in der Person eines Adligen einen Schutzpatron zu wählen, der verpflichtet war, ihre Interessen bei Bedarf vor Gericht zu schützen. Der Auftraggeber hingegen folgte seinem Gönner als Vasall in den Krieg; trug zu seinem Lösegeld oder dem seiner Kinder bei, wenn er gefangen genommen wurde; und zahlte einen Teil der Kosten eines Rechtsstreits, in den der Gönner verwickelt sein könnte, oder seiner Ausgaben für die Wahrnehmung ehrenvoller Ämter im Staat. Die Beziehung auf beiden Seiten ging vom Vater auf den Sohn über. Für eine Adelsfamilie galt es als Ruhm, über eine zahlreiche Kundschaft zu verfügen und das, was sie von ihren Vorfahren geerbt hatte, zu vermehren. Die Auftraggeber trugen den Clannamen [63] ihres Auftraggebers. Zur Zeit der Könige gab es nicht viele Sklaven. Während der Republik wurden durch ausländische Kriege zahlreiche Gefangene auf den Markt gebracht; und am Ende dieser Zeit waren mindestens die Hälfte der Bewohner des römischen Territoriums Leibeigene.

17. Ancus Martius eroberte viele lateinische Städte und transportierte ihre Bürger nach Rom, wo er ihnen den Aventin-Hügel als Wohnsitz zuwies. Von diesen neuen Siedlern wurden einige zu Kunden des Adels, aber die wohlhabendere Klasse verachtete diese Abhängigkeit und verließ sich auf den Schutz des Königs. Daraus entstand eine neue Ordnung im Staat, die *Plebs* oder Gemeinwesenheit, die in späteren Zeiten ebenso wichtig werden sollte wie der Adel. Dazu gehörten neben dem eroberten Volk auch ausländische Siedler, die zum Handel, zur Zuflucht oder zur Anstellung in der Armee kamen; Klienten, deren schützende Familien ausgestorben waren; und Söhne von Patriziern, die Frauen geringeren Ranges geheiratet hatten. Ancus erweiterte das römische Territorium bis zum Meer; baute die Hafenstadt Ostia und errichtete in der Nähe Salinen; befestigte den Janikula-Hügel gegenüber von Rom zur Verteidigung gegen die Etrusker; und errichtete die Mamertine, das erste römische Gefängnis.

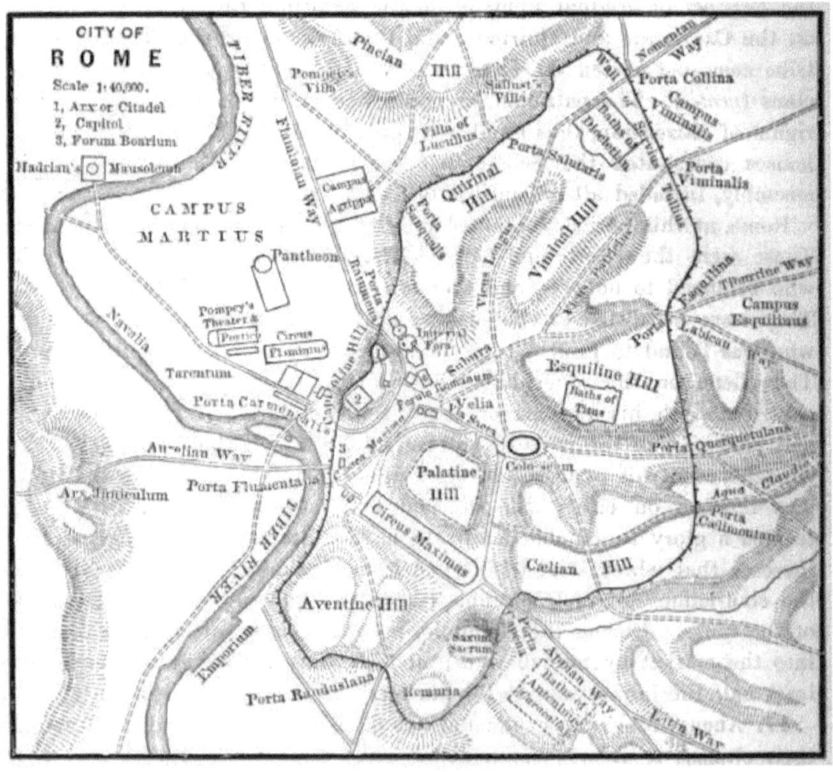

STADT ROM.

18. Lucius Tarquinius Priscus war griechischer Herkunft, erhielt seinen Namen jedoch von der etruskischen Stadt Tarquinii, wo er geboren wurde. Die Merkmale seiner Rasse zeigten sich in den prächtigen Werken, mit denen er Rom verschönerte. Er entwässerte die unteren Teile der Stadt durch ein großes Abwassersystem und dämmte den Überlauf des Tiber durch eine Mauer aus massivem Mauerwerk an der Stelle ein, an der die Cloa´ca Maxima in den Fluss mündete. In dem so von der Überschwemmung befreiten Tal baute er das Forum mit seinen umliegenden Reihen von Säulengängen und Geschäften; und errichtete den Circus Maximus zur Feier der Großen Spiele, der von Romulus gegründet worden war und in den meisten seiner Merkmale den sportlichen Wettkämpfen der Griechen ähnelte.

Als gebürtiger Etrurierer gelobte Tarquinius, auf dem Kapitol einen Tempel für Jupiter, Juno und Minerva zu errichten, die drei Gottheiten, die in jeder etruskischen Stadt gemeinsam verehrt wurden, und zu diesem Zweck räumte er alle Tempel von diesem Berg ab heilige Stätten der sabinischen Götter. Der Tempel wurde von seinem Sohn erbaut. Die Kriege Tarquiniens gegen die Sabiner, Latiner und Etrusker waren in der Regel siegreich und führten zu einem großen Bevölkerungszuwachs in Rom. Aus dem edelsten der eroberten Völker bildete er drei neue Halbstämme zu je fünfzig „Häusern", die er mit den drei alten Stämmen Ramnes , Tities und Luceres verband , während er die Zahl der Vestalinnen von vier auf sechs erhöhte. dass jede Rasse gleichermaßen vertreten sein könnte. Tarquin wurde von angeheuerten Agenten der Söhne des Ancus Martius ermordet, die hofften, sich so den Thron ihres Vaters zu sichern. Aber die römische Monarchie war eine reine Wahlmonarchie, nicht erblich; Ihr Verbrechen verfehlte seinen Zweck und Servius Tullius , ein etruskischer General und Schwiegersohn des ermordeten Königs, erlangte die Krone.

19. Er nahm radikale Änderungen in der Verfassung vor, indem er jedem freien Römer das Wahlrecht einräumte, obwohl alle Ämter in der Regierung weiterhin von den Adligen ausgeübt wurden. Die griechischen Städte Süditaliens wandelten sich gleichzeitig von aristokratischen zu volkstümlichen Regierungsformen, und in Latium und Rom gibt es viele Anzeichen griechischen Einflusses. Die neue Volksversammlung, *Comitia Centuria´ta* , erhielt ihren Namen von den „Jahrhunderten", in denen die gesamte Bürgersoldatenschaft eingeschrieben war. Der Reichtum erlangte nun in Rom etwas von der Macht, die bisher dem Rang vorbehalten war. Jeder Mann, der Eigentum besaß, war verpflichtet, in der Armee zu dienen, und seine militärische Position wurde genau nach der Höhe seines Besitzes eingestuft. Am höchsten waren die *Equites* oder Reiter. Diese waren in achtzehn Jahrhunderte unterteilt, von denen die ersten sechs – zwei für jeden ursprünglichen Stamm – vollständig Patrizier waren, während die restlichen zwölf wohlhabende und mächtige Plebejer waren.

Die Masse der zum Fußdienst gemeldeten Personen wurde in fünf Klassen eingeteilt. Wer in der Lage war, sich mit kompletter Bronzerüstung auszustatten, kämpfte in der vordersten Reihe der Phalanx. Von dieser Klasse gab es achtzig Jahrhunderte: vierzig jüngere Männer im Alter von siebzehn bis fünfundvierzig Jahren, die die besten römischen Infanteristen im Feld waren; und vierzig ihrer Ältesten, von sechsundvierzig bis sechzig, die normalerweise zur Verteidigung der Stadt herangezogen wurden. Die zweite Klasse wurde hinter der ersten platziert; Sie trugen kein Kettenhemd und ihre Schilde waren aus Holz statt aus Messing. Die dritte Klasse trug keine Beinschienen und die vierte trug keine Schilde. Diese drei Klassen bestanden jeweils nur aus zwanzig Jahrhunderten. Die fünfte und unterste Militärklasse diente nicht in der Phalanx, sondern bildete die leicht bewaffnete Infanterie und versorgte sich nur mit Pfeilen und Schleudern. Unter allen Klassen befanden sich einige Jahrhunderte lang die ärmsten Menschen, die nicht verpflichtet waren, sich für den Krieg auszurüsten. Manchmal wurden sie auf öffentliche Kosten bewaffnet, wenn große Verluste oder Gefahren für den Staat eintraten; oder sie folgten der Armee als Überzählige und waren bereit, die Waffen und Plätze der Gefallenen einzunehmen.

20. Außer den Patrizierstämmen Ramnes , Tities und Luceres bildete Servius vier Stämme in der Stadt und sechsundzwanzig auf dem Land, bestehend aus Grundbesitzern ohne Rücksicht auf den Rang. Der Treffpunkt für alle dreißig war das Forum in Rom, während sich die Jahrhunderte außerhalb der Stadt auf dem Marsfeld trafen. Die im Forum versammelten Menschen verfügten über alle Befugnisse zur Selbstverwaltung. Sie wählten Richter und erhoben Steuern zur Unterstützung des Staates, Aufgaben, die bisher den Comitia Curiata oblagen . Von den öffentlichen Ländereien auf der etruskischen Seite des Tibers, die er in seinen frühen Kriegen erworben hatte, übertrug Servius einen bestimmten Teil den Plebejern in vollem Besitz. Die Patrizier hatten diese Ländereien vom Staat als Weideland für ihre Herden gepachtet und waren über die neue Zuteilung sehr verärgert.

21. Servius erweiterte die Grenzen der Stadt weit über die Roma Quadra´ta des Palatin hinaus. Die Esquilin-, Cælian- und Aventin-Hügel waren bereits von Vorstadtsiedlungen besetzt , während die Kapitol-, Quirinal- und Vim'inal- Hügel von den Sabinerstämmen gehalten wurden. Diese sieben Hügel [64] mit einem großen Raum dazwischen und um sie herum wurden von Servius mit einer neuen Mauer umgeben , die mehr als achthundert Jahre bis zur Zeit des Kaisers Aurelian Bestand hatte. Servius regierte 44 Jahre lang, 578–534 v. Chr. Da ihm vor allem der Fortbestand seiner reformierten Institutionen am Herzen lag, hatte er beschlossen, auf den Thron zu verzichten, nachdem er das Volk durch eine freie und allgemeine Abstimmung dazu veranlasst hatte, zwei Richter zu wählen, die nur ein Jahr regieren sollten. Vor Ablauf ihrer Amtszeit sollten sie in gleicher Weise für die friedliche Wahl ihrer Nachfolger sorgen; und so wäre Rom durch eine unblutige Revolution an eine Volksregierung übergegangen. Die Adligen lehnten jedoch gegen diese Verletzung ihrer Exklusivrechte auf. Angeführt von Tarquin, dem Sohn des ersten Monarchen dieses Namens und Ehemann der bösen Tullia , der Tochter des Servius, ermordeten sie den wohltätigen König und setzten ihren Anführer auf den Thron.

22. Tarquinius, genannt „der Stolze", setzte alle Volksgesetze des Servius außer Kraft und stellte die Privilegien der „Häuser" wieder her; doch sobald er sich seiner Macht sicher fühlte, unterdrückte er Adlige und Volk gleichermaßen. Er zwang die ärmeren Klassen, sich an den öffentlichen Arbeiten zu beteiligen, die sein Vater begonnen hatte, und an anderen, die er selbst initiiert hatte. Dazu gehörten die permanenten Steinsitze des Circus Maximus, ein neues Abwassersystem und der große Jupitertempel auf dem Kapitol. Durch Kriege und Intrigen erlangte Tarquinius in ganz Latium die Oberhand. Aber seine Unverschämtheit empörte die Patrizier; Er nahm den Bürgern Eigentum oder Leben weg, ohne den Senat zu konsultieren, während er ihnen zivile und militärische Belastungen auferlegte, die über das gesetzlich Zulässige hinausgingen. Das abscheuliche Fehlverhalten seines Sohnes Sextus führte schließlich zu einem Aufstand, bei dem die königliche Regierung gestürzt wurde. Die Tarquinier und ihr gesamter Clan wurden verbannt. Der Name eines Königs wurde von nun an in Rom besonders verabscheut. Nur in einem Fall wurde es geduldet. Es wurde ein „König zum Darbringen von Opfern" ernannt, damit die Götter ihren üblichen Mittler bei den Menschen nicht vermissen; aber diesem Priesterkönig war es verboten, ein bürgerliches Amt zu bekleiden.

REPRISE.

Die frühe Geschichte Roms ist größtenteils sagenhaft. Drei Rassen in Italien, von denen die Etrusker vor dem Aufstieg Roms die mächtigsten waren. Ihre Städte, Kunst und Religion. Rom wurde von Lateinern gegründet, umfasste jedoch eine gemischte Bevölkerung aus Sabinern, Etruskern und anderen, aus denen die drei Stämme hervorgingen. Dreihundert adlige „Häuser" bildeten den Senat und *die Comitia Curiata* . Klientel. Bildung einer Gemeinwesenschaft unter Ancus Martius. Bauten des Tarquinius Priscus . Freie Verfassung des Servius Tullius. Einteilung des Volkes in Jahrhunderte, sowohl als Soldaten als auch als Bürger. Dreißig Stämme versammeln sich im Forum. Einschließung der Sieben Hügel durch die Tullian-Mauer. Tyrannei von Tarquinius dem Stolzen. Das Königshaus wurde in Rom abgeschafft. Angebliche Chronologie der Könige: Romulus, v. Chr. 753-716; Numa , 716-673; Tullius Hostilius , 673–641; Ancus Martius, 641-616; L. Tarquinius Priscus , 616-578; Servius Tullius, 578-534; Tarquinius Superbus , 534-510.

RELIGION ROMS.

23. Bevor wir zur Geschichte der Republik übergehen, werfen wir einen Blick auf die Religion Roms. In den ersten 170 Jahren seit der Gründung der Stadt hatten die Römer keine Bilder ihrer Götter. Götzendienst war wahrscheinlich in jeder Nation eine spätere Verfälschung einer früheren und spirituelleren Anbetung. Die römische Religion war in ihren Vorstellungen weitaus weniger schön und vielfältig als die der Griechen. [65] Es lieferte nur wenig Inspiration für Poesie oder Kunst, hielt aber die häuslichen Tugenden am Leben und regelte die Geschäfte auf dem Bauernhof, im Forum und im Laden nach Prinzipien, die aus einem höheren Bereich des Seins stammten.

Die Hauptgötter der Römer waren Jupiter und Mars. Ersteres war oberstes Gebot; Letzteres war jedoch in der frühen Geschichte dieses kriegerischen Volkes das zentrale Objekt der Verehrung. Der März, der erste Monat ihres Jahres, war ihm geweiht und trägt in fast allen europäischen Sprachen noch immer seinen Namen. Das große Kriegsfest nahm einen großen Teil des Monats ein. In den ersten Tagen zogen die zwölf *Salii* oder Springer, Priester des Mars, die aus den edelsten Familien ausgewählt wurden, singend, tanzend und mit ihren Stäben auf ihre ehernen Schilde schlagend durch die Straßen. Quirinus, unter dessen Namen Romulus verehrt wurde, war nur ein Duplikat des Mars und entstand aus der Vereinigung der beiden Mythologien der Römer und Sabiner. Er hatte auch seine zwölf Springer und wurde im Februar mit ähnlichen Zeremonien geehrt.

24. Die Feierlichkeiten zu den einzelnen Perioden des Bauernjahres folgten dem Kriegsfest. Der Monat April war geprägt von Opfertagen für die nährende Erde; an Ceres, die Göttin des Wachstums; zur Schutzpatronin der Herden; und zu Jupiter, dem Beschützer der Weinreben; während Rust, dem Feind der Ernte, ein abfälliges Opfer dargebracht wurde. Im Mai veranstalteten die Arval-Brüder, eine Gruppe von zwölf Priestern, ihr dreitägiges Fest zu Ehren Deas Dia erfleht ihren Segen für die Erhaltung der Fruchtbarkeit der Erde und die Gewährung von Wohlstand für das gesamte Gebiet Roms. Der August hatte seine Erntedankfeste; Oktober, sein Weinfest zu Ehren Jupiters; Dezember, seine zwei Danksagungen für die Schätze der Kornkammer, seine Saturnalien oder die Aussaat am 17. und seine Feier des kürzesten Tages, der die neue Sonne zurückbrachte. Seeleute feierten ihre Feste zu Ehren der Götter des Flusses, des Hafens und des

Meeres. Das feierliche Jahr wurde mit dem einzigartigen Lu´perca´lia , dem Wolfsfest, abgeschlossen, bei dem ein bestimmter Orden von Priestern, mit Ziegenfellen umgürtet, wie Wölfe umhersprang oder durch die Stadt rannte und die Zuschauer mit geknoteten Riemen geißelte; und durch die Termina , das Grenzsteinfest zu Ehren von Terminus , dem Gott der Wahrzeichen.

Janus, der doppelgesichtige Gott der Anfänge, war eine eigentümliche römische Gottheit. Ihm waren alle Tore und Türen heilig, ebenso der Morgen, der Beginn aller Feierlichkeiten und der Monat (Januar), in dem die Arbeit des Ackerbauers in Süditalien von neuem begann. Auf zwölf Altären wurden ihm Opfer dargebracht und zu Beginn jedes Tages Gebete gebetet. Der Neujahrstag war ihm besonders heilig und sollte dem ganzen Jahr seinen Charakter verleihen. Daher achteten die Menschen darauf, dass ihre Gedanken, Worte und Taten an diesem Tag rein, wohltätig und gerecht waren. Sie begrüßten einander mit Geschenken und guten Wünschen und erledigten einen Teil der Arbeit, die sie für das Jahr geplant hatten; während sie sehr entmutigt waren, wenn sich ein unbedeutender Unfall ereignete. Ein überdachter Durchgang zwischen den Hügeln Palatin und Quirinal, *d . h . e.* , zwischen den ursprünglichen römischen und sabinischen Städten, war unter dem Namen Janus bekannt. Armeen, die auszogen oder zurückkehrten, passierten ihn, und daher war er in Kriegszeiten immer geöffnet und in Friedenszeiten geschlossen. Die gleiche Zeremonie wurde fortgesetzt, nachdem der Durchgang nicht mehr genutzt wurde, da das Triumphtor in den Mauern von Servius errichtet worden war.

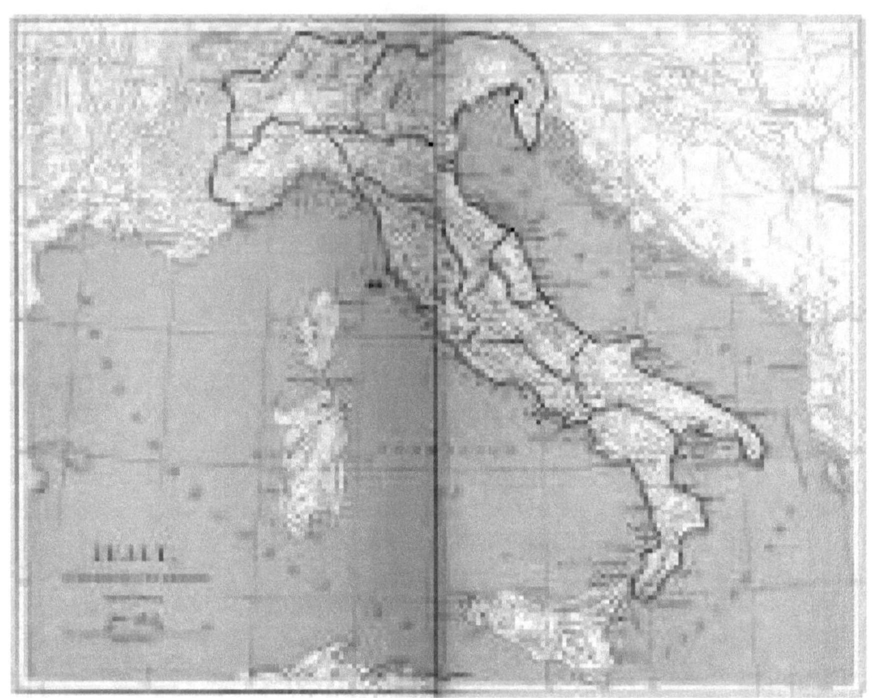

ITALIEN, MIT DEN ELF REGIONEN DES AUGUSTUS.

25. Vulcan, der Gott des Feuers und der Schmiede, wurde durch zwei Feste geehrt, die Weihe der Trompeten im Mai und die Vol´cana´lia im August. Obwohl sie von geringerem Rang als die bereits erwähnten Gottheiten waren, waren sie den Römern doch die Götter des Herdes, des Hauses und der Vorratskammer sowie des Waldes und des Feldes am liebsten. Jedes Haus war ein Tempel und jede Mahlzeit ein Opfer für Vesta, die Göttin des Herdes. Ihr Tempel war der Herdstein der Stadt. Dort bewachten sechs auserwählte Jungfrauen, Töchter der berühmtesten Familien, Tag und Nacht das heilige Feuer, das das Symbol der Göttin war. Jedes Haus hatte über seinem Haupteingang eine kleine *La´res -Kapelle* , in der der Familienvater sofort nach seiner Rückkehr von einer Reise seine Andachten verrichtete. Die Laren sollten die Geister guter Männer sein, insbesondere der verstorbenen Vorfahren der Familie. Öffentliche Laren waren die Schutzgeister der Stadt; Sie wurden in einem Tempel und zahlreichen Kapellen verehrt , wobei letztere an Straßenkreuzungen aufgestellt waren. Es gab auch ländliche Lares und *Lares Via´les* , die von Reisenden verehrt wurden.

26. Wie alle Menschen, die in irgendeiner Weise von der griechischen Kultur beeinflusst waren, konsultierten die Römer das Orakel von Delphi. Nach der Einnahme von Ve´ii (siehe § 57) überreichten sie diesem

Heiligtum ein Zehntel der Beute. Rom selbst besaß nur ein Orakel, das des Faunus (des Gnadengottes) auf dem Aventin-Hügel. In Latium gab es mehrere Orakel des Schicksals, des Faunus und des Mars, aber in keinem von ihnen gab es wie in Delphi hörbare Antworten aus dem Mund inspirierter Personen. In Albu'nea , in der Nähe von Tibur, wurde Faunus durch das Opfern eines Schafes konsultiert. Die Haut des Tieres wurde auf dem Boden ausgebreitet; Der Orientierungssuchende schlief darauf und glaubte, den Willen Gottes durch Visionen und Träume erfahren zu haben. Die Römer griffen häufig auf die griechischen Orakel in Süditalien zurück; und das akzeptabelste Geschenk, das die Einwohner von Magna Graecia ihren Freunden in Rom machen konnten, war ein Palmblatt mit der Inschrift einer Aussage der Cumæan -Sibylle, einer Priesterin des Apollon in Cumæ bei Neapel.

27. Es wurde angenommen, dass die Sibyllinischen Bücher von einem der Tarquinier von einer mysteriösen Frau gekauft wurden , die in Rom erschien und neun Bände zu einem exorbitanten Preis anbot. Da der König den Kauf ablehnte, ging die Sibylle weg und zerstörte drei der Bücher. Dann brachte sie die restlichen sechs zurück, für die sie den gleichen Geldbetrag verlangte. Der König schickte sie erneut weg; Sie zerstörte drei weitere Bücher und verlangte den gesamten Preis für die restlichen drei. Die Neugier von Tarquinius war geweckt und er kaufte die Bücher, in denen sich herausstellte, dass sie wichtige Offenbarungen über das Schicksal Roms enthielten. Sie wurden in einer steinernen Truhe unter dem Tempel des Jupiter Capitoli'nus aufbewahrt . Eines der vier heiligen Kollegien wurde mit ihrer Betreuung beauftragt und sie wurden auf Anordnung des Senats nur bei großen öffentlichen Katastrophen konsultiert.

28. Die Römer lernten wahrscheinlich von den Etruskern ihre verschiedenen Methoden der Wahrsagerei – die Interpretation von Zeichen am Himmel, von Donner und Blitz, vom Flug oder der Stimme von Vögeln, vom Erscheinen von Opfern und von Träumen. Die Legenden schreiben Tarquinius Priscus die Einführung etruskischer Gottheiten und Kultformen in Rom zu. Zu einem späteren Zeitpunkt sah der Senat per Sondererlass die Pflege der „etruskischen Disziplin" durch junge Männer höchster Herkunft vor, damit eine für das Gemeinwesen so wichtige Wissenschaft nicht dadurch korrumpiert werden könnte, dass sie in die Hände niedriger und Söldner gerät.

Die *Auguren* bildeten das zweite der heiligen Kollegien; ihre Zahl wurde schrittweise von drei auf sechzehn erhöht; Sie zeichneten sich durch ein heiliges Kleid und einen gebogenen Stab aus und wurden in höchster Ehre gehalten. Keine öffentliche Handlung jeglicher Art konnte durchgeführt werden, ohne „die Vorzeichen zu nehmen" – keine Wahl abgehalten, kein Gesetz verabschiedet, kein Krieg erklärt; denn theoretisch waren die Götter die Herrscher des Staates und die Beamten lediglich ihre Stellvertreter. Wenn mitten in den Komitien ein Augur, wie falsch auch immer, erklärte, dass es donnerte, löste sich die Versammlung sofort auf. Es muss zugegeben werden, dass die Auguren ihre große Macht im politischen Streit zwischen Patriziern und Plebejern oft unfair nutzten. Letztere hatten als ursprünglich Ausländer (siehe § 17) keinen Anteil an den Göttern Roms und wurden so zu den ausschließlichen Gönnern der privilegierten Klasse. Als durch eine Änderung der Verfassung endlich Plebejer in hohe Ämter gewählt wurden, erklärten die Auguren in mehreren Fällen die Wahl für ungültig, unter dem Vorwand, die Schirmherrschaft sei unregelmäßig gewesen; und da niemand gegen ihre Entscheidung Berufung einlegen konnte, war ihr Veto absolut.

29. Das Kollegium der Päpste war die berühmteste der religiösen Institutionen, die dem guten König Numa zugeschrieben wurden . Die Päpste überwachten alle öffentlichen Gottesdienste gemäß ihren heiligen Büchern und waren verpflichtet, allen, die darum baten, Anweisungen zu den Zeremonien zu erteilen, mit denen man sich den Göttern nähern durfte. Wann immer geistliche Beamte ernannt oder Testamente verlesen werden sollten, beriefen sie die Versammlung ein. Bestimmte Fälle frevelhafter Verbrechen konnten nur von ihnen beurteilt werden; und in sehr frühen Zeiten waren sie, wie die hebräischen Schriftgelehrten, die alleinigen Besitzer sowohl des bürgerlichen als auch des religiösen Rechts. Der oberste Richter, gleichberechtigt mit Privatpersonen, unterwarf sich seinen Dekreten, sofern drei Mitglieder des Kollegiums der Entscheidung zustimmten. Sie allein wussten, welche Tage und Stunden für die Abwicklung öffentlicher Geschäfte genutzt werden konnten. Der Kalender war in ihrer Obhut, und da diese erhabenen und ehrwürdigen Würdenträger nur Männer waren, ist es wohlbekannt, dass sie manchmal ihre Macht nutzten, um das Amt eines Lieblingskonsuls um ein Jahr zu verlängern oder das eines von ihnen missbilligten Amts zu verkürzen. Der Titel Pontifex Maximus oder Oberster Pontifex wurde von den römischen Kaisern übernommen und von ihnen an die Päpste oder Bischöfe des modernen Roms weitergegeben.

30. Das vierte der heiligen Kollegien bestand aus den *Fetiales* oder Herolden, die die Hüter des öffentlichen Glaubens im gesamten Umgang mit fremden Nationen waren. Wenn ein Krieg erklärt werden sollte, war es die Pflicht eines Herolds, das Land des Feindes zu betreten, und zwar viermal – einmal auf beiden Seiten der römischen Grenze, dann gegenüber dem ersten Bürger, dem er zufällig begegnete, und schließlich gegenüber dem Richter am Sitz der Regierung – um die Gründe für die Klage darzulegen und mit großer Feierlichkeit Jupiter aufzufordern, denen den Sieg zu schenken, deren Sache gerecht war.

Die Priester bestimmter Götter wurden *Flamens* oder Anzünder genannt, weil eine ihrer Hauptaufgaben das Darbringen von Feueropfern war. Ihr

Anführer war der Flamen Dialis , der Priester des Jupiter; und neben ihm waren die Priester von Mars und Quirinus. Obwohl die Reinheit und Würde des Priesterlebens durch viele seltsame Gesetze geschützt wurden, war es dem Priester nicht verboten, zivile Ämter zu bekleiden. Es war ihm jedoch nicht gestattet, ein Pferd zu besteigen, eine Armee außerhalb der Mauern zu beobachten oder, in früheren Zeiten, die Stadt auch nur für eine einzige Nacht zu verlassen.

31. Nachdem der gute König Servius Tullius seine Volkszählung abgeschlossen hatte, führte er eine feierliche Reinigung der Stadt und des Volkes durch. Während der Republik wurde die gleiche Zeremonie nach jeder allgemeinen Registrierung wiederholt, die alle fünf Jahre einmal stattfand. Als Opfergaben wurden ein Schwein, ein Schaf und ein Ochse dargebracht; Aus Olivenzweigen wurde Wasser gesprengt und bestimmte Substanzen verbrannt, deren Rauch eine reinigende Wirkung haben sollte. In gleicher Weise reinigten die Bauern ihre Felder und hüteten ihre Herden. Eine Armee oder eine Flotte wurde immer einer Lustration unterzogen, bevor sie zu einem Unternehmen aufbrach. Im letzteren Fall wurden Altäre am Ufer errichtet, in dessen Nähe die Schiffe vertäut waren. Die Opfer wurden von den Generälen und Priestern dreimal in einem kleinen Boot um die Flotte herumgetragen, während laut für den Erfolg der Expedition gebetet wurde.

REPRISE.

Die römische Religion war weniger einfallsreich und praktischer als die griechische. Jupiter, Mars und Quirinus sind ihre Hauptgottheiten. Bei den jährlichen Festen ging es hauptsächlich um Krieg und Landwirtschaft. Anbetung des Janus. Haushaltsgötter. Die Römer teilten ihren Orakelglauben mit den Griechen; ihre Wahrsagekünste mit den Etruskern. Vier Heilige Kollegien: Päpste, Auguren, Herolde und Bewahrer der Sibyllinischen Bücher. Priester könnten zivile Ämter bekleiden. Feierliche Säuberung der Stadt nach jeder Volkszählung; von Armeen und Flotten vor jeder Expedition.

II. DIE RÖMISCHE REPUBLIK.

32. Die 480-jährige Geschichte der Römischen Republik lässt sich am besten verstehen, wenn man sie in vier Perioden unterteilt:

ICH.	Das Wachstum der Verfassung,	Chr. 510-343.
II.	Kriege um den Besitz Italiens,	Chr. 343-264.

III.	Auslandskriege, durch die Rom zur herrschenden Macht in der Welt wurde,	Chr. 264-133.
IV.	Interne Unruhen und Bürgerkriege,	Chr. 133-31.

Die Führer der Revolution, die die Tarquinier vertrieb , stellten die Gesetze von Servius wieder her und führten seine Pläne weiter, indem sie die Wahl von zwei Oberrichtern veranlassten, von denen einer wahrscheinlich ein Plebejer war. Die *Konsuln* hatten während ihres Amtsjahres die ganze Macht und Würde eines Königs. Ihnen ging in der Öffentlichkeit eine Wache aus zwölf Liktoren voraus, die die *Fasces* oder Rutenbündel trugen. Außerhalb der Stadt wurde, wenn der Konsul mit der militärischen Führung beschäftigt war, eine Axt mit den Stäben verbunden, als Zeichen seiner absoluten Macht über Leben und Tod.

33. 150 Jahre lang war die Republik in einen Existenzkampf verwickelt, in dem ihre Macht weitaus geringer war als die des königlichen Roms. Die Lateiner gaben ihre Vorherrschaft ab, und Lars Por´sena , der etruskische König von Clu´sium , eroberte tatsächlich die Stadt und erhielt vom Senat als Zeichen der Huldigung einen Elfenbeinthron, eine goldene Krone, ein Zepter und ein Triumphgewand . Bei ihren weiteren Angriffen auf Latium wurden die Etrusker besiegt und Rom wurde unabhängig, verlor jedoch alle seine Gebiete westlich des Tiber. Die Latiner wurden am Regillus -See besiegt , und zwar mithilfe der Zwillingsgottheiten Castor und Pollux, wie römische Minnesänger berichteten, die an der Spitze der Legionen in Gestalt zweier wunderschöner Jünglinge von mehr als sterblicher Statur auf dem Pferd erschienen auf weißen Pferden, und die als erste in das feindliche Lager eindrangen. Daraufhin wurde ihnen auf dem Forum ein Tempel errichtet, und sie galten als besondere Gönner der römischen Ritter.

34. Nachdem die äußeren Gefahren vorüber waren, zeigten die Patrizier ihre Macht erneut in der Unterdrückung des einfachen Volkes. Die erste Periode der Republik war von Konflikten zwischen den beiden großen Ständen des Staates geprägt – sicherlich weniger attraktiv als die romantischen Geschichten des Königszeitalters oder die aufrüttelnden Ereignisse der späteren Eroberungsperiode. Aber die Schritte, mit denen ein großes Volk seine Freiheit erlangt und gefestigt hat , können niemals ohne Bedeutung sein, insbesondere für die einzige Republik, die mit Rom an Größe, Vielfalt an Interessen oder der Vielzahl von Rassen und Sprachen, die schließlich innerhalb ihrer Grenzen eingeschlossen waren, mit Rom konkurrierte .

35. Der Reichtum Roms beruhte bisher hauptsächlich auf den Produkten des Bodens. Das Land westlich des Tiber war nun verloren und der gesamte ländliche Bezirk war anfällig für Invasionen. Ernten wurden ruiniert,

Wirtschaftsgebäude zerstört, Vieh vertrieben. Gleichzeitig wurden durch die Verluste und Notwendigkeiten der Regierung die Steuern stark erhöht; und diese wurden nicht auf den verminderten Wert der Immobilie erhoben, sondern auf der Skala früherer Schätzungen. Um ihre Schulden zu bezahlen, mussten die Armen zu enormen Zinssätzen Geld von den Reichen leihen. Die Adligen nutzten die Gelegenheit, um die grausamen Schuldengesetze in vollem Umfang durchzusetzen, und das Leid der Zahlungsunfähigen wurde zu schwer, um es zu ertragen. Viele verkauften sich als Sklaven, um ihren Verpflichtungen nachzukommen. Diejenigen, die sich weigerten, auf ihre eigene Freiheit und die ihrer Kinder zu verzichten, wurden oft eingesperrt, mit Ketten beladen und verhungerten oder durch die Grausamkeit ihrer Gläubiger gefoltert. Die Patrizierburgen, die die Hügel Roms beherrschten, enthielten düstere Kerker, die Schauplätze unsäglicher Gräueltaten gegenüber denen waren, die das Unglück hatten, den Zorn ihrer Besitzer auf sich zu ziehen.

36. Fünfzehn Jahre nach der Vertreibung der Könige zogen sich die Plebejer, müde von einer Regierung, die nur für die Reichen existierte und alle ihre Lasten den Armen auferlegte, in einer Gruppe auf einen Hügel jenseits des Anio zurück und erklärten ihre Absicht Chr. eine neue Stadt zu gründen, in der sie sich nach gerechteren und gleichen Gesetzen regieren könnten. Die Patrizier erkannten nun, dass sie zu weit gegangen waren. So sehr sie das Volk auch hassten, sie hatten keine Ahnung, dass sie ihre Dienste verlieren würden. Sie gaben daher nach und erhielten die abgespaltenen Plebejer zu ihren eigenen Bedingungen zurück. Diese waren: (1.) Aufhebung von Forderungen gegen zahlungsunfähige Schuldner; (2.) Befreiung aller Gefangenen oder Versklavten; (3.) Jährliche Wahl von zwei *Tribunen* , deren Aufgabe es sein sollte, die Interessen des Gemeinwesens zu verteidigen. Die Zahl dieser Offiziere wurde bald auf fünf und schließlich auf zehn erhöht. Gleichzeitig wurden zwei plebejische *Æ´dilen ernannt und mit der Aufsicht über Straßen, Gebäude, Märkte und öffentliche Ländereien beauftragt;* der öffentlichen Spiele und Feste und der allgemeinen Ordnung der Stadt. Sie waren Richter in Fällen von geringer Bedeutung, wie denen moderner Polizeigerichte; und ihnen wurde schließlich die Einhaltung der Beschlüsse des Senats anvertraut, die manchmal von den patrizischen Magistraten manipuliert worden waren .

37. Der Schauplatz dieses ersten entscheidenden Kampfes des Volkes um seine Rechte wurde Jupiter geweiht und in späteren Jahren als Heiliger Berg (*Mons Sacer*) bekannt. Die römischen Gemeingüter spielten fortan eine wichtige Rolle in den öffentlichen Angelegenheiten. Um zukünftiges Leid zu verhindern, schlug Spurius Cassius, Konsul im Jahr nach der Sezession, vor, einen bestimmten Teil des öffentlichen Landes unter den Plebejern aufzuteilen, während der Zehnte der vom Staat auf die von den Patriziern gepachteten Ländereien erhobenen Erträge erhoben werden sollten werden strikt eingezogen und für die Bezahlung des einfachen Volkes verwendet, wenn es als Soldat dient. Bislang hatten die Truppen keinen Sold erhalten, während ihre Kriegslasten hoch waren. Der andere Konsul widersetzte sich dem Gesetz und beschuldigte Cassius, er strebe nach Popularität, um sich selbst zum König zu machen. Das Gesetz – das erste einer langen Reihe von „Agrar"-Erlassen – wurde verabschiedet; Doch als das Jahr seines Konsulats abgelaufen war, wurde Cassius von seinen Feinden vor Gericht gestellt und als Verräter verurteilt. Er wurde gegeißelt und enthauptet, und sein Haus wurde dem Erdboden gleichgemacht, 485 v. Chr.

38. Nachdem sie den Anführer vernichtet hatten, beraubten die Patrizier das Volk aller Vorteile des Gesetzes. Sie bestanden darauf, beide Konsuln selbst zu wählen und verlangten lediglich ihre Bestätigung durch die Volksversammlungen; und mit oder ohne diese Bestätigung hatten ihre Kandidaten die höchste Macht inne und weigerten sich, das öffentliche Land aufzuteilen. Die einzige Möglichkeit des Gemeinwesens bestand darin, sich vom Militärdienst zurückzuhalten, und die Volkstribunen machten nun ihre Macht dadurch spürbar, dass sie sie durch die Verweigerung des Militärdienstes beschützten. Die Konsuln verhinderten diese Maßnahme, indem sie ihre Rekrutierungsstationen außerhalb der Stadt unterhielten, während die Gerichtsbarkeit der Tribunen vollständig innerhalb der Stadtmauern lag. Obwohl ein Mann sich im Schutz der Volkstribunen in Sicherheit bringen konnte, wurden seine Ländereien auf Anordnung der Regierung verwüstet, seine Gebäude niedergebrannt und sein Vieh beschlagnahmt. Es blieb noch ein letzter Ausweg. Obwohl sie gezwungen waren, sich zu melden, konnten die Soldaten nicht dazu gebracht werden, eine Schlacht zu gewinnen; und da sie den Konsul, der sie anführte, und die Klasse, der er angehörte, für schlimmere Feinde hielten als diejenigen, denen sie auf dem Feld begegneten, ließen sie sich von den Veientianern besiegen .

39. Das Adelshaus der Fabier war als Fürsprecher des Adels sechs Jahre in Folge im Besitz des Konsulats. Sie sahen nun die Gefahr für Rom, die durch einen längeren Widerstand gegen den Willen des Volkes entstehen würde; und als Kæso Fabius im Jahr 479 v. Chr. an die Macht kam, bestand er auf der Umsetzung des Cassianischen Gesetzes. Die Patrizier lehnten verächtlich ab und die Fabier beschlossen, Rom zu verlassen. Mit ihren Hunderten von Kunden, ihren Familien und einigen Bürgern, die ihnen durch Freundschaft und Sympathie verbunden waren, gründeten sie eine Kolonie in Etrurien, am kleinen Fluss Cremera , ein paar Meilen von der Stadt entfernt. Sie versprachen, nicht weniger treue und tapfere Verteidiger der römischen Interessen zu sein und diesen vorgezogenen Posten im damals gegen Veii laufenden Krieg mit eigenen Mitteln zu behaupten. Zwei Jahre nach ihrer Migration wurde die Siedlung von den Veientianern überrascht und jeder Mann wurde im Jahr 477 v. Chr. hingerichtet.

40. Die Konsuln weigerten sich immer noch, das Agrargesetz einzuhalten, und nach Ablauf ihrer Amtszeit wurden sie von Genu´cius , einem der Volkstribunen, angeklagt. Am Morgen des für den Prozess vorgesehenen Tages wurde Genucius im Jahr 473 v. Chr. ermordet in seinem Bett aufgefunden. Diese verräterische Tat lähmte das Volk für einen Moment und die Konsuln fuhren mit der Rekrutierung von Soldaten fort. Vo´lero Publi´lius , ein starker und aktiver Bürger, weigerte sich, eingeschrieben zu werden; und in dem Tumult, der darauf folgte, wurden die Konsuln mit ihrem ganzen Gefolge vom Forum vertrieben.

Im nächsten Jahr wurde Volero zum Volkstribun gewählt und brachte ein Gesetz vor, dass die Volkstribunen fortan nur von den Bürgern ihrer Stämme gewählt werden sollten, und nicht mehr vom gesamten Volk in den Jahrhunderten. Dadurch sollte die überwältigende Mehrheit der Kunden der großen Häuser vermieden werden, die verpflichtet waren, den Dekreten ihrer Gönner zu gehorchen, und die oft die Handlungen der Generalversammlung kontrollierten. Ein ganzes Jahr lang gelang es den Patriziern durch verschiedene Verzögerungen, die Verabschiedung des Gesetzes zu verhindern. Ap´pius Claudius , einer der Konsuln, stationierte sich mit einer Streitmacht auf dem Forum, um dem entgegenzutreten; und erst als die Plebejer, ihrerseits zur Gewalt greifend, das Kapitol eingenommen und es eine Zeit lang unter militärischer Bewachung gehalten hatten, wurde das publilianische Gesetz verabschiedet. Diese „zweite große Charta der römischen Freiheiten" gab den Stämmen nicht nur die Macht, Tribunen und Ädilen zu wählen , sondern auch zunächst alle Fragen zu besprechen, die die gesamte Nation betrafen. Es war ein langer Schritt zur Erlangung gleicher Rechte für die Gemeinen, 471 v. Chr.

41. In der Zwischenzeit führten die Römer Kriege mit den Aequi und Volsci, zwei oskischen Nationen, die die Veränderungen im Lateinischen Bund ausgenutzt hatten, um ihre Macht auf die Städte auf dem Alban-Berg und in der südlichen Ebene auszudehnen Latium. Ihre Streifzüge erstreckten sich bis vor die Tore Roms und trieben die Landbevölkerung dazu, mit ihrem Vieh innerhalb der Mauern Zuflucht zu suchen, wo dann eine wütende Pest die Schrecken der Pest zu denen des Krieges hinzufügte. Es ist wahrscheinlich, dass die Bürgerkriege in Rom zur Verbannung vieler Bürger geführt hatten; und diese schlossen sich in den meisten Fällen den feindlichen Nationen an. Rom war der Verfechter der Oligarchie unter den Städten Italiens, ebenso wie Sparta unter denen Griechenlands. Der Parteigeist war oft stärker als der Patriotismus; die Sympathie zwischen römischen und ausländischen Aristokraten war größer als zwischen Patriziern und Plebejern im Inland; und so war ein verbannter Adliger bereit, zum Zerstörer seines Landes zu werden.

42. Die Geschichte von Coriolanus mag teilweise fiktiv sein, aber sie veranschaulicht wirklich den Zustand der Republik zu dieser Zeit. Caius Marcius, ein Nachkomme des vierten Königs von Rom, war der Stolz der Patrizier wegen seiner kriegerischen Tugenden und hatte seinen Nachnamen Coriolanus gewonnen, indem er durch seine individuelle Tapferkeit die Volskerstadt Corioli eroberte . Aber er war ein erbitterter Gegner des einfachen Volkes, und als er vor den Komitien angeklagt werden sollte, weil er sich einer Getreideverteilung widersetzt hatte, floh er und flüchtete zu den Volskern, die er zuvor besiegt hatte. Der König hieß ihn herzlich willkommen und nutzte die erste Gelegenheit, um einen neuen Krieg mit den Römern anzuzetteln, damit er die Waffen ihres besten Anführers gegen sie wenden könne. Als sich die volskische Armee Rom näherte, entsandte der Senat Abgeordnete, um Frieden zu fordern, doch Gaius lehnte alle Bedingungen ab, außer solchen, die die Republik nicht gewähren konnte. Als nächstes gingen die Priester und Auguren zu ihm und flehten ihn an, doch ohne Erfolg.

Schließlich zogen die edlen Damen Roms, angeführt von Volumnia , der Mutter des Caius, und seiner Frau Vergilia mit ihren kleinen Kindern, in einer traurigen und feierlichen Prozession aus, um für ihre heilige Stadt zu flehen. Coriolan ehrte vor allem die Mutter, deren kluger und treuer Fürsorge er seine Größe verdankte. Er sprang ihr mit gebührender Ehrfurcht entgegen, doch bevor sie seinen Gruß entgegennahm, rief Volumnia aus: „Lass mich wissen, ob ich in deinem Lager stehe, deinem Gefangenen oder deiner Mutter; ob ich zu einem Feind oder zu meinem Sohn spreche!" Ihre Vorwürfe brachten Caius zum Schweigen; Die Bitten seiner Frau und seiner Kinder und die Tränen der edlen Damen brachten ihn von seinem Vorhaben ab. Er rief aus: „Mutter, dein ist der Sieg; Du hast Rom gerettet, aber du hast deinen Sohn verloren!" Er führte die volskische Armee weg. Manche sagen, er sei Opfer ihrer Rache geworden; aber andere sagten, dass er bis ins hohe Alter unter ihnen lebte und in der Trostlosigkeit seiner Jahre der Krankheit den aufrührerischen Stolz beklagte, der ihn von Frau, Kindern und seinem Heimatland verbannt hatte.

43. In der Zwischenzeit wurde Rom erneut von der Pest heimgesucht, bei der täglich Tausende Menschen auf der Straße starben. Die Äquier und Volsker verwüsteten das Land bis zu den Mauern Roms; und zusätzlich zu ihrem anderen Elend drohte der überfüllten Menge der Hungertod. Ihre bürgerlichen Beschwerden sollten nur durch eine gründliche und radikale Reform ausgeräumt werden. Im Jahr 462 v. Chr. wurde der Tribun Terenti´lius Harsa schlug die Ernennung eines Gremiums aus zehn Kommissaren, halb Patrizier und halb Plebejer, vor, um die Verfassung zu überarbeiten, die Pflichten der Konsuln und Tribunen festzulegen und aus der Masse der Entscheidungen und Präzedenzfälle einen Gesetzeskodex zu erarbeiten. Diese Bewegung war Anlass für zehn Jahre heftiger Auseinandersetzungen, in denen Rom mehrere Male kurz davor stand, in die Hände der Volsker zu fallen, und einst tatsächlich von einer Bande von Verbannten und Sklaven unter einem sabinischen Anführer, Herdonius , besetzt war, der es eroberte das Kapitol und forderte die Wiederherstellung aller verbannten Bürger in ihren Rechten in Rom.

44. Chef der Verbannten war Kæso Quinc´tius , Sohn des großen Cincinna´tus , der wegen Unruhen auf dem Forum vertrieben worden war, um jede Aktion des Volkes gegen das terentilianische Gesetz zu verhindern. Die Invasionspartei wurde besiegt und jeder Mann getötet. Der Vater von Kæso war damals Konsul. Aus Rache für das Schicksal seines Sohnes erklärte er, dass das Gesetz während seiner Amtszeit niemals verabschiedet werden dürfe; und dass er sofort die gesamten Bürgersoldaten in den Krieg führen und so ein Treffen der Stämme verhindern würde. Mehr noch, die Auguren sollten ihn begleiten und den Boden des Lagers so weihen, dass eine rechtmäßige Versammlung unter der absoluten Macht der Konsuln abgehalten und alle Gesetze aufgehoben werden könnten, die jemals in Rom unter der Autorität der Konsuln erlassen worden waren die Tribünen. Am Ende seiner Amtszeit erklärte Cincinnatus, dass er einen Diktator ernennen werde, dessen Autorität die aller anderen Offiziere, ob Patrizier oder Plebejer, ersetzen würde. All diese Dinge konnten unter den strengen Formen der römischen Verfassung durchgeführt werden; Doch der Senat und die klügeren Patrizier erkannten, dass die Geduld des Gemeinwesens zu sehr strapaziert werden könnte, und überredeten Cincinnatus, auf eine so extreme Ausübung seiner Macht zu verzichten.

45. Der Krieg mit den Äquianern ging weiter und Verträge wurden nur geschlossen, um gebrochen zu werden. Im Jahr 458 v. Chr. war die gesamte römische Armee in einem Pass der Albaner Berge eingeschlossen, vom Feind umzingelt und in unmittelbarer Gefahr der Zerstörung. In dieser Krise wurde Cincinnatus, der sich aus dem Konsulat zurückgezogen hatte, um seiner Lieblingsbeschäftigung, der Landwirtschaft, nachzugehen, zum Diktator mit absoluter Macht berufen. Die Boten des Senats fanden ihn an seinem Pflug, in seinem kleinen Gartengrundstück auf der anderen Seite des Tiber. Er ließ den Pflug in der Furche, eilte nach Rom, stellte an einem einzigen Tag eine neue Armee auf, zog aus, besiegte die Äquier und kehrte am nächsten Abend triumphierend zurück.

REPRISE.

Konsuln werden mit königlicher Macht ernannt, jedoch für eine begrenzte Zeit. Rom unterliegt Porsena . Die Latiner werden am Lake Regillus besiegt . Römische Adlige unterdrücken ihre Schuldner und die Armen trennen sich.

Es werden Volkstribunen und Aedilen ernannt. Das erste Agrargesetz wurde 486 v. Chr. von Cassius vorgeschlagen. Um die Tyrannei ihrer Konsuln zu rächen, weigern sich die einfachen Soldaten zu kämpfen. Die Fabii stellen sich auf die Seite des Volkes und werden in ihrer Kolonie an der Cremera vernichtet . Die Publilian-Gesetze schreiben dem Volk seiner Stämme die Wahl von Offizieren vor, 471 v. Chr. Krieg und Pest. Zehnjährige Debatte über die Terentilianischen Gesetze, die eine Revision der Verfassung vorschlagen, 462–452 v. Chr. Das Kapitol wird von Verbannten und Sabinern eingenommen. Cincinnatus widersetzt sich als Adliger dem Gemeinwesen, rettet aber als General Rom.

DIE GESETZE DER ZWÖLF TAFELN.

46. Die Verabschiedung des terentilianischen Gesetzes verzögerte sich um sechs Jahre, aber schließlich gaben die Adligen dem Hauptpunkt nach und die *Decemviri* wurden gewählt. Obwohl sie ausschließlich Patrizier waren, genossen sie aufgrund ihrer erwiesenen Integrität das Vertrauen beider Orden. Sowohl die Konsuln als auch die Volkstribunen wurden für die damalige Zeit abgelöst, und den Zehn wurden die vollen Befugnisse in konstituierender, gesetzgebender und exekutiver Hinsicht übertragen . Die Gesetze der Zwölftafeln, die das Ergebnis ihrer Arbeit waren, wurden für viele Jahrhunderte zur „Quelle aller öffentlichen und privaten Rechte" in Rom. Während der Debatte über den Gesetzentwurf waren bereits Kommissare nach Griechenland geschickt worden, um die Gesetze und Verfassung der hellenischen Staaten zu studieren. Sie kehrten mit einem ionischen Sophisten, Hermodoros von Ephesus, zurück, der dabei half, den Gesetzgebern alles zu erklären, was in den Notizen der Kommissare unklar war; und seine Dienste waren so wertvoll, dass er im römischen *Comitium mit einer Statue geehrt wurde* .

47. Nur einige Punkte in diesem berühmten gesetzgeberischen Werk können hier beachtet werden. Die Gesetze Roms gaben einem Vater das uneingeschränkte Eigentumsrecht an seiner Familie. Er könnte seinen Sohn, seine Tochter oder sogar seine Frau verkaufen. Die letztere Tat wurde zwar vom Religionsgesetz als gottlos verurteilt, aber mit keiner Strafe belegt; Der Fluch des obersten Papstes kennzeichnete lediglich die schuldige Person für die zornigen Urteile des Himmels. Wenn ein Vater seinen Sohn freilassen wollte, war der Prozess schwieriger als die Befreiung eines Sklaven. Letzterer konnte, wenn er an einen anderen Herrn verkauft wurde, sofort befreit werden, aber ein so verkaufter und befreiter Sohn kehrte in den Besitz seines Vaters zurück. Diese Unterwerfung konnte erst mit dem Tod des Elternteils enden, obwohl der Sohn dann möglicherweise selbst ein alter Mann war. Die Zwölf Tafeln legten fest, dass ein Vater, wenn er seinen Sohn dreimal verkauft hatte, jede weitere Kontrolle über ihn verlor; aber ein auf diese Weise emanzipierter Sohn galt als von jeder Beziehung zu seinem Vater getrennt und konnte dessen Eigentum nicht mehr erben. Frauen galten zeitlebens als Minderjährige und Mündel. Wenn ihr Vater starb, gerieten sie unter die Kontrolle ihrer Brüder; oder, wenn sie heirateten, wurden sie das uneingeschränkte Eigentum ihrer Ehemänner. Eine Witwe könnte die Mündel ihres eigenen Sohnes werden. Ehen zwischen Patriziern und Plebejern wurden für ungesetzlich erklärt, und in solchen Ehen geborene Kinder hatten keinen Anspruch auf den Besitz ihres Vaters.

48. Die zehn Gesetzgeber verhängten ihre schwersten Strafen gegen die Verleumdung des Charakters; und ihre Definition von Verleumdung war so streng, dass weder Dichter noch Historiker es wagten, die Lebenden auch nur mit Lob zu benennen. Es ist daher viel schwieriger, sich in der Geschichte Roms eine wahre Vorstellung von den Persönlichkeiten des öffentlichen Lebens zu machen als von Griechenland, dessen Historiker mit großer Unparteilichkeit von Menschen und Maßstäben sprachen und die Zügellosigkeit seiner komischen Dichter, wenn auch oft mit unverschämter Ungerechtigkeit, schätzte , zeigt uns jedoch alle Schwachstellen des Charakters und enthüllt den Mann, wie seine Zeitgenossen ihn wirklich sahen. Die römischen Historiker konnten, selbst wenn sie über die Vergangenheit schrieben, ihr Material oft nur aus Trauerreden oder den schmeichelhaften Versen abhängiger Dichter schöpfen, die in den Aufzeichnungen großer Familien aufbewahrt wurden.

49. Die Decemvirs haben während ihres ernannten Amtsjahres zehn Gesetzestafeln fertiggestellt; und diese waren nach römischen Vorstellungen so gerecht und so akzeptabel, dass die Versammlungen bereitwillig zustimmten, dieselbe Regierungsform für eine weitere Amtszeit zu erneuern, zumal die Arbeit der Gesetzgebung noch nicht ganz abgeschlossen war. Im neuen Dekemvirat wurde Appius Claudius wiedergewählt, und sein skrupelloser Charakter machte sich nun in der tyrannischen Natur der Regierung bemerkbar. Das Volk stellte fest, dass es zehn statt zwei Konsuln hatte und die Macht der Zehn von keinem Volkstribun kontrolliert wurde.

50. Die inneren Rechte der Plebejer wurden grob verletzt. Eine schöne Jungfrau, Virginia, erregte die Aufmerksamkeit von Appius, als sie täglich zur Schule im Forum ging, begleitet von ihrer Amme. Er erklärte, dass sie die Sklavin eines seiner Kunden sei, da sie von einer Sklavin in seinem Haus geboren und an die Frau von Virginius verkauft worden sei, die keine eigenen Kinder hatte. Die Freunde Virginias und des Volkes empörten sich über diese unverschämte Lüge mit solcher Empörung, dass die Offiziere des Konsuls sich gezwungen sahen, die Jungfrau unter Fesseln freizulassen, damit sie am nächsten Tag vor seinem Richterstuhl erscheinen konnte, wo ihre Abstammung nachgewiesen werden konnte.

Tusculum im Heer . Er wurde eilig gerufen und erreichte die Stadt früh am Morgen, nachdem er die ganze Nacht geritten war. Im Gewand eines Bittstellers erschien er mit seiner Tochter und einer großen Gesellschaft von Matronen und Freunden auf dem Forum. Doch seine Bitte wurde nicht erhört. Appius befand, dass die Jungfrau zumindest so lange als Sklavin galt, bis ihre Freiheit bewiesen werden konnte, was einen direkten Verstoß gegen das Gesetz darstellte, das er selbst im Jahr zuvor erlassen hatte und wonach jeder als frei gelten sollte, bis seine Sklavin bewiesen war. Virginius erkannte, dass vor einem solchen Tribunal keine Gerechtigkeit zu erwarten war. Er verlangte nur ein letztes Wort mit seiner Tochter; und nachdem er sie mit ihrer Amme beiseite in einen der Stände des Forums geführt hatte, ergriff er ein Metzgermesser, stach es ihr ins Herz und rief laut: „Nur so, mein Kind, kann ich dich frei halten!" Dann wandte er sich an den Decemvir und rief: „Auf deinem Haupt liege der Fluch dieses unschuldigen Blutes!" Niemand folgte dem Befehl des Konsuls, ihn festzunehmen. Mit dem blutigen Messer in der Hand stürmte er durch die Menge, bestieg am Stadttor sein Pferd und ritt zum Lager.

51. Das Heer der Plebejer erhob sich auf seinen Ruf hin und marschierte nach Rom. Sie betraten und gingen durch die Straßen zum Aventin und riefen dabei das Volk auf, zehn Volkstribunen zu wählen und ihre Rechte zu verteidigen. Die andere Armee in der Nähe von Fide´næ wurde auf die gleiche Weise von Icilius , dem verlobten Liebhaber Virginias, aufgeweckt . Die einfachen Soldaten stellten die Dekemviren, die bei ihnen waren, beiseite, wählten ebenfalls zehn Tribunen und marschierten in die Stadt. Die zwanzig Tribunen ernannten zwei aus ihrer Mitte, um für den Rest zu sorgen, und dann verließen sie den von einer Garnison bewachten Aventin, verließen die Mauern, gefolgt von der Armee und so vielen Menschen, wie sie entfernen konnten, und ließen sich wieder nieder der Heilige Berg jenseits des Anio .

52. Der Senat, der schwankte, war nun gezwungen, zu handeln. Die Abtrünnigen hatten erklärt, dass sie mit niemandem außer Valerius und Hora´tius verhandeln würden , Männern, denen sie vertrauen konnten. Diese wurden geschickt, um ihre Forderungen anzuhören. Das Volk forderte die Wiederherstellung der Macht der Volkstribunen, die Einführung eines Berufungsrechts gegen die Entscheidung der Magistrate bei der Volksversammlung und die Übergabe der Decemvirs an die Verbrennung, wie neun Freunde des Gemeinwesens bis in die Erinnerung von Männern, die noch leben. Diese letztere Forderung, die nur aus der Verzweiflung des Augenblicks hervorgegangen war, wurde auf mündigeren Rat hin zurückgezogen; den anderen wurde gewährt, die Decemviren traten zurück und das Volk kehrte 449 v. Chr. nach Rom zurück. Es fand eine Volksversammlung statt, bei der zehn Tribunen gewählt wurden, darunter

Virginius und Icilius . Zwei oberste Richter wurden durch eine freie Volksabstimmung gewählt; an die Stelle des Dekemvirats getreten und wurden nun zunächst Konsuln genannt. Ihre Befugnisse waren dieselben wie die der Prätoren oder Generäle, die von der Vertreibung der Könige bis zur Ernennung des ersten Dekemvirats regiert hatten, mit der Ausnahme, dass gegen ihr Urteil Berufung gegen das der Komitien eingelegt werden konnte.

Die ersten Konsuln nach diesem neuen Gesetz waren Valerius und Horatius. Sie zogen aus und errangen einen so bedeutsamen Sieg über die Sabiner, dass Rom 150 Jahre lang keine weiteren Einfälle dieses Volkes erlitten hatte. Der alte Brauch und sogar das Gesetz der Römer ehrten siegreiche Feldherren bei ihrer Rückkehr mit einem triumphalen Einzug in die Stadt; aber der Senat, dessen Aufgabe es war, den Triumph zu beschließen, verbot ihnen jede solche Ehre, da er die Konsuln als untreu gegenüber den Interessen ihres Ordens ansah. Daraufhin übte das Volk seine höchste Autorität aus und befahl den Konsuln, trotz des Senats zu „triumphieren". (Siehe §§ 109-111.) Appius Claudius und einer seiner Kollegen wurden angeklagt und starben im Gefängnis; Der Rest floh aus Rom und ihr Eigentum wurde beschlagnahmt.

53. Nun setzte eine heftige Reaktion zugunsten der Patrizier ein; und ihr Widerstand gegen die neuen Gesetze war so entschieden, dass das Volk sich erneut abspaltete, dieses Mal jedoch nur bis zum Janiculum, westlich des Tiber und gegenüber von Rom. Schließlich wurde ein Gesetz verabschiedet, das die Ehe zwischen den beiden Orden legalisierte . Anstatt das Konsulat frei den Plebejern zu übertragen, wurde (444 v. Chr.) vereinbart, seine Pflichten und Würden auf fünf Beamte aufzuteilen, von denen zwei, die Zensoren, nur aus dem Adel gewählt werden sollten, allerdings durch eine freie Abstimmung der Stämme, während die drei Militärtribunen entweder Patrizier oder Plebejer sein könnten. Die Zensoren sollten ihr Amt fünf Jahre lang ausüben, die Volkstribunen nur ein Jahr.

Wegen eines angeblichen Mangels an der Schirmherrschaft (siehe § 28) wurden die ersten drei Tribunen abgesetzt und sechs Jahre lang wie zuvor regelmäßig Konsuln ernannt. Im Jahr 438 v. Chr. wurden Volkstribunen und für die folgenden drei Jahre erneut Konsuln gewählt, was zeigt, wie äußerst schwierig es für das Volk war, seine Rechte zu erlangen, selbst wenn sie gesetzlich zugestanden wurden. Im Jahr 433 v. Chr. begrenzte ein wichtiges Gesetz des Diktators Æmilius die Dauer des Amtes des Zensors auf achtzehn Monate, obwohl er immer noch nur alle fünf Jahre ernannt wurde, sodass die Stelle viel länger unbesetzt blieb, als sie besetzt wurde.

54. Die Zensoren waren mit wahrhaft königlichem Glanz und außergewöhnlichen Befugnissen ausgestattet. Sie registrierten die Bürger und ihr Eigentum, verwalteten die Staatseinnahmen, führten die Listen des

Senats, aus denen sie alle unwürdigen Namen strichen und diejenigen hinzufügten, die sie für angemessen hielten. Bei dieser Charakterbeurteilung ließen sie sich ausschließlich von ihrem eigenen Pflichtgefühl leiten. Wenn ein Mann gegenüber seiner Frau und seinen Kindern tyrannisch oder gegenüber seinen Sklaven grausam war, wenn er sein Land vernachlässigte, sein Vermögen verschwendete oder einem unehrenhaften Beruf nachging, wurde er aus seinem Rang herabgestuft, was auch immer dieser sein mochte. Wenn er Senator oder Ritter war, wurde ihm sein goldener Ring und seine purpurgestreifte Tunika entzogen; Als Privatmann wurde er aus den Stämmen ausgeschlossen und verlor seine Stimme. Die Zensoren waren somit die Hüter der Moral, und ihre Macht erstreckte sich auf viele Angelegenheiten, die durch die allgemeine Wirkung des Gesetzes kaum erreicht werden konnten. Auf jede Volkszählung folgte eine Lustration oder zeremonielle Reinigung des Volkes (siehe § 31). Daher wurden die fünf Jahre, die zwischen zwei Zensurwahlen lagen, als *Lustrum* oder größeres Jahr bezeichnet.

55. Die Römer müssen in den Jahren 415 und 414 v. Chr. die Bewegungen der großen athenischen Expedition gegen Syrakus mit Interesse beobachtet haben. Wären die brillanten Pläne des Alkibiades in die Tat umgesetzt worden, wären die Griechen zweifellos zur führenden Macht in Westeuropa geworden; „Griechenland und nicht Rom hätte Karthago erobern können; Griechisch anstelle von Latein könnte heute das Hauptelement der Sprachen Spaniens, Frankreichs und Italiens gewesen sein; und die Gesetze von Athen und nicht von Rom könnten die Grundlage des Rechts der zivilisierten Welt sein.“

REPRISE.

Decemviri beschloss, neue Gesetze für Rom zu erlassen. Absolute Macht des *Familienvaters* . Gesetze gegen Verleumdung machen die römische Geschichte zu einer bloßen Lobrede. Tyrannei des zweiten Dekavirats. Appius Claudius beansprucht Virginia zu Unrecht als Sklave. Das Volk trennt sich, stürzt das Dekemvirat und setzt Konsuln und Tribunen ein. Die neuen Konsuln besiegen die Sabiner und triumphieren trotz des Senats. Durch eine weitere Verfassungsänderung werden anstelle von Konsuln Zensoren und Militärtribunen gewählt. Die Zensoren haben die uneingeschränkte Macht, die öffentliche Moral zu korrigieren. Die Athener scheitern bei ihrer sizilianischen Expedition, 415, 414 v. Chr., und lassen Raum für die Vorherrschaft Roms.

EINNAHME ROMS DURCH DIE GALLIER .

56. Die Gallier begannen nun ihre schrecklichen Einfälle von Norden in das Po-Tal und fesselten so die Aufmerksamkeit der Etrusker. und die Zeit begünstigte einen erneuten Angriff der Römer auf Veii, den nächstgelegenen

Staat jenseits des Tiber. Der Krieg begann 405 v. Chr. und dauerte zehn Jahre. Die Notwendigkeit, ständig eine Streitmacht im Feld zu halten, führte zur Entstehung des stehenden Heeres, das letztendlich einen so wesentlichen Teil der römischen Macht ausmachte; und verpflichtete gleichzeitig die Patrizier, die Interessen des Volkes zu studieren. Es wurde nun vereinbart, dass die Soldaten regelmäßig bezahlt werden sollten und dass die Mittel für diesen Zweck durch eine sorgfältige Erhebung der Pachtzinsen für öffentliche Ländereien gesichert werden sollten. Die Zahl der Militärtribunen wurde verdoppelt. Ihr Oberhaupt, der Präfekt der Stadt, war ein Patrizier und wurde durch diesen Orden gewählt, aber die übrigen fünf wurden durch eine freie Abstimmung der Volksversammlung aus einer oder beiden Klassen gewählt.

57. Nach einem zehnjährigen Krieg mit unterschiedlichem Erfolg wurde Veii (396 v. Chr.) vom Diktator Camillus eingenommen. Es heißt, dass Melpum , die etruskische Festung im Norden, noch am Tag seiner Kapitulation vor den Galliern fiel . Der Verlust dieser beiden Grenzfestungen leitete den raschen Niedergang der etruskischen Macht ein. Die Freude der Römer wurde durch den seit langem fortgeführten skurrilen Brauch gefeiert, jedes Festspiel mit einer Scheinauktion namens „Verkauf von Veientes " abzuschließen. Capena , Falerii , Nepete und Sunium wurden ebenfalls erobert und gingen mit ihren Ländern in den Besitz Roms über. Innerhalb eines halben Jahrhunderts verloren die Etrusker alle ihre Besitztümer in Kampanien und nördlich des Apennins an die Gallier und an die Römer, alles zwischen den Wäldern des Ciminius und dem Tiber. Die Nation hatte durch grenzenlosen Luxus bereits ihre Kraft verloren. Die Adligen waren enorm reich, während das Volk arm und versklavt war.

58. Der Krieg der Römer gegen Wolsinien war ebenso erfolgreich; Doch durch einen plötzlichen und schrecklichen Rückschlag war Rom nun dazu verdammt, das Schicksal zu erleiden, das es allzu oft verursachte. Nachdem die Gallier Nordetrurien erobert hatten, überwanden sie die Barriere des Apennins und breiteten sich über Mittelitalien aus. Sie trafen auf die gesamte römische Streitmacht in der Nähe des kleinen Flusses Alija und besiegten sie unter großem Gemetzel. Dann drängten sie mit unwiderstehlicher Kraft weiter, eroberten die Stadt und brannten sie nieder. Die Katastrophe war so überwältigend, dass der 16. Juli, der Tag der Schlacht an der Allia , als „schwarzer Tag" voller Unheil erklärt wurde, an dem keine Geschäfte sicher abgewickelt und keine annehmbaren Opfer dargebracht werden konnten.

59. Die Vestalinnen zogen sich mit dem heiligen Feuer nach Cære in Etrurien zurück; die Masse des Volkes hatte zusammen mit den Flüchtlingen der besiegten Armee in Veii und anderen etruskischen Städten Zuflucht gesucht; aber die edelsten Patrizier beschlossen, das Kapitol zu behalten. Diejenigen, die zu alt zum Kämpfen waren, hofften, ihrem Land durch einen heldenhaften Tod ebenso gute Dienste leisten zu können . Sie wiederholten nach dem Pontifex Maximus eine feierliche Verwünschung, [66] und opferten sich und die Armee der Gallier für die Befreiung Roms bis zum Tod. Dann saßen sie, gekleidet in ihre prächtigsten Gewänder, ihre Elfenbeinzepter in der Hand, jeder auf seinem Elfenbeinthron an der Tür seines eigenen Hauses, regungslos, während rundherum der Tumult der Plünderung und Plünderung tobte. Die Barbaren waren von Bewunderung für diese ehrwürdigen Gestalten erfüllt und einer von ihnen begann ehrfürchtig den langen weißen Bart von Papiríus zu streicheln . Wütend über diese entweihende Berührung schlug ihn der alte Senator mit seinem Elfenbeinzepter. Es war das Signal zum Schlachten. Die Gallier erholten sich von ihrer momentanen Ehrfurcht und massakrierten unverzüglich die edlen alten Männer.

60. Die Belagerung des Kapitols dauerte sechs oder acht Monate. Einmal wurde es beinahe eingenommen, als der Feind nachts die steile Klippe erklomm. Die Garnison schlief, aber einige der Juno heilige Gänse alarmierten rechtzeitig und die Zitadelle wurde gerettet. Marcus Manlius, der als erster erwachte, gelang es, mehrere der ersten Angreifer die Klippe hinunterzuwerfen und so die Festung aufrechtzuerhalten, bis seine Kameraden ihm zu Hilfe kommen konnten. Obwohl die Garnison durch Hunger fast erschöpft war, waren die Gallier schließlich ebenso bereit, sich zu einigen, denn sie hatten gehört, dass die Venezianer in ihre nördlichen Besitztümer einmarschierten. Als Lösegeld für die Stadt wurden tausend Pfund Gold gezahlt, und die Barbaren zogen sich zurück. Ihnen folgte Camillus, der Eroberer von Veii und Falerii, der nun wieder Diktator war und durch das Abschneiden der zurückgebliebenen feindlichen Truppen einen Teil der reichen Beute zurückeroberte, die sie wegtrugen; aber es ist wahrscheinlich nicht wahr, dass er, wie früher angenommen wurde, einen bedeutenden Erfolg über sie erlangte.

61. Auf den Rückzug der Gallier folgte eine Zeit großer Not . Die Bauernhöfe, von denen der Lebensunterhalt so vieler Menschen abhing, waren verwüstet worden; Ihre Obstbäume, Gebäude, Geräte, Vorräte und Vorräte, sogar das Saatgut, das für die Aussaat im nächsten Jahr benötigt wurde, waren verbrannt. Rom war ein Trümmerhaufen, in dem nicht einmal mehr die Richtung der ehemaligen Straßen zu erkennen war. Die Regierung stellte Dachmaterial zur Verfügung und erlaubte die Entnahme von Holz und Steinen aus den öffentlichen Wäldern und Steinbrüchen unter der Bedingung, dass jede Person, die auf diese Weise unterstützt wurde, die Sicherheit leistete, ihr Gebäude innerhalb eines Jahres fertigzustellen. Aber diese Versprechen wurden oft verwirkt; und um die Kosten für den Wiederaufbau sowie die außerordentlichen Steuern für die Wiederherstellung der Festung und der Tempel zu decken, musste Geld geliehen werden, und die Armen waren wieder der Gnade der Reichen ausgeliefert. Unschuldige Schuldner wurden aus ihren Häusern verschleppt, um als Sklaven in den Geschäften oder auf den Feldern ihrer Gläubiger zu schuften.

Viele entschieden sich dafür, in den etruskischen Städten zu bleiben, in denen sie Zuflucht gesucht hatten, und Veji sogar zu einem neuen Rom für die Plebejer zu machen, wo sie frei von der übermächtigen Herrschaft der Patrizier leben und selbst eine privilegierte Klasse sein konnten. Obwohl diese umfassende Abspaltung verhindert wurde, war die Zahl in Rom so stark zurückgegangen, dass eine Masse der besiegten Etrusker hergebracht wurde, um die freien Plätze zu füllen. Diese erhielten römisches Land, wurden in vier neue Stämme organisiert und erhielten die vollen Bürgerrechte. Das „neue Volk" machte mehr als ein Sechstel der Gesamtbevölkerung der wiederaufgebauten Stadt aus.

62. Niemand konnte ohne Mitleid die Not des Volkes sehen; Aber Marcus Manlius, derselbe, dessen Wachsamkeit und Geistesgegenwart das Kapitol gerettet hatten, hatte auch eigene Gründe, zu versuchen, sie zu entlasten. Er war eifersüchtig auf Camillus und dachte, dass seine eigenen Dienste nicht angemessen belohnt worden seien. Er versteigerte den größten Teil seines Landes und verwendete den Erlös zur Begleichung der Schulden bedürftiger Menschen, um sie so von Gefangenschaft und Folter zu befreien. Er wurde mit der grenzenlosen Dankbarkeit der Armen belohnt; In seinem Haus wimmelte es ständig von Partisanen, denen er von der selbstsüchtigen Grausamkeit der Adligen erzählte, die die ganze Last des öffentlichen Unglücks auf andere abwälzten, und sie sogar beschuldigte, die riesigen Summen, die zum Ersatz der Tempelschätze gesammelt wurden, unterschlagen zu haben. die geliehen worden war, um den Rückzugsort der Gallier zu kaufen .

63. Wegen dieser Anschuldigung wurde Manlius ins Gefängnis geworfen, und das Volk begann, ihn als Märtyrer ihrer Sache zu betrachten. Nach seiner Freilassung erneuerte er seine Angriffe auf die Regierung. Er befestigte sein Haus auf dem Kapitol und behielt mit seiner Truppe die gesamte Höhe, um den Behörden zu trotzen. Sein Verrat war so offensichtlich, dass sich sogar die Volkstribunen auf die Seite der Patrizier gegen ihn stellten und er vor der Volksversammlung vor Gericht gestellt wurde.

Er erschien, gefolgt von mehreren Kameraden, denen er im Kampf das Leben gerettet hatte, und von vierhundert Schuldnern, die er aus dem Kerker gerettet hatte. Er zeigte die Beute von dreißig eigenhändig getöteten Feinden und vierzig Kronen oder andere Ehrenbelohnungen, die er von seinen Generälen erhalten hatte. Er appellierte an die Götter, deren Tempel er vor der Verschmutzung bewahrt hatte, und forderte die Menschen auf, sich das Kapitol anzusehen, bevor sie ihr Urteil verkündeten. Es war unmöglich, einen solchen Verbrecher in einer solchen Anwesenheit zu verurteilen, denn genau die Stelle auf dem Kapitol, an der Manlius allein gegen die Gallier gekämpft hatte , war vom Forum aus sichtbar. Später wurde er wegen Hochverrats verurteilt und vom Tarpejischen Felsen, der steilen Seite des Kapitols, mit Blick auf den Tiber, geworfen.

64. Die Macht der Patrizier wurde nur durch diesen voreiligen und selbstsüchtigen Versuch, sie zu stürzen, bestätigt. Sieben Jahre lang nahm die Not des Volkes zu; Die Bürger verloren den Mut und ihre ältesten Männer weigerten sich, ein öffentliches Amt mehr anzunehmen. Jetzt traten zwei jüngere Männer vor, die durch ihr festes und weises Vorgehen dazu bestimmt waren, das Elend ihrer Klasse in großem Maße zu lindern.

C. Licinius Stolo stammte aus einer der ältesten und reichsten plebejischen Familien und war durch viele Ehen mit dem Adel verbunden. Als er Tribun wurde (376 v. Chr.), schlug er zusammen mit seinem Freund L. Sextius eine neue Reihe von Gesetzen vor, die sowohl die Armut als auch das politische Unrecht beseitigen sollten, unter dem die Gemeinen litten. (1.) Um die unmittelbare Not zu lindern, wurde vorgeschlagen, dass die enormen Zinsen, die bereits für Schulden gezahlt wurden, als Teil des Kapitals betrachtet und daher von der noch fälligen Summe abgezogen werden sollten. (2.) Um künftige Armut zu verhindern, sollten die öffentlichen Ländereien, die bisher zu einem großen Teil von den Patriziern übernommen wurden, zu gleichen Teilen den Plebejern geöffnet werden, und es sollte niemandem gestattet werden, mehr als 500 *Jugera zu besitzen* , [67] oder auf dem ungeteilten Teil mehr als 100 Ochsen und 500 Schafe zu weiden. Um den Armen Beschäftigung zu sichern, war außerdem auf jedem Bauernhof ein gewisses Maß an freien Arbeitskräften erforderlich. (3.) Es sollten zwei Konsuln gewählt werden, von denen jedes Jahr einer ein Plebejer sein sollte.

65. Der stärkste Einwand gegen ein plebejisches Konsulat hatte religiöse Gründe; denn die hohen Patrizier hielten es für eine Unverschämtheit, jemanden an die oberste Stelle zu setzen, der kein Recht hatte, die Schirmherrschaft zu übernehmen, und den sie für keinen wahren Römer hielten. Um dieses Vorurteil auf kühnste Weise zu bekämpfen, schlug Licinius vor, die Zahl der Bewahrer der Sibyllinischen Bücher von zwei auf zehn zu erhöhen und davon fünf aus dem Volk der Plebejer zu ernennen. Diese Gesetze wurden nicht ohne jahrelangen heftigen Widerstand verabschiedet. Schließlich wurden sie vom Senat und der Comitia Curiata ratifiziert (367 v. Chr.); und um diese glückliche Vereinbarung zwischen den beiden Orden zu feiern, wurde auf dem Kapitol ein Tempel der Eintracht errichtet. Gleichzeitig wurde ein neues Amt, das Prätorat , eingeführt und auf die Patrizier beschränkt. Es umfasste die meisten zivilen und gerichtlichen Aufgaben, die bisher den Konsuln oblagen, während diese ihre absolute militärische Macht behielten. Der erste plebejische Konsul im Rahmen dieser Regelung war L. Sextius .

66. Die unruhigen und unruhigen Gallier tauchten im selben Jahr mit der Verabschiedung der licinischen Gesetze in Latium erneut auf. Sie wurden vom alten General Camillus besiegt, der sechsmal Militärtribun und fünfmal Diktator gewesen war. Bei ihrer zweiten Invasion schlugen sie ihr Lager im Umkreis von fünf Meilen um die Stadt auf und versetzten, wie wir wohl glauben können, Schrecken in die Herzen derer, die sich an die Verwüstungen von dreißig Jahren zuvor erinnerten; aber schließlich brachen sie ihr Lager kampflos auf und zogen nach Kampanien. Bei ihrer Rückkehr durch Latium wurden sie deutlich besiegt. Im Jahr 350 v. Chr. verbrachten sie den Winter auf dem Albaner Berg und schlossen sich den griechischen Piraten an der Küste an, um das Land zu verwüsten, bis sie von L. Furius Camillus, einem Sohn des Generals, vertrieben wurden.

Sie schlossen 346 v. Chr. einen Vertrag, nach dem sie nie wieder in Latium auftauchten. Sie waren weiterhin die herrschende Rasse zwischen den Alpen und dem nördlichen Apennin sowie entlang der Adria bis zu den Abruzzen . Viele Städte, wie Mailand, wurden jedoch von den Etruskern in einer Art Unabhängigkeit gehalten, während die Gallier in nicht ummauerten Dörfern lebten. Von ihren toskanischen Untertanen lernten die Gallier das Schreiben und die Künste des zivilisierten Lebens, die sich von ihnen mehr oder weniger auf die gesamte Alpenbevölkerung ausbreiteten.

REPRISE.

Veii wurde 396 v. Chr. nach zehnjähriger Belagerung eingenommen. Niederlage der Römer an der Allia und Eroberung ihrer Stadt durch die Gallier , 390 v. Chr. Massaker an den Senatoren. Manlius rettet das Kapitol während einer siebenmonatigen Belagerung. Rom in Trümmern. Not der Armen. Verrat des Manlius. Die licinischen Gesetze, die nach neunjährigem Streit verabschiedet wurden, entlasten die Schuldner und teilen das öffentliche Land unter dem einfachen Volk auf. Die Gallier überrannten Mittelitalien (361–346 v. Chr.), zogen sich aber schließlich nördlich des Apennins zurück.

ZWEITE PERIODE, 343–264 V. CHR.

67. Von den politischen Kämpfen, die die römische Verfassung entwickelten, wenden wir uns der Reihe ausländischer Kriege zwischen Rom und seinem mächtigsten Rivalen um die Vorherrschaft Süditaliens zu. Die Samniten waren ein Sabinervolk, das sich als Eroberer im oskischen Land niederließ. Ihre Besitztümer lagen größtenteils im Landesinneren und umfassten die schneebedeckte Bergkette, die die apulische von der kampanischen Ebene trennt, erstreckten sich jedoch bis zur Küste zwischen Neapel und Pæstum , wo sie die einst berühmten Städte Herculaneum und Pompeji umfassten.

Die Samniten zählten neben den Latinern zu den kriegerischsten Völkern Italiens; aber die Eroberungen der ersteren waren in der Zeit, zu der wir jetzt gekommen sind, bei weitem brillanter und umfassender gewesen. Mit dem Niedergang sowohl der griechischen als auch der etruskischen Macht in Süditalien (siehe Buch III, § 90) hatten sie die Kontrolle über den gesamten unteren Teil der Halbinsel erlangt, mit Ausnahme einiger griechischer Kolonien wie Tarentum und Neapolis. Aber Latium war unter der Führung Roms sicher, wenn auch langsam vorangekommen und hatte sich jeden Vorteil durch die Bildung römischer Kolonien gesichert, die durch die stärksten Bindungen des Gehorsams an die Mutterstadt gebunden waren, während die samnitische Nation keine feste Politik und kein regelmäßig eingesetztes Oberhaupt hatte . Jede neue Siedlung spaltete und verringerte daher ihre Stärke.

68. Die Eroberer von Cumæ und Capua übernahmen die luxuriösen Bräuche der Griechen und Etrusker, die sie verdrängt hatten, mit denen sie aber weiterhin freundschaftlich zusammenlebten. Die griechisch liebenden Küstenbewohner fürchteten ihre rohen Landsleute aus den Hügeln fast ebenso sehr wie die gebildeten Hellenen selbst, und so kam es zu einer großen Spaltung im samnitischen Stamm. Die zivilisierten und hellenisierten Samniten flehten die Römer um Hilfe gegen die räuberischen Horden ihrer eigenen Rasse an, die ständig von den samnischen Hügeln herabstürzten, um ihre Felder zu verwüsten. Die Römer stimmten unter der Bedingung zu, dass ihre eigene Vormachtstellung in ganz Kampanien anerkannt wurde, und ihr früherer Vertrag mit Samnium wurde gebrochen.

69. Der Erste Samnitenkrieg begann mit dem Einmarsch zweier römischer Armeen in Kampanien, während die lateinischen Verbündeten im Norden in das pelignische Land einfielen. Die römischen Armeen siegten und beide Konsuln errangen einen Triumph. Auf Wunsch der Kampaner blieb eine große Streitmacht zurück, um ihre Städte im Winter zu bewachen. Die einfachen Soldaten litten immer noch unter Armut, und die längere Abwesenheit von ihren Höfen verursachte für ihre Familien schweres Leid.

Im zweiten Kriegsjahr wurden Meutereipläne aufgedeckt und ein großer Teil der Truppen nach Hause geschickt. Auf ihrem Weg ließen sie alle Schuldknechtsleute frei, die sie auf den Feldern ihrer Gläubiger arbeiten sahen, errichteten ein reguläres Lager am Hang der Albaner Berge und schlossen sich einer großen Gruppe unterdrückter einfacher Leute aus der Stadt an. Doch als sie auf die von den Patriziern eilig aufgestellte Armee trafen und sie unter Valerius , dem Diktator, aussandten – dessen Familie immer treue Freunde des Volkes gewesen war und der selbst bei allen Klassen wegen seines großzügigen Charakters sehr beliebt war, nicht weniger als sein Militär Ruhm – diese Männer, deren Aufstand durch echte Not und nicht durch einen Mangel an Loyalität ausgelöst worden war, konnten sich nicht dazu durchringen, gegen ihre Mitbürger und die Verteidiger ihres gemeinsamen Landes zu kämpfen. Die beiden Armeen standen einander gegenüber, bis die Reue auf der einen und das Mitleid auf der anderen alle gegenseitigen Verärgerungen überwunden hatten; Dann drängten sie beide vorwärts, fassten sich an den Händen oder fielen sich unter Tränen und mit Bitten um Verzeihung in die Arme . Der Senat gewährte den Soldaten die gerechten Ansprüche und gewährte ihnen eine Amnestie für ihre irregulären Verfahren, und dieser einzigartige Aufstand endete mit einem dauerhaften Frieden.

70. Den Lateinern war es unterdessen überlassen worden, den Samnitenkrieg allein weiterzuführen, und ihre wiederholten Erfolge ermutigten sie, ihre Unabhängigkeit von Rom zu behaupten. Die Römer schlossen nun (341 v. Chr.) Frieden mit den Samniten und richteten zwei Jahre später ihre Waffen gegen die Latiner, die durch das Bündnis mit ihren früheren Gegnern, den Kampanern und Volskern, gestärkt wurden. Die beiden Konsuln zogen mit ihren Streitkräften nach Kampanien und lagerten in der Ebene von Capua, gegenüber der Armee der drei Verbündeten. Scharmützel oder persönliche Begegnungen waren streng verboten, Ungehorsam wurde mit dem Tod bestraft. Titus Manlius, der Sohn des Konsuls, ignorierte oder missachtete den Befehl und nahm die Herausforderung eines lateinischen Kriegers an, tötete seinen Gegner und brachte die Beute triumphierend zu Füßen seines Vaters. Der Konsul wandte sein Gesicht ab, rief seine Wachen herbei und befahl ihnen, den jungen Mann vor seinem Zelt im Beisein aller Soldaten zu enthaupten. Die römische Disziplin kannte keine Bindungen der Zuneigung. Manlius, der Vater, wurde für immer mit Abscheu betrachtet, aber Manlius, der Konsul und General, wurde strikt gehorcht, solange er die Armeen Roms befehligte.

71. Die entscheidende Schlacht im Lateinischen Krieg fand am Fuße des Vesuvs statt. Die Auguren, die wie üblich die Schirmherrschaft übernommen hatten, erklärten, dass das Schicksal das Opfer eines Generals auf der einen Seite und einer Armee auf der anderen Seite verlange. Daher wurde den römischen Offizieren mitgeteilt, dass der Konsul, der in diesem Viertel befehligte, sich den Göttern des Todes und des Grabes weihen würde, egal welcher Teil der Armee nachgeben würde, damit die Armee, die zugrunde gehen müsse, diese sein würde der Lateiner.

Manlius führte die römische Rechte an; Publius Decius, der Volkskonsul, der Linke. Der Kampf war hart und wurde auf beiden Seiten tapfer geführt. aber schließlich setzte sich der lateinische rechte Flügel durch, und der römische linke begann nachzugeben. Decius rief sofort den obersten Papst herbei – denn als Plebejer wusste er selbst nicht, mit welchen Zeremonien die Götter angesprochen werden mussten – und befahl ihm, die Form der Worte zu diktieren, in denen er sich dem Tod weihen sollte. Auf Anweisung des Papstes wickelte er seine Toga um sein Gesicht, stellte seine Füße auf einen Speer und wiederholte den Fluch. [68] Dann schickte er seine Liktorenwache zum anderen Konsul, um ihm sein Schicksal zu verkünden, bestieg sein Pferd, stürzte sich in die Heerschar des Feindes und wurde schnell getötet. Die Lateiner sahen und verstanden die Tat, kämpften aber dennoch erbittert wie Männer, die gegen das Schicksal kämpfen. Die Hauptstreitkräfte waren so ausgeglichen, dass Manlius sich letztlich nur dadurch durchsetzte, dass er die ärmeren Überzähligen heranzog, die er als Doppelreserve bewaffnet hatte.

72. Eine zweite Schlacht war viel leichter zu gewinnen, und die Latiner hatten keine Kraft, sich für eine dritte zu sammeln. Der Lateinische Bund wurde völlig aufgelöst, das römische Recht trat überall an die Stelle lokaler Verfassungen, und einige Städte wurden sogar römische Kolonien. Die Latiner waren in Rasse und Sprache eins mit Rom, und ihre vorübergehende Feindseligkeit wurde durch ein enges und dauerhaftes Bündnis ersetzt. Die Schlacht am Vesuv war eine der bedeutendsten in der Geschichte Roms, denn sie sicherte die Souveränität Latiums und ebnete den Weg zur Eroberung der Welt.

73. In den nächsten zwölf Jahren waren die Römer nicht in der Lage, einen großen Krieg im Ausland zu führen. Italien wurde von Alexander von Epirus, dem Onkel des großen mazedonischen Eroberers, im Jahr 332 v. Chr. überfallen. Sein Streit fand mit den Samniten statt, aber wenn sein Erfolg seinem Ehrgeiz ebenbürtig gewesen wäre, hätten ihn keine Gefechte mit den Römern daran gehindert, die gesamte Halbinsel zu überrennen. Er wurde jedoch 326 v. Chr. besiegt und getötet, und die Römer bereiteten sich sofort auf einen erneuten Kampf mit den Samniten vor, der zweiundzwanzig Jahre (326–304 v. Chr.) dauern sollte. Die beiden Hauptstaaten Italiens kämpften um die Souveränität, und zu ihren Verbündeten gehörten fast alle anderen Nationen der Halbinsel.

Die Ereignisse der ersten fünf Jahre waren zu unentschlossen, als dass sie es wert wären, aufgezeichnet zu werden. Der Vorteil lag im Allgemeinen bei den Römern, aber die samnitische Macht war immer noch ungebrochen und konnte 321 v. Chr. eine der schwersten und schändlichsten Niederlagen versetzen, die die römischen Streitkräfte jemals erlitten hatten. Die vereinten Streitkräfte Roms, angeführt von den beiden Konsuln, waren in einem Gebirgspass zwischen Neapel und Beneventum eingeschlossen , der als „ Caudine- Gabeln“ bekannt ist. Die Hälfte der Soldaten fiel im folgenden Kampf; Der Rest ergab sich, wurde aber von Pontius, dem samnitischen

Feldherrn, großzügig verschont, unter der Bedingung, dass ein ehrenvoller Frieden von den beiden Konsuln und zwei Volkstribunen, die bei den Truppen anwesend waren, unterzeichnet wurde. Als Zeichen der Kapitulation mussten die Soldaten dann „unter dem Joch hindurchgehen" [69] und durften ohne Waffen in Richtung Rom marschieren. Doch nachdem der Senat seine Kräfte zurückerhalten hatte, weigerte er sich, an die Zustimmung der Konsuln gebunden zu sein. Die Unterzeichner des Vertrags wurden entkleidet und gefesselt der Rache der Samniten ausgeliefert, aber Pontius weigerte sich, sie zu empfangen. Er entschied sich nicht dafür, die Unschuldigen für die Schuldigen zu bestrafen, noch wollte er die römische Regierung dafür rechtfertigen, dass sie alle Vorteile des Abkommens ausnutzte und alle Opfer ablehnte.

74. Der Krieg dauerte sechs Jahre lang ohne nennenswertes Ereignis, bis die Samniten 315 v. Chr. bei Lauʹtulæ einen weiteren großen Erfolg errangen . Fast alle Verbündeten Roms verließen nun die scheinbar unterlegene Sache. Kampanien empörte sich; die Ausonier und Volsker schlossen sich dem samnitischen Bündnis an. Doch im darauffolgenden Jahr brachte eine noch härtere und entscheidendere Schlacht den Römern den Sieg. Die Samniten wurden so niedergeschlagen, dass sie sich nicht mehr erholen konnten. Der Krieg wurde jedoch zehn Jahre länger fortgesetzt, hauptsächlich durch die Bemühungen der Etrusker, Osker und Umbrer, das Kräftegleichgewicht in Italien aufrechtzuerhalten. Aber diese Bemühungen waren nie vereint und die Römer konnten sie einen nach dem anderen besiegen, bis die Samniten im Jahr 304 v. Chr. Rom unterworfen wurden und alle anderen Parteien einen Frieden schlossen. Rom war nun ohne Frage die erste Nation in Italien; und angesichts der Streitigkeiten, die die Teile von Alexanders Reich schwächten, könnte man es fast als die größten der Welt bezeichnen. In geistiger Hinsicht waren die Römer den besiegten Samniten noch unterlegen. Pontius, der samnitische Feldherr, war mit der griechischen Philosophie bestens vertraut und übertraf in der Erhabenheit seines Charakters die stolzesten Römer seiner Zeit bei weitem.

75. Gegen Ende des Zweiten Samnitenkrieges griffen die Aequi , die achtzig Jahre lang neutral gewesen waren, zu den Waffen gegen Rom; und unmittelbar nach dem Vertrag von 304 v. Chr. marschierten die Konsuln mit 40.000 Mann in ihr Territorium ein. Ein scharfer und erbitterter Kampf von fünfzig Tagen endete mit der Einnahme und Zerstörung von einundvierzig Städten. Ein großer Teil des Volkes wurde in die Sklaverei verkauft, der Rest wurde Untertan Roms. Einige Jahre später erhielten sie jedoch die Bürgerrechte, wurden in die Stämme eingeschrieben und dienten in den Kriegen gegen die Samniten.

76. Die letztgenannten Leute nutzten die sechs Jahre zwischen ihrem zweiten und dritten großen Kampf mit Rom eifrig dazu, die „Italienische Liga" zu bilden und zu stärken. Etrusker, Umbrer und Gallier im Norden waren mit Lucanern, Apuliern , den meisten griechischen Städten und den Samniten im Süden verbündet. Rom hatte den Vorteil in Bezug auf Kompaktheit, Anzahl und Reichtum; Ihr eigenes Territorium oder das ihrer Verbündeten erstreckte sich über ganz Italien vom Mittelmeer bis zur Adria und teilte die Staaten ihrer Feinde.

Der Krieg brach 298 v. Chr. aus, aber es kam zu keiner nennenswerten Bewegung, bis 295 v. Chr. die vereinten Armeen der vier nördlichen Nationen in Richtung Rom vorrückten. Der Plan der Konsuln war kühn und klug zugleich. Eine Armee erwartete die Eindringlinge, während eine andere direkt in Etrurien einmarschierte. Diese Bewegung offenbarte die Schwäche des Bundes, denn die Etrusker und Umbrer verließen ihre Verbündeten und zogen sich zurück, um ihre eigenen Gebiete zu verteidigen. Die Samniter und Gallier überquerten den Apennin nach Senti´num , wo sie vom ersten römischen Heer eingeholt wurden. In der darauffolgenden Schlacht hatten die gallischen Streitwagen die Legionen des Konsuls Decius fast vom Feld vertrieben, als er sich, an das Beispiel seines Vaters am Vesuv erinnernd, ebenfalls den Mächten des Todes für die Befreiung widmete von Rom. Die Legionen triumphierten schließlich; 25.000 der Feinde lagen tot auf dem Feld.

77. Die Gallier zogen sich nun aus dem Bund zurück, aber die Samniten führten den Krieg mit unverminderter Entschlossenheit fort. Achtundzwanzig Jahre nach seinem großen Sieg an den Caudine Forks besiegte Pontius erneut eine römische Armee unter Fabius Gur´ges . Die Römer waren über diese Niederlage so verärgert, dass sie den Konsul seines Kommandos entzogen hätten, wenn ihm nicht sein alter Vater, Fabius Maximus, angeboten hätte, als sein Leutnant zu dienen.

Nun war ein großer Sieg errungen, bei dem Pontius gefangen genommen und mit Ketten beladen zum Triumphzug des Konsuls gehen musste. Als die Prozession den Aufstieg zum Kapitol erreichte, wurde er zur Seite geführt und im mamertinischen Gefängnis enthauptet – er, der dreißig Jahre zuvor das Leben und die Freiheit zweier römischer Armeen verschont und sogar die Offiziere großzügig freigelassen hatte, als sie ihm übergeben wurden Rache! Diese niederträchtige Behandlung eines tapferen Feindes wurde in den römischen Annalen als der größte Makel bezeichnet. Der Krieg wurde mit der vollständigen Unterwerfung von Samnium beendet und die Römer gründeten im Jahr 290 v. Chr. eine Kolonie von 20.000 Menschen in Venusia , um das eroberte Gebiet in Ehrfurcht zu bewahren.

78. Im selben Jahr wurde der Konsul Curius Denta´tus begann und beendete einen weiteren Krieg gegen die Sabiner, die ihren samnitischen Verwandten zu Hilfe gekommen waren. Sie wurden unterworfen und ihr ausgedehntes Land, reich an Öl, Wein und Eichenwäldern, fiel in den Besitz der Römer. Das Gemeinwesen in Rom litt jedoch stark unter den Belastungen des Krieges. Ihre Höfe waren während ihrer Abwesenheit bei der Armee vernachlässigt worden, und diejenigen, die das Pech hatten, gefangen genommen zu werden, mussten zu einem für kleine Vermögen ruinösen Preis freigekauft werden.

Curius , der Eroberer der Sabiner, schlug ein neues Agrargesetz für die Aufteilung ihres Landes unter den Armen Roms vor. Es folgte ein mehrjähriger politischer Kampf, in dessen Verlauf sich die Masse des Volkes erneut zum Janiculum abspaltete. Ein Gerücht über eine ausländische Invasion veranlasste den Senat, nachzugeben und Hortensius , einen Plebejer aus einer alten Familie, zum Diktator zu ernennen. Durch seine weisen und versöhnlichen Ratschläge wurde der Frieden wiederhergestellt. Er versammelte das ganze Volk in einem Eichenhain außerhalb der Mauern und verabschiedete durch feierliche Eide der gesamten Versammlung die Hortensiengesetze , die den 150-jährigen Bürgerkrieg in Rom beendeten. Jeder Bürger erhielt ein Stück Land, und bestimmte hässliche Unterscheidungsmerkmale zwischen Patriziern und Plebejern wurden im Jahr 286 v. Chr. ausgelöscht.

REPRISE.

Die hellenisierten Samniten bitten Rom um Hilfe gegen ihre Landsleute im Hochland. Der Erste Samnitenkrieg, 343-341 v. Chr., beginnt mit Erfolg für die Römer. Aufstand der Truppen in Kampanien. Die Lateiner rebellieren gegen Rom und schließen sich den Kampanern und Volskern an. Die Römer schließen Frieden und Bündnis mit den Samniten für den Lateinischen Krieg, 340–338 v. Chr. In der Schlacht am Vesuv opfert sich der Konsul Decius dem Tod und die Römer siegen. Der Lateinische Bund wurde aufgelöst und die Vorherrschaft Roms etabliert. Auf eine Invasion Italiens durch Alexander von Epirus folgt der Zweite Samnitenkrieg, 326–304 v. Chr. Die Römer besiegten 321 v. Chr. an den Caudine Forks, waren aber schließlich völlig siegreich. Sie erobern die Aqui , 304 v. Chr. Dritter Samnitenkrieg und Italienischer Bund gegen Rom, 298–290 v. Chr. Großer Sieg bei Sentinum über Gallier , Samniter, Etrusker und Umbrer. Einnahme von Pontius, 292 v. Chr., und Ende der Samnitenkriege. Sabinische Gebiete wurden durch hortensische Gesetze erobert und unter dem Volk aufgeteilt .

KRIEG MIT PYRRHOS.

79. Innerhalb von drei Jahren (283 v. Chr.) wurden die Römer in einer mächtigen Koalition, die von den Tarentinern gebildet wurde und fast alle

Nationen Italiens umfasste, von einer neuen Gefahr bedroht. Der Sturm nahm schnell zu und brach von allen Seiten gleichzeitig aus. Im Süden waren die Samniten, Lukaner und Bruttianer bewaffnet; im Norden strömten die Etrusker und Umbrer mit Horden gallischer Söldner ins Feld. Arretium allein stand dem römischen Bündnis standhaft zur Seite und wurde von einem Heer aus Etruskern und Galliern belagert . Der Konsul Metel'lus , der zu ihrer Hilfe marschierte, wurde mit dem Totalverlust seiner Armee besiegt. Botschafter , die geschickt wurden, um beim Seno´nian zu protestieren Gallier wurden wegen der Verletzung ihres Vertrags mit Rom ermordet, ihre Körper in Stücke gehauen und ohne Beerdigung hinausgeworfen. Dieses Verbrechen, das die Gesetze der gröbsten Wilden als Sakrileg bezeichneten, provozierte eine schnelle Rache. Dolabella , der Konsul, marschierte mit seiner Armee in das gallische Gebiet ein, tötete jeden Mann, der gefunden wurde, verschleppte die Frauen und Kinder als Sklaven und verwandelte jedes Dorf in einen Haufen Asche und Müll.

80. Der Boian Die Gallier griffen zu den Waffen, um ihre Brüder zu rächen, und trafen gemeinsam mit den Etruskern auf die römischen Streitkräfte im Tal des Tiber, in der Nähe des kleinen Sees Vadimon . Sie wurden so gründlich besiegt, dass nur sehr wenige vom Feld entkamen. Der Konsul Fabricius besiegte im folgenden Jahr die Samniter, Lukaner und Brutter in mehreren großen Schlachten, löste die Koalition im Süden auf und sammelte eine Menge Beute, die es ihm ermöglichte, alle Kriegskosten des Jahres zu bezahlen. und neben der Gewährung eines großzügigen Anteils an jeden Soldaten, eine halbe Million Dollar in der Staatskasse zu belassen. Tarentum, die treibende Kraft hinter dem Krieg, hatte nie ein Schwert gezogen, sondern all seine Lasten und Verluste ihren Verbündeten überlassen. Um diese passive, aber schelmische Politik zu bestrafen, wurde nun eine römische Flotte zu Kreuzfahrten an die Ost- und Südküste Italiens geschickt. Es wurde von den Tarentinern in ihrem eigenen Hafen besiegt und versenkt. Dann eroberten sie Thurii , vertrieben die römische Garnison und schickten im Namen aller italienischen Griechen Pyrrhus, den König von Epirus, um Hilfe.

81. Dieser versierte und ehrgeizige Prinz freute sich über ein neues Geschäftsfeld. Er eilte mit einer gut ausgestatteten Armee von 25.500 Mann nach Italien, die nach mazedonischer Art ausgebildet und ausgerüstet war und mit zwanzig Elefanten ausgestattet war. Die fröhlichen und selbstgefälligen Tarentiner, die durchaus bereit waren, dass ein anderer ihre Schlachten für sie kämpfte, vergaßen ihre Versprechen von Diensten und Subventionen; aber Pyrrhus zeigte ihnen, dass er der Herr war, indem er den Zirkus- und Theatersport sowie die Bankette der Clubs einstellte und die Bürger von morgens bis abends unter Waffen hielt. Selbst mit unterlegenen Kräften gelang es ihm, die römischen Legionen bei Herakleia am Siris zu besiegen. Siebenmal wurden die Epiroter und Griechen vom Feld vertrieben und siebenmal eroberten sie es zurück; Als aber die letzte italienische Reserve besetzt war, brachte Pyrrhos seine bis dahin in Italien unbekannten Elefanten mit, und sie schlugen das römische Pferd in die Flucht . Die Route war abgeschlossen; Die Römer blieben nicht, um ihr Lager zu verteidigen, sondern flohen nach Venusia und ließen Pyrrhus als Feldherrn zurück.

82. Ihm schlossen sich nun viele Verbündete an, von denen einige sogar Untertanen oder Freunde Roms gewesen waren; Aber der Vorteil seines Sieges reichte nicht aus, um seine Verluste an Offizieren und Männern auszugleichen – Verluste, die umso schwerwiegender waren, als Griechenland nun von den Galliern überrannt wurde und es wenig Hoffnung auf Rekruten gab. Unter diesen Umständen schickte Pyrrhos seinen Gesandten Cin´eas nach Rom , einen Redner von so brillantem Talent, dass er angeblich mehr Städte mit seiner Zunge erobert hatte als Pyrrhos mit seinem Schwert. Eine große Partei war geneigt, seinen Vorschlägen zu „Frieden, Freundschaft und Bündnis" zuzuhören. Aber Appius Claudius – vor dreißig Jahren Zensor, jetzt ein blinder alter Mann – hörte in seinem Haus, dass Rom Frieden schloss und sich immer noch ein siegreicher Feind auf italienischem Boden befand. Er ließ sich in einer Sänfte durch das Forum zum Senatsgebäude tragen. Als er ankam, gingen ihm alle seine Söhne und Schwiegersöhne entgegen und führten ihn zu seinem alten Ort. Der ganze Senat hörte in atemlosem Schweigen zu, als der alte Mann aufstand, um zu sprechen und gegen die Schande seines Landes zu protestieren. Als er aufhörte, wurde beschlossen, dass kein Frieden geschlossen werden sollte, solange sich ein ausländischer Feind in Italien aufhielt, und dass der Redner, der sie so beinahe überredet hätte, die Stadt noch am selben Tag verlassen sollte.

83. Der Krieg tobte zwischen dem vollendeten Genie des Pyrrhos und dem unbesiegbaren Willen des römischen Volkes. Sie kämpften um ihre Existenz, während Pyrrhus um Ruhm kämpfte; und obwohl er in jeder offenen Schlacht siegreich war, standen immer neue Armeen bereit, sich ihm zu widersetzen. Immer noch in der Hoffnung, Frieden mit Rom zu schließen, lehnte er es ab, die zahlreichen Gefangenen, die er gemacht hatte, freizukaufen oder auszutauschen, erlaubte ihnen aber allen, für die Winterferien – die Saturnalia – nach Rom zurückzukehren, mit dem einfachen Versprechen, zurückzukehren, falls dies der Fall sein sollte Der Senat lehnte einen Vertrag ab. Der Senat lehnte ab und alle Männer kehrten zurück. In seinem zweiten Feldzug errang Pyrrhos bei As'culum einen weiteren glänzenden Sieg über die Römer und ihre Verbündeten . Doch sein rastloser Ehrgeiz wandte sich nun einem neuen Gebiet zu und er reiste nach Sizilien ab, wo die griechischen Städte ihn um Hilfe gegen die Karthager gebeten hatten. Als er einmal Herr dieser fruchtbaren Insel war, glaubte er, dass er mit besseren Mitteln die Eroberung Italiens versuchen könnte, und ließ Truppen zurück, um Tarentum und Locri als Basis für künftige Operationen auf der Halbinsel zu halten.

84. In Sizilien trieben sein Genie und seine Tapferkeit eine Zeit lang alle vor sich her. Die starke Stadt Eryx wurde eingenommen, und Pyrrhus selbst war der Erste, der die Sturmleitern bestieg. Die Karthager flehten um Frieden und boten Schiffe und Geld als Bedingungen für ein Bündnis an. Pyrrhus lehnte hochmütig ab; aber ein Rückschlag, den er später in Lilybæum erlitt , ermutigte seine Feinde und entfremdete seine Verbündeten. Nach zwei Jahren kehrte er nach Italien zurück, verfolgt von einer karthagischen Flotte, die ihn mit einem Verlust von siebzig Schiffen besiegte. Bei der Landung traf er auf eine Gruppe Mamertiner, [70] die von Sizilien aus die Meerenge überquert hatten und die er nur durch eine scharfe und verlustreiche Schlacht besiegte. Er kam in Tarentum mit einer Armee an, die zwar zahlenmäßig gleich groß, aber charakterlich weit schlechter war als die, mit der er vier Jahre zuvor aus Epirus gekommen war. Seine treuen Epiroten wurden getötet, und an ihre Stelle traten schlecht ausgebildete italienische Söldner, die nur so lange dienten, wie sie bezahlt und geplündert wurden.

85. Da es Pyrrhus dringend an Geld fehlte, um diese widerspenstigen Anhänger zufrieden zu stellen, folgte er dem Rat seiner epikureischen Höflinge und beschlagnahmte die Schätze des Tempels der Proserpina in Lokri . Das Geld wurde auf dem Seeweg nach Tarentum verschifft, aber ein Sturm trieb das frevelhafte Schiff an die Küste von Locri zurück ; und Pyrrhus wurde von Reue so sehr ergriffen, dass er das Gold zurückgab und die Ratgeber tötete. Er glaubte, dass er immer wieder vom Zorn Proserpinas heimgesucht wurde, der ihn in den Ruin trieb. Im folgenden Jahr wurde er in der Nähe von Benevent von Curius völlig besiegt Dentatus , der Konsul. Gegen Ende des Jahres ging er nach Griechenland über und hinterließ noch immer eine Garnison in Tarentum, als Zeichen seines unbesiegten Entschlusses, zurückzukehren.

Während der ersten Invasion von Pyrrhus hatte die in Rhegion stationierte Achte Legion , die hauptsächlich aus kampanischen Söldnern bestand, wie die Mamertiner in Sizilien ihre Treue gebrochen, die griechischen Einwohner abgeschlachtet und die Stadt als unabhängigen Militärposten gehalten. Sie wurden nun reduziert und der größte Teil der Garnison durch die Schwerter getötet; Der Rest, bestehend aus den ursprünglichen Soldaten der Legion, wurde in Rom vor Gericht gestellt, gegeißelt und enthauptet.

86. Die römische Vorherrschaft wurde nun sowohl in Nord- als auch in Süditalien rasch etabliert. Picenum wurde erobert und die Hälfte seiner Bewohner wurde gewaltsam an die Küste des Golfs von Salerno vertrieben.

Umbrien unterwarf sich 266 v. Chr., die Hauptstädte Etruriens folgten, und die gesamte Halbinsel südlich von Makra und Rubikon wurde Rom unterworfen. Bisher waren die Römer ebenso wie die Spartaner stolz auf die Gemütlichkeit ihrer Manieren. Als die Samniten Gesandte zu M. Curius schickten, um seine freundlichen Dienste beim Senat zu bekunden und ihm ein Geschenk in Gold anzubieten, fanden sie den ehemaligen Konsul an seinem Feuer sitzend und Rüben in der Asche röstend, mit einer Holzplatte vor sich. Auf ihr angebotenes Geschenk antwortete er: „Ich halte es für meine Ehre, nicht selbst Gold zu besitzen, sondern Macht über diejenigen zu haben, die es besitzen."

Die elf Jahre nach der Abreise von Pyrrhos waren eine Zeit des größten Wohlstands, den das einfache Volk Roms je genossen hat, und der Reichtum, der sich aus der Eroberung Italiens ergab, veränderte seine Lebensweise erheblich. Jeder freie Mann erhielt eine neue Schenkung von sieben *Jugera* Land oder einen Teil des Geldes. Das Eigentum der vertriebenen Regierungen ging natürlich an den römischen Staat über, und so kamen wertvolle Besitztümer wie Minen, Steinbrüche, Wälder, Fischereien und öffentliches Land zu seinen Herrschaftsgebieten hinzu. Die Verwaltung der öffentlichen Einnahmen erforderte eine stark erhöhte Zahl von Beamten, und sowohl die Reichen als auch die Armen profitierten von den Folgen des Krieges.

87. Die neuen Gebiete wurden durch das Koloniesystem gesichert, das in späteren Zeiten dazu diente, die römische Macht vom Atlantik bis zum Euphrat zu etablieren. Es gab zwei Arten von Kolonien. Am beliebtesten waren diejenigen, die sich aus „römischen Bürgern" zusammensetzten, die alle ihre Rechte als solche behielten, in der Versammlung abstimmten und für jedes Amt berechtigt waren, das sie hätten bekleiden können, wenn sie in Rom geblieben wären. Wer sich hingegen einer „lateinischen Kolonie" anschloss, verlor seine Bürgerrechte in Rom, verfügte aber über Privilegien, die ihn sowohl durch Interesse als auch durch Zuneigung an die Mutterstadt verbanden. Ostia und die Seekolonien im Allgemeinen gehörten zur ersteren und höheren Klasse. Das große System römischer Straßen, das letztendlich ganz Westeuropa kreuzte und heute in seinen massiven Überresten zu sehen ist, verdankte seinen Ursprung Appius Claudius „dem Blinden", der als Zensor im Jahr 312 v. Chr. die Via Appia baute Rom mit seiner neuen Abhängigkeit, Kampanien, verbinden. Er baute auch das erste römische Aquädukt, um den ärmeren Teil der Stadt mit Wasser zu versorgen.

88. Die freigeborenen Plebejer Roms besaßen nun die Hälfte der hohen Ämter im Staat und sogar in den heiligen Kollegien der Päpste und Auguren. Sie wurden in den Senat aufgenommen, nachdem sie Konsuln gedient hatten oder zum Prätor oder Ädilen ernannt worden waren. Appius Claudius ging in seiner Zensur noch weiter und trug in die Listen des Senats die Namen einiger ein, die als Sklaven geboren worden waren oder kein Land besaßen. Er rekrutierte diese beiden sehr zahlreichen Klassen in den Stämmen als Wähler; und anstatt sie denen der Stadt zuzuteilen, zu der sie fast ausschließlich gehörten, verteilte er sie auf alle Bezirke, damit sie alle Wahlen kontrollieren konnten. Um Rom vor der unvermeidlichen Herrschaft des Pöbels zu retten, beschränkten seine Nachfolger in der Zensur diese neuen Stimmen auf die Stadt und gaben ihr so die Kontrolle über nur vier von einunddreißig Stämmen, und so war die Gefahr abgewendet.

REPRISE.

Koalitionen im Norden und Süden gegen die Römer. Belagerung von Arretium und Niederlage von Metellus . Krieg mit den Senonen und Boiern Gallier . Siege von Fabricius im Süden. Pyrrhus kommt den Tarentinern zu Hilfe; besiegt die Römer bei Herakleia, Asculum usw.; schickt Cineas nach Rom, dessen Überredungen von Appius Claudius dem Blinden vereitelt werden; gelangt nach Sizilien und kehrt nach zwei Jahren nach Epirus zurück. Ganz Italien unterliegt Rom. Erhöhter Reichtum und Luxus der Menschen. Viele neue Kolonien in den eroberten Ländern. Straßen und Aquädukte werden gebaut. Freigelassene und Nichtbesitzer von Land, die von Appius Claudius zum Wahlrecht zugelassen wurden.

DRITTE PERIODE, 264–133 V. CHR.

89. Die große Handelsrepublik Karthago hatte, obwohl sie während der Kriege mit Pyrrhos mit Rom verbündet war, mit Eifersucht auf die stetig wachsende Macht des italienischen Staates geschaut. Das römische Volk hingegen war durch die jüngsten Kriege so bereichert worden, dass es nach neuer Plünderung und einer neuen Zuteilung eroberter Länder sehnte. Ein leichter und zweifelhafter Vorwand reichte daher aus, um die beiden Nationen in einen Krieg zu stürzen. Die Karthager hatten die Zitadelle von Messana unter dem Vorwand erobert, den Mamertinern gegen Hiero von Syrakus zu helfen . Die Römer hatten kürzlich die Freibeuter von Rhegium für genau das gleiche Verbrechen bestraft, das die „Söhne von Mara" in Messana begangen hatten , aber als diese ihre Hilfe sowohl gegen Syrakusaner als auch gegen Karthager suchten, war die Versuchung zu groß; Sie akzeptierten das verrufene Bündnis und fielen mit 20.000 Mann in Sizilien ein.

90. Nachdem sie Messana in Besitz genommen hatten , behielten sie es für sich. Die vereinten Streitkräfte von Syrakus und Karthago, die den Ort belagerten, wurden von Claudius, dem Konsul, besiegt; und Hiero kehrte aus Misstrauen gegenüber seinen afrikanischen Verbündeten nach Hause zurück.

Im nächsten Jahr schloss er Frieden mit den Römern und blieb bis zu seinem Tod, fast ein halbes Jahrhundert später, ihr treuer Freund und Verbündeter. Die meisten griechischen Städte in Sizilien folgten seinem Beispiel. Hannibal, [71] Sohn des karthagischen Feldherrn Gisco , konnte den Römern nicht mehr im Felde begegnen, sondern schloss sich in Agrigentum ein und wurde belagert. Hanno, der versuchte, ihn abzulösen, wurde entscheidend geschlagen; Die Stadt wurde eingenommen und ihre Bewohner als Sklaven verkauft.

Hannibal, der mit den meisten seiner Truppen nach Panormus (Palermo) flüchtete, führte den Krieg nun auf dem Meer aus und verwüstete mit einer Flotte von sechzig Schiffen die wehrlosen Küsten Italiens. Im nächsten Jahr traf sein Leutnant Boödes mit einer Marineabteilung in Lipara auf den Konsul Scipio und nahm sein gesamtes Geschwader gefangen. Hannibal machte sich dann mit fünfzig Schiffen auf den Weg, um erneut die Küsten Italiens zu verwüsten. Aber die Römer hatten klugerweise von ihren Feinden gelernt und waren nun darauf vorbereitet, ihnen in ihrem eigenen Element zu begegnen. Ein karthagisches Quin´quereme (ein Schiff mit fünf Ruderreihen) war an der Küste von Bruttium an Land geworfen worden. Es diente als Vorbild und die Römer, die zuvor nichts Größeres als Triremen besaßen, besaßen innerhalb von zwei Monaten einhundert Kriegsschiffe erster Klasse. Während die Schiffe gebaut wurden, wurden die Besatzungen an Land in ihren besonderen und komplizierten Bewegungen geschult. In der allerersten Begegnung wurde Hannibal besiegt; im zweiten, vor Mylæ , verlor er fünfzig Schiffe, darunter sein prächtiges Flaggschiff, das früher Pyrrhos gehört hatte.

91. Im Jahr 259 v. Chr. wurden Sardinien und Korsika angegriffen und die Stadt Aléria von den Römern eingenommen. Im folgenden Jahr wurde vor Ec´nomus auf Sizilien ein weiterer großer Seesieg errungen ; und die Konsuln Manlius und Regulus fielen in Afrika ein. Sie eroberten und befestigten die Stadt Clypea , die sie zu ihrem Hauptquartier machten, und machten sich dann daran, das Land Karthago mit Feuer und Schwert zu verwüsten. Die wunderschönen Villen der Adligen und Kaufleute boten unschätzbare Beute; und 20.000 Personen, von denen viele einen hohen Rang hatten und an alle Feinheiten des Reichtums gewöhnt waren, wurden als Sklaven verschleppt.

Im Winter kehrte Manlius mit der Hälfte der Armee und der gesamten Beute nach Rom zurück, während Regulus zurückblieb, um den Krieg weiterzuführen. Er besiegte die karthagischen Generäle, eroberte ihr Lager und überrannte das Land nach Belieben. Mehr als dreihundert ummauerte Dörfer oder Städte wurden eingenommen. Vergebens warfen die Richter und Adligen Karthagos ihre Kinder in die ehernen Arme Molochs, von wo aus sie in den feurigen Ofen rollten, der immer vor ihm brannte. Das abscheuliche Idol ließ sich nicht besänftigen, und der römische Feldherr war ebenso unerbittlich. Allen Botschaften verweigerte er den Frieden, außer zu so unerträglichen Bedingungen, dass selbst ein verheerender Krieg besser erschien.

92. Im dunkelsten Moment kam Erleichterung in der Person eines spartanischen Generals, Xanthippus , der mit einer Gruppe griechischer Söldner kam. Sein militärischer Ruhm und die offensichtliche Weisheit seiner Ratschläge erweckten ein solches Vertrauen, dass er an die Stelle der inkompetenten punischen Kommandeure gesetzt wurde. Mit seinen 4.000 Griechen, der karthagischen Infanterie und 100 Elefanten besiegte und eroberte er Regulus und vernichtete die römische Armee vollständig. Eine noch schrecklichere Katastrophe ereignete sich für die Flotte, die ausgesandt worden war, um die zerschmetterten Überreste der Streitkräfte aus Afrika wegzubringen. Ein heftiger Sturm kam auf und die Südküste Siziliens war im Jahr 255 v. Chr. mit den Überresten von 260 Schiffen und 100.000 Mann übersät.

Obwohl die Römer beinahe an der Republik verzweifelten, ließen sie ihre Anstrengungen nie nach, sondern rüsteten eine neue Flotte aus, mit der sie im folgenden Jahr die wichtige Stadt Panormus eroberten . Diese Flotte wurde im Jahr 253 v. Chr. zerstört und die nächsten zwei Jahre waren voller Entmutigungen; Doch im Jahr 250 v. Chr. gelang es dem Prokonsul Metellus , bei Panormus einen glänzenden Sieg zu erringen , der das Gleichgewicht der gegnerischen Kräfte wiederherstellte. Hundert lebend gefangene Elefanten wurden im Triumph des Metellus ausgestellt .

93. In den nächsten acht Jahren lagen die Karthager meist im Vorteil. Hamilkar Barca, der Vater des großen Hannibal, verwüstete die Küsten Italiens, und die Römer hatten keinen gleichbedeutenden Anführer, der ihm entgegentreten konnte. Schließlich versammelten sie alle Kräfte , um dem Krieg ein Ende zu setzen. Die wohlhabenderen Bürger rüsteten auf eigene Kosten eine Flotte von 200 Schiffen aus und der Konsul Luta´tius errang einen entscheidenden Sieg auf den Inseln westlich von Sizilien. Dieser Misserfolg nach dreiundzwanzig Jahren erschöpfenden Krieges entmutigte die Karthager so sehr, dass sie sich bereit erklärten, Sizilien und alle benachbarten Inseln aufzugeben, 2.000 Talente zu zahlen und alle römischen Gefangenen ohne Lösegeld freizulassen.

94. Der Erste Punische Krieg dauerte fast vierundzwanzig Jahre, von 264 bis einschließlich 241 v. Chr. Daraus entwickelte sich Rom zu einer großen Seemacht, die den gut ausgebildeten Seeleuten, die bis dahin das westliche Mittelmeer beherrscht hatten, auf Augenhöhe begegnen konnte. Da beide Parteien voraussahen, dass der Kampf erneuert werden musste, verbrachten sie die folgenden 23 Jahre mit intensiven Vorbereitungen. Rom eroberte Sardinien und Korsika; und Karthago, das von einem Aufstand seiner

Söldnertruppen absorbiert und geschwächt wurde, war gezwungen, sich zu unterwerfen und sogar eine hohe Geldstrafe zu zahlen, weil es sich angemaßt hatte, Vorwürfe zu machen.

Diese Inseln wurden zusammen mit Sizilien unter die prokonsularische Regierung gestellt, das System, nach dem Rom später alle seine riesigen ausländischen Besitztümer verwaltete. Am Ende ihres Amtsjahres teilten die beiden Konsuln die „Provinzen" durch Los oder Vereinbarung untereinander auf und jeder hatte seine eigene militärische und zivile Kontrolle, während die Finanzen von Quæstoren verwaltet wurden , die nur dem Senat unterstellt waren. Als die Provinzen zahlreicher wurden, wurde die größere Zahl von Proprætoren regiert . Ein Zehntel der Gesamtproduktion dieser eroberten Länder wurde von Rom beansprucht, zusätzlich zu einem Zoll von fünf Prozent auf alle Ein- und Ausfuhren.

95. Auf Wunsch der Westgriechen nutzte Rom seine neue Seemacht, um die Adria von den illyrischen Piraten zu befreien, die seine Küsten verwüsteten und seinen Handel zerstörten. Ihre Königin Teuta nahm die ersten römischen Gesandten gefangen, tötete zwei und sperrte den dritten ein. Im unmittelbar folgenden Krieg verlor es den größten Teil seiner Herrschaftsgebiete und war gezwungen, seine Korsaren für die Zukunft in engeren Grenzen zu halten und seinen Eroberern einen jährlichen Tribut zu zahlen. Als Dank für diesen wichtigen Dienst wurden die Römer bei den Isthmischen Spielen und den Eleusinischen Mysterien im Jahr 228 v. Chr. gleichberechtigt mit der hellenischen Rasse zugelassen.

96. Während Rom auf diese Weise seine Macht auf der griechischen Halbinsel behauptete, wollte es seine italienische Herrschaft bis zu ihrer natürlichen Grenze im Alpengebiet ausdehnen. Die Gallier ließen nicht lange auf sich warten. Indem sie von ihren Verwandten jenseits der Berge frische Kräfte erhielten, drangen sie nach Mittelitalien vor, überrannten Etrurien und bedrohten Rom erneut wie in den Tagen von Brennus . Drei Armeen waren schnell im Feld, um ihnen entgegenzutreten; und obwohl einer besiegt wurde, errang ein anderer unter dem Konsul Æmilius , unterstützt von Regulus, [72] der unerwartet aus Sardinien eingetroffen war, einen entscheidenden Sieg, der das gallische Heer beinahe vernichtete. Innerhalb von drei Jahren unterwarf sich ganz Cisalpine Gallien Rom, 222 v. Chr. Mediolanum und Comum (Mailand und Como) sowie Placentia , Parma, Modena , Mantua , Verona und Brixia . wurden von römischen Kolonien besetzt und waren mit der Hauptstadt durch die große Militärstraße namens Via Flaminia und ihre Fortsetzungen verbunden.

97. Karthago hatte unterdessen nur aus Notwendigkeit und eine Zeit lang der Übermacht Roms nachgegeben. Eine große Mehrheit ihrer Bürger war dafür, den Krieg zum frühestmöglichen Zeitpunkt wieder aufzunehmen; und um ihre Macht und ihren Reichtum zu rekrutieren, hatte Hamilkar all seine Energie der Eroberung der spanischen Halbinsel (236–228 v. Chr.) gewidmet. Nach seinem Tod organisierte und entwickelte sein Schwiegersohn Has ́drubal die Ressourcen des Landes, indem er Städte baute, Handel und Ackerbau förderte, die einheimischen Stämme zu effizienten Soldaten ausbildete und die neu entdeckten Silberminen betrieb, die Neben der Bezahlung aller Ausgaben der Provinz füllten sie auch rasch die Heimatkasse auf. Rom, dessen Herrschaft über das Meer vor Angst vor einer Invasion gesichert war, sah ohne Beunruhigung den Wohlstand seines Rivalen. Aber etwas, das niemand vorhersehen konnte, das Genie Hannibals, sollte nun zu den Ressourcen Karthagos hinzugefügt werden.

98. Im Alter von neun Jahren hatte er seinen Vater nach Spanien begleitet und vor dem Altar der Götter seines Landes einen feierlichen Eid der ewigen und unerbittlichen Feindschaft gegenüber Rom geleistet. Der Schwur des Kindes war von der Jugend nicht vergessen worden. Im Alter von achtzehn Jahren kämpfte er an der Seite seines Vaters in der Schlacht, in der Hamilkar getötet wurde; und während der folgenden acht Jahre der Regierung Hasdrubals übertrug dieser General seinem jungen Schwager die Führung der meisten seiner militärischen Unternehmungen. Nach Hasdrubals Tod setzte die Armee per Akklamation Hannibal an ihre Spitze, und die Regierung im eigenen Land konnte und wollte die Ernennung weder annullieren noch wollte sie ihn annullieren.

Nachdem er seine Macht in Spanien durch einen zweijährigen Krieg gegen die einheimischen Stämme gefestigt hatte, suchte Hannibal bewusst den Streit mit Rom, dem er sein Leben gewidmet hatte. Die griechische Stadt Sagunt hatte sich unter den Schutz Roms gestellt. Es wurde von Hannibal angegriffen und nach achtmonatiger hartnäckiger Verteidigung eingenommen. Die Römer schickten nach Karthago, um die Übergabe des jungen Generals wegen dieses Vertragsbruchs zu fordern. Die Antwort war eine Kriegserklärung.

99. Hannibal überließ seinem Bruder Hasdrubal die Führung Spaniens und bereitete sich auf einen mutigeren Vorstoß vor, als die Römer vorhergesehen hatten. Er wusste, dass die große Bergbarriere der Alpen bereits oft von den Galliern überquert worden war , und er verließ sich darauf, unter diesem Volk, das Karthago zumeist freundlich gesinnt war, fähige Führer zu finden. Er entschloss sich daher zu dem bis dahin beispiellosen Kunststück, eine Armee auf dem Landweg von Spanien nach Italien zu führen. Nachdem er im Winter am fernen Schrein des tyrischen Herkules in Gades feierliche Opfer dargebracht und für den Erfolg gebetet hatte, brach er im Frühjahr 218 v. Chr. mit einer Armee von 90.000 Mann zu Fuß, 12.000 Reitern und einem Mann von Karthago aus auf beträchtliche

Anzahl von Elefanten. Die spanischen Stämme zwischen Ebro und Pyrenäen mussten noch besiegt werden. Sie leisteten tapferen Widerstand, wurden jedoch unterworfen, und eine Streitmacht von 11.000 Mann blieb übrig, um sie unter Kontrolle zu halten.

100. Nachdem er die Pyrenäen passiert hatte, rückte Hannibal durch befreundete Stämme Galliens bis zur Rhone vor, die er in der Nähe der heutigen Stadt Oranien überquerte und der Armee von Scipio, dem Konsul, der ihn aufhalten wollte, einen Vorsprung von drei Tagen verschaffte. Der Alpendurchgang mit einer solchen Wucht war eine der größten militärischen Errungenschaften der Antike. Die höheren Berge waren bereits durch den Schnee des Frühherbstes verdeckt; feindliche Stämme machten ihm den Weg durch enge und gefährliche Engpässe streitig; und in zwei erbitterten Schlachten entging die Armee Hannibals nur knapp der völligen Zerstörung. Als er nach fünfzehn Tagen beschwerlichen und gefährlichen Marschs in die Po-Ebene gelangte, war er mit kaum mehr als einem Viertel der großen Armee dabei, die ihn von Karthago aus begleitet hatte .

101. Der Insubrier Die Gallier begrüßten Hannibal als ihren Befreier aus der verhassten Macht Roms. Nach einer kurzen Ruhephase in ihrem gastfreundlichen Land suchte er Scipio auf und schlug seine Truppen in einer Schlacht am Ticinus völlig in die Flucht . Durch einen noch größeren Sieg an der Trebia über die Streitkräfte der beiden Konsuln (Dezember 218 v. Chr.) wurde Hannibal Herr über Norditalien. Alle Gallier , die schwankten, beeilten sich nun, sich seiner Standarte anzuschließen; aber der Gewinn aus dieser Richtung wurde durch den irreparablen Verlust seiner Elefanten und das schwere Leid seiner afrikanischen und spanischen Truppen unter der ungewöhnlichen Kälte des Winters ausgeglichen.

Im Frühjahr 217 v. Chr. überquerte er den Apennin und durchquerte die Sümpfe des Arno, eine äußerst schwierige Passage, bei der viele seiner Lasttiere umkamen. Wieder auf der Suche nach einer Schlacht, überholte Hannibal die Armee von Flaminius bei Arretium und verwüstete das Land in Richtung Perusien , was den Konsul dazu veranlasste, ihm zu folgen. Als er die römische Armee in eine höchst gefährliche Position zwischen steilen Klippen und dem Thrasymenischen See gebracht hatte , ließ er seine Gallier und Numider zum Angriff los. Die Niederlage der Römer war überwältigend: Tausende wurden in den See gezwungen; Tausende fielen durch das Schwert, darunter Flaminius selbst; und 15.000 Gefangene blieben in der Hand des Feindes.

102. Eine Panik erfasste Rom; Der Eroberer wurde sofort vor ihren Toren erwartet und Fabius wurde zum Diktator mit unbegrenzten Befugnissen gewählt. Aber Hannibal hatte versucht, die italienischen Verbündeten von

Rom loszumachen, indem er alle von ihm gefangenen Gefangenen ohne Lösegeld freiließ. Um der Uneinigkeit Zeit zu geben, um wirksam zu werden, wandte er sich nach Apulien, wo er sich ausruhte und seine von so vielen Strapazen erschöpften Truppen rekrutierte.

In drei Schlachten wurde bereits bewiesen, dass der Karthager im Felde unwiderstehlich war. Die Politik von Fabius bestand daher darin, ein allgemeines Gefecht zu vermeiden, während er seinen Feind verärgerte und schwächte, indem er seine Jagdtrupps abschnitt und seinen Marsch auf andere Weise belästigte. Vergebens überquerte Hannibal den Apennin in die reichen kampanischen Felder und plünderte und zerstörte die Ernte. er konnte weder eine Stadt erobern noch Fabius in eine Schlacht verwickeln. Letzterer befestigte die samnischen Gebirgspässe in der Absicht, seinen Feind in eine Falle zu locken; aber Hannibal entkam der Falle und zog sich sicher nach Apulien zurück, beladen mit reichlich Proviant für den Komfort seiner Winterquartiere.

103. In Rom herrschte große Unzufriedenheit mit der vorsichtigen Politik des Diktators, und im Frühjahr 216 v. Chr. wurde eine Armee von fast 90.000 Mann von den beiden Konsuln Æmilius Paulus und Terentius Varro nach Apulien geführt. Hannibal traf sie in der Ebene des Aufidus , in der Nähe der kleinen Stadt Cannæ . Die Karthager waren zahlenmäßig unterlegen, aber überlegen an Disziplin, insbesondere bei den numidischen Reitern, die auf freiem Feld immer siegreich gewesen waren. Noch nie hatten die Römer eine so überwältigende Niederlage erlitten. Ihre Armee wurde vernichtet. Zwischen 40.000 und 50.000 Männer lagen tot auf der Ebene, darunter Æmilius , der Konsul, achtzig Senatoren und die Blüte des römischen Rittertums. Varro, der andere Konsul, verließ mit einer kleinen, aber entschlossenen Truppe in guter Ordnung das Schlachtfeld; Der Rest der Überlebenden wurde entweder zerstreut oder gefangen genommen.

104. Süditalien ging nun an Rom verloren. Mit Ausnahme der römischen Kolonien und der griechischen Städte, die von römischen Garnisonen gehalten wurden, unterwarfen sich alle Hannibal. Capua öffnete seine Tore und wurde zum Winterquartier der afrikanischen Armee. Philipp von Mazedonien und Hieronymus von Syrakus schlossen ein Bündnis mit Karthago, und Kriege mit diesen beiden Mächten teilten die Aufmerksamkeit der Römer. Doch abgesehen davon, dass sie zwei Armeen auf den fremden Feldern hielten, besetzten sie jede Provinz Italiens mit einer gesonderten Streitmacht; und obwohl er zu klug war, Hannibal in einem allgemeinen Gefecht noch einmal zu treffen, schloss er ihn eng ein und schnitt ihm seine Vorräte ab. Der große Feldherr erhielt im eigenen Land nur noch schwache Unterstützung, und die großzügige Politik Karthagos hinderte sie wahrscheinlich daran, Italien zu erobern.

105. Drei Jahre vergingen also ohne entscheidende Ereignisse. Im Jahr 212 v. Chr. wurde Syrakus nach zweijähriger Belagerung von Marcellus eingenommen. Die Angriffe der Römer waren lange Zeit durch die Geschicklichkeit des Philosophen Archimedes vereitelt worden, der ihre Schiffe in einer Entfernung von einem Bogenschuss von den Mauern verbrannt haben soll, und zwar mithilfe einer Kombination von Spiegeln, die die Sonnenstrahlen konzentrierten . Er baute leistungsstarke Maschinen, die, wenn sie an den Mauern befestigt waren, die römischen Schiffe festhielten und aus dem Wasser hoben; und kurz gesagt, das Gehirn von Archimedes war eine bessere Verteidigung für Syrakus als die Waffen all seiner Soldaten. Bei der Einnahme der Stadt wurde der Philosoph von einigen unwissenden Soldaten getötet; aber Marcellus bedauerte das Ereignis zutiefst. Er ließ ihn ehrenvoll begraben und zeichnete seine Familie durch viele Zeichen der Freundschaft aus.

106. Hannibal hatte lange sehnsüchtig auf die Ankunft seines Bruders aus Spanien gewartet; Aber die Feldherrschaft der beiden Scipios , Cneius und Publius, die den Krieg in diesem Land führten, und insbesondere das brillante Genie des Sohnes des letzteren, der später als Africanus bekannt wurde, hatten Hasdrubal zurückgehalten und ihn in viele Katastrophen verwickelt, sogar in die Verlust seiner Hauptstadt Carthagena . Schließlich, im Jahr 208 v. Chr., überließ Hasdrubal Spanien der Obhut von zwei anderen Generälen und beschritt einen neuen Weg, da die Route seines Bruders, die er elf Jahre zuvor eingeschlagen hatte, nun von den Römern bewacht wurde, überquerte er die Pyrenäen an ihrem westlichen Ende und stürzte sich in die Tiefe ins Herz Galliens. Viele der unruhigen Menschen strömten zu seiner Standarte, und er „kam von den Alpen herab wie ein rollender Schneeball, viel größer, als er über die Pyrenäen kam.“

Er fand einige von Hannibals Straßen unversehrt vor; Die Gebirgsjäger unternahmen keine Anstalten, ihm die Durchreise zu verwehren, und er kam früher als erwartet in Italien an, so dass kein römisches Heer bereit war, ihn aufzunehmen. Vielleicht hätte er die Vorherrschaft Karthagos ein für alle Mal besiegeln können, indem er direkt gegen Rom marschiert wäre, denn die Ressourcen der Republik, sowohl an Menschen als auch an Geld, waren bis zum Äußersten erschöpft, und ein weiterer Thrasymene oder Cannæ hätte ihrer Existenz ein Ende gesetzt .

107. Hasdrubal verlor Zeit bei der Belagerung von Placentia, und sein Brief, in dem er Hannibal seinen Operationsplan beschrieb, fiel in die Hände von Nero, dem Konsul, der sich in einem schnellen und geheimen Marsch mit 7.000 Mann seinem Kollegen in Sena anschloss , so dass der Hauptteil seiner Armee immer noch Hannibal im Süden gegenüberstand. Hasdrubal war nicht über die Verstärkung seines Feindes informiert, aber sein schnelles Ohr hörte bei Sonnenaufgang im römischen Lager einen Trompetenton mehr als sonst; und als er zur Erkundung weiterritt, stellte er fest, dass die Pferde übertrieben wirkten und die Rüstungen der Männer fleckig waren. Daher zögerte er bis zum Einbruch der Dunkelheit und überquerte dann den Fluss Metaurus auf der Suche nach einer stärkeren Position. Aber seine Führer verrieten ihn, und als der Morgen anbrach, befanden sich seine erschöpften und erschöpften Truppen immer noch auf der gegenüberliegenden Seite des Flusses, wo sie bald vom Feind eingeholt wurden. Er traf die beste Anordnung seiner Männer, die die Krise zuließ, indem er die zehn Elefanten „wie eine Reihe beweglicher Festungen" vorne aufstellte, seine erfahrene spanische Infanterie auf der rechten Seite, die Ligurier in der Mitte und die Gallier auf der linken Seite.

Die Schlacht war hart umkämpft, denn beide Armeen waren davon überzeugt, dass die Entscheidung des Tages endgültig sein würde und es für die Besiegten keine Hoffnung mehr gab. Schließlich fiel Nero durch eine umständliche Bewegung über die spanische Infanterie her, die bereits die Hauptlast der Kämpfe getragen hatte. Hasdrubal sah, dass der Tag verloren war, und da er es verachtete, seine Männer zu überleben oder einen römischen Triumph zu schmücken, trieb er sein Pferd mitten in eine Kohorte und starb mit dem Schwert in der Hand im Jahr 207 v. Chr.

108. Der Konsul Nero kehrte in sein Lager zurück, bevor Hannibal seine Abwesenheit überhaupt bemerkt hatte. Hasdrubals Ankunft in Italien, die Schlacht und ihr Ergebnis wurden dem großen Feldherrn zum ersten Mal bekannt, als er den grässlichen Kopf seines Bruders sah, den Nero brutal in seine Reihen werfen ließ. Hannibal las die Geschichte der Katastrophe in der schrecklichen Botschaft und stöhnte laut, dass er das Schicksal Karthagos erkannte. Obwohl er vier Jahre lang in den Bergfestungen von Bruttium stationiert blieb, war der Ausgang des Krieges bereits entschieden. Im Jahr 204 v. Chr. reiste der jüngere Scipio nach Afrika, und die Karthager waren gezwungen, Hannibal zurückzurufen.

Die letzte Schlacht fand 202 v. Chr. bei Zama statt. Der große Karthager zeigte erneut seine perfekte Feldherrschaft, verfügte jedoch nicht mehr über seine unbesiegbare Kavallerie, und seine Elefanten wurden durch die geschickte Taktik von Scipio unbrauchbar. Er wurde mit dem Verlust von 20.000 getöteten Männern und ebenso vielen Gefangenen besiegt. Der im darauffolgenden Jahr geschlossene Frieden nahm Karthago alle seine Besitztümer außerhalb der Grenzen Afrikas und alle von Numidien eroberten Ländereien, dessen König, Mas'sinis'sa , Scipio im jüngsten Krieg wichtige Hilfe geleistet hatte. Sie übergab auch ihre Flotte und ihre Elefanten, versprach einen jährlichen Tribut von 200 Talenten und verpflichtete sich, ohne Erlaubnis Roms keinen Krieg zu führen.

REPRISE.

Der Erste Punische Krieg (264–241 v. Chr.) beginnt mit der Invasion Siziliens durch die Römer, denen sich viele griechische Städte anschließen, Messana und Agrigentum erobern , eine Flotte nach karthagischem Vorbild ausrüsten und viele Seesiege erringen. Sie fallen in Afrika ein und verwüsten die Länder Karthagos fast ohne Widerstand; aber Xanthippus trifft mit Hilfstruppen ein, besiegt und nimmt Regulus gefangen. Auf fünf Jahre voller Katastrophen für die Römer folgt der große Sieg des Metellus bei Palermo. und nach acht Jahren erneut erfolgloser Kriegsführung endet der Kampf mit dem Sieg von Lutatius unter den Ægates . Während des folgenden Friedens werden Sardinien und Korsika von den Römern erobert und unter prokonsularische Regierung gestellt; die illyrischen Piraten werden unterworfen, 229, 228 v. Chr.; Eroberung des cisalpinischen Galliens, 225-222 v. Chr. Der Zweite Punische Krieg wird 218 v. Chr. von Hannibal begonnen. Er überquert die Pyrenäen und Alpen, besiegt die Römer am Ticinus und am Trebia und noch verheerender ist er in der Nähe des Thrasymene -Sees und bei Cannæ . Obwohl Syrakus durch die Wissenschaft des Archimedes verteidigt wurde, wird es von Marcellus erobert. Die drei Scipio führen erfolgreich Krieg in Spanien. Hasdrubal kommt schließlich seinem Bruder zu Hilfe, wird jedoch 207 v. Chr. am Metaurus besiegt und getötet . Hannibal wird nach Afrika zurückgerufen und schließlich 202 v. Chr. bei Zama von Scipio Africanus besiegt.

ERWEITERUNG DER RÖMISCHEN MACHT.

109. Scipio wurde ein Triumph verliehen, der in Rom mit grenzenloser Begeisterung empfangen wurde. Der *Triumph* , der höchste Lohn, den ein römischer Feldherr erlangen konnte, sei hier ein für alle Mal beschrieben. Der siegreiche Häuptling wartete außerhalb der Mauern, bis der Senat über seinen Anspruch auf die Ehre entschieden hatte. Dabei waren mehrere Bedingungen zu beachten: Der Sieg musste über ausländische und nicht über inländische Feinde errungen worden sein; Es muss sich dabei nicht um die Wiederherstellung von etwas Verlorenem gehandelt haben, sondern um eine tatsächliche Erweiterung des römischen Territoriums. Der Krieg musste beendet und die Armee vom Feld zurückgezogen werden, denn die Soldaten hatten Anspruch auf einen Anteil am Triumph ihres Feldherrn. Die Ehre war auf Personen mit konsularischem oder zumindest prätorianischem Rang beschränkt; Ein Offizier niedrigerer Besoldungsgruppen erhielt vielleicht eine *Ovation* , bei der er die Stadt zu Fuß betrat, aber der Streitwagen war ein Zeichen königlichen Staates, das nur den höchsten Beamten gestattet werden durfte.

110. Wenn ein Triumph beschlossen wurde, behielt ein Sondervotum des Volkes den militärischen Befehl des Generals für den Tag innerhalb der Mauern, denn ohne eine Aufhebung des Gesetzes hätte er es beim Betreten der Tore niederlegen müssen. Am vereinbarten Tag wurde er vom Senat und allen Richtern in prächtiger Kleidung am Triumphtor empfangen. An der Spitze des Zuges folgten ihnen eine Gruppe Trompeter und ein Wagenzug, beladen mit der Beute der eroberten Länder, auf die durch Tafeln mit großen Buchstaben deren Namen hingewiesen wurde. Modelle aus Holz oder Elfenbein der eroberten Städte; Bilder von Bergen, Flüssen oder anderen Naturmerkmalen der unterworfenen Regionen; Jede Menge Gold, Silber, Edelsteine, Vasen, Statuen und alles, was in den Tempel- und Palästensbeute am wertvollsten, seltsamsten oder bewundernswertesten war, bildeten einen wichtigen Teil der Ausstellung. Dann kam eine Gruppe von Flötenspielern, die den weißen Ochsen vorangingen, die zum Opfer bestimmt waren, deren Hörner vergoldet und mit Kränzen aus Blumen und Wollfilets geschmückt waren. Den Elefanten und anderen seltsamen Tieren aus den eroberten Ländern folgte ein Zug gefangener Prinzen oder Anführer mit ihren Familien und eine Schar von Gefangenen niederen Ranges, beladen mit Fesseln.

Dann kamen die zwölf Liktoren des Imperators im Gänsemarsch, ihre Bündel mit Lorbeerkranz umrankt; und schließlich der triumphierende General selbst in seinem runden, von vier Pferden gezogenen Wagen. Seine Roben glänzten mit goldenen Stickereien; Er trug ein Zepter und auf seinem Kopf einen Kranz aus delphischem Lorbeer. Ein Sklave, der hinter ihm stand, hielt eine Krone aus etruskischem Gold; Er wurde angewiesen, seinem Herrn von Zeit zu Zeit ins Ohr zu flüstern: „Denke daran, dass du nur ein Mann bist." Hinter dem General ritten seine Söhne und Leutnants, und dann kam die gesamte Armee, ihre Speere mit Lorbeeren geschmückt – die entweder Lobeshymnen sangen oder sich und die Umstehenden auf Kosten ihres Generals mit derben Witzen und dämlichen Versen amüsierten. Man ging davon aus, dass diese unhöfliche Redefreiheit die Wirkung übermäßiger Schmeichelei neutralisieren sollte, vor der die Römer, wie auch die modernen Italiener, besonders zu fürchten gelernt hatten. Das ganze Volk drängte sich in Galakleidung durch die Straßen, und jeder Tempel und Schrein war mit Blumen geschmückt.

111. Als schrecklicher Kontrast zur Freude des Tages wurden einige der gefangenen Häuptlinge zur Seite geführt und getötet, als die Prozession ihren Weg zum Kapitol fast beendet hatte. Als ihre Hinrichtung angekündigt wurde, wurden die Opfer im Tempel des kapitolinischen Jupiter dargebracht; die Lorbeerkrone des Generals wurde in den Schoß des Bildes gelegt; Es wurde ein prächtiges Bankett serviert und der „Triumphator" wurde am späten Abend von einer Menge Bürger mit Fackeln und Pfeifen nach Hause begleitet. Der Staat stellte ihm einen Standort für ein Haus zur Verfügung, und am Eingang dieses triumphalen Herrenhauses erinnerte eine mit Lorbeerkränzen geschmückte Statue seines Gründers an seine jüngsten Nachkommen an seinen Ruhm.

112. Nachdem Karthago seiner Macht und Besitztümer beraubt worden war, erlangte Rom die Oberherrschaft im westlichen Mittelmeerraum und im größten Teil Spaniens. Die beschlagnahmten Ländereien der italienischen Nationen, die sich auf die Seite Hannibals gestellt hatten, boten Siedlungen für große Truppenveteranen. Die cisalpinischen Gallier befanden sich immer noch im Aufstand unter der Führung eines karthagischen Generals; aber sie wurden durch einen zehnjährigen Krieg (201–191 v. Chr.) reduziert und später mit der wunderbaren Leichtigkeit, die ihre Rasse auszeichnet, latinisiert.

113. Die alexandrinischen Königreiche im Osten waren alle vorzeitig alt und verfielen. Die Feldzüge des Flamininus gegen Philipp von Makedonien, 198, 197 v. Chr., wurden bereits beschrieben. (Siehe Buch IV, §§ 81-83.) Ein neuer Krieg um das Protektorat Griechenland wurde durch die Bewegungen von Antiochos dem Großen ausgelöst. Dieser ehrgeizige und ruhelose Monarch begrüßte nicht nur den inzwischen verbannten Hannibal an seinem Hof, sondern verbündete sich auch mit den Ätolern und führte ihnen eine Armee zu Hilfe. Er hatte die Macht Roms falsch eingeschätzt, die ihm sofort mit viel mehr als dem Doppelten seiner Truppenstärke entgegentrat, ihn einmal auf dem Landweg und zweimal auf dem Seeweg besiegte und schließlich in der großen Schlacht von Magnesia in Lydien seine Streitkräfte zerschmetterte, während es gleichzeitig begann eigene lange Karriere der asiatischen Eroberung. Die von Antiochus eroberten Gebiete wurden zwischen den befreundeten Mächten von Pergamon und Rhodos aufgeteilt, und das Beispiel ihres Glücks veranlasste viele andere Nationen, das römische Bündnis anzustreben.

114. Rom war mehr als zwanzig Jahre lang mit ständigen Kriegen im Westen beschäftigt, gegen die tapferen und freiheitsliebenden Stämme Spaniens und der ligurischen Alpen sowie mit den Ureinwohnern Korsikas und Sardiniens. Die letztgenannte Insel wurde 176 v. Chr. von Sempronius Gracchus erobert, der eine so große Menge an Gefangenen mitbrachte, dass „Sardier zum Verkauf" in Rom zu einem sprichwörtlichen Ausdruck für alles Billige und Wertlose wurde.

Inzwischen war Philipp V. in Makedonien gestorben und Perseus hatte den Thron bestiegen. Der letzte Kampf dieses Fürsten mit Rom und sein Ergebnis in der Schlacht von Pydna (168 v. Chr.) wurden in Buch IV beschrieben. Rom wurde sechs Jahrhunderte lang zu dem, was Makedonien nur während der kurzen Karriere eines einzigen Mannes gewesen war: zum unbestrittenen Herrscher der zivilisierten Welt. Niemand außer den Barbaren hoffte mehr, ihrem Aufstieg zu widerstehen; und abgesehen von einigen Aufständen, wie denen der Achäer , der Karthager und der Juden, verlief ihr Fortschritt bei der Übernahme der alten Staaten Asiens, Afrikas und Europas sowohl friedlich als auch schnell.

115. Nach achtzehn Jahren vergleichsweiser Ruhe wurde beschlossen, dass die Zeit für die vollständige Auslöschung Karthagos gekommen sei. Cato, der Zensor, jetzt vierundachtzig Jahre alt und der strengste römische Gesetzgeber, erklärte, dass Rom niemals sicher sein könne, solange sein früherer Rivale so nah, so feindselig und so stark sei; und wann immer er zu seiner Stimme im Senat aufgefordert wurde, was auch immer das Thema der Debatte sein mochte, war seine unveränderliche Antwort: „Ich stimme dafür, dass es Karthago nicht mehr gibt." Die dem Untergang geweihte Stadt hatte alle Bedingungen des Vertrags, der den Ersten Punischen Krieg beendete, mehr als erfüllt und dennoch viele Opfer für den Frieden gebracht. Aber der letzte Befehl Roms sollte nicht befolgt werden. Den Karthagern wurde befohlen, ihre Stadt zu zerstören und weiter vom Meer entfernt zu ziehen. Sie lehnten ab und es begann ein Krieg, in dem der tapfere Geist des Volkes sie vier Jahre lang ohne die geringste Hoffnung auf einen Sieg stützte.

116. Ihre Flotte, ihre Waffen und ihre Minen in Spanien, Sardinien und Elba waren alle dem Feind übergeben worden. Innerhalb von zwei Monaten wurden im blockierten Hafen 120 Schiffe gebaut und eine Passage durch das Land gebaut, um ihnen den Zugang zum Meer zu ermöglichen. Öffentliche Gebäude wurden abgerissen, um Holz und Metall zu liefern. Jedes Lebewesen schuftete Tag und Nacht an den Verteidigungsanlagen. Es wurde ein Arsenal errichtet, das täglich 2.000 Schilde oder Waffen herstellte, und sogar die Frauen stellten ihre langen Haare zur Verfügung, um Schnüre für die Motoren herzustellen, die Steine oder Pfeile von den Mauern schleuderten.

Schließlich drangen die Römer unter dem Konsul Scipio Æmilianus in die Stadt ein. Das Volk verteidigte es Haus für Haus und Straße für Straße, und es bedurfte immer noch tagelanger Gemetzel, um den Stolz Karthagos in Asche und Blut zu ersticken. Die Stadt wurde in alle Richtungen beschossen, und als die Flammen nach siebzehn Tagen endlich gelöscht waren, blieben nichts als formlose Müllhaufen übrig. Die Gebiete des punischen Staates wurden zur „Provinz Afrika", deren Hauptstadt Utica war. Römische Händler strömten in die letztere Stadt und nahmen den florierenden Handel an der Küste selbst in die Hand.

117. Im selben Jahr, 146 v. Chr., Plünderte und zerstörte L. Mum'mius , der Konsul, Korinth. Seine Mauern und Häuser wurden dem Erdboden gleichgemacht, und es wurde ein Fluch über denjenigen ausgesprochen, der an diesem verlassenen Ort bauen sollte. Sein Handel ging auf Argos und

Delos über, während die Betreuung der Isthmischen Spiele Sikyon anvertraut wurde. Die Politik Roms gegenüber den Griechen war weitaus liberaler als gegenüber jedem anderen eroberten Volk. Ihre feste und feste Regierung war in der Tat der Uneinigkeit und Missherrschaft vorzuziehen, die die späteren Zeitalter Griechenlands verunstalteten; und die Griechen selbst erklärten mit den Worten von Themistokles, dass „der Untergang den Untergang abgewendet hatte".

118. Die Eingeborenen Westspaniens, verschanzt zwischen ihren Bergen, leisteten immer noch tapferen Widerstand gegen die Macht Roms. Die Lusitaner, die noch nie besiegt worden waren, wurden von Sertorius Galba auf üble Weise getäuscht, der 7.000 von ihnen aus ihren Festungen lockte, indem er ihnen fruchtbares Land versprach; und als sie im Vertrauen auf die Worte eines römischen Feldherrn in die Ebene hinabgestiegen waren, ließ er sie auf verräterische Weise umzingeln, entwaffnen und entweder massakrieren oder versklaven.

Unter den wenigen, die entkamen, war ein junger Mann namens Viriathus , der zum Anführer und Rächer seines Volkes wurde. Die Karriere dieses Guerillachefs ist voller bewegender Ereignisse. Plötzlich aus einer Felsspalte in den Bergen hervorkommend, besiegte er siebenmal eine römische Armee unter ungeheurem Blutvergießen. Beim letzten dieser Siege wurden die Streitkräfte von Servilianus in einem engen Pass eingeschlossen und vollständig umzingelt. Absolute Kapitulation war ihre einzige Wahl. Viriathus zog jedoch den Frieden der Rache vor und nutzte seinen Vorteil mit großer Mäßigung. Er erlaubte seinem Feind, unverletzt abzuziehen, im Rahmen seiner feierlichen Verpflichtung, die Lusitaner fortan unbehelligt in ihren eigenen Territorien zu lassen und ihn, ihren Häuptling, als Freund und Verbündeten des römischen Volkes anzuerkennen.

119. Die Bedingungen wurden vom Senat ratifiziert, jedoch nur verletzt. Als der Krieg wieder aufflammte, schickte Viriathus drei seiner vertrauenswürdigsten Freunde, um zu protestieren und neue Friedensbedingungen anzubieten. Der Konsul bestach diese Boten mit dem Versprechen großer Belohnungen, ihren Häuptling zu ermorden. Das Verbrechen wurde begangen und innerhalb eines Jahres wurde Lusitanien (Portugal) den römischen Herrschaftsgebieten zugeschlagen. Numantia im Norden hielt der Belagerungsarmee von Qu immer noch stand. Pompeius . Ein strenger Winter verursachte große Krankheit und Leid in den Legionen, und Pompeius bot Frieden zu Bedingungen an, die für die Spanier günstig, aber nach römischer Vorstellung eine Schande für die Belagerer waren. Diese wurden angenommen, und die vorletzte Zahlung war von den Numantinern geleistet worden , als Pompeius' Nachfolger im Konsulat im Lager eintraf.

Nachdem er auf diese Weise seines Kommandos enthoben worden war, bestritt er, den Vertrag jemals geschlossen zu haben, und beharrte vor dem Senat auf seiner Unwahrheit.

Der Krieg dauerte sechs Jahre, ohne dass den Römern Anerkennung zuteil wurde und sie oft in Ungnade fielen, bis Scipio Æmilianus , der größte Feldherr seiner Zeit, die Stadt schließlich durch Aushungern zur Kapitulation zwang. Viele der Numantiner zündeten ihre Häuser an und kamen in den brennenden Ruinen um, anstatt in die Hände eines Feindes zu fallen, dessen Treulosigkeit sie allzu oft bewiesen hatten. Die gesamte Halbinsel, mit Ausnahme ihrer Nordküste, war nun Rom unterworfen. Es wurde in drei Provinzen aufgeteilt – das hintere und hintere Spanien sowie Lusitanien – und wurde schließlich zum wohlhabendsten und am besten regierten Teil der römischen Fremdbesitzungen. Die lusitanischen Berge wurden immer noch von Räubern heimgesucht, und isolierte Landhäuser in dieser Region mussten wie Festungen gebaut werden; Dennoch war das Land reich an Getreide und Vieh und von einem blühenden und fleißigen Volk bewohnt.

REPRISE.

Rom, das das westliche Mittelmeer beherrscht, führt Krieg gegen Philipp V. aus Mazedonien und Antiochus den Großen aus Syrien. Die Schlacht von Magnesia im Jahr 190 v. Chr. legt den Grundstein für ihre Macht in Asien, und die Schlacht von Pydna macht sie zum Oberhaupt der zivilisierten Welt. In der Zwischenzeit wird Sardinien erobert und in Spanien und Ligurien werden Kriege geführt. Der dritte und letzte punische Krieg endet 146 v. Chr. mit der Zerstörung Karthagos. Im selben Jahr wird Korinth von Mummius zerstört . Viriathus hält sich neun Jahre lang in Westspanien auf; er wird 140 v. Chr. ermordet; Numantia wird 133 v. Chr. erobert; und Spanien wurde in drei römische Provinzen aufgeteilt.

VIERTE PERIODE, 133-30 V. CHR.

120. Die Besitztümer Roms erstreckten sich nun vom Atlantik bis zur Ägäis und vom Atlasgebirge bis zu den Pyrenäen und Alpen. Aber Veränderungen in den Beziehungen zwischen Arm und Reich, zwischen herrschenden und regierten Klassen in ihrer eigenen Hauptstadt lenkten ihre Aufmerksamkeit nun für eine Weile von ausländischen Eroberungen ab und führten zu wichtigen zivilen Kontroversen. Der alte Streit zwischen Patriziern und Plebejern war längst zu Ende. Viele plebejische Häuser waren dadurch adelig geworden, dass ihre Mitglieder hohe Ämter im Staat innehatten; und sie hatten ihre Klientel, ihren Anteil am öffentlichen Land, ihren Sitz im Senat und ihr Recht, Wachsbilder ihrer Vorfahren in ihren Häusern oder bei Trauerzügen zur Schau zu stellen, ebenso wie die ältesten Bürger überhaupt. Freigelassene wurden ständig in das Wahlrecht aufgenommen.

121. Die wahre Ursache der Unruhen lag im Leid der Armen, die seit der Gründung der letzten Kolonie im Jahr 177 v. Chr. kein neues Landstück mehr erhalten hatten. Rom war eine „Gemeinschaft von Millionären und Bettlern". Die licinischen Gesetze (siehe § 64) wurden praktisch aufgehoben. Viele reiche Eigentümer besaßen das Vierfache des ihnen zustehenden Staatsgrundstücks; und anstatt den erforderlichen Anteil an freien Arbeitskräften zu beschäftigen, zogen sie es vor, den Anbau mittels Sklavenbanden zu betreiben. Die Kriege mit dem Ausland, die früher die Zahl des einfachen Volkes so schrecklich verringert hatten ، hatten jetzt aufgehört; Der Arbeitsmarkt war überfüllt, und eine Masse armer Menschen, hungrig, hilflos und hoffnungslos, begann eine ernsthafte Gefahr für den Staat darzustellen. Die Vielzahl der Sklaven, die hauptsächlich im Krieg gefangen genommen wurden, mehr oder weniger für den Kampf ausgebildet waren und sich ihrer Stärke bewusst waren, waren eine nicht weniger gefährliche Klasse. Die besten und weisesten Römer erkannten die Gefahr und suchten nach Mitteln, sie abzuwenden. Aber unter denen, die das Elend des Volkes am meisten bedauerten, glaubte eine große Partei, dass nichts getan werden könne.

122. Im Jahr 133 v. Chr. legte der Tribun Tiberius Gracchus, ein Sohn des Eroberers von Sardinien und Enkel von Scipio Africanus, einen Gesetzentwurf zur Wiederbelebung der Bestimmungen der licinischen Gesetze vor. Er schlug vor, die große Menge Staatsland, die dadurch frei werden würde, unter den Armen aufzuteilen; und die ehemaligen Bewohner für ihre Verluste zu entschädigen, indem sie ihnen absolute Eigentümer der 500 Jugera Land machten, die sie gesetzlich behalten konnten. Diese scheinbar so gerechte Bewegung stieß auf heftigen Widerstand. Die gepachteten Ländereien befanden sich in einigen Fällen seit dreihundert Jahren im Besitz derselben Familie. Mit großem Aufwand waren Gebäude errichtet worden, und das Eigentum war wie in echtem Eigentum gehalten oder übertragen worden. Der starke Einfluss der wohlhabenden Klasse wurde daher gegen den Gesetzentwurf ins Feld geführt; und als es der Volksversammlung vorgelegt wurde, legte Octavius , ein Kollege von Gracchus im Volkstribun, sein Veto ein und verhinderte die Durchführung der Abstimmung. Aber Gracchus bewegte das Volk dazu, Octavius abzusetzen, und brachte so die Rechnung durch. Drei Kommissare, Tiberius Gracchus selbst, sein Bruder Caius und sein Schwiegervater Appius Claudius, wurden ernannt, um das Ausmaß des Missbrauchs zu untersuchen und die Agrargesetze durchzusetzen.

123. Ihre Aufgabe war schwierig, und Tiberius musste das Volk zufriedenstellen, indem er immer mehr populäre Maßnahmen vorschlug. Das Königreich Pergamon mit seiner Schatzkammer war gerade zum Erbe der Römer geworden. Gracchus schlug vor, das Geld unter den neuen

Landbesitzern zu verteilen, um Geräte und Vieh für ihre Höfe bereitzustellen. Weitere Vorschläge bestanden darin, die Dauer des Militärdienstes zu verkürzen, das Privileg der Jury auf das einfache Volk auszudehnen und die italienischen Verbündeten in die Rechte römischer Bürger einzubeziehen. Die aristokratische Partei hatte von Anfang an erklärt, dass dieser kühne Erneuerer ihrer Rache nicht entgehen dürfe. Seine Kandidatur für ein zweites Tribunenamt brachte die Opposition in eine Krise. Tiberius wurde auf den Stufen des Kapitols erschlagen und sein Leichnam in den Tiber geworfen.

124. Obwohl der Reformator tot war, ging seine Reform weiter. Die an der Macht befindliche Partei war ernsthaft bestrebt, die öffentliche Gefahr und Not zu lindern, und auf Anordnung des Senats setzte die Kommission die Landverteilung fort. Ein von Scipio Æmilianus im Jahr 129 v. Chr. vorgeschlagenes Gesetz entzog das Werk den Händen der Kommissare und übertrug es dauerhaft in die Hände der Konsuln. Die Ländereien, die eigentlich öffentliches Eigentum waren, waren zu diesem Zeitpunkt verteilt, und es tauchten Fragen zu den Gebieten auf, die den italienischen Verbündeten zugesprochen worden waren. „Der größte General und der größte Staatsmann seiner Zeit", Scipio erkannte die Bedürfnisse seines Landes ebenso klar und beklagte sie ebenso tief wie die Gracchen, und mit der gleichen Selbstlosigkeit wie sie versuchte er, die Reform zu stoppen, als er davon überzeugt war, dass dies der Fall war so weit gegangen, wie es die Gerechtigkeit erlaubte. Aber auch er wurde zum Märtyrer seiner Bemühungen. Bald nach der Verabschiedung seines Gesetzentwurfs und am Morgen des Tages, an dem er seine Rede über die Rechte des Volkes halten sollte, wurde er ermordet in seinem Bett aufgefunden.

125. Caius Gracchus kehrte 124 v. Chr. von seinem Quästortum auf Sardinien zurück und wurde Volkstribun. Seine Pläne zur Entlastung der ärmeren Klassen waren revolutionärer als die seines Bruders, aber viele von ihnen waren äußerst wohltätig und führten zu weitreichenden Ergebnissen. Sowohl in Italien als auch jenseits des Meeres wurden Kolonien gegründet, um der überfüllten und notleidenden Bevölkerung Roms einen Zufluchtsort zu bieten. Sechstausend Kolonisten wurden in die verlassene Gegend von Karthago geschickt; ein anderes Unternehmen zu Aquæ Sextiæ (Aix), im Süden Galliens; und ein dritter mit dem vollen „römischen Recht" an Narbo Martius (Narbonne). Die letztgenannte Kolonie war, obwohl sie erst nach dem Tod des Caius gegründet wurde, ebenfalls eine Frucht seiner Politik. Es wurde von der Handelsschicht wegen seines lukrativen Handels mit Gallien und Großbritannien gefördert.

Ein weniger wohlwollendes, aber zweifellos notwendiges Gesetz sah die Verteilung von Getreide aus den öffentlichen Geschäften zu weniger als dem halben Preis an alle Einwohner der Stadt vor, die sich dafür entschieden. Um diesen Bedarf zu decken, wurden zahlreiche Gebäude, die Sempron-Getreidespeicher, errichtet. Das Ergebnis war, dass die gesamte Masse armer und ineffizienter Menschen aus dem umliegenden Land innerhalb der Mauern Roms zusammengedrängt wurde, was den Volksführern eine Mehrheit in der Versammlung und die absolute Kontrolle über die Wahlen verschaffte; Gleichzeitig entstand jener faule, hungrige und unordentliche Mob, der fünfhundert Jahre lang die größte Gefahr für die Reichsstadt darstellte.

126. Das Mindestalter für den Militärdienst wurde auf siebzehn Jahre festgelegt, und die Kosten für die Ausrüstung des Soldaten, die früher von seinem Lohn abgezogen worden waren, wurden nun von der Regierung getragen. Nachdem er auf diese Weise die ärmere Bevölkerung gewonnen hatte, zog Caius die plebejische Aristokratie auf seine Seite, indem er die Einnahmeneinziehung in den Provinzen in ihre Hände legte und so die Klasse der großen Kaufleute und Bankiers schuf, die in Rom bisher kaum bekannt war. Die neue „Provinz Asien" war aus dem Königreich Pergamon entstanden , und ihr Name, ebenso wie der des karthagischen Territoriums „Afrika", deutete zweifellos darauf hin, dass ihre Grenzen nicht als festgelegt angesehen wurden. In Übereinstimmung mit dem despotischen Prinzip, dass eroberte oder geerbte Ländereien Privateigentum des Staates waren, wurde die Provinz nun mit Steuern belastet, und das Steuerprivileg wurde in Rom öffentlich an den Meistbietenden verkauft. Die „Zöllner" häuften große Vermögen an, doch die unglücklichen Provinziale gerieten in äußerste Not.

127. Gracchus wäre noch einen Schritt weiter gegangen und hätte die vollen Rechte der römischen Staatsbürgerschaft auf alle freien Italiener ausgeweitet. Aber diese liberale Politik war für den Senat und das Unterhaus gleichermaßen verhasst. Ersterer setzte sich gegen seinen Kollegen Livius Drusus durch, der Gracchus übertraf , indem er noch populärere Maßnahmen vorschlug, die jedoch nie in die Tat umgesetzt werden sollten. Anstelle der von Gracchus geplanten zwei italienischen Kolonien, die nur aus Bürgern mit gutem Charakter bestanden, schlug Drusus zwölf vor, die jeweils 3.000 Siedler umfassen sollten. Caius hatte die Ländereien der Domäne wie immer von einer jährlichen Pacht abhängig gemacht. Drusus schaffte dies ab und überließ den Pächtern den alleinigen Besitz ihrer Höfe.

Am Ende des zweiten Jahres verlor Caius sein Tribunenamt und die neuen Konsuln stellten sich gegen ihn. Seine Politik wurde nun heftig angegriffen, insbesondere die Bildung der transmarinen Kolonien. Es wurde berichtet, dass afrikanische Hyänen die neu gelegten Grenzsteine von Juno´nia , dem Nachfolger Karthagos, ausgegraben hatten ; und die Priester erklärten, dass die Götter auf diese Weise ihren Unmut über den Versuch, eine verfluchte Stadt wieder aufzubauen, zum Ausdruck brachten. Die Vorzeichen wurden erneut gemacht; Es kam zu einem Volksaufstand, bei dem ein Diener der

Priester getötet wurde. Am nächsten Tag wurde das Forum von einer Streitmacht besetzt, und die gesamte aristokratische Partei erschien mit Schwertern und Schilden. Caius und sein ehemaliger Kollege Ful´vius Flaccus zog sich mit seinen Anhängern auf den Aventin zurück, die alte Hochburg des Gemeinwesens. Der Adel stürmte mit seinen kretischen Söldnern den Berg; 250 Personen einfachen Ranges wurden getötet und die beiden Anführer wurden verfolgt und hingerichtet. Dreitausend ihrer Anhänger wurden auf Anordnung des Senats im Gefängnis erdrosselt. Cornelia, [74] die Mutter der Gracchen, durfte keine Trauer um den letzten und edelsten ihrer Söhne tragen; aber die Menschen ehrten ihr Andenken mit Statuen, und auf dem heiligen Boden, wo sie gefallen waren, wurden Opfer dargebracht wie in Tempeln der Götter.

128. Neben Ägypten war Numidien der wichtigste Klientelstaat Roms, der fast den gleichen Raum wie die moderne Provinz Algerien einnahm. Massinissa , der numidische König, war für seine treuen Dienste im Zweiten Punischen Krieg durch die Gewährung des größten Teils der karthagischen Gebiete belohnt worden. Micip´sa , sein Sohn, war jetzt ein schwacher alter Mann, der sich mehr für die griechische Philosophie als für Staatsangelegenheiten interessierte und die Kontrolle über sein Königreich in die Hände seines Neffen Jugur´tha gelegt hatte , den er durch Adoption großzog auf eine Ebene mit seinen eigenen Söhnen. In seinem Testament teilte er die zivilen, militärischen und richterlichen Ämter des Königreichs unter den drei Fürsten auf.

Nach dem Tod des alten Königs bestritten seine Söhne Adherbal und Hiempsal das Testament, während Jugurtha mutig die höchste und alleinige Autorität beanspruchte. Hiempsal wurde von angeheuerten Raufbolden ermordet. Adherbal legte persönlich Berufung beim römischen Senat ein, der sich verpflichtet hatte, die Nachlässe seines Vaters zu garantieren. Aber Jugurtha hatte in den Lagern gelernt, dass jeder Senator seinen Preis hatte; und seine Abgesandten arbeiteten so geschickt, dass die ganze Schuld an dem Streit und dem Mord dem flehenden Prinzen zugeschoben wurde. Zu diesem Zweck entsandten römische Kommissare befahlen eine neue Aufteilung des Königreichs. Jugurtha erhielt die fruchtbare und bevölkerungsreiche Region, die später als Mauretanien bekannt wurde; Adherbal mit Cirta , der Hauptstadt, hatte im Osten nur ein Stück Sandwüste.

129. Jugurtha war jedoch nicht zufrieden; und da es ihm nicht gelang, seinen Vetter durch viele Beleidigungen zum Krieg zu provozieren, belagerte er ihn schließlich in seiner Hauptstadt, und trotz lahmer Vorwürfe aus Rom nahm er ihn gefangen und tötete ihn unter grausamen Folterungen und befahl ein wahlloses Massaker an allen Einwohnern von Rom die Stadt. Viele davon waren Italiener. Selbst die niedrige Käuflichkeit der römischen Regierung konnte der gerechten Empörung des Volkes nicht länger standhalten. Der Krieg wurde erklärt und umgehend eine Armee vorrücken lassen, der die Unterwerfung vieler numidischer Städte zuteil wurde. Aber auch hier gelang es dem listigen Usurpator, mit afrikanischem Gold Frieden zu erkaufen. Er gab vor, sich nach eigenem Ermessen zu unterwerfen, wurde jedoch nach Zahlung einer moderaten Geldstrafe und der Abgabe seiner Kriegselefanten, die er bald einlösen durfte, wieder in sein Königreich aufgenommen. In Rom brach erneut öffentliche Empörung aus. Jugurtha wurde in die Stadt gerufen, um über die Mittel zu antworten, mit denen er den Frieden erlangt hatte. Sein Cousin Massiva nutzte diese Gelegenheit, um seinen eigenen Anspruch auf das Königreich Massinissa vorzuziehen . Er wurde jedoch von einem Vertrauten Jugurthas ermordet, der mit Hilfe seines Herrn sofort aus Rom floh.

130. Diese neue Beleidigung erzürnte das Volk bis zum Äußersten. Der Senat hob den Frieden auf und entließ Jugurtha aus der Stadt. Seine sarkastische Bemerkung beim Abschied brachte eine melancholische Wahrheit zum Ausdruck: „Wenn ich genug Gold hätte, würde ich die Stadt selbst kaufen." Der Krieg wurde erneuert, aber die Armee, ebenso demoralisiert wie ihre Anführer, war völlig dienstunfähig. Beim Versuch, die Schatzstadt Suthul zu belagern , ließ der unfähige Befehlshaber zu, dass er in die Wüste verschleppt wurde, wo seine gesamte Armee in die Flucht geschlagen und unter dem Joch gezwungen wurde. Gemäß den Kapitulationsbedingungen wurde Numidien evakuiert und der aufgehobene Frieden erneuert. Die Generäle, deren Fehlverhalten zu dieser Schande geführt hatte, wurden in Rom vor Gericht gestellt und ins Exil geschickt, und mit ihnen Opimius , der Leiter der numidischen Kommission und der eigentliche Henker von Gaius Gracchus.

Als Zeichen der Ernsthaftigkeit, mit der der Krieg nun weitergeführt werden sollte, sagte Qu. Metellus , ein strenger und aufrechter Patrizier der alten Schule, wurde zum Konsul für den Afrikafeldzug gewählt. Zu seinen Leutnants gehörte Caius Marius, der Sohn eines lateinischen Bauern, der durch seine herausragenden Fähigkeiten aus den Reihen aufgestiegen war. Er gewann die Herzen der Soldaten, indem er freiwillig alle ihre Mühen und Entbehrungen teilte; und durch ihre Berichte an Freunde zu Hause war sein Lob in aller Munde.

131. Die wilden Stämme der Wüste strömten zur Standarte Jugurthas, den sie als ihren Befreier aus der römischen Herrschaft begrüßten; und mit seinen Schwärmen von Flottenreitern war er in der Lage, entweder das Schlachtfeld zu bestimmen oder jederzeit außer Sichtweite zu verschwinden, wenn der Kampf gegen ihn zu gehen schien. Die Römer errangen ein oder zwei Siege, aber keinen wirklichen Vorteil. In Rom entstand zweifellos der falsche und ungerechtfertigte Eindruck, dass die Untätigkeit von Metellus , wie die Rückschläge seiner Vorgänger, auf eine geheime Übereinkunft mit Jugurtha zurückzuführen sei – oder zumindest, dass er den Krieg verlängerte, um seine eigenen Interessen zu befriedigen Liebe zur Macht.

Marius machte sich dieses Vorurteils zunutze, kehrte nach Rom zurück und wurde für das Jahr 107 v. Chr. zum Konsul gewählt. Anstatt seine Provinz vom Senat zuteilen zu lassen, wurde er vom Volk zum Befehlshaber in Afrika ernannt. Seine Wahl war in Wirklichkeit eine Revolution, die militärischem Talent die Macht im Staat verlieh und nicht großem Reichtum oder adliger Herkunft. Sein Quæstor bei dieser Expedition war L. Cornelius Sulla, ein junger Adliger, der sich bisher vor allem durch seine grenzenlose Zügellosigkeit auszeichnete, der aber durch energische Erfüllung seiner Pflichten bald das volle Vertrauen und die Zustimmung seines Kommandanten gewann. Diese beiden Männer standen einige Jahre später als abwechselnde Herren der römischen Welt in sehr unterschiedlichen Beziehungen zueinander.

132. Trotz einiger gewagter Abenteuer und der Eroberung mehrerer Städte war die Verwaltung von Marius nicht viel erfolgreicher als die von Metellus . Er behielt das Kommando als Prokonsul für das Jahr 106 v. Chr.; und während des zweiten Winters wurde der eigentliche Sieg von Sulla errungen, der unter großem persönlichen Risiko durch das feindliche Lager zog und mit vollendetem Geschick eine Verhandlung mit König Bocchus von Mauretanien über die Übergabe von Jugurtha führte. Dieser berüchtigte Verbrecher wurde in Ketten nach Rom gebracht, wo er am 1. Januar 104 v. Chr. mit seinen beiden Söhnen den Triumph des Marius schmückte. Einige Tage später starb er vor Hunger im unteren Kerker des mamertinischen Gefängnisses. Eine neue Gefahr bedrohte Rom nun und erforderte ungewöhnliche Maßnahmen. Trotz eines gegenteiligen Gesetzes wurde Marius wieder zum Konsul gewählt und behielt dieses Amt fünf Jahre in Folge, 104–100 v. Chr., weiterhin inne.

133. Die Kimbern , eine gemischte Horde keltischer und germanischer Stämme, waren auf unbekannte Weise von ihren Sitzen jenseits der Donau vertrieben worden und drängten auf die römische Grenze. Vor dem Ende des Jugurthine-Krieges hatten sie viermal konsularische Armeen in Gallien und den Alpenregionen besiegt. Bei der letzten dieser Niederlagen bei Oranien an der Rhone (105 v. Chr.) war eine Armee von 80.000 Mann vernichtet worden, und ganz Italien war voller Schrecken. Eine neue Armee war nun zu Fuß unterwegs, und Marius eilte mit seinem Legaten Sulla und vielen anderen fähigen Offizieren nach Gallien. Die Kimbern hatten sich nach Spanien abgewendet, wo sie jedoch auf tapferen Widerstand stießen und bald über die Pyrenäen zurückgedrängt wurden. Im Westen Galliens konnte sich nichts ihrem rasanten Eroberungszug widersetzen, bis sie das belgische Gebiet jenseits der Seine erreichten. Zu ihnen gesellten sich ein verwandter Stamm der Germanen von den Küsten der Ostsee und drei

Kantone der Helvetier aus den Bergen der Schweiz. Sie arrangierten nun eine gemeinsame Invasion Italiens, wobei die Germanen vom römischen Gallien aus über die westlichen Alpenpässe in dieses Land eindringen sollten , während die Kimbern die östlichen Pässe von der Schweiz aus überqueren sollten.

134. Ziel der Konsuln war es, ihre Vereinigung zu verhindern, und zu diesem Zweck erwartete Marius die Germanen an der Rhone, nahe deren Mündung in die Isara , während Catulus nach Norditalien marschierte, um den Kimbern entgegenzutreten . Einen der größten Siege, die römische Waffen je errungen haben, errangen die Römer im Jahr 102 v. Chr. in der Nähe von Aix. Drei Tage hintereinander hatten die Barbaren das römische Lager angegriffen, als sie aus Verzweiflung über den Erfolg beschlossen, es zurückzulassen und ihren Marsch fortzusetzen Italien.

Marius misstraute seinen neuen Rekruten und ließ nicht zu, dass seine Männer aus ihren Verschanzungen abgezogen wurden, bis das gesamte Heer abgezogen war. und so groß war die Zahl und so schwerfällig das Gepäck der Barbaren, dass sie sechs Tage brauchten, um die römischen Werke zu passieren. Als sie weg waren, brach Marius sein Lager auf und machte sich auf die Suche, wobei er immer noch für perfekte Ordnung sorgte und sich jede Nacht sorgfältig verschanzte. In der Nähe von Aix überholte er die Germanen , und die daraufhin ausgetragene offene Schlacht endete mit der völligen Vernichtung der Nation. Die Krieger, die den Kampf überlebten, setzten ihrem eigenen Leben ein Ende; und ihre Frauen, die den Tod der Sklaverei vorzogen, folgten ihrem Beispiel.

135. In der Zwischenzeit war die andere Division, die weniger erfolgreich Widerstand leistete, über den Brennerpass vorgerückt und hatte die Armee von Catulus in der Nähe von Trient in die Flucht geschlagen. Aber der Komfort und die Fülle der lombardischen Ebene waren für Rom im Moment ein besserer Schutz als die Weisheit seiner Generäle. Die Kimbern zogen in ihre Winterquartiere, und Marius hatte Zeit, seine Armee zu rekrutieren und sich zu beeilen, sich seinem Kollegen im Frühjahr 101 v . Chr . anzuschließen traf stattdessen auf die vereinten Armeen von Marius und Lutatius . Die Schlacht fand am 30. Juli 101 v. Chr. bei Vercelæ westlich von Mailand statt. Die Barbaren wurden vollständig besiegt und entweder abgeschlachtet oder versklavt; 14.000 starben auf dem Schlachtfeld und 60.000 wurden auf die Sklavenmärkte Roms gebracht.

136. Marius wurde in Rom mit einem glänzenden Triumph empfangen, bei dem er als dritter Romulus und zweiter Camillus gefeiert wurde und sein Trankopfername mit dem der Götter verbunden wurde. Das einfache Volk freute sich kaum mehr über den Sieg über die Barbaren als über den Sieg über die Regierung. Der Triumph ihres gewählten Generals, des

Bauernjungen von Arpi´num , schien ihnen ein Triumph der titellosen und unprivilegierten Massen über die wenigen Reichen und Begünstigten. Marius wurde in sein sechstes Konsulat gewählt, und wenn er ein ebenso großer Staatsmann wie General gewesen wäre, hätte die Republik möglicherweise sogar gegen eine Monarchie eingetauscht werden können. Aber er hatte keine ausgereifte Politik und keine Fähigkeit, die Mittel an die Ziele anzupassen. Er verbündete sich mit zwei prinzipienlosen Demagogen, Saturninus und Glaucia , um seine Wahl zu sichern, und überließ sie dann der Rache des Senats, als ihre Verbrechen zu unerträglich geworden waren.

Der Regierungskandidat für das Konsulat wurde angegriffen und zu Tode geprügelt; und die Partei, die den Mord herbeiführte, erklärte Saturninus zu ihrem Anführer, brach die Gefängnistüren auf und gab sowohl Gefangenen als auch Sklaven Freiheit und Waffen. Dieses bewaffnete Gesindel bekämpfte die Wachen des Marius auf dem Marktplatz der Stadt; aber es wurde schließlich zum Kapitol getrieben, vom Wasser abgeschnitten und zur Kapitulation gezwungen. Ohne die Prozessformeln abzuwarten, kletterten einige junge Adlige auf das Dach des Gebäudes, in dem die Randalierer eingesperrt waren, rissen die Dachziegel ab und steinigten sie zu Tode. Auf diese schändliche Weise kamen vier hohe Beamte des römischen Volkes ums Leben: ein Prätor , ein Quæstor und zwei Tribunen.

137. Die wunderschöne Insel Sizilien war ein zweites Mal Schauplatz eines Sklavenkrieges, 102-99 v. Chr. Seine Fruchtbarkeit und Bedeutung als Getreidemarkt für Rom hatten Spekulanten angezogen, die ihre riesigen Ländereien mit Hilfe einer Vielzahl von Sklaven bewirtschafteten. Im Ersten Sklavenkrieg (134–132 v. Chr.) waren 200.000 Rebellen bewaffnet; der zweite forderte die besten Anstrengungen von drei aufeinanderfolgenden Konsuln, und obwohl er im Jahr 99 v. Chr. mit dem Sieg über Rom endete, ließ der Schrecken, den er erregt hatte, nicht so schnell nach. Die Sklaven waren der herrschenden Klasse nicht nur zahlenmäßig überlegen, sie übertrafen sie auch an Stärke und in einigen seltenen Fällen sogar an militärischem Talent. Sie wurden mit solch unmenschlicher Grausamkeit behandelt, dass es ihnen nie an einem Motiv zum Aufstand mangelte, und so waren die ländlichen Bezirke immer anfällig für Ausbrüche, wenn die herrschende Macht abgesetzt wurde.

Man kann hoffen, dass das römische Sklavengesetz noch nie mit dem eines zivilisierten Staates an Barbarei vergleichbar war. Der Sklave war „nichts" im Gesetz; sein Herr konnte ihn foltern oder töten, ohne dass ihm eine andere Strafe als der Verlust seines Eigentums drohte; und als nach einem solchen Sieg wie dem von Vercellæ , wie uns erzählt wird, Gefangene für weniger als einen Dollar pro Kopf gekauft werden konnten, konnte dieses Motiv gegen die Leidenschaft der Rache kein Gewicht gehabt haben. Glücklicherweise ist die Gesellschaft manchmal besser als ihre Gesetze.

Hausangestellte genossen im Allgemeinen das Vertrauen und die Zuneigung ihrer Herren; Ärzte und Lehrer waren in der Regel griechische Sklaven, und ihre Gelehrsamkeit und Talente verschafften ihnen trotz ihrer schwierigen Lage Respekt.

REPRISE.

Obwohl die Plebejer politische Gleichberechtigung genießen, leiden die Armen unter dem Mangel an Land und Arbeit. Tiberius Gracchus erlässt die Agrargesetze, wird aber zum Märtyrer seines Reformeifers. Scipio Æmilianus , der versucht, die Agrarbewegung zu mäßigen, wird ebenfalls ermordet. Caius Gracchus gründet Kolonien in Italien und im Ausland; versorgt die Armen durch eine öffentliche Getreideverteilung; gibt den reichen Plebejern die Einziehung der Provinzeinnahmen und schafft so eine Klasse großer Bankiers und Zöllner. Er wird mit bewaffneter Gewalt bekämpft und 121 v. Chr. getötet. Die Verbrechen von Jugurtha lösen den Numidischen Krieg aus, 111–106 v. Chr. Nachfolger von Metellus wird Marius, der 107 v. Chr. Konsul wird. Jugurtha wird von der Adresse Sulla gefangen genommen; Marius besiegt die Germanen in einer großen Schlacht bei Aix, 102 v. Chr.; und die Kimbern im nächsten Jahr in Vercellæ . Auf einen Aufstand in Rom folgt der Tod mehrerer Richter. Sizilien wird zweimal durch Unterwürfigkeitsaufstände verwüstet: 134–132 v. Chr. und 102–99 v. Chr.

DER SOZIALE KRIEG.

138. Unterdessen wurde Rom durch die Bemühungen und den Tod eines anderen Reformators, M. Livius Drusus, Sohn des Gegners von Gracchus, erschüttert. Als Adliger war er voller Scham über die Korruption seines Ordens und versuchte, die sichersten und besten Gesetze der Gracchen wiederzubeleben, indem er allen Italienern das Wahlrecht verlieh und den Rittern die richterliche Gewalt entzog hatte es stark missbraucht. Er wurde im Jahr 91 v. Chr. von einem unbekannten Attentäter vor seiner eigenen Haustür ermordet und beide Gesetze wurden aufgehoben. Die Alliierten im Süden und in der Mitte Italiens, die durch den Tod ihres Champions in all ihren Hoffnungen enttäuscht worden waren, griffen nun zu den Waffen. Acht Nationen, die Marsi , Marrucini , Peligni , Vestini , Picenti´ni , Samniten, Apu'li und Lucani , bildeten eine Bundesrepublik unter dem Namen *Italia* , wählten zwei Konsuln und legten ihre Hauptstadt in Corfinium fest Apenninen.

Die ersten Bewegungen im „Sozialen Krieg" waren für Rom katastrophal. L. Cæsar , der Konsul, Perper´na , sein Legat, und Postumius , ein Prätor , wurden besiegt. Eine konsularische Armee unter Cæpio wurde zerstört; Kampanien wurde überrannt und die Norditaliener waren fast bereit, in die Liga einzutreten. Doch ein spätes Zugeständnis rettete Rom. Die begehrten Bürgerrechte wurden allen verliehen, die am Krieg nicht teilgenommen hatten, und allen, die sich nun aus dem Krieg zurückzogen. Die Reihen der Konföderierten waren somit geteilt; und schließlich wurden sogar die Samniter und Lucanier, die sich als Letzte unterwarfen, durch das Versprechen, alles zu gewinnen, was sie verlangt hatten.

139. Das langsame und vorsichtige Verhalten von Marius in diesem Krieg wurde durch die brillante Aktivität von Sulla, der jetzt Konsul war, in den Schatten gestellt; und der Senat entschied, dass der alte General den Strapazen eines Feldzugs nicht gewachsen sei, und übertrug den Befehl gegen Mithridates dem jungen Patrizieroffizier. Die Eifersucht, die vor langer Zeit das alte Vertrauen zwischen Marius und Sulla verdrängt hatte, brach nun in heftigen Widerstand aus. Um seinen Rivalen zu besiegen, überredete Marius den Tribun Rufus, ein Gesetz zur Verteilung der neu entrechteten Italiener unter allen Stämmen vorzuschlagen. Die alten Bürger wären somit zahlenmäßig weit unterlegen, und die Ernennung von Sulla wurde rückgängig gemacht, da alle neuen Wähler Marius als ihren Freund und Wohltäter betrachteten. Die Konsuln mischten sich ein, aber Marius und sein Verbündeter besetzten das Forum mit einer Streitmacht, zwangen die Konsuln, ihr Verbot zurückzuziehen, verabschiedeten das Gesetz durch Einschüchterung und erreichten leicht eine Abstimmung der Stämme, die Marius zum Oberbefehlshaber des Pontischen Krieges ernannte.

KARTE des RÖMISCHEN REICHES.

140. Diesem brutalen Eingriff in die Rechtsformen stieß natürlich eine Gegenkraft entgegen. Die von Marius entsandten Militärtribunen, die in seinem Namen das Kommando über die Armee in Nola übernehmen sollten, wurden von den Soldaten Sullas zu Tode gesteinigt, die sofort an der Spitze von sechs Legionen nach Rom marschierten. Die Stadt war auf den Widerstand nicht vorbereitet; Sulla wurde sein Herr und Marius floh mit seinem Sohn und seinen Partisanen. Als Flüchtling und Gesetzloser wanderte er entlang der Küste Süditaliens; jetzt halb verhungert in einem Wald, jetzt die ganze Nacht bis zum Kinn in einem Sumpf begraben; wiederum verdankte er ein paar Stunden Schlaf der Wohltätigkeit eines Schiffskapitäns oder eines Bauern, der die von Sulla für den Kopf des Gesetzlosen angebotene Belohnung ablehnte und es ihm ermöglichte, seinen Verfolgern zu entkommen.

In Mintur´næ wurde er von einer Frau beherbergt, der er früher etwas Gutes erwiesen hatte; aber die Beamten der Stadt beschlossen, den Befehlen der Regierung in Rom Folge zu leisten, und konnten mit Mühe einen gallischen oder zimbrischen Soldaten dazu bewegen, die Aufgabe zu übernehmen, ihn zu entsenden . Aber kaum hatte der Barbar das Zimmer betreten, in dem der alte General unbewaffnet und wehrlos auf einem Bett lag, als sein Mut nachließ, sein gezogenes Schwert aus seiner Hand fiel und er aus dem Haus stürzte und ausrief: „Ich kann nicht töten .“ Caius Marius!“

141. Die Einwohner von Minturnæ ließen sich nun großzügiger beraten und beschlossen, den Befreier Italiens nicht zu vernichten. Sie stellten ihm ein Schiff zur Verfügung und führten ihn mit guten Wünschen zum Meer, wo er sich nach Afrika einschiffte. Auch hier wurde er vom Gouverneur gewarnt, das Land zu verlassen oder als Feind Roms behandelt zu werden. Doch zu diesem Zeitpunkt hatte in Rom selbst eine Revolution stattgefunden, die die Rückkehr von Marius begünstigte. Cinna, einer der neuen Konsuln, gehörte der marianischen Partei an und wollte die Gesetze des Rufus durchsetzen. Die Aristokraten bewaffneten sich unter dem Kommando des anderen Konsuls, Octavius, und auf dem Forum kam es zu einer Schlacht, in der Cinna besiegt und aus der Stadt vertrieben wurde. Wie Sulla wandte er sich an die Armee; und da die Armee nun aus Italienern bestand, die nicht umhin konnten, die Partei zu bevorzugen, die ihnen die höchste Macht bei den römischen Wahlen versprach, wendete sich das Blatt zu Gunsten der Aristokraten.

Marius kehrte zurück, eroberte Ostia und andere Häfen an der lateinischen Küste, kaperte die Getreideschiffe und zwang Rom so zur Kapitulation. Diesmal wurde die eroberte Stadt einer Schreckensherrschaft ausgeliefert. Als Marius durch die Straßen ging, erstachen seine Wachen alle Personen, die er nicht grüßte. Jeden Tag wurden neue Listen mit den Opfern des Dolches erstellt, die er entweder fürchtete oder hasste. Marius und Cinna erklärten sich 86 v. Chr. zu Konsuln und verachteten damit die übliche Form der Wahl. Aber der unerbittliche Herrscher Roms genoss nicht lange sein siebtes Konsulat, das er sein ganzes Leben lang abergläubisch erwartet und nun so skrupellos erlangt hatte. Er starb am achtzehnten Tag seines Magistrats und im einundsiebzigsten Jahr seines Lebens.

142. Sulla hatte den Mithridatischen Krieg zu einem siegreichen Ende geführt, nachdem er auf eigene Kosten fünf schwierige und kostspielige Feldzüge durchgeführt und die aufständischen Gebiete Griechenlands, Mazedoniens und Kleinasiens für Rom zurückerobert hatte. Aber er vergaß nie, dass die Republik, der er diente, ihn zum Staatsfeind erklärt, seinen Reichtum beschlagnahmt und seine besten Freunde wegen ihrer Treue zu ihm ermordet hatte. Wenn seine Rache verzögert wurde, war sie nur umso bitterer und wirksamer. Er kehrte nun mit einer mächtigen Armee zurück, die ihm treu zur Seite stand und mit Schätzen beladen war, die er in den eroberten Städten Asiens gesammelt hatte.

Um die Feindschaft der Italiener zu entschärfen, die den wertvollsten Teil der Streitkräfte seiner Gegner darstellten, verkündete er, dass er sich nicht in die Rechte eines Bürgers, ob alt oder neu, einmischen würde. Er ließ weder den Städten noch den Feldern der Italiener Schaden zufügen und schloss mit vielen ihrer Städte gesonderte Verträge, in denen er ihnen den vollen Genuss der römischen Privilegien garantierte, solange sie seine Interessen begünstigten. Die Samniter allein hielten gegen Sulla stand und erneuerten im Einvernehmen mit der marianischen Partei ihre alten Feindseligkeiten. Cinna wurde von seinen eigenen Truppen ermordet, auf dem Weg zu Sulla in Dalmatien .

143. Sulla landete in Brundisium und marschierte ohne Widerstand durch Kalabrien, Apulien und Kampanien. besiegte einen Konsul bei Capua und gewann die gesamte Armee des anderen durch gut mit Gold versorgte Abgesandte. Er wurde durch drei Legionen unter Cneius Pompeius und durch die Unterstützung vieler angesehener Bürger, darunter Metellus Pius, Crassus und Lucullus, verstärkt. Er war immer noch den Marianern zahlenmäßig unterlegen, die im Jahr 82 v. Chr. eine Armee von 200.000 Mann unter den beiden Konsuln Papirius Carbo und dem jüngeren Marius ins Feld zogen . Letzterer wurde jedoch mit großen Verlusten bei Sacripor´tus besiegt und flüchtete nach Præneste , wo er seine militärische Truhe deponiert hatte, bereichert durch die Schätze der kapitolinischen Tempel. Diese Stadt wurde blockiert, während Sulla nach Rom marschierte. Marius hatte seinen Partisanen in der Stadt heimlich befohlen, die berühmtesten Mitglieder der Cornelian-Fraktion zu töten; und so starben der Pontifex Maximus und viele andere, deren heiliges Amt oder erhöhter Charakter sie in tugendhafteren Zeiten vor Gewalt geschützt hätte.

144. Das Heer der Samniter und Lukaner rückte auf Bitten von Marius in Richtung Rom vor. Telesinus , ihr Anführer, erklärte, dass er die Stadt dem Erdboden gleichmachen würde. In der Nähe des Colline- Tors kam es zu einer erbitterten Schlacht , in der Sulla siegreich war. und befahl mit einer kaltblütigen Wildheit, die in diesen schrecklichen Zeiten nur allzu häufig vorkam, die Zerstückelung von 6.000 Gefangenen auf dem Campus Martius. Sulla war nun Herr über Rom und Italien, und seine Rache hatte begonnen. Eine „Proskriptionsliste" seiner Feinde wurde auf dem Forum ausgestellt, und eine Belohnung von zwei Talenten wurde für alle ausgesetzt, die diese geächteten Personen töten oder auch nur den Ort ihres Verstecks zeigen würden. Wie üblich fanden privater Hass und selbst der gemeinste Geiz unter dem Namen politischer Feindschaft Nachsicht. Jeder Freund von Sulla durfte der Liste Namen hinzufügen; und da das Eigentum des Geächteten normalerweise an seinen Ankläger ging, reichte oft der Besitz eines Hauses, eines Feldes oder sogar eines Stücks Silberplatte aus, um einen Mann als Staatsfeind zu kennzeichnen.

Sulla wurde zum Diktator ernannt, mit uneingeschränkter Macht, „die Ordnung in der Republik wiederherzustellen". Die von ihm vorgenommenen Verfassungsänderungen zielten darauf ab, dem Senat und den Adligen wieder die Vorrangstellung zu verschaffen, die sie in den ersten Jahren nach der Vertreibung der Könige genossen hatten. Er schränkte den Einfluss der Volkstribunen ein und minderte die Würde ihres Amtes, indem er denjenigen, die dieses Amt innehatten, verbot, Konsuln zu werden. Obwohl Sulla selbst ein Mann mit ausschweifenden Moralvorstellungen war, erkannte er deutlich, dass das schlimmste Elend des römischen Volkes auf seine eigene Korruption zurückzuführen war, und er versuchte, Luxus und Kriminalität durch strengste Gesetze einzudämmen. Aber der Versuch war aussichtslos; Der Charakter der Nation war so weit geschwächt, dass kein Rang oder keine Klasse mehr zur Herrschaft geeignet war und ihre Unterwerfung unter den Willen eines Tyrannen zur Notwendigkeit geworden war.

145. Sulla erhöhte die Zahl des Senats um 300 neue Mitglieder, die aus den Rittern ausgewählt wurden, natürlich allesamt Anhänger seiner eigenen. Er erlangte auch eine Art Leibwächter, indem er den 10.000 Sklaven derjenigen, die er verboten hatte, das Bürgerrecht verlieh. Diese Freigelassenen erhielten alle seinen eigenen Clannamen, Cornelius, und wurden seine Kunden. Er belohnte seine Veteranen mit den beschlagnahmten Ländereien der Marienpartei und ersetzte so ehrliche und fleißige Bauern durch allzu oft gesetzlose und sparsame Militärgemeinden. Als Sulla die Diktatur drei Jahre lang innehatte, überraschte er die Welt, indem er sie plötzlich niederlegte und sich auf seinen Landsitz in Pute'oli zurückzog . Hier widmete er seine Tage den Vergnügungen der Literatur, vermischt mit unglücklicherweise weniger erhabenen Vergnügungen. Er starb 78 v. Chr., im Jahr nach seiner Abdankung. Zwei Tage vor seinem Tod vollendete er die Geschichte seines eigenen Lebens und seiner Zeit in zweiundzwanzig Bänden, in denen er die Vorhersage eines chaldäischen Wahrsagers festhielt, dass er nach einem glücklichen Leben auf dem Höhepunkt seines Wohlstands sterben würde .

146. Ein Rest der marianischen Fraktion hielt sich immer noch im Westen Spaniens auf. Sertorius war zum Befehlshaber dieser Provinz entsandt worden, hauptsächlich weil er als der ehrlichste und scharfsichtigste der Marianer seinen Offiziersbrüdern Ärger bereitete. Während der Proskription durch Sulla schlossen sich ihm viele Verbannte an, die ihm bei der Ausbildung der einheimischen Truppen halfen. Obwohl er vom Prokonsul Anius eine Zeit lang nach Afrika vertrieben wurde, kehrte er auf Einladung der Lusitaner mit einer libyschen und maurischen Armee zurück, die die Flotte von Sulla in der Straße von Gibraltar und seine Landstreitkräfte in der Nähe des Guadalquivir besiegte . Das gesamte römische Spanien wurde Sertorius unterworfen. Mit Hilfe kilikischer Piraten eroberte er die Inseln Iví´ca und Formentera . Er bildete eine Regierung, deren Senat nur aus Römern bestand; aber er zeichnete die einheimischen Spanier durch viele Zeichen der Gunst aus und gewann ihr Vertrauen nicht nur durch sein brillantes Genie, sondern auch durch seine vollkommene Gerechtigkeit bei der Verwaltung ihrer Angelegenheiten.

147. Metellus , Sullas Kollege im Konsulat, der seine Armeen in Spanien befehligte, war völlig verblüfft über die unermüdliche Aktivität und überlegene Kenntnis des Landes, die Sertorius an den Tag legte. Schließlich wurde Cneius Pompeius, der bereits in seinem dreißigsten Lebensjahr den Titel eines Großen und die Ehre eines Triumphs für seine Siege über die Verbündeten der Marien in Afrika erlangt hatte, mit dem Titel eines Prokonsuls nach Spanien geschickt, um ihn zu teilen das Kommando mit Metellus . Seine militärischen Fähigkeiten übertrafen die seiner Vorgänger bei weitem, aber fünf Jahre lang zog sich der Krieg immer noch mit mehr Verlusten und Ärger als Erfolg hin.

Schließlich wurde Sertorius von einem seiner eigenen Offiziere ermordet, einem Mann von hoher Abstammung, der die Überlegenheit von Genie und Integrität neidete und hoffte, durch die Absetzung seines Generals den Weg zu seinem eigenen Aufstieg zu ebnen. Er wurde von Pompeius in der ersten Schlacht, die er als Oberbefehlshaber führte, völlig besiegt und gefangen genommen; und obwohl er versuchte, sein Leben zu retten, indem er die Papiere von Sertorius herausgab und so die Geheimnisse seiner Partei in Rom verriet, wurde ihm im Jahr 72 v. Chr. die sofortige Hinrichtung befohlen.

148. Der Spanische Krieg war nun beendet, aber eine nähere und größere Gefahr drohte Rom. Der Stolz und der Luxus, die durch fremde Eroberungen genährt wurden, hatten dem einfachen Volk keinen Zuwachs an Bildung gebracht; und ihr Lieblingsvergnügen an Festtagen bestand darin, zuzusehen, wie die tapfersten Kriegsgefangenen, die für diesen Zweck ausgebildet wurden, sich gegenseitig im Amphitheater abschlachteten. Die Ädilen , die für die öffentlichen Vorführungen sorgten, wetteiferten miteinander in der Anzahl und Ausbildung der Gladiatoren, die sie entweder kauften oder von ihren Besitzern für die Ausstellung anheuerten. Unter den unglücklichen Männern, die in der Schule von Capua ausgebildet wurden, befand sich ein thrakischer Bauer namens Spar´tacus . Seine Seele lehnte sich gegen das grausame Schicksal auf, das ihm drohte, und er teilte seinen Geist siebzig seiner Kameraden mit. Sie brachen gewaltsam die Grenzen, erreichten die Tore von Capua, beschlagnahmten auf der Straße einige Wagenladungen mit Gladiatorenwaffen und flüchteten in einen erloschenen Krater des Vesuvs. Sie besiegten 3.000 Soldaten, die sie belagerten, und bewaffneten sich effektiver mit der Beute der Erschlagenen.

Spartacus verkündete die Freiheit für alle Sklaven, die sich ihm anschließen wollten. Die halbwilden Hirten der Bruttian- und Lucanian-Berge sprangen auf seinen Ruf hin zu den Waffen, und die Zahl der Aufständischen stieg schnell auf 40.000. Sie besiegten zwei Legionen unter dem Prätor Varinius stürmte und plünderte Thurii und Metapontum , Nola und Nuceria sowie viele andere Städte Süditaliens. Im zweiten Jahr wurden ihre Streitkräfte auf 100.000 Mann erhöht und sie besiegten nacheinander zwei Konsuln, zwei Prätoren und den Gouverneur von Cisalpine Gallien. Ganz Italien, von den Alpen bis zur Meerenge von Messana , erbebte beim Namen Spartacus, wie es schon mehr als hundert Jahre zuvor beim Namen Hannibals geschehen war; aber es bewies nur den Verfall des römischen Charakters, dass ein bloßer Banditenhäuptling das erreichen konnte, was einst das Genie des größten Feldherrn, den die Welt je hervorgebracht hatte, auf eine harte Probe gestellt hatte.

149. Spartacus erkannte jedoch klar, dass am Ende die organisierte Macht und die Ressourcen Roms seinen eigenen überlegen sein mussten, und er schlug seinen Anhängern lediglich vor, sich bis zu den Alpen und darüber hinaus durchzukämpfen und sich dann in ihre Häuser zu zerstreuen; Doch die vom Erfolg verwöhnten Aufständischen weigerten sich, Italien zu verlassen und wandten sich erneut nach Süden. Ihre Winterquartiere in der Nähe von Thurii glichen einem riesigen Jahrmarkt, auf dem sich die Beute der gesamten Halbinsel versammelte, um Kaufleute von nah und fern zu kaufen. Spartacus lehnte Gold oder Silber ab und nahm als Tausch nur Eisen oder Messing, die er in in seinem Lager ansässigen Gießereien zu

Kriegswaffen verarbeitete. In der Panik, die Rom erfasste, war niemand bereit, sich für das Amt des Prätors anzubieten . Schließlich nahm Licinius Crassus die Ernennung an und führte acht Legionen ins Feld.

150. Spartacus wurde zweimal besiegt und an die Südspitze von Bruttium vertrieben. Von dort aus versuchte er, nach Sizilien zu fliehen, wo der Sklavenkrieg immer noch schwelte und darauf wartete, wieder entfacht zu werden, und wo er durch die Kontrolle der Getreidefelder bald einen Brotaufstand unter der hungrigen Menge Roms hätte auslösen können. Doch die kilikischen Piraten, die ihn mit seinem Transport beauftragt hatten, erwiesen sich als heimtückisch; und sein Versuch, seine Armee auf Flößen und Korbbooten über die Meerenge zu befördern, blieb erfolglos. Dann brach er in seiner Verzweiflung die Linien von Crassus und versetzte Rom erneut in große Bestürzung.

Aber die gleichen Eifersüchteleien, die die Streitkräfte der Griechen und Römer zerstreut hatten, verurteilten auch die Barbaren zum Untergang. Dreißigtausend Gallier trennten sich von Spartacus und seinen Thrakern und wurden in der Nähe von Crotona völlig vernichtet. Die letzte Begegnung fand am Quellgebiet des Silarus statt . Spartacus fiel im verzweifelten Kampf und seine Armee wurde zerstört. Nur 5.000 seiner Männer machten sich auf den Weg nach Norditalien, wo sie bei seiner Rückkehr aus Spanien von Pompeius empfangen und alle mit dem Schwert hingerichtet wurden. Die 6.000 von Crassus gefangenen Gefangenen wurden entlang der Via Appia gekreuzigt.

151. Die beiden triumphierenden Generäle Pompeius und Crassus forderten als Belohnung das Konsulat. Um dies zu erreichen, war es notwendig, einige der Sullæan -Gesetze außer Kraft zu setzen, da Pompeius weder das erforderliche Alter erreicht noch die vorläufigen Ämter durchlaufen hatte. Aber die Befreier Roms konnten nicht umsonst bitten. Am 31. Dezember 71 v. Chr. triumphierte Pompeius ein zweites Mal über seine Siege in Spanien; Am nächsten Tag, dem 1. Januar 70 v. Chr., trat er sein Konsulat bei Licinius Crassus an. Obwohl Pompeius früher unter Sulla ein Hauptinstrument der Oligarchie war, schloss er sich nun der demokratischen Partei an, insbesondere der wohlhabenden Mittelschicht. Er gab den Volkstribunen die Macht zurück, die Sulla ihnen genommen hatte, und sorgte dafür, dass die Richter nicht mehr ausschließlich aus dem Senat, sondern zu gleichen Teilen aus dem Senat, den Rittern und den Finanztribunen – einer Klasse von – gewählt wurden wohlhabende Männer, die die den Soldaten geschuldeten Einnahmen einsammelten und auszahlten.

Reformen in der Regierung der Provinzen waren ein Schlachtruf der neuen Partei, und das Jahr von Pompeius' Konsulat war geprägt von der strafrechtlichen Verfolgung von Verres, Exprætor von Syrakus, wegen seines schamlosen Raubes der Provinz Sizilien. Die Amtsenthebung wurde von Marcus Tullius Cicero durchgeführt, dem großen Anwalt und Redner, dessen wunderbare Gelehrsamkeit und Beredsamkeit ihn bereits berühmt gemacht hatten. Cicero hatte einhundertzehn Tage Zeit, Beweise für Verres' Schuld zu sammeln. In weniger als der Hälfte der Zeit kehrte er aus Sizilien zurück, gefolgt von einer langen Reihe von Zeugen, deren Vermögen durch den Betrug und die Unmenschlichkeit des Prätors ruiniert worden war . Man hatte Verres selbst damit prahlen hören, er habe genug Reichtum angehäuft, um ein Leben lang in Luxus leben zu können, selbst wenn er zwei Drittel seines unrechtmäßigen Gewinns für die Vertuschung von Ermittlungen oder für den Kauf einer Begnadigung ausgeben würde; und die unglücklichen Provinziale erklärten deutlich, dass sie, wenn er freigesprochen würde, beim Senat die Aufhebung aller Gesetze gegen offizielle Ungerechtigkeit beantragen würden, damit ihre Gouverneure in Zukunft zumindest nur noch plündern könnten, um sich zu bereichern, und nicht, um ihre Richter zu bestechen. Aber Verres wurde verurteilt und floh, ohne seine Strafe abzuwarten, mit seinen Schätzen nach Massilia .

152. Am Ende seines Konsulats akzeptierte Pompeius keine Provinz, sondern blieb ruhig in Rom und beteiligte sich nicht an öffentlichen Angelegenheiten. Eine zunehmende Gefahr erforderte bald die Ausübung seiner Talente. Seit der Zerstörung der Seemacht Karthago, Syrien und Ägypten waren die Piraten der kilikischen Küste unkontrolliert durch das Mittelmeer gekreuzt und wurden sogar von Mithridates und Sertorius in ihrer Feindschaft gegen Rom ermutigt. Sie eroberten die Getreideschiffe, plünderten die reichsten Städte und griffen sogar die römische Würde in ihrer imposantesten Form an, indem sie große Beamte mit ihren Dienern von der Via Appia entführten.

Die Krise erforderte außergewöhnliche Maßnahmen, und im Jahr 67 v. Chr. wurde Pompeius mit der absoluten und unverantwortlichen Kontrolle über das Mittelmeer betraut , mit einem Bezirk, der sich von seinen Küsten aus fünfzig Meilen landeinwärts erstreckte, und mit uneingeschränkter Befehlsgewalt über Schiffe, Geld und Männer. Nach seiner Ernennung fielen die Lebensmittelpreise sofort, was das Vertrauen zeigte, das seine großen Fähigkeiten geweckt hatten. Innerhalb von vierzig Tagen hatte er das Westmeer gefegt und die unterbrochene Verbindung zwischen Italien, Afrika und Spanien wiederhergestellt. Dann segelte er von Brundisium aus, säuberte das Meer nach Osten, jagte die Korsaren von allen ihren Buchten aus mit den verschiedenen Schwadronen unter seinen fünfzehn Leutnants und gewann viele durch seine barmherzige Behandlung der Gefangenen, die ihm in die Hände fielen, zur freiwilligen Unterwerfung.

Die letzte Schlacht fand nahe der kilikischen Küste statt, über der die Piraten auf den Höhen des Taurus ihre Familien und ihre Beute untergebracht hatten. Sie wurden besiegt; 10.000 Männer wurden getötet, ihre Arsenale, Magazine und 1.300 Schiffe zerstört, während 400 Schiffe und 20.000 Gefangene gemacht wurden. Pompeius bewies bei der Beseitigung seiner Gefangenen nicht weniger Weisheit als Energie bei der Besiegung. Sie wurden in abgelegenen Städten angesiedelt und erhielten eine ehrliche Beschäftigung; und als Ergebnis des kurzen und entscheidenden Konflikts von drei Monaten blieb das Mittelmeer viele Jahre lang sicher und offen für den friedlichen Verkehr.

153. Der Mithridatische Krieg war für die Römer verheerend geworden, obwohl er von Lucullus mit großem Geschick geführt wurde; und ein neues Gesetz, das von Manilius vorgeschlagen wurde, erweiterte nun Pompeius' Gerichtsbarkeit auf alle Streitkräfte in Asien, mit der Macht, nach eigenem Ermessen Krieg, Frieden oder Bündnis mit den verschiedenen Königen zu schließen. Innerhalb eines Jahres, 66 v. Chr., erhielt er die Unterwerfung des Königs von Armenien und vertrieb Mithridates über den Kaukasus hinaus . Er entmachtete die letzten Seleukiden und stellte Syrien sowie Pontus und Bithynien unter Provinzverwaltung.

Als Zentren der römischen oder griechischen Zivilisation gründete er 39 neue Städte und baute viele alte wieder auf oder belebte sie wieder. Zu den ersteren gehörte Nicopólis – „ die Stadt des Sieges" –, die er an der Stelle des entscheidenden Sturzes von Mithridates als Heimstätte für seine erfahrenen Soldaten errichten ließ. Er unterwarf Phönizien und Palästina im Jahr 63 v. Chr., eroberte die Tempelfestung Jerusalems durch eine dreimonatige Belagerung und ernannte Hyrkanos zum „Hohepriester und Herrscher des Volkes". Im nächsten Jahr kehrte er in einem langen Triumphzug nach Italien zurück.

REPRISE.

Auf den Tod von Drusus folgt der Gesellschaftskrieg, in dessen siegreichem Ende Sulla großen Ruhm erlangt. Marius greift gewaltsam in seine Ernennung zum Kommandeur im Krieg gegen Pontus ein. Sulla überwältigt die Stadt mit seinen Legionen und Marius wird verbannt. Nach Sullas Abreise kehrt er zurück, erobert Rom und massakriert seine Gegner, stirbt jedoch bald nach Beginn seines siebten Konsulats. Sulla, der triumphierend aus dem Osten zurückkehrt, besiegt die neuen Konsuln und ihre Verbündeten und verwüstet durch seine Verbote das Leben und Eigentum in Rom. Als Diktator stellt er die aristokratische Regierung der frühen Republik wieder her. Er stirbt im Ruhestand, 78 v. Chr. Sertorius, zehn Jahre Herrscher in Spanien, wird von Pompeius bekämpft und ermordet, 72 v. Chr. Der Gladiatorenkrieg unter Spartacus erfüllt ganz Italien mit Schrecken, 73-71 v. Chr. Es endet mit Crassus, der zusammen mit Pompeius dem Großen 70 v. Chr. Konsul wird. Cicero klagt Verres wegen Erpressung in Sizilien an. Pompeius, der durch das gabinische Gesetz mit außergewöhnlichen Befugnissen ausgestattet wurde , vernichtet die kilikischen Piraten; beendet dann den Pontischen Krieg und errichtet die römische Herrschaft in Westasien.

EROBERUNGEN VON JULIUS CÆSAR .

154. Rom war unterdessen nur knapp dem Untergang durch die ungerechten Pläne eines seiner eigenen Adligen entgangen. L. Sergius Catili´na , ein Mann aus einer alten Familie, aber mit wertlosem Charakter und ruiniertem Vermögen, nutzte die Zeit, in der alle Truppen aus Italien abwesend waren, um mit anderen Adligen, die ebenso böse und turbulent waren wie er selbst, einen Plan zum Sturz der Regierung zu schmieden. Die neuen Konsuln sollten am Tag ihrer Amtseinführung ermordet werden. Catilina und Autronius sollten den Oberbefehl in Italien übernehmen und Piso sollte eine Armee nach Spanien führen. Die erste Verschwörung scheiterte an der Unvorsichtigkeit ihres Anführers; aber es bildete sich ein zweiter, noch kühnerer und umfassenderer Charakter. Elf Senatoren waren in die Verschwörung verwickelt; In verschiedenen Teilen der Halbinsel wurden Waffenmagazine angelegt und Truppen aufgestellt. Die weit verbreitete Unzufriedenheit der Bevölkerung mit der bestehenden Regierung trug zum Erfolg der Bewegung bei; und am Ende sollten Sklaven, Gladiatoren und sogar Kriminelle aus den öffentlichen Gefängnissen befreit und bewaffnet werden.

Das Geheimnis wurde achtzehn Monate lang von einer großen Anzahl von Personen geheim gehalten, aber die Hauptmerkmale der Verschwörung wurden schließlich Cicero, dem damaligen Konsul, bekannt gegeben, und durch seine Wachsamkeit und Klugheit konnte sie vollständig vereitelt werden. Er konfrontierte Catilina im Senat – wo der Erzverschwörer die Kühnheit hatte, seinen gewohnten Platz einzunehmen – mit einer Rede, in der er mit schonungsloser Heftigkeit die kleinsten Umstände der Verschwörung offenlegte. Der verurteilte Rädelsführer floh in der Nacht aus Rom und stellte sich an die Spitze seiner beiden Legionen, in der Hoffnung, noch einen wirksamen Schlag zu versetzen, bevor die vom Senat angeordneten Aushebungen einsatzbereit sein könnten. Seine wichtigsten Komplizen wurden auf Befehl des Senats im Gefängnis festgenommen und erdrosselt, während er selbst vom Prokonsul Antonius in Etrurien verfolgt und besiegt wurde. Die Schlacht war entscheidend. Catilina fiel im Kampf weit vor seinen Truppen, und 3.000 seiner Anhänger kamen mit ihm ums Leben. Kein freier Römer wurde lebend gefangen genommen. Chr. 62.

155. Obwohl diese gewagte Verschwörung auf diese Weise glücklich niedergeschlagen wurde, beunruhigten die Schwäche und Unordnung der Gesellschaft die besten und weisesten Bürger. Es wurde befürchtet, dass ein Mann mit gebieterischem Talent dennoch Erfolg haben könnte, wo Catilina gescheitert war, und die Freiheiten Roms zunichte machen könnte. Pompeius, der nun mit seinen siegreichen Legionen aus dem Osten zurückkehrte, war für den Senat und die aristokratische Partei der unmittelbare Gegenstand des Schreckens. Aber er beschwichtigte seine Besorgnis, indem er seine Armee auflöste, sobald er den Boden Italiens berührte, und langsam, begleitet von nur wenigen Freunden, nach Rom weiterzog. Sie konnten seinen Anspruch auf einen Triumph nicht ablehnen, und gemessen an der Zahl und dem Ausmaß seiner Siege war dieser Festzug der imposanteste, den Rom je gesehen hatte. Obwohl es keine Armee gab, die die Prozession verlängern konnte, dauerte ihr Durchzug durch die Stadt zwei Tage. Die Inschriften zählten 22 Könige und 12.000.000 eroberte Menschen auf; 800 Schiffe, fast 900 Städte und 1.000 Festungen eingenommen; und die römischen Einnahmen verdoppelten sich fast.

Durch einen ungewöhnlichen Akt der Gnade verschonte Pompeius das Leben aller seiner Gefangenen und entließ alle in ihre Häuser außer Aristobulos aus Judäa und dem jungen Tigranes aus Armenien, die festgehalten wurden, damit sie in ihren jeweiligen Ländern keinen Aufstand schüren könnten. Aber obwohl die Aristokraten des Senats an den öffentlichen Ehrungen für Pompeius teilgenommen hatten, konnten sie nicht vergessen, dass seine Ernennung im Osten trotz ihres Widerstands erfolgt war. Seine Forderungen nach Landzuteilungen an seine Veteranen und für ihn selbst ein zweites Konsulat und die Ratifizierung seiner Amtshandlungen wurden abgelehnt; und Pompeius schloss nun, um seine Versprechen gegenüber seinen Soldaten einzulösen, ein Bündnis mit einem fähigeren Mann, der für die alte Ordnung der Dinge weitaus gefährlicher war – wenn der Senat es nur hätte vorhersehen können – als er selbst. Chr. 60.

156. Caius Julius Cäsar war in seinem achtzehnten Lebensjahr geächtet worden, weil er sich auf Befehl von Sulla geweigert hatte, seine junge Frau Cornelia, die Tochter von Cinna, zu entlassen. Eine Zeit lang befand er sich als Flüchtling in Todesgefahr, aber seine Freunde erwirkten schließlich mit großer Mühe seine Begnadigung vom Diktator unter Berufung auf seine Jugend und Bedeutungslosigkeit. Sulla war anspruchsvoller; Er bemerkte: „Dieser Junge wird eines Tages der Untergang der Aristokratie sein, denn in ihm stecken viele Marii .“

Nach dem Tod seiner Tante Julia, der Witwe von Marius, widersetzte sich Cäsar dem Gesetz, das ihren Mann zum Staatsfeind erklärt hatte, indem er veranlasste, dass sein Wachsbild im Trauerzug getragen wurde. Es wurde von der Bevölkerung mit lautem Beifall begrüßt. Drei Jahre später wagte Cäsar in seiner Adilatur , die in der Pracht der gefeierten Spiele und der auf eigene Kosten errichteten Gebäude alles Bisherige übertraf, einen mutigeren Schritt. Während einer Nacht stellte er im Kapitol die Statuen des Marius und die Darstellungen seiner Siege in Afrika und Gallien wieder auf, die Sulla entfernt hatte. Als der Morgen anbrach, weinten und jubelten das einfache Volk und die Veteranen von Marius über das Wiederauftauchen der bekannten Merkmale und begrüßten Cæsar mit stürmischem Applaus. Obwohl er im Senat offiziell wegen Gesetzesverstoßes angeklagt wurde, konnte er nicht gegen die Stimme des Volkes verurteilt werden.

157. Würden und Ehrungen folgten in rascher Folge. Er wurde 63 v. Chr. Pontifex maximus; prætor , im Jahr 62; und am Ende seiner Prätorschaft erlangte er die Regierung von Hinterspanien. In diesem ersten Militärkommando erlangte er nicht nur Reichtum für sich und seine Soldaten, sondern auch großen Ruf, indem er die lusitanischen Bergsteiger unterwarf. Bei seiner Rückkehr wünschte er sich sowohl einen Triumph als auch das Konsulat; aber das eine konnte er nicht erhalten, wenn er die Stadt betrat, bevor es beschlossen wurde, und das andere auch nicht, ohne bei der bevorstehenden Wahl persönlich anwesend zu sein; Also verzichtete er auf das Auffällige zugunsten des soliden Vorteils und wurde ordnungsgemäß zum Konsul gewählt, mit Bibulus , einem Werkzeug des Senats, als seinem Kollegen.

158. Es gelang ihm nun, Pompeius aus der Senatorenpartei zu lösen und mit ihm und Crassus ein *Triumvirat zu bilden* , das, obwohl nur eine geheime Vereinbarung, keine öffentliche Obrigkeit, mehrere Jahre lang die römische Welt regierte. Die Macht von Crassus beruhte auf seinem enormen Reichtum; das von Pompeius, zu seinen großen Militärdiensten; und das von Cæsar , zu seinem unvergleichlichen Genie und seiner grenzenlosen Popularität. Ihr vereinter Einfluss machte sich bald in den Amtshandlungen Cæsars bemerkbar . Er brachte ein Agrargesetz vor, um das reiche öffentliche Land Kampaniens unter den ärmsten Bürgern aufzuteilen. Es wurde gegen den heftigen Widerstand von Bibulus und der gesamten aristokratischen Partei verabschiedet; Eine zwanzigköpfige Kommission mit Pompeius und Crassus an der Spitze wurde ernannt, um die Ländereien aufzuteilen, und die Veteranen erhielten so die meisten ihrer Ansprüche.

Der besiegte Konsul, der erklärt hatte, er würde lieber sterben als nachgeben, schloss sich nun in seinem Haus ein und trat erst nach Ablauf seines Amtsjahres wieder in der Öffentlichkeit auf. Cäsar erwirkte eine Ratifizierung aller Handlungen des Pompeius in Asien und verband gleichzeitig die Equites mit seiner Partei, indem er ihnen günstigere Bedingungen für die Bewirtschaftung der Provinzeinnahmen gewährte. Am

Ende seines Konsulats erhielt er die Regierung von Illyricum und Gallien auf beiden Seiten der Alpen für eine Amtszeit von fünf Jahren mit dem allgemeinen Auftrag, „die Freunde und Verbündeten des römischen Volkes zu schützen".

159. Die religiöse und nationale Bindung zwischen den vielen keltischen Stämmen, die die alten Gebiete Großbritanniens, Belgiens, Frankreichs, der Schweiz und eines Teils Spaniens bewohnten, war stark genug, um sie hin und wieder im Widerstand gegen ihre gemeinsamen Feinde zu vereinen. die Germanen im Norden und die Römer im Süden, aber nicht stark genug, um Rivalitäten untereinander zu verhindern, die der ausländischen Macht oft Spielraum gaben, sich in ihre Angelegenheiten einzumischen. Die 121 v. Chr. gegründete römische Provinz erstreckte sich nun nordwärts entlang der Rhone bis nach Genf; und eine große Auswanderung von Deutschen hatte Gebiete westlich des Rheins besetzt, von der Nähe des heutigen Straßburg bis zum Deutschen Ozean.

160. Während seines ersten Sommers in Gallien unterwarf Cäsar durch die außerordentliche Schnelligkeit und Entschlossenheit seiner Bewegungen zwei Nationen und etablierte die römische Vorherrschaft im Zentrum des Landes. Die Helvetier , die zwischen dem Genfersee und dem Jura lebten und sich auf engstem Raum befanden, hatten beschlossen, auszuwandern und neue Siedlungen im Westen zu erobern. Sie brannten ihre zwölf Städte und vierhundert Dörfer nieder und versammelten sich in Genf mit einer Zahl von 368.000 Personen, Männern, Frauen und Kindern, mit der Absicht, durch die römische Provinz nach Westgallien zu ziehen. Cäsar verhinderte diesen Schritt durch eine neunzehn Meilen lange Mauer, die er am linken Rhoneufer entlang ließ; Er brachte drei Legionen aus Italien heran, folgte den Helvetiern auf ihrem zweiten Weg und besiegte sie in der Nähe von Bibrac'te . Der Rest der Nation – weniger als ein Drittel derjenigen, die zu Beginn der Auswanderung auf ihrer Musterliste standen – wurde in ihre Heimatberge zurückbeordert.

Die Seq'uani , ein keltischer Stamm nördlich der Helvetier , hatten Ariovis'tus , den mächtigsten der germanischen Häuptlinge, gegen ihre Rivalen, die Ædui , herbeigerufen , die als Verbündete und Verwandte der Römer galten. Nachdem Ariovist die Ædui unterworfen hatte , wandte er sich gegen seine verstorbenen Verbündeten und verlangte als Bezahlung für seine Dienste zwei Drittel ihres Landes. Alle Gallier baten Cäsar um Hilfe, der den deutschen Fürsten in der Nähe des Rheins im heutigen Elsass traf . Der Ruhm von Ariovist und seinen riesigen Barbaren, die vierzehn Jahre lang nicht unter einem Dach geschlafen hatten, war so groß, dass die römischen Soldaten Angst hatten zu kämpfen; Und obwohl sie durch die aufrüttelnden Appelle ihres Generals aus ihrer Feigheit herausgeschämt waren, machte jeder Mann seinen Willen, bevor er in die Schlacht zog. Das Ergebnis des

Kampfes war die vollständige Vernichtung des deutschen Heeres, nur Ariovist und einige Gefolgsleute konnten über den Rhein fliehen.

161. Im zweiten Jahr eroberte Cäsar die Belgier nördlich der Seine und der Senat verfügte eine fünfzehntägige öffentliche Danksagung für die Unterwerfung Galliens. Sein Leutnant Decimus Brutus kämpfte mit den hochgebauten Segelschiffen der Kelten die erste Seeschlacht auf dem Atlantik. Die im folgenden Winter aufständischen Seestämme wurden unterworfen; und abgesehen von einigen kurzen Aufständen blieben die Gebiete Frankreichs und Belgiens unter römischer Herrschaft. Cäsar begab sich jeden Winter in seine Provinz Cisalpine Gaul, um die Angelegenheiten in Italien zu überwachen. Im Jahr 56 v. Chr. musste er Pompeius mit Crassus versöhnen und in seinem Lager in Luca die Angelegenheiten des Triumvirats neu regeln.

Es wurde vereinbart, dass Pompeius und Crassus im nächsten Jahr Konsuln sein sollten und dass ersterer nach Ablauf ihrer Amtszeit Spanien und letzterer Asien regieren sollte, während die prokonsularische Regierung von Cæsar in Gallien auf eine zweite Amtszeit verlängert werden sollte 5 Jahre. Indem Cäsar die schwierigste und am wenigsten lukrativste Provinz für sich wählte, wollte er mit der Umsetzung seines großen Plans beginnen, den Westen zu zivilisieren und die gesamte römische Herrschaft in einem kompakten Staat zu organisieren. Die von den Gracchen begonnene Revolution war noch nicht abgeschlossen, und es war leicht zu erkennen, dass der Streit der Parteien erneut zum Schwert führen musste, wie es zur Zeit von Marius und Sulla geschehen war. In einem solchen Fall wünschte Cæsar , in der Nähe von Italien zu sein und eine Armee zu haben, die auf perfekte Disziplin und Hingabe an sich selbst trainiert wurde.

162. Im vierten Jahr, 55 v. Chr., baute er eine Brücke über den Rhein und fiel in Deutschland ein. Spät im Herbst unternahm er eine Erkundungsexpedition nach Großbritannien und empfing Geiseln von den Stämmen. Diesmal verfügte der Senat eine zwanzigtägige Danksagung, obwohl Cato energisch darauf bestand, dass Cäsar lieber der Rache der Barbaren ausgeliefert werden sollte, um den Zorn der Götter abzuwenden, weil er die deutschen Botschafter gefangen genommen hatte . Im nächsten Jahr, 54 v. Chr., fiel Cæsar erneut mit fünf Legionen in Großbritannien ein. Trotz des tapferen Widerstands eines einheimischen Häuptlings, Cas'sivelau'nus , drang er nördlich der Themse vor, nahm Geiseln und verhängte Tribut; aber er hinterließ keine Militärposten, um die Insel unter Kontrolle zu halten.

Ein gewaltiger Aufstand der Gallier im folgenden Winter zerstörte eine der sechs Divisionen der römischen Armee und gefährdete eine andere unter dem Kommando von Quintus Cicero, dem Bruder des Redners. Cäsar kam ihm zu Hilfe, besiegte 60.000 Feinde und stellte im Norden wieder Ruhe her. Nachdem die Deutschen diesen Aufstand unterstützt hatten, überquerte er im Sommer 53 v. Chr. erneut den Rhein in der Nähe von Coblentz. Er führte keine Schlachten, denn die Menschen suchten Zuflucht in ihren bewaldeten Hügeln; aber die Invasion diente nach wie vor dazu, die römische Macht imposant zur Schau zu stellen.

163. Im folgenden Jahr herrschte in Gallien überall Aufruhr, und der Feldzug war der schwierigste und brillanteste von allen Operationen Cäsars . Ver´cinget´orix , König der Arverner und der fähigste der gallischen Häuptlinge, stachelte alle Stämme auf und hätte das Land beinahe der römischen Kontrolle entrissen. Während Cäsar ihn in Alesia belagerte , lagerte eine gallische Armee von mehr als einer Viertelmillion Mann um die Römer und belagerte sie ihrerseits. Aber das Genie des Prokonsuls überwand selbst diese Krise. Er hielt alle Ausfallversuche zurück, während er die Außenarmee besiegte; Dann zwang er die Stadt zur Kapitulation und nahm Vercingetorix selbst gefangen. Sechs Jahre später schmückte der gallische Häuptling den Triumph Cäsars und wurde dann im mamertinischen Gefängnis am Fuße des Kapitols hingerichtet. Die Gallier erkannten nun, dass Widerstand aussichtslos war. Das entschlossene und geschickte Management von Cæsar bei der Befriedung des Landes und der Organisation der römischen Herrschaft vollendete das Werk, das seine glänzenden Siege vorbereitet hatten; und im Jahr 50 v. Chr. herrschte in Gallien Frieden.

164. In der Zwischenzeit unternahm Crassus, der befürchtete, dass seine Kollegen den ganzen kriegerischen Ruhm der Liga ernten würden, nach der Plünderung der Tempel des Ostens einen Krieg gegen Parthien – einen Krieg, der vom Feind nicht provoziert, vom Senat nicht genehmigt und ungerechtfertigt war durch seine eigenen Fähigkeiten. Entgegen dem Rat stürzte er sich in die heiße und sandige Wüste östlich des Euphrat, verlor den größten Teil seiner Armee in einer Schlacht in der Nähe von Carrhae (dem Haran Abrahams) und wurde bald darauf selbst durch den Verrat der Parther getötet General, 53 v. Chr.

Pompeius, nun Alleinkonsul, heuchelte keine Freundschaft mehr zu Cæsar . Der Eroberer von Mithridates und den kilikischen Piraten hatte keine Ahnung, dass er von irgendeinem Mann in den Schatten gestellt werden könnte; und die Beziehung zwischen ihnen wurde kürzlich durch den Tod von Julia, der Tochter von Cæsar , der Frau von Pompeius, aufgelöst. Die Feinde des ersteren erwirkten ein Senatsdekret, das ihn aufforderte, seine prokonsularische Macht aufzugeben und nach Rom zurückzukehren, bevor er Kandidat für ein zweites Konsulat wurde. Cato hatte erklärt, dass er Cæsar wegen Kapitalverbrechen strafrechtlich verfolgen würde , sobald er sein Kommando niederlegen sollte.

Es war kaum zu erwarten, dass der Gouverneur von Gallien seine ergebenen Legionen und alle Schätze der eroberten Provinz verlassen würde, um sich unbewaffnet der Gnade seiner Feinde auszusetzen. Solche Tugenden waren in den Tagen von Curtius bekannt , aber Selbsthingabe für das Gemeinwohl war in Rom nicht mehr in Mode. Darüber hinaus dürfte Cäsar durchaus daran gezweifelt haben, ob die Opferung seines Lebens den öffentlichen Interessen förderlich wäre. Die Römer brauchten einen Meister; und seine eigenen Pläne, aus den verstreuten Fragmenten der Provinzen ein großes Reich aufzubauen und allen eroberten Völkern gleiche Rechte zu gewähren, waren zweifellos die umfassendsten und wohltätigsten, die es je gab. Er glaubte, dass die großen Interessen Roms mit seinen eigenen übereinstimmten.

165. Seine Feinde ließen keine Gelegenheit aus, ihm Ressourcen zu entziehen. Unter dem Vorwand eines Krieges mit Parthien mussten die beiden ehemaligen Kollegen von Crassus jeweils eine Legion für die Entsendung nach Asien bereitstellen. Pompeius hatte Cäsar zuvor eine Legion geliehen und verlangte nun deren Rückgabe. Cäsar entließ die beiden Legionen und gab jedem seinen Anteil am Schatz, der bei seinem bevorstehenden Triumph verteilt werden sollte. Gleichzeitig schrieb er an den Senat und bot an, sein Kommando niederzulegen, wenn Pompeius dasselbe tun würde, aber nicht anders. Die beiden Legionen wurden in Italien gehalten. Nach einer heftigen Debatte wurde beschlossen, dass Cäsar sein Heer ohne Bedingungen an einem bestimmten Tag auflösen sollte, andernfalls würde er zum Staatsfeind erklärt werden. Die Tribunen Antonius und Cassius legten ihr Veto gegen den Antrag ein, aber ihr Veto wurde aufgehoben; Da sie glaubten, ihr Leben sei in Gefahr, flohen sie in Cæsars Lager in Ravenna .

REPRISE.

Catilinas tiefgründige Verschwörung wird von Cicero besiegt und ihr Kreditgeber im Kampf getötet. Pompeius löst seine Armee auf und triumphiert über seine Eroberungen in Asien. Er bildet mit Cæsar , dem heutigen Konsul, und Crassus das erste Triumvirat. Im nächsten Jahr, 58 v. Chr., übernimmt Cäsar als Prokonsul das Kommando in Gallien; unterwirft die Helvetier und die Germanen unter Ariovist in einem Feldzug; erobert danach die Belgier ; überbrückt zweimal den Rhein und verwüstet Deutschland; dringt zweimal in Großbritannien ein; unterdrückt Aufstände in Gallien und organisiert das ganze Land als friedlichen und dauerhaften Teil der römischen Herrschaft. Crassus in Asien wird im Jahr 53 v. Chr. mit dem

Verlust seiner Armee und seines Lebens überwältigend besiegt. Pompeius bricht mit Cäsar und wird zum Verfechter des Senats.

CÄSAR MEISTER VON ROM.

166. Es war Zeit für entschlossenes Handeln. Cäsar überquerte den Rubikon, einen kleinen Fluss, der seine Provinz vom römischen Italien trennte, und rückte mit einer Legion vor, nachdem die Truppen in Gallien den Befehl erhalten hatten, unverzüglich zu folgen. Das Land zu betreten, ohne sein Kommando niederzulegen, war an sich schon eine Kriegserklärung. Panik erfasste Rom, der Senat floh und ließ die öffentlichen Schätze zurück. Fünfzehntausend Rekruten, die für die Armee des Pompeius bestimmt waren, ergriffen ihre Offiziere und übergaben sie mit sich selbst und der Stadt Corfinium , wo sie untergebracht waren, Cäsar . Andere Rekrutengruppen folgten ihrem Beispiel. Nachdem Pompeius mehr als die Hälfte seiner zehn Legionen verloren hatte, zog er sich nach Brundisium zurück ; und obwohl er von Cäsar belagert wurde , gelang ihm die Flucht mit 25.000 Mann nach Griechenland.

Die römische Welt war nun tatsächlich zwischen den beiden Feldherren aufgeteilt. Pompeius kontrollierte Spanien, Afrika und den Osten und hoffte, durch die Beherrschung des Meeres und der Maisinseln Italien zur Kapitulation zu zwingen. Cæsar hatte nur Italien, Illyricum und Gallien. Wenn Pompeius energisch gehandelt hätte, hätte er vielleicht schnell eine Armee im Osten aufstellen und Rom zurückerobern, aber durch die Verzögerung erlaubte er Cäsar , seine Provinzen im Detail anzugreifen und ihm das gesamte Reich zu entreißen. Die ausgewanderten Adligen versammelten sich in Thessaloniki und bildeten einen Senat neu, in dem sie vergeblich versuchten, die Verfassungsformen aufrechtzuerhalten, während sie durch ihre kleinlichen Eifersüchteleien jede Bewegung ihres Oberbefehlshabers behinderten.

167. Cu´rio , der fähigste von Caesars Leutnants, eroberte Sizilien und verhinderte so eine Hungersnot in Rom. In Afrika hatte er weniger Glück. Als er in einen unerwarteten Kampf mit der gesamten Armee von König Juba verwickelt wurde, wurde er besiegt und zog es vor, getötet zu werden, anstatt seinem General in Ungnade zu begegnen. Anstelle der Anarchie und der allgemeinen Ächtung, die seine Feinde vorhergesagt hatten, stellte Cäsar durch die Mäßigung und Nachsicht seines Verhaltens bald die Ordnung in Italien und das allgemeine Vertrauen wieder her. Freunde und Feinde wurden gleichermaßen geschützt. Die wohlhabende Klasse, die am meisten von einer stabilen Regierung profitieren konnte, trat auf die Seite von Cæsar , und die „reichen Herren nahmen ihre tägliche Aufgabe wieder auf, ihre Mietlisten zu schreiben".

Sein erstes Auslandsunternehmen war gegen Spanien, wo Pompeius sieben Legionen hatte. Es wurde in einem schweren und mühsamen Feldzug von vierzig Tagen erobert. Als Cäsar über Gallien zurückkehrte, erhielt er die Kapitulation Massilias und erfuhr von seiner Ernennung zur Diktatur in Rom. Dieses hohe Amt hatte er nur elf Tage inne, aber lange genug, um bei der Wahl der Konsuln den Vorsitz zu führen, bei der er selbst natürlich die meisten Stimmen erhielt; Gesetze zu erlassen, die die Schuldner entlasteten und den Nachkommen derer, die Sulla verboten hatte, den Genuss ihrer Güter zurückgeben; und seinen Plan zur Konsolidierung der Provinzen zu beginnen, indem er den Galliern die vollen Rechte der römischen Staatsbürgerschaft gewährte .

168. Als Konsul führte er seine Armee dann nach Brundisium und überquerte die Grenze nach Griechenland. Pompeius hatte aus den östlichen Ländern eine große Armee und Flotte zusammengestellt, wobei letztere das Meer befehligte und die Durchfahrt Caesars zu verhindern schien . Aber Bibulus, der Admiral, vertraute auf seine Überzahl und die winterliche Jahreszeit und war unvorbereitet, bis sieben Legionen in Epirus gelandet waren. Der Versuch, das Lager und die Schätze des Pompeius in Dyrra´chium zu erobern , scheiterte; aber das vergebliche Vertrauen, das ihr teilweiser Erfolg in die stolzen und leichtfertigen jungen Adligen der Flüchtlingspartei weckte, erwies sich schließlich als ihr Untergang.

Cäsar befand sich tatsächlich in einer gefährlichen Lage; Seine Flotte wurde zerstört und er wurde in einem feindlichen Land abgeschnitten, in dem bald die Nahrung ausgehen musste. Dennoch gelang es ihm mit seinem gewohnten Glück oder seiner vollendeten Geschicklichkeit, seinen siegreichen Feind ins Landesinnere zu locken, wo Pompeius' Flotte ihm keinen Vorteil verschaffte, und dann sein eigenes Schlachtfeld in Pharsa'lia zu wählen Thessalien. Die Armee des Pompeius zählte zu Pferd und zu Fuß 54.000 Mann; das von Cæsar , kaum mehr als 22.000. Ersterer war reichlich mit Proviant und militärischem Material versorgt, während Letzterer kurz vor dem Verhungern stand und gezwungen war, seine Existenz auf ein verzweifeltes Unterfangen zu setzen. Das Ergebnis schien so sicher zu sein, dass die Patrizier im Lager des Pompeius bereits untereinander über die Nachfolge im Pontifikat Cäsars stritten .

169. Am 9. August 48 v. Chr. überquerten die Pompejaner den Fluss, der die beiden Lager trennte, und begannen mit ihrer Kavallerie den Angriff. Cäsars Reiter wurden zurückgetrieben, aber eine ausgewählte Truppe seiner Legionäre, die auf hundert gallischen Feldern erprobt worden war, griff die Angreifer unerwartet an. Ihr Befehl bestand darin, ihre Speere auf die Gesichter der Feinde zu richten. Durch diesen neuartigen Angriff verwirrt, drehte sich die Kavallerie um und floh; und Pompeius, der durch die Vorwürfe seiner selbsternannten Berater wider besseres Wissen zum Kampf gedrängt worden war und der ihr Vertrauen nie geteilt hatte, wartete den Generalangriff nicht ab, sondern galoppierte in sein Lager.

Seine Armee wurde vollständig in die Flucht geschlagen; 15.000 lagen tot auf dem Feld und 20.000 ergaben sich am Morgen nach der Schlacht. Viele der Aristokratie beeilten sich, mit dem Eroberer Frieden zu schließen; die „Unversöhnlichen" begaben sich entweder in die Berge oder ans Meer, um jahrelang einen Raubkrieg zu führen; oder nach Afrika, wo König Juba von Numidien, der erkannte, dass Caesars Konsolidierungspolitik ihn seines Königreichs berauben würde, immer noch fest auf der pompejanischen Seite stand. Die anderen Klientelstaaten zogen ihre Quoten an Schiffen und Männern zurück, sobald sie sahen, dass Pompeius' Sache verloren war.

170. Pompeius floh nach Ägypten. Die junge Königin Kleopatra befand sich nun in Syrien, nachdem sie vom Vormund ihres Bruders, Pothinus , aus ihrem Königreich vertrieben worden war, der mit einer Armee die Ostgrenze gegen sie hielt. Die heimtückischen Staatsmänner, die den König umzingelten, schickten ein Boot aus, das den berühmten Flüchtling zur Landung einlud; Doch gerade als er das Ufer erreicht hatte, wurde er von einem ehemaligen Zenturio, der jetzt im Dienste des Ptolemaios stand, erstochen. Pompeius erkannte sein Schicksal; Wortlos bedeckte er sein Gesicht mit seiner Toga und unterwarf sich den Schwertern seiner Henker. Sein Kopf wurde abgeschlagen und sein Körper in den Sand geworfen, wo er von einem seiner eigenen Diener begraben wurde.

Cäsar kam bald, um ihn zu verfolgen; Doch als ihm der grässliche Kopf präsentiert wurde, wandte er sich weinend ab und befahl, die Mörder zu töten. Er blieb fünf Monate lang in Alexandria und regelte die Angelegenheiten des Königreichs, das er gemeinsam mit ihrem Bruder Kleopatra übertrug. So geriet er in einen Krieg mit dem Volk und musste in einer Seeschlacht einmal sein Leben retten, indem er von Schiff zu Schiff schwamm, sein Schwert zwischen den Zähnen und das Manuskript seiner Kommentare zu den Gallischen Kriegen in einer Hand sein Kopf. Er siegte schließlich und Ptolemaios ertrank im Nil.

171. Cäsar wandte sich dann schnell nach Kleinasien, wo Pharnaces von Pontus versuchte, die verlorenen Herrschaftsgebiete seines Vaters zurückzugewinnen. Die römische Armee war bei Nikopolis mit großen Verlusten besiegt worden, aber Cæsar errang bei Zie´la einen entscheidenden Sieg und beendete den Feldzug in fünf Tagen. Bei dieser Gelegenheit sandte er seine denkwürdige Botschaft an den Senat: „ Veni , vidi , vici." [75] Die Anwesenheit des Häuptlings bewirkte eine ähnliche Veränderung des Krieges in Afrika. Die pompejanische Partei hatte ihren Senat in Utica wiederhergestellt und während Cäsars langem Aufenthalt in Ägypten eine Armee aufgestellt, die derjenigen völlig ebenbürtig war, die bei Pharsalia erobert worden war .

Bei dem Versuch, den Krieg nach Afrika auszuweiten, stieß Cæsar bei einer Meuterei seiner Veteranen in Süditalien auf ein unerwartetes Hindernis. Erschöpft von den ungewöhnlichen Strapazen ihrer letzten Feldzüge und in der Vorstellung, dass ihr General ohne sie nichts ausrichten könnte, weigerten sie sich, sich nach Sizilien einzuschiffen, und begannen ihren Marsch nach Rom. Nachdem er für die Sicherheit der Stadt gesorgt hatte, erschien Cäsar plötzlich unter den Legionen und wollte wissen, was sie wollten. Schreie der „Entlassung!“ waren überall zu hören. Er nahm sie sofort beim Wort; und indem er sie dann als „Bürger“ und nicht als „Soldaten“ anredete, versprach er ihnen bei seinem bevorstehenden Triumph ihren vollen Anteil an den Schätzen und Ländereien, die er für seine treuen Anhänger bestimmt hatte, obwohl sie das natürlich am Triumph selbst könnten , haben keinen Anteil.

Seine Anwesenheit und seine Stimme ließen ihre alte Zuneigung wieder aufleben; Sie standen stumm und beschämt über die plötzliche Trennung des Bandes, das in der Vergangenheit ihr einziger Ruhm gewesen war. Schließlich fingen sie sogar unter Tränen an zu betteln, dass ihre Gunst wiederhergestellt und erneut mit dem Namen „ Cäsars Soldaten“ geehrt werden möge. Nach einiger Verzögerung wurde ihr Gebet erhört; Die Rädelsführer wurden nur mit einer Reduzierung ihrer Triumphgeschenke um ein Drittel bestraft, und der Aufstand war zu Ende.

172. Der Feldzug in Afrika war nicht weniger schwierig als der in Griechenland. Die Pompejaner waren mit Kavallerie und Elefanten gut versorgt und konnten auf Feldern ihrer Wahl kämpfen. Sie gewannen eine Schlacht bei Ruspina , wurden aber im entscheidenderen Konflikt bei Thapsus vollständig besiegt. Die Soldaten von Cäsar missachteten seinen Befehl, ihre Mitbürger zu schonen; Sie waren entschlossen, sich um jeden Preis römischen Blutes vom Krieg zu erholen, und 50.000 Pompejaner blieben tot auf dem Schlachtfeld zurück. Cäsar war nun Herr über ganz Afrika. Cato, der in Utica befehligte, sorgte entweder durch Flucht oder Kapitulation für die Sicherheit seiner Freunde; Dann schloss er sich in seinem Zimmer ein, las die ganze Nacht Platons Abhandlung über die Unsterblichkeit der Seele und tötete sich gegen Morgen mit seinem eigenen Schwert.

Münze von Cæsar , doppelt vergrößert.

173. Cäsar kehrte im Besitz der absoluten Macht nach Rom zurück. Anstelle der Verbote, die unter ähnlichen Umständen die Rückkehr von Marius und Sulla gekennzeichnet hatten, verkündete er eine Amnestie für alle und versuchte, sich bei der Neuordnung bürgerlicher Angelegenheiten die Weisheit aller Parteien zunutze zu machen. Da er nie gesiegt hatte, feierte er nun vier Tage lang seine Siege in Gallien, Ägypten, Pontus und Numidien; Doch der Jubel galt nur der Eroberung fremder Feinde, denn es galt als unziemlich, über römische Bürger zu triumphieren. Zwanzigtausend Tische wurden auf den Straßen und öffentlichen Plätzen aufgestellt, Getreide- und Geldgeschenke wurden an Soldaten und Volk verteilt und die Spiele wurden in einer noch nie dagewesenen Pracht gefeiert. Cäsar bemühte sich nun eifrig darum, die Unruhen des Staates zu regeln; und der Nutzen zumindest einer seiner Vorräte ist bis heute spürbar. Die Zeitrechnung war durch die Nachlässigkeit oder Korruption der Päpste (siehe § 29) in hoffnungslose Verwirrung geraten: Erntedankfeste fanden im Frühling statt, die der Spätlese im Mittsommer. Cæsar reformierte als Oberpriester den Kalender, indem er dem laufenden Jahr neunzig Tage hinzufügte, und passte dann mit Hilfe eines alexandrinischen Astronomen die Berechnung an den Lauf der Sonne an. Er ließ das römische Jahr aus 365 Tagen bestehen und fügte alle vier Jahre einen Tag hinzu. Der Julianische Kalender, mit nur einer

Änderung, [76] ist derjenige, dem wir jetzt folgen. In Anerkennung seiner Verdienste in dieser Angelegenheit ordnete der Senat an, dass der Geburtsmonat Cæsars künftig nach seinem Clannamen Juli benannt werden sollte. Sein Nachfolger Augustus gab anlässlich einer geringfügigen Verbesserung des Kalenders dem folgenden Monat seinen eigenen Nachnamen.

174. Die Pompejaner machten einen weiteren Aufmarsch in Spanien, wurden aber von Cäsar in der schweren und entscheidenden Schlacht von Munda am 17. März 45 v. Chr. besiegt und gestürzt. Cneius Pompeius, der jüngere, wurde getötet; sein Bruder Sextus unterwarf sich bald und erhielt die Familiengüter. Er wurde während der Unruhen, die auf den Tod von Cäsar folgten, geächtet und führte acht Jahre lang einen Piratenkrieg auf dem Meer. Nachdem Cäsar die Angelegenheiten Spaniens geregelt hatte, feierte er seinen fünften Triumph und wurde vom unterwürfigen Senat mit unbegrenzten Befugnissen und Würden ausgestattet. Er wurde Diktator und Zensor auf Lebenszeit; letzteres Amt erhielt nun seinen neuen Titel: Präfektur der Moral. Es war ihm gestattet, Frieden oder Krieg zu schließen, ohne den Senat oder das Volk zu konsultieren. In seiner höchsten und markantesten Macht, der des ewigen Imperators, sollte er seinen Nachfolger ernennen. Seine Person wurde für heilig erklärt und alle Senatoren verpflichteten sich durch einen Eid, über seine Sicherheit zu wachen. Seine Statuen wurden in allen Tempeln aufgestellt und sein Name wurde in zivilen Eiden mit denen der Götter in Verbindung gebracht.

175. Cæsar nutzte seine beispiellose Macht, um viele großartige Werke von allgemeinem Nutzen zu planen. Er plante eine dringend benötigte Zusammenfassung der römischen Gesetze und die Gründung einer lateinischen und griechischen Bibliothek nach dem Vorbild der Bibliothek von Alexandria, die bei der jüngsten Belagerung fast durch einen Brand zerstört worden war. Er schlug vor, den Lauf des Tiber zu ändern, um die Pontinischen Sümpfe sofort trockenzulegen, der Stadt ein ausgedehntes Stück Land für Bauzwecke hinzuzufügen und stattdessen den großen und bequemen Hafen von Terracina mit Rom zu verbinden des unteren von Ostia.

Vor allem wollte er die bloße Stadtregierung, die mehr als hundert Jahre lang Italien und die Welt regiert hatte, durch ein großes Mittelmeerreich ersetzen. Um die engstirnige Politik des städtischen Roms zu sühnen, baute er die beiden großen Handelsstädte Karthago und Korinth wieder auf, die aus römischer Eifersucht zerstört worden waren. und er verwischte so weit wie möglich die Unterschiede zwischen Italien und den Provinzen. In den vielen Kolonien, die er in Europa, Asien und Afrika gründete, bot er 80.000 Auswanderern ein Zuhause, die meisten davon aus den überfüllten Mietshäusern Roms. Seine Pläne umfassten die unterschiedlichen Interessen aller Klassen und Nationen innerhalb des Reiches und zielten darauf ab, durch die Vereinigung aller eine höhere Zivilisation zu erreichen, als sie allein erreicht hatte. In den wildesten Regionen Deutschlands, Dalmatiens oder Spaniens folgten dem römischen Soldaten der griechische Schulmeister und der jüdische Händler.

176. Obwohl Caesar den höchsten Rang als General innehatte, war er eher ein Staatsmann als ein Krieger und wollte seine Regierung nicht auf militärische Macht, sondern auf das Vertrauen des Volkes stützen. Er war bereits in seinem vierzigsten Lebensjahr, als er erstmals das Kommando über eine Armee übernahm. Dennoch mussten seine großen Werke als Herrscher alle in den kurzen Zeiträumen militärischer Angelegenheiten ausgeführt werden. Die fünfeinhalb Jahre, die auf seine Machtergreifung folgten, waren von sieben wichtigen Feldzügen geprägt; und er war gerade dabei, einen Feldzug gegen Parthien zu unternehmen, um den Sturz von Crassus zu rächen, als ein gewaltsamer Tod seine Karriere beendete. Es wird gesagt, dass er vor seiner Abreise den Wunsch hatte, den Titel eines Königs zu erhalten.

Unter seinen persönlichen Feinden hatte sich bereits eine Verschwörung gebildet. Sie wurde nun durch den Beitritt mehrerer ehrlicher Republikaner gestärkt, die davon träumten, dass der Tod des Diktators die Freiheit des Staates wiederherstellen würde. Beim Fest der Lupercalia am 15. Februar 44 v. Chr. wurde Cäsar die Krone von Antonius, seinem Kollegen im Konsulat, geschenkt; aber da er die Bestürzung des Volkes bemerkte, lehnte er es ab. Am 15. des folgenden Monats begab sich Caesar trotz vieler Warnungen zum Senatsgebäude. Er hatte gerade seinen Platz eingenommen, als einer der Verschwörer sich bückte und sein Gewand berührte. Auf dieses Zeichen hin stach Casca ihm in die Schulter; die anderen drängten sich mit gezogenen Schwertern oder Dolchen umher.

Anstelle der schmeichelnden Menge begegneten ihm von allen Seiten nichts als mörderische Gesichter und der Glanz von Stahl. Dennoch stand er auf Distanz, verwundete einen Angreifer mit seinem Griffel, warf einen anderen zurück und entwaffnete einen dritten, bis er eine Wunde aus der Hand von Brutus erhielt, den er, obwohl ein Anhänger des Pompeius, mit seinem Vertrauen geehrt und mit dem er beladen hatte Vorteile. Dann zog er seinen Mantel um sich und rief vorwurfsvoll: „Und *du* , Brutus!" Er fiel am Fuß der Pompeius-Statue und starb.

177. Brutus hob seinen blutigen Dolch und rief laut zu Cicero: „Freue dich, Vater unseres Landes, denn Rom ist frei!" Noch nie war die Freude unbegründeter. Wenn Brutus und seine Komplizen dem römischen Volk die einfachen und selbstlosen Tugenden der alten Zeit hätten wiederherstellen können, wäre Rom tatsächlich frei gewesen. Aber Cæsar verstand die Zeit besser als seine Mörder. Indem sie den einzigen Mann abschossen, der in der Lage war, mit klarer Einsicht, Festigkeit und Wohltätigkeit zu regieren, hatten sie den Staat erneut in die Schrecken des Bürgerkriegs gestürzt und ihn zur leichten Beute eines weniger fähigen und weniger liberalen Despoten gemacht. Der Senat und das Volk waren zunächst wie gelähmt von der Plötzlichkeit des Wandels und der Angst vor einer Rückkehr zu den alten Szenen der Ächtung. Antonius, jetzt alleiniger Konsul, hatte Zeit, sich Cäsars Papiere und Schätze zu beschaffen; und durch seine Trauerrede über dem Leichnam des Diktators – insbesondere durch die Verlesung seines Testaments, in dem mit großer Großzügigkeit des gesamten römischen Volkes gedacht wurde – weckte er die empörten Leidenschaften der Menge gegen die Mörder.

Antonius war eine Zeit lang der beliebteste Mann in Rom, doch bald erschien ein Rivale in der Person von Octavianus , dem Großneffen und Adoptivsohn von Julius Cäsar . Dieser junge Mann, der unter der Aufsicht seines Adoptivvaters mit großer Sorgfalt erzogen worden war, kam aus dem Lager von Apollonia und beanspruchte sein Erbe, aus dem er die Hinterlassenschaften sorgfältig an Soldaten und Menschen verteilte. Cicero wurde dazu gebracht, in ihm die Hoffnung des Staates zu sehen, und in seiner dritten großen Reihe von Reden, den „ Philosophen" , zerstörte er die Popularität des Antonius und seinen Einfluss beim Senat. Zwei von Antonius' Legionen desertierten zu Octavian, und Antonius selbst wurde in zwei Schlachten besiegt und über die Alpen vertrieben.

178. Die beiden Konsuln des Jahres 43 v. Chr. wurden in der Schlacht vor Mu´tina getötet . Als Octavian nach Rom zurückkehrte, zwang er die Volksversammlung, ihn in dieses Amt zu wählen, obwohl er erst neunzehn Jahre alt war. Er wurde damit beauftragt, den Krieg gegen Antonius weiterzuführen, dem sich nun Lepidus – der frühere Pferdeführer von Julius Cäsar – angeschlossen hatte und der nun mit einer beeindruckenden Armee von siebzehn Legionen von den Alpen herabstieg. Aber der Senat, der Antonius und Octavian fast gleichermaßen fürchtete, hob die Ächtung des ersteren auf; und dieser, angewidert von seinen Schwankungen, beschloss ein Bündnis mit den beiden Kommandanten, deren Streitkräfte allein ihm den Sieg über die Attentäter bescheren konnten.

Auf einer kleinen Insel im Reno, in der Nähe von Bononia (Bologna), trafen sich die drei, und dann wurde im Jahr 43 v. Chr. das Zweite Triumvirat aus Antonius, Cäsar Octavianus und Lepidus gebildet, das vorschlug, das Triumvirat fünf Jahre lang zwischen ihnen zu teilen Regierung der römischen Welt. Es folgte eine Proskription, in der Cicero, obwohl er ein Freund von Cäsar war , dem Hass des Antonius geopfert wurde. Der berühmte Redner wurde in der Nähe seiner eigenen Villa in For´miæ ermordet und sein Kopf und seine rechte Hand an das Podium in Rom genagelt, von dem aus er so oft über die heiligen Rechte der Bürger gesprochen hatte. Zweitausend Ritter und dreihundert Senatoren kamen bei dieser Proskription ums Leben. Diejenigen, die entkommen konnten, suchten Zuflucht bei Sextus Pompeius in Sizilien oder bei Brutus und Cassius in Griechenland.

179. Antonius und Octavian überquerten die Adria und besiegten die letzten Verschwörer in zwei Schlachten bei Philippi im Herbst 42 v. Chr. Sowohl Brutus als auch Cassius beendeten ihr Leben durch Selbstmord. Cäsar kehrte nach Italien zurück, wo Fulvia , die Frau des Antonius, und Lucius, sein Bruder, einen neuen Bürgerkrieg entfachten . Lucius Antonius stürzte sich nach Perusia , wo er von Octavian belagert und eingenommen wurde. Die einfachen Bürger blieben verschont, aber 300 oder 400 Adlige wurden am Altar von Julius Cäsar am Jahrestag seines Todes, dem 15. März 40 v. Chr., ermordet. Fulvia starb in Griechenland und es wurde ein neues Abkommen zwischen den Triumvirn geschlossen, der Frieden von Brundisium wurde durch die Heirat des Antonius mit Octavia, der Schwester des jüngeren Cäsar , besiegelt .

In der neuen Aufteilung der zivilisierten Welt erhielt Antonius den Osten; Octavian, Italien und Spanien; und Lepidus, Afrika. Sextus Pompeius, dessen Flotten, die das Meer befehligten, die Hauptstadt mit einer Hungersnot bedrohten, wurde im nächsten Jahr in eine Art Partnerschaft mit dem Triumvirat aufgenommen, in der er die Inseln des westlichen Mittelmeers unter der Bedingung erhielt, dass er Rom mit Getreide versorgte . Die Bedingungen dieses Vertrags wurden nie erfüllt und ein zweijähriger Krieg zwischen Pompeius und Octavian war die Folge. Es wurde 36 v. Chr. durch eine große Seeschlacht vor Nau'lochos beendet . Agrippa, der enge Freund von Cäsar , schlug die Streitkräfte des Pompeius in die Flucht, der verzweifelt nach Asien floh, und wurde im folgenden Jahr gefangen genommen und hingerichtet. Seine Landstreitkräfte, die von ihrem Anführer im Stich gelassen wurden, setzten sich dafür ein, dass Lepidus ihr General wurde und Octavian den Krieg erklärte. Aber der junge Cäsar handelte mit einer Unerschrockenheit, die seinen Namen verdiente. Er ging unbewaffnet und fast allein in das Lager von Lepidus und überredete sie durch seine Beredsamkeit, ihren unwürdigen Kommandanten zu verlassen und sich selbst treu zu bleiben.

180. Nachdem Lepidus degradiert wurde, blieben die beiden verbliebenen Mitglieder des Triumvirats drei Jahre lang an der Spitze der Geschäfte. Aber ein so rein egoistisches Bündnis konnte nicht von Dauer sein. Antonius vernachlässigte seine edle Frau wegen der Bezauberung der ägyptischen Königin, der er Phönizien , Cœle -Syrien und andere Herrschaftsgebiete Roms schenkte. Er verschwendete die ihm anvertrauten

Kräfte in Feldzügen, die nur zu Verlust und Schande führten; und er gab die schlichte Würde eines römischen Bürgers zugunsten der arroganten Zeremonie eines östlichen Monarchen auf.

Im Jahr 32 v. Chr. wurde Kleopatra der Krieg erklärt, und im September des folgenden Jahres trafen die Streitkräfte der beiden Triumvirn vor Actium in Akarnanien aufeinander. Antonius hatte eine riesige Flotte und Armee zusammengestellt; aber seine Offiziere, angewidert von seiner schwachen Zügellosigkeit, waren bereit, sich auf die Seite Octavians zu ziehen. Entmutigt durch viele Fahnenfluchten beteiligte sich Antonius nicht aktiv an der Schlacht, aber während diejenigen seiner Truppen, die ihm immer noch treu zur Seite standen, tapfer zu seiner Verteidigung kämpften, zog er mit einem Teil seiner Flotte ab und folgte Kleopatra nach Ägypten. Nachdem seine Landarmee eine Woche auf ihren flüchtigen Kommandeur gewartet hatte, ergab sie sich Octavian.

Von diesem Moment an war Cäsar Herr der römischen Welt. Der letzte Schlag erfolgte im nächsten Jahr in Ägypten, wo Antonius vor Alexandria besiegt wurde und von seiner Flotte und seinem Heer im Stich gelassen wurde. Kleopatra verhandelte, um ihn zu verraten, aber als sie herausfand, dass Octavian sie gefangen nehmen wollte, um seinen Triumph zu schmücken, beendete sie ihr Leben mit dem Gift einer Natter. Antonius hatte sich in seiner Verzweiflung bereits umgebracht, und Ägypten wurde eine römische Provinz. Octavian, der im folgenden Jahr nach Rom zurückkehrte, feierte einen dreifachen Triumph, und die Tore des Janus wurden zum dritten Mal geschlossen, als Zeichen des universellen Friedens, im Jahr 29 v. Chr.

REPRISE.

Cæsar überquert den Rubikon und wird in drei Monaten Herr über Italien. Er unterwirft die Pompejaner in Spanien, wird Diktator und später Konsul; verfolgt Pompeius nach Griechenland; wird bei Dyrrhachium besiegt , siegt aber bei Pharsalia , 48 v. Chr. Pompeius wird in Ägypten getötet. Cæsar stellt Kleopatra wieder unter römisches Protektorat; erobert Pontus zurück; unterdrückt eine Meuterei in seinen gallischen Legionen und stürzt die Pompejaner bei Thapsus in Afrika. Er feiert vier Triumphe in Rom; reformiert den Kalender; vernichtet schließlich die Pompejaner in Spanien; ist mit souveränen Befugnissen ausgestattet und organisiert ein kosmopolitisches Reich. Am Vorabend seiner Abreise nach Asien wird er im Senatsgebäude von sechzig Verschwörern ermordet. Antonius will seine Nachfolge antreten, doch Octavian erhält sein Erbe. Antonius, Octavian und Lepidus bilden das Zweite Triumvirat, 43 v. Chr. In der folgenden Proskription wird Cicero getötet. Brutus und Cassius werden 42 v. Chr. in Philippi besiegt. Ein Streit im Triumvirat wird durch den Frieden von

Brundisium und die Hochzeit von Antonius und Octavia beendet. Lepidus wird aus dem Triumvirat degradiert, 35 v. Chr.; Die beiden verbliebenen Kollegen streiten sich und die Schlacht von Actium macht Octavian zum Oberherrscher des Reiches, 31 v. Chr.

III. DAS RÖMISCHE REICH.

181. ERSTE PERIODE , 31 v. Chr. – 192 n. Chr. Das von Cäsar Octavianus gegründete Reich war eine absolute Monarchie in der Form einer Republik. Viele der hohen Ämter, die bis dahin von verschiedenen Personen getragen worden waren, waren nun in einem vereint; Er lehnte jedoch den Namen Diktator ab, den Marius und Sulla missbraucht hatten, und achtete darauf, nur für begrenzte Zeiträume und in regelmäßigen Abständen gewählt zu werden. Den Titel Imperator, den er auf Lebenszeit trug, hatten Generäle mit konsularischem Rang während der Zeit ihres Kommandos stets inne. Der Name Augustus, unter dem er fortan bekannt ist, war ein vom Senat verliehener und in seiner Familie erblicher Ehrentitel. Als Chef oder „Prinz des Senats" hatte er das Recht, Diskussionsthemen vorzustellen; und als Pontifex Maximus oder Hohepriester des Staates hatte er einen bestimmenden Einfluss auf alle heiligen Angelegenheiten.

Er lebte im Stil eines wohlhabenden Senators in seinem Haus am Palatin, ging ohne Gefolge ins Ausland und vermied sorgfältig königlichen Prunk. Die Volksversammlungen ernannten weiterhin Konsuln, Prätoren , Quästoren , Ädilen und Volkstribunen, der erfolgreiche Kandidat wurde jedoch immer vom Kaiser empfohlen, wenn er die Ernennung nicht selbst annahm. Diese altmodischen Würden waren nun kaum mehr als leere Namen, da die eigentliche Macht unter Augustus selbst auf neue Offiziere übergegangen war, insbesondere auf den Präfekten der Stadt und den Kommandeur der Prätorianergarde . [77] Unterdessen begnügten sich die Menschen mit der großzügigen Verteilung von Mais, Wein und Öl und amüsierten sich über eine ständige Abfolge von Spielen.

182. In sieben Jahrhunderten war die römische Herrschaft von den wenigen Hektar auf dem Palatin auf das Mittelmeer mit all seinen Küsten, vom Atlantik bis zum Euphrat und von der afrikanischen Wüste bis zum Rhein, der Donau und dem Euxinus angewachsen . Die von Augustus neu organisierten 27 Provinzen wurden entsprechend ihrer Lage zwischen ihm und dem Senat aufgeteilt. Diejenigen Provinzen, in denen Frieden herrschte, wurden Senatorialprovinzen genannt und von Prokonsuln regiert, die von der gesetzgebenden Körperschaft ernannt wurden; diejenigen, die die Anwesenheit einer Armee erforderten, waren kaiserliche Provinzen und wurden entweder vom Kaiser persönlich oder von seinen Legaten verwaltet.

Das stehende Heer, das die Ordnung im gesamten Reich aufrechterhielt, bestand zur Zeit des Augustus aus fünfundzwanzig Legionen, wobei jede

Legion zu Pferd, zu Fuß und an Artillerie etwas weniger als 7.000 Mann zählte. Diese 175.000 Mann starke Streitmacht wurde je nach der Gefahr durch die äußeren Barbaren entlang des Rheins, der Donau und des Euphrat oder in Großbritannien, Spanien und Afrika verteilt. Während der innere Frieden durch die kluge Führung des Augustus aufrechterhalten wurde, konnten die oben erwähnten natürlichen Grenzen des Reiches nur durch aktiven Krieg gewonnen und gewahrt werden. Nord- und Nordwestspanien, die Alpenprovinzen Rhætia und Vindelicía sowie die Donauländer Noríicum , Panno´nia und Mœ´sia erforderten eine fast ununterbrochene Kriegsführung von mehr als zwanzig Jahren, von 12 v. Chr. bis 9 n. Chr .

183. Die Deutschen östlich des Rheins und nördlich der Donau wurden zwar oft besiegt, aber nie unterworfen. Drusus, ein Stiefsohn des Augustus, war der erste römische Feldherr, der den Rhein hinunter zum Germanischen Meer gelangte. Er baute zwei Brücken und mehr als fünfzig Festungen entlang des Flusses und erlegte den Friesen nördlich seiner Mündung einen Tribut auf. Drusus starb in seinem dritten Feldzug im Jahr 9 v. Chr. und wurde von seinem Bruder Tiberius abgelöst, der nach vielen Jahren, im Jahr 4 n. Chr., offenbar die Stämme zwischen Rhein und Elbe unterworfen hatte.

Münze von Drusus, doppelt so groß wie das Original.

Aber sein Nachfolger Qu. Varus versuchte, die gleiche arrogante und willkürliche Herrschaft zu errichten, die er über die sklavenartigen Syrer ausgeübt hatte – ein Volk, das durch fast zweitausend Jahre des Despotismus der Assyrer, Ägypter, Perser und Mazedonier zerschlagen wurde. Die freigeistigen Deutschen erhoben sich unter ihrem fürstlichen Anführer Arminius (Herman) zum Aufstand. Arminius war in Rom ausgebildet worden und hatte die Taktik der Legionen gründlich erlernt; aber die römische Verfeinerung hat seine deutsche Treue zum Vaterland nie geschwächt. Zur nationalen Unterdrückung kam nun privates Unrecht hinzu, und er legte seinen Plan zur Vernichtung der römischen Armee und zur Befreiung Deutschlands fest und führte ihn entschlossen aus.

184. Varus wurde in das zerklüftete und schwierige Land des Teutoberger Waldes gelockt, zu einer Jahreszeit, in der starke Regenfälle die Sumpfigkeit des Bodens verstärkt hatten. Barrikaden aus umgestürzten Bäumen versperrten ihm den Weg, und in einem engen Tal brach ein Hagelsturm aus Speeren der Heerscharen von Arminius auf seine Legionen ein. Am nächsten Tag wurde die Schlacht erneuert und die Römer wurden buchstäblich vernichtet, denn alle Gefangenen wurden auf den Altären der alten germanischen Gottheiten geopfert. Die Garnisonen im ganzen Land wurden niedergemetzelt, und innerhalb weniger Wochen befand sich kein römischer Fuß mehr auf deutschem Boden.

Die Nachricht von der Katastrophe erfüllte Rom mit Entsetzen. Die Abergläubischen glaubten, dass das Ereignis von übernatürlichen Vorzeichen begleitet sei. Der Tempel des Mars wurde von einem Blitz getroffen, Kometen loderten am Himmel und Feuerspeere schossen von Norden in das Lager der Prätorianer . Eine Siegesstatue, die an der italienischen Grenze mit Blick auf Deutschland gestanden hatte, drehte sich von selbst um und blickte nach Rom. Augustus schlug in seinem Kummer, der durch die Schwäche des Alters noch verstärkt wurde, monatelang seinen Kopf gegen die Wand und rief: „ Quintilius Varus, gib mir meine Legionen zurück!"

Durch den Aufstand des Arminius wurde Deutschland endgültig befreit. Römische Armeen wurden von Germanicus und dem jüngeren Drusus dorthin geführt, aber sie erlangten keine dauerhaften Vorteile; und nach dem Willen von Augustus und der Politik seiner Nachfolger wurde der Rhein weiterhin als Grenze betrachtet, bis sich fünf Jahrhunderte später die Eroberungswelle in die andere Richtung drehte und die germanischen Völker das Römische Reich in die Königreiche von Rom aufteilten modernes Europa.

185. Die Herrschaft des Augustus war aufgrund der Sicherheit und des Wohlstands, die im gesamten Reich zu spüren waren, ein erfrischender Kontrast zu dem Jahrhundert der Revolution, das ihr vorausgegangen war. Der Handel belebte sich wieder, die Landwirtschaft wurde erheblich verbessert und die Kaiserstadt wurde mit Tempeln, Portiken und anderen neuen und prächtigen Gebäuden geschmückt. Augustus konnte sich wirklich rühmen, dass er „Rom aus Ziegeln gefunden und es aus Marmor hinterlassen hatte". Ein nachhaltigerer Ruhm umgibt seinen Namen durch die literarische Brillanz seines Hofes. Livius, der Historiker, und Vergil, Horaz, Ovid, Tibulus und andere Dichter genossen seine Schirmherrschaft und feierten seine Leistungen; und in Anspielung darauf wird die glänzendste Periode der Literatur jeder Nation allgemein als ihr „Augusteisches Zeitalter" bezeichnet. Augustus hatte keinen Sohn und seine Wahl als Erbe fiel auf Tiberius, den Sohn seiner Frau Livia aus einer früheren Ehe. Durch die gleiche Vereinbarung wurde Germanicus, der Sohn des Drusus, von Tiberius adoptiert und mit Agrippina , der Enkelin des Augustus, verheiratet.

186. Im 77. Jahr seines Lebens beendete Augustus seine lange und wunderbar erfolgreiche Herrschaft von 45 Jahren, im Jahr 14 n. Chr. Der Senat und das Volk unterwarfen sich seinem ernannten Nachfolger. Die Armee hätte eher ihren vergötterten General Germanicus proklamiert, aber der jüngere Prinz weigerte sich strikt, die Tat zu genehmigen. Tiberius schätzte seine Treue nicht, sondern verzieh ihm seine Popularität nie. und der Hof erkannte bald, dass der sicherste Weg, die Gunst des Kaisers zu erlangen, darin bestand, seinen Adoptivsohn zu misshandeln.

Römisches Forum, unter den Kaisern.

Tempel der Juno Moneta. Tabularium oder Halle der Aufzeichnungen. Tempel der Eintracht. Tempel des Jupiter Tonans . Tempel des Saturn. Tempel des Vespasian. Bogen des Septimius Severus. Tempel des Jupiter Capitolinus . Julianische Basilika. Tiberiusbogen. Milliarium und Rostra. Statue des Domitian. Mamertine-Gefängnis.

Die Politik von Tiberius ähnelte der vieler anderer feiger und misstrauischer Tyrannen. Er war sich seiner eigenen Unwürdigkeit, sei es aufgrund seiner Geburt oder seines Genies, der hohen Stellung bewusst, die er einnahm, und sah in jedem, der über großes Talent oder auch überragende Tugend verfügte, einen Rivalen. Er fürchtete sich davor, die großen Patrizier oder die Fürsten des julianischen Hauses zu Hilfe zu rufen, und er betrachtete seine eigenen Verwandten mit unverfälschter Eifersucht. Da es ihm jedoch unmöglich schien, alle weltumfassenden Angelegenheiten eines solchen Reiches allein zu verwalten, wurde er zum Prätorianer ernannt Präfekt eines volsinischen Ritters, Seja′nus , den er für zu gemein hielt, um gefährlich zu sein, der aber tatsächlich der Herr der gesamten Herrschaft wurde.

187. Germanicus führte unterdessen drei Feldzüge durch, 14–17 n. Chr.; und errang nach mehreren Katastrophen zwischen Rhein und Elbe einige wichtige Siege über Arminius. Er wurde im Jahr 17 n. Chr. abberufen, um die Ehre eines Triumphs zu erhalten, und wurde zwanzig Meilen von Rom entfernt von einer begeisterten Menschenmenge empfangen, die herbeiströmte, um ihn willkommen zu heißen. Er war sowohl seinen Legionen als auch dem einfachen Volk tatsächlich gefährlich teuer; und obwohl er glaubte, in einem weiteren Jahr die Eroberung Deutschlands abschließen zu können, wurde er nun zu einer anderen Armee und in die Ostkriege versetzt. Unter seinem neuen Kommando regelte er die Angelegenheiten Armeniens und organisierte Kappadokien als Provinz; aber er starb 19 n. Chr. in der Nähe von Antiochia in Syrien, weil er glaubte, von Piso vergiftet worden zu sein, einem Untergebenen, der vom Kaiser mit dem ausdrücklichen Befehl geschickt worden war, seinen Häuptling zu vereiteln und zu verletzen.

188. Drusus, der Sohn des Tiberius, wurde auf Befehl von Sejanus vergiftet, der den Mut hatte, den Kaiser um Erlaubnis zu bitten, die Witwe seines Opfers heiraten zu dürfen. Dies wurde abgelehnt; aber Tiberius, immer noch blind für den wunderbaren Ehrgeiz des Unglücklichen, der ihn regierte, stimmte zu, sich nach Capreæ zurückzuziehen und Rom in die Hände von Sejanus zu überlassen. Seine Zeit war nun schweinischen Exzessen gewidmet, während sein wertloser Leutnant fünf Jahre lang einen Aufruhr der Misswirtschaft betrieb. Seine bösen Pläne verschonten weder die Besten noch die Edelsten der kaiserlichen Familie; doch schließlich erkannte er, dass sein Herr ihn verdächtigte, und bereitete sich darauf vor, den Schlag zu verhindern, indem er Tiberius selbst ermordete. Seine Verschwörung wurde aufgedeckt und er wurde plötzlich beschlagnahmt und im Jahr 31 n. Chr. hingerichtet.

Der Sturz dieses unwürdigen Günstlings nahm Tiberius den einzigen Mann, dem er jemals vertraut hatte, und von nun an waren alle gleichermaßen Gegenstand seiner wilden und grausamen Eifersucht. Agrippina, die edle Frau, sowie Nero, Drusus und Livilla , die unwürdigen Söhne und Töchter des Germanicus, wurden auf seinen Befehl hin getötet. Im Gegensatz zu Augustus, der sich peinlich genau an die Gesetze hielt, usurpierte er das Recht, alle, die ihm widerwärtig waren, ohne Gerichtsverfahren zu verurteilen; und er erweiterte die Definition von Verrat auf Worte und sogar Gedanken. Von seinem Rückzugsort auf der Insel in der wunderschönen Bucht von Neapel aus vernichtete er Männer, Frauen und sogar unschuldige Kinder, die das Pech hatten, von adliger Herkunft zu sein, um seine Aufmerksamkeit zu erregen. Es war eine Erleichterung für die Welt, als er im Jahr 37 n. Chr. im Alter von achtundsiebzig Jahren an einer Krankheit starb.

189. Tiberius hatte keinen Nachfolger ernannt, aber Senat, Soldaten und Volk einigten sich in der Wahl von Caius Cäsar , dem einzigen überlebenden Sohn von Germanicus und Agrippina. In seiner Kindheit war er das Haustier der Legionen in Deutschland gewesen, und von den kleinen Militärstiefeln (*caligæ*), die er trug, um ihnen zu gefallen, erhielt er den Spitznamen *Caligula* . Diese kindische Bezeichnung ist der Name, unter dem er in der Geschichte allgemein bekannt ist. Caligula war jetzt sechsundzwanzig Jahre alt und galt als sanftmütig und großzügig. Die ersten Monate seiner Regierungszeit rechtfertigten diesen Eindruck. Er ließ die Gefangenen frei, rief die Verbannten des Tiberius zurück und gab den regulären Richtern und den Volksversammlungen die Macht zurück. Aber sein schwacher Kopf wurde durch den Besitz absoluter Macht und den enormen Reichtum, den Tiberius anhäufte, verdreht. In grenzenloser Maßlosigkeit löschte er den letzten Funken Vernunft aus und setzte seine ungeheure Macht nur zum Unfug ein, und zwar auf die wildeste und rücksichtsloseste Art und Weise. Da er sich dafür entschied, als Gott betrachtet zu werden, baute er sich selbst einen Tempel unter dem Namen Jupiter Latiaris ; und Rom war inzwischen so unterwürfig geworden, dass seine edelsten Bürger sich die Ehre erkauften, dieser wertlosen Gottheit als Priester zu amtieren.

Der schlimmste Missbrauch absoluter Macht zeigte sich in der Missachtung des menschlichen Lebens. Als der Vorrat an Kriminellen für die öffentlichen Spiele erschöpft war, befahl der Kaiser, willkürlich aus der Menge ausgewählte Zuschauer den Tieren vorzuwerfen; Und damit sie ihn in ihren letzten Qualen nicht verfluchen würden, wurden ihnen zuerst die Zungen herausgeschnitten. Aber diese verrückte Karriere des Despotismus führte zu ihrer eigenen Zerstörung; denn im vierten Jahr seiner Herrschaft und im dreißigsten Jahr seines Lebens wurde Caius Cäsar von zwei seiner Wachen ermordet.

190. Da die römische Welt plötzlich ohne Herrn war, übernahmen es die Prätorianer , über ihr Schicksal zu entscheiden. Als sie Claudius, den Onkel von Caligula, einen schwachen und schüchternen alten Mann, fanden, der sich im Palast versteckte, begrüßten sie ihn als Kaiser und brachten ihn eilig in ihr Lager, wo er die Treueeide entgegennahm. Claudius galt seit seiner Kindheit als geistig mangelhaft und wurde von seinen Verwandten mit Verachtung und von seinen Dienern mit Härte und Grausamkeit behandelt, was die natürliche Unentschlossenheit seines Charakters nur noch verstärkte. Doch obwohl er schwach war, war er ein guter und ehrlicher Mann, und das Böse, das er während seiner Herrschaft anrichtete, war das Werk anderer. Seine berüchtigte Frau, Messali´na , befriedigte ihre Eifersucht und Rache auf Kosten der Edelsten im Staat, insbesondere der kaiserlichen Prinzessinnen, ohne auch nur den Anschein einer rechtlichen Formalität zu zeigen. Schließlich wurde sie wegen ihrer Verbrechen hingerichtet, und der Kaiser erwirkte vom Senat ein Gesetz, das es ihm ermöglichte, seine Nichte Agrippina zu heiraten .

Diese Prinzessin scheint nur im Vergleich zu ihrer Vorgängerin im Vorteil zu sein. Sie rief Seneca, den Philosophen, aus dem Exil zurück und machte ihn zum Lehrer ihres Sohnes Nero. Sie beschützte viele, die zu Unrecht beschuldigt wurden, und sie brachte den treuen Burrhus an die Macht, der sich selbst und ihrem Sohn als besserer Diener erwies, als jeder von ihnen verdiente. Gleichzeitig überredete Agrippina ihren Mann, seinen eigenen Sohn, Britan´nicus , zugunsten ihres Sohnes aus einer früheren Ehe aufzugeben. Dieser Jugendliche trug den Namen seines Vaters, L. Domitius Ahenobar´bus , aber durch die Adoption des Kaisers wurde er Nero Claudius Cæsar Drusus Germanicus. Unter dem ersten dieser Namen ist er in der Geschichte als einer der bösesten Tyrannen bekannt. Nachdem Agrippina von der schwachen Nachgiebigkeit von Claudius alles erreicht hatte , was sie sich erhofft hatte, vergiftete sie ihn und stellte ihren Sohn den Prätorianergarden als ihren Imperator vor. Einige riefen angeblich: „Wo ist Britannicus?“ Aber es gab keinen ernsthaften Widerstand und der neue Kaiser wurde vom Senat, dem Volk und den Provinzen akzeptiert.

191. In den ersten fünf Jahren glaubten die Römer unter der weisen und ehrlichen Verwaltung von Seneca und Burrhus, dass das goldene Zeitalter zurückgekehrt sei. Steuern wurden überwiesen; Land wurde den Bedürftigen und Verdienten zugeteilt. Die *Delatoren* , diese berüchtigte Klasse von Menschen, die ihren Lebensunterhalt damit verdienten, andere des Verbrechens zu beschuldigen, wurden unterdrückt oder verbannt. Die römischen Waffen gediehen in Armenien unter dem fähigen Kommando von Corbulo , der die beiden Hauptstädte Artaxata und Tigranocerta eroberte und das Königreich vollständig unterwarf. In Deutschland war alles ruhig, und die Legionen am Niederrhein hatten Muße, die Dämme fertigzustellen, die das Land vor Überschwemmungen schützten.

Nichts von diesem Wohlstand war jedoch dem Charakter von Nero zu verdanken, der schon in seiner Jugend ein sinnlicher und grausamer Tyrann war. Im zweiten Jahr seiner Herrschaft vergiftete er seinen Pflegebruder Britannicus. Einige Jahre später ermordete er seine Mutter, seine Frau und den allzu treuen Burrhus, entledigte sich des Einflusses Senecas und ließ fortan seinen tyrannischen Launen freien Lauf. Er ermutigte die Informanten erneut und füllte seine Schatzkammer mit dem beschlagnahmten Eigentum ihrer Opfer.

192. Er verfolgte sowohl Juden als auch Christen und beschuldigte letztere, den großen Brand in Rom verursacht zu haben, den er mehr als verdächtigt hatte, selbst angezündet zu haben. Durch diese schreckliche Feuersbrunst wurden zehn der vierzehn Bezirke oder „Regionen" der Stadt unbewohnbar. Nero beobachtete die Verbrennung von einem Turm auf dem Esquilin aus, während er in der Kleidung eines Schauspielers den „Sack Trojas" skandierte. Ob er nun aus Abscheu vor den engen und verwinkelten Gassen die Zerstörung Roms angeordnet hatte oder nicht, er nutzte klugerweise die Gelegenheit, es in regelmäßigeren und großzügigeren Proportionen wieder aufzubauen. Die Häuser wurden aus Stein gebaut und feuerfest gemacht; jedes war mit Balkonen umgeben und durch Gassen von beträchtlicher Breite von den anderen Häusern getrennt, während in jedem Mietshaus reichlich Wasser vorhanden war.

Nachdem der Palast von Nero zerstört worden war, baute er sein Goldenes Haus in einer Größenordnung und Pracht, die Rom noch nie gesehen hatte. Die Säulengänge, die es umgaben, waren drei Meilen lang; Innerhalb ihrer Grenzen befanden sich Parks, Gärten und ein See, der das Tal füllte, das später vom Flavischen Amphitheater eingenommen wurde. Die Gemächer dieses kaiserlichen Herrenhauses waren vergoldet und mit Edelsteinen eingelegt. Das kleinste Schmuckstück, wenn auch wahrscheinlich das größte Objekt, war eine kolossale Statue von Nero selbst, 120 Fuß hoch.

193. Nero wollte als Musiker und Wagenlenker gepriesen werden und vergaß so weit seine kaiserliche Würde, dass er als Schauspieler auf den Theatern auftrat. Er gewann Preise bei den Olympischen Spielen im Jahr 67 n. Chr., die wegen seiner Teilnahme um zwei Jahre verschoben worden waren. Er nahm auch an den Gesangsdarbietungen bei den Isthmischen Spielen teil und ordnete bei dieser Gelegenheit den Tod eines Sängers an, dessen Stimme seine eigene übertönte. Bei seiner Rückkehr gelangte er nach altem hellenischen Brauch durch eine Bresche in den Mauern nach Rom. aber die 1.800 Girlanden, mit denen er von den unterwürfigen Griechen beladen worden war, zeigten eher den Niedergang des alten Heldengeistes als den Ruhm des Siegers.

194. Die Zwänge von Nero führten zu Aufständen in den Provinzen, und unter anderem wurde Vespasian, der zukünftige Kaiser, geschickt, um Judäa zu befrieden . Aber Nero war eifersüchtig auf seine fähigsten und treuesten Offiziere. Corbulo , der Eroberer Armeniens, Rufus und Scribonius , die Befehlshaber in Deutschland, wurden abberufen und entgingen der öffentlichen Hinrichtung nur durch Hinrichtung. Alle Generäle an der Grenze erkannten, dass sie einem ähnlichen Schicksal nur durch einen rechtzeitigen Aufstand entgehen konnten, und in Deutschland, Gallien, Afrika und Spanien kam es sofort zu Aufständen. Die Verschwörer einigten sich schließlich auf die Wahl von Galba, dem Gouverneur von Hinterspanien, als ihrem Anführer und Kaiser.

Nero erkannte, dass Widerstand aussichtslos war. Von den Prätorianern und all seinen Höflingen verlassen, floh er aus seinem Goldenen Haus und versteckte sich in der Hütte von Phaon , seinem ehemaligen Sklaven, ein paar Meilen von der Stadt entfernt. Nachdem er eine Nacht und einen Teil des Tages in qualvoller Angst verbracht hatte, nahm er den Mut zusammen, seinem Leben ein Ende zu setzen, als er gerade das Trampeln der Reiter hörte, die kamen, um ihn zu holen. Er war erst dreißig Jahre alt und hatte fast vierzehn Jahre lang regiert. Mit ihm erlosch die Linie des Augustus. Die kaiserliche Macht blieb nie wieder so lange in einer Familie wie bei den Mitgliedern des julianischen Hauses, sei es durch Adoption oder auf andere Weise.

REPRISE.

Augustus (30 v. Chr. – 14 n. Chr.) vereint in sich alle Würden der Republik, vermeidet jedoch sorgfältig den Anschein eines Königtums. Er überlässt die friedlichen Provinzen dem Senat, übernimmt aber das Kommando über diejenigen, die sich im Krieg befinden. Die Deutschen unter Arminius revoltieren und vernichten die Legionen von Varus. Das „Augustan-Zeitalter" zeichnet sich durch Wohlstand und Aufklärung aus. Tiberius (14-37 n. Chr.) tritt die Nachfolge von Augustus an, aber Sejanus regiert das Reich. Germanicus und viele andere werden verfolgt und hingerichtet. Caius Cæsar (Caigula, 37-41 n. Chr.) beginnt gut, aber bald von der Macht verwöhnt, bietet er „das schreckliche Schauspiel eines Verrückten, des Herrn der zivilisierten Welt". Ihm folgt sein Onkel Claudius (41-54 n. Chr.), ein schwacher, aber ehrlicher Mann. Agrippina vergiftet ihn und macht ihren Sohn Nero zum Kaiser (54-68 n. Chr.). Nach dem Tod seiner Lehrer erweist er sich als rücksichtsloser und grausamer Tyrann. Er baut Rom nach dem großen Brand mit beispielloser Pracht wieder auf. Nachdem er den Tod seiner besten Generäle verursacht hat, bringt er sich gerade noch rechtzeitig um, um der Rache seines Volkes zu entgehen.

NIEDERGANG DES IMPERIUMS.

195. Galba, der angesehenste General seiner Zeit, hatte die Gunst des Kaisers Claudius gewonnen, indem er sich nach dem Tod von Caligula weigerte, die Krone zu übernehmen. Er hatte seine Fähigkeiten und seinen Wert durch seine weise und gerechte Verwaltung der Provinz Afrika unter Beweis gestellt und war in Rom mit den höchsten Würden geehrt worden, zu denen seine patrizische Herkunft und seine herausragenden Verdienste ihn berechtigten. Er war mittlerweile über siebzig Jahre alt, doch als er erfuhr, dass Nero seinen Tod angeordnet hatte, beschloss er, die Welt von einem Tyrannen zu befreien, indem er die Krone annahm. Er war ein Römer des antiken Stils, und die luxuriösen Prätorianer waren gleichermaßen angewidert von seiner strengen Disziplin und seiner sparsamen Geldverteilung. Indem er Piso als seinen Nachfolger adoptierte, enttäuschte er Otho, der leicht einen Aufstand gegen ihn entfachte, und der alte Kaiser und sein Adoptivsohn wurden am 15. Januar 69 n. Chr. auf dem Forum ermordet.

196. Otho, der frühe Günstling Neros, war zehn Jahre lang Gouverneur von Lusitanien gewesen. Nach Galbas Tod wurde er vom Senat und den meisten Provinzen anerkannt, aber die Legionen in Deutschland hatten bereits (3. Januar 69) ihren eigenen General, Vitellius , ernannt . Die Armeen der beiden Generäle trafen nahe dem Zusammenfluss von Adda und Po aufeinander. Otho wurde besiegt und starb durch seine eigene Hand. Vitellius, der durch die Geschicklichkeit und Energie seiner Offiziere eine Krone erlangt hatte, verlor sie durch seine eigene Unwürdigkeit. Ohne den Mut oder die Fähigkeiten seiner Vorgänger übertraf er sie an schändlicher Maßlosigkeit. Vespasian, der Befehlshaber in Judäa , empörte sich gegen dieses Ungeheuer und wurde von allen guten Menschen gefeiert und von allen Legionen des Ostens unterstützt. Er nahm Ägypten, den Getreidemarkt Roms, in Besitz und schickte seine Leutnants nach Italien. Diesmal wurden die Generäle des Vitellius am Po besiegt, die Hauptstadt angegriffen und der in Ungnade gefallene Kaiser hingerichtet.

197. Während der Herrschaft von Vespasian folgten Ordnung und Wohlstand den Stürmen, die das Reich erschüttert hatten. Die alte Disziplin wurde wiederbelebt, die Einnahmen wurden neu organisiert, die Hauptstadt wurde verschönert und die Menschen wurden für den Bau so großer Werke wie des Kolosseums und des Friedenstempels eingesetzt. Der von Nero zu seinem eigenen Vergnügen umschlossene Raum wurde von Vespasian für den Gebrauch des Volkes geöffnet; und die Materialien des Goldenen Hauses dienten zur Bereicherung vieler öffentlicher Gebäude. Der Aufstand der Bataver und anderer Stämme am Niederrhein wurde 70 n. Chr. niedergeschlagen; Der jüdische Unabhängigkeitskrieg wurde schließlich niedergeschlagen, die Heilige Stadt eingenommen und das Volk zerstreut. Agric'ola vollendete die Unterwerfung Großbritanniens bis zum Tyne und Solway, die er durch Erdwerke und eine Reihe von Festungen verband.

198. Titus, der Sohn von Vespasian, der sein militärisches Talent während der Herrschaft seines Vaters durch die Eroberung Jerusalems unter Beweis gestellt hatte, wurde mit einem Triumph und dem Titel Cäsar belohnt , was seine Zugehörigkeit zur Regierung implizierte. Nach dem Tod von Vespasian wurde er ohne Widerstand alleiniger Kaiser. Was auch immer seine persönlichen Fehler gewesen sein mögen, Titus zeichnete sich als Herrscher durch aufrichtige und ständige Bemühungen aus, das Glück seines Volkes zu fördern. Als er sich eines Abends daran erinnerte, dass er keine freundliche Geste getan hatte, rief er aus, dass er einen Tag verloren habe.

Die Umstände seiner Herrschaft stellten besondere Anforderungen an das Wohlwollen des Kaisers. Die wunderschönen kampanischen Städte Herculaneum und Pompeji wurden durch einen plötzlichen Ausbruch des Vesuvs zerstört. Drei Tage und Nächte lang wütete in Rom erneut ein Feuer, dem eine allgemeine und tödliche Pest folgte. Titus übernahm den finanziellen Verlust als seinen eigenen und verkaufte sogar die Verzierungen seines Palastes, um die Kosten für den Wiederaufbau der zerstörten Häuser zu decken. Er richtete öffentliche Bäder an der Stelle von Neros Gärten am Esquilin ein und vollendete das Kolosseum oder flavische Amphitheater, dem er ein hunderttägiges Fest widmete, zu dem auch Kämpfe mit 5.000 wilden Tieren gehörten. Nach einer Regierungszeit von nur etwas mehr als zwei Jahren starb Titus an einem Fieber, nachdem er seinen Bruder im Jahr 81 n. Chr. zu seinem Nachfolger ernannt hatte.

199. Domitian wurde vom Volk wegen der Tugenden seines Vaters und seines Bruders mehr geschätzt, als er verdiente. Sein Wesen war mürrisch und eifersüchtig; und als seine schlechten Erfolge in militärischen Angelegenheiten mit den Siegen seiner Vorgänger verglichen wurden, wurde er grausam und tyrannisch und ließ die falschen Anschuldigungen, Beschlagnahmungen und Todesstrafen aus der Herrschaft Neros wieder aufleben. Er war in seinen Kriegen in Deutschland teilweise erfolgreich, wurde jedoch an der Donau mit großer Katastrophe besiegt und stimmte sogar zu, den Dakern einen jährlichen Tribut zu zahlen, um sie von der Invasion Mœsias abzuhalten . Als Domitians Grausamkeiten bei seinen Dienern Angst zu erregen begannen, wurde er am 18. September 96 n. Chr. ermordet.

200. Der Senat machte nun eine Macht geltend, die er seit den Tagen des Augustus nicht mehr ausgeübt hatte, indem er Nerva zum Herrscher ernannte. Er war ein kinderloser alter Mann, aber er wählte M. Ulpius zu seinem Nachfolger Traja´nus , ein General, dessen Kraft und Fähigkeiten, die sich bereits im Krieg zeigten, Gutes für die Interessen des Staates versprachen. Von nun an galt es als die Pflicht des Kaisers, aus allen seinen Untertanen den Mann auszuwählen, der am besten zur Herrschaft geeignet war, ohne Rücksicht auf seine eigene Familie, und der so adoptierte Erbe trug den Namen Cäsar . Die milde, wohltätige und sparsame Regierung von Nerva bildete einen angenehmen Kontrast zur strengen und blutigen Herrschaft von Domitian. Nach seinem Tod im Jahr 98 n. Chr. wurde sein adoptierter Erbe sofort als Kaiser anerkannt.

201. Trajan wurde in Spanien geboren und verbrachte seine Jugend im Militärdienst. Die Römer betrachteten ihn als den besten aller ihrer Kaiser. Persönlich war er mutig und großzügig, fleißig und bescheiden; in seiner Politik als Herrscher war er sowohl weise als auch liberal. Er achtete gewissenhaft auf die Rechte und Würden des Senats und behandelte seine Mitglieder als seinesgleichen. Er war äußerst gewissenhaft bei der Anhörung der ihm vorgelegten Argumente und im Briefwechsel mit den Gouverneuren der Provinzen, die ihn in allen wichtigen Angelegenheiten ihrer Verwaltung konsultierten.

Er verwaltete die Finanzen so gut, dass er ohne erdrückende Steuern oder ungerechtfertigte Beschlagnahmungen immer über Mittel für den Bau von Straßen, Brücken und Aquädukten verfügte; für Kredite an Personen, deren Vermögen durch Erdbeben oder Unwetter beschädigt wurde; und für öffentliche Gebäude in Rom und allen Provinzen. Die Ulpian-Bibliothek und das große „Trajan-Forum“ zur besseren Abwicklung öffentlicher Geschäfte zeugten neben vielen anderen nützlichen und eleganten Werken von seiner Liberalität. Die Regierungszeit Trajans war eine literarische Epoche, die nur der des Augustus nachstand. Zu dieser Zeit lebten der große Historiker Tacitus, der jüngere Plinius, Plutarch, Suetonius und Epictetus , der Sklavenphilosoph.

202. Augustus hatte seinen Erben geboten, den Rhein, die Donau und den Euphrat als Grenzen ihrer Herrschaft zu betrachten. Trajan jedoch wollte den schändlichen Tribut, den Domitian den Dakern versprochen hatte, abwerfen und führte zweimal Krieg gegen ihren König Decebalus . Er war völlig siegreich; Der König wurde getötet und sein Land wurde eine römische Provinz, die von Kolonien und Festungen bewacht wurde. Bei seiner Rückkehr im Jahr 105 n. Chr. feierte Trajan einen Triumph und veranstaltete 123 Tage lang Spiele. Es heißt, dass bei diesen Spektakeln 11.000 wilde Tiere abgeschlachtet wurden und dass 10.000 Gladiatoren, meist dakische Gefangene, sich gegenseitig töteten, „um einen römischen Feiertag zu machen“.

In den späteren Jahren dieser Herrschaft gerieten das römische und das parthische Reich in einen Konflikt um die Kontrolle Armeniens. Trajan machte das letztere Land schnell zu einer römischen Provinz und entriss den Parthern in späteren Feldzügen die antiken Länder Mesopotamien und Assyrien. Trajan starb im Jahr 117 n. Chr. in Kilikien. Seine Asche wurde in

einer goldenen Urne nach Rom überführt und unter der Säule platziert, die
seinen Namen trägt.

203. Hadrian begann seine Herrschaft mit der Aufgabe der asiatischen
Eroberungen Trajans. Während der zwanzig Jahre fast ununterbrochenen
Friedens, die seine Amtszeit kennzeichneten, besuchte Hadrian die
entlegensten Winkel seines Reiches, studierte die Bedürfnisse und Interessen
seines Volkes und versuchte unparteiisch, das Wohl aller zu erreichen. York
in England, Athen, Antiochia und Alexandria teilten mit Rom die Ehre einer
Reichshauptstadt; und jedes hatte seinen Teil dieser großen
architektonischen Werke, die in einigen Fällen noch heute zum Gedenken an
den Ruhm Hadrians existieren. Ein Aufstand der Juden zwischen 131 und
135 n. Chr. wurde mit der Verbannung der letzten Überreste ihrer Rasse aus
Palästina beendet. Eine römische Kolonie, Æ´lia Capitolina wurde an der
Stelle Jerusalems gegründet, wohin die von Titus vertriebenen Christen
zusammen mit dem ersten ihrer nichtjüdischen Bischöfe frei aufgenommen
wurden. Von allen Vorteilen, die Hadrian dem Reich verschaffte, war
vielleicht die Wahl eines Nachfolgers der größte.

204. T. Aurelius Antoni´nus bestieg 138 n. Chr. den Thron. Seine
ereignislose Herrschaft stellt das in den römischen Annalen seltene Beispiel
für dreiundzwanzig Jahre ungestörter Ruhe dar und ist ein eindrucksvolles
Beispiel für die Wahrheit des Sprichworts: „Glücklich ist der." Menschen,
die keine Geschichte haben." Das Glück seiner großen Familie, denn so
betrachtete er seine Untertanen, war der Hauptzweck seines Lebens. In
Großbritannien wurde die römische Grenze während dieser Herrschaft bis
zu ihrer nördlichsten Grenze verschoben und durch die „Wall of Antoninus
" geschützt, die sich vom Frith of Forth bis zum Clyde erstreckte.

Marcus Aurelius, der Neffe Hadrians, der zusammen mit L. Verus von
Antoninus adoptiert worden war , nahm mit seiner Krone dessen Namen [78]
an . Er ähnelte seinem Adoptivvater in seiner Liebe zu Religion, Gerechtigkeit
und Frieden; aber seine Herrschaft verlief weitaus weniger glücklich, da es zu
Unglücken kam, die er nicht abwenden konnte. Die Barbaren nördlich der
Donau wurden von einer neuen und großen Einwanderung aus den Steppen
Asiens überrannt. Die skythischen Horden, die von ihren alten Sitzen
vertrieben wurden, wir wissen nicht aus welchem Impuls oder aus welcher
Notwendigkeit, hatten sich über die Germanen gestürzt, und diese wurden
über die römische Grenze hinaus bis nach Italien getrieben, das sie bis nach
Aquileia verwüsteten . an der Adria. Die beiden Kaiser gingen gegen sie vor.
Verus starb im Jahr 169 n. Chr. im venezianischen Land, aber Aurelius blieb
drei Jahre lang auf seinem Posten an der Donau, Sommer wie Winter. Er
errang einen großen Sieg über die Quadi im Jahr 174 n. Chr. Ein plötzlicher
Sturm, der während der Schlacht auftrat, entschied über den Ausgang. Die

Heiden führten es auf ein Eingreifen von Jupiter Pluvius zurück; aber die Christen, auf die Gebete christlicher Soldaten in der „Donnernden Legion".

In den ersten Jahren der Herrschaft von Aurelius führten die Parther einen gewaltigen Angriff auf die östlichen Provinzen durch, vernichteten eine ganze Legion und verwüsteten ganz Syrien. Der Feldherr Avidius Cassius, der als Leutnant des Verus gegen sie geschickt wurde , machte die römischen Verluste mehr als wett, denn er erweiterte die Reichsgrenze erneut bis zum Tigris. Doch nach dem Tod des Verus proklamierte Cassius sich selbst zum Kaiser und erlangte den Besitz der meisten asiatischen Provinzen. Bevor Aurelius im Osten ankommen konnte, wurde der Rebellenhäuptling nach dreimonatiger Herrschaft von seinen eigenen Offizieren getötet. Aurelius ließ seine Papiere verbrennen, ohne sie zu lesen, und ließ zu, dass niemand für seine Beteiligung an der Rebellion bestraft wurde.

Die Erhabenheit und Selbstbeherrschung, die den Kaiser auszeichneten, waren zu einem großen Teil der stoischen Philosophie zu verdanken, die er seit seinem zwölften Lebensjahr studierte. Der einzige Makel an seinem Charakter ist die Christenverfolgung, die zweifellos von den harten und arroganten Stoikern, die ihn umgaben, angezettelt wurde. Der Märtyrer Justin in Rom, der ehrwürdige Polykarp in Smyrna und eine Vielzahl weniger berühmter Jünger in Wien und Lyon erlitten zwischen 167 und 177 n. Chr. den Tod für ihre Treue zu ihrer Religion. Marcus Aurelius starb 180 n. Chr. in Pannonien.

205. Von den jugendlichen Versprechen seines einzigen Sohnes getäuscht, hatte Aurelius im Alter von fünfzehn Jahren Commodus mit ihm in die Regierung aufgenommen. Wenn der junge Prinz viele Jahre lang unter der weisen und tugendhaften Fürsorge seines Vaters ausgebildet worden wäre, hätte er möglicherweise tatsächlich alles werden können, was man von ihm erhofft hatte. Doch der frühe Tod des guten Aurelius hinterließ aus seinem siebzehnjährigen Sohn einen schwachen, selbstgefälligen Jugendlichen, der leicht von wertlosen Gefährten kontrolliert werden konnte . Drei Jahre lang führte die Regierung den Kurs fort, den Aurelius ihr vorgezeichnet hatte. Doch im Jahr 183 n. Chr. wurde eine Verschwörung zur Ermordung von Commodus aufgedeckt, und es wurde angenommen, dass viele Senatoren daran beteiligt waren. Seine rachsüchtige Natur, angespornt durch Angst, machte ihn nun zu einem Monster der Tyrannei. Sein einziger Einsatz der kaiserlichen Macht bestand darin, Haftbefehle für den Tod aller Personen zu erlassen, die er verdächtigte. Vergeblich um seine Kraft und sein Können nahm er den Namen des römischen Herkules an und stellte sich im Amphitheater als Schütze und Gladiator zur Schau. Schließlich entgingen einige der beabsichtigten Opfer seiner Verbote ihrer eigenen Zerstörung, indem sie ihn in seinem Schlafgemach erwürgten, nachdem er zwölf Jahre und neun Monate im Jahr 192 n. Chr. regiert hatte.

206. Der Niedergang des Reiches, der durch die fünf guten Kaiser – Nerva, Trajan, Hadrian und die beiden Antoniner – verzögert worden war , vollzog sich unter Commodus mit erschreckender Geschwindigkeit. Die Armeen in den Provinzen waren der Disziplin überdrüssig und zerfielen in kleine Banden, die auf eigene Faust raubten und mordeten. Ein Historiker erzählt uns, dass Perennis , der Prätorianer Präfekt wurde abgesetzt und zusammen mit seiner Frau und seinen Kindern auf Verlangen von 1.500 aufständischen Soldaten getötet, die widerstandslos von Großbritannien nach Rom marschiert waren. Die Gesellschaft war ebenso gründlich demoralisiert wie die Armee. Außer bei den verachteten und verfolgten Christen war Reinheit des Lebens kaum zu finden. Durch den Niedergang der Industrie breitete sich die Armut über die Nationen aus, doch Luxus und Maßlosigkeit waren übertriebener als je zuvor.

REPRISE.

Galba (68, 69 n. Chr.) beleidigt seine Wachen durch seine strenge Sparsamkeit und wird nach sieben Monaten ermordet. Otho, dreimonatiger Kaiser, wird von Vitellius besiegt, der von April bis Dezember 69 n. Chr. regiert. Vespasian (69–79 n. Chr.) stellt Frieden, Ordnung und Wohlstand wieder her. Unter seiner Herrschaft wird Jerusalem zerstört. Die kurze, aber wohltätige Herrschaft von Titus (79–81 n. Chr.) wird durch große Katastrophen gestört – Erdbeben, Feuer und Pest. Domitian (81-96 n. Chr.) ist ein düsterer Tyrann, im Ausland in Ungnade gefallen und im Inland verabscheut. Nerva (96–98 n. Chr.) stellt das Vertrauen wieder her und wählt Trajan (98–117 n. Chr.) zu seinem Nachfolger, der als der beste und fähigste aller Kaiser gilt. Er erringt Siege nördlich der Donau und östlich des Euphrat und dehnt so das Reich bis zu den äußersten Grenzen aus, die es je erreichen konnte. Hadrian (117–138 n. Chr.) besucht jeden Teil seiner Herrschaftsgebiete und verbreitet überall die Segnungen des Friedens und einer guten Regierung. Antoninus Pius (138–161 n. Chr.) genießt eine Herrschaft beispielloser Ruhe . Marcus Aurelius (161-180 n. Chr.) ist zwar ein friedlicher Philosoph, aber zwangsläufig in viele Kriege verwickelt. Er verzeiht großzügig die von Cassius angeführte Rebellion, lässt aber auf Veranlassung der Stoiker eine Verfolgung der Christen zu. Commodus (180-193 n. Chr.), verärgert über eine Verschwörung gegen sein Leben, wird zum rachsüchtigen Tyrannen, und unter seiner rücksichtslosen Missherrschaft verschwinden alle Ordnung, Industrie und Sicherheit aus dem Reich.

ZWEITE PERIODE, 193-284 N. CHR.

207. Durch ihre unkontrollierten Unruhen hatten die Soldaten ihre Macht kennengelernt und gingen nun davon aus, Kaiser nach ihrem Willen einzusetzen und zu stürzen. Die Mörder von Commodus gingen zum Haus von Per´tinax , dem Präfekten der Stadt, und boten ihm die Krone an. Er war ein guter alter Mann, einer der wenigen überlebenden Freunde von Marcus Antoninus und einer, dessen Obhut der junge Prinz Commodus anvertraut worden war. Er nahm die gefährliche Ehre widerwillig an, und das Ergebnis rechtfertigte seine Befürchtungen. Die Sparsamkeit und Ordnung, die er einzuführen versuchte, empörten gleichermaßen die vergnügungsliebenden Bürger und die unruhigen und gierigen Soldaten. Pertinax wurde am 28. März 193 n. Chr. nach einer Regierungszeit von weniger als drei Monaten von den Prätorianern in seinem eigenen Palast ermordet. Die Wachen versteigerten nun die Kaiserkrone und verkauften sie an Didius Julia´nus, ein wohlhabender Senator, für 15.000.000 Dollar. Der Senat erkannte ihn an und er regierte mehr als zwei Monate in Rom. Aber die Armeen in Großbritannien, Pannonien und Syrien waren weniger beleidigt über die skandalöse Unverschämtheit als vielmehr ermutigt durch das Beispiel ihrer Kameraden in der Hauptstadt und setzten ihre eigenen Anführer, Albi´nus, Seve´rus und Niger, als Kaiser ein.

208. Severus kam zuerst in Rom an, überzeugte die Prätorianer durch Schenkungsversprechen und wurde vom Senat anerkannt. Julianus wurde verlassen und in seinem Palast getötet. Die erste kaiserliche Handlung von Severus bestand darin, die Prätorianer zu entwaffnen und sie in eine Entfernung von 100 Meilen von der Hauptstadt zu verbannen. Er besiegte seine beiden Rivalen, den einen bei Kyzikos und Issos und den anderen bei Lyon (Lugdu´num) in Gallien; und durch ihren Tod wurde er unangefochtener Herr des Reiches. Anstelle der alten Prätorianer besetzte er Rom mit 40.000 aus den Legionen ausgewählten Truppen und ihrem Anführer, dem Prätorianer Präfekt , wurde neben dem Souverän die mächtigste Person der Welt; denn neben seinem militärischen Kommando hatte er die Kontrolle über die Staatskasse und hatte großen Einfluss auf die Ausarbeitung und Durchsetzung der Gesetze. Severus war ein fähiger und erfolgreicher General. Er erweiterte das Reich nach Osten durch die Einnahme der parthischen Hauptstadt und die Eroberung von Adiabene ; und nach Norden, durch seine Kriege gegen die Kaledonier. Er starb im Jahr 211 n. Chr. in York, der römischen Hauptstadt Großbritanniens, nachdem er achtzehn Jahre lang regiert hatte.

209. Die beiden Söhne des Severus, Caracal´la und Geta, waren von ihrem Vater in seiner kaiserlichen Würde verbunden worden und regierten gemeinsam ein Jahr nach seinem Tod. Dann brach ihr gegenseitiger Hass erneut aus und nach einem vergeblichen Versuch, das Reich unter ihnen aufzuteilen, ermordete Caracalla Geta in den Armen ihrer Mutter. In den fünf Jahren seiner Alleinherrschaft erwies er sich als einer der schlimmsten Tyrannen, die Rom je gekannt hatte. Unter dem Vorwand, die „Freunde von Geta" auszurotten, massakrierte er 20.000 Personen, darunter einige der tugendhaftesten und berühmtesten des Reiches. Angetrieben von seinem ruhelosen Gewissen verließ Caracalla dann Rom und wanderte durch alle östlichen und nördlichen Provinzen, überall gefolgt von einer Spur der Armut, Verzweiflung und des Todes. Schließlich stürzte er sich in einen Krieg mit Parthien, in dem er einigen Erfolg hatte; doch vor seinem zweiten Feldzug wurde er von Macri´nus , seinem Prätorianer , ermordet Präfekt , den die Wachen zum Kaiser ausriefen.

210. Macrinus verlieh seinem Sohn den Titel eines Cäsar und beeilte sich dann, Caracallas Siege über die Parther fortzusetzen. Er begegnete dem östlichen Monarchen in der Nähe von Nisibis und erlitt eine schändliche Niederlage, die ihn zwang, sich nach Syrien zurückzuziehen. Die Soldaten waren nun ihres gewählten Imperators überdrüssig, dessen Strenge der Disziplin eine unerwünschte Abwechslung zur rücksichtslosen Liberalität Caracallas darstellte. Julia Mæsa , die Schwägerin von Severus, überredete eine Division der Armee, ihren Enkel Bassianus , den sie für einen Sohn Caracallas erklärte, als ihren Prinzen anzunehmen. Er wird häufiger Elagab´alus genannt , nach dem syrischen Sonnengott, dessen Priestertum er als Kind geweiht war. Der Reichtum, den Mæsa während ihres Aufenthalts am Hof ihrer Schwester angehäuft hatte, trug wesentlich dazu bei, die Soldaten zu überzeugen. Auch eine zur Niederschlagung des Aufstandes ausgesandte Truppengruppe wurde weitgehend ihren Wünschen unterworfen. In der Nähe von Antiochia fand eine Schlacht statt, in der Macrinus nach vierzehnmonatiger Herrschaft besiegt und schließlich getötet wurde.

211. Elagabalus oder seine Minister beeilten sich, einen Brief an den Senat zu schicken, in dem er sich mit allen hochtönenden Titeln wie Cæsar , Imperator, Sohn des Antoninus , Enkel des Severus, Pius, Felix, Augustus usw. überhäufte. Die Römer gaben seine Ansprüche passiv zu und die Arval-Brüder legten unter all diesen Namen ihre jährlichen Gelübde für seine Gesundheit und Sicherheit ab. Der syrische Junge, der im Alter von vierzehn Jahren so mit kaiserlichen Ehren bekleidet wurde, war der verächtlichste aller Tyrannen, die jemals die römische Welt heimgesucht hatten. Seine Tage und Nächte waren gefräßigen Schlemmen und abscheulichen Exzessen gewidmet.

Die anständigen und feierlichen Riten der römischen Religion wurden durch entwürdigende Zaubereien ersetzt, von denen man annahm, dass sie heimlich mit Menschenopfern einhergingen. Der syrische Sonnengott wurde über Jupiter Capitolinus selbst gestellt , und alles, was in den Augen des Volkes heilig oder ehrenhaft war, wurde zum Gegenstand von Beleidigungen und Entweihungen. Der Kaiser war überredet worden , seinem Cousin Alexander Severus den Titel Cäsar zu verleihen; Doch als er merkte, dass dieser gute Fürst ihn in der Achtung der Armee bald übertraf, versuchte er, seinen Tod herbeizuführen. Ein zweiter Versuch endete für Elagabalus tödlich. Die Prätorianer ermordeten ihn und warfen ihn in den Tiber.

212. Alexander Severus, jetzt in seinem siebzehnten Jahr, wurde von den Soldaten und dem Senat mit Freude anerkannt. Sein tadelloses Leben und seine hohen und wohltätigen Ziele bilden einen hellen, erfrischenden Kontrast zu den langen Annalen des römischen Verfalls. Reinheit und Sparsamkeit kehrten in die öffentlichen Angelegenheiten zurück; weise und tugendhafte Männer erhielten die höchsten Ämter; Der Senat wurde mit einer Ehrerbietung behandelt, die seiner alten Würde entsprach und nicht seiner jüngsten niedrigen Gefolgschaft gegenüber den Launen der Armee. Wenn die Macht Alexanders so groß gewesen wäre wie seine Absichten rein, hätte die Welt vielleicht davon profitiert.

Etwa zu dieser Zeit veränderte eine große Revolution die Lage Asiens. Die neue persische Monarchie unter Artaxerxes, dem Enkel von Sassan, hatte das parthische Reich gestürzt und strebte nun die Wiederherstellung aller Herrschaftsgebiete von Darius Hystaspes an . Artaxerxes schickte tatsächlich eine Gesandtschaft zu Alexander Severus und forderte die Rückgabe seiner alten Provinzen zwischen der Ägäis und dem Euphrat an Persien. Die Antwort war eine Kriegserklärung. Alexander traf persönlich auf die Truppen des Artaxerxes in der Ebene östlich des Euphrat und besiegte sie in einer großen Schlacht im Jahr 232 n. Chr.

Als er hörte, dass die Deutschen Gallien plünderten, beeilte er sich, Frieden zu schließen und kehrte nach Rom zurück. Im nächsten Jahr machte er sich auf den Weg nach Deutschland; Doch bevor er dort seine Militäreinsätze beginnen konnte, wurde er von einer kleinen Gruppe meuternder Soldaten ermordet. Die Tugenden Alexanders waren größtenteils der wachsamen Fürsorge seiner Mutter zu verdanken, die seine Kindheit vor der Bosheit schützte, die ihn umgab. Der Prinz belohnte ihre Wachsamkeit mit der pflichtbewusstesten und zärtlichsten Rücksichtnahme; und es wird gesagt, dass ihre übervorsichtige und sparsame Politik, die ihn dazu veranlasste, von der Armee verlangte Geldgeschenke zurückzuhalten, seinen Tod verursachte.

213. Der Anführer der Meuterei war Maximin , ein thrakischer Bauer — ein brutaler und ungebildeter Raufbold, der jedoch über genügend natürliche Fähigkeiten verfügte, um ihn von seinen Kameraden zum Kaiser wählen zu lassen. Drei Jahre lang regierte dieser Wilde die Welt. Seine einzige Politik bestand darin, Hass gegenüber den Adligen und Habgier gegenüber den Reichen zu hegen. bis das Volk Afrikas, durch die Erpressungen seiner Agenten in Zorn geraten, rebellierte und seinen Prokonsul Gordian und seinen Sohn krönte. Die beiden Gordianer wurden innerhalb eines Monats getötet; aber der Senat ersetzte ihn durch zwei seiner Mitglieder und bereitete sich mit ungewohntem Geist auf die Verteidigung Italiens vor. Maximin marschierte von seinem Winterquartier an der Donau aus, war aber noch nicht weiter als bis Aquileia vorgedrungen, als er in seinem Zelt von seinen eigenen Soldaten ermordet wurde.

214. Obwohl die Legionen den Kaiser ihrer Wahl vernichtet hatten, hatten sie nicht die Absicht, dem des Senats nachzugeben. Sie ermordeten Pupie´nus und Balbi´nus innerhalb von sechs Wochen nach ihrem Triumph über Maximin und verliehen die kaiserlichen Gewänder einem jüngeren Gordian, dem Enkel des ehemaligen Prokonsuls von Afrika. Dieser zwölfjährige Junge sollte natürlich nur ein Werkzeug seiner Minister sein. Timesith´eus , der Prätorianer Präfekt , war ein fähiger Offizier und verteidigte, solange er lebte, energisch die kaiserliche Macht gegen persische Angriffe und afrikanische Aufstände. Sein Nachfolger wurde Philipp der Araber, der geschickt den Tod des jungen Kaisers herbeiführte und selbst den Purpur annahm. Er schrieb an den Senat, dass Gordian an einer Krankheit gestorben sei, und forderte, dass seinem Andenken göttliche Ehren erwiesen würden.

215. Zu den wenigen Ereignissen, die in den fünf Regierungsjahren Philipps (244–249 n. Chr.) aufgezeichnet wurden, gehört die Feier der „Weltlichen Spiele“ in Rom, am 21. 248 n. Chr. Rivalisierende Kaiser wurden von den Syrern und von der Armee in Mœsia und Pannonien eingesetzt . Decius, ein Senator, wurde von Philipp geschickt, um diesen zu besänftigen. Ihr Scheinkaiser war bereits tot, aber die Soldaten, die glaubten, ihre Schuld sei zu groß, um von Philipp vergeben zu werden, drängten sich mit stürmischen Rufen „Tod oder Purpur!“ um Decius. Der treue Offizier mit hundert Schwertern an der Kehle wurde gezwungen, gekrönt zu werden und zuzustimmen, seine rebellische Armee nach Italien zu führen. Er versicherte seinem Herrn schriftlich, dass er nur eine Rolle spiele und seine Scheinherrschaft aufgeben werde, sobald er seinen lästigen Untertanen entkommen könne. Aber Philip glaubte diesen Loyalitätsbekundungen nicht. Er marschierte den Aufständischen in Verona entgegen, wurde im September 249 n. Chr. besiegt und getötet.

216. Die zweijährige Regierungszeit von Decius (249–251 n. Chr.) war von zwei sehr unterschiedlichen Versuchen geprägt, die alte Religion und Moral Roms wiederherzustellen – der Wiederbelebung der Zensur und der Verfolgung der Christen. Man war zutiefst davon überzeugt, dass die Katastrophen des Reiches auf die Korruption seiner Bevölkerung zurückzuführen waren. Aber die erste Maßnahme zeigte keine Wirkung, während die zweite nur die bösen Leidenschaften der Menschen erregte und unsagbares Elend verursachte. Die Bischöfe von Antiochia, Jerusalem und

Rom wurden Märtyrer, und Alexandria war Schauplatz eines schrecklichen
Massakers. Eine weitere Katastrophe, für die Decius nicht verantwortlich
war, war der erste große Einfall der Goten, die die Provinzen Mœsia und
Thrakien südlich der Donau verwüsteten. Decius wurde 250 n. Chr. von
ihnen besiegt; und im nächsten Jahr verlor er bei dem Versuch, ihnen den
Rückzug abzuschneiden, in einer großen Schlacht sein Leben.

217. Gallus, ein fähiger Feldherr, wurde vom Senat gekrönt, Hostilianus ,
der Sohn des Decius, wurde mit ihm in der Kaiserwürde verbunden. Das
Unglück nahm zu; In Rom wütete die Pest, und neue Barbarenschwärme
verwüsteten die Donauprovinzen , nur ermutigt durch die Erfolge der Goten
und die Geldsummen, die ihnen als Friedenspreis gezahlt worden waren .
Hostilianus starb an der Pest, und die Not des Volkes führte dazu, dass es
ungerechtfertigte Anschuldigungen gegen den Kaiser erhob. Nachdem
Æmilianus eine Armee der Invasoren besiegt hatte, wurde er von seinen
Truppen zum Herrscher erklärt und besiegte Gallus und seinen Sohn bei
seinem Einmarsch in Italien bei Interam´na . Æmilian wurde vom Senat
anerkannt, aber seine Regierungszeit war kurz. Valerian, ein edler und
tugendhafter Offizier, war von Gallus geschickt worden, um die gallischen
und deutschen Legionen zu Hilfe zu holen. Er kam zu spät, um seinen Herrn
zu retten, aber er besiegte Æmilian in der Nähe des Schauplatzes seines
früheren Sieges und erhielt selbst die Treue des Senats und des Volkes.

Es war keine beneidenswerte Auszeichnung, denn die Ursachen, die zur
Zerstörung des Reiches führten, waren zahlreicher und heftiger aktiv als je
zuvor. Die Franken vom Niederrhein, die Alemannen aus Süddeutschland
verwüsteten Italien, Gallien und Spanien und überquerten sogar die
Meerenge nach Afrika. Die Goten hatten aus den Wäldern des Euxine
Flotten gebaut, mit denen sie die Küsten Kleinasiens und Griechenlands
verwüsteten und unzählige Städte eroberten und niederbrannten, darunter
Kyzikos, Chalkedon, Ephesus und sogar Korinth und Athen. Das neue
persische Königreich der Sassanidae hatte an Macht gewonnen. Sein zweiter
Monarch, Sapor, eroberte Armenien und überrannte die römischen
Provinzen im Osten. Er besiegte und eroberte Valerian in einer Schlacht in
der Nähe des Euphrat und befriedigte seinen Stolz durch ein Schauspiel, das
noch kein Monarch zuvor hatte zeigen können: ein römischer Kaiser, mit
Ketten beladen, aber in Purpur gekleidet, ein ewiger Gefangener an seinem
Hof.

Da die Regierung so von Katastrophen überwältigt war, beanspruchten
verschiedene Prätendenten die Souveränität über die verschiedenen Teile des
Reiches. Diese Abenteurer wurden allgemein als die „Dreißig Tyrannen"
bezeichnet. Ihre Regierungszeiten waren meist zu kurz oder zu unbedeutend,
um erwähnenswert zu sein. Palmyra blieb zehn Jahre lang, von 264 bis
einschließlich 273 n. Chr. , der königliche Sitz von Odenatus und nach

seinem Tod seiner Witwe Zenobia . Pos´thumus errichtete in Gallien ein Königreich, das siebzehn Jahre lang bestand. Valerian hatte vor seinen Katastrophen im Osten seinen Sohn Gallienus mit ihm in den Sorgen des Imperiums verbunden ; aber dieser Prinz konnte kaum mehr als die Verteidigung Italiens versuchen. Aureolus , der an der oberen Donau befehligte, nahm den Kaisertitel an und überquerte die Alpen. Er wurde von Gallienus besiegt und in Mailand belagert. Durch seine Künste wurde Gallienus von seinen eigenen Soldaten getötet; aber sie verliehen den Purpur einem ehrlicheren Mann und besseren General, den der ermordete Prinz in seinen letzten Augenblicken benannt hatte. Mailand wurde eingenommen und Aureolus hingerichtet.

218. Obwohl das Römische Reich sowohl durch innere Uneinigkeit als auch durch Angriffe von Barbaren von außen zur Zerstörung verurteilt zu sein schien, wurde seine endgültige Zerstörung durch eine Reihe fähiger Kaiser verzögert. Claudius, der im Jahr 268 die Nachfolge von Gallienus antrat , besiegte die Alemannen in Italien und die Goten in Mœsia . Aurelian (270-275 n. Chr.) besiegte erneut die Goten in Pannonien; und dann erinnerte er sich an den Rat von Augustus und überließ den Barbaren die Provinzen nördlich der Donau und verlegte die römischen Bewohner nach Mœsia . Er führte einen Krieg gegen Zenobia, der mit der Gefangennahme der „Königin des Ostens" und dem Sturz ihres Königreichs endete. Ein noch schwierigeres Unterfangen erwartete Aurelian im Westen, wo Tetrikus , der letzte Nachfolger von Posthumus , Gallien, Spanien und Großbritannien zu einer mächtigen Monarchie vereint hatte. Aber er wurde erobert und das Reich wurde 274 n. Chr. an den Grenzen des Atlantiks erneut gegründet.

Aurelian war im Begriff, seine siegreichen Waffen gegen die Perser zu richten, als er aufgrund einer von seinem Sekretär Mnestheus geschmiedeten Verschwörung von mehreren seiner Offiziere ermordet wurde . Die über das Verbrechen empörte Armee beantragte beim Senat die Ernennung eines neuen Kaisers, anstatt einem General zu gestatten, die Krone an sich zu reißen. Nach sechsmonatigem Zögern, in dem die Soldaten respektvoll warteten, ernannte der Senat M. Claudius Tacítus , einen Senator von großem Reichtum und tadellosem Charakter. Aufgrund seines Alters und seiner Gebrechen hätte er die mühsame und gefährliche Position gerne abgelehnt; aber der Senat bestand darauf und Tacitus wurde gekrönt. Alle Taten seiner kurzen Herrschaft zielten auf die Verbesserung der Moral und die Schaffung von Recht und Ordnung im gesamten Reich ab. Er wurde nach Kleinasien abberufen, wo eine von Aurelian für seine Ostexpedition engagierte Truppe Goten aus Mangel an Bezahlung Unruhen verübte. Sie wurden vertrieben; aber Tacitus, vom Alter geschwächt, sank unter der Anstrengung und starb zweihundert Tage nach seiner Thronbesteigung im Jahr 276 n. Chr.

219. Florian, der Bruder von Tacitus, übernahm in Rom den Purpur, während die Armee im Osten Probus zu ihrem General ernannte. Die Soldaten von Florian weigerten sich jedoch, gegen ihre Kameraden zu kämpfen und ließen ihren Anführer nach drei Monaten töten. Probus, somit unbestrittener Herrscher der römischen Welt, war ein fähiger Feldherr und ein weiser und großzügiger Herrscher. Er vertrieb nicht nur die Germanen aus Gallien, unterwarf die Sarmaten und versetzte die Goten in Angst und Schrecken, sodass er sich friedlich verhielt, sondern er sorgte auch für die Sicherheit seiner ausgedehnten Grenze, indem er die Grenzprovinzen mit zahlreichen Kolonien von Barbaren besiedelte, die, als sie zivilisiert wurden, einen großen Vorteil machten Barriere gegen weitere Einfälle ihrer Landsleute. Er wollte auch Brachland durch die Trockenlegung von Sümpfen und die Anpflanzung von Weinreben verbessern und die gefährliche Muße seiner Soldaten für diese Arbeiten nutzen. Doch die Legionäre teilten die Sparpolitik ihres Kaisers nicht. Sie meuterten in Sir´mium und beendeten durch einen weiteren Mord die wohltätige Herrschaft von Probus im Jahr 282 n. Chr.

220. Carus , der Prätorianer Präfekt , wurde von der Armee als Kaiser gefeiert und verlieh seinen beiden Söhnen Cari´nus und Numerian den Titel Cäsar . Carus überließ es ersterem, den Westen zu regieren, und wandte sich zusammen mit Numerian dem Osten zu. Errang zunächst einen großen Sieg über die Sarmaten in Illyricum und überrannte dann Mesopotamien und eroberte die beiden großen Städte Seleukia und Ktes'iphon . Er war über den Tigris hinaus vorgedrungen und schien im Begriff zu sein, das persische Königreich zu stürzen, als er plötzlich starb, sei es durch einen Blitz, durch Krankheit oder durch den Dolch, darüber sind sich die Historiker nicht einig.

Sein Sohn Numerian gab den abergläubischen Ängsten seiner Soldaten nach und zog sich innerhalb der römischen Grenzen zurück. Auf dem Rückzug wurde er von seinem Schwiegervater, der ebenfalls Prätorianer war, ermordet Präfekt , und der hoffte, das Verbrechen zu verheimlichen, bis er die Früchte davon ernten konnte. Doch die Armee entdeckte den Tod ihres geliebten Kaisers und setzte Diokletian , den Hauptmann der Leibwächter, ein, um ihn zu rächen und ihm nachzufolgen.

Münze des Diokletian, doppelt vergrößert.

Carinus , der inzwischen im Westen regierte, verblüffte die römische Welt durch teure Spiele und beleidigte sie durch seine Verschwendung. Als er von dem Mord und der Usurpation hörte, marschierte er mit einer großen und disziplinierten Armee Diokletian entgegen und schloss sich der Schlacht in der Nähe von Margus im oberen Mœsia an . Die westlichen Truppen waren siegreich, aber Carinus , der die Verfolgung anführte, wurde von einem seiner eigenen Offiziere getötet. Seine Anhänger einigten sich mit denen Diokletians, der allgemein als Kaiser gefeiert wurde.

221. Mit seiner Thronbesteigung begann eine neue Periode im Reich, in der die Macht der Herrscher absoluter wurde und nicht mehr durch die rechtmäßige Autorität des Senats oder die Unverschämtheit der Soldaten kontrolliert werden konnte. In den zweiundneunzig Jahren, die seit dem Tod von Commodus vergangen waren, hatten die Legionen nicht nur das Privileg beansprucht, zur kaiserlichen Macht zu erheben, wen immer sie wollten, sondern auch den Gegenstand ihrer Wahl zu entfernen, wann immer er aufhörte, sie zufriedenzustellen. Kein General, der Kaiser werden wollte, wagte es, seine Spenden zu kürzen oder die nötige Strenge der Disziplin durchzusetzen. Ohne die fast ständige Gefahr durch Barbaren von außen hätte die Armee, die der wahre Tyrann der römischen Welt war, möglicherweise bereits jeglicher Ordnung, jedem Frieden und jeder Zivilregierung ein Ende gesetzt.

REPRISE.

Pertinax (193 n. Chr.) wird von den Prätorianern gekrönt und ermordet , die daraufhin den Thron an Julianus verkaufen. Severus (193-211 n. Chr.) erkauft sich die Unterstützung der Wachen, entwaffnet und vertreibt sie, nachdem er die kaiserliche Macht erlangt hat. Er vergrößerte seine Herrschaftsgebiete durch Eroberungen sowohl im Osten als auch im Westen. Caracalla ermordet seinen Bruder und regiert das Reich sechs Jahre lang, 211-217 n. Chr., schlecht. Macrinus (217, 218 n. Chr.) gewinnt und verliert seine Krone durch Gewalt. Elagabalus (218–222 n. Chr.) führt syrische Sitten und Gottesdienste in Rom ein. Ihm folgt sein Cousin Alexander Severus (222–235 n. Chr.) nach, der einen großen Sieg über das neue persische Reich der Sassanidae erringt , anschließend jedoch in Deutschland während einer Meuterei seiner Truppen getötet wird. Maximin (235-238 n. Chr.), ein Thraker, wird von seinen Kameraden in der Armee eingesetzt und innerhalb von drei Jahren niedergeschlagen. Die beiden Gordianer regierten weniger als einen Monat, Pupienus und Balbinus etwa sechs Wochen, als ein jüngerer Gordianer (238-244 n. Chr.) im Alter von zwölf Jahren mit dem Purpur bekleidet wurde. Er verliert sein Leben durch die Künste Philipps des Arabers, der Kaiser wird und im Jahr 248 n. Chr. das tausendste Jahr der Existenz Roms feiert. Decius, der geschickt wird, um einen Aufstand in Pannonien niederzuschlagen, wird im Jahr 249 n. Chr. von den Soldaten gekrönt und Philipp wird getötet. Zwei große Katastrophen prägen die Herrschaft von Decius: eine Christenverfolgung und ein Einfall der Goten. Gallus (251–253 n. Chr.) wird von Æmilianus abgesetzt , der bald von Valerian (254–260 n. Chr.) abgelöst wird. Das ganze Reich wird von gotischen und germanischen Eindringlingen überrannt. Während seiner Kriege im Osten gerät Valerian in Gefangenschaft und verbringt die letzten sieben Jahre seines Lebens am Hofe von Sapor. In verschiedenen Teilen des Reiches entstehen „Dreißig Tyrannen". Gallienus regiert in Italien, zunächst mit seinem Vater Valerian, dann allein, von 254 bis 268 n. Chr. Er wird durch die Führung eines Prätendenten, Aureolus , getötet , aber sein Nachfolger wird Claudius (268-270 n. Chr.), der die Barbaren besiegt. Aurelian (270-275 n. Chr.) macht die Donau erneut zur nördlichen Grenze des Reiches; unterwirft Zenobia im Osten und Tetricus im Westen; wird auf dem Weg nach Persien ermordet. Tacitus (275, 276 n. Chr.) wird vom Senat ernannt und regiert zweihundert Tage. Sein Bruder Florian wird von seinen eigenen Truppen abgesetzt. Probus (276-282 n. Chr.) stellt durch eine weise und energische Herrschaft die Sicherheit wieder her. Carus erringt große Siege im Osten; Doch nach seinem plötzlichen Tod gibt sein Sohn Numerian seine Eroberungszüge auf. Numerian wird im Osten, Carinus im Westen getötet und Diokletian wird Kaiser.

DRITTE PERIODE, 284-395 N. CHR.

222. Unter der festen und weisen Politik Diokletians begann für die römische Welt ein Jahrhundert größerer Kraft und Sicherheit. Da das Reich zu groß war, um von einem einzigen Oberhaupt verwaltet zu werden, verlieh Diokletian seinem Freund und Kameraden Maximian die gleiche Macht mit dem Titel Augustus. Einige Jahre später wurden dem Kaiserkollegium zwei Cäsaren , Galerius und Konstantius , hinzugefügt, die jeweils als Adoptivsohn und Nachfolger mit einem der Kaiser verbunden waren. Den Cäsaren wurden die exponierteren Provinzen zugewiesen, die einer aktiven und wachsamen Verwaltung bedurften, während die Augusti die alten und besiedelten Teile des Reiches für sich behielten. Constantius besaß Gallien, Spanien, Britannien und die gesamte Rheingrenze; Galerius hatte Noricum, Pannonien und Mœsia mit den Verteidigungsanlagen der Donau; während Maximian Italien und Afrika regierte und Diokletian Thrakien, Mazedonien, Ägypten und den Osten für sich behielt. Obwohl das Reich auf diese Weise seinen verschiedenen Herrschern zugeteilt wurde, wurde es nicht geteilt. Die vier Fürsten regierten in Absprache und wurden in allen Teilen des Reiches gleichermaßen geehrt.

223. Im Jahr 286 n. Chr. gewann ein Marinechef, Carausius , der mit einer mächtigen Flotte zur Verteidigung der britischen und gallischen Küste gegen die Franken betraut wurde, die Truppen in Großbritannien, eroberte die Insel und errichtete eine unabhängige Regierung . Er baute neue Schiffe und wurde bald Herr der westlichen Meere. Diokletian und Maximian waren nach vergeblichen Versuchen, seine Macht zu brechen, gezwungen, ihn im Jahr 287 n. Chr. als ihren Kollegen im Reich anzuerkennen. Als Constantius Cäsar wurde , führte er im Jahr 292 n. Chr. Krieg gegen diesen neuen Augustus. eroberte Boulogne nach einer langen und schweren Belagerung und bereitete sich auf die Invasion Großbritanniens vor, als Carausius von seinem Oberbefehlshaber Allec´tus getötet wurde .

Constantius landete drei Jahre später in Großbritannien und eroberte die Insel durch eine Schlacht in der Nähe von London zurück. Anschließend vertrieb er die Alemannen aus Gallien und siedelte seine Gefangenen in Kolonien in den durch ihre Verwüstungen entvölkerten Ländern an. Gleichzeitig schlug Maximian einen gewaltigen Aufstand der Mauren in Afrika nieder; und Diokletian eroberte durch eine achtmonatige Belagerung Alexandria, wo ein rivalisierender Kaiser den Thron usurpiert hatte, und bestrafte die rebellische Stadt mit einem Massaker, bei dem viele Tausende starben. Der Cäsar Galerius führte Krieg gegen die Perser, um Armenien zurückzugewinnen, das sie Tiridates , dem Vasallen Roms, abgenommen hatten . Er wurde in der Nähe von Carrhæ besiegt , genau am Schauplatz des Sturzes von Crassus, mehr als drei Jahrhunderte zuvor; aber er wettmachte dieses Unglück durch einen großen Sieg über König Narses, dem ein vorteilhafter Frieden folgte.

224. Das System des Diokletian war somit wirksam und erfolgreich, soweit es die ausländischen Staatsfeinde betraf; Doch die Kosten für vier kaiserliche Höfe und die immense Zahl an Soldaten und Beamten belasteten das Volk schwer. Die unglücklichen Steuerzahler wurden oft gefoltert, um Zahlungen durchzusetzen, die sie nicht leisten konnten. Die Bürgerkriege der vorangegangenen Jahrhunderte hatten weite Bezirke ihrer Einwohner beraubt; und die Produktion der Erde und der menschlichen Industrie hatte aufgehört.

225. Der größte Makel im Andenken Diokletians ist die Christenverfolgung im letzten Jahr seiner Herrschaft. Jede Provinz und jede große Stadt des Reiches hatte inzwischen die Lehren Christi gehört, und die Kirche in Rom zählte 50.000 Mitglieder. In einer Zeit der Turbulenzen und Korruption galten Christen überall als die ordentlichsten, fleißigsten, loyalsten und ehrlichsten Mitglieder der Gemeinschaft. Ihre Weigerung, das Bild des Kaisers anzubeten, das ein wesentlicher Bestandteil der römischen Religion war, hatte zu mehreren lokalen Verfolgungen geführt, aber keine war so weitreichend und schwerwiegend wie die von Diokletian. Das Edikt, das die Einheitlichkeit des Gottesdienstes vorsah, wurde 303 n. Chr. erlassen. Sofort wurden die grausamen Leidenschaften der Heiden außer Kontrolle geraten. In jeder Provinz floss unschuldiges Blut. Wer Bosheit oder Habgier hegte, brauchte seinen Feind nur als Christen zu beschuldigen und wurde mit der Hälfte der beschlagnahmten Güter belohnt. Im äußersten Westen schützte Constantius die Anhänger der „neuen Religion", aber anderswo gab es keinen Rechtsmittel gegen die grausamen Grausamkeiten, die von Gerichten sanktioniert wurden.

226. Von den vielen Handlungen, mit denen Diokletian die Autorität des Senats schmälerte, war die Entfernung des Regierungszentrums aus der antiken Stadt am Tiber die wirksamste. Sein eigener offizieller Wohnsitz war Nikomedia; das von Maximian in Mailand; während Constantius ein Provinzgericht in York und Galerius in Sirmium am Savus innehatte . Der Senat wurde somit zum bloßen Rat einer Provinzstadt. An die Stelle der Gesetze, die zuvor ihre Zustimmung erhalten hatten, traten kaiserliche Edikte. Die unverschämten Prätorianer wurden gleichzeitig durch die „Jovianer" und „Herkulesgarde" ersetzt; und ihr Präfekt , der ein Rivale des Kaisers gewesen war, wurde lediglich Beamter des Palastes. Diokletian feierte jedoch das zwanzigste Jahr seiner Herrschaft und seine zahlreichen Siege mit einem triumphalen Einzug in Rom; und dies war der letzte „Triumph", den die alte Hauptstadt jemals erlebte.

227. Im nächsten Jahr, 305 n. Chr., verzichtete Diokletian, erschöpft von den Sorgen des Imperiums, offiziell auf seine Macht und zwang Maximian , dasselbe zu tun. Die beiden Cæsars wurden nun zu Augusti , und zwei neue Kandidaten, Maximin und Severus, wurden von Galerius für den früheren Titel ernannt. Die Legionen in Großbritannien waren jedoch unzufrieden, als sie sahen, dass ihrem eigenen Imperator die Wahl eines Nachfolgers entzogen wurde; und nach dem Tod von Constantius im Jahr 306 n. Chr. erklärten sie sofort Konstantin zu seinem Sohn. Er wurde von Galerius als Cæsar anerkannt , der Severus den Rang eines Augustus verlieh.

Doch im nächsten Jahr wurde Maxentius , Sohn von Maximian , vom Senat und dem Volk Roms zum Kaiser erklärt, und sein Vater übernahm wieder den Purpur, den er auf Befehl Diokletians widerwillig beiseite gelegt hatte. Severus, der versuchte, diesen Aufstand niederzuschlagen, wurde in Ravenna gefangen genommen und privat hingerichtet. Galerius verlieh nun Licinius die Kaiserwürde , und zwei Jahre lang wurde die römische Welt friedlich von sechs Herren regiert: Konstantin, Maximian und Maxentius im Westen; Galerius, Maximin und Licinius im Osten.

228. Der Frieden wurde zunächst durch die Meinungsverschiedenheiten zwischen Maximian und seinem Sohn gebrochen. Der ältere Kaiser floh aus Rom und wurde von Konstantin, der seine Tochter geheiratet hatte, gut aufgenommen. Bald jedoch schmiedete Maximian erneut Komplotte mit Maxentius, um Konstantin zu ruinieren. Nachdem er ihrem beabsichtigten Opfer davon erfahren hatte, kehrte er umgehend von seinem Feldzug am Rhein zurück, belagerte seinen Schwiegervater in Massilia und ließ ihn im Jahr 310 n. Chr. hinrichten. Galerius starb im nächsten Jahr in Nikomedia, und das Reich wurde erneut gegründet in vier Teile geteilt, von denen Konstantin den äußersten Westen regierte; Maxentius, Italien und Afrika; Licinius , Illyricum und Thrakien; Maximin, Ägypten und Asien.

Der grausame und raubgierige Charakter von Maxentius ermüdete seine Untertanen, die Gesandte aus Rom schickten und Konstantin anflehten, zu kommen und ihr Herrscher zu werden. Dieser große General hatte die Liebe seiner Anhänger nicht weniger durch seinen festen und erfolgreichen Umgang mit den Barbaren gewonnen, sondern auch durch seinen großzügigen Schutz der Christen, deren Tugenden er schätzte und deren Gewissensrechte er respektierte. Auf seinem Marsch nach Italien soll er eine Vision gesehen haben. Ein flammendes Kreuz erschien am Himmel und trug auf Griechisch die Inschrift: „Damit erobere!" Von da an ersetzte das Kreuz die heidnischen Symbole, die an der Spitze der Legionen getragen worden waren; und das Omen, falls es ein solches war, erfüllte sich reichlich.

229. Konstantin überquerte im Jahr 312 n. Chr. die Alpen, besiegte die Truppen des Maxentius bei Turin, eroberte Verona nach einer hartnäckigen Belagerung und Schlacht und traf in einem letzten Kampf vor den Toren Roms auf seinen Rivalen. In der Schlacht an der Milvischen Brücke wurde

Maxentius besiegt und ertrank. Im folgenden Jahr wurde Maximin in einer
großen Schlacht bei Herakleia am Propontis von Licinius besiegt und setzte
seinem Leben bei Tarsus in Kilikien ein Ende. Konstantin und Licinius
teilten in einer Reihe von Schlachten die Welt unter sich auf. Der Fluss
Strymon und die Ägäis bildeten die Grenzen zwischen dem östlichen und
dem westlichen Reich. Zwei Söhne Konstantins und einer des Licinius
erhielten den Titel Cäsar . Crispus errang am Rhein einen Sieg über die
Franken und Alemannen; und Konstantin vollzog an der Donau eine
schreckliche Rache an den Goten, die in das römische Gebiet eingedrungen
waren.

230. Nach sieben Jahren Frieden brach im Jahr 322 n. Chr. ein Krieg
zwischen den Kaisern aus. Licinius wurde in der Nähe von Hadrianopel
besiegt , in Byzanz belagert und schließlich auf den Höhen von Scutairi
gestürzt , die die letztere Stadt überblickten. Sein Tod machte Konstantin
zum alleinigen Herrscher der zivilisierten Welt. Sein großes
Herrschaftsgebiet erhielt eine seiner Größe entsprechende neue Verfassung.
Der Regierungssitz wurde auf die Grenzen Europas und Asiens festgelegt, in
der neuen und prächtigen Stadt, die den Namen des Kaisers trug und die er
auf den Ruinen des griechischen Byzanz errichtete. Das gesamte Reich war
in vier *Präfekturen unterteilt* , die nahezu den Herrschaftsgebieten der vier
Kaiser im Jahr 311 n. Chr. entsprachen. (§ 228.) Jede Präfektur war in
Diözesen und jede Diözese in prokonsularische Regierungen oder
Präsidentschaften unterteilt .

Durch diese Unterteilung des Reiches entstanden drei Beamtenränge, die
in gewisser Weise dem Adel des modernen Europa ähnelten. Die
republikanische Regierungsform, die Augustus so protzig schätzte, war nun
verschwunden und an ihre Stelle trat die aufwändige Zeremonie eines
orientalischen Hofes. Sogar die 10.000 Kundschafter, die als „Königsaugen“
bekannt sind, wurden einst von Xerxes und Darius unterhalten. An der
Grenze befand sich ein stehendes Heer von 645.000 Mann; Doch da die
römischen Bürger nun dem Militärdienst abgeneigt waren, bestanden die
Legionen größtenteils aus barbarischen Söldnern. Vor allem die Franken
hatten große Bedeutung, sowohl am Hof als auch im Lager Konstantins.

231. Das große Ereignis dieser Herrschaft war die Anerkennung des
Christentums als gewissermaßen Staatsreligion. Das Edikt von Mailand aus
dem Jahr 313 n. Chr. garantierte dem bis dahin verfolgten Volk vollkommene
Sicherheit und Respekt; Das von 324 n. Chr. ermahnte alle Untertanen des
Reiches, dem Beispiel ihres Herrschers zu folgen und Christen zu werden.
Das Heidentum war noch nicht verboten. Konstantin war Pontifex maximus
und muss bei bestimmten Gelegenheiten den sagenhaften Göttern Roms
Opfer dargebracht haben. Erst in seinen letzten Tagen empfing er die
christliche Taufe; aber er leitete den ersten Generalkonzil der Kirche in Nizza

in Bithynien im Jahr 325 n. Chr., zu dem er Bischöfe aus allen Teilen des Reiches einberufen hatte, um über bestimmte umstrittene Glaubensfragen zu entscheiden. Obwohl er die versammelten Väter mit aller Ehrerbietung behandelte, weigerte er sich, Arius und seine Anhänger, die alexandrinischen Ketzer, die das Konzil verurteilte, zu verfolgen.

232. Crispus, der älteste Sohn Konstantins, der im Alter von siebzehn Jahren zum Cäsar ernannt worden war , war das Idol des Volkes, aber ein Gegenstand der Eifersucht seines Vaters, der ihn verräterischer Absichten verdächtigte. Ob die gegen ihn erhobenen Vorwürfe wahr waren, können wir nicht beurteilen. Während der Feierlichkeiten in Rom zu Ehren des zwanzigsten Regierungsjahres seines Vaters wurde er festgenommen, heimlich vor Gericht gestellt und hingerichtet. Die letzten Jahre Konstantins wurden durch neue Bewegungen der Barbaren nördlich der Donau gestört. Als die Sarmaten von den Goten angegriffen wurden, flehten sie die Römer um Hilfe an. Konstantin wurde in einer Schlacht mit den Invasoren besiegt, aber in der nächsten siegte er, und 100.000 Goten, die in die Berge vertrieben wurden, kamen vor Kälte und Hunger um. Mit der Aufteilung der Beute waren die Sarmaten unzufrieden und rächten sich, indem sie in die römischen Herrschaftsgebiete eindrangen. In den folgenden Kriegen wurden sie besiegt und zerstreut; 300.000 wurden als Vasallen des Reiches aufgenommen und in Militärkolonien in Pannonien, Thrakien, Mazedonien und Italien angesiedelt.

233. In der Hoffnung, dem Reich nach seinem Tod den Frieden zu sichern, übertrug Konstantin die einzelnen Teile seinen drei Söhnen und zwei Neffen, die er sorgfältig für ihre große Verantwortung erzogen hatte. Aber seine Fürsorge war vergeblich. Unmittelbar nach seinem Tod im Jahr 337 n. Chr. eroberte Constantius , sein zweiter Sohn, der ihm am nächsten stand, die Hauptstadt und befahl ein Massaker an allen, deren Geburt oder Macht ihnen Hoffnung auf die Erlangung der Souveränität geben konnte. Von seinen eigenen Verwandten konnten nur zwei Cousins, Gallus und Julian, entkommen. Die drei Söhne Konstantins teilten daraufhin das Reich unter sich auf. Konstantin II., der Älteste, erhielt die Hauptstadt zusammen mit Gallien, Spanien und Großbritannien; Constantius hatte Thrakien und den Osten; Constans , Italien, Afrika und West-Illyricum.

Die Regierungszeit von Constantius war von einem verheerenden Krieg mit Persien geprägt. Die heidnischen Armenier empörten sich nach dem Tod ihres Königs Tiridates – eines „Freundes der Römer", der in seinen Herrschaftsgebieten den christlichen Gottesdienst eingeführt hatte – und öffneten ihre Tore für die Perser. Der Sohn des Tiridates suchte die Hilfe von Constantius , dem es gelang, den Fürsten Chosroes wieder in seine

Herrschaftsgebiete zu bringen. Die Festung Nisibis, die als Bollwerk des Ostens galt, hielt drei denkwürdigen Belagerungen durch die Perser stand; aber die römischen Armeen wurden in neun offenen Schlachten besiegt, und die Überfälle der persischen Kavallerie erstreckten sich sogar bis zum Mittelmeer, wo sie Antiochia eroberten und plünderten.

234. In der Zwischenzeit war zwischen den Kaisern im Westen Zwietracht ausgebrochen, und Konstantin II., der in die Herrschaftsgebiete seines Bruders Konstans eindrang , wurde in der Nähe von Aquileia besiegt und getötet. Konstans eroberte seine Provinzen und regierte zehn Jahre lang (340–350 n. Chr.) über zwei Drittel des Reiches seines Vaters. Magnentius , ein Offizier in Gallien, übernahm daraufhin den Purpur und Constans wurde getötet. Constantius , zurückgerufen aus seinen Perserkriegen, besiegte Magnentius in einem mühsamen Feldzug an der Donau; erhielt die Unterwerfung Roms und der italienischen Städte; und schließlich endete der Aufstand durch eine große Schlacht in den Cottischen Alpen mit dem Leben des Usurpators im Jahr 353 n. Chr. Sechzehn Jahre nach dem Tod des großen Konstantin war das Reich somit unter einem Herrscher wieder vereint. Gallus, der Cousin von Constantius , war aus dem Gefängnis geholt worden, um den Titel eines Cäsar und die Regierung des Ostens zu erhalten. Aber er erwies sich als völlig unfähig, zu regieren; Er beleidigte den Botschafter seines Cousins und ließ ihn sogar von der Menge Antiochias ermorden. Daraufhin wurde Gallus abberufen und in Pola in Istrien hingerichtet .

REPRISE.

Diokletian (284-305 n. Chr.) assoziiert Maximian als „Augustus“ und Galerius und Constantius als „ Cäsaren “ mit sich selbst bei der Verwaltung des Reiches. Constantius stürzt die Souveränität von Carausius in Britannien und Nordgallien. Galerius erringt Siege in Asien; Diokletian, in Ägypten; und Maximian in Afrika. Das neue System ist im Ausland effizient, im Inland jedoch repressiv. Christen werden schwer verfolgt. Regierungssitz aus Rom entfernt. Diokletian und Maximian treten 305 n. Chr. zurück. Galerius (305-311 n. Chr.) und Constantius (305, 306 n. Chr.) werden Kaiser; Severus und Maximin, Cæsars . Konstantin der Große (306–337 n. Chr.) erobert als Nachfolger seines Vaters Constantius schließlich Maximian , der wieder Purpur trug, und Maxentius (312 n. Chr.), der in Rom proklamiert wurde und über das Weströmische Reich herrscht. Licinius (307-323 n. Chr.) erobert nach dem Tod von Galerius Maximin und regiert östlich der Ägäis . Konstantin erobert Licinius im Jahr 323 n. Chr. und wird alleiniger Kaiser. Richtet seinen Hof in Konstantinopel ein; organisiert die Regierung neu; macht das Christentum zur Staatsreligion; führt Kriege mit den Goten; und errichtet Militärkolonien der Sarmaten innerhalb der Grenzen des Reiches. Nach seinem Tod vernichten seine drei Söhne ihre Verwandten und teilen die Herrschaft unter ihnen auf. Während Constantius II. befindet sich im

Krieg mit Persien, sein Bruder Konstantin II. wird von Konstans getötet ,
der wiederum nach zehn Jahren von Magnentius abgesetzt wird . Constantius
kehrt 350 n. Chr. aus dem Osten zurück, besiegt Magnentius und herrscht
zwischen 353 und 361 n. Chr. über das gesamte Herrschaftsgebiet seines
Vaters.

AUSSTERBEN DES HEIDENTUMS.

235. Julian, der jüngere Bruder von Gallus, durfte seine Lieblingsstudien
in Athen fortsetzen, bis er 355 n. Chr. an den Mailänder Hof berufen, mit
dem Titel Cäsar geehrt und mit der Regierung Galliens betraut wurde . Sein
Verhalten zeigte große Energie und Talent. In der Schlacht bei Straßburg
besiegte er die Alemannen schwer; vertrieb die Franken aus ihren Burgen an
der Maas; und befreite bei drei Invasionen in Deutschland 20.000 römische
Gefangene. Er baute die Städte Galliens wieder auf, die die Barbaren zerstört
hatten; schmückte Paris, seine Winterresidenz, mit einem Palast, einem
Theater und Bädern; importiertes Getreide aus Großbritannien für den
Lebensunterhalt des Volkes; und geschützte Landwirtschaft, Industrie und
Handel.

Constantius wurde eifersüchtig auf den Ruhm seines Cousins und
versuchte, ihn zu entwaffnen und zu blamieren, indem er den größten Teil
der gallischen Armee in den Osten befahl. Julian bereitete sich darauf vor,
seine ergebenen Anhänger zu vertreiben, doch die Soldaten meuterten,
proklamierten ihn zum Kaiser und zwangen ihn, das purpurne Gewand
anzuziehen. Eine Gesandtschaft bei Constantius wurde verächtlich
abgewiesen; und nachdem Julian die Franken erneut gezüchtigt und die
Verteidigung der deutschen Grenze verbessert hatte, machte er sich daran,
die Frage durch einen tatsächlichen Krieg zu entscheiden. Er drang in den
Schwarzwald bis zur Donau ein, bestieg mit einer erbeuteten Flotte den
Fluss, überraschte Sirmium und wurde vom Volk mit Jubelrufen empfangen.
Er sandte Briefe, in denen er sein Verhalten rechtfertigte, an die Hauptstädte
des Reiches, insbesondere an die Senate von Athen und Rom; und er wurde
von diesem mit den kaiserlichen Titeln ausgestattet, die er allein gesetzlich
verleihen konnte. Der plötzliche Tod von Constantius in Tarsus im
November 361 n. Chr. beendete die Unsicherheit. Ganz Konstantinopel
strömte herbei, um Julian, sechzig Meilen von der Hauptstadt entfernt,
willkommen zu heißen, und Soldaten und Menschen im ganzen Reich
akzeptierten ihn als ihr Oberhaupt.

236. Seine ersten Amtshandlungen bestanden darin, den orientalischen
Luxus des Palastes einzuschränken, die Beamten von Constantius zu
bestrafen , die das Volk unterdrückt hatten, und die 10.000 Spione zu
entlassen. Julian, ein freiwilliger Philosoph und nur aus Zwang Kaiser, war
stolz auf die sparsame Einfachheit seiner Gewohnheiten und bezeichnete

sich lediglich als „Diener der Republik". In der Geschichte ist er unter dem unglücklichen Namen „Julian der Abtrünnige" bekannt. Erzürnt über die *christlichen* Cousins, die seine gesamte Familie ermordet hatten, weitete er seinen Hass auf den Glauben aus, zu dem sie sich so unwürdig bekannten. Er verzichtete öffentlich auf das Christentum und stellte sich und sein Reich unter den Schutz der „Unsterblichen Götter".

Um die Christen zu ärgern, unterstützte er die Juden und versuchte, ihren Tempel in Jerusalem wieder aufzubauen. Er wurde jedoch durch Feuerbälle vereitelt, die in der Nähe des Fundaments ausbrachen und es den Arbeitern unmöglich machten, sich zu nähern. [79] Er schloss alle Christen von den Schulen der Grammatik und Rhetorik aus, in der Hoffnung, sie dadurch in ihrem intellektuellen Rang herabzusetzen und sie in Kontroversen zu schwächen. Er enttäuschte jedoch die heidnischen Eiferer, indem er allen Parteien Toleranz verkündete. Im Frühjahr 363 n. Chr. zog Julian mit einer großen Armee in den Osten, wo die Verwüstungen des persischen Königs vier Jahre lang auf wenig Widerstand gestoßen waren. Er errang einen wichtigen Sieg über die Perser bei Ktesiphon, wurde jedoch in einem anschließenden Gefecht tödlich verwundet und starb im Juni 363 n. Chr. nach nur sechzehnmonatiger Herrschaft.

237. Jovian, der Kapitän der Rettungsschwimmer, wurde von den Generälen Julians als Augustus begrüßt. Er erlangte Frieden mit dem persischen König, indem er die fünf Provinzen östlich des Tigris abtrat, und führte dann einen schwierigen Rückzug in die Hauptstadt durch. Der wichtigste Akt seiner Herrschaft war die Wiederherstellung des christlichen Gottesdienstes und der allgemeinen Toleranz. Er starb im Februar 364 n. Chr. nach einer Regierungszeit von acht Monaten. Die zivilen und militärischen Offiziere des Reiches trafen sich in Nicäa und wählten Valentinian zu ihrem Herrscher , einen christlichen und tapferen Soldaten, der sich durch Dienste sowohl am Tigris als auch am Rhein ausgezeichnet hatte. Sein Bruder Valens wurde zu seinem Kollegen mit dem Kommando über den Osten ernannt, der sich von der unteren Donau bis zu den Grenzen Persiens erstreckte.

238. Valentinian legte seine Hauptstadt in Mailand fest, das abwechselnd mit Reims und Trier als Hauptquartier diente. Er besiegte die Alemannen deutlich und bewachte den Rhein durch eine neue Reihe von Festungen. Die Küsten Westeuropas begannen nun von sächsischen Piraten überrannt zu werden, während die Pikten und Schotten alle kultivierten Felder im Süden Großbritanniens eroberten, von der Antoninusmauer bis zur Küste von Kent. Theodosius , der Vater des späteren Kaisers dieses Namens, führte eine Veteranenarmee zur Entlastung der Briten und errang anschließend auf den Orkneyinseln einen großen Seesieg über die Sachsen.

Nachdem er die Alemannen an der oberen Donau besiegt hatte, wurde Theodosius als nächstes nach Afrika geschickt, um einen Aufstand der Mauren und Provinzialen niederzuschlagen, der durch die Erpressungen des Grafen Romanus provoziert worden war . Firmus, der Häuptling der Mauren, war ebenso schlau wie Jugurtha, aber Theodosius zeigte die ganze Geschicklichkeit von Metellus oder Scipio. Er sperrte Romanus ein und stellte die Ordnung in der Provinz wieder her; aber er wurde nur durch ungerechtfertigte Verdächtigungen und eine militärische Hinrichtung im Jahr 376 n. Chr. belohnt. Valentinian war bereits tot (November 375 n. Chr.), und die Minister, die seinen Sohn umgaben, verschleierten die Wahrheit, um ihre eigenen Zwecke zu nutzen.

239. Valens, der inzwischen im Osten regierte, war seinem Bruder an Festigkeit und Wohltätigkeit weit unterlegen. Zu Beginn seiner Herrschaft erlangte Procopius , ein Verwandter Julians, den Besitz von Konstantinopel und behielt es mehrere Monate lang als nomineller Kaiser. Schließlich wurde er gefangen genommen und erlitt im Lager von Valens einen grausamen Tod. Das große Ereignis dieser Zeit war der Einbruch einer neuen und schrecklichen Rasse von Wilden aus Nordasien. Die Hunnen waren abscheulicher, grausamer und unerbittlicher als selbst die wildesten Barbaren, die die Römer bisher kannten. Die Große Mauer, die noch immer China von der Mongolei trennt, war als Barriere gegen ihr Eindringen errichtet worden; Doch ihre Aufmerksamkeit richtete sich nun nach Westen, wo die Goten nördlich des Schwarzen Meeres als erste ihre Macht zu spüren bekamen.

Das große gotische Königreich Hermanrichs erstreckte sich von der Donau und Euxine bis zur Ostsee und umfasste viele verwandte Stämme, von denen die Ost- oder Ostrogoten und die West- oder Visi -Goten die wichtigsten waren. Erstere wurden von den Hunnen erobert; Letzterer bat Valens um die Erlaubnis, sich auf den Ödlanden südlich der Donau niederzulassen und Untertanen des Reiches zu werden. Ihrem Antrag wurde stattgegeben und eine Million Männer, Frauen und Kinder überquerten den Fluss. Aber die römischen Kommissare, die damit beauftragt waren, diese hungernde Menge aufzunehmen und zu ernähren, nutzten die Gelegenheit, um auf Kosten ihrer Ehre und der Sicherheit des Reiches ihr eigenes Vermögen zu machen.

Von den Goten wurde verlangt, dass sie ihre Waffen abgeben, aber sie erkauften von diesen Offizieren die Erlaubnis, sie zu behalten. Das Essen, das ihnen serviert wurde, war von höchster Qualität und äußerst teuer. Unter dem turbulenten und bewaffneten Heer brach Unmut aus. Die gotischen Krieger marschierten nach Marcianopolis , besiegten die zu ihrer Verteidigung ausgesandte Armee und verwüsteten ganz Thrakien mit Feuer und Schwert. Anstatt die Goten durch eine gerechte Bestrafung der Täter und durch Versprechen der Gerechtigkeit für die Zukunft zu besänftigen, schickte Valens seinen Neffen Gratian um Hilfe und rückte mit seiner Armee vor, um gegen die Barbaren zu kämpfen. In einer Schlacht in der Nähe von Hadrianopel wurde er 378 n. Chr. getötet und zwei Drittel seiner Armee kamen ums Leben.

240. Gratian, der Sohn Valentinians, war drei Jahre lang Kaiser des Westens gewesen und wurde nun alleiniger Herrscher über die Herrschaftsgebiete des Augustus. Er wählte jedoch als Kollegen den Feldherrn Theodosius, dem er das Reich von Valens und die Provinz Illyricum übertrug. Die Jugend von Gratian wurde mit einem schönen Versprechen aller Tugenden geschmückt; Doch sobald seine hervorragenden Ausbilder ihn verließen, erwies er sich als schwach und für das Kommando völlig ungeeignet. Böse Männer erlangten und missbrauchten sein Vertrauen.

Maximus empörte sich in Großbritannien und zog mit einer Armee nach Gallien. Anstatt zu kämpfen, floh Gratian aus Paris; Seine Armeen überliefen dem Feind, und der flüchtige Kaiser wurde 383 n. Chr. in Lyon eingeholt und getötet. Er hatte bereits bei seiner Thronbesteigung die kaiserliche Würde mit seinem Bruder Valentinian II. geteilt, der damals erst fünf Jahre alt war. Maximus, der tatsächlich im Besitz der Länder westlich der Alpen war, wurde von Theodosius unter der Bedingung anerkannt, dass der junge Valentinian im sicheren Besitz Italiens und Afrikas blieb. Der Herrscher von Gallien, Spanien und Großbritannien wurde bald stark genug, sein Wort zu brechen. Er fiel in Italien ein und der junge Kaiser floh zusammen mit Justina , seiner Mutter, an den Hof von Theodosius, um Schutz zu suchen. Der Kaiser des Ostens marschierte zum Angriff auf Maximus, den er besiegte und als Verräter hinrichten ließ, und etablierte Valentinian II. in der Souveränität des gesamten westlichen Reiches.

241. Der junge Herrscher des Westens erwies sich als ebenso schwach wie sein Bruder. Er geriet unter die Kontrolle eines eigenen Offiziers, eines Franken namens Arbogas´tes ; und als er versuchte, das Joch abzuschütteln, ermordete der allzu mächtige Diener seinen Herrn und setzte einen Kaiser seiner Wahl ein. Eugenius regierte zwei Jahre (392-394 n. Chr.) als Werkzeug des Arbogastes ; aber Theodosius besiegte schließlich seine Armee in der Nähe von Aquileia und tötete ihn.

Vier Monate lang war die römische Welt zum letzten Mal unter einem Herrscher vereint. Theodosius der Große hat den Titel, unter dem er in der Geschichte bekannt ist, durchaus verdient. Sein energisches und umsichtiges Management verwandelte die Goten von gefährlichen Feinden in mächtige Freunde. Große Kolonien der Visi -Goten entstanden in Thrakien und der Ostro -Goten in Kleinasien; und 40.000 ihrer Krieger wurden in den Armeen des Kaisers eingesetzt. Wenn spätere Monarchen mit der Weisheit und Entschlossenheit von Theodosius gehandelt hätten, hätten diese Rekruten dem damals untergehenden Reich möglicherweise große Stärke verliehen. Sie waren in der Tat eine Hauptursache für seinen Untergang.

242. Diese Herrschaft ist durch das Aussterben des alten heidnischen Gottesdienstes gekennzeichnet. Die Tempel wurden zerstört und alle Opfer und Weissagungen verboten. Die Ägypter glaubten, dass Serapis jede Schändung seines Tempels in Alexandria rächen würde; Doch als ein Soldat auf den Kopf des kolossalen Götzenbildes kletterte und ihm mit seiner Streitaxt auf die Wange schlug, geriet der Volksglaube ins Wanken, und es wurde zugegeben, dass ein Gott, der sich nicht verteidigen konnte, nicht länger angebetet werden dürfe. Arianer und andere christliche Ketzer wurden mit kaum weniger Härte verfolgt als die Heiden; denn es war ihnen verboten zu predigen, Geistliche zu ordinieren oder Versammlungen für öffentliche Gottesdienste abzuhalten. Die von Theodosius verhängten Strafen waren nichts weiter als Geldstrafen und zivilrechtliche Behinderungen; aber sein Zeitgenosse Maximus soll der „erste christliche Fürst gewesen sein, der das Blut seiner christlichen Untertanen für deren religiöse Ansichten vergoss".

Die Macht und Würde der Kirche zu dieser Zeit wird durch das Verhalten von Ambrosius , Erzbischof von Mailand, deutlich. Theodosius hatte ein allgemeines Massaker an der Bevölkerung von Thessaloniki angeordnet, als Strafe für einen mutwilligen Tumult, der in ihrem Zirkus entstanden war und bei dem ein gotischer General und mehrere seiner Offiziere getötet worden waren. Mehrere tausend Menschen, Unschuldige und Schuldige, wurden von zu diesem Zweck dorthin geschickten Barbarentruppen abgeschlachtet. Als der Kaiser, der sich damals in Mailand aufhielt, wie üblich zur Kirche ging, empfing ihn Ambrosius an der Tür und weigerte sich, ihn zu irgendeinem der religiösen Ämter zuzulassen, bis er öffentlich seine Schuld gestanden hätte. Das Interdikt dauerte acht Monate; Doch schließlich flehte der Herr der zivilisierten Welt im Gewand des demütigsten Bittstellers vor der ganzen Gemeinde um Vergebung und wurde zu Weihnachten des Jahres 390 n. Chr. wieder in die Gemeinschaft der Kirche aufgenommen.

Vor seinem Tod teilte Theodosius seine großen Herrschaftsgebiete zwischen seinen beiden Söhnen auf und übergab den Osten an Arcadius und den Westen an Honorius . Letzterer, der erst elf Jahre alt war, wurde unter die Vormundschaft des vandalischen Generals Stilícho gestellt , der eine Nichte des großen Kaisers geheiratet hatte. Theodosius starb am 17. Januar 395 n. Chr. in Mailand.

REPRISE.

Julian verwaltet Gallien und marschiert mit großer Energie und Erfolg in Deutschland ein. Er zieht die Eifersucht seines Cousins auf sich und wird von seinen Truppen zum Kaiser erklärt. Constantius stirbt und Julian (361-363 n. Chr.), der heute allgemein anerkannt ist, stellt das Heidentum wieder her. Er wird in einem Ostfeldzug getötet und sein Nachfolger wird Jovian, der sich westlich des Tigris zurückzieht. Nach dem Tod von Jovian im Jahr 364 n. Chr. wird Valentinian (364-375 n. Chr.) vom Hof und der Armee ausgewählt und überträgt das Oströmische Reich seinem Bruder Valens. Der Feldherr Theodosius erringt wichtige Siege über Sachsen, Pikten, Schotten und Mauren. Procopius usurpiert eine Zeit lang die östliche Hauptstadt und das Reich wird sowohl von Hunnen als auch von Goten bedroht. Im Krieg mit letzterem wird Valens getötet. Gratian (375–383 n. Chr.), Sohn Valentinians, überträgt das Oströmische Reich dem jüngeren Theodosius (379–395 n. Chr.). Er selbst wird von Maximus entthront, der Herrscher über Gallien, Spanien und Großbritannien wird und sogar den Bruder Gratians (387 n. Chr.) aus Italien vertreibt. Theodosius zerstört Maximus und stellt Valentinian II. wieder her. als Kaiser des Westens; Doch dieser junge Monarch wird bald von Arbogastes ermordet . Eugenius regierte zwei Jahre, 392–394 n. Chr. Theodosius besiegt ihn und regiert das vereinte Reich vier Monate lang. Er versöhnt die Goten; schafft heidnische Riten ab; verfolgt Ketzer; tut Buße in Mailand; teilt das Reich zwischen Arcadius und Honorius auf.

VIERTE PERIODE, 395–476 N. CHR.

243. Das Reich östlich der Adria bestand mehr als tausend Jahre nach der Thronbesteigung von Arcadius und seine Aufzeichnungen gehören zur mittelalterlichen Geschichte. Mit dem Tod des großen Theodosius war die Teilung der beiden Reiche vollständig. Rufinus , der Minister von Arcadius, hegte eine tödliche Feindschaft mit Stilicho, dem Vormund von Honorius; und aus Rache ließ er die Goten auf das westliche Reich los. Al´aric , der Visi -Goth, wurde zum General der östlichen Armeen in Illyricum ernannt. Gleichzeitig wurde er zum König seiner eigenen Landsleute gewählt, und es ist ungewiss, in welcher Form er zwischen 400 und 403 n. Chr. in Italien einmarschierte. Honorius wurde aus Mailand vertrieben, aber Stilicho besiegte den Eindringling bei Pollentia und später bei Verona und überredete ihn, indem er seinen Anhängern Ländereien versprach, sich aus Italien zurückzuziehen.

Während der Jubelfeierlichkeiten in Rom wegen seines Rückzugs ereignete sich ein Vorfall, der den Fortschritt des Christentums im untergehenden Reich kennzeichnet. Telem´achus , ein Mönch, betrat die Arena des Kolosseums und versuchte, die Gladiatoren zu trennen, indem er im Namen Christi gegen ihren unmenschlichen Kampf protestierte. Er wurde von der Menge zu Tode gesteinigt; aber ihre Reue verlieh ihm die Ehre eines Märtyrers; und der Kaiser, der anwesend war, erließ ein Gesetz, das das Vergießen von Menschenblut für öffentliche Zwecke für immer abschaffte.

244. Honorius verlegte seine Hauptstadt von Mailand in die uneinnehmbare Festung in den Sümpfen von Ravenna, die drei Jahrhunderte lang der Regierungssitz Italiens war. Eine erneute Invasion aus Deutschland, angeführt vom heidnischen Radagaisus , verwüstete Westitalien. Gallien wurde gleichzeitig von einer gemischten Horde aus Vandalen, Sueben, Alanen und Burgundern überrannt; und von diesem Moment an könnte man sagen, dass das Römische Reich in den Ländern jenseits der Alpen untergegangen sei. Die Armee in Großbritannien empörte sich; und nachdem er zwei Kaiser gewählt und ermordet hatte, setzte er Konstantin ein, der sie nach Gallien führte, die deutschen Invasoren besiegte, nach Spanien einmarschierte und eine Art Souveränität über die drei westlichen Länder Europas errichtete.

In der Zwischenzeit wurde Stilicho durch die Intrigen seines Feindes Olympius in Ungnade gefallen und getötet . Während die barbarischen Hilfstruppen seiner Armee seinen Tod beklagten, waren sie wütend über ein Massaker an ihren Frauen und Kindern, die in den verschiedenen Städten Italiens als Geiseln festgehalten worden waren. Dieser wahnsinnige Akt der Grausamkeit besiegelte das Schicksal Roms. Die Barbaren, befreit von der Pflicht oder Notwendigkeit, Honorius zu gehorchen, strömten in das Lager von Alarich in Illyricum und drängten ihn, in Italien einzumarschieren. Der Visi -Goth musste seine eigenen Verletzungen rächen. Er passierte die Alpen und den Po und schlug nach einem schnellen Marsch sein Lager am Tiber auf. Rom war dem Hungertod nahe. Tausende starben an der Hungersnot und weitere Tausende an der Pest, die sie verursachte. Schließlich akzeptierte Alarich die vom Senat angebotenen Bedingungen und zog sich gegen Zahlung eines enormen Lösegelds im Jahr 408 n. Chr. zurück.

245. Sein Schwager Adolphus schloss sich ihm nun mit einer Truppe Hunnen und Goten an. Alarich bot dem Hof von Ravenna Frieden an, unter der Bedingung, dass er für seine Anhänger Ländereien zwischen der Donau und der Adria erhielt. Da seine Forderungen abgelehnt wurden, marschierte er erneut nach Rom und setzte in At ´talus , dem Präfekten der Stadt , einen Kaiser seiner Wahl ein . Ravenna wurde vor seinem Angriff nur durch eine Verstärkung von Theodosius II., dem heutigen Kaiser des Ostens, gerettet. Auch Afrika wurde durch die Wachsamkeit des Grafen Heraklians befreit . Aber Alaric hatte seinen Marionettenkönig bald satt. Er setzte ihn ab und suchte erneut Frieden mit Honorius. Der Vertrag scheiterte am bösen Willen von Sarus, einem Goten im kaiserlichen Dienst, der ein erbitterter Feind und Rivale Alarichs war.

Der König der Visi -Goten wandte sich nun zum dritten Mal und mit unerbittlicher Wut gegen Rom. Die Ewige Stadt wurde am 10. August 410 n. Chr. eingenommen und sechs Tage lang den schrecklichen Schauplätzen von Mord und Plünderung überlassen. Obwohl seine Macht stark geschwächt war, hatte Rom nie seine Würde oder den Reichtum seiner alten Patrizierhäuser verloren. Diese wurden nun durchsucht; Gold, Juwelen und seidene Gewänder, griechische Skulpturen und Gemälde sowie die erlesenste Beute der eroberten Länder, die von den Vorfahren der heutigen Familien triumphierend nach Hause gebracht wurden, dienten der Bereicherung der Goten- und Skythenhorden , die sich ihres Werts so wenig bewusst waren Plünderungen, dass exquisite Vasen oft durch einen Schlag mit der Streitaxt zerteilt und ihre Fragmente unter den einfachen Soldaten verteilt wurden. Nur die Kirchen und ihr Besitz wurden respektiert, denn Alarich erklärte, er führe Krieg mit den Römern und nicht mit den Aposteln.

246. Schließlich zog sich der König der Goten, beladen mit Beute, entlang der Via Appia zurück und dachte über die Eroberung Siziliens und Afrikas nach. Stürme zerstörten jedoch seine hastig aufgebaute Flotte und ein plötzlicher Tod beendete seine Eroberungskarriere. Er wurde im Kanal des kleinen Flusses Busenti´nus begraben und sein Grab wurde von seinen Anhängern mit den Schätzen Roms geschmückt. Adolphus, sein Nachfolger, schloss Frieden mit Honorius und empfing die Hand der kaiserlichen Prinzessin Placidia , die während der Belagerung gefangen genommen worden war. Ihre Brautgeschenke bestanden aus der Beute ihres Landes. Adolf zog sich nach Gallien und dann nach Spanien zurück, wo er das Königreich der Visi -Goten als Abhängigkeit vom Weströmischen Reich gründete.

Konstantin wurde aus Spanien vertrieben und in Arles von Constantius gefangen genommen, der für seine herausragenden Dienste nach dem Tod ihres gotischen Mannes durch eine Heirat mit Placidia und durch die kaiserlichen Titel belohnt wurde , die er als Kollege ihres Bruders trug . Er regierte nur sieben Monate, und nach seinem Tod stritt sich Placidia mit Honorius und flüchtete zu ihrem Neffen nach Konstantinopel. In wenigen Monaten beendete der Kaiser des Westens im Jahr 423 n. Chr. eine schändliche Herrschaft von achtundzwanzig Jahren. Johannes, sein Sekretär, usurpierte den Thron; aber Theodosius II. schickte eine Flotte und ein Heer, um die Ansprüche seines Cousins, des Sohnes von Placidia , durchzusetzen, und die Truppen in Ravenna ließen sich leicht überreden, ihren emporgekommenen Kaiser aufzugeben. Johannes wurde 425 n. Chr. in Aquileia enthauptet.

247. Valentinian III. war ein Kind von sechs Jahren. Das Weströmische Reich wurde daher unter die Regentschaft seiner Mutter Placidia gestellt , die es ein Vierteljahrhundert lang regierte, während die militärische Führung bei

Aë´tius und Bonifatius lag. Leider waren diese beiden Generäle Feinde. Die böswilligen Unwahrheiten von Aëtius führten Bonifatius zur Rebellion und verloren Afrika an das Reich. Genosserich , König der Vandalen in Spanien, folgte bereitwillig der Einladung Bonifatius und überquerte mit 50.000 Mann die Meerenge. Die Mauren schlossen sich sofort seiner Armee an; die Donatisten [80] begrüßten ihn als ihren Befreier aus der Verfolgung.

Zu spät entdeckte Bonifatius seinen Fehler und kehrte zu seiner Loyalität zurück. Mit Ausnahme von Karthago, Cirta und Hippo Regius war das gesamte römische Afrika an die Vandalen übergegangen. Aus Konstantinopel wurden Truppen entsandt, um denen Italiens zu helfen; Doch die vereinten Heere wurden besiegt und Bonifatius war gezwungen, Afrika zu verlassen, wobei er alle römischen Einwohner mitnahm, die fliehen konnten. Die Donauländer waren dem Oströmischen Reich abgetreten worden, als Gegenleistung für die Hilfe von Theodosius II., der Valentinian III. auf seinem Thron. Großbritannien, das nicht von den römischen Armeen geschützt wurde, hatte seine Loyalität aufgegeben und hatte vierzig Jahre lang keine Regierung außer der des Klerus, der Adligen und der Magistraten der Städte. Die Goten ließen sich dauerhaft im Südwesten Galliens nieder; die Burgunder im Osten und die Franken im Norden desselben Landes; und bis auf einen kleinen Teil im Süden Galliens umfasste das Weströmische Reich nur noch Italien und die Region der Westalpen.

248. Aëtius verteidigte die gallische Provinz gegen die Visi -Goten einerseits und die Franken andererseits, bis diese mit At´tila , dem König der Hunnen, einen neuen und schrecklicheren Verbündeten als alle vorherigen Eindringlinge herbeiriefen. Dieser wilde Häuptling war in der von Schrecken geplagten Welt seiner Zeit als die Geißel Gottes bekannt. Er hatte alle Barbaren zwischen der Ostsee und dem Euxine, dem Rhein und der Wolga seiner Autorität unterworfen, und seine Armee von 700.000 Mann wurde von einer Schar unterworfener Könige befehligt. Er hatte neun Jahre lang das Oströmische Reich bis zu den Mauern von Konstantinopel verwüstet und war erst mit dem Versprechen eines enormen jährlichen Tributs und der sofortigen Zahlung von 6.000 Pfund Gold zurückgetreten. Er fiel nun im Namen eines Frankenkönigs, der über den Rhein vertrieben worden war und ihn um Hilfe gebeten hatte, in Gallien ein.

Theodorich , der Sohn von Alarich, dem heutigen König der Visi -Goten, hatte sich mit den Römern verbündet, und ihre vereinten Heere rückten gegen Attila vor, gerade als er die Eroberung von Orleans durch die Zerstörung seiner Mauern bewirkt hatte. Der Hunne zog seine Horden sofort von der Plünderung der Stadt zurück und zog sich über die Seine in die Ebenen um Châlons zurück , wo seine skythische Kavallerie besser operieren konnte. Dann folgte eine der denkwürdigsten Schlachten der Weltgeschichte. Der alte König Theoderich wurde getötet, aber der Sieg wurde durch die Tapferkeit seiner Untertanen errungen. Attila wurde zu seinem Wagenkreis getrieben und nur die Dunkelheit der Nacht verhinderte die völlige Zerstörung seiner Heere.

Dies war der letzte Sieg, der jemals im Namen des Weströmischen Reiches errungen wurde. Damit war die große Frage geklärt, ob das moderne Europa germanisch oder tatarisch sein sollte. Die Goten waren bereits Christen; Ihre rohe Energie war gut an die Gesetze und Institutionen des zivilisierten Lebens angepasst. Die Hunnen waren wild, heidnisch und zerstörerisch; mächtig, um zu verwüsten und zu verwüsten, aber in ihrer größten Macht und ihrem größten Reichtum waren sie nie in der Lage, einen Staat aufzubauen und zu organisieren. Das meiste Bewundernswertes in der europäischen Geschichte wäre durch ein anderes Ergebnis der Schlacht von Châlons zunichte gemacht worden .

249. Attila zog sich über den Rhein zurück. Zwei Jahre später drang er in den Nordosten Italiens vor, legte Aquileia, Altinum , Concordia und Padua in Schutt und Asche und plünderte Pavia und Mailand. Die Flüchtlinge aus dem alten Gebiet der Veneti suchten Zuflucht auf den hundert niedrigen Inseln an der Spitze der Adria und legten in Armut und Industrie den Grundstein für die Republik Venedig. Während er durch die Fürsprache von Papst Leo von seinem drohenden Marsch nach Rom abgelenkt wurde, starb Attila plötzlich, und sein Königreich zerfiel noch schneller, als es aufgebaut worden war. Zwei seiner Söhne kamen im Kampf ums Leben. Irnac , der jüngste, zog sich nach Skythen zurück. Valentinian zeigte seine Erleichterung, indem er Aëtius eigenhändig ermordete. Nachdem er seine Untertanen in vielerlei Hinsicht angewidert und beleidigt hatte, wurde er selbst im März 455 n. Chr. ermordet.

Maximus, sein Mörder, übernahm das Purpur, blieb jedoch weniger als drei Monate an der Macht. Eudoxia , die Witwe Valentinians, rief Geiserich, den vandalischen König von Afrika, um Hilfe, der mit seinen Flotten das Mittelmeer befehligte und nur allzu erpicht auf die Beute Italiens war. Sobald er in Ostia gelandet war, töteten die Römer ihren unwürdigen Kaiser; aber diese Hinrichtung konnte den Barbaren nicht besänftigen. Vierzehn Tage lang wurde die Ewige Stadt erneut einer noch skrupelloseren Plünderung überlassen als Alarich. Die in Ostia wartende Vandalenflotte war mit all dem Reichtum beladen, den die Goten gespart hatten, und nachdem sie die Kaiserin Eudoxia und ihre Tochter an Bord genommen hatte, kehrte sie sicher nach Karthago zurück.

250. Die Römer waren zu sehr gelähmt, um einen neuen Herrscher zu ernennen. Als die Nachricht Gallien erreichte, wurde Avitus , der General der dortigen Armeen, durch den Einfluss von Theoderich II. proklamiert und war mehr als ein Jahr lang im gesamten Weströmischen Reich anerkannt. Doch im Jahr 456 n. Chr. rebellierte Graf Ric'imer , ein Gote, der die ausländischen Hilfstruppen in Italien befehligte, und eroberte Avitus in einer Schlacht in der Nähe von Placentia. Er gründete Marjorian , dessen Talente und Tugenden den Anschein von Gerechtigkeit und Energie in der Regierung wieder aufleben ließen. Nun wurde eine Flotte für die Invasion Afrikas vorbereitet, in der Hoffnung, sich nicht nur an Geiserich für seine Plünderung Roms zu rächen, sondern auch die Verwüstungen der vandalischen Piraten an den Küsten Italiens zu stoppen. Es wurde an die Abgesandten von Geiserich im spanischen Hafen von Karthagena verraten .

Ricimer war zu diesem Zeitpunkt eifersüchtig auf seinen *Schützling und zwang ihn zum Rücktritt, indem er in der Person von* Libius Severus eine neue Marionette aufstellte , in deren Namen er die eigentliche Macht ausüben wollte. Aber die nominelle Herrschaft des Severus beschränkte sich auf Italien, während jenseits der Alpen zwei römische Generäle – Marcellinus in Dalmatien und Ægidius in Gallien – die eigentliche Souveränität besaßen, allerdings ohne kaiserliche Titel. Die Küsten Italiens, Spaniens und Griechenlands wurden ständig von den Vandalen bedrängt, und Ricimer appellierte zwei Jahre nach dem Tod von Severus (467 n. Chr.) an den Hof von Konstantinopel um Hilfe gegen den gemeinsamen Feind und versprach, jeden Souverän zu akzeptieren, der sich ihm widersetzte der Kaiser würde ernennen.

251. Anthe´mius , ein byzantinischer Adliger, wurde zum Kaiser des Westens ernannt und erhielt die Treue des Senats, des Volkes und der barbarischen Truppen. Die Treue des Grafen Ricimer galt als gesichert durch seine Heirat mit der Tochter des neuen Kaisers. Ein gewaltiger Angriff auf die Vandalen wurde von den vereinten Kräften des Ostens und des Westens durchgeführt; aber es scheiterte an der Schwäche oder dem Verrat von Basiliscus , dem griechischen Befehlshaber, der seine riesige Flotte durch die geheime Führung von Geiserich verlor. Die Vandalen eroberten Sardinien zurück und eroberten Sizilien, von wo aus sie Italien beständiger als je zuvor verwüsten konnten.

Unterdessen waren die Goten mit der Fremdherrschaft unzufrieden. Ricimer zog sich nach Mailand zurück, wo er im Einvernehmen mit seinem Volk offen revoltierte, mit einer burgundischen Armee nach Rom marschierte und den Senat 472 n. Chr. zwang , einen neuen Kaiser in der Person von Olybrius anzunehmen. Anthemius wurde im Jahr 472 n. Chr. getötet Angriff auf die Stadt. Ricimer starb vierzig Tage nach seinem Sieg und vermachte seine Macht seinem Neffen Gund'obald , einem Burgunder. Olybrius starb ein oder zwei Monate später und Gundobald erhob einen Soldaten namens Glycerius auf den vakanten Thron. Der Kaiser des Ostens

griff erneut ein und ernannte Julius Nepos – einen Neffen von Marcellinus
von Dalmatien –, der von den Römern und Galliern akzeptiert wurde ,
während Glycerius über den Verlust seiner Kaisertitel durch die sicherere
und friedlichere Würde des Bischofs von Salo getröstet wurde n / A .

**252. Kaum war Julius mit den Insignien seines Ranges ausgestattet,
wurde er von einem neuen Aufstand unter der Führung von** Orestes ,
dem General der Heere, aus dem Land vertrieben , der seinen eigenen Sohn,
Romulus Augustus, auf den Thron setzte. Dieser letzte westliche Kaiser, der
durch einen merkwürdigen Zufall die Namen der beiden Gründer Roms und
des Reiches trug, wurde allgemein Augus'tulus genannt , in Anspielung auf
die kaiserliche Größe, die seine Jugend und Bedeutungslosigkeit verspottete.

Als Belohnung für ihre Dienste forderten die Söldner ein Drittel der
Ländereien Italiens; Als sie jedoch abgelehnt wurden, griffen sie erneut zu
den Waffen, töteten Orest, setzten Augustulus ab und machten ihren eigenen
Häuptling, Odoaker , zum König von Italien. Der römische Senat verzichtete
in einem Brief an Zeno, den Kaiser des Ostens, auf den Anspruch seines
Landes auf den kaiserlichen Rang, stimmte zu, Konstantinopel als Sitz der
Weltregierung anzuerkennen, forderte jedoch Odoaker mit dem Titel
„Patrizier, " sollte der Diözese Italien anvertraut werden.

Mit dem Untergang des Weströmischen Reiches endet die Antike. Aber
die Gründung von Königreichen durch die nördlichen Nationen markiert
den Beginn einer neuen Ära, die sich nach Jahrhunderten der Turbulenzen
zu den vielfältigen und brillanten Schauplätzen der modernen Geschichte
öffnen wird.

REPRISE.

Alarich, der in Italien einmarschiert, wird von Stilicho besiegt.
Gladiatorenkämpfe sind in Rom für immer abgeschafft. Honorius legt seine
Hauptstadt Ravenna fest. Italien und Gallien werden von einem heidnischen
Heer überrannt. Konstantin wird Kaiser im äußersten Westen, 407–411 n.
Chr. Der Tod von Stilicho und das Massaker an gotischen Frauen und
Kindern führten Alarich zu einer zweiten Invasion in Italien, 408–410 n. Chr.
Rom wird dreimal belagert und schließlich sechs Tage lang der Plünderung
überlassen. Alarich stirbt im Jahr 410 n. Chr. und wird von Adolphus
abgelöst, der die Schwester von Honorius heiratet und ein gotisches
Königreich in Spanien und Südgallien gründet. Constantius , zweiter
Ehemann von Placidia , regiert als Kollege von Honorius, 421 n. Chr.; und
sein Sohn, Valentinian III., erlangte zwischen 425 und 455 n. Chr. die
Herrschaft über das gesamte Weströmische Reich. Während der
Regentschaft von Placidia verrät der von Aëtius getäuschte Feldherr

Bonifatius Afrika an die Vandalen. Gallien wird von Attila, dem König der Hunnen, überfallen, der 451 n. Chr. in der Nähe von Chalons von Goten und Römern besiegt wird . Er verwüstet Norditalien; und Flüchtlinge aus Städten, die er zerstört, fanden 452 n. Chr. Venedig an der Adria. Valentinian III. wird ermordet; und seine Witwe ruft, um seinen Tod zu rächen, die Vandalen herbei, die Rom vierzehn Tage lang plündern. Avitus (455, 456 n. Chr.) wird in Gallien zum Kaiser ausgerufen. Graf Ricimer rebelliert und setzt zunächst Marjorian (457–461 n. Chr.), dann Severus (461–465 n. Chr.) ein und bewirbt sich schließlich um einen Kaiser beim Ostgericht, der Anthemius (467–472 n. Chr.) ernennt. Ricimer revoltiert erneut und krönt Olybrius , der wenige Monate später stirbt. Glycerius (473, 474 n. Chr.) tauscht bald die Krone gegen eine Mitra und Julius Nepos wird als Herrscher eingesetzt. Orestes stellt seinen eigenen Sohn, Romulus Augustus (475, 476 n. Chr.), den letzten römischen Kaiser des Westens, zur Schau. Odoaker wird König von Italien und das Weströmische Reich wird gestürzt.

FRAGEN ZUR ÜBERPRÜFUNG.
BUCH V.

1.	Welche drei aufeinanderfolgenden Regierungsformen im antiken Rom?	§ 8.
2.	Welche Rassen lebten in Italien?	9-11.
3.	Beschreiben Sie ausführlich ihre Herkunft, ihren Charakter und ihre Institutionen.	
4.	Erzählen Sie die Überlieferungen über den Ursprung Roms.	12 , 13 .
5.	Beschreiben Sie die Taten und Charaktere der ersten drei Könige.	13-16.
6.	Welche Stämme und Klassen bildeten die römische Bevölkerung unter Tullus? Hostilius ?	16.
7.	Welche Änderungen wurden von Ancus Martius und Tarquinius Priscus vorgenommen ?	17 , 18 .
8.	Beschreiben Sie die Verfassung unter Servius Tullius.	19-21.

92.	Wie lange dauerten das östliche und das westliche Reich im Vergleich?	243.
93.	Welche Barbaren fielen während der Herrschaft von Honorius in Italien ein?	243-246.
94.	Erzählen Sie die Geschichte von Placidia .	246 , 247 .
95.	Die Ausdehnung des Weströmischen Reiches unter Valentinian III.	247.
96.	Beschreiben Sie die Karriere von Alarich und die Schlacht von Chalons .	248 , 249 .
97.	Die aufeinanderfolgenden Eroberungen Roms durch Goten und Vandalen.	245 , 249 .
98.	Wie viele Herrscher wurden von Graf Ricimer ernannt ?	250 , 251 .
99.	Wie viele vom Gericht in Konstantinopel?	251.
100.	Wer war der letzte römische Kaiser des Westens?	252.
101.	Wie viele Jahrhunderte existierte Rom seit seiner Gründung?	

LISTE DER EMPFOHLENEN BÜCHER.

*Die folgenden Werke werden dem Studenten empfohlen, der eine umfassendere
Darstellung der Nationen der Antike wünscht.*

Rawlinsons Geschichte der fünf großen Monarchien der antiken östlichen
Welt.

Wilkinsons Sitten und Gebräuche der alten Ägypter.

Heerens Forschungen zur Politik, zum Handel usw. der Antike.

Niebuhrs Vorlesungen zur Alten Geschichte.

Layards Ninive.

Milmans Geschichte der Juden.

Stanleys Geschichte der jüdischen Kirche.

Josephus' jüdische Altertümer.

Herodot. (Rawlinsons Übersetzung mit anschaulichen Essays ist
unvergleichlich die beste.)

Xenophons Cyropædia , Anabasis und Memorabilia.

Grotes Geschichte Griechenlands.

Curtius' Geschichte Griechenlands.

Dr. Wm. Smiths Geschichte Griechenlands, in einem einzigen Band.

Bulwers Athen: Aufstieg und Fall.

St. John's The Hellenes: die Sitten und Bräuche des antiken Griechenlands.

Creasys fünfzehn entscheidende Schlachten um die Welt.

Niebuhrs Geschichte Roms.

Arnolds Geschichte Roms.

Mommsens Geschichte Roms.

Forsyths Leben von Cicero.

Auszüge aus Ciceros Reden.

Cæsars Kommentare.

Das Leben des Cäsar , von Napoleon III.

Merivales Geschichte der Römer unter dem Imperium.

Gibbons Geschichte des Niedergangs und Untergangs des Römischen Reiches.

Unter den Geschichten, Gedichten und Dramen, die die antike Geschichte veranschaulichen, werden die folgenden empfohlen – die ersten drei insbesondere für die jüngsten Leser.

Kingsleys „Heroes".

Hawthornes „Wonder-Book" und „Tanglewood Tales".

Mrs. Childs „ Philothea ".

Beckers „ Charicles " und „Gallus".

Macaulays „Lays of Ancient Rome".

Wares „Zenobia", „Julian" und „Probus".

„Sieg der Besiegten" von Mrs. Charles.

Kingsleys „Hypatia".

Shakespeares „Coriolanus", „Julius Cäsar " und „Antonius und Kleopatra".

Unter den Kupferstichsammlungen sind insbesondere die folgenden zu suchen.

„Beschreibung Ägyptens", erstellt von der Kommission der *Savanen* , die 1798 die französische Armee begleiteten. Wird allgemein als „Napoleons Ägypten" bezeichnet. 9 Bde. Text und 14 Foliobände. Platten.

Fergussons „Wiederhergestellte Paläste von Ninive und Persepolis".

Fergussons „Illustrated Handbook of Architecture".

Bottas „Denkmäler von Ninive".

Layards „Denkmäler von Ninive".

Penroses „Athener Architektur".

Stuarts „Altertümer von Athen".

Caninas „Bauwerke des antiken Roms".

FUSSNOTEN

[1] In mehreren Ländern wurden vereinzelte Überlieferungen derselben Ereignisse gefunden. Am bemerkenswertesten waren die Schriften von Berosus (siehe Anmerkung, S. 18), der zu seinem Bericht über die Schöpfung hinzufügte, dass die monströsen Lebewesen, die in der Dunkelheit des Urmeeres geschwebt hatten, beim Erscheinen des Lichts umkamen. Dies müssen die präadamitischen Tiere gewesen sein , die uns die Geologie erst im gegenwärtigen Jahrhundert bekannt gemacht hat. Berosus beschreibt eine Sintflut, vor der nur rechtschaffene Männer gerettet wurden.

[2] Siehe Buch III, §§ 35-37 , 84-86 .

[3] Herodot, der Vater der Geschichte, war ein Grieche aus Halikarnassos, einer dorischen Stadt in Karien, und wurde 484 v. Chr. geboren. Die Materialien für seine Werke sammelte er durch ausgedehnte Reisen und mühsame Forschungen.

[4] Unser Wort „Schal" gehört zum Sanskrit, der ältesten bekannten Sprache Indiens, was zeigt, dass „Indien-Schals" seit frühester Zeit Luxus- und Handelsobjekte waren.

[5] Siehe S. 10 und Gen. xi: 1-9.

[6] Berosus , ein gelehrter Babylonier, schrieb in drei leider verlorenen Büchern eine Geschichte seines eigenen Landes und seiner Nachbarländer. Er bezog seine Informationen aus Aufzeichnungen, die im Belus-Tempel aufbewahrt wurden, aus Volksüberlieferungen und teilweise wahrscheinlich auch aus den jüdischen Schriften. Fragmente sind uns von späteren Autoren überliefert. Er lebte von der Herrschaft Alexanders (356–323 v. Chr.) bis zur Herrschaft Antiochos' II. (261–246 v. Chr.).

[7] Das Gedächtnis des Schülers kann durch eine Erklärung der langen Namen der assyrischen Könige unterstützt werden. Sie ähneln in ihrer Zusammensetzung dem Hebräischen; und wie in dieser Sprache kann jeder einen vollständigen Satz bilden. Von den zwei, drei oder vier verschiedenen Wörtern, aus denen sich immer eine königliche Bezeichnung zusammensetzt, ist eines normalerweise der Name einer Gottheit. Daher Tiglathi-nin = „Anbetung gebührt Nin" (dem assyrischen Herkules); Tiglatpileser = „Anbetung sei dem Sohn Ziras"; Sargon = „Der König ist etabliert"; Esarhaddon = „Assur hat einen Bruder gegeben."

[8] Siehe § 32.

[9] Seine Tochter Isebel wurde die Frau Ahabs, des Königs von Israel. Seine Regierungszeit ist in den phönizischen Annalen durch eine Dürre gekennzeichnet, die sich über ganz Syrien erstreckte.

[10] Siehe S. 19.

[11] Siehe § 40, S. 1. 23.

[12] Die Schlacht von Karkemisch. Siehe S. 25.

[13] Er lebte in der Regierungszeit von Ptolemaios I., 323–283 v. Chr.

[14] Siehe „Unser Erbe in der Großen Pyramide" von Prof. Piazzi Smyth.

[15] Siehe § 187.

[16] Josephus war ein jüdischer Historiker, geboren 37 n. Chr. als Sohn eines Priesters und stammte mütterlicherseits aus derselben königlichen Familie wie die Herodes . Sein größtes Werk sind seine „Jüdischen Altertümer" in zwanzig Büchern. Die Geschichte beginnt mit der Erschaffung der Welt und endet 66 n. Chr. mit dem Aufstand der Juden gegen die Römer.

[17] Siehe § 33.

[18] Siehe Genesis xlvii: 18-26.

[19] Der phönizische Name Karthago bezeichnete die Neustadt und unterschied sie entweder vom benachbarten Utica, dessen Name die Altstadt bedeutete, oder von Byrsa , der ersten Festung von Dido. Als Neu-Karthago (Carthago) an der Küste Spaniens errichtet wurde, nannten die Römer die ursprüngliche Siedlung *Carthago Vetus* , was so ist, als ob wir „Old Newtown" sagen sollten.

[20] Siehe § 47.

[21] Siehe Buch I, §§ 38, 41.

[22] Siehe Buch I, § 59.

[23] Siehe Buch I, §§ 53, 54.

[24] Die *Macro'bii* , die von den Griechen so genannt wurden, weil sie angeblich 120 Jahre oder länger lebten, waren ein Stamm von außergewöhnlicher Stärke und Statur, der südlich von Ägypten lebte. Einige gehen davon aus, dass sie Vorfahren der Somauli in der Nähe von Kap Guardafui waren , während andere sie am linken Nilufer im heutigen Nubien vermuten. Ihre Gefangenen sollen mit goldenen Ketten gefesselt gewesen sein, weil Gold bei ihnen reichlicher und billiger als Eisen war. Die Körper ihrer Toten waren in Säulen aus Glas oder Kristall eingeschlossen .

[25] Siehe Buch I, § 179.

[26] Siehe Buch I, § 175.

[27] Siehe § 11. Auch Darius' eigener Bericht über den Betrug des Magus, S. 87 .

[28] Er war wahrscheinlich ein Zeitgenosse Abrahams.

[29] Siehe Esther I: 1-4.

[30] Eine dieser Mahlzeiten kostete eine halbe Million Dollar.

[31] Siehe S. 142-144.

[32] Siehe Hinweis, S. 128.

[33] Siehe §§ 23, 25.

[34] Siehe Hinweis, S. 110.

[35] Homer war ein asiatischer Grieche, der wahrscheinlich um 850 v. Chr. lebte. Sieben Städte beanspruchten die Ehre seiner Geburt, die antike Kritiker gemeinhin Chios und moderne Smyrna zusprachen. Viele Legenden beschreiben sein trauriges und wechselvolles Leben, das von Armut und Blindheit überschattet wurde; Aber wir können uns kaum sicher sein, außer dass er der Autor einiger der frühesten und doch größten Gedichte der Weltliteratur war.

[36] Das Wort Erinnyes bedeutete *Flüche* und daher die wütenden oder verfolgenden Göttinnen. Aus Angst, diese schrecklichen Wesen beim richtigen Namen zu nennen, verwendeten die Griechen stattdessen den Begriff Eumenides, der „ *beruhigt* " oder *„wohlwollend" bedeutete* .

[37] Ein Exemplar finden Sie in §§ 108-9 , 114 .

[38] My´us , Prie´ne , Eph´esus , Kolophon , Leb´edos , Te´os , Er´ythræ , Clazom´enæ , Phocae´a , Mile´tus , Chi´os und Sa´mos .

[39] Siehe § 25.

[40] Von den Sieben Weisen waren sechs Herrscher und Staatsmänner. Die sieben waren Solon von Athen, Periander von Korinth, Kleobulus von Lindus , Bias von Priene , Pittakos von Mytilini, Thales von Milet und Chilo von Sparta.

[41] Siehe Buch II, §§ 37, 39 ; Buch III, §§ 99–102 .

[42] Das Panathenäische Fest wurde seit der Zeit des Theseus jedes Jahr zu Ehren von Athena Polias , der Hüterin der Stadt, gefeiert. Es umfasste Fackelrennen, Musik- und Turnwettbewerbe, Pferde-, Fuß- und Wagenrennen sowie kostspielige Opfer. Die größere Panathenäen fand im dritten Jahr jeder Olympiade statt. Sie zeichnete sich durch eine heilige Prozession aus, die ein krokusfarbenes Gewand, bestickt mit Darstellungen der Siege der Göttin, zu ihrem Tempel im Erechtheion trug.

[43] Siehe Buch II, § 34.

[44] Fast jeder griechische Staat war zwischen zwei Parteien aufgeteilt, die jeweils *die Demokratie* und *die Oligarchie bevorzugten* ; *ich . e.* , Regierung durch viele und durch wenige.

[45] „Die ersten Griechen", sagt Herodot, „ die jemals einem Feind entgegenliefen; auch der erste, der ohne Bestürzung die Kleidung und Rüstung der Meder betrachtete, denn bisher hatte in Griechenland allein der Name Medes Schrecken erregt."

[46] Lesen Sie die Bewegungen von Datis nach der Schlacht, S. 86 .

[47] Siehe S. 90, § 51.

[48] Siehe S. 93.

[49] Eine kleine Insel im Saronischen Golf, zwischen Ägina und der Küste von Argolis.

[50] Dieser im Exil lebende Politiker darf nicht mit Thukydides, dem großen Historiker, der zur gleichen Zeit lebte, verwechselt werden.

[51] Siehe Hinweis, S. 157.

[52] Die Worte Xenophons, der in Athen anwesend war.

[53] Die Henker, die die blutigen Urteile der Tyrannen vollstreckt hatten.

[54] Der Gott der Heilung, ein Sohn von Apollo.

[55] Obwohl Xenophon ein Athener war, war er ein Verbannter und zog die Institutionen Spartas denen seiner Heimatstadt vor. Zu den Hauptwerken dieses Historikers gehören die *Anabasis* , ein Bericht über den Aufstand von Cyrus dem Jüngeren und den Rückzug der Zehntausend; die *Hellenica* , eine Geschichte der Griechen vom Ende der von Thukydides beschriebenen Periode bis zur Schlacht von Mantinea, 362 v. Chr.; die *Cyropædia* , ein historischer Liebesroman zum Lob von Kyros dem Großen; und die *Memorabilia* , eine Verteidigung der Erinnerung an Sokrates vor dem Vorwurf der Irreligion.

[56] Siehe S. 163.

[57] So genannt von einem der athenischen Gesandten, der als erblicher *Proxenus von Sparta (ein Begriff, der fast unserem modernen Konsul* entspricht) eine führende Rolle in den Verhandlungen spielte. Sein persönlicher Charakter war wertlos und sein Einfluss gering.

[58] Aristoteles stammte aus Stagi´ra , einem chalkidischen Seehafen. Sein Vater war Arzt von Amyntas II., dem Vater Philipps; und der Prinz und der Philosoph schlossen in ihrer Kindheit eine Freundschaft, die das Leben des

ersteren überdauerte und von seinem Sohn geerbt wurde. Die erweiterten politischen Ansichten Alexanders, seine Vorliebe für Entdeckungen und Naturwissenschaften, sein lebhaftes Interesse an Literatur, insbesondere den Gedichten Homers, und seine Liebe zum Edlen und Großen im Charakter waren größtenteils dem Einfluss seines Lehrers zu verdanken. Als er Asien eroberte, ließ er seltene Sammlungen von Pflanzen und Tieren aus allen seinen Provinzen an Aristoteles schicken, der darin das Material für wertvolle Werke zur Naturgeschichte fand.

[59] Er wird häufig Ptolemaios Lagi genannt , nach dem Namen seines Vaters Lagus .

[60] Bruder von Philadelphus. (Siehe § 55.)

[61] Lesen Sie in den Apokryphen 2 Makkabäer III: 4-40.

[62] Es ist zu beachten, dass der Name Kalabrien heute auf die andere Halbinsel Süditaliens angewendet wird, zu der auch das antike Bruttium gehörte. Der Name wurde etwa im elften Jahrhundert der christlichen Ära geändert.

[63] Ein Patrizier hatte mindestens drei Namen: seine eigene persönliche Bezeichnung als Ca´ius , Marcus oder Lucius ; der Name seines Clans und der Name seiner Familie. Viele Römer hatten einen vierten Namen, der von einer persönlichen Besonderheit oder einer denkwürdigen Tat abgeleitet war. Also Pub´lius Corne´lius Scipio Africa´nus gehörte zur *Gattung Cornelian* , der Familie der Scipio, und erhielt seinen Beinamen aufgrund seiner brillanten Leistungen in Afrika. Seine Kunden trugen den Namen Cornelius.

[64] Der Name „ Stadt der Sieben Berge" wurde Rom in viel engeren Grenzen gegeben. Das *Septimontium* umfasste nur Palatin, Esquilin und Cælian , die in insgesamt sieben kleinere Gipfel oder Anhöhen unterteilt waren.

[65] Zu einem späteren Zeitpunkt, als die Römer mit der Literatur der Griechen vertraut geworden waren, wurde versucht, die Mythologien der beiden Nationen zu vereinen. Einige Gottheiten, wie Apollo, wurden direkt von den Griechen übernommen; in anderen Fällen führte eine gewisse Ähnlichkeit des Amtes oder Charakters dazu, dass die griechische und die römische Gottheit als gleich angesehen wurden. So wurde Jupiter mit Zeus identifiziert; Minerva, die denkende Göttin – die etruskische *Menerfa* – mit Athene usw. Auf Befehl des Delphischen Orakels oder der Sibyllinischen Bücher wurden lebende Schlangen, die dem Äskulap heilig waren , von Epidaurus nach Rom gebracht, um eine Pest abzuwenden, 293 v. Chr.

[66] Zur wahrscheinlichen Form dieser Verwünschung siehe Anmerkung, S. 276 .

[67] Ein *Jugerum* war fast fünf Achtel eines Acres groß.

[68] Die streng erhaltene Form könnte von Interesse sein, da sie römische Ideen veranschaulicht: „Du Janus, du Jupiter, du Mara, unser Vater, du Quirinus, du Bellona; Ihr Lares , ihr die neun Götter, ihr, die Götter des Landes unserer Väter, ihr, deren Macht uns beide und unsere Feinde beseitigt, und ihr auch, Götter der Toten, ich bete euch, ich flehe euch demütig an … dass ihr es tätet Gedeihen Sie dem Volk von Rom und den Quiriten mit aller Kraft und Sieg, und dass Sie die Feinde des Volkes von Rom heimsuchen … mit Schrecken, Bestürzung und Tod. Und gemäß diesen Worten, die ich jetzt gesprochen habe, tue ich es auch jetzt im Namen des Gemeinwesens des römischen Volkes … im Namen der Armee, sowohl der Legionen als auch der ausländischen Hilfskräfte … die Legionen und die ausländischen Hilfskräfte von uns Feinde, zusammen mit mir selbst, den Göttern der Toten und dem Grab." Es galt als gottlos, um den Sieg zu bitten, ohne ein Opfer zu bringen, denn Nemesis rächte unverfälschten Wohlstand nicht weniger als Verbrechen.

[69] *I. e.* , um zwischen zwei in den Boden gepflanzten Speeren zu marschieren, die von einem dritten überragt werden. Daher unser Begriff „Unterwerfung" = *sub jugum ire.*

[70] Die Mamertiner, „Kinder des Mars", waren eine Truppe italienischer Freibeuter, die früher im Dienste von Syrakus standen, aber Messana und andere Festungen im Nordosten Siziliens erobert , das Volk massakriert und gemacht hatten selbst unabhängig.

[71] NB: Nicht der große Hannibal, der Sohn Hamilkars und Held des *Zweiten* Punischen Krieges. „Punisch" ist nur eine andere Form des Adjektivs Phönizisch , wird aber vor allem auf die Menschen in Karthago angewendet.

[72] Sohn des Regulus, der in Afrika einmarschierte (§ 91) und der karthagischen Rache zum Opfer fiel.

[73] Während der siebzehn Jahre des Zweiten Punischen Krieges schrumpfte die Zahl der freien Bürger Roms um ein Viertel, und in Italien kamen insgesamt 300.000 Menschen ums Leben.

[74] Diese berühmte Dame war eine Tochter von Scipio Africanus, dem größten General aller Zeiten und vielleicht der größten Persönlichkeit, die Rom jemals hervorgebracht hat. Cornelia widmete sich nach dem frühen Tod ihres Mannes der Erziehung ihrer Kinder und wurde für ihre Fürsorge mit vollkommenem Respekt und Liebe belohnt. Nach dem Tod des Caius zog sie sich nach Misenum zurück , wo ihr Haus zum Aufenthaltsort aller Genies und Gelehrten ihrer Zeit wurde. Cornelia sprach nicht nur ihre eigene Sprache mit äußerster Eleganz, sondern war auch mit der griechischen Literatur bestens vertraut, und ihre Briefe an ihre Söhne gelten als die reinsten

Beispiele lateinischer Prosa. Sie starb in gutem Alter und die Menschen errichteten zu ihrer Erinnerung eine Statue mit der einfachen Inschrift „Cornelia, die Mutter der Gracchen".

[75] Ich bin gekommen, ich habe gesehen, ich habe gesiegt.

[76] Das von Papst Gregor XIII., 1582 n. Chr.

[77] Diese Wache bestand aus 10.000 italienischen Soldaten, die zur Sicherheit der Person des Kaisers in der Nähe von Rom stationiert waren. Und sein Einfluss war so groß, dass es in den späteren Tagen des Reiches oft davon ausging, über die Krone zu verfügen, ohne sich an den Senat oder das Volk zu wenden.

[78] Von den Antoninern wird der erste allgemein Antoninus Pius genannt; der zweite, Marcus Antoninus .

[79] So sagt Ammianus Marcellinus , ein ehrlicher und meist vertrauenswürdiger Historiker, Zeitgenosse von Julian und wahrscheinlich ein Heide.

[80] Eine sehr zahlreiche Sekte in Afrika, gegen die Augustinus, der Bischof von Hippo, und ein Edikt von Honorius protestierten.